Svante Nordin

Filosofins historia

Det västerländska förnuftets äventyr från Thales till postmodernismen

Studentlitteratur

Denna trycksak är miljöanpassad, både när det gäller papper och tryckprocess.

Art.nr 3185
ISBN 978-91-44-02867-5
Upplaga 2:6

www.studentlitteratur.se

Bild på skyddsomslaget: Erik Olson, Sökaren, 2:a versionen, olja 1935
Foto: Jan Torsten Ahlstrand © BUS

Printed by Elanders Beijing Printing Co. Ltd, China 2010

Innehåll

Förord 9

Inledning 11

Antiken – filosofins uppkomst och segertåg 15

De första filosoferna 17
- Jonisk naturfilosofi 18
- Pythagoréerna 21
- Xenofanes' religionskritik 25
- Den dunkle Herakleitos 27
- Eleaterna 30
- Empedokles, kärleken och hatet 35
- Anaxagoras och det styrande förnuftet 38
- Atomisterna 40
- Den försokratiska filosofins uppkomstbetingelser och egenart 43

Sofisterna 46
- Nomos och fysis 48
- Relativism och retorik 50

Sokrates – ironiker och provokatör 53
- Sokratesproblemet 53
- Sokratesgestalten – filosofin som livsform 55

Platon – filosofin tar form 63
- Liv och skrifter 63
- Idéläran. *Faidon*, *Menon* och *Faidros* 66
- *Gästabudet* och kunskapens eros 70
- *Staten*, liknelsen om grottan och de två världarna 72

Staten, rättvisan och filosofernas styre 76
Timaios, demiurgen och världens skapelse 81
Parmenides, *Lagarna* och Platons sena filosofi 85
Egenarten hos Platons filosofi 88

Aristoteles och viljan att veta 90
Liv och skrifter 90
Logik och vetenskapsteori 93
Den aristoteliska metafysiken 97
Naturvetenskap och världsbild 102
Aristoteles' etik 107
Politik och poetik 110
Aristoteles och Platon 114

Filosofin under hellenismen och romarriket 116
Efter Aristoteles 116
Kyrenaiker och epikuréer 117
Kynikerna – de skandalösa filosoferna 126
Stoikerna – pelargångens tänkare 128
Skeptiker och eklektiker 137
Nyplatonismen 143
Den antika filosofins slut 147

Medeltid och renässans – filosofin möter kristendomen 151

Kristen filosofi och tidig medeltid 153
Apostlar och kyrkofäder 153
Augustinus – syndare och helgon 155
Mörka århundraden och filosofisk pånyttfödelse 164
Universaliestriden 167
Anselm och det ontologiska gudsbeviset 169
Förskolastiken och Abélard 171
Filosofin hos araberna 175

Skolastikens filosofi 183
Skolastikens värld 183
"Den änglalike doktorn" 185
Den radikala aristotelismen 198
Några franciskaner 199

Den subtile Duns Scotus 204
Ockham och skolastikens kris 207
Senskolastik och mystik 216

Renässansens filosofi 224
Renässanshumanismen 224
Renässansplatonismen 227
Cusanus – "den lärda okunnigheten" 228
Ficino och den florentinska platonismen 230
Pico della Mirandola och människans värdighet 232
Machiavellis nya furstespegel 236
More och utopins födelse 242
Erasmus, visdomen och dårskapen 246
Montaigne – världsman och skeptiker 251
Suveränitet och dygd i senrenässansens filosofi 255
Filosofen på bålet 258

Sexton- och sjuttonhundratal – filosofin och den nya vetenskapen 263

Den nya filosofin 265
Revolution i naturvetenskaperna 265
Bacon – trumpetare för en ny tid 267
Descartes och filosofins nollpunkt 274
Malebranche och occasionalismen 291
Jansenismen och Pascal 293
Hobbes och den nya politiska filosofin 300

Sextonhundratalsfilosofin efter Descartes 307
Spinoza – den helgonlike kättaren 307
Cambridgeplatonismen 319
Locke – "den förnuftigaste man som jorden burit" 320
Leibniz och den förutbestämda harmonin 332

Empirism, moralsensefilosofi och upplysning i Storbritannien 344
Berkeleys immaterialism 345
Moralsenseskolan 352
Le bon David – skepsis, empirism och upplysningsfilosofi hos Hume 354

Reids commonsensefilosofi 365
Den skotska upplysningen hos Ferguson och Smith 367
Burke och reaktionen mot franska revolutionens idéer 368

Samhällsfilosofi och upplysning i Italien och Frankrike 371
Vico och hans nya vetenskap 371
Den franska upplysningsfilosofin hos Bayle, Montesquieu och Voltaire 373
Rousseau och uppgörelsen med civilisationen 377
Materialism och framstegstro i den franska upplysningen 382

Tysk filosofi från Wolff till Schelling 387
Wolff – den tyska grundlighetens fader 387
Lessing och Pantheismusstreit 389
Kants copernikanska revolution i filosofin 390
Kants samtida 403
Fichte och frihetens filosofi 407
Schelling – naturen, konsten och den fallna skapelsen 412
Förnuftet i 1700-talsfilosofin 417

Den moderna tiden – filosofin mellan självhävdelse och legitimationskris 419

Tysk filosofi från Hegel till Nietzsche 421
Hegel och "filosofins slut" 421
Vänsterhegelianerna 430
Marx och marxismen 432
Kierkegaard och "hiin enkelte" 436
Schopenhauer – musikens, könslivets och viljeförnekelsens metafysik 442
"Vi måste återvända till Kant!" 450
Diltheys kritik av det historiska förnuftet 451
Historievetenskapens problem hos Windelband, Rickert och Weber 453
Nietzsche – den gudlöse profeten 455

Positivism, idealism och pragmatism i Frankrike, Storbritannien och USA 463
Det blodiga altaret – de Maistres samhällsfilosofi 463

Comte och positivismen 465
Bergson, tiden och intuitionen 467
Bentham och den engelska utilitarismen 472
De båda Mill och förnyelsen av utilitarismen 473
Liberalism och utilitarism hos Spencer och Sidgwick 479
Anglohegelianismen och Bradley 480
Amerikansk idealism 484
Peirce och pragmatismen 485

Fenomenologi och existensfilosofi i Tyskland 491
Husserl och fenomenologins uppkomst 491
Scheler och kunskapens former 496
Heidegger och övervinnandet av den västerländska filosofin 498
Gadamer – tolkning och tradition 503
Heideggerlärjungar i förskingringen – Löwith, Strauss, Arendt 505
Jaspers existensfilosofi 509
Cassirer och de symboliska formernas filosofi 510

Fenomenologi och existensfilosofi i Frankrike 512
Sartre och "existentialismen" 512
"Les Temps Modernes", Camus och de Beauvoir 515
Merleau-Ponty och mångtydighetens filosofi 516
Existensfilosofi och fenomenologi hos Marcel, Weil, Lévinas och Ricoeur 518

Marxism, strukturalism, postmodernism 523
Från Lukács till Frankfurtskolan 523
Habermas och förnyelsen av den kritiska teorin 527
Strukturalismens skördetid 529
Foucault, kunskapen och makten 532
Derrida – traditionen dekonstruerad 533
Postmodernism hos Lyotard och Baudrillard 535

Historicism och existensfilosofi i Italien och Spanien 538
Absolut historicism hos Croce och Gentile 538
Historicism och marxism hos Gramsci 542
Livet och historien hos Unamuno och Ortega 543

Den analytiska filosofins uppkomst och tidigaste utveckling 546
Den nya logiken hos Boole och Frege 546
Russell och den logiska analysen 548
Moore – begreppsanalys och sunt förnuft 552
Två Cambridgefilosofer 555
Wittgenstein och *Tractatus logico-philosophicus* 557
Wienkretsen och dess vetenskapliga världsuppfattning 560
Ayer och den logiska positivismens segertåg 564

Senanalytisk och postanalytisk filosofi i Storbritannien och USA 566
Den senare Wittgenstein 566
Collingwood och historiens idé 568
Oxfordfilosofin hos Ryle, Austin och Strawson 569
Quine och den analytiska filosofin i USA 573
Poppers nya vetenskapsteori 575
Kuhn, Feyerabend och de vetenskapliga revolutionerna 577
Den politiska filosofins återkomst 580
Den nya filosofin om medvetandet 584
Dygdeetikens renässans 586
Rortys nya pragmatism 588

Tillbakablick 590

Filosofin i kontext 597

Filosofins genrer 599

Filosofins institutioner 610

Filosofin och dess historia 617

Litteratur och register 625

Litteratur 627

Register 643

Förord

När Hans Lindquist å Studentlitteraturs vägnar övertalade mig att gripa mig an med en lärobok i filosofins historia för universitetsbruk poängterade han att det gått tre årtionden sedan en svensk filosofihistoria i större format givits ut. Sedan dess har inte bara filosofin själv utvecklats och förändrats. Den filosofihistoriska forskningen har också fortskridit så att nya tolkningar, synpunkter och perspektiv kommit att göra sig gällande. Tiden kan sålunda förefalla mogen för ett nytt försök att i den akademiska lärobokens form ge en överblick över de tvåtusenfemhundra åren av västerländsk filosofi. I mitt arbete har jag vägletts av några ambitioner, förutom den att göra min framställning så långt möjligt aktuell och i takt med modern forskning. Jag har sökt, på ett sätt som närmare utvecklas i bokens inledning, återge vad jag uppfattar som "intrigen" i filosofins historia, det väsentliga händelseförloppet, utifrån en bestämd tolkning av vad filosofin är. Jag har också försökt mer än sedvanligt ge läsarna en uppfattning av de filosofiska verken, en kontakt med de autentiska texterna. Och jag har försökt förmedla något kring filosofins stora personligheter och bärande institutioner. Varje betydande förändring i filosofin har haft något att göra med en personlig vision, ett fåtal stora figurer har haft en svåröverskattbar betydelse. Men varje förändring i filosofin har också haft sin grund i en förändring i tidsläget och tidsproblematiken samtidigt som den avspeglats i förändrade institutioner. I dess historia finns väldiga innovationer, men också en tröghet och en kontinuitet som ofta varit förankrad i förblivande institutioner. Denna dubbelhet har jag sökt fånga.

I mitt arbete har jag haft ovärderlig hjälp av många personer som jag här gärna vill tacka. Från förlaget har redaktör Hans Lindquist varit mig till hjälp både som skarpögd lektör och som läroboksakkunnig rådgivare. Bokens antikavsnitt har lästs och kommenterats av professor Hans Regnéll, medeltidsavsnittet av docent Anders Piltz. Mer begränsade avsnitt av boken har granskats av professor Rolf Lindborg och docent Hjalmar Wennerberg (bl.a. Descarteskapitlet). Professor Dick Haglund och professor Sören Halldén samt docent Ingvar Johansson och fil. lic. Stig Nystrand har med kritisk blick läst olika kapitel i 1900-talsdelen. Stor hjälp har jag också haft av adjunkt Staffan Paulsson som ur gymnasielärarens perspektiv kommenterat textens brukbarhet som bredvidläsning i skolornas filosofiundervisning.

Texten avslutas med en litteraturförteckning som beaktar litteratur utgiven t.o.m. 1994. Trots sitt oundvikligen högst begränsade urval titlar kan den förhoppningsvis ge en del användbara tips till vidareläsning.

Lund april 1995

Svante Nordin

Förord till andra upplagan

I andra upplagan har en del tillägg gjorts till texten, bl.a. avsnitt om medvetandets filosofi och om den moderna dygdeetiken. Samtidigt har personuppgifter och litteraturförteckning kompletterats. Litteratur utkommen senare än vintern 2003 har inte kunnat beaktas.

Lund april 2003

Inledning

Filosofin, vars historia här skall berättas, kan betraktas som en fortlöpande tradition. ”Filosofi” blir då en sorts egennamn, en beteckning för en distinkt företeelse inom idéernas historia med en egen identitet. Så har den i äldre tid också ofta uppfattats, t.ex. under medeltiden när filosofins åsikt i en viss fråga kunde kontrasteras mot teologins eller när man frågade sig vad filosofin kunde bevisa i den eller den trosfrågan. Så tänker sig ännu Hegel saken, när han hävdar att det bara finns en filosofi, ehuru den historiskt framträtt i olika former. Med ett modernt betraktelsesätt är det möjligt att ha en i viss mån liknande syn om man ser filosofin som en tradition där efterföljarna ständigt varit medvetna om föregångarna och där frågeställningar och lösningsförsök alltid har innehållit ett moment av transformation, av nyformulering av tankar som funnits i traditionen. Upprepningar och ekon följer oss genom filosofins historia likaväl som förnyelse. Enligt många filosofer är det minnet som ger individen hans identitet. Något sådant kan också sägas om filosofin. Därför har filosofin heller aldrig emanciperat sig från sin historia. Fortfarande ingår filosofins historia överallt som en viktig del av en filosofisk utbildning. Fortfarande spelar referensen till föregångare en viktig roll också för de mest respektlösa och bildstormande nydanarna inom filosofin.

Ser vi saken på detta sätt ter sig filosofins historia inte som ett godtyckligt eller alldeles subjektivt urval av fakta och personligheter. En tradition gör i stor utsträckning själv sitt urval. Vissa tankar, begrepp, böcker och personer har spelat en avgörande roll för den väg filosofin tagit. Det historiska urvalskriterium som här skall användas ger redan klara indikationer. Valet av detta kriterium är givetvis i sig subjektivt. Det är möjligt att skriva filosofins historia utifrån andra utgångspunkter än vad som varit historiskt betydelsefullt och kommit att konstituera en tradition. Tolkningen av denna tradition lämnar även den rum för subjektivitet. En annan författare skulle kunnat lyfta fram andra utvecklingslinjer än de här framhållna, lägga accenterna annorlunda, se problemen i ett annat ljus. Men det finns inget tvivel om att traditionen finns där, medveten och i vissa grunddrag välkänd för de däri inbegripna.

I filosofins historia finns en berättelse att förtälja. Filosofin har haft sina öden och äventyr, den har genom de mer än tvåtusen år den funnits som fortlöpande tradition existerat i olika miljöer, i olika kulturella och historiska sammanhang, i samverkan eller konfrontation med olika makter. Från sin födelse är filosofin grek, hos grekerna får den sitt namn (filosofi=kärlek till visdom), hos dem får den en identitet som därefter aldrig går förlorad. Man kan om man vill tala om kinesisk eller om indisk filosofi och därmed mena företeelser i kinesisk eller indisk intellektuell historia som man tycker har stora likheter med grekernas ”filosofia”. Så skall inte här göras. Vad som funnits och finns hos kineser och indier är andra traditioner utan omedelbart historiskt samband med den grekiska. De utgör inte ämne för vår berättelse och är heller inte betjänta av att betraktas som bihang till den västerländska filosofin. Den tidigaste delen av vår historia handlar om hur filosofin uppkommer i det klassiska Grekland och om hur den sedan genom hellenismen och romarriket sprids över hela den antika världen där den blir ett karaktärsgivande inslag i de bildades livs- och världsåskådning.

Redan i den grekiska kulturen utgjorde filosofin ett oroande och i viss mening subversivt inslag. De många processer mot filosofer som de antika källorna berättar om och varav den mest berömda slutade med dödsdomen mot Sokrates har inte tillkommit utan anledning. Filosofin sådan den odlades bland grekerna underkände alla auktoriteter utom förnuftets, den ställde alla traditioner och sedvänjor inför förnuftets domstol, den hävdade varje människas intellektuella och moraliska självständighet, den hyste föga respekt för vedertagna religiösa eller nationella uppfattningar. Den var till sin tendens kosmopolitisk och benägen att tillerkänna alla förnuftiga människor samma rättigheter. Den underkastade allt en radikal och skoningslös kritik samtidigt som den drevs av nyfikenhet och vilja att veta. Den stannade aldrig i sitt sökande efter visdom, fönuft och kunskap. Om vi alls kan tala om ett ”västerländskt projekt” så är det filosofins projekt. Mer än något annat inslag har det givit den västerländska kulturen dess speciella identitet och drivit den utöver sina ramar. Filosofin har utgjort en sorts Västerlandets immanenta självkritik. Därför har också Sokrates – frågaren, häcklaren, ironikern, den stingande bromsen – förblivit filosofen framför andra, sinnebilden för en filosof. Sokrates var den atenska kulturens blomma, men han ställdes också inför rätta av Aten och dömdes att mista livet.

På detta sätt var filosofins förhållande problematiskt redan till den antika kultur där den dock gick segrande fram. Än mer gäller detta om filosofins förhållande till kristendomen. Kristendomen hade sitt ursprung i en judisk och semitisk miljö där filosofin inte var inhemsk. Även om redan de tidigaste kristna grundskrifterna bär spår av hellenskt och filosofiskt inflytande rörde det sig här om två i stor utsträckning oförenliga element. Den grekiska filosofin med dess förkärlek för det oföränderliga och allmänna och dess tro på förnuftet kunde inte så lätt förenas med kristendomen som var förankrad i det historiska och individuella och beroende av uppenbarelsens auktoritet. Den medeltida filosofins drama handlar om försöken att förena och harmonisera filosofi och religion, förnuft och uppenbarelse. Den uppgiften har fortsatt att vara betydelsefull också i den nya tidens och i våra dagars filosofi.

Tre huvudsakliga kunskapsformer, var och en med anspråk på att ge den riktiga och giltiga bilden av världen och människan, har gjort sig gällande i Västerlandets idéhistoria. De är filosofin, religionen och vetenskapen. Filosofins historia efter antiken har i väsentlig utsträckning handlat om dess konfrontation först med den ena, sedan med den andra makten. Dess förhållande till religionen och till vetenskapen har likväl inte varit detsamma. Den kristna religionen var från början en främmande makt. Den besegrade den hedniska filosofin och stängde dess skolor samtidigt som den i sig upptog viktiga moment från denna filosofi. Sedermera fanns en ständig kamp för att inom den kristna kulturens ram finna ett modus vivendi mellan filosofi och teologi, förnuft och tro. Fördraget omförhandlades ständigt, vanligen till filosofins fördel. Med vetenskapen förhåller det sig annorlunda. Den är ett barn av filosofin, en gren på dess stam. Ännu Newton betecknar sin verksamhet som ”naturfilosofi”. Men successivt vinner vetenskapen allt större självständighet. Från slutet av 1700-talet öppnas en allt tydligare spricka mellan naturvetenskap och filosofi. Under en period har filosofin övertaget och söker korrigera naturvetenskapen med sin djupare förnuftskunskap. Senare framstår vetenskapens legitimitet som säkrare, bättre grundad än filosofins. Vad filosofin är och vilken funktion den fyller i det moderna samhället blir på ett nytt sätt problematiskt. Somliga filosofer kommer att betrakta vetenskapen som en gökunge i boet, ett hot mot den egna existensen. Andra söker anpassa filosofin till vetenskapens normer och med en omdefinition av det ursprungliga förhållandet göra filosofin till en gren på vetenskapens stam.

Detta är i korta drag den berättelse som på de följande sidorna skall berättas. Den handlar om förnuftets, det västerländska förnuftets äventyr. Ty filosofin är ett vad som hålls på förnuftet, dess källa är en tro att förnuftet kan ge oss inte bara en världsbild att hålla för sann utan en norm att leva efter. Därvid har emellertid från första stund också förnuftet självt varit föremål för tematisering. Vad är förnuftet? Varifrån hämtar det sin auktoritet? Vilka regler måste det följa? Finns det olika sorters förnuft? Inom filosofin har en kamp om förnuftet utspelats, om makten att definiera det och föreskriva dess regler. På liknande sätt har filosofin gjort sig själv till föremål för sin undersökning. Vad är filosofin? Vilka är dess mål, vilka dess medel? Olika tider och olika filosofiska skolor har besvarat de frågorna olika.

Filosofin är problem och begrepp. Den ställer sina frågor på nytt, den ställer nya frågor och den omdefinierar gamla frågor. Den behåller, utökar och nydefinierar sina begrepp. Filosofin är också personligheter, var och en med sin vision, var och en med sitt sätt att förknippa och tolka begreppen. Det finns mycket av mänskligt drama i filosofins historia och det är inte min ambition att negligera det. Filosofin är vidare stora texter. De filosofiska verken, deras karaktär, uppbyggnad och struktur har en betydelse som man inte kommer tillrätta med genom att smälta om dem till filosofiska ”system”. Här skall göras ett försök att ge en uppfattning också om de filosofiska texterna och deras art. Filosofin är institutioner. Genom århundrandena har filosofin byggt institutioner kring sig från antikens filosofskolor till våra dagars universitetsinstitutioner, bibliotek och tidskrifter. Något om dessa filosofiska institutioners historia skall framgå i det som följer. Slutligen är filosofin naturligtvis också något som existerar i en politisk, social, ekonomisk och kulturell miljö. Detta är en aspekt som i föreliggande arbete kunnat behandlas endast i kortfattade antydningar. De restriktioner utrymmet pålagt har gjort att tyngdpunkten lagts vid filosofins interna och autonoma utveckling. Att detta innebär en skevhet är författaren väl medveten om.

Efter dessa förklaringar kan första avnittet av vår berättelse ta sin början. Det handlar om de första filosoferna och utspelas i den grekiska övärlden på femhundratalet före Kristus. Under århundradena dessförinnan hade den specifikt grekiska kulturen stigit fram och lösgjort sig från sin minoiska bakgrund. *Iliaden* och *Odysséen* hade diktats, liksom Hesiodos' berättelser om gudarna och världens skapelse. De grekiska samhällena hade genomgått omfattande förändringar. Genom kolonisation hade grekerna, deras språk och kultur, spritt sig över den främre asiatiska övärlden och till den italiska halvön. Sjöfart och handel hade blivit allt viktigare för den grekiska ekonomin, präglingen av mynt medförde helt nya förutsättningar. Adelssamhällena, som framför allt varit baserade på jordbruket, gav vika för nya sociala former. De s.k. tyrannierna, ofta vilande på de lägre samhällsklassernas stöd, bredde ut sig. Också de gamla religiösa föreställningarna kom i gungning. Den homeriska olympen fick konkurrens genom de nya mysteriereligionerna. Inte minst orficismen (enligt legenden instiftad av sångaren Orfeus) kom att spela en stor roll med sin lära om den i kroppen som i ett fängelse instängda själen och om reningarnas betydelse för dess frigörelse. Det är i en sådan omgivning av uppbrott och förnyelse som filosofin uppstår.

Antiken
– filosofins uppkomst och segertåg

De första filosoferna

Kring de första filosoferna finns en atmosfär av gryningsluft, men också av hemlighetsfullhet. Någonting är hos dem på väg att födas, för vilket det ännu inte finns namn eller klassifikationer. Av samtida och nära eftervärld betecknas de första filosoferna helt enkelt som ”vise”. De uppfattas inte som sakkunniga på något speciellt gebit, utan som visa i största allmänhet. Deras läror innehåller inslag av vad vi idag skulle kalla filosofi, naturvetenskap, politisk teori, religiös spekulation, allmänna levnadsregler. De tillskrivs en visdom av såväl teoretisk som praktisk art, den rör gudar och människor, statens angelägenheter och naturens fenomen. Hos dem alla får man intrycket av en stark individualitet och av en vilja att söka sanningen också längs vägar som ingen tidigare beträtt. De försokratiska filosoferna representerar en ny människotyp. De är redan distinkt västerländska, led i den process varigenom Grekland träder fram och hävdar sin särart gentemot omgivande kulturer. Men de är också arkaiskt hemlighetsfulla.

Gåtfullheten ligger delvis i rent yttre förhållanden. Av de tidigaste filosoferna har vi ingenting bevarat utom fragment, ofta av osäker äkthet, samt anekdoter vars källvärde tyvärr inte alltid är lika otvivelaktigt som deras underhållningsvärde. Innebörden i deras läror blir dunkel därför att vår information är otillräcklig, därför att de källor som i många fall ännu senantiken hade tillgång till numera gått förlorade. Forskningen har nedlagt oändlig möda på att samla alla fragment av och om försokratikerna, men mer än fragment, ofta av motsägelsefullt innehåll och i sena traderingar, är det aldrig fråga om. Undra sedan på att tolkningarna går isär!

Till de yttre svårigheterna kommer inre. Hos försokratikerna finns det västerländska tänkandet i en sorts ursprunglig nebulosa där de olika elementen ännu inte skilts från varandra. Här är myt och rationellt argument, teologi och astronomi, morallära och fysik blandade på ett sätt, som är främmande för moderna tänkesätt. Frestelsen blir givetvis stor att genom anakronistiska tolkningar och klassificeringar försöka göra det främmande mer välbekant och hanterligt. Schematiseringar av den grekiska filosofins utveckling där man ser skeendet som ett fortskridande från myt till ”logos” och som ett successivt närmande till moderna vetenskapsideal, är också vanliga i handböckerna. De har dock föga grund i den historiska verkligheten och jag skall här undvika dem.

Jonisk naturfilosofi

Det har blivit en konvention i filosofihistoriska översikter att som den förste av de grekiska filosoferna nämna Thales, bördig från Miletos i Mindre Asien som på hans tid var den främsta bland grekiska handelsstäder och vars invånare talade en jonisk dialekt. Thales levde omkring 585 f.Kr. I antiken räknades han som en av sju vise, alla ungefärligen samtida. Hans åsikter förefaller oss dock ha större filosofiskt intresse än det vi vet om de övrigas och redan Aristoteles gav Thales en särställning.

Försokratisk kronologi är ofta en vansklig sak, men för Thales del har vi genom en lycklig slump ett datum, som ansetts tillförlitligt. Thales skall enligt traditionen ha förutsagt en solförmörkelse, vilken fick en historisk roll genom att den avbröt ett fältslag mellan meder och lydier och fick trupperna att skräckslagna ta till flykten. Denna solförmörkelse ägde rum den 28 maj år 585 f.Kr. Också i övrigt är anekdotfloran rik kring Thales' liv. Han sägs ha varit en statsman, som förespråkade ett förbund mellan de olika joniska städerna. Han skulle ha varit en uppfinningsrik geometriker, som beräknat de egyptiska pyramidernas höjd genom att mäta deras skugga och jämföra med den som kastades av en käpp av känd längd. Han skulle ha lärt sjömännen navigera med hjälp av Stora och Lilla björn och ha varit den förste att dela in året i 365 dagar. Den mest bekanta anekdoten om honom handlar just om hans verksamhet som astronom. Thales skulle en afton ha tagit en spatsertur och då varit så upptagen av att titta på stjärnhimlen att han trillade ned i en brunn. Den historien säger en hel del om grekernas inställning till sina vise män. Thales får framstå som på en gång löjlig och värd beundran när han inte ser efter var han sätter fötterna därför att han är så upptagen med att beskåda det mest upphöjda av allt, himlen och dess eviga stjärnor.

Vad som givit Thales hans rangplats i filosofins historia är emellertid inte någon av hans nyttiga uppfinningar utan ett påstående som vid första anblicken kan förefalla skäligen befängt. Thales hävdade att vattnet är alltings urämne. Vad han kan ha menat med det har blivit föremål för många lärda dispyter. De flesta senare kommentatorer torde dock vara ense om att se saken i samma sammanhang som Aristoteles gjorde. Aristoteles framhåller att de tidigaste filosoferna såg alltings urgrund i något materiellt:

> ”Ty detta varav allt varande består, varur det från början blir till och vari det till slut upplöses, allt under det substansen blir bestående och endast tillstånden förändras – detta förklarar de för element och urgrund till allt varande. Därför, menar de, kan intet nytt bli till och intet gå under, ty en sådan substans är ju för alltid bevarad ... ty någon substans måste det finnas, antingen en eller flera, varur allt annat blir till, under det att den själv förblir bevarad. Men beträffande den mängd och form, som en dylik urgrund äger, har de olika meningar. Thales, föregångsmannen för denna filosofi, nämnde vattnet som urgrund; därför hävdade han också att jorden vilar på vatten.”

Vad Aristoteles tar upp är den problematik som var gemensam för Thales och hans efterföljare och där man frågade efter en universell förklaringsgrund, ett urämne eller en urprincip (grekiska *arche'*), varur allt hade sitt ursprung. Huruvida redan Thales, som Aristoteles synes mena, föreställde sig detta urämne som en substans, varav allt annat är tillstånd, är ovisst. Att allt i någon mening uppstått ur vatten synes han dock ha menat. Något samband hade detta möjligen med att gammal grekisk mytologi gärna tänkte sig att allting haft sitt ursprung i vattnet, i oceanen. Kanske har även, som Aristoteles förmodar, iakttagelser av vattnets betydelse för allt liv eller av att det finns fukt i frön och frukter spelat en roll för Thales. Den astronomiska åsikten att jorden flyter på vattnet, som Thales omfattade, har väl däremot för ett modernt synsätt inget nödvändigt samband med teorin om vattnet som alltings urprincip.

Thales skall enligt traditionen ha varit en from man som sagt att ”allt är fullt av gudar”. Säkert menade han också att vattnet är gudomligt. Men hans förklaring av världens ursprung i vattnet är inte mytologisk på det sätt som varit fallet exempelvis med Hesiodos’ berättelser om alla tings uppkomst genom gudarnas parning och barnaalstrande. Thales framstår som en föregångare till senare tiders försök att ge rationella, metafysiska eller naturvetenskapliga, förklaringar till alltet.

Thales’ närmaste efterföljare bland de joniska naturfilosoferna var Anaximandros, verksam under förra hälften av 500-talet och enligt vissa källor personlig lärjunge till Thales. Anaximandros skrev på jonisk dialekt en bok, som dock numera gått förlorad. I likhet med Thales intresserade han sig för astronomi. Jorden tänkte han sig som en cylinder vilken svävar mitt i universum, fasthållen där genom att anledning saknas för den att falla åt det ena hållet snarare än åt det andra. Stjärnorna tänkte han sig helt poetiskt som hål i himlen vilka ljuset skiner igenom. Han påstås också ha varit den förste som ritade en karta.

Av det Anaximandros skrev finns bara ett fragment bevarat. Det handlar om de joniska filosofernas kardinalfråga, om urprincipen, och lyder:

”Begynnelsen till de varande tingen är det Oändliga ... Varest de har sin födelse, dit leder också deras förintelse, ofrånkomligen. Ty de bär på straff och gottgör varandra för sin orättfärdighet, efter tingens ordning.”

Anaximandros ersätter således Thales' konkreta urämne, vattnet, med ett abstrakt, det ”oändliga” eller ”obegränsade” (grek. *apeiron*). Lika litet som hos Thales finns det någon absolut uppkomst eller undergång – de enskilda tingen uppstår ur urämnet och går under i det, men urämnet självt är evigt. Det råder en ursprunglig ”tingens ordning”, vilken Anaximandros på det för grekerna typiska sättet föreställer sig som en rättviseprincip. Ur det första obegränsade uppstår motsatser som vått och torrt, varmt och kallt. Men då någon av dessa motsatser hotar att ta överhanden, det våta att dränka det torra eller det torra att torka ut det våta, inträder en nemesis och återställer den ursprungliga balansen.

Att Anaximandros valde just ”det oändliga” som urprincip tror Aristoteles hänger samman med att han intresserat sig för det matematiska oändlighetsbegreppet, men också med tanken att det varur de ändliga tingen uppstår och vari de utsläckes självt måste vara oändligt. Oändliga i betydelsen odödliga var emellertid även gudarna och det tycks finnas ett personligt element hos Anaximandros urprincip. Den sägs ”styra” allt, liksom en styrman styr ett skepp.

Anaximandros' närmaste lärjunge och efterföljare hette Anaximenes, med en namnlikhet som tycks som gjord för att förtreta alla de studenter genom tiderna som tvingats lära sig särskilja de båda. Anaximenes (död omkring 526 f.Kr.) kom med ett nytt förslag beträffande vad urämnet kunde vara. Det bestod, sade han, av luft. Det har förefallit många filosofihistoriker som om Anaximenes genom detta svar skulle ha tagit ett steg tillbaka i utvecklingen jämfört med Anaximandros i det han identifierade urprincipen med något konkret. Men till Anaximenes' försvar må anföras att han tycks ha bemödat sig mer än sina föregångare om att ge en förklaring till hur den synliga världens mångfald egentligen uppstår ur det enda urämnet. När luften förtunnas, menade Anaximenes, uppstår eld. När den kondenseras uppstår moln, vatten, jord och stenar, beroende på hur stark kondenseringen är. Genom förtunning av luften uppstår värme, genom kondensering kyla – det ansåg Anaximenes bekräftat genom iakttagelsen att andedräkt som man låter strömma ut medan man håller munnen vidöppen känns varm, medan andedräkt som man blåser ut genom sammanpressade läppar känns kall.

Associationen till andedräkt var ingen tillfällighet. Anaximenes' luft hade bibetydelse av andedräkt och anda. Luften var anda eller själ, urprincipen var universums själ, varigenom det hela fick liv. Sådana konnotationer hos begreppet hjälper till att förklara varför Anaximenes valde luften som sitt urämne.

Anaximenes hade i likhet med sina föregångare bestämda åsikter i astronomiska frågor. Han ansåg bland annat att jorden var en platt skiva som bars upp av luften. Han tillskrev solen stor betydelse och ansåg att månen fick sitt ljus från solen.

Det är lätt att se likheter mellan de tre joniska naturfilosoferna Thales, Anaximandros och Anaximenes. De framförde alla tre spekulativa åsikter om jorden och himlakropparna. De sökte alla svar på kardinalproblemet om universums urämne eller yttersta förklaringsgrund. De var de första att grubbla över de problem om enhet och mångfald, det ändliga och det oändliga, det föränderliga och det oföränderliga, som skulle uppta också de senare grekiska filosoferna.

Diogenes Laërtios, vars anekdotspäckade, roliga och otillförlitliga bok *Om berömda filosofers liv* från 200-talet e.Kr. är en av huvudkällorna till vår kunskap om försokratikerna, återger ett par brev som Anaximenes skulle ha skrivit till Pythagoras. Breven är knappast äkta, men de påminner oss om att Pythagoras var en samtida till den yngste av de tre joniska naturfilosoferna och således levde vid 500-talets mitt samt att han delvis utgick från en liknande typ av problem, även om hans metod att lösa dem var annorlunda. Den andliga atmosfär som omger den store mystikern Pythagoras är dock en annan än den som behärskade den joniska naturfilosofin.

Pythagoréerna

Pythagoras torde ha fötts omkring 570 f.Kr. och ha dött 70 eller 80 år senare. Han är med största säkerhet en historisk person, även om hans liv blivit så omvärvt av legender att somliga forskare lockats att tvivla på detta. Han föddes på ön Samos och därmed på jonisk mark. Hans ogillande av tyrannen Polykrates, som regerade på hans hemö, skall dock ha drivit honom ut på resor. Våra källor betonar gärna dessa resors vidsträckta karaktär. Pythagoras skall ha besökt egyptierna, om vars visdom grekerna hade höga tankar. Han skall ha kommit till Babylonien och till

Persien, där han uppges ha gjort bekantskap med den persiske religionsstiftaren Zoroaster (eller Zarathustra). Säkrare än allt detta är att Pythagoras slutligen hamnade i Kroton i Italien. Där skaffade han sig en stark ställning och blev, tillsammans med sina inom kort talrika lärjungar, lagstiftare och styresman.

Den senantika traditionen om Pythaghoras innehåller många fantastiska inslag. Han betraktades som trollkarl och undergörare och sägs också ha varit son till guden Hermes. Denna härkomst kopplades i anekdoten samman med Pythagoras' själavandringslära. Det sägs nämligen att Pythagoras av sin gudomlige fader skulle ha utbett sig gåvan att komma ihåg alla sina tidigare existenser. I en av sina inkarnationer skulle Pythagoras sålunda ha hetat Euphorbus och varit med vid belägringen av Troja. Somliga av våra källor vet till och med besked om i vilka personer Pythagoras' själ skulle ha återfötts efter filosofens kroppsliga död. Alla greker tog dock inte Pythagoras' själavandringslära på lika stort allvar. En komediförfattare framställde sålunda en scen där Pythagoras hindrade en man från att slå sin hund. I hundens skall hade filosofen nämligen känt igen rösten hos en avliden vän.

Den lärjungeskara Pythagoras samlade omkring sig gjorde honom till den förste skol- eller sektbildaren i filosofins historia. Hans namn blev det första som gav etikett åt en filosofisk gruppering. Redan antiken talade om "pythagoréer" ungefär som vi numera talar om "kantianer", "hegelianer" och liknande. Mästarens ord fick för lärjungarna en avgörande auktoritet. "Han har själv sagt det" (grek. *avtós éfa*) blev argumentet som kunde avgöra varje diskussion. På samma sätt kunde 1200-talets skolastiker vädja till ett "ipse dixit", där "han själv" dock inte syftade på Pythagoras utan på Aristoteles.

Den pythagoreiska sektens medlemmar fick del av en hemlig, esoterisk visdom. De hade också att iaktta vissa egenartade regler som mästaren ställt upp. T. ex. följande:

Att inte röra om i elden med ett svärd.
Att alltid ha sängkläderna hopbundna.
Att inte kasta vatten vänd mot solen.
Att inte kasta vatten på avskurna naglar och hårstrån.
Att inte hysa svalor under sitt tak.
Att inte uppföda djur med krokiga klor.
Att inte äta bönor.

Redan antiken försökte ge dessa regler någon sorts förnuftig innebörd, värdig en filosof, genom att tolka dem allegoriskt. Att inte röra om i elden med ett svärd skulle betyda att inte väcka de makthavandes vrede etc. Sådana tolkningar ter sig dock orimligt snusförnuftiga och man torde lugnt kunna utgå ifrån att pythagoréernas regler snarare hade en sorts magisk innebörd, att de var taburegler av det slag som förekommer inom de flesta religioner. Diogenes Laërtios berättar att Pythagoras själv noga iakttog sina egna regler. Han åt honung, bröd och grönsaker, men bara i undantagsfall fisk. Vin smakade han aldrig om dagen. Han bar vita, rena kläder och hade sängkläder av vitt ylle. Han åt aldrig för mycket, hade aldrig könsumgänge, var aldrig berusad. Han avhöll sig från skratt och berättade aldrig oanständiga historier. När han offrade till gudarna offrade han bara själlösa ting.

Det pythagoreiska brödraskap som hölls samman av dessa regler kom att få stort politiskt inflytande. Tillsammans styrde de Kroton och andra grekiska städer i Italien. Till slut tröttnade befolkningen emellertid på filosofernas styre och en revolt bröt ut. Många pythagoréer blev dödade, bland dem – efter vad det sägs – mästaren själv. En källa påstår att det bakom Pythagoras' hus i Kroton växte ett fält med bönor och att filosofen föredrog att låta sig huggas ned framför att fly över en odling av dessa förhatliga köksväxter.

Liksom berättelserna om Pythagoras' liv är legendbetonade är våra informationer om hans och hans lärjungars åsikter osäkra och motsägelsefulla. Vissa väsentliga huvuddrag i pythagoréernas åskådning är dock oomtvistliga.

Pythagoréerna fann universums urprincip hos talen. De lär ha varit de första att tala om världen som ”kosmos”, dvs. som ett ordnat helt i motsats till kaos. Och den ordnande principen fanns hos talen, i de matematiska förhållandena. Tydligen var det framför allt iakttagelsen av vissa samband mellan talförhållandena och de musikaliska harmonierna som övertygade Pythagoras om att nyckeln till universums gåta ligger hos matematiken. Han konstaterade en relation mellan längden på lyrans strängar och de musikaliska intervallen – tonernas höjd står i ett matematiskt formulerbart förhållande till den vibrerande strängens längd. Detta gav upphov till tanken att tingens väsen är talen och ur den utvecklades i sin tur en hel talmystik. Talet 10 ($1 + 2 + 3 + 4 = 10$) antogs vara ett heligt tal. Därför menade också pythagoréerna att de rörliga himlakropparnas antal måste vara tio. Då detta inte föreföll stämma med gjorda iakttagelser antog de att det bakom jorden och osynlig för oss fanns en s.k. motjord, som fyllde ut antalet. Hos elementen kunde likaledes tal och geometriska figurer spåras. Jorden relaterades till kuben, elden till pyramiden, luften till den åttasidiga, vattnet till den tjugosidiga figuren. Men pythagoréerna fann tal också bakom etiska förhållanden. Rättvisa identifierade de sålunda med talet fyra. Hela universum blev en harmoni, på en gång matematisk och moralisk, bestämd av talförhållanden och tack vare detta begriplig för förnuftet. Sitt mest sublima uttryck fick den uppfattningen i läran om ”sfärernas harmoni”. Aristoteles, som inte själv trodde på den, berättar härom:

”Att en harmoni uppstår vid stjärnornas rörelse, därigenom att de frambragta ljuden kommer i samklang, är ett spirituellt och skarpsinnigt påstående; det är emellertid icke sant. / --- / Men då solen och månen och stjärnorna av oerhörd mängd och storlek rör sig med denna hastighet är det otänkbart, menar de, att det icke skulle uppstå ett ljud av ofattbar styrka. Då de vidare antar att hastigheterna till följd av de olika avstånden följer samma lagar som samklangerna i musiken, påstår de att ljudet från stjärnornas kretsrörelse är en harmoni. Då det föreföll egendomligt att vi människor inte kan höra denna klang, förklarar de detta så, att klangen följer oss ända från födelsen och därför inte kan tydligt uppfattas / --- / oss går det därför som kopparsmeden, som är så van vid dånet att han inte märker något.”

På detta sätt blir för pythagoréerna universum en väldig musikalisk harmoni, styrd av hemlighetsfulla talförhållanden. Därigenom svarar universum i det stora mot den mänskliga själen i det lilla. Ty också denna ansågs vara en harmoni, ett mikrokosmos i samklang med makrokosmos. Onekligen har en lära som den om sfärernas harmoni, ljuv men ohörbar, ett tycke av mystik. Man har också pekat på likheterna mellan pythagoréernas åskådning och den orfiska mysteriereligionen, som vid samma tid fått stor utbredning i Grekland. Men hos pythagoréerna finns också rationalism. Det är ju rationella talrelationer som enligt deras uppfattning styr världen. Upptäckten av de s.k. irrationella talen, dvs. sådana som inte kan uttryckas i heltal eller decimaler därav, orsakade stor skandal inom den pythagoreiska sekten. Visserligen följer de irrationella talens existens redan ur mästarens egen berömda s.k. Pythagoras' sats, varur framgår att sidorna på en triangel inte alltid kan anges med ett ändligt antal decimaler. Men detta gjorde ju knappast saken bättre. Det berättas att pythagoréerna strängt straffade en viss Hippasus, en i deras egen krets som blivit förrädare genom att för oinvigda avslöja de irrationella talens existens. En teoretisk skandal av denna dignitet borde naturligtvis helst hållas hemlig.

Det är inte orimligt att säga att pythagoréerna genom sin tro på talförhållandena som universums hemlighet blev den matematiska naturvetenskapens grundläggare. Deras övertygelse, vidarebefordrad av Platon och hans lärjungar, att naturen måste låta sig beskrivas matematiskt, gav ett starkt incitament inte minst till astronomernas forskningar. När de grekiska astronomerna från Eudoxos till Ptolemaios försökte visa att planeternas skenbart oregelbundna och irrande rörelser i själva verket kan beskrivas med hjälp av ett system av geometriska cirklar, handlade de i Pythagoras' anda. När Galilei på 1600-talet förkunnade att naturens bok är skriven med matematiska tecken eller när Kepler under samma århundrade formulerade de underbara talförhållanden som styr planeternas rörelser, var de senfödda lärjungar till Pythagoras. Det kan påstås att Pythagoras' program för utforskning av naturen triumferade tvåtusen år efter hans död med den moderna matematiska naturvetenskapens födelse. Som denna naturvetenskap sedan dess revolutionerat hela vår tillvaro kanske inte de hade helt fel, som tillskrev Pythagoras magiska krafter.

Det anses att pythagoréerna varit de första att använda ordet "filosofi" (grekiska = kärlek till visdom). Med hjälp av en liknelse skall de ha förklarat den innebörd ordet hade för dem. Till de olympiska spelen kom det, förklarade de, tre kategorier av människor. Somliga kom dit för att tävla, andra för att sälja saker, andra åter för att titta på. Den sistnämnda aktiviteten var den förnämligaste och den som svarade mot filosofin. Filosofi innebär sålunda ett skådande. Det grekiska ordet *theoria* som fått sin plats i de västerländska språken och vars ursprungsbetydelse är just "skådande" påminner oss om grekernas benägenhet att associera kunskapsförmågan med synsinnet. Det teoretiska livet innebär en kontemplation, ett betraktande av tingen sådana de är.

Pythagoréerna var sålunda i viss mening uppfinnare av "filosofin". Deras inflytande på senare filosofi har också, framför allt via Platon och platonismen, blivit mycket stort. Tanken på den matematiska kunskapen som förebild och modell för all verklig kunskap har influerat två årtusenden av västerländsk rationalism. Men också den höga värdesättningen av musiken och dess förmåga att öppna en väg mot tillvarons hemligheter har utövat en mäktig verkan.

Xenofanes' religionskritik

Till de legendariska berättelserna om Pythagoras hör en som berättar att han besökt Hades. Där skulle han bland andra ting ha fått se Homeros' själ hängande ned från ett träd och omslingrad av ormar samt Hesiodos' själ i en liknande belägenhet. De båda skalderna straffades för vad de sagt om gudarna. Berättelsen antyder den motsättning som tidigt uppstod mellan skalderna och filosoferna i deras uppfattning av gudarna. Den traditionella källan till kunskap om gudarna var just Homeros' och Hesiodos' sånger. Framför allt Homeros var för grekerna inte bara skald i vår mening utan författare till böcker lika religiöst och kulturellt fundamentala som Moseböckerna för judarna. För dem som ansåg den grekiska folkreligionen i behov av reformation var det därför naturligt att angripa Homeros. Den som med större kraft och vältalighet än någon annan uppträdde som ”skaldernas gissel” var en yngre samtida till Pythagoras, Xenofanes.

Xenofanes, vars mer exakta levnadsdata är okända, var bördig från Kolofon i Jonien men hamnade slutligen i den lilla staden Elea i södra Italien. Han var själv skald och mycket av det han skrivit har alls ingen filosofisk karaktär. Sin betydelse för filosofins historia har han fått framför allt genom verser där han angrep de traditionella föreställningarna om gudarna:

> Gudarna övar, det påstår Hesiodos liksom Homeros,
> allt som för mänsklig blick är skamliga dåd och gemenhet,
> stjäl och lever i hor och gillrar försåt mot varandra.

Med effektivt hån angriper Xenofanes dessa antropomorfa föreställningar om gudarna:

> Till människors mening hör att gudar blir till,
> äger gestalt och kläder och röst just så som de själva.
> Men om nu hästar och oxar och lejon med händer försåges,
> därmed de kunde måla och skapa, som människor, konstverk,
> skulle till hästar hästen, och oxen för sin del till oxar
> forma gudarnas drag ...
> Negrerna vet besked om svarta och trubbnästa gudar,
> blonda och blåögda är de gudar som nordborna hylla ...
> En är Gud, den störste bland gudar liksom bland människor,
> liknar de dödliga ej till gestalt och ej heller till tanke.

Homeros’ och folktrons gudavärld utmönstras här utan förskoning. Som de vittberesta grekerna gärna brukade använder Xenofanes antropologiska argument – varje folk skapar gudarna till sin avbild, grekernas gudar är inte mer trovärdiga än negrernas svarta beläten. I stället för den oefterrättliga olympiska gudafamiljen av tjuvar och äktenskapsbrytare vill Xenofanes anta en filosofernas gud av mer abstrakt karaktär. Denna gud liknar inte människorna vare sig till gestalt eller tanke. Uttrycket implicerar att gud dock har en gestalt och så menar också Xenofanes. Gud är sfärisk, heter det. Iden om en sfärisk gud kan på oss göra ett komiskt intryck. Men det mildras då man betänker att gud hos Xenofanes identifieras med världen. Att gud är en kan lika gärna uttryckas så, att det Ena är gud, att gud är världsalltets *arche*.

Xenofanes uttalade många åsikter som har filosofiskt intresse. Bland annat finns hos honom en av de första formuleringarna av en historisk framstegsteori: ”Gudarna uppenbarade inte alla ting för människorna i begynnelsen, utan först med tiden, genom att söka och forska, kan de skaffa sig bättre kunskap”. Dock är det framför allt genom sin kritik mot den antropomorfa gudaläran och genom sitt sökande efter en mer förnuftsenlig gudsuppfattning som Xenofanes satt spår i filosofins historia.

Den dunkle Herakleitos

Till dem som delade Xenofanes' motvilja mot Homeros och Hesiodos hörde en något senare tänkare, Herakleitos från Efesos, som skall ha ”blomstrat”, dvs. varit i sina bästa år, omkring år 500 f. Kr. Men den avsky Herakleitos kände för skalderna – om Homeros lär han ha sagt att denne bort visas ut från spelen och bli pryglad – innebar inte att han hyste högre tankar om filosoferna. I ett känt fragment säger han:

”Mångveteri lär inte ut förstånd. I så fall skulle det ha lärt ut det till Hesiodos och Pythagoras, desslikes till Xenofanes och Hekataios.”

För Xenofanes hade Herakleitos således ingen större aktning, även om, av skäl som skall framgå, Pythagoras var hans svarta får framför andra bland filosoferna.

Herakleitos omges, i kanske ännu högre grad än de övriga försokratikerna, av en fantasieggande gåtfullhet. Redan antiken fann honom svår att begripa och gav honom namnet ”den dunkle”. Om Herakleitos' bok ”Om naturen” skall Sokrates ha sagt, att det skulle behövas en dykare för att nå botten av den. Gentemot detta står andra stilistiska egenskaper som Diogenes Laërtios karaktäriserat sålunda:

”Ibland talar han i sin bok med en lysande klarhet, så att även den trögaste kan fatta och känna själen lyftad. Hans framställning har en koncentration och tyngd av ojämförlig art. ”

Det är sant att många av Herakleitos' yttranden genom sin sammanpressade knapphet i formuleringen, sin poetiska lyskraft, sin karaktär av paradox och orakelspråk utövar en stor suggestiv verkan. Svårbegripligheten har dock för vårt vidkommande kraftigt förstärkts genom att det Herakleitos skrivit eller sagt till oss bevarats endast som fragment och att äktheten hos dessa fragment alltid är omstridd.

Också de uppgifter om Herakleitos' liv som finns i bevarade källor har en mycket osäker grad av tillförlitlighet. Han skall ha varit av synnerligen aristokratisk härkomst. Det högsta prästerliga ämbetet i Efesos var ärftligt inom hans släkt, men Herakleitos skall frivilligt ha avstått det till sin bror. Det påstås också att efesierna erbjöd honom att bli lagstiftare i staden, men att han vägrade under hänvisning till att den rådande författningen var så dålig att ingenting kunde göras under den. Det vill synas som om Herakleitos' politiska uppfattningar hade en häftigt antidemokratisk tendens. I vart fall skall han ha hyst ett djupt förakt för övriga medborgare i Efesos. Sedan de landsförvisat en god vän till honom, Hermodoros, sade han: ”Efesierna har skäl att gå och hänga sig, samt och synnerligen, och lämna staden till sina halvvuxna gossar.”

Till sist lär människohatet ha tagit överhanden hos Herakleitos. Han begav sig upp i bergen och livnärde sig på gräs och växter. Till slut ådrog han sig emellertid vattusot och tvangs återvända till Efesos. Förgäves sökte han hjälp av läkare. Det sägs att han så försvagades att han blev uppäten av hundar.

Mycket av den filosofi denne ojämförlige misantrop formulerade tycks stämma väl överens med hans karaktär. För mängden, ”de många” och deras visdomar hade Herakleitos bara förakt:

”Av vikt är därför att följa det gemensamma. Men fastän Logos är gemensam, så leva likväl de många som hade de ett eget förstånd.”

Detta Logos som mängden sägs vara oförmögen att begripa intar en central plats i Herakleitos' filosofi. Ordet *logos* tillhör den grekiska filosofins nyckelord, men dess extrema mångtydighet gör det svårhanterligt. Förnuft, lag och mått torde vara några av de betydelser som är relevanta för förståelsen av Herakleitos' mening. Logos är för honom en världsordnande princip. Den styr allt, betingar den enhet som finns hos allt. Vishet är att känna Logos: ”Ett enda är vishet: att känna tanken, som styr allt för alltid.”

Logos är moralisk norm likaväl som kosmisk princip. Den är gemensam för alla, men människorna håller likväl fast vid sina enskilda, subjektiva meningar. Herakleitos gör gärna jämförelsen med de sovande som var och en i drömmen lever i sin egen privata värld. Först om vi kunde vakna skulle vi leva i den sanna, för alla gemensamma, värld som är Logos'.

Ur materiell synpunkt är *logos* eld. Världssjälen är eld, den utmärker sig för värme och torka. De mänskliga själarna utgör gnistor från denna eld. ”De torra själarna är de bästa”, säger också Herakleitos. I döden förvandlas själen däremot till vatten.

Vägen till kunskap om *logos*, det för alla gemensamma, går via självkännedom. ”Jag utforskade mig själv”, lyder ett av Herakleitos' fragment och det berättas om honom att det delfiska orakelspråk han mest beundrade var det berömda: ”Känn dig själv!”. Det är genom att rannsaka sig själv och sitt eget psyke man kan finna de krafter som styr kosmos. Själens gränser finns ingenstans: "I vilken riktning du än vandrar skall du aldrig upptäcka själens gränser. Så djupt är dess *logos*."

Herakleitos' världsbild är dramatisk. "Kriget är alltings fader", hävdade han. Gentemot dem som önskade evig fred menade han att det är strid och motsättningar som upprätthåller världen – det kan inte finnas en melodi utan höga och låga toner, ingen fortplantning utan motsättningen mellan manligt och kvinnligt. Därmed är också antytt att det existerar en sorts motsatsernas enhet, att de ömsesidigt förutsätter och vidmakthåller varandra. Upp och ned är sålunda motsatser, poängterade Herakleitos, men likafullt kan det som är vägen upp för den ene vara detsamma som är vägen ned för den andre.

Hela kosmos består för Herakleitos av en sorts motsatsernas enhet. Att någonting kan vara i harmoni med sig självt genom att befinna sig i motsättning till sig självt är en viktig tanke hos Herakleitos. Som exempel anför han lyran och bågen vilka till det yttre är orörliga, men inom vilka motsatta krafter utkämpar en kamp. Hela universum upprätthålls på liknande sätt genom den spänningsfyllda harmonin av kämpande krafter. Denna Herakleitiska harmoni skiljer sig på ett fundamentalt sätt från den pythagoreiska, som var en harmoni av samstämmigheter.

Det mest bekanta uttrycket för den dramatiska karaktären hos Herakleitos' tänkande är hans tes, att allting befinner sig i oavbruten rörelse och förändring. "Allting flyter", lyder det kanske oftast citerade (om än inte till sin äkthet mest oomtvistliga) Herakleitiska fragmentet. Och i ett annat heter det: "Ingen stiger ned två gånger i samma flod". Allt förändras, ingenting förblir identiskt med sig självt. Även där ingen rörelse är synlig befinner sig allt i ständig växling. Sådan är Herakleitos uppfattning av världen. Men i denna ständiga föränderlighet finns en ordning, en lagbundenhet, ett *logos* eller ett mått. Genom detta mått uppehålles en jämvikt. Herakleitos' värld är spänningsfylld, men långt ifrån något kaos eller någon anarki.

Den motsatsernas harmoni som enligt Herakleitos råder på det fysikaliska planet har sin motsvarighet också på det etiska (naturligt nog eftersom Herakleitos lika litet som någon annan grekisk filosof gjorde vår åtskillnad mellan fysik och etik). Också mellan ont och gott rådde en motsatsernas identitet. Kirurgens kniv utgör något ont, eftersom den tillfogar smärta, men också något gott, eftersom den botar. "För gudarna är alla ting goda och rättvisa, men människorna har antagit att somliga är rättvisa och andra orättvisa", heter det i ett fragment. Och i ett annat sägs: "Gud är dag och natt, vinter och sommar, krig och fred, mättnad och hunger". För den som tror att *logos* styr allt är det självklart att tillvaron i sin helhet måste accepteras som god.

Det fanns hos Herakleitos, vid sidan av allt dåligt lynne och människoförakt, en fromhet inför tillvaron som träder fram i några berättelser och fragment. Det berättas att några vänner ville besöka Herakleitos, men tvekade då de såg honom sitta och värma sig vid härden. Men Herakleitos bad dem lugnt stiga på, ”ty även här bor gudar”. För Herakleitos som för Thales är allt fullt av gudar, det gudomliga ständigt närvarande. I ett fragment talar den dunkle från Efesos om tillvaron som en lek eller ett spel: ”Det eviga livet är ett barn, lekande som ett barn som sitter vid ett brädspel ; herradömet tillhör ett barn.”

På senare filosofer har Herakleitos’ storslagna och suggestiva tänkande utövat en mäktig verkan. Platons filosofi kan, ur en synpunkt, ses som ett försök att gendriva Herakleitos. Men också tänkare från en långt senare tid har fascinerats av den märklige efesiern. Hegel uppfattade Herakleitos med sina idéer om striden som livsprincip och om motsatsernas enhet som en föregångare. Nietzsche uppskattade hans förakt för mängden, hans kompromisslösa livsuppfattning, hans förkunnelse av en verklighet bortom gott och ont. Samtidigt framstår Herakleitos i filosofins historia som den främste representanten för en metafysisk grundupplevelse – den att allting ständigt förändras, växlar, flyter, av att ingenting ens ett ögonblick förblir identiskt med sig självt. Den motsatta upplevelsen, den extrema kontrasten till denna flodens metafysik, finner vi hos en annan av de stora försokratikerna, hos en något yngre samtida till Herakleitos, Parmenides.

Eleaterna

Till den lilla staden Elea i Syditalien har man brukat hänföra en hel filosofskola, de s.k. eleaterna. Med bostadsortens rätt borde kanske Xenofanes räknas till eleaterna och det är sant att han genom sin plädering för ett abstrakt, alltigenom rationellt gudsbegrepp röjt vägen för dem. Faktum är likväl att man med beteckningen i allmänhet tänker på den filosofskola som grundades av Parmenides. Parmenides föddes i Elea, förmodligen någon gång mellan 520 och 510 f.Kr. Han uppges ha varit lärjunge till Xenofanes, men också till pythagorén Ameinias. Kanske var Parmenides i sin ungdom själv pythagoré, åtminstone är det tydligt att Pythagoras’ lära, positivt och negativt, varit en förutsättning för hans egen. Om Parmenides berättas en hel del sådana saker som brukar berättas om de försokratiska filosoferna.

Han skall ha intresserat sig för astronomi, ha ansett att jorden var klotformig med placering i världens mitt och ha varit den första att inse att morgonstjärnan och aftonstjärnan är samma himlakropp. Han skall också ha varit politiskt verksam och stiftat lagar i sin stad. På en punkt finns det emellertid en lycklig skillnad mellan Parmenides och de flesta andra försokratiker. Av den skrift han skrev på hexameter och där han lade fram sina läror har vi ganska mycket bevarat, hela 154 rader. Vi behöver sålunda inte gissa oss till vad Parmenides sagt utan kan läsa hans egna ord. Olyckligtvis är emellertid därmed inte våra problem lösta. Ty i sina verser förkunnar Parmenides inte en utan två varandra klart och otvetydigt motsägande åskådningar. Parmenidestolkningens viktigaste problem blir därmed att förstå hur dessa båda åskådningar egentligen förhåller sig till varandra.

Parmenides' dikt börjar med en egenartad prolog. I denna skildras hur filosofen förs i en vagn, dragen av hästar och ledd av gudinnor, solgudens döttrar. Färden bär upp i rymden tills man kommer till en väldig port, "rest mellan Nattens banor och Dagens". Dike, rättvisans gudinna, förvaltar nycklarna, men solgudens döttrar övertalar henne att släppa in ekipaget. Därefter förs vagnen fram till en icke namngiven gudinna, som visar alla tecken på välvilja:

> "Sedan bjöd mig gudinnan sin gunst och sin välkomst; med handen
> grep hon min hand och talade till mig; så föllo orden:
> 'Yngling, den resa du gjort är en där odödliga styra; / --- /
> I allting skall du bli invigd,
> dels det orubbliga hjärta som bor i Sanningens rundhet,
> dels de mänskliga villor som sakna all kraft och all sanning.' "

Därpå framställer gudinnan det som är Parmenides' dubbla lära, den sanna och den falska.

Prologen är ett högst egendomligt aktstycke som förbryllat kommentatorerna. Trots att Parmenides senare framställer sin lära som förnuftsmässigt nödvändig är det inte logiska deduktioner han åberopar som kunskapskälla utan en gudomlig uppenbarelse. Jämförelser med mystiska upplevelser och drömmar i olika religioner, bland andra den sibiriska shamanismen, har sysselsatt uttolkarna. Viktigt är Parmenides' anspråk på att, till synes ensam bland dödliga, ha invigts i de yttersta mysterierna.

Vad är det då som "bor i Sanningens rundhet"? Vilken är gudinnans sanna lära? Dess grundtanke är enkel: Endast det Varande är, det Icke varande är icke och kan icke tänkas. I versen utläggs detta på följande sätt:

”Aldrig skall det bevisas att Icke-varande finnes;
fjärran från denna forskningens väg skall du hålla din tanke.
Ej heller världskloka vanan får tvinga dig in på den vägen
varest förblindade ögon och brusande öron få spelrum,
likaså tungan; med tanken du kämpe dig genom den fråga
vilken av mig blivit ställd. Att säga om vägen blir övrigt
bara ett enda ord, ett *är*. / --- /
Hur kan då Varat förintas? För övrigt, hur kan det uppstå? / --- /
Ej heller går det att dela, ty helt är det lika beskaffat; / --- /
Dock finns det orörligt till där det ligger i bojornas gränser,
har icke början och slut, då ju födelsen såväl som döden
långt bort i fjärran har drivits, förjagad av sanning och visshet.
Samma förblir det till väsen och plats, kring sig själv har det vila, / --- /
Tänkandet självt och tanken *det är* är blott ett och detsamma ”.

Parmenides ställer Sanningen mot den falska uppfattning som mängden har. I sitt förakt för hopens meningar går han lika långt som Herakleitos, fastän med den skillnaden att han av allt att döma inbegriper Herakleitos i den okunniga mängden. Åtminstone har många uttolkare velat se en hänsyftning på Herakleitos i Parmenides’ förkastelsedom över dem, som tror att det existerar växling och förändring. Vad som leder de vanliga människorna vilse är framför allt sinnenas vittnesbörd. De falska åsikterna uppstår genom att man förlitar sig på ögon och öron, då man tror att den värld av mångfald och ständig förändring som sinnena breder ut framför oss också är den verkliga. Den sanna vägen finner man genom att förneka sinnena och hålla sig enbart till förnuftet.

Förnuftet säger oss att det Varande är medan det Icke-varande inte är. Därmed är enligt Parmenides’ sätt att se varje tanke på förändring eller rörelse utesluten. Ty förändring borde ju innebära att något blir vad det tidigare icke varit, eller att något uppstår efter att tidigare inte ha varit till. Eller att något som tidigare varit till upphör att vara det. Men allt detta är ju uteslutet om det Icke-varande inte är. Ingenting kan då rätt gärna uppstå ur det eller övergå till det. Vi tycks ställas i en situation där vi tvingas välja mellan logikens sats att det Icke-varande inte är och sinnenas vittnesbörd om rörelse och förändring. Parmenides väljer utan tvekan att hålla fast vid logiken.

Ingenting kan uppstå ur Intet eller övergå till Intet (eftersom Intet inte finns). Följaktligen måste världen ha ägt bestånd i all tid och komma att för evigt bestå. Varat är orörligt, oföränderligt. Det är också *ett*. Mångfalden, som ju förutsätter att A icke är B och att B icke är A, strider enligt Parmenides i lika hög grad som föränderligheten mot kardinalsatsen att endast det Varande är. Någon sammanblandning av Vara och Icke-vara, som förutsätts vid förändring och mångfald, vill varken gudinnan eller filosofen veta av. Det kompromisslösa accepterandet av förnuftets verklighetssyn understryks genom att tänkandet och Varat identifieras med varandra. Tanken finns inte lösryckt ur Varat, heter det, den "är ej och skall icke vara någonting alls om ej Vara".

Den joniska naturfilosofin sökte en princip bakom *ta onta*, de varande tingen. Parmenides utgår från *ta on*, Varat självt. Varat är ett och odelbart. Det är oföränderligt och evigt, eller snarare bortom all tid, existerande i ett evigt nu där ingen gårdag eller morgondag finnes. Det är fullhet och känner inte av något tomrum. Helt och fullt fyller det ut sina gränser. Till formen är det runt, grekernas ideala form. Det liknar en boll. Ananke, som är nödvändighetens gudomlighet, och Moiran, som är ödets, håller det i sitt grepp.

Då Parmenides' gudinna förkunnat dessa sanningar övergår hon till att förklara den falska uppfattning av världen som omfattas av människorna i gemen. Den visar sig utmärkas av en dualism där motsatta principer som Ljus och Mörker tillsammans ger upphov till den synliga världen. Parmenides' kosmologi har förbryllat forskningen. Avsåg filosofen att säga att just den för honom förkunnade falska kosmologin hade något företräde framför andra falska kosmologier, t.ex. de joniska filosofernas eller Pythagoras'? Vilket skulle i så fall detta företräde vara? Är tanken måhända att vissa falska världsförklaringar bättre förklarar sinnenas skenvärld än andra? Något oomtvistligt svar på dessa frågor finns inte. Vi får nöja oss med att konstatera att Parmenides fann det mödan värt att skriva ned en hel del meningar om den värld, som enligt huvudtesen i hans filosofi alls inte fanns. Några av dessa meningar, om astronomiska frågor, har tidigare nämnts.

Parmenides representerar en metafysisk grundupplevelse som i viktiga avseenden är motsatt Herakleitos'. Sinnenas och förändringarnas värld dömde han ut som overklig och vände sig i stället mot en evig, oföränderlig förnuftsvärld, mot ett Vara bortom tiden. Därmed blev han banbrytaren för vad som, till stor del via Platon, skulle bli en huvudlinje i västerländsk metafysik. En imponerande succession av västerländska tänkare skulle i Parmenides' efterföljd komma att skilja mellan den stora mängdens falska åsikter och filosofernas sanna vetande, mellan sinnenas villor och förnuftets insikt, mellan en skenvärld präglad av växling och mångfald och en absolut verklighet präglad av oföränderlighet och enhet. Givetvis skulle det förekomma modifikationer och förskjutningar. Platon släppte sålunda, som vi skall se, genom sin idélära in mångfalden i förnuftsvärlden samtidigt som han tillät en blivandets halvvärld i gränslandet mellan Vara och Icke-vara.

Men Parmenides hade ändå tagit upp ett tema, som senare tänkare skulle variera. Ännu hos Martin Heidegger är det fullt möjligt att känna igen Varats filosofi, sådan gudinnan en gång förkunnat den för Parmenides.

I Platons dialog *Parmenides* skildras ett möjligtvis helt apokryfiskt möte mellan den gamle Parmenides och den unge Sokrates. Parmenides skulle ha besökt Aten i samband med den stora panatenéerfesten. I sällskap skulle han ha haft sin främste lärjunge, Zenon, också han från Elea och några tiotal år yngre än Parmenides. Den båda eleaterna skildras av Platon på följande sätt: ”Parmenides var då ganska gammal, ungefär sextiofem år, alldeles gråhårig, men vacker och ståtlig att se på. Zenon var i det närmaste fyrtio år, välväxt och fager; det berättades, att han hade varit Parmenides' älskling.”

Zenon får tillfälle att läsa högt ur en filosofisk skrift som han författat och Sokrates inleder ett samtal om vad månne syftet med denna skrift kan ha varit. Zenon förklarar vad de berömda argument han där framfört gått ut på:

”Men i verkligheten var min skrift avsedd som en hjälp åt Parmenides' lära mot dem, som försöker att bespotta honom och att påstå, att hans lära om att endast enheten finnes, måste draga med sig många löjliga motsägelser. Denna min skrift uppträder således mot dem, som förkunnar mångfalden, och ger dem tillbaka deras förebråelser och mera därtill, och den vill därvid visa, att deras lära om mångfalden, om man blott riktigt går den in på livet, drager med sig ännu större löjligheter än läran om enheten. Det var i en sådan stridsstämning, som jag skrev boken i min ungdom ”.

Även om detta samtal mellan Zenon och Sokrates kanske aldrig ägt rum, kan vi nog utgå från att det riktigt återger Zenons intentioner. Parmenides' lära om förändringens och mångfaldens overklighet var ju minst sagt utmanande för sunda förnuftet. En ur vardagsförnuftets synpunkt mer absurd lära än den, att det bara finns ett enda ting i världen och att ingenting någonsin rör sig eller förändras, är ju svår att uppleta. Men Zenon ville med hjälp av sina paradoxer visa, att de som trodde på mångfald och rörelse hade ännu besvärligare invändningar att bemöta än de som förnekade dem.

Det är framför allt genom Aristoteles' referat vi känner till Zenons paradoxer, av vilka de viktigaste och mest kända är följande:

1. Halveringsparadoxen: Om man vill gå en viss given sträcka måste man först tillryggalägga halva avståndet. Men dessförinnan måste man ha gått hälften av denna halva sträcka och dessförinnan hälften av den och så vidare i det oändliga. Under en ändlig tid kan man inte tillryggalägga dessa oändligt många sträckor och sålunda kommer man aldrig fram.

2. Paradoxen om Achilles och sköldpaddan: Grekernas snabbaste löpare, Achilles, kan aldrig hinna ifatt den långsamma sköldpaddan om denna

givits ett visst försprång. Ty när Achilles hunnit fram till den punkt från vilken sköldpaddan startade har sköldpaddan hunnit kravla sig fram en bit till. Och när Achilles hunnit dit, har sköldpaddan hunnat tillryggalägga ytterligare en liten sträcka. Eftersom detta kan fortgå i det oändliga hinner Achilles aldrig upp sköldpaddan.

3. Paradoxen om pilen: Hur förhåller det sig med en avskjuten pil på en viss punkt av dess bana? Befinner den sig i rörelse? Men i det fallet kan den ju inte befinna sig på en punkt av banan utan måste röra sig mellan två. Befinner den sig i vila? Men om den på varje punkt av banan befinner sig i vila är det obegripligt hur den överhuvud kan sägas röra sig.

Av dessa och andra liknade paradoxer drog Zenon slutsatsen att antagandet av ting i rörelse leder till motsägelser och att vi måste erkänna att rörelsen är något overkligt. Eftervärlden har ställt sig på olika sätt till hans argument. Somliga filosofer har accepterat tanken att sinnevärldens fenomen i tid och rum är bemängda med motsägelser och sålunda inte kan utgöra den sanna verkligheten. Andra har därav att rörelse och förändring är verkliga dragit slutsatsen att motsägelser förekommer i verkligheten och att motsägelselagen bara har giltighet i fråga om det orörliga. Andra åter har nöjt sig med antagandet att Zenon gjort sig skyldig till något fel i sitt resonemang, även om åsikterna gått isär beträffande exakt vari detta fel bestått. I vart fall har Zenons paradoxer otvivelaktigt spelat en roll genom att ge den till synes besynnerliga eleatiska åsikten stöd av slagkraftiga argument, som inte var alldeles lätta att bemöta.

Parmenides och hans skola hade ändrat förutsättningarna för den senare grekiska naturfilosofiska spekulationen. Hos en gestalt som Empedokles kan vi tydligt se detta.

Empedokles, kärleken och hatet

Bland den försokratiska filosofins många pittoreska personligheter finns ingen mer färgrik än Empedokles. Han levde under den tidigare hälften av 400-talet f.Kr. och stammade från Akragas (Agrigento) på Sicilien. Han tillhörde en aristokratisk släkt och tog livligt del av politiken i sin hemstad. Politiska svårigheter skall dock ha bidragit till att han i ett senare skede lämnade Akragas och gav sig ut på sådana vidsträckta resor, som nästa alla de försokratiska filosoferna fann sin lust i. Möjligen har han under dessa resor träffat Parmenides och andra filosofer, som han tog intryck av. Empedokles forskade i naturens hemligheter och skaffade sig ett stort rykte som läkare, undergörare och trollkarl, ”en korsning mellan Newton och Cagliostro” enligt Renans karaktäristik. Då han till slut återvände till fädernesstaden var han en uppburen personlighet. Han skall ha promenerat på gatorna i Akragas festligt klädd i en purpurfärgad mantel, med en gyllene livrem och med sandaler av brons. Han omgavs av tjänare och av en stor skara unga män som var hans beundrare. Hår och skägg var skönt koafferade och han bar en delfisk lagerkrans till Apollos ära. Hans rykte befann sig i ständigt växande, han botade pest och förekom naturkatastrofer. Om hans död berättas det många versioner varav den mest kända går ut på att han skulle ha tagit sitt eget liv genom att kasta sig i vulkanen Etna. På det sättet skulle han, mystiskt försvinnande utan spår, ha velat bekräfta den uppfattning befolkningen på Sicilien gjort sig om honom, nämligen att han var en gud. Till all olycka hade han emellertid tappat en av sina eleganta sandaler då han kastade sig ned i kratern, så att planen att försvinna spårlöst misslyckades. I dessa och liknande berättelser kan vi förmodligen lära oss mer om grekernas malis, som inte ens skonade visa och heliga män, än om Empedokles.

Som naturvetenskapsman var Empedokles idérik. Han påvisade att luft är någonting annat än tomrum genom iakttagelsen, att då man håller ett kärl upp och ned under vatten med mynningen nedåt strömmar vattnet inte in eftersom det hindras av den luft som finns kvar i kärlet. Han åstadkom ett slags utkast till en utvecklingslära genom hypotesen att tillfälligheternas spel genom tiderna skapat allehanda missfoster – huvuden utan halsar, armar utan skuldror, ögon utan ansikten – men att dessa monster visade sig odugliga att överleva och därför gick under. De nuvarande arterna skulle således ha tillkommit genom en naturens *trial and error.* Men samtidigt som han var rationell naturforskare var Empedokles mystiker. Påverkad av pythagoréerna anslöt han sig till själavandringsläran. Han skall ha haft lika gott minne som Pythagoras beträffande sina egna tidigare existenser:

> ”Redan har jag en gång blivit gosse och likaså flicka,
> buske och fågel och fisk, den stumme som dyker ur havet.”

Empedokles iakttog också pythagoreiska reningsföreskrifter. Av hans båda bäst bevarade skrifter heter den ena *Reningarna*, den andra *Om naturen.*

Det är genom några av sina naturfilosofiska idéer Empedokles fått störst betydelse för eftervärlden. I centrum för hans spekulationer stod den grekiska naturfilosofins klassiska problem – förändringens problem. Utgångspunkten var hämtad från Parmenides:

"Annat vill jag förkunna: ej något bland dödliga tingen
födelse äger, och ej heller slut i förhatliga döden."
Men Empedokles' slutsats blir en annan än eleaternas:
"Endast blandningen dels, dels också det blandades växling
finnes, men födelsens ord är brukligt på människors läppar."

Att tala om födelse eller död är således oegentligt. Vad människor betecknar med dessa ord är inte uppkomst eller undergång utan blandning av för evigt existerande element. Empedokles är den egentliga upphovsmannen till läran om de fyra elementen, som i årtusenden skulle komma att utgöra en grundval för Västerlandets naturåskådning. Dessa element, jord, vatten, luft och eld, har vart för sig några av det eleatiska Varats egenskaper. De uppstår inte, går heller inte under. I stället är det av dessa fyra grundämnen allt annat i universum är sammansatt. Empedokles använder liknelsen av en målare som med de fyra färgerna på sin palett skapar träd, män, kvinnor, fyrfotadjur, fåglar och fiskar.

Med hjälp av läran om de fyra elementen förklarar Empedokles hur förändring kan ske utan att någonting uppstår ur intet eller går under i intet. Men därmed har han inte angivit varför elementen alls växlar och ingår olika föreningar. För att ge den förklaringen använder Empedokles två kosmiska principer eller krafter, kärleken och hatet. Mellan dessa båda utkämpas en tvekamp som varar i evighet:

"Denna beständiga växling ej någonsin hinner till slutet;
än genom Kärlekens makt sig allting i enhet församlar,
än på olika stråt föres allt av hatfulla Striden."

Från början finns allt samlat under Kärlekens spira. Så bryter splitet in och elementen åtskiljs. Hatets makt blir allt större tills slutligen Kärleken bara behåller ett vanskligt fotfäste. Men då inträder en ny världsålder. Nu är det Kärleken som vinner terräng medan Hatet drivs tillbaka. Till slut tycks Hatet på väg att helt besegras. Men då är det dags för en ny vändning i striden. Åter blir det Hatets tid att segra i denna kamp som för evigt böljar fram och åter.

Läran om Kärlekens och Hatets tvekamp ligger den mytologiska världsförklaringen nära. Samtidigt blir Empedokles genom sin teori om de fyra elementen en föregångare till atomläran. Till atomisterna skall vi strax återkomma, men innan dess bör något sägas om ännu en försokratisk naturfilosof, som från det utgångsläge som uppstått efter Parmenides grubblade över förändringens problem, nämligen Anaxagoras.

Anaxagoras och det styrande förnuftet

Anaxagoras' levnadsdata kan anses tämligen väl bekanta. Han måste ha fötts strax efter år 500 och ha dött år 428 f.Kr. Även om Anaxagoras var bördig från Jonien tillbringade han den viktigaste delen av sitt liv i Aten, dit han kan sägas ha infört filosofin. I Aten stod han högt i gunst hos den berömde statsmannen Perikles. Detta skulle dock slutligen bringa honom i olycka. Perikles' fiender öppnade en process mot Anaxagoras. Han anklagades för att ha skadat staten genom att förneka de gudomliga tingen. Det förefaller som om särskilt hans astronomiska åsikter skulle ha utnyttjats mot honom. Anaxagoras anklagades för att ha sagt att solen var ett glödande klippblock och att månen bestod av jordisk materia. Därmed skulle han ha förnekat solens och månens gudomliga karaktär. Processen, som slutade med att Anaxagoras tvingades i landsflykt, är historiskt märklig genom att den är den första kända där en grekisk filosof förföljdes för sina åsikters skull.

Anaxagoras lär dock ha tagit sin förvisning med ro. När man sade till honom: "Aten får du nu vara utan", svarade han: "Visst inte, det är Aten som får vara utan mig". Anaxagoras slutade sina dagar i den joniska staden Lampsakos. Där torde han ha satt sig i respekt, ty det berättas att stadens ämbetsmän frågade honom om det fanns något de kunde göra för honom. Anaxagoras skall då ha utbett sig att barnen i staden skulle få en lovdag varje år i den månad då han dog. Åtminstone av skolbarnen i Lampsakos bör hans minne ha hållits i helgd.

Ur viss synpunkt är Anaxagoras en naturfilosof i samma tradition som sina joniska föregångare. Hans åsikter om himlakropparna var ofta insiktsfulla. Han ansåg att vi inte kunde känna värmen från stjärnorna därför att dessa befann sig så långt borta. Han trodde att månen var större än Peloponnesos och att den hade kullar och klyftor. Månförmörkelser ansåg han uppstå när jorden stod mellan månen och solen, solförmörkelser när månen stod mellan solen och jorden.

I likhet med Parmenides och Empedokles sökte Anaxagoras i sin världsförklaring utgå från något oföränderligt. Han antog dock existensen av en mycket stor mängd ämnen, som ständigt är sig lika. Alla dessa urämnen, menade han, hade från början varit blandade i en väldig massa. Men en virvelrörelse som uppstod i massan ledde till att ämnena separerades från varandra så att den värld vi känner uppstod. I vart och ett av de ting som så bildades finns fortfarande något av samtliga urämen. Men i vart och ett är det också ett eller några urämen som dominerar och som givit tinget dess namn. Hos växter, djur och människor sker en ständig omsättning och förnyelse av ämnena så att exempelvis nya köttämnen oupphörligt tillförs till köttet, nya benämnen till benen osv.

Föreställningen att helheten ständigt finns representerad i delen, att "allt finns i allt", att mikrokosmos återspeglar makrokosmos kan föra tankarna till Leibniz' monadlära. Också hos Anaxagoras finns idén om "världen i vattendroppen" så att den lilla delen, på en nivå långt under vår förnimmelseförmåga, åter innehåller hela universum, med sol, måne och jord, med människor arbetande på åkern osv.

Vad som emellertid framför allt givit Anaxagoras hans plats i filosofins historia är den roll han tilldelade Förnuftet (*nous*). Det var enligt Anaxagoras förnuftet som satte igång den virvelrörelse varigenom världen fick sin form. Det var förnuftet som styrde allt.

I en berömd passage i sin dialog *Faidon* låter Platon Sokrates berätta om hur han som ung kom i kontakt med Anaxagoras' lära om förnuftet och om hur han först blev entusiastisk, sedan besviken. Sokrates hade fått höra en person läsa högt ur en bok av Anaxagoras där det hette att det är förnuftet som styr allt och är upphov till allt:

"Jag blev glad över denna förklaring och ansåg det i viss mån riktigt, att förnuftet är upphov till allt, och jag ansåg, att om så är, det allt ordnande förnuftet då också måste ordna och anbringa allt på bästa vis. Om man således vill finna orsaken, varför ett ting uppkommer, förgås eller är till, borde man söka finna ut, hur det bäst kan bestå, bäst kan verka och påverkas. / --- / Ja, så tänkte jag, och jag var glad att ha i Anaxagoras funnit en lärare efter mitt sinne i kunskap om tingens orsaker. / --- / Men, min vän, från denna härliga förhoppning rycktes jag hastigt bort, när jag läste vidare. Jag fann i honom en man, som ej alls brydde sig om förnuftet, ej heller i samband med förnuftet angav några grunder för tingens ordnande, utan som i stället skyllde på luft och eter och vatten och många andra egendomliga grunder."

Hade Sokrates skäl för sin besvikelse? Och vad var egentligen Anaxagoras' Förnuft och på vad vis inverkade det på världen? Låt oss se vad Anaxagoras i bevarade fragment har att säga om saken! Så här heter det bl.a.:

"Allt annat har andel i allt, men förnuftet är utan gräns, sig självt nog och blandat med intet annat ting; det är ensamt och självständigt för sig."

Detta innebär uppenbarligen att förnuftet är klart skilt från de övriga tingen, som ju består av en blandning av urämnen. Tidigare naturfilosofer hade aldrig gjort någon klar skillnad mellan levande och döda ting eller mellan det andliga och det materiella. Snarare hade deras filosofi handlat om en besjälad materia eller om en kroppslig ande. Anaxagoras tar flera steg på vägen mot upprättandet av en distinktion mellan ande och materia, även om hans förnuft ännu har kvar mycket av karaktären hos en fysisk kraft. Om förnuftet sägs vidare:

"Av alla ting är det nämligen det finaste och det renaste. Det äger all kunskap om allting och förmår mest; så många ting som äga själ, de större och de mindre, över dem alla härskar det. Över hela kretsrörelsen tog förnuftet makten, ja det skapade kretsrörelse i begynnelsen. /---/ vad nu är och huru det skall vara – allt ordnade förnuftet och därtill denna kretsrörelse, som nu behärskar stjärnorna, solen och månen, liksom luften och etern, vilka avskiljs."

Förnuftet är sålunda det som sätter allt i rörelse, som får himlakropparna att snurra, som avskiljer det tunna från det täta, det varma från det kalla, det torra från det fuktiga etc. Men det förhåller sig på ett sätt till de levande tingen, på ett annat sätt till de döda. I de levande tingen utgör förnuftet själen, det är där varje tings livsprincip. Men vad den döda materien beträffar är förnuftets roll enbart att sätta igång och ge riktning åt virvelrörelsen. Därefter tar fysikaliska orsaker vid. Det var ju just mot denna kombination av förnuftsmässiga och mekaniskt-fysikaliska orsaker som Sokrates hos Platon riktade sin kritik. Men som redan antika författare framhöll är den kritiken svår att förstå. Ingen filosofisk naturförklaring kan gärna helt avstå från att begagna sig av naturliga orsaker. Även Platon själv kombinerade då han kom in på naturvetenskapliga frågor förklaringar utifrån ändamålsorsaker med rent fysikaliska förklaringar. Så är det också hos Anaxagoras. Förnuftet blir det som sätter det hela i rörelse, men därefter rör sig materien i kraft av egna, inneboende lagar.

Genom sin lära om Förnuftet som yttersta världsförklarande princip blev Anaxagoras anfader för all senare filosofisk idealism. Men det fanns också i hans åskådning sådant som erinrade om idealismens motsats, atomismen. Anaxagoras' urämnen liksom Empedokles' element hade åtskilliga likheter med Leukippos' och Demokritos' atomer.

Atomisterna

Den förste av atomisterna, Leukippos, är en så skugglik figur att vissa antika författare till och med tvivlade på hans existens. Om han existerade – och de flesta moderna experter är benägna att tro att han gjorde det – är emellertid hans plats i historien säkrad. Ty han var upphovsman till läran om atomerna, vilken han gav i arv till sin lärjunge Demokritos. Om Leukippos vet vi föga mer än att han var en milesier som till sist hamnade i staden Abdera i Thrakien. Invånarna i Abdera hade minst av allt rykte för lysande begåvning. Men Leukippos fann inte desto mindre just där sin högt begåvade lärjunge Demokritos, som i så hög grad överglänste sin läromästare att det är med hans namn vi numera främst förknippar atomläran.

Demokritos föddes någon gång mellan 472 och 457 f.Kr. (uppgifterna varierar). Trots att han lär ha sagt att "ett långt liv är oftast ingenting annat än en lång död" skall han själv ha blivit mer än hundra år gammal. I strikt kronologisk mening är han därför ingen försokratiker, men väl en tänkare vars intressen förenade honom med de typiska försokratikerna. I likhet med så många av dessa tillbringade Demokritos mycken tid på resor. Han skall ha studerat astronomi hos babylonierna och geometri hos egyptierna. Han lär till och med ha besökt Indien och dess gymnosofister. Att han under dessa resor förvärvade en del magiska och profetiska talanger är en given sak och källorna framhåller hans klärvoajans. Demokritos hade en utpräglat vetenskaplig läggning och skall ha sagt om sig själv att han hellre skulle vilja upptäcka orsaken som förklarar ett fenomen än bli krönt till kung av Persien.

Som författare karaktäriseras Demokritos av antika sagesmän som en "femkampsmästare". Han skrev om fysik, etik, allmän naturvetenskap, konst och matematik. Hos Diogenes Laërtios uppräknas mer än sextio böcker som Demokritos skulle ha skrivit. De bör ha fått stor spridning ty det finns en berättelse om att Platon sagt att de borde brännas, men fått till svar att något sådant vore omöjligt eftersom dessa skrifter redan fanns spridda runt om i världen i många exemplar. Det skulle förmodligen ha glatt Platon om han vetat att Demokritos' skrifter numera samt och synnerligen är förkomna (under det hans egna alla finns bevarade till oss).

Grundidén i Demokritos' världsbild är enkel. Två saker finns till – atomerna och tomrummet. Antagandet av ett tomrum innebar ett skarpt brott med Parmenides' lära. Tomrummet är ju ett Icke-vara och Parmenides hade konsekvent uteslutit möjligheten av ett tomrum. För Demokritos spelade teorin om tomrummet dock en strategisk roll. Tomrummet möjliggjorde rörelsen. Den förflyttning av tingen från en plats till en annan som hade förefallit omöjlig eller problematisk för de filosofer som förnekade tomrummet fick nu en enkel förklaring.

Atomerna är odelbara (*átomon* betyder just odelbar). De liknar Parmenides' Vara genom att vara eviga, oförstörbara, utan uppkomst eller undergång. Men genom föreningen av atomer uppstår alla ting. Atomerna är oändligt många och av olika slag, skiftande till storlek, form och karaktär. De rör sig i tomrummet i oregelbundna banor. Ibland stöter de samman. I några fall leder sådana sammanstötningar till uppkomsten av en virvelrörelse, varigenom en värld skapas. I Demokritos' universum finns många världar:

"I somliga finns varken sol eller måne, i andra är dessa större än i vår eller flera än en. Dessa världar finns på oregelbundna avstånd, fler i ena riktningen än i den andra, somliga blomstrar, andra befinner sig i nedgång. Här uppstår nya världar, där dör de eller förstörs genom kollision med varandra. Somliga världar har inget djur- eller växtliv och inget vatten."

Demokritos. Bronsbyst funnen vid villa Papiri i Herculaneum. Bysten är en romersk kopia efter ett grekiskt original. Nationalmuseet, Neapel.

Tingen uppstår genom att atomer hakar fast i varandra och bildar föreningar. Vilka egenskaper ett ting har bestäms av de atomer som ingår i det. En sak får söt smak om atomerna är runda och sur smak när de är kantiga. Tingens färg bestäms på liknande sätt, varvid är att märka att smak och färg egentligen är subjektiva egenskaper som uppstår genom tingens inverkan på våra sinnesorgan. Atomerna i sig är smak- och färglösa.

Enligt Demokritos består också själen av atomer, särskilt lätta och rundade, i en förening som löses upp i döden. Han förnekade inte gudarnas existens, men gjorde även dessa förgängliga och utan makt att inverka på orsaksförloppen. Hans värld styrs av en mekanisk nödvändighet, eller om man så vill av den slump som låter olika atomer kollidera med varandra. Härför kritiserades Demokritos också av Aristoteles, som efterlyste förklaringar genom avsiktlighet och ändamålsorsaker. Aristoteles' världsåskådning skulle med tiden komma att tränga ut Demokritos'. Men det är ingen tillfällighet att när aristotelismens ställning försvagades under renässansskedet förestod en uppblomstring för atomläran.

Demokritos författade skrifter också om etik och levnadsvisdom. Men det är genom atomläran och som upphovsman till den första genomfört materialistiska åskådningen i filosofins historia han fått sin verkliga betydelse. Under antiken skulle hans idéer föras vidare till stor del genom Epikuros och den av denne grundade skolan.

Med Demokritos har vi kronologiskt lämnat den försokratiska eran. Det börjar bli dags för en sammanfattning och återblick innan vi går vidare till en skildring av de stora förändringar inom den grekiska filosofin, som inträffar under 400-talet.

Den försokratiska filosofins uppkomstbetingelser och egenart

Varför uppstod filosofin i dess försokratiska form just vid den tid och på den plats den gjorde? Kring den frågan har många spekulerat. Efter vår genomgång av de första filosofernas liv och tankar kanske vi kan dra åtminstone några slutsatser.

Det är tydligt att filosofin uppstår i ett skede då de traditionella tänkesätten börjar förlora sitt grepp. Samtidigt sker förändringar i hela samhällsmönstret. Det gamla aristokratiska samhället i Grekland, som främst varit baserat på jordbruk och jordegendom, hade efterträtts av nya samhällsformer där köpenskap, handel och sjöfart spelade den största rollen. Grekerna hade blivit ett sjöfarande folk, som grundade kolonier långt utanför det egentliga Grekland. Resorna och folkförflyttningarna ledde till konfrontationer med andra kulturer, seder och tänkesätt. Traditionella religiösa, etiska och sociala föreställningar sattes i fråga och relativiserades. I växande utsträckning kände man behov av rationella grunder och argument i stället för den sedvänja som utmanades i en så rörlig och internationell miljö.

Förändringarna ägde rum också på det politiska planet. Det aristokratiska styret avlöstes av tyrannier, tyrannierna av demokratier eller tvärt om. Rika och fattiga, olika samhällsklasser kämpade med varandra om hegemonin i de olika samhällena. Centrum i den grekiska stadsstaten (*polis*) blev torget, där de offentliga angelägenheterna diskuterades och avgjordes. När politiken blev allmän egendom blev också konsten att tala och ge skäl viktigare. Retorik och dialektik frodades. Att de försokratiska filosoferna tog livligt del i det politiska livet är känt från deras biografier. Ofta var de verksamma som lagstiftare eller som rådgivare till styresmännen.

Vissa författare har velat sätta den försokratiska filosofin i samband inte bara med handel och köpenskap i största allmänhet utan med en av dessas viktigaste förutsättningar, med präglingen av mynt. Då mynten uppstod som tecken för abstrakta värden uppstod också abstrakta tankar i människornas huvuden, resonerar man. Visst stöd för åsikten går att finna i det faktum att en del av försokratikerna tycks ha varit med om att sätta igång prägling av mynt på sin ort.

Emellertid har andra folk än grekerna ägnat sig åt handel och sjöfart och andra har präglat mynt utan att för den skull uppfinna filosofin. Ett nytt samhällsmönster med större rörlighet, geografiskt och socialt, och med större utrymme för individualism må ha varit en nödvändig förutsättning för filosofins uppkomst bland grekerna. Men en tillräcklig förklaring är det givetvis inte. Vi stannar, som när det gäller alla verkligt betydelsefulla historiska förändringar, till slut vid ett mysterium. Orsak och verkan förefaller röra sig i en cirkel och bli utbytbara. En ny mentalitet kan förklaras ur nya livsformer, men också nya livsformer ur en ny mentalitet. Var inte nya tänkesätt nödvändiga för att grekerna som de gjorde skulle ge sig ut på haven på jakt efter välstånd? Förklaringar kan staplas på varandra och ofta te sig plausibla utan att de för den skull berövar den grekiska kulturens dess grundläggande karaktär av underverk.

Av hävd har man fört samman försokratikerna under en etikett som naturligtvis är anakronistisk. Försokratikerna kunde ju inte gärna själva veta att de levde före Sokrates. Men i eftervärldens ögon har deras filosofi erhållit en i viss mån enhetlig karaktär genom kontrasten med det som kom efteråt, hos Sokrates och hos sofisterna.

Alla de stora försokratikerna var först och främst naturfilosofer. Att de livligt sysselsatte sig med exempelvis politiska och moraliska frågor hindrar inte att det var kosmologin som stod i förgrunden för deras filosoferande. Frågorna om urprincipen eller urmaterien, om de yttersta beståndsdelarna, om rörelse och förändring, om universums byggnad var de viktigaste för dem. Anaxagoras lär ha talat om himlavalvet som sitt hemland och någonting liknande kunde ha sagts av de flesta av försokratikerna. Varje försokratisk filosofi får sin nyckelkaraktär genom sitt svar på frågor av kosmologisk art. Thales' vatten, Anaximandros' Obegränsade, Anaximenes' luft, pythagoréernas tal, Herakleitos' *logos*, eleaternas Vara, Empedokles' element, Anaxagoras' förnuft, Demokritos' atomer, alla utgör de grundprinciper för förklaring av naturen och den fysikaliska verkligheten. Flertalet försokratiska tänkare uppges i antika källor vara författare till en bok eller dikt med titeln ”Om naturen” – det gäller om Anaximandros, Anaximenes, Herakleitos, Xenofanes, Parmenides, Empedokles och Anaxagoras. Att den fysikaliska verkligheten av de flesta försokratikerna samtidigt uppfattades som en storhet av religiös och moralisk art, som ett kosmos, en högre ordning, hör till bilden. Ingen av dessa tänkare skulle emellertid kunna kallas antropocentrisk på det sätt som skulle bli vanligt hos deras efterföljare. I det avseendet innebär sofisternas framträdande på scenen en viktig förändring. Om den reform de åstadkom i filosofin handlar nästa avsnitt.

Sofisterna

Under 400-talet f.Kr. tog den grekiska filosofin en ny vändning. En ny grupp av filosofer trädde fram, de s.k. sofisterna. De var kritiska mot alla vedertagna meningar, relativister i moraläskådningen, skeptiska mot själva möjligheten till kunskap. Än idag är dessa framstående förnekare utsatta för högst skiftande bedömningar. För sina belackare är de samvetslösa nihilister och maktfilosofer, för sina beundrare är de upplysningsmän, humanister och demokrater.

Själva ordet ”sofist” (liksom ”sofism”, ”sofistik” och liknande) har i våra öron en dålig klang. Från att ursprungligen helt enkelt ha betytt ”vishetslärare” kom ”sofist” under 400-talet att få bibetydelse av intellektuell charlatan och lagvrängare. Det är också i denna pejorativa mening Platon talar om sofister. Sofisternas egna skrifter, i den mån de skrev något, har gått förlorade. Det är genom deras ärkefiende Platon och andra skeptiskt inställda författare vi vet något om dem. Om sofisterna hade problem med sin image redan i samtiden har saken för deras vidkommande inte blivit bättre av att eftervärlden varit hänvisad till att se dem genom deras vedersakares ögon.

Vilka var de då, dessa sofister? Enklast beskrivs de som en grupp lärare i retorik, dialektik och debattkonst. ”De som säljer sin visdom för pengar till var och en som vill ha den kallas sofister”, den definitionen ger Sokrates enligt Platon. Att de tog betalt för sin undervisning blir överhuvud Platons mest frekventa anklagelse mot dem. Hos honom kallas de ”besoldade jägare av rika unga män”, men också mer neutralt sådana som sägs ”lära ut politikens konst och göra män till goda medborgare”. Att sofisternas uppträdande hängde samman med ett växande intresse för uppfostran och pedagogik är sålunda tydligt. Detta i sin tur hade nära samband med de villkor som skapades genom den framväxande demokratin i Aten och på andra håll. Politiska beslut avgjordes nu ofta genom debatter på torget eller genom demagogiska tal. För att ta sig fram i politiken räckte det inte att äga börd eller pengar. Man behövde framför allt talekonst och rika unga män med siktet inställt på en politisk karriär kunde av sofisterna köpa sig undervisning häri. Men också för blivande advokater var det av yttersta vikt att lära sig retorik och debatteknik. Det gällde att kunna övertyga de folkligt rekryterade jurymännen om sin klients oskuld eller rättvisa sak. Lärjungens framgång vid domstolsförhandlingar kunde därför i vissa fall bli yttersta kriteriet på den sofistiska undervisningens effektivitet. Det berättas att en elev till den berömde sofisten Protagoras vid ett tillfälle vägrade att betala ut det överenskomna arvodet innan han vunnit sin första process och fått bevis för att undervisningen verkligen varit framgångsrik. Men den aldrig svarslöse Protagoras replikerade: ”Jag kommer i så fall genast att stämma dig. Förlorar du den processen måste du betala mig därför att du förlorat, vinner du måste du betala mig därför att du vunnit.”

Hos sofisterna fanns sällan det orakelmässiga, högtidliga som utmärkte många av försokratikerna. De var inga högdragna enstöringar. Inga mysterier omgav dem. Deras plats var på torget eller i kretsen av elever, debatterande och orerande. De mest framgångsrika blev intellektuella celebriteter, vars rykte ingen parisisk storhet av idag kunnat överträffa. I sin dialog *Protagoras* låter Platon Sokrates berätta om hur det gick till när den store Protagoras kom till Aten. Sokrates blir väckt i arla morgonstunden av sin vän Hippokrates, som dunkar på porten och ropar med hög röst:

”Sokrates, är du vaken eller sover du?

Jag kände genast igen hans röst och sade: Men Hippokrates! Vad står på?

Endast goda nyheter, sade han.

Gott, sade jag. Men vad är det fråga om? Varför kommer du hit så här tidigt?

Protagoras är kommen, svarade han.”

De båda vännerna ger sig av till det hus i Aten där Protagoras blivit inkvarterad. Där vill portvakten först inte släppa in dem på grund av den anstormning av sofister som redan strömmat till för att få träffa Protagoras. De lyckas dock ta sig förbi och får se den berömde mannen promenerande i pelargången omgiven av lärjungar:

”En hel skara följde bakom, tydligen till största delen främlingar, och lyssnade till samtalet. Protagoras tager dem med sig från de olika städer, som han drager igenom; han tjusar dem med sin röst som en ny Orfeus, och de följa hans stämmas tjusningskraft. Där funnos också några atenare i sällskapet. Jag fann riktigt nöje i att se på skaran: hur fint de aktade sig för att någonsin komma framför eller i vägen för Protagoras; alltid när han och hans sidomän vände, delade sig de andra så fint och ordentligt åt bägge hållen, gjorde en sväng och placerade sig alltid bakom i utmärkt ordning.”

Nomos och fysis

Vilka läror var det då som gjorde sofisterna till hjältar hos en del av de unga och som fick respektabla medborgare att betrakta dem med djupaste misstro? Någon enighet i åsikter fanns givetvis inte mellan dem, men väl vissa gemensamma problemområden. De frågor som sysselsatte dem var framför allt de som gällde samhället och den mänskliga samlevnaden. Några inslag i deras tänkande kan särskiljas: den åtskillnad de gjorde mellan *nomos* och *fysis*, deras tendens mot skepticism och relativism, deras tankar om retorikens roll. Hur nära dessa tre problemområden hängde samman skall snart framgå.

Med *nomos* avsågs den lag som skapats av människor, med *fysis* avsågs naturen. Ställningstagandet till de båda leden i motsatsparet kunde skifta.

Protagoras intar i Platons dialog en civilisationsbejakande, utvecklingsoptimistisk ståndpunkt. Hos människorna finns enligt den en gnista av det gudomliga, ett förnuft som sätter dem i stånd att höja sig över naturtillståndet. De skapar redskap och hus och städer, men de förmår också övervinna ett ursprungligt tillstånd av allas krig mot alla genom att upprätta lagar och en samhällelig ordning. Hos vissa sofister vidareutvecklas tankar av detta slag till en lära om ett samhällsfördrag. *Nomos* blir för denna åskådning någonting varigenom människorna lyfter sig över naturen.

Men det fanns bland sofisterna också de, som med naturen som norm och rättesnöre kritiserade den förhärskande kulturen och de rådande lagarna. *Fysis* kom då att representera en naturlig rätt, oskrivna lagar som stod över de skrivna. Naturrätten kunde därvid hos somliga sofister bli liktydig med de starkares rätt, hos andra med de svagares.

I sin dialog *Gorgias* låter Platon sofisten Kallikles bli en vältalig förespråkare för den starkares rätt: ”Men jag gissar, att de som stiftat sed och lag äro just de svaga människorna, den stora mängden. Det är alltså med tanke på sig själva och sin egen fördel som de stifta lagar och utdela beröm och tadel. Och då de frukta, att de starka människorna, som äro i stånd att vinna överhand, skola bli mäktigare än de själva, så säga de, att en dylik överlägsenhet är något fult och orätt, och att orättrådigheten just består i att sträva efter att bli mäktigare än de andra. / --- / Men om det finnes en man med kraftig natur, då avskakar han, tror jag, alla dessa band, spränger dem och flyr undan. Och han trampar under fötterna våra skrivna ord, vårt gyckelspel, våra trollformler, alla våra onaturliga lagar.”

Här är den mänskliga lagen de svagas sammansvärjning mot de starka, under det att den starkes maktstävan är hans naturliga rätt. Tankar som Kallikles' skulle ge eko ett par årtusenden senare hos Nietzsche och hans efterföljare. En variant av tesen om den starkares rätt finner man hos en annan sofist, den i Platons *Staten* förekommande Trasymakos. Trasymakos får göra sig till talesman för tesen att ”rättvisa är det, som är gagneligt för den starkare”. Han utvecklar sin tankegång vidare: ”Och varje regering stiftar lagar i enlighet med sin egen fördel: demokratien demokratiska lagar, tyranniet tyranniska lagar o.s.v. Därmed visa de nu, att för undersåtarna ligger det rätta just i det som är till gagn för de styrande, och dessa straffa dem, som överträda detta, såsom lagbrytare och orättrådiga.”

Trasymakos' argumentering är något annorlunda än Kallikles'. Trasymakos åberopar inga naturliga rättigheter, utan bara den naturens lag, som alltid ger den starkare rätt. Han är naturalist, ”rättspositivist” om man så vill. Hans syn är en grov maktrealism, enligt vilken makt helt enkelt *är* rätt. Trasymakos erkänner ingen ideell sfär av värden utan hans position är helt och hållet empirisk, sociologisk. Huruvida Platon riktigt rapporterat den historiske Trasymakos' åsikter är svårt att veta. Men de har ett principiellt intresse oberoende av deras exakta historiska förankring.

Alla sofister var givetvis inte företrädare för den starkares rätt. Bland dem fanns också extrema demokrater, som utnyttjade motsatsställningen mellan *nomos* och *fysis* till att argumentera för undertryckta gruppers sak. Somliga förfäktade åsikten att det slaveri, varpå den antika ekonomin vilade, var orättfärdigt och naturvidrigt. Andra angrep kvinnornas undertryckta ställning i det grekiska samhället och krävde lika rättigheter för dem. Somliga menade också att skillnaden mellan greker och barbarer inte hade sin rot hos naturen utan enbart vilade på en godtycklig konvention. Sofisten Antiphon hörde till dessa sistnämnda och han försvarade sin kosmopolitiska ståndpunkt med orden: ”Vi andas dock alla ut luften genom mun och näsa och äter alla med händernas hjälp”. Argumentet pekar onekligen i riktning mot ståndpunkten att alla människor av naturen är lika och borde ha lika rättigheter.

Åberopandet av naturen som norm kunde givetvis också leda till kritik mot allt som kunde uppfattas som övercivilisation, till en primitivism som hävdade det enkla levnadssättets överlägsenhet. Om en av sofisterna berättas sålunda att han skröt med att aldrig bära andra kläder än sådana, som han helt och hållet tillverkat själv.

Relativism och retorik

Även om motsatsställningen mellan *nomos* och *fysis* sålunda kunde utnyttjas på olika sätt och leda till olika slutsatser fanns vissa gemensamma filosofiska implikationer. De rådande lagarna uppfattades som skapade av människor, inte som givna av naturen eller av gudarna. Därigenom infördes en viss relativism. Protagoras var exempelvis angelägen om att framhålla att de lagar som passade ett folk inte nödvändigtvis måste vara de rätta för ett annat. Det finns ingen statsordning som är den bästa för alla, inget språk som är det enda riktiga, ingen religion som är den enda sanna.

Protagoras' relativism satte spår i hans undervisning i debatteknik, där ett viktigt inslag var att lära eleverna att argumentera dels för, dels mot ett visst givet påstående. I varje fråga fanns det motsatta argument, ansåg Protagoras. Över huvud är det omöjligt att komma fram till någon absolut sanning. Som människor med begränsade insikter får vi nöja oss med sannolika åsikter (*doxa*). Sin uppfattning av sanningens relativitet gav Protagoras uttryck i den berömda sats, som inledde hans bok *Om sanningen*: "Människan är alltings mått, för de varande att de är, för de icke varande att de icke är."

Som den vanligen tolkas innebär denna sats att det som är sant för en människa inte behöver vara sant för en annan, att det som är rätt för den ene kan vara orätt för den andre, att det som en tycker är vackert eller angenämt för en annan kan vara fult eller obehagligt. I avsaknad av objektiv måttstock har varje åsikt lika värde. Tingen är för mig sådana som de förefaller vara för mig och för dig sådana de förefaller vara för dig.

Många invändningar riktades redan under antiken mot Protagoras' sats. Den föreföll att vara omöjlig att förena med motsägelselagen, eftersom den tillät ett påstående och dess motsats att båda vara sanna. Den tycktes underminera sig själv eftersom den som förnekade att människan är alltings mått enligt satsen borde ha lika rätt som den som hävdade det. Ett argument mera *ad hominem* får Sokrates anföra i dialogen *Theaitetos*. Där spörjer han Protagoras hur denne kan ha mage att ta betalt för sin undervisning om varje uppfattning har samma sanningshalt och lärarens sålunda inte är mera värd än lärjungens. Protagoras får bemöta svårigheten genom att säga, att även om det inte finns åsikter som är mer sanna än andra så finns det sådana som är nyttigare. Sofisten blir en sorts läkare som tillhandahåller gagneliga åsikter på samma sätt som denne rekommenderar nyttiga födoämnen eller läkemedel. Resonemanget bär vittne om den aktualitet det medicinska tänkandet hade i samtiden – Protagoras och Sokrates var samtida till Hippokrates. Det lägger också grunden för en pragmatisk sanningsuppfattning som i andra tappningar skall återkomma vid många tillfällen i filosofins historia.

Om det bästa vi kan nå är sannolik åsikt snarare än absolut sanning får retoriken, som går ut på att övertala och göra sannolikt snarare än på att bevisa, en stark intellektuell legitimitet. Protagoras' sofistkollega, den lysande vältalaren Gorgias, hörde till dem som framhöll detta. Om den filosofiska eller vetenskapliga kunskapen hade han inga höga tankar. Han skall ha givit uttryck för en långtgående skepticism. "Ingenting existerar; och om någonting existerar är det omöjligt att ha kunskap om det; och till och med om någonting existerade och någon hade kunskap om det skulle han inte kunna meddela denna kunskap till andra."

Om retoriken hade Gorgias i gengäld en storslagen uppfattning. Den innebär "att man genom sina ord är i stånd att övertyga domarna inför rätta, rådsherrarna i rådet, medborgarna i folkförsamlingen, kort sagt deltagarna i vilken politisk församling som helst."

Naturligt nog blev det som menades vara deras övertro på retoriken en av de viktigaste anklagelsepunkterna mot sofisterna. De sades lära ut konsten att göra svart till vitt och vitt till svart och att genom sofistiska resonemang få en svag sak att framstå som stark eller vice versa.

Till bilden av sofisternas moraliska skrupelfrihet bidrog deras fritänkeri i religiösa frågor. Protagoras förklarade, att han om gudarna varken visste att de fanns eller att de inte fanns. Andra sofister företrädde en närmast ateistisk hållning. Så Kritias, när han förkunnade att gudarna var en uppfinning av listiga män för att skrämma medborgarna till laglydnad.

I samhällsbevarande kretsar väckte sofisternas verksamhet sålunda fientlighet. Ett vittnesbörd om detta är Aristofanes' klassiska komedi *Molnen*, där det skildras hur sofisterna samlas i sitt "grubbelhus" för att bedriva astronomiska studier, utforska myggans tarmsystem, vända upp och ned på moralen och lära de unga att de har rätt att slå sina föräldrar. I den komedin är Sokrates huvudpersonen, själve ärkesofisten. Det faktum att samme Sokrates hos Platon framställs som sofisternas fiende nummer ett påminner oss om hur komplicerat förhållandet mellan sofismen och den efterföljande filosofin i själva verket var.

I vissa stycken är en kontinuitet uppenbar. Sofisterna var i likhet med Sokrates humanister, vars främsta intresse gällde människan och de mänskliga angelägenheterna. De lade liksom han den största vikt vid pedagogik och uppfostran. Och de var liksom han mästare i vältalighetens konst. Kanske bör de i sin egenskap av förnekare av kunskapens möjlighet inte kallas "filosofer". Men de utgjorde förvisso ett nödvändigt steg på vägen mot den guldålder för filosofin som nu nalkades. Skepticismen är för filosofin vad ormen i paradiset är för det moraliska livet. Så länge det ursprungliga oskuldstillståndet varar behövs filosofin inte. Men så fort den naiva tilltron till sinnenas vittnesbörd och fädernas visdom underminerats träder den in. Sofisternas utmaning blev en förutsättning för den stora filosofin hos Sokrates, Platon och Aristoteles.

Nu är det emellertid dags att stifta närmare bekantskap med den sofist – om han nu var en sofist – som utgjorde huvudföremålet för Aristofanes' sarkasmer i *Molnen*.

Sokrates – ironiker och provokatör

Med Sokrates (omkr. 470–399 f.Kr.) börjar något nytt i den grekiska filosofin. Vari detta nya bestod har karaktäriserats olika. Många har menat att med Sokrates vändes intresset bort från naturfilosofin till moraliska och politiska spörsmål. ”Sokrates var den förste att återkalla filosofin från skyarna”, skrev Cicero, därvid stödjande sig på Aristoteles' vittnesmål. Mot detta kan invändas att en liknande intresseförskjutning är tydligt skönjbar redan hos sofisterna. Andra har hävdat att det verkligt nya hos Sokrates var att han är den förste som talar om själen (*psyke*) som den viktigaste och bestämmande delen av människan. Sokrates skulle vara den förste subjektsfilosofen. Men även om olika meningar råder om vari det nya bestod är alla ense om detta – med Sokrates går en livgivande, elektrifierande gnista genom den grekiska filosofin. Alla skolor och strömningar som tillkommer efter hans död – Platons och Aristoteles', kynism, stoicism, epikurism och skepticism – utgår på ett eller annat sätt från Sokrates.

Sokratesproblemet

Skälet till att så stor oklarhet råder om kärnan i Sokrates' insats är enkelt. Sokrates skrev själv aldrig någonting i filosofin, han gjorde sig gällande enbart genom muntlig undervisning och diskussion. Allt vi vet om honom och hans tänkande har vi således genom andrahandskällor och dessa källor är varandra inbördes högst olika. De bilder de ger av Sokrates låter sig inte utan vidare förena med varandra.

Våra källor till kunskap om Sokrates kan delas in i olika grupper. Där finns en komedi av Aristofanes, där finns Sokratiska skrifter och dialoger av Xenofon och Platon, och där finns referat, uttalanden och hänsyftningar hos senare författare.

Aristofanes' komedi *Molnen* (uppförd 423 f.Kr.) har ett särskilt intresse eftersom den är den enda bevarade källa om Sokrates som tillkom under dennes livstid. Där framställs Sokrates som en ytterst löjlig figur, en typisk sofist, som hänger sig åt fantasifyllda naturfilosofiska spekulationer och åt en undervisning som undergräver all gängse rätt och moral. I hans "grubbelhus" får lärjungarna inhämta nya sanningar, t.ex. att gudarna är påhittade av människorna eller att barnen har rätt att ge föräldrarna stryk. Det hela blir blir en klassisk drift som inspirerat senare satiriska porträtt av filosofer fram till Voltaires magister Pangloss och Holbergs Erasmus Montanus. Huruvida den också fångar något av den historiske Sokrates är det svårare att ha någon bestämd uppfattning om.

Xenofon var en lärjunge till Sokrates och en talangfull författare i mångahanda ämnen. Efter mästarens död behandlade Xenofon i flera skrifter dennes liv och läror. Viktigast är *Memorabilia* (eller "Minnen av Sokrates"), förmodligen tillkommen på 390-talet under direkt intryck av Sokrates' död. Syftet här är att försvara Sokrates mot de anklagelser som ledde till hans dödsdom och avrättning 399 f.Kr. Xenofon vill visa att Sokrates ingalunda förnekat statens gudar eller fördärvat ungdomen, som anklagelseakten hävdat. I stället skulle hans förkunnelse, religiöst och moraliskt, strikt ha hållit sig inom de godtagna uppfattningarnas råmärken, samtidigt som Sokrates får framstå som osedvanligt klok och rättrådig. Xenofons Sokrates är en vardagsfilosof – inte något spekulativt geni, men en man som har båda fötterna på jorden.

Den historiska tillförlitligheten hos Xenofons Sokratesbild, liksom dess filosofiska betydelse, har värderats olika. Säkert är att Xenofon givit ett viktigt bidrag till vår kunskap om Sokrates. Säkert är också att det inte är hans bild utan Platons som i det väsentliga blivit bestämmande för eftervärldens Sokratesuppfattning. Med den litterära uttryckskraft och filosofiska högspänning som präglade Platons skrifter kunde Xenofon inte tävla.

Inte heller kan det sägas, att senare tillkomna källor till Sokratesbilden fått betydelse annat än som komplettering till Platons dialoger. Detta gäller de i och för sig högst intressanta upplysningar om Sokrates som står att finna i Aristoteles' skrifter lika väl som Sokratesbiografin i Diogenes Laërtios' *Filosofernas liv.*

Till slut är det ändå Platons framställning av sin läromästares gestalt och läror som givit Sokrates den viktiga plats han intar i filosofins historia. Det betyder inte att den historiska riktigheten i Platons bild skulle vara oomtvistad. Tvärtom gäller Sokratesproblemets kärna, ivrigt träterad av otaliga lärda författare genom århundradena, just i vad mån Platon i sina dialoger lagt sina egna uppfattningar i Sokrates' mun eller där låtit denne företräda samma ståndpunkter som de han i livstiden förfäktade. Åsikterna spänner från dem, som i likhet med den engelske forskaren John Burnet anser att dialogernas Sokrates i allt väsentligt är den historiska verklighetens Sokrates till dem, som likt Friedrich Nietzsche menat att Platon tog upp Sokrates som ett populärt motiv från gatan för att ge litterär form åt sina egna läror. De flesta, som diskuterat problemet, har emellertid stannat vid en mellanposition, där somligt av det dialogernas Sokrates får förkunna betraktas som äktsokratiskt, medan annat anses vara tillskott av Platons egen uppfinning. Ofta laborerar man därvid med en åtskillnad mellan förmodat tidiga och förmodat sena dialoger, varvid de förra skulle stå den historiske Sokrates närmast. Platon skulle enligt denna teori i sina första skrifter tämligen nära ha återgivit sådant han hört från sin lärare Sokrates eller fått sig berättat om honom, medan han i senare skrifter skulle ha övergått till att använda Sokratesgestalten som språkrör för egna uppfattningar.

Hela den diskussion som berörts har givetvis sitt stora intresse. Gåtan Sokrates kan inte upphöra att fascinera. Inte minst frågan om motiven bakom rättegången och dödsdomen mot honom har föranlett heta debatter. Var Sokrates en farlig motståndare till den Atenska demokratin? Var han en sofistisk moralrelativist och gudsförnekare? Var han med sin frispråkiga kritik en nagel i ögat på de makthavande? Frågorna är många och svaren – i brist på verkligt tillförlitligt källmaterial – ännu fler. Ur filosofisk och filosofihistorisk synpunkt kvarstår likväl det faktum att det är Platons Sokrates, en litterär gestalt om man så vill, som haft den avgörande betydelsen. Och i fråga om denne Sokrates lider vi ingen brist på källor. I hela den antika litteraturen finns inte ett mer levande porträtt än det Platon målat av sin mästare. Det är konturerna i detta porträtt jag i det följande vill återge.

Sokratesgestalten – filosofin som livsform

Den tidigaste Platonskriften var enligt mångas uppfattning *Sokrates' försvarstal.* Den utger sig för att återge Sokrates' tal inför sina domare. Författaren var vittnesgill, ty Platon var vid det tillfället med bland åhörarna. Där får Sokrates berätta om sitt liv och om hur han ser på sin egen gärning. En händelse som han tillmäter stor betydelse inträffade när hans vän Chairefon begav sig till Delfi och frågade det berömda Apollooraklet där om det fanns någon som var visare än Sokrates. Pythian svarade, att ingen var visare. Det var en svar som konfunderade Sokrates, som frågade sig: ”Vad syftar guden på, vad är den dolda undermeningen, jag vet ju att jag inte alls är vis? Vad kan han mena när han säger att jag är visast?” Sokrates beslöt att efterforska Apollos mening genom att uppsöka sådana i Aten som hade rykte om sig att vara visa. Den förste som utsattes för Sokrates' prövande frågor var en politiker: ”jag prövade honom genom att samtala /.../ och då fann jag att han inte var vis, fast många andra och i synnerhet han själv tyckte att han var det. Då försökte jag bevisa för honom att han inte var vis fast han trodde det. Han och många andra som var med greps av hat mot mig, men när jag gick därifrån tänkte jag för mig själv att jag är visare än den mannen; ingendera av oss vet nog något som det är något värde med, men han tror att han vet något fast han inte gör det – jag däremot vet ingenting och tror inte heller att jag gör det. Så en liten aning visare är jag antagligen just därigenom att det som jag inte vet, det tror jag heller inte att jag vet.”

Sokrates. Romersk kopia från grekisk originalbyst från 395–390 f. Kr. Nationalmuseet, Neapel.

Sokrates fortsätter sina efterforskningar. Han går från politikerna till poeterna, från poeterna till hantverkarna och kommer överallt till samma resultat. De han talar med kan visserligen sin konst eller sitt hantverk. Men de saknar den visdom de tror sig om att ha. Sokrates förblir genom att inse sin okunnighet den visaste. Hos dem vars brist på insikt han avslöjar uppväcker han överallt hat och förargelse. Så uppstod, menar Sokrates i Försvarstalet, den fördom mot honom som funnits under lång tid och som utgjorde grogrunden för processen. De goda atenarna ogillade att bli blottställda och rannsakade av Sokrates – i synnerhet som det ofta skedde inför åhörare: ”En grupp ynglingar från rika familjer med gott om fritid slår frivilligt följde med mig därför att de tycker det är roligt att höra på när jag sätter människor på prov.” Det kunde inte vara behagligt att utsättas för den Sokratiska ironi, som gör sig så starkt gällande både i försvarstalet och i många av dialogerna.

Men Sokrates anser sig handla på uppdrag av Apollo. Det är guden som givit honom uppdraget att försöka övertala atenarna att intressera sig mindre för kroppen och det materiella, pengar, ställning och karriär och mer för själen och dygden. Staden Aten liknas vid ”en stor och fin häst som på grund av sin storlek är ganska trög och behöver en stingande broms som sätter fart på honom”. För övrigt kan Sokrates inte tänka sig ett annat liv än det filosoferande. Om domstolen lät honom behålla livet på villkor att han avstod från sitt frågande skulle Sokrates vägra anta erbjudandet: ”detta är just den högsta lyckan för en människa, att dagligen samtala om dygden och dessa andra ämnen, som ni har hört mig tala om och där jag rannsakar mig själv och andra, under det att däremot ett liv utan dylik rannsakan ej är värt att leva”. För att ständigt kunna ägna sig åt sådana undersökningar har Sokrates valt att leva ett liv i fattigdom och utan världsliga fördelar.

En av beskyllningarna mot Sokrates gick ut på att han skulle ha förnekat gudarna och i stället velat införa en tro på demoner. Sokrates tillbakavisar i försvarstalet anklagelsen för ateism och försöker förklara hur det förhåller sig med hans ”daimon”. Denna ”daimon” är ”ett slags röst som dyker upp, och när den gör sig hörd avråder den mig alltid från något som jag är på väg att göra, men den manar mig aldrig att göra något bestämt”. Sokrates berättar om några tillfällen när hans ”daimon” ingripit och hindrat honom från att göra sådant som hade varit orätt. Ett sådant tillfälle inträffade under de s.k. trettio tyrannernas diktatur. Då blev Sokrates tillsammans med fyra andra män befalld att bege sig till Salamis för att hämta en viss sjöbefälhavare Leon som bodde där och som tyrannerna ville avrätta. Sokrates förstod att hans liv svävade i fara om han inte lydde. Men han förblev trogen sin insikt att döden är ett ringa ont, men det att göra sig skyldig till orätt ett stort: ”Ty hur mäktigt deras välde än var, det skrämde mig ej till att göra orätt, utan så snart vi lämnat rådhuset, for väl de fyra andra till Salamis och hämtade Leon, men jag gick raka vägen hem.”

En av anklagelsepunkterna mot Sokrates gick ut på att han ”fördärvade ungdomen”. Förmodligen syftade man på hans lärjungar, vilka till stor del rekryterades bland de rika och sysslolösa unga män, som tidigare omtalats. Men Sokrates vägrade gå med på att han fördärvat någon. En del av hans lärjungar och släktingar till dem satt bland åhörarna och Sokrates erbjöd sig att åberopa dem som vittnen. Han var övertygad om att de alla skulle stödja honom och vittna till hans förmån. Men vad som säkert låg honom i fatet vid rättegången var att ett par av hans tidigare lärjungar gjort sig ofördelaktigt bemärkta i atensk politik. Det gällde Kritias, som varit en av de trettio tyrannerna, och det gällde Alkibiades, som var beskylld för landsförräderi. Det hindrar inte att Sokrates kunde insistera på, att det han lärt ut enbart handlat om hur man borde föra ett förnuftigt och dygdigt liv. Så övertygad var han att han gagnat staten att han som lämpligt straff för sig själv föreslog en förnämlig belöning och hedersbetygelse – att han fritt skall få inta sina måltider i prytanernas hus.

Majoriteten av Sokrates’ domare höll emellertid med åklagarna. Han dömdes till döden. I det sista partiet av sitt försvarstal framhåller Sokrates att den verkliga olyckan drabbat atenarna som fällt en orättvis dom, inte honom själv. Döden är nämligen enligt Sokrates’ övertygelse inte något ont. I värsta fall är den en drömlös sömn, och få människor, inte ens perserkonungen själv, kan sanningsenligt påstå att särskilt många av deras dagar varit bättre och behagligare än en natt då man sover utan drömmar. Eller så är döden en förflyttning till en plats där vi får möta alla tidigare döda. Sokrates gläder sig på förhand åt utsikten att få inveckla sig i filosofiska samtal med de stora figurerna ur det förflutna, en Homeros, en Hesiodos, en Ajas eller Odysseus. Hans avslutningsord till sina domare blir: ”Dock – nu är det tid att vi går härifrån, jag för att dö, ni för att leva. Vem av oss som går mot det bättre ödet vet ingen utom Gud allena.”

Redan i *Sokrates’ försvarstal* finns mycket av Sokrates’ kvintessens. Där finns spörjaren från gator och torg, som ansätter atenarna dagarna i ända. Där finns filosofen, som i enlighet med Delfioraklets bud försöker lära känna sig själv och som inser att insikten om den egna okunnigheten är visdomens begynnelse. Där finns mannen vars civilkurage är obegränsat och som aktar döden för ett ringa ont. Bilden av Sokrates kompletteras genom dialogerna, där han i de flesta fallen uppträder som huvudpersonen.

De filosofiska diskussioner som förekommer i Platons dialoger rör sig ofta om ett begrepp. Man ställer frågan ”Vad är fromhet?” (dialogen *Evty-*

fron) eller ”Vad är tapperhet?” (*Lakes*) eller ”Vad är dygd?” (*Menon*). Oftast fortskrider samtalet så att någon av deltagarna föreslår en definition, som Sokrates sedan utsätter för kritik. En ny definition föreslås, som sedan i sin tur kritiseras av Sokrates. Därvid är det inte som i en del begreppsanalytisk 1900-talsfilosofi fråga om att komma åt ett språkbruk eller resa semantiska frågor utan om ett sökande efter tingens väsen. Det är en form av verklighetsforskning man ägnar sig åt. Debatten fortsätter till dess man antingen kommer fram till en begreppsbestämning som alla kan enas om, eller skjuter problemets lösning på framtiden. Sokrates erkänner att problemen ofta är så svåra att det är omöjligt att genast finna en tillfredsställande lösning. Men han varnar samtidigt för ”misologi” – därför att argumenten ibland leder vilse får man inte gripas av ett allmänt hat till argument och resonemang. Sin tilltro till förnuftet uppger Sokrates aldrig, även om han inser att det mänskliga förnuftet ibland famlar i blindo.

På ett berömt ställe i dialogen *Theaitetos* beskriver Sokrates sin samtalsteknik som en ”barnmorskekonst”. Genom sina frågor kan han hjälpa andra att framföda svar på de filosofiska frågorna, men själv har han ingenting att lära ut: ”Ett drag har jag förvisso gemensamt med barnmorskorna: jag är ofruktsam – jag framföder själv ingen vishet, och med rätta riktas den förebråelsen ofta nog och från många människor emot mig, att jag väl frågar andra, men själv ej giver svar på något, emedan jag ingen vishet äger. Orsaken ligger i följande. Guden tvingar mig att förlossa, men har förmenat mig att föda. Själv är jag alls inte vis, ej heller kan jag peka på någon upptäckt, som är ett foster av min egen själ.” Detta stämmer ju bra med vad Sokrates i sitt försvarstal och på andra ställen säger om sin egen okunnighet. Men andra kan han göra fruktsamma: ”De som således är tillsammans med mig får erfara detsamma som barnaföderskor: de känner födslosmärtor och fylls dag och natt av en vånda, som är vida större än dessas. Att väcka och stilla den smärtan förstår min konst.” Filosofins smärta kan Sokrates således hantera.

Alldeles sanningsenlig kan Sokrates emellertid inte sägas vara, när han hävdar att han själv inte har några positiva svar i filosofin att komma med. Det är fullt möjligt att urskilja en Sokratisk lära, till och med om man enbart håller sig till de tidiga dialogerna.

Som redan framgått är det framför allt moralfilosofiska spörsmål, frågor om dygden och det rätta sättet att leva, som Sokrates diskuterar i dialogerna. Men när vi talar om ”moral” måste vi ha klart för oss att Sokrates’ morallära – liksom i allmänhet de grekiska filosofernas – i grund och botten är egoistisk, det vill säga utgår från intresset för eget väl. Vi associerar gärna själva begreppet ”moral” med budord och pliktuppfyllelse. Men hos

Sokrates handlar det om lyckan (på grekiska *eudaimonia*). Hur skall jag kunna leva ett lyckligt liv? Det är huvudfrågeställningen. Men varje intryck av krasshet förflyktigas när man förstår, att för Sokrates ett lyckligt liv är liktydigt med ett dygdigt liv. Att leva lyckligt, att leva förnuftigt och att leva dygdigt är samma sak. Dygden är en och odelbar, hävdar Sokrates. De olika dygderna – fromhet, tapperhet, besinning osv. – är i grunden en och densamma och innebär insikt eller visdom. Bara den vise kan vara dygdig och följaktligen är det bara han som kan vara lycklig. I konsekvens härmed anser Sokrates i flera dialoger (men inte i alla) att dygden kan läras ut. En övning i filosofin är självklart också en övning i dygd och i det rätta livet. I linje med detta ligger även Sokrates' s.k. insiktsdeterminism, dvs. hans vid första ögonkastet förbryllande åsikt att den som vet vad det rätta är också gör det rätta. Åsikten blir mindre förbryllande när vi betänker, att vi enligt Sokrates kan uppnå lyckan bara om vi gör det rätta. Vem önskar inte vandra vägen till lyckan om han vet vilken den är?

Varför tror Sokrates att man blir lycklig genom att hålla sig till dygden? Innebär inte dygd tvärtom självuppoffring och avstående? En del av förklaringen finns i Sokrates' tro på själens odödlighet. Den dygdige och vise belönas efter döden genom elyseisk lycksalighet. Men detta är inte den väsentliga argumentationslinjen. Sokrates är övertygad om att den dygdige är lycklig redan i detta livet, att han ensam skulle vara lycklig till och med om döden vore en drömlös sömn. Skälet är att lyckan för Sokrates framför allt består i en sorts själens oberoende, en autonomi. Den som fäster sig vid kroppen, vid ägodelar, kläder, mat och dryck, yttre anseende och samhällsställning, kan inte undgå att drabbas av olyckor. Vårt livs villkor är sådana att vi ständigt riskerar att mista ägodelar, ställning, ja hälsa och liv. Bara om vi är i stånd att betrakta allt sådant som i grunden oväsentligt kan vi bevara vår själsfrid. Då vet vi att den som följer dygdens väg inte drabbas av några olyckor. En god man kan ingenting ont hända. Sokrates personifierar i sitt liv lika mycket som genom sina läror idealet av den orubblige vise.

I dialogen *Gästabudet* träder Alkibiades fram och vittnar om Sokrates' personlighet. Alkibiades liknar Sokrates vid ”de där silenerna som sitter i bildhuggarnas verkstäder och som dessa framställer med pipor och flöjter, men när man öppnar dem på mitten visar de sig innehålla gudabilder”. Sokrates yttre fulhet var legendarisk, hans trubbnästhet och grova drag. Men hans inre skönhet stod i proportion därtill, anser Alkibiades: ”Jag vet inte om någon av er har sett bilderna inuti honom när han är allvarlig och öppnad, men jag såg dem en gång, och då tyckte jag att de var så gudomliga och gyllene, så undersköna och fantastiska att vad Sokrates än befallde så måste man bara göra det.” Sokrates liknar en flöjtspelande silen också på det sättet att hans ord, liksom dennes flöjtmusik, har förmågan att försätta århörarna i gudomlig hänryckning: ”när jag hör honom slår hjärtat häftigare än på någon som är försatt i korybantisk yra, och hans ord får tårarna att strömma på mig”. Alkibiades fortsätter med att berätta om Sokrates' tapperhet i fält, om hans okänslighet inför kyla och hunger under fälttågen, om hans förmåga att aldrig bli berusad under dryckeslagen, om hans motståndskraft inför sexuella frestelser. Sokrates' svaghet för vackra pojkar var välkänd och Alkibiades berättar om hur han som ung försökte förföra Sokrates genom att om natten krypa in till honom under hans kappa. Men Sokrates låg oberörd som en pinne och motstod varje förförelseförsök.

I dialogerna *Kriton* och *Faidon* berättas om Sokrates' sista tid och om hans död. I den förstnämnda dialogen kommer Sokrates' förmögne vän Kriton till honom i fängelset och erbjuder sig att hjälpa honom att fly – vakten är mutbar, flyktvägen är förberedd. Men Sokrates vägrar, trogen sin sats, att det är bättre att lida orätt än att göra orätt. Att trotsa Atens lagar, under vars skydd han levat hela sitt liv, skulle vara orätt, alldeles bortsett från att ett liv i landsflykt måste bli olyckligt och ovärdigt.

I *Faidon* berättas om Sokrates' sista dag. På morgonen har han ett långt samtal med sin hustru Xanthippa och sina barn. Men när dessa gråter och beklagar sig ber Sokrates en vän följa dem hem. Sina sista timmar vill han tillbringa i lugn och under filosofiska samtal. Också vännerna är rörda, benägna till gråt. Men Sokrates gör klart att han vill ”dö i frid, utan alla olycksbådande ord”. Med sina vänner diskuterar han nu en onekligen relevant fråga – den om själens odödlighet. Sokrates anför olika sinnrika bevis för sin tro att själen överlever kroppen och i ett liv efter detta mottar belöningar eller straff. Han förklarar, att han betraktar filosofin som en förberedelse för döden. Filosofen gör sig redan i livet fri från det kroppsliga och från alla animaliska drifter, menar Sokrates. Därför behöver han inte frukta döden.

Till sist kommer rättsbetjänten in med den giftbägare, som Sokrates är dömd att tömma. Sokrates tömmer bägaren helt lätt och lugnt. Därefter vandrar han i enlighet med rättsbetjäntens instruktioner fram och tillbaka tills han känner sig tung i benen. Då lägger han sig ned. Sedan känner han dödsstelheten sprida sig uppåt. Då han är kall upp till underlivet påminner han Kriton om en religiös plikt: ”Kriton, vi är skyldiga Asklepios en tupp. Betala skulden, glöm inte det.” Det blir de sista ord Sokrates yttrar. Nu når stelheten hjärtat, Sokrates rycker till och blicken brister. Så blev, kommenterar dialogens berättare, ”slutet för vår vän, och vi kan lugnt säga, att han var den bäste, visaste och rättrådigaste av alla människor, som vi har känt”. Så dog Sokrates som han levat, en idealbild av filosofen, vars visdom inte bara är teoretisk kunskap, utan praktisk insikt och sann livsföring. I porträttet av Sokrates har Platon skapat ett mänskligt ideal för antiken och alla tider, en av de stora förebilderna i den västerländska traditionen. Sokrates blev helt enkelt Filosofen, en inkarnation av förnuftet och visdomen som trollbundit eftervärlden.

Platon – filosofin tar form

Det är knappast oriktigt att säga att det var Platon (427–347 f.Kr.) som uppfann filosofin. Åtminstone i vårt efterhandsperspektiv ter sig saken på det sättet. Även om begreppet filosofi, som nämnts, förekommit tidigare, är det i Platons skrifter vi första gången träffar på det i sin sedan dess gällande betydelse. Det är Platon som avgränsar de filosofiska frågorna, de filosofiska tillvägagångssätten (dialektisk argumentation och rationell bevisföring), anger filosofins väsen och syfte och i Sokrates en gång för alla tecknar idealbilden av filosofen. Filosofin ges en självidentitet, som skiljer den från vad som bara i vagare mening är visdom och livsklokhet. I ett ofta citerat uttalande har den brittiske filosofen Alfred North Whitehead sagt: ”Den säkraste karaktäristiken av den europeiska filosofiska traditionen är att den består av en serie fotnoter till Platon.” Detta är sant i den meningen att det är hos Platon vi första gången möter en diskussion av nästan alla de viktiga filosofiska problem, som sysselsatt senare tänkare. Den karaktär filosofin fått hos Platon behåller den hela sin mer än tvåtusenåriga karriär igenom.

Liv och skrifter

Det måste medges att Platon fått sin ojämförliga ställning i filosofins och det västerländska tänkandets historia delvis genom tillfälligheter. De försokratiska tänkarna känner vi, som framhållits, nästan enbart genom svårtydda fragment. Sofisterna och Sokrates har vi kunskap om framför allt genom Platons återgivande av deras läror. När vi kommer till Platon själv blir läget emellertid ett helt annat och lyckligare. Platons skrifter finns av allt att döma i sin helhet bevarade till vår tid. Åtminstone nämns av antika författare inga Platonskrifter som vi inte har i behåll. Så gynnade är vi tyvärr annars sällan när det gäller antika filosofer.

Att Platons verk i sin helhet finns i behåll innebär likväl inte att Platonforskningen inte ställs inför filologiska problem. Skrifternas autenticitet är omtvistad. Är Platon verkligen författaren till allt det som under antiken gick under hans namn? Inte minst de ur biografisk synpunkt intressanta tretton brev som tillskrevs Platon anses vara av tvivelaktigt ursprung. Det råder dock tillräckligt stor konsensus om de viktigaste Platonskrifternas äkthet för att vi skall kunna göra oss en bild av filosofen. En annan fråga som i hög grad gjorts till föremål för filologisk debatt gäller skrifternas kronologi. Här har en blandning av yttre och inre kriterier begagnats, från matematiska övningar med frekvenser av ord och språkliga egenheter till försök att rekonstruera en intellektuell utveckling. Någon absolut samstämmighet i uppfattningarna existerar inte. Men det har blivit vanligt att räkna med tre grupper av skrifter. Till de tidigaste, som skrivits under nära intryck av Sokrates' död, skulle höra bland andra *Sokrates' försvarstal*, *Kriton*, *Protagoras* och *Gorgias*. En mellangrupp skulle innehålla framför allt de mogna, klassiska verk där idéläran utvecklas och diskuteras: *Menon*, *Faidon*, *Faidros*, *Gästabudet*, *Staten*, *Theaitetos*, *Parmenides*. Till de sista verken skulle höra bl.a. *Timaios* och *Lagarna*. Ofta antas att de senare skrifterna skulle präglas av uppdykande tvivel hos Platon på idélärans giltighet.

Våra kunskaper om Platons liv och person är behäftade med en hel del osäkerhet. Men något känner vi till. Platon tillhörde en av Atens förnämsta släkter. Det innebar också att han kom ur en miljö, där man hyste aristokratiska sympatier och såg med avsevärd skepsis på den atenska demokratin. En kusin till hans mor var den tidigare nämnde Kritias, en av de trettio tyrannerna. Överhuvud var det en politiskt orolig tid Platon levde i. I det s.k. Peleponnesiska kriget led Aten ett nederlag mot Sparta. Det var Sparta som påtvingade Aten de trettio tyrannernas regemente. När dessa 403 f.Kr. störtades ersattes de av den demokratiska regim, som var ansvarig för avrättningen av Sokrates. Det är begripligt att också Platon kom att hysa låga tankar om demokratin. Atens välde, baserat på kommers och sjöfart och med en stark imperievilja, hade passerat höjdpunkten. Platon hyste större beundran för det gammaldags aristokratiska Sparta, fastän han kritiserade dess ensidigt krigiska inriktning. Mot slutet av hans liv höll för övrigt alla de grekiska stadsstaterna på att besegras av den makedonske kung Filip.

Nio år efter Sokrates' död företog Platon en omfattande resa, som kom att få betydelse för hans utveckling. I de grekiska kolonier han besökte stötte han på pythagoréerna, som kom att inspirera hans tänkande. På Sicilien blev han god vän med den där regerande tyrannens systerson, Dion. Det var när han återvänt till Aten från denna resa som Platon grundade sin berömda Akademi, filosofskolan som fick namn efter det stycke mark, där den var belägen. Här samlades Platons lärjungar till diskussioner och forskningar. Akademin överlevde mästaren och fanns kvar i Aten under hela antiken. Först 529 e.Kr. lät den kristne kejsaren Justinianus stänga den. Sedermera blev Platons Akademi, tillsammans med Aristoteles' Lykeion, den viktigaste förebilder för de universitet, som under högmedeltiden började inrättas i Europa. Platon stannade dock inte för alltid i sin Akademi. Han företog ytterligare två resor till Sicilien, den sista 361 f.Kr., i hopp att genom Dion kunna spela en roll som politisk rådgivare. Båda resorna slutade i katastrof. Vid ett tillfälle blev Platon fängslad och sedan såld som slav (men friköpt av atenska vänner) av den otacksamme tyrannen. I sina dialoger kunde Platon ge förträffliga upplysningar om hur stater borde styras, men hans konfrontationer med verklighetens maktpolitik blev inte lyckosamma.

Vilka var då Platons filosofiska läror? Frågan kan inte besvaras rätt om man inte tar hänsyn till den litterära karaktären hos Platons filosofiska skrifter. Senare filosofer skulle i allmänhet lägga fram sina åsikter i monologisk och mer eller mindre systematisk form. Platon skrev dialoger. Hans verk består om man så vill av teaterstycken, där många personer uppträder och diskuterar olika problem. Samtalet rör sig ofta nyckfullt, skenbart planlöst över vida fält. Ibland står olika välargumenterade uppfattningar mot varandra, utan att någon får definitivt rätt. Ibland slutar diskussionen i en "apori", med ett problem, som synes olösligt. Här är det med andra ord ingalunda fråga om en exposé av ett färdigt filosofiskt system. För Platon är frågan hur man kommer fram till åsikterna, genom frågor och svar och dialektisk tankeutveckling, och hur man lägger fram dem, lika viktig som åsikterna själva. Den dialogform han valt för sin framställning är en oupplöslig del av hans filosofi. Uttolkaren måste därför motstå frestelsen att systematisera vad som inte är avsett att vara systematiskt. Han bör å andra sidan inte heller gå för långt i motsatt riktning. Att det funnits Platonska läror och att Sokrates i dialogerna ofta används för att framlägga dem är tydligt nog. Om inte annat bör Platons lärjunge Aristoteles betraktas som vittnesgill i detta avseende. Jag skall försöka återge några av Platons viktigaste tankar i tät anslutning till texterna. Platon var ett av alla tiders största litterära genier, Kant och Goethe på en gång, om man så vill. Den litterära formen, myterna, liknelserna, symbolerna, retoriken är något som man inte kan ta bort ur hans verk utan att meningen går förlorad.

Hjärtpunkten i Platons filosofi finns i hans berömda idélära. De uttolkare som hävdat något annat har enligt min mening visat sig okänsliga för den känslomässiga och intellektuella intensiteten hos de passager där idéläran läggs fram och diskuteras. Idéläran har också funktionen att binda samman och ge sammanhang åt andra inslag i Platons filosofi. Inte minst har den en strategisk funktion. Den ger svaret på ett fundamentalt problem, som uppstod ur själva det filosofiska debattläge, där Platon framträdde.

Platon mottog starka intryck från tänkare som vi hänfört till ”försokratikerna”. Herakleitos' lära om alltings föränderlighet, Parmenides' doktrin om Varats oföränderlighet, pythagoréernas filosofi om talförhållandena, alla har avsatt tydliga spår hos Platon. Men den stora, samtida utmaningen kom dock från annat håll, från sofisterna. I dialogerna framträder sofisterna ständigt som Sokrates' nära fiender, det är bara mot bakgrunden av deras förkunnelse man kan förstå hans filosofi. De står för den inbyggda negation utan vilken idéläran inte kan tänkas. Filosofihistorien igenom utgör skepticismen ett ständigt incitament till filosofi. Hos Platon representerar sofisterna skepticism, relativism, i somliga fall nihilism. Men sofisterna är inte bara motståndare, de är samtalspartners och ibland läromästare. Sokrates uppfattades ju själv som en sofist av sina konservativa belackare. I *Menon* får Sokrates rent av ta sofisterna i försvar mot Anytos, hans egen blivande åklagare. Det gäller att besegra sofisterna, men inte med maktmedel eller genom att åberopa traditionella auktoriteter, utan med deras egna vapen, med hjälp av förnuftiga resonemang och dialektisk bevisning. Vi har redan mött några av dessa sofister, sådana de framställs i Platons dialoger: Protagoras, Gorgias, Kallikles, Trasymakos. Vi har hört att de där presenteras som skeptiker, att de förnekar möjligheten av objektiv kunskap, vare sig i teoretiska eller moraliska frågor, att de ser sanningen som något subjektivt, att de likställer rätt och makt, att de upphöjer retoriken, konsten att hos åhörarna skapa en subjektiv övertygelse, på filosofins och insiktens bekostnad. Sofisterna vägrade att ta traditionella föreställningar inom religion, moral och politik för givna. Deras relativism hade under Platons tid kommit att genomsyra hela den intellektuella atmosfären i Grekland. Men om det saknas objektiva kriterier för sant och osant, gott och ont, är då förnuftiga samtal och rationell argumentering överhuvud möjliga? Det är den fråga som gång på gång i olika former diskuteras i Platons dialoger. Idéläran tillhandahåller ett svar.

Idéläran. *Faidon*, *Menon* och *Faidros*

Mot vad som av tradition översätts med ”idé” svarar hos Platon olika formuleringar. De grekiska orden *idea* och *eidos* används, men det talas också om exempelvis ”det sköna självt” eller ”det goda självt”. På svenska skulle vi lika väl som om ”idéer” kunnat tala om ”former” eller om olika tings väsen eller natur. Här skall emellertid termen ”idé” bibehållas. Redan dess enorma filosofihistoriska betydelse gör detta motiverat.

Platons idélära fyller många olika funktioner samtidigt. Ur en synpunkt är den helt enkelt en teori om allmänbegreppen. Ett av de, filosofiskt sett, förbryllande inslagen i vår tillvaro är att den tycks innehålla såväl det individuella som det allmänna. Vi är exempelvis omgivna av ett stort antal mänskliga individer, vänner, bekanta, främlingar. Alla har de det gemensamt att de är människor. Men vad är detta gemensamma som gör dem till människor? Enligt den teori som Sokrates får lägga fram på åtskilliga ställen i Platons dialoger, är människorna människor därför att de har del i Människans idé. Det finns inte bara de individuella människorna. Det finns också något, som är Människan själv, en idé eller ett begrepp, som har självständig existens. Därför att vi står i en relation till, ”har del i”, denna idé, är vi människor. Exakt vad den relationen innebär går Platon inte in på. Men, som strax skall utvecklas, idéerna är inte bara begrepp utan en sorts ideal att sträva mot. De individuella människorna förändras oupphörligt, de föds, de växer upp, de åldras, de dör. Men begreppet Människa förblir detsamma. Idéernas tillvaro är evig, oföränderlig. De individuella människorna måste vi lära känna en och en genom empirisk erfarenhet. Men Människans begrepp kan vi kontemplera med hjälp av vårt förnuft, utsätta för logisk undersökning. Platon tillskriver det oföränderliga och förnuftsmässiga en högre grad av verklighet än det empiriska och föränderliga. Därför kommer idéernas idealvärld att te sig mera verklig än den empiriska vardagsvärlden.

Men vilka är idéerna? Det är tydligt att det enligt Platon finns sådant som skönhetens, godhetens, rättvisans och fromhetens idé. När Sokrates i dialogerna söker efter definitioner av sådana begrepp är det sålunda något verkligt han letar efter. Skönhet, godhet, rättvisa och fromhet är objektiva storheter med existens i idéernas värld, inte, som sofisterna trodde, något subjektivt och godtyckligt. I dessa fall blir idélärans normativa funktion uppenbar. Men vilka andra idéer existerar? Ibland säger Sokrates att det finns en idé varje gång ett och samma namn används om många olika ting. Det finns således t.ex. en soffans idé och en bordets idé så att hantverkaren som tillverkar en möbel har tanken riktad mot dess idé. I några av de sena dialogerna diskuteras emellertid svårigheter som uppstår när en idé antas svara mot varje namn. Finns det t.ex. en barbarens idé? Men grekerna kallar ju barbarer alla de folk som inte är greker. Det enda gemensamma för barbarerna är således att de inte är greker. Sokrates underkänner av dessa skäl barbarens idé. Bara när ett namn är relaterat till ett positivt begrepp skulle det enligt detta sätt att resonera svara mot en idé. En svårighet av något annorlunda slag uppstår om man diskuterar exempelvis smutsens eller gyttjans idé. Eftersom idéerna skall vara något upphöjt och förnämt har Sokrates svårt att medge att det skulle kunna finnas sådana idéer.

Ett annat problem som uppstår i samband med idéerna gäller hur de förhåller sig till varandra. Att det finns många idéer står klart. Men ingår de i någon sorts ordning eller hierarki? Särskilt i dialogen *Staten* förefaller det som om Sokrates menade att så vore fallet. Det finns ett sorts idéernas kosmos. Det godas idé är den högsta, solen i idéernas värld. Det är en tanke som starkt skulle appellera till en senare tids kristna platonister. Det godas idé kom av dem att identifieras med Gud, varmed en bro var slagen till den kristna läran.

Idéläran är på detta sätt en logisk-semantisk teori om allmänbegreppen. Den är en ontologisk-metafysisk teori om idéernas värld, verkligare och bättre än vår egen vardagstillvaro. Den har kunskapsteoretiska, moralfilosofiska och politiska implikationer. För att bättre förstå hur denna lära i dess olika dimensioner fungerar hos Platon kan vi betrakta några nyckelställen, några av de dialoger där idéläran spelar en prominent roll.

Dialogen *Faidon* har redan berörts. Den yttre situation den behandlar är Sokrates' sista dag och död. Men den diskussion om själens odödlighet som äger rum denna dag mellan Sokrates och hans vänner tangerar en rad teman ur Sokrates-Platons filosofi. Sokrates' utgångspunkt är, som vi minns, att döden inte kan vara något ont för filosofen. I hela sitt liv har han ju förberett sig för den genom att sträva bort från kroppsliga begär och drifter och försöka hålla sig enbart till det själsliga. Filosofen bryr sig inte stort om bordets njutningar, inte heller om eleganta kläder och skor. Han bryr sig framför allt om visdom och insikt, och då det gäller att förvärva sådant är kroppen mest ett hinder: "Och själen resonerar nog som bäst när inget av dessa sinnen stör den, varken hörseln eller synen eller smärtan eller njutningen, utan när själen så mycket som möjligt är för sig själv, tar farväl av kroppen och i största möjliga utsträckning bryter all förbindelse och kontakt med den och sträcker sig efter det som är." Det är bara genom tänkandet som det sant varande uppenbaras. Sokrates får nu lärjungarna att gå med på att det finns något "rätt i sig", något "skönt i sig", något "gott i sig". De måste då också medge, att dessa tingens innersta väsen inte kan skådas med hjälp av ögonen eller något annat kroppsligt organ, utan bara med hjälp av förnuftet. Kroppen inte bara fyller oss med lustar och begär, rädslor och aggressioner, den hindrar oss också i kunskapssökandet. Att genom döden bli fri från kroppen kan därför knappast vara en förlust.

Men hur kan själen ge oss kunskap om det sant varande? Varifrån kommer ytterst dess insikt om det rätta, sköna och goda i sig? Sokrates försöker med en fyndig argumentering visa, att kunskap på sätt och vis är återerinring. Genom erfarenheten lär vi oss att vissa ting liknar varandra – alla röda föremål liknar t.ex. varandra till färgen. Men detta skulle vi inte kunna upptäcka om vi inte redan före all erfarenhet hade en förmåga att uppfatta och urskilja likhet. Vi måste så att säga vara i besittning av likhetens idé innan vi kan erfara likheter mellan individuella föremål. Således kan likhetens idé inte vara något vi kommer i kontakt med genom erfarenheten. Den föregår tvärtom erfarenheten och är en förutsättning för ordnad erfarenhet. Men var har vi då fått kunskap om likhetens idé? Det kan vi bara ha fått före födelsen, hävdar Sokrates. Liknande kan sägas om vår kunskap om det sköna i sig, det rätta i sig osv. Sokrates' uppfattning blir att vi innan vi föds äger en kunskap som vi glömmer när vi träder in i denna världen och som vi sedan måste "återerinra" oss. Åsynen av sköna ting påminner oss om skönheten själv som vi en gång före vår födelse skådat. Och då själen lämnas åt sig själv kan den med tankens hjälp förflytta sig "dit bort – till det rena, det alltid varande, det odödliga och oföränderliga".

Vi ser hur idéläran är förknippad med en kunskapslära, enligt vilken kunskap är en form av återerinring, och denna i sin tur med en uppfattning enligt vilken själen finns till innan den genom födelsen träder in i kroppen. Efter döden lösgör den sig åter från kroppen, men vilket öde den då möter beror på vilken inriktning den haft under livstiden. De själar som i livet övar sig i frosseri, hor och superi återföds nästa gång som åsnor, förkunnar Sokrates. De som varit orättfärdiga och tyranniska blir vargar eller hökar. Endast filosoferna, som älskat idéerna och dygden, får efter döden komma till gudarnas släkte. På detta sätt knyter Sokrates sin filosofi till en själavandringslära samtidigt som den ges karaktär av frälsningslära. Filosofen blir den som efter döden får den högsta belöningen.

Det som sägs om återerinringen i *Faidon* kompletteras i andra dialoger. I *Menon* levererar Sokrates ett berömt bevis för återerinringsläran. Han låter hämta fram en slavpojke, som ges i uppdrag att lösa ett geometriskt problem. Det gäller att konstruera en kvadrat som har dubbelt så stor yta som en given kvadrat. Genom frågor och svar lyckas Sokrates locka ur slavpojken den rätta lösningen. Om man använder diagonalen av den givna kvadraten som sida för en ny kvadrat löser man uppgiften. Nu ställs frågan hur slavpojken, som aldrig erhållit någon undervisning i geometri, enbart med tankens hjälp kunde nå fram till en lösning på problemet. Sokrates har sin förklaring redo: pojken måste i en föregående tillvaro ha lärt sig geometrins sanningar och varit i kontakt med idéerna.

I *Faidros* får vi veta mer om hur vi före födelsen skådat idéerna. ”Med sina slöa sinnen kan själarna endast med knapp nöd i avbilderna upptäcka urbilden”, heter det. Som vi senare skall se betraktade Platon tingen på jorden som avbilder av idéerna. ”Men en gång var skönheten strålande att skåda”, fortsätter Sokrates. Det var när vi före födelsen av en gud invigdes i mysteriet och tilläts se idéerna: ”Fullkomliga och rena, oföränderliga och saliga var också de gestalter, som vi efter vår invigning skådade i rent ljus”. All vår senare kunskap om idéerna är minnen av denna upplevelse och av vår föregående tillvaro i ”det rum, som ligger ovan himmelen”. Filosoferna är de som har den starkaste längtan till detta de en gång upplevt, den starkaste kärleken till idéernas värld. Deras passion beskrivs i *Faidros* som en sorts vansinne, jämförligt med den sexuella, poetiska eller religiösa hänryckningen. Detta slags galenskap ”förvärvas av den människa, som vid anblicken av jordisk skönhet erinrar sig den sanna skönheten; hon blir därför beskylld för att vara från förståndet”. Just en sådan människa kan i ordets fulla mening kallas en älskare. Filosofin, kärleken till kunskapen, är en sorts eros.

Gästabudet och kunskapens eros

Den mest berömda utläggningen av Platons kunskapseros finns i *Gästabudet*. I den dialogen uppträder en relativt ung Sokrates, som lockas med till ett gästabud, där tragediförfattaren Agathons seger vid dramatävlingarna firades. Deltagarna i festen beslutar sig vid detta tillfälle för att inte lägga huvudvikten vid drickandet. I stället ordnar man en retorisk lek. Var och en i laget skall hålla ett tal till guden Eros' ära. Det blir många och fyndiga tal, ty många verbalt begåvade män är närvarande, förutom Agathon bland andra Aristofanes, som helt fredligt ligger vid samma bord som Sokrates. Men naturligtvis blir det ändå så, att Sokrates' tal överglänser alla de andras. Sokrates börjar sitt anförande med att lägga fram ett stycke kärleksfilosofi. Kärleken, hävdar han i polemik mot Agathons tal, är inte vacker. Det man älskar är det man inte själv har. Eros älskar det sköna, således måste han själv sakna skönhet. Kärlek uppstår ur brist och saknad. Resten av sin förkunnelse lägger Sokrates i munnen på Diotima, en sierska från Mantineia, som han en gång träffat. Denna hemlighetsfulla kvinna, som får bli bärare av något av det högsta i Sokrates' filosofi, har fascinerat och förbryllat eftervärlden. Hos Platon förekommer hon bara på detta ställe och hennes historiska existens är omstridd. Nu får Sokrates återge hennes förklaring av kärlekens väsen. Eros är son till Porus, energin, och till Penia, fattigdomen eller bristen, förklarar Diotima. Han är fattig som sin mor, går barfota, sover utan säng under bar himmel. Men liksom sin far söker han det sköna och goda, är modig, ivrig och intensiv. Han är en älskare av visdomen, en trollkarl och häxmästare. Eros är varken vis eller okunnig. Den som likt gudarna redan är vis kan inte älska visdomen, ty man älskar bara det man saknar. Den som är okunnig vet inte om att han behöver visdom. Eros är filosof. Filosofen är den som varken är vis eller okunnig, men som älskar visdomen och skönheten och ständigt söker efter dem. Denna kärlek framställs av Diotima som en längtan att få alstra och föda i det sköna. Alla människor, som nått en visst ålder, vill avla och föda, kroppsligt eller själsligt: ”Mannens och kvinnans samlag är ett avlande och födande, detta är något gudomligt, och havandeskap och födande är något odödligt i en dödlig varelse.” Även det själsliga alstrandet i det sköna har en sådan gudomlig karaktär och kommer sig av vår längtan efter odödlighet. Det dödliga får del i odödligheten genom sin avkomma, vare sig denna avkomma är köttsliga barn eller består av gärningar eller tankar.

Älskaren av det sköna måste börja med kärlek till sköna kroppar. Därifrån går han till att älska också det själsligt sköna. Till slut kommer han att älska det sköna självt, detta som inte är skönt i den ena stunden och osköna i den andra, eller skönt i förhållande till det ena och fult i förhållande till det andra, utan är det sköna i sig, evigt och oföränderligt. Den rätta vägen är sålunda, ”att utgå från de sköna ting som finns här och hela tiden stiga uppåt för detta skönas skull, genom att så att säga klättra på en stege och gå från en skön kropp till två sköna kroppar och från två till alla, och från de sköna kropparna till de sköna sysslorna, från de sköna sysslorna till de sköna studierna, tills man från studierna kommer till just detta studium, som inte är studium av något annat än just detta sköna, och man till slut vet vad det sköna är i sig självt.” Genom en sådan sublimering blir filosofen en älskare av det sköna självt och alstrar med det sköna den sanna dygden. På så sätt blir filosofin den mest förnuftiga verksamhet, men också en sorts galenskap, en backisk och erotisk hänryckning. Det är på sin plats att Sokrates, då han uppmanas att hålla ett tal till Eros, gärna accepterar med motiveringen att ”kärleken är det enda jag vet något om”.

Olika aspekter av idéläran står på det sätt som framgått i centrum i olika dialoger. Ibland handlar det framför allt om dygden, ibland om själens odödlighet, ibland om återerinringen, ibland om kunskapens eros. Många frågor kan resas om graden av motsägelsefrihet och inbördes sammanhang mellan de skilda dialogerna. Hur kan t.ex. åtrå efter det kroppsliga ibland framställas som något ont, som drar ned människan under det att på andra ställen kärleken till visdomen sägs ha sin början i kärlek till sköna ynglingars kroppar? Är kroppen, som det ibland heter, endast ett själens fängelse eller är det så, som det också sägs, att kroppslig fägring får oss att erinra oss skönheten själv och tingens urbilder? Är dessa och andra motsägelser endast skenbara, lätta att lösa upp vid en noggrannare analys? Eller beror det på att Platon utvecklades bort från en ståndpunkt, i riktning mot en annan? Eller är det helt enkelt så, att varje dialog måste bedömas som ett slutet helt utan att man alltför mycket bekymrar sig om huruvida det som sägs i en dialog stämmer överens med det som sägs i en annan? I vart fall finns en dialog, som mer än de övriga tycks ge en helhetsbild av idéläran. Det gäller den stora dialogen *Staten* som bland annat av detta skäl ofta uppfattats som Platons mest centrala. Om Sokrates/Platon någonstans framträder som systematisk filosof så är det här.

Staten, liknelsen om grottan och de två världarna

Diskussionen i *Staten* utgår inte från idéläran, utan från moralfilosofiska och politiska spörsmål. Men jag skall här börja med att ta upp vad Sokrates i dialogen har att säga om idéerna och om filosofin. Sokrates har i sitt tidigare resonemang kommit fram till att det är filosoferna som bör styra i staten: ”Om ej filosoferna blir kungar i staten eller de, som nu heter kungar och herrar, blir filosofer i anda och sanning, så att filosofi och politisk makt förenas och blir ett /.../ så finns det ej, käre Glavkon, räddning för staterna ur deras olyckor, ej heller för människornas hela släkte.” Denna politiska konklusion, som vi senare skall återkomma till, ger upphov till frågan vad som menas med en filosof och hur de sanna filosoferna kan skiljas från dem som bara ger sig ut för att vara sådana. Naturligtvis utmärks de äkta filosoferna av kärlek till visdomen och av att de längtar efter att få skåda sanningen. Men det måste då vara hela sanningen, sanningen själv, de söker. Även de som inte är filosofer kan vara skådelystna och nyfikna och mitt under sina praktiska bestyr och förehavanden söka kunskap om ett och annat. Men de lever ändå ett liv som Sokrates närmast vill karaktärisera som ett drömliv. De bryr sig om de sköna föremålen, sköna röster, former och färger, men inte om skönheten själv. Filosofen lever däremot i verklighetens värld.

Kontrasten mellan filosoferna och vardagsmänniskorna med sitt sunda förnuft mynnar ut i en motsats mellan ”kunskap” och ”föreställning” (ibland begagnar Platon de grekiska begreppen *episteme* respektive *doxa*). ”Kunskap” blir då detsamma som verkligt vetande och insikt, medan ”föreställning” blir åsikt, tro eller blott sannolik mening. Därvid riktar sig kunskapen och föreställningen mot olika objekt. Kunskap kan man bara ha om det sant varande, om det oföränderliga, om idéerna. En sådan kunskap kan bara förnuftet ge oss. Föreställningarna däremot riktar sig mot det som varken är eller icke är, mot det som befinner sig mitt emellan det varande och det icke-varande, mot det blivande, de ständigt växlande, föränderliga och förgängliga kroppsliga föremålen. Våra föreställningar om dem får vi genom sinnena, de har empirisk karaktär. Filosoferna ensamma kan nå kunskap, bara de kan med förnuftets hjälp skåda det sant varande. De övriga, som lever i sinnenas värld, kommer aldrig längre än till föreställningar. För de praktiska bestyr som sysselsätter dem är detta också tillräckligt.

I det fortsatta resonemanget söker Sokrates reda ut förhållandet mellan sinnenas värld och den tankens värld, som är filosofernas sanna hemland. Därvid rör han sig med en märklig analogi. Vad den högsta idén, det godas idé, är i tänkandets värld det är solen i sinnevärlden. För att vi skall kunna uppfatta den synliga världen krävs inte bara att tingen finns där med sina former och färger och inte bara att vi är utrustade med ögon och synförmåga. Det fordras också ljus, och ljuset kommer från solen. Sokrates kallar solen ”det godas son och avbild”, solen har i särskild ordning skapats av det godas idé: ”Det är således solen, må du veta, som jag menar, när jag talar om det godas ättling, vilken det goda har alstrat till sin avbild: i sinnevärlden står den i samma förhållande till synen och de synliga tingen, som det goda i tankens värld står till tankeförmågan och det tänkta.” Den högsta idén förklaras på detta sätt vara förutsättningen för all kunskap: ”Du må således veta”, säger Sokrates till Glavkon, ”att detta, som förlänar sanning åt föremålen för vår kunskap och som ger åt den kunskapssökande förmågan att finna kunskap, är det godas idé. Den är grunden till insikt och sanning.” Ja, än mer, det förhåller sig med det goda som med solen, vilken inte bara förlänar föremålen förmågan att synas, utan även ger dem födelse och liv, tillväxt och näring: det goda är inte bara ”upphov till kunskap beträffande de ting, som vi har kunskap om” utan är även ”källan till deras varande och väsen”. Därmed har det godas idé lagts till grund för en teleologisk världsförklaring, en förklaring med ändamålet som utgångspunkt.

Sin åsikt om hur sinnevärlden förhåller sig till idéernas värld formulerar Sokrates med hjälp av en magnifik liknelse, som blivit den mest berömda av alla symboler i Platons symbolrika dialoger. Sokrates ber sina åhörare, att föreställa sig människor i en underjordisk grotta med en mynning, som är öppen mot dagsljuset. I grottan vistas människor ända från barndomen, bundna med fjättrar om benen och halsen och med ryggen mot grottans öppning på ett sätt som gör att de inte kan röra sig ur fläcken och bara se rakt fram oförmögna att vrida huvudet. Ovan och bakom dem brinner en eld på avstånd och mellan elden och de fängslade höjer sig en väg, längs med vilken en liten mur är uppförd, liknande ett skrank. Utmed denna mur går människor, som bär på allehanda redskap, statyer och figurer, vilka syns ovanför muren. Från dessa redskap, statyer och figurer kastas av elden skuggor mot grottans bortre vägg, den enda som de fjättrade människorna kan se. Fångarna kan inte se något annat än sig själva och skuggorna på väggen. De måste med nödvändighet komma att tro, att skuggorna är verkliga föremål och att den skuggvärld de lever i är den enda verkliga världen.

Men antag nu, fortsätter Sokrates, att en av dessa fångar befrias, att han tvingas stiga upp, vända sig om och se mot ljuset. Till en början skulle han säkert då känna smärta på grund av ljuset och bli så bländad, att han ingenting kunde se. Om han ändå släpades ut i dagsljuset skulle smärtorna och bländningen förvärras. Han skulle till en början bli förvirrad och tycka att de skuggor han var van vid vore mer verkliga än det han nu såg. Till slut skulle han emellertid vänja sig vid den övre världen, kunna uppfatta föremålen där ute och till slut se själva solen. Han skulle bli i stånd att dra slutsatsen att det är solen, som åstadkommer år och årstider, som styr allt i den synliga världen och som på sätt och vis är orsaken till allt som han och hans kamrater såg i grottan. Kanske skulle han då gripas av medlidande med sina förutvarande medfångar, som fortfarande är kvar där nere i grottans mörker. Kanske skulle han besluta sig för att hjälpa dem och återvända till grottan för att förklara deras belägenhet. Men i så fall skulle han finna att de forna kamraterna bara skrattade åt honom och förklarade, att han efter sin vandring däruppe kommit tillbaka med förstörda ögon. Och om någon försökte befria fångarna och föra dem ut i solljuset så skulle de säkert döda denne om de på något sätt kunde få honom i sina händer.

Liknelsen om grottan ger uttryck för Sokrates/Platons övertygelse, att vi lever i en skuggvärld, att den verkliga verkligheten finns någon annanstans, där bara filosoferna kan nå den. Liknelsen ger också uttryck för en pessimism. Att lära sig se dagsljuset och solen är smärtsamt. Den som gått igenom denna smärta och lärt sig uppfatta den övre världen kan sedan inte hoppas på att bli trodd, då han berättar om sin upplevelse för andra. Filosofen tillhör ett särskilt släkte. I världsliga ting är han bortkommen likt den som stigit från solljuset till halvmörkret. Han får finna sig i att bli skrattad åt och får vara glad om han inte, som Sokrates, blir dödad.

Det kan var nyttigt att här rekapitulera vad som hittills sagts om idéläran. Den materiella och sinnliga världen framställs i allmänhet hos Platon som något lågt och något som drar oss bort från dygden. Kroppen är ett själens fängelse. De kroppsliga njutningarna och bekymren hindrar oss från att rikta oss mot andliga ting. Men genom att vi betraktar det sköna och goda i den sinnliga tillvaron väcks också vår kärlek till det sköna och det goda självt. Vi erinrar oss den idéernas värld, som vi en gång före vår födelse skådat. Om den kärleken blir den avgörande drivkraften i våra liv blir vi filosofer och har hopp om att efter döden få vända åter till idéernas rike. Den sinnliga världen är av en underlägsen sort. Men den saknar också full verklighet. Den är en värld, inte av sant varande utan av blivande, ständig växling, relativitet, halvverklighet. Dess verklighet är skuggornas. Den sanna verkligheten är å andra sidan oföränderlig och självidentisk. Den kan vi nå enbart med tänkandets hjälp. Men om tänkandet hjälper oss dit skall vi skåda idéerna i evigt solljus, strålande och majestätiskt. Den synen är sin egen belöning och utgör en högsta, intellektuell lycka.

I dialogen *Theaitetos* utvecklas med särskild tydlighet sambandet mellan ontologi och kunskapssyn. Sokrates får där argumentera mot sofisten Protagoras' kända sats, att "Människan är alltings mått". Satsen tolkas därvid som uttryck för en empiristisk kunskapsteori, vilken på samma gång innebär en radikal sanningsrelativism. Människan är alltings mått eftersom varseblivningen är vår källa till kunskap och följaktligen "vara" och "synas vara" är detsamma. Därför blir, enligt Protagoras' ståndpunkt, det sanna det som synes sant för någon och det rätta det som synes rätt för någon. Sokrates' gör poängen, att i så fall också satsen "Människan är alltings mått" måste uppfattas som relativ. Den är sann för Protagoras, men falsk för den som förnekar den. Och om ingen längre trodde på den skulle den fullkomligt upphöra att vara sann. Men Sokrates argumenterar också genom att koppla Protagoras' kunskapssyn till Herakleitos' ontologi. Protagoras' och Herakleitos' läror framstår som två sidor av samma mynt. Båda lärorna går ut på att allt flyter, att ingenting är identiskt med sig självt, att ingenting förblir vad det var eller har existens mer än i relativ mening. Som Sokrates ser saken har Protagoras och Herakleitos rätt beträffande den sinnliga världen. Den växlar ständigt och beträffande den är all sanning relativ. Men båda har fel då det gäller den förnuftiga och enda sanna verkligheten.

Protagoras och de andra sofisterna hör i Sokrates' ögon hemma i den relativitetens värld där ingen annan norm finns för det rätta och sanna än det subjektiva tyckets. Det är därför talekonsten spelar en så stor roll i deras undervisning. Ty talekonsten går ut på att bibringa åhörarna en subjektiv övertygelse snarare än kunskap, föreställning snarare än insikt. Sokrates som gärna använder medicinska liknelser – medicinen hade genom Hippokrates blivit något av modevetenskap – jämför gärna retoriken med gastronomin, filosofin med medicinsk dietetik. Liksom gastronomin smeker smaksinnet vädjar talekonsten till åhörarnas egenkärlek, fåfänga och lättrörda känslor för att bibringa dem subjektiva föreställningar. Läkekonsten däremot kan orsaka smärta, men leder till hälsa på samma sätt som filosofin leder till lycka och sann insikt.

Platonmanuskript. Från ett av de tidigaste fullständiga manuskripten till Platons verk, skrivet 895 e. Kr. Sidan visar slutet av Protagoras och början av Gorgias. Bodleian Library, Oxford.

Från idéllärans upphöjda ontologi är steget sålunda inte långt till Sokrates' stående gräl med sofisterna eller till de moraliskt-politiska frågorna. Det är också med frågor av detta slag som samtalet i *Staten* tar sin början.

Staten, rättvisan och filosofernas styre

Dialogen *Staten*, där Sokrates själv för ovanlighetens skull är berättaren, börjar med livfulla scener. Sokrates har i sällskap med sin vän Glavkon begivit sig till Atens hamnstad Pireus, för att beskåda en fest till gudinnan Artemis' ära. När de just är på väg hem från festen övertalas de att stanna i

Pireus för att senare på kvällen se en stafettritt med facklor som skall ordnas för att hylla gudinnan. De bjuds hem till Polemarkos, som bor i Pireus. Hemma hos honom kommer ett samtal igång om allvarliga ting. Man ställer sig frågan: Vad är rättvisa eller rättfärdighet (grek. *to dikaion*)?

Olika definitioner på rättvisa prövas under diskussionens gång. Sofisten Trasymakos hävdar att rättvisa är det som är gagneligt för den starkare, att makt är rätt, men blir vederlagd av Sokrates. På en punkt i samtalet föreslår Sokrates en omväg, som han tror kan komma att leda snabbare till målet. Rättvisa kan finnas både hos den enskilde och hos staten. Men hos staten finns den så att säga skriven med stora bokstäver och blir därför lättare att urskilja. Genom att diskutera rättvisan hos en stat skulle man sålunda bättre kunna se vad rättvisa är. Därmed förs diskussionen in på frågan hur man skulle kunna inrätta en absolut rättvis stat (eller stad – vi rör oss ju fortfarande i stadsstatens politiska miljö).

Nu utvecklar Sokrates sin lära om den filosofiskt inrättade staten, utformad i enlighet med en planritning ”uppgjord av artister, som arbetar efter en gudomlig modell” och utan hänsyn till faktiskt existerande lagar och politiska institutioner. En sådan idealstat måste styras av filosoferna. Sokrates lägger fram en treståndsmodell för det förnuftigt utformade samhället. Där skall finnas en näringsklass, den stora majoriteten, vars uppgift det är att sköta jordbruk, hantverk, köpenskap osv., men som inte skall lägga sig i statens styrelse utan lyda. Där skall finnas en krigarkast, omsorgsfullt tränad från barnsben till styrka och tapperhet och väl skolad i krigets konst. Dess uppgift är att skydda staten mot yttre fiender. Däremot inte att gå anfallsvis tillväga, ty Platon visar sig här som annars som fredsvän och motståndare till imperialism. Till slut skall där finnas den styrande klassen, filosoferna. Också dessa måste tränas genom en omsorgsfull uppfostran. Rousseau har kallat *Staten* ”den bästa bok om uppfostran som skrivits” och onekligen handlar Platons stora dialog ur en högst väsentlig aspekt om bildning (grek. *paideia*), om uppfostran till dygd (grek. *arete*). Men den uppfostran som beskrivs är framför allt filosofernas. Eftersom det är de som skall styra staten är det deras utbildning som är viktigast. Hela tiden försöker Sokrates bemöta explicita eller implicita invändningar från åhörarna om att också filosofer kan missbruka makt, om de kommer i besittning av den. För Sokrates gäller det att göra troligt att så inte skall kunna ske om bara filosoferna fått den rätta uppfostran.

De blivande filosofernas uppfostran börjar tidigt. Under barnaåren är de viktigaste momenten i denna fostran gymnastik och musik. Genom gymnastiken görs kroppen sund, genom musiken själen. Musiken innefattar inte bara musik i vår tids mening utan också diktningen. Här utgör Sokrates’ angrepp mot diktarna ett omdiskuterat inslag i *Staten*. Han talar om att de klassiska diktarna skall få läsas bara i strikt rensade upplagor, men också om att diktarna skall förvisas ur staten. Uppenbarligen gäller hans angrepp till stor del det sätt varpå Homeros och andra diktare framställt gudarna i sina verk. Precis som en del försokratiska filosofer anser Sokrates i Platons dialog det ovärdigt, att gudarna skall framställas som lögnare, tjuvar, äktenskapsbrytare osv. Homeros' och folktrons brokiga gudavärld strider mot den filosofiska gudsuppfattning Sokrates förespråkar, enligt vilken gudarna nödvändigtvis måste vara sköna, goda och oföränderliga. Men också tragediktarnas verk misshagar Sokrates. Han finner det nesligt att slavar och andra låga personer får framställas på scenen, att hjältar framställs omanligt klagande eller rentav obehärskat skrattande. Därtill kommer en mer djupgående kunskapsteoretisk kritik. Konstnärerna och diktarna efterbildar sinnevärldens föremål, de gör bilder av sådant som självt bara är efterbildningar, skuggbilder av de sanna idéerna och befinner sig sålunda mycket långt borta från den egentliga verkligheten. Beträffande skalderna rekommenderar Sokrates därför, att de bevisas all heder, att blomsterkransar hänges om deras halsar, samt att de därefter helt sonika landsförvisas för alltid.

När filosofkastens medlemmar blir äldre kommer nya ämnen att utgöra deras huvudstudium. Dit hör geometri och matematik, som på grund av sin släktskap med förnuftets och idéernas värld enligt Sokrates är föredömliga vetenskaper. Dit hör även och framför allt dialektiken, den högsta vetenskapen av alla. Geometrin och matematiken arbetar fortfarande med figurer, bilder och hypoteser hämtade från den sinnliga verkligheten. Dialektiken, den sant filosofiska resonemangskonsten, gör sig fri från alla hypoteser och alla empiriska analogier och höjer sig till ett ostört betraktande av det godas idé: ”när en person endast med tankens stöd och utan hjälp av några sinnesförnimmelser strävar att nå fram till tingens väsen och ej avstår, förrän han med förnuftet har fattat det i sig själv goda, då har han nått fram till det högsta målet i tankens värld”. Det är dit filosoferna genom sin uppfostran måste nå. Då erhåller de också genom idéerna det rättesnöre med vars hjälp de kan styra staten. Genom filosoferna blir det förnuftet och det goda som styr i staten.

Vissa inslag i Sokrates' redogörelse för filosofernas tillvaro har väckt särskilt mycket diskussion. Så är det med hans åsikt, att filosoferna måste leva i egendomsgemenskap. Om filosoferna tilläts ha privat egendom skulle de kunna lockas att missbruka sin makt till att göra sig själva rikare. Därför måste de i stället åläggas att leva ett frugalt liv på statens bekostnad utan att själva äga någonting. Den tanken hos Platon har i senare tider inspirerat otaliga socialistiska utopister. I viss mening innehåller Platons *Staten* den första kommunistiska utopin. Men säger man det måste man komma ihåg, att egendomsgemenskapen bara gäller om filosoferna. Den stora majoritet av befolkningen, som tillhör näringsklassen, har rätt till privat egendom.

Den princip som gäller filosofernas egendom tillämpas också på filosofernas familjeförhållanden. Filosoferna får inte ha familj, kvinnor och barn är gemensamma. Barnen tas genast efter födelsen från föräldrarna och uppfostras av staten. Ingen filosof får veta vilka just hans barn är. På så vis förhindras nepotism och otillbörligt gynnande av den egna avkomman från de makthavandes sida.

När jag talade om att kvinnorna är gemensamma borde jag hellre sagt att kvinnor och män är gemensamma. Ty bland filosoferna finns också kvinnor. Kvinnor är inte av naturen intellektuellt eller moraliskt underlägsna männen, hävdar Sokrates. En del kvinnor är männens jämlikar och de kan få vara med i filosofkasten. Detta var en för sin tid chockerande uppfattning och Sokrates får redan i Platons dialog utstå ganska mycket kritik för sin åsikt om de kvinnliga filosoferna. Senare grekiska filosofer, bland dem Aristoteles, avvisade i allmänhet Platons kätterier på denna punkt. Platon är heller inte särskilt konsekvent. Det är lätt att leta fram ställen i hans dialoger, där föga smickrande omdömen framställs om det kvinnliga könet.

Kommer medlemmarna av den egendoms- och familjelösa, promiskuöst levande filosofklassen att bli lyckliga? Den frågan framställer en av Sokrates' åhörare. Men han får ett avvisande svar. Det hela går inte ut på att filosoferna skall bli lyckliga, utan på att staten skall bli lycklig. När filosoferna nått en ålder av trettiofem år anses de fullfjädrade. Först nu får de börja styra staten. Det anses som en given sak, att de hellre skulle vilja leva det rena filosofiska livet, i ostörd kontemplation av idéerna. Men de får offra sig för det gemensamma bästa. Det är ju bara genom deras visa styre som förnuftsstaten kan förverkligas. Möjligheten till pension efter en tid i selen och återgång till de filosofiska studierna vinkar också.

Kan idealstaten förverkligas? Den frågan torde för Platon vara av underordnad betydelse. Inga praktiska revolutionära planer på filosofstatens införande smids i *Staten*. På frågan om hans stat kan praktiskt förverkligas svarar Sokrates, att det framför allt är fråga om ett ideal, en norm för rättvisa, med vars hjälp verkligen existerande, mindre fullkomliga stater kan mätas. Strängt taget infördes ju resonemangen om idealstaten endast för att förklara begreppet rättvisa. En sträng parallellitet mellan statens och den enskildes rättvisa råder också enligt Sokrates. För honom är etik och politik två sidor av samma sak. Även ståndsindelningen i hans stat har en exakt moralisk innebörd.

Den ståndsindelning, som råder i Sokrates' idealstat, relateras till de fyra grekiska kardinaldygderna, vishet, tapperhet, besinningsfullhet och rättrådighet eller rättvisa. Vis blir staten genom att den styrs av de visa, filosoferna. Modig blir den eftersom den vaktas av de tappra, krigarna. Besinning uppstår genom att det råder harmoni mellan statens olika delar så att var och en håller sig till sitt stånd. När vishet, mod och besinning föreligger uppstår också rättvisa. Rättvisa, förklarar Sokrates och ger därmed den sökta begreppsbestämningen, finns i en stat när var och en sköter sin egen syssla. Det innebär att köpmännen sköter köpmäns sysslor, hantverkare hantverkares, krigare krigares osv. Orättvisa och orättrådighet uppstår däremot när t.ex. köpmän eller hantverkare lägger sig i det som är filosofernas syssla, nämligen att styra staten. Demokrati är med andra ord orättvisa. Rättvisa är resultatet av att ingen ägnar sig åt mångsyssleri utan håller sig till sitt.

Platon/Sokrates' sätt att bestämma rättvisans väsen kan verka lättvindigt och bestämt av en politisk fördom mot demokratin. Men en mer inträngande förståelse visar att det åtminstone inte är godtyckligt utan djupt förankrat i hela den filosofi, som läggs fram i *Staten*. Rättvisan och orättvisan finns inte bara hos staterna utan också hos de enskilda människorna. Här som där utgör rättvisan hälsa, medan orättvisan innebär ett sjukdomstillstånd, rättvisan är naturenlig, orättvisan onaturlig. De tre stånden i staten motsvaras av tre själsförmögenheter hos den enskilde: mot filosoferna svarar förnuftet, mot krigarna vreden, mot näringsståndet begären. Rättrådig blir människan då förnuftet och vreden håller ihop och då förnuftet styr. Förnuftet måste härska över begären, annars är människan inte herre över sig själv. Tappar hon detta herravälde blir hon orättrådig eller orättvis: ”Allt dylikt, en förvirring och oro i själens olika delar är just orättrådighet, tygellöshet, feghet, okunnighet, kort sagt, varje slags last.” Ur begärens slavuppror mot förnuftet uppstår orättrådighet, hos den enskilde likaväl som i staten.

En vidareutveckling av de teman som just berörts finner vi i Sokrates' utredning om de olika författningarna, som samtidigt är en berättelse om statens sjukdomshistoria. Sokrates räknar med fem olika statsskick: det riktiga, filosofstatens, som Sokrates nu kallar aristokrati eller monarki, samt fyra oriktiga, timokratin, oligarkin, demokratin och tyranniet. Dessa utgör en fallande skala – aristokratin är det bästa av dem, tyranniet det sämsta. Men de bättre tenderar att övergå i de sämre. När sjukdomen en gång börjat sprida sig i statskroppen blir tillståndet successivt allt värre. Mot varje statsskick svarar en särskild sorts människa, som utgör dess produkt och förutsättning.

Filosofstaten är konstruerad för att vara stabil och varaktig. Men fel kan förekomma vid urvalet av de blivande filosoferna. I ”timokratin” är det en grövre typ av aristokrater som tar över, oberörda av den med musik blandade filosofi, som utmärkt idealstatens styresmän. Typexemplet på en timokrati är Sparta. Det är fråga om en sorts krigarstat, vars ledande stånd framför allt motiveras av äregirighet. I oligarkin har förfallet fortskridit längre. Nu är det inte kärlek till äran, utan den rena girigheten som driver den härskande klassen. Penningen regerar. Till slut gör de förtryckta fattiga uppror, övertar makten och inrättar demokrati. Demokratin innebär att begären styr. Ingen vill underordna sig någon annan. Alla vill befalla, ingen lyda. Ingen vill heller offra något, utan alla vill ha så mycket som möjligt. Alla anses lika, till och med brottslingar, som kan ha dömts till döden, men som ändå tillåts promenera fritt omkring på gatorna och betraktas som en sorts hjältar. Den demokratiska människan ägnar sig, särskilt som ung, åt ett dagdrivarliv utan målsättning och syfte: ”Än hänger han sig åt dryckjom och flöjtspelerskor, och än dricker han vatten och fastar. Än idkar han kroppsövningar, och än är han overksam och bryr sig ej om någonting. Och än sysslar han med filosofin. Ofta kastar han sig in i politiken och talar eller handlar alldeles som det faller honom in.” I demokratin är ingen sysselsättning bättre än någon annan. Det finns inga hierarkier och inget högsta gott. Det är föga förvånande att detta begärens regemente lätt övergår till tyranniet. Genom tyranniet skapas skenbar ordning, men till priset av att staten styrs av en despot, som inte är herre ens över sig själv. Hos tyrannen har tygellösheten nått sin yttersta gräns. Han ger sig hän åt sina lustar och nycker. Han söker ständigt nya utlopp för sitt maktbegär. Han vet att han är hatad och låter fängsla och döda till och med sina bästa vänner. Han vågar inte lita på någon och lever till slut i ständig skräck. Han har allt, men är den olyckligaste av människor. Med hjälp av en kalkyl som väl inte är avsedd att tas på fullkomligt gravallvar räknar Sokrates ut att tyrannen är 729 gånger olyckligare än filosofen.

Timaios, demiurgen och världens skapelse

Dialogen *Staten* slutar i en kosmisk vision, där Sokrates beskriver världsalltets uppbyggnad. För den moderne läsaren kan detta tyckas föra långt bort från dialogens ursprungliga ämne, men för Platon är det knappast så. Hans filosofi kretsar kring frågan om det rätta måttet – det mått som råder för människan, det mått som råder för staten, det mått som råder för kosmos. Ty det grekiska ordet ”kosmos” betyder just något som är ordnat, något som har mått. Människans och statens mått finns hos förnuftet och hos det godas idé. Där finns enligt Platon också måttet för världsalltet. Överallt råder samma natur. I sin syn på dessa ting står Platon dessutom under starkt pythagoreiskt inflytande. Med pythagoréerna delar han uppfattningen av universum som en helhet styrd av tal och mått och utgörande en musikalisk harmoni. Det framgår inte minst av dialogen *Timaios*.

Timaios presenteras som en direkt fortsättning på *Staten*, även om de flesta forskare anser att den skrivits betydligt senare. Den har kommit att få en speciell ställning i idéhistorien genom att den var den enda Platondialog som översattes till latinet och var känd för den äldre medeltiden. Den världsbild som läggs fram i *Timaios* har bland annat av detta skäl fått en enorm vetenskapshistorisk betydelse. Dialogen börjar med att Sokrates rekapitulerar de läror han lagt fram i *Staten*. Därpå följer ett berömt avsnitt, som innehåller berättelsen om Atlantis, ön som sjönk i havet. Först därefter börjar den egentliga framställningen. Den som då får ordet och talar i resten av dialogen är just Timaios, en astronom, som tydligen tillhör den pythagoreiska skolan, även om idéer från Empedokles och andra naturfilosofer också kan urskiljas i hans förkunnelse.

Timaios berättar något som kanske bäst kan karaktäriseras som en myt om världens skapelse. En gud är den hantverkare, eller med det grekiska uttrycket ”demiurg”, som skapar världen. Men han skapar inte ur ingenting – tanken på skapelse ur intet är för grekerna omöjlig. Tvärtom har han en förebild i idéerna. Idéerna har ju alltid funnits, de är eviga, utan uppkomst eller undergång. De blir nu urbilder, arketyper för det som skapas. Varje ting skapas i enlighet med sin urbild. Demiurgen arbetar egentligen som vilken jordisk hantverkare som helst som t.ex. tillverkar en soffa i enlighet med sin idé om en soffa. Vad är det som förmådde guden att skapa? Timaios säger att det var hans godhet: ”Han var god, och den gode har aldrig i något avseende någon missunnsamhet. Då han således var fri från missunnsamhet, önskade han, att allt skulle vara honom så likt som möjligt.” Eftersom gud ville att allt skulle vara gott och inte dåligt ”tog han hela denna synliga massa, som ej befann sig i stillhet utan i oordnad och oregelbunden rörelse, och bragte ordning i oordningen; ty han ansåg att detta var i alla avseenden bättre”. Av samma skäl lade guden in själ i världsmassan. Därför har vår värld blivit ”ett väsen, som i sanning är begåvat med själ och förnuft genom guds förutseende vishet”.

Det är märkliga läror som Timaios lägger fram. Det finns en världssjäl, så att världen har både kropp och själ. Allt är skapat med idéerna som urbild och riktmärke. Allt har skapats så som grekerna nästan alltid tänkte sig saken genom att ordning uppstått ur kaos. Och orsaken till att guden skapat är hans givmildhet. Ordning är bättre än kaos. Av det skälet har han också skapat allting för att det skulle bli så bra som möjligt. I dialogen *Faidon* får Sokrates berätta om den besvikelse han i sin ungdom kände då han läste en naturfilosof som Anaxagoras och fann att denne föredrog mekaniska och naturalistiska orsaksförklaringar framför ändamålsförklaringar. I stället för att på de försokratiska naturfilosofernas vis förklara ur luft och eter och vatten borde man enligt Sokrates ”uppvisa vad som är bäst för varje sak i sig och gemensamt gott för det hela”. Just förklaringar av den typ, som Sokrates då efterlyste, får vi nu höra från Timaios. Världen är förnuftigt ordnad med det bästa som ändamål.

I fortsättningen ger Timaios en detaljerad beskrivning av världens uppkomst och redogör för de proportioner och talförhållanden som styr allt från planeternas rörelser till människokroppens uppbyggnad. Det skulle föra för långt att i enskildheter gå in på detta. Det väsentliga är att få fatt på den konception som bestämmer Platons och dialogens syn på naturen och naturförklaringen. I allmänhet är vår kunskap om naturen, något som Timaios framhåller, mer föreställning än insikt. Det handlar ju om fenomen som inte är eviga utan uppstår, förvandlas och förgår och om vilka således ingen absolut kunskap kan vinnas. Men vissa företeelser, framför allt de astronomiska, har en större regelbundenhet och kan underkastas en matematisk-geometrisk beskrivning. Så uppstår hos Platon tanken på att naturforskningens mål är att ”rädda fenomenen”. Det betydde att man bakom de ständigt skiftande och förvirrande empiriska fenomenen skulle söka efter invarianser, konstanter, lagbundenheter.

Beskrivningen av planeternas rörelser ger ett särskilt betydelsefullt exempel på ett ”räddande av fenomenen”. Planeterna är, som det grekiska namnet säger, ”irrstjärnor”, vilka för ögat ser ut att röra sig fram och tillbaka på himlen på ett planlöst och irrande sätt. Men Platon och astronomerna i hans Akademi var övertygade om att det bakom dessa skenbara oregelbundenheter fanns regelbundna, geometriskt beskrivbara rörelser. Planeterna rör sig i cirklar, den fullkomligaste formen. Det gällde bara att ge de skenbara, empiriskt iakttagna rörelserna en geometrisk förklaring. Genom ett system, där den ena cykelns periferi blev den andra cykelns centrum, genom en invecklad geometrisk konstruktion där cirkelrörelser rör sig kring punkter i cirkelrörelse kunde en rimlig överensstämmelse mellan matematisk plan och empiriska fenomen upprättas. Irrstjärnornas irrande är bara skenbart. Bakom ligger matematisk ordning och fullkomliga former. Därmed var den antika astronomins forskningsprogram angivet, från Platons egen lärjunge Eudoxos till Ptolemaios på 100-talet e.Kr. Ja, också 1500- och 1600-talens heliocentriska astronomi hos Copernikus, Galilei och Kepler utgjorde på sitt sätt försök att ”rädda fenomenen”, fastän med

Platon. Skulptur i Vatikanmuseet, Rom.

nya metoder. Inte minst Johannes Kepler fullföljde på ett ytterst medvetet sätt den pythagoreiska och platonska talmystikens program. Världen är intelligibel, gripbar för förnuftet. Bakom de skiftande och till synes planlösa fenomenen finns en matematisk ordning, en strikt lagbundenhet. Det var Platons övertygelse och den matematiska naturvetenskapens utveckling har, om man så vill, givit honom rätt.

Men Platon hyste också en övertygelse, som är den moderna naturvetenskapen främmande – den att världsordningen även är en moralisk ordning och därför har en viktig moralisk lärdom att ge människan. För Platon är astronomin en uppbygglig vetenskap. Han torde helt ha instämt med Timaios, när denne får förklara att vi fått synen ”för att vi måtte se förnuftets rörelser i himmelen och tillämpa dem på vår egen tankes lopp”, för att vi ”må efterlikna guds evigt oföränderliga vägar och därefter rätta våra egna oroliga och irrande rörelser”. Då planeternas tygellöshet visats vara endast skenbar får vi desto starkare skäl att övervinna vår egen. Den skapade naturens ordning är en avbild av idéernas, statens ordning en avbild av naturens, människans en avbild av statens. Den rättvisa, som skrivs med stora bokstäver i staten, skrivs med än större mot himlavalvet.

Parmenides, *Lagarna* och Platons sena filosofi

Kunde Platon livet ut hålla fast vid sin idélära eller kom han under sina senare år att gripas av tvivel på dess riktighet? Den frågan har livligt diskuterats av forskningen mot bakgrund av de invändningar mot idéläran som framkommer i en del av Platons senare skrifter, i synnerhet *Parmenides*. I *Theaitetos* talar Sokrates om Parmenides som en vördnadsbjudande gestalt: ”Som helt ung träffade jag honom i hans höga ålderdom, och han syntes mig vara en mäkta djup och hög ande.” Med tanke på att Sokrates i så hög grad delade Parmenides' övertygelse om den sanna verklighetens orörlighet och oföränderlighet förstår man hans respekt. De flesta forskare har, på kronologiska grunder, ansett sammanträffandet mellan den unge Sokrates och den åldrige Parmenides apokryfiskt. Om detta möte, historiskt eller ej, handlar emellertid dialogen *Parmenides*.

I *Parmenides* berättas hur Parmenides en gång infunnit sig vid en stor religiös fest i Aten i sällskap med sin lärjunge Zenon. Dessa båda träffar samman med den helt unge Sokrates och ett filosofiskt samtal utspinner sig. Sokrates försöker vederlägga Zenons argument mot mångfalden med hjälp av resonemang hämtade från idéläran. Men Parmenides ingriper till sin lärjunges försvar och går till motattack mot Sokrates. Sokrates utsätts för ett bombardemang av invändningar mot idéläran.

Vilka idéer anser Sokrates egentligen att det finns? undrar Parmenides. Sokrates hamnar, som tidigare omtalats, i svårigheter då det gäller idéer som smutsens idé eller gyttjans idé. Ett annat problem, som Parmenides tar upp, gäller hur samma idé kan befinna sig i flera olika föremål. Finns det skönas idé hel och hållen i alla sköna föremål och betyder inte det att den är samtidigt en och många? Sokrates svarar en smula lamt, att det är med idéerna som med dagern, som finns på många olika ställen men ändå överallt är samma dager.

Ett särskilt farligt och i senare filosofi omdiskuterat argument är följande. Antag att man finner att en grupp föremål alla är stora. Enligt idéläran måste de då alla ha del av storhetens idé. Men storhetens idé förutsätts själv vara stor. Därför kan Parmenides ge Sokrates frågan: ”Och om du nu vidare med din själ tar en överblick över storheten själv och alla de stora tingen – skall du då ej på nytt få se en storhet, på grund av vilken allt det andra synes stort?” Sokrates tvingas medge detta och Parmenides kan driva hem sin poäng: ”Då skall där således framträda en annan storhetens idé, vid sidan av storheten i sig och de föremål, som har del i den. Och så utöver detta ytterligare en ny storhet, genom vilken allt detta blir stort. Och på det sättet blir varje idé ej längre en utan oändligt många.” Parmenides’ argument på denna punkt skulle sedermera upprepas av Aristoteles i hans kritik mot mästarens idélära. Sokrates hittar i *Parmenides* inte något riktigt svar på invändningen. Tydligen bygger den på något för den Platonska idéläran utmärkande, nämligen att det storas idé förutsättes själv vara stor, det skönas idé själv vara skön osv. Men Parmenides’ argument kan omformuleras så att det drabbar idéläran även utan denna specifika förutsättning. Sokrates tycks mena att varje gång två föremål har en egenskap gemensam så har de också del i samma idé. Men detta bör då gälla inte bara när två sinnliga föremål har något gemensamt utan också när en gemensam egenskap förenar ett sinnligt föremål med en idé eller två idéer med varandra. Vid varje sådant tillfälle måste vi då postulera nya idéer, varför den av Parmenides befarade trängseln i idévärlden lätt nog kan uppkomma.

Parmenides framställer ytterligare en invändning, som tycks vara ännu besvärligare. Om nu idéerna och sinnevärldens föremål är varandra så ytterligt olika, om de tillhör två alldeles åtskilda sfärer av verklighet, hur kan de alls ha några relationer till varandra? Borde inte sinnliga föremål vara relaterade till sinnliga föremål och idéer till idéer, men aldrig ting av en sort till ting av en annan? Men om det är så, hur kan vi alls ha del i idéerna eller veta något om dem? I efterplatonsk filosofi skulle den sortens problem om förhållandet mellan det relativa och det absoluta ofta bli föremål för diskussion.

Hur hårt drabbar Parmenides’ invändningar Platons idélära? Somliga forskare har menat att vi i *Parmenides*, en av de sena dialogerna, möter en Platon som redan övergivit idéläran. Sokrates’ svarslöshet inför invändningarna skulle i så fall tyda på att Platon givit upp det som alltid betraktats som kärnan i platonismen. Dock innehåller *Parmenides* yttranden, som kan tyda på något annat. Parmenides får avsluta sin kritik mot idéläran med en faderlig förmaning till Sokrates. Denne har alldeles för tidigt och innan han tillräckligt övat sig försökt bestämma det sköna, rätta och goda och varje annan idé. Men om han övar och härdar sig mera genom dialektiska resonemang så skall sanningen inte undfly honom. Tar man fasta på detta yttrande av Parmenides kunde man mena att invändningarna enbart drabbar den unge Sokrates, men inte de mogna formuleringarna av idéläran. Problemet blir då bara, att man ingenstans i Platons skrifter hittar några effektiva svar på Parmenides invändningar. Frågan hur Platon själv ställde sig till dem måste därför lämnas obesvarad. Det må vara nog att framhålla hur föga dogmatisk Platon här framstår. Han själv är den som framför de mest drabbande och besvärande invändningarna mot centrala stycken i den egna filosofin.

Till diskussionen om hur Platon vid slutet av sitt liv uppfattade idéläran har bidragit, att idéläran inte alls spelar någon roll i det som med all sannolikhet var Platons sista dialog, *Lagarna*. Den dialogen är Platons omfångsrikaste. Den behandlar politiska frågor, men Sokrates är här inte längre med och av de läror om filosofernas styre som lades fram i *Staten* finns i den sista dialogen inga otvetydiga spår. Ofta har man menat, att det Platon beskriver i *Lagarna* är ”den näst bästa staten”, den bästa politiska ordning som kan uppnås om utopin i *Staten* betraktas som omöjlig att förverkliga. En annan tolkningsmöjlighet är den, att Platon här övergivit tankarna från *Staten*. En tredje är att läran i *Staten* var den historiske Sokrates', den i *Lagarna* Platons.

Samtalet i *Lagarna* kommer snart att koncentreras kring frågan vilka lagar som borde inrättas för en nygrundad stat. Eftersom grekerna var ett folk som ständigt anlade nya kolonier finns ingenting utopiskt i själva frågeställningen. Det lagsystem som rekommenderas av ”Atenaren”, den personlighet som mestadels för ordet i dialogen, innehåller också en blandning av gammalt och nytt. Det blir fråga om en strikt genomreglerad stat, där föga utrymme lämnas för privatliv. De många reglerna har stort rättshistoriskt intresse och har påverkat senare naturrättslig diskussion. Det filosofihistoriskt mest betydelsefulla avsnittet är dock det som handlar om religionen. Det som där läggs fram är en sorts ”naturlig religion”, en på förnuftet grundad religiös åskådning. För den medborgare som förnekar de centrala dogmerna i denna religion – gudarnas existens, deras välvilliga ingripande i människornas liv osv. – väntar hårda straff, i värsta fall döden. Om religionens betydelse lämnas man inte i tvivelsmål. ”Gud är alltings mått”, heter det i en sen ripost till Protagoras. Det var en formulering som i ett senare skede skulle få betydelse för nyplatonikerna. Likande gäller om den lära som förs fram i *Lagarna* om att världen i sista hand sätts i rörelse genom den rörelse som förmår röra även sig själv, dvs. genom en gud eller världssjäl.

Egenarten hos Platons filosofi

Finns Platons hela filosofi i hans skrivna verk? En del tyder på motsatsen. I *Faidros* får Sokrates uttala sig med ringaktning om den skrivna textens förmåga att förmedla filosofiska sanningar. Endast muntlig undervisning och diskussion kan göra detta, hävdar Sokrates. För egen del praktiserade ju Sokrates denna lära – han talade mycket, men skrev ingenting. Vad Platon beträffar kan vi utgå ifrån att han föreläste och ledde diskussioner i sin Akademi. Särskilt berömd var en föreläsning om ”Det goda”, som nämns i antika källor. Möjligt är också, att han efter pythagoreisk förebild höll sig med en ”esoterisk” och en ”exoterisk” lära, en muntlig lära enbart för lärjungarna och en skriftlig för dem som läste hans dialoger. I avsaknad av ytterligare källor kan vi bara spekulera om detta. Sådana spekulationer har ett i dubbel mening akademiskt intresse. Men inte mer än så. Ur eftervärldens synpunkt är Platon den som finns i hans skrifter. Den filosofi som förändrat idéhistorien är den som läggs fram i dialogerna. Den är vi i den lyckliga belägenheten att genom läsning kunna ta del av. Att någon förmodad ”oskriven doktrin”, tillgänglig endast genom osäkra andrahandsberättelser, skulle kunna ge oss bättre kunskap om innehållet i dialogerna än dessa dialoger själva har vi ingen anledning att tro.

Vilka är de främsta inslagen i den filosofi som Platon genom sina skrifter lämnat i arv till eftervärlden? Det finns skäl att lyfta fram och poängtera de historiskt sett viktigaste inslagen.

Hos Platons finns en kunskapsteoretisk rationalism, som hävdar förnuftet som den väsentliga kunskapskällan. Den bygger på tanken, att våra idéer är medfödda och att vi kan få kontakt med dem genom ”återerinring” (grek. *anamnesis*). I Platons verk finns även en idealistisk ontologi, dvs. en uppfattning, att den sanna verkligheten har andlig, inte materiell karaktär. Gärna ses det materiella och speciellt kroppen och dess drifter som ett hinder för människans vändning mot det ideella. En tvåvärldslära formuleras, enligt vilken vår sinnliga värld är en sorts halvverklighet svävande mellan vara och icke-vara, en skuggvärld, medan den sanna verkligheten finns hos idéerna. Vi kan om vi vill tala om en transcendentalism, eftersom idéerna har sin existens i en annan värld än den jordiska – vi måste överskrida det jordiska för att nå dem. Av stor betydelse för eftervärldens Platontolkning har också varit, att Platon förefaller försvara en ”begreppsrealism”, en åsikt, enligt vilken allmänbegreppen svarar mot eviga idéer, vilka har en självständig existens i förhållande till de enskilda tingen, ja, i själva verket äger en långt högre grad av verklighet än de.

Vetenskapshistoriskt viktigt har varit projektet att ”rädda fenomenen”. Möjligen kan sägas, att all modernare naturvetenskap går i Platons tecken. Dess målsättning är ju att återföra de växlande och skenbart otyglade fenomenen till invarianser, till en sträng matematisk lagbundenhet. Läran om ”demiurgen” som i sin givmildhet skapar alla ting i enlighet med eviga arketyper blev dessutom utgångspunkten för en tolkning av världen och av de biologiska arterna som i två tusen år dominerade i Västerlandet.

I fråga om etik och politik har Platons inflytande på Västerlandet varit omätligt. Genom att förankra våra värderingar och vår diskurs i det evigt rätta, sanna och sköna tycktes han ha fördrivit relativismens spöke (dock inte alldeles effektivt, som det skulle visa sig). I vart fall försökte han lösa en uppgift, som nästan all senare filosofi skulle ge sig i kast med – skepticismens övervinnande, påvisandet av att kunskap är möjlig. Platons politiska visioner har blivit förebilden för hela den utopiska traditionen i Europas politiska tänkande. Idén om en stat styrd av de intellektuella och i enlighet med det rena förnuftet har också den med jämna mellanrum dykt upp på nytt i det politiska tänkandets historia.

Platons ställning i idéhistorien har till stor del betingats av dubbelheten hos hans läror. Han dyrkar förnuftet och föraktar drifterna. Men det är Eros som ligger bakom hans förnuftsdyrkan. Han förvisar diktarna ur sin stat, men är själv en av de största diktarna, i vars verk liknelser, myter, drömmar och visioner spelar en avgörande roll. Han är en vän av astronomi och matematik, men också en sorts religionsstiftare. Hans tänkande kunde kallas ”förnuftsmystik” om det paradoxala i uttrycket fasthålls.

Till slut och ur vår synpunkt mest avgörande – Platon är skaparen av filosofin, den viktigaste upphovsmannen till vår filosofiska tradition. Han gav i Sokrates bilden av den vise, rättrådige, orubblige filosofen. Han förkunnade förnuftserotikens höga galenskap. Han visade dialektiken och den filosofiska bevisföringen i bruk och rörelse. Han pekade på självkännedom och insikt om den egna okunnigheten som filosofins förutsättning och utgångspunkt. I filosofins historia har Platon en ställning som överträffas av ingen. Den ende som i fråga om historisk betydelse alls kan jämföras med honom är hans egen lärjunge, Aristoteles. Till denne övergår vi nu.

Aristoteles och viljan att veta

Under långa sekler har den västerländska filosofin bestått omväxlande av sådana perioder då Platons filosofi dominerat och sådana då Aristoteles' filosofi dominerat. Därvid har den grekiska filosofins båda giganter ibland uppfattats som varandras absoluta motsatser, ibland som tvillingar. Trots att vi idag har en väsentligt klarare bild av de filosofihistoriska sammanhangen än vare sig senantikens nyplatonister, medeltidens skolastiker eller renässansens lärda humanister, kan det inte sägas att frågan om förhållandet mellan Platon och Aristoteles är löst heller i den moderna forskningen. Till stor del är det betraktarens egen ståndpunkt som blir avgörande. Det som ur en synvinkel punkt för punkt ter sig som varianter av en och samma filosofi kan ur en annan synvinkel tyckas vara två diametralt olika positioner. Men dubbelheten finns inte bara hos den sentida betraktaren. Den finns också i Aristoteles' egen utveckling. Denne store tänkare, som utgick från Platons Akademi och som utvecklade sitt eget, självständiga tänkande i oavlåtlig närkamp med mästarens läror, var avfälling utan att någonsin upphöra att vara lärjunge.

Liv och skrifter

Aristoteles (384–322 f.Kr.) föddes i Stageira i norra Grekland. Han kallas i äldre litteratur också ofta "stagiriten". Hans far var livläkare till den makedoniska kungafamiljen, till vilken Aristoteles sålunda från början hade en relation. Som ung kom Aristoteles till Aten för att studera. Han blev medlem av Platons Akademi, där han blev kvar till Platons död 347 f.Kr. Det mesta tyder på att han under sina tjugo år inom Akademin var en ganska trogen Platonlärjunge, även om han också måste ha kommit i kontakt med argument riktade mot Platons uppfattningar. Sedan Aristoteles lämnat Akademin tillbringade han en tid i Assos i Mindre Asien. Där påbörjade han systematiska forskningar inom naturvetenskaperna, framför allt zoologin. Där ingick han också äktenskap med en flicka av furstlig familj. År 343 kallades Aristoteles till Filip av Makedonien i Pella, där han blev lärare för tronarvingen Alexander, den senare världserövraren. Läraruppdraget avslutades sedan Alexander efterträtt sin far på tronen. Aristoteles återvände nu till Aten och inledde sin egentliga storhetstid. Han grundade en egen skola, Lykeion. Den var inrymd i en hall i ett tempel helgat åt Apollon Lykeios (Befriaren) och kallades ibland även den "peripatetiska" skolan efter den ingångshall (*peripatos*) där undervisningen till stor del förmedlades. Här stannade Aristoteles under tolv år och det kan förmodas att det i allt väsentligt var under denna tid han skrev de skrifter som finns bevarade till oss. Lykeion samlade många lärjungar och kom att överleva grundaren i århundraden innan skolan stängdes på 200-talet e.Kr. Aristoteles stannade i sitt Lykeion, skrivande och undervisande i de mest mångskiftande ämnen, fram till 323. Då utlöste Alexander den stores död en kortvarig antimakedonisk revolt i Aten. Aristoteles fann sig plötsligt anklagad för "gudlöshet" och gav sig på flykt, som han sade "för att inte Aten en andra gång skulle försynda sig mot filosofin". I Chalkis, där han fann en fristad, dog han påföljande år.

Genom sina förbindelser med den makedoniska kungafamiljen var Aristoteles sålunda ett välplacerat vittne till det stora skeende som gjorde slut på de grekiska stadsstaterna och införlivade dem med makedoniskt välde och som genom Alexanders seger över Persien lade grunden för en grekisk världsmakt och därmed för den kulturepok, som vi brukar kalla hellenismens. Men förvånansvärt litet av dessa omvälvningar avspeglar sig i Aristoteles' skrifter. Han förblir i det väsentliga ett barn av det klassiska Grekland. Till och med hans politiska filosoferande rör sig helt och hållet inom de förutsättningar som stadsstaten gav. Ändå markerar hans framträdande också filosofihistoriskt slutet av en era.

Då det gäller kännedomen om Aristoteles' filosofi är vi på sätt och vis lyckligt lottade. Vi har mer text bevarad från honom än från någon annan antik filosof. Ändå finns en egendomlig ofullständighet. Det som finns bevarat är med få undantag föreläsningsmanuskript, underlag för Aristoteles' undervisning inom Lykeion. Men Aristoteles skrev också utarbetade, för publicering avsedda skrifter, dialoger i Platons stil. Antika författare prisar Aristoteles som stilist på grundval av dessa numera förlorade skrifter. Det paradoxala är med andra ord, att vi känner till Aristoteles' esoteriska, enbart för lärjungarna avsedda läror, medan hans exoteriska, för allmänheten avsedda skrifter så när som på några fragment försvunnit. Berättelsen om hur de bevarade skrifterna räddades för eftervärlden är för övrigt fascinerande. Trovärdiga antika källor berättar, att Aristoteles testamenterade sitt bibliotek, inklusive de egna manuskripten, till sin främste lärjunge Teofrastos, som också efterträdde honom som ledare för Lykeion. Men Teofrastos' arvingar i sin tur var ointresserade av filosofi och lät böckerna ligga i en källare, där de for ganska illa. Först några hundra år senare upptäcktes de och gavs ut.

Att Aristoteles' skrifter haft karaktär av oredigerade föreläsningsmanuskript är säkert ett av skälen till att de är så svårförståeliga. Ofta tycker sig läsaren märka hopp i tankegången, elliptiska uttryckssätt eller inkonsekvenser. Hos manuskript avsedda att kompletteras med muntliga förklaringar är detta föga förvånande. Det är heller inte förvånande att all litterär polityr saknas i dessa skrifter, vilket inte hindrar att det här och var glimtar till av kraftfulla formuleringar eller briljanta liknelser. Intrycket av en enhetlig författarpersonlighet bakom verket blir också starkt, även om det givetvis finns en diskussion bland forskarna om det aristoteliska verkets autenticitet, kronologi, tillkomstomständigheter osv.

Skillnaden mellan Platon och Aristoteles som författare kan således till någon del förklaras av att Aristoteles' mer litterärt utformade skrifter inte längre finns bevarade. Ändå är det svårt att frigöra sig från tanken, att det torra, nyktra, omsorgsfullt utredande i Aristoteles' stil också avspeglar ett intellektuellt temperament som varit ett helt annat än Platons. Aristoteles förefaller en modern läsare på ett annat sätt ”vetenskaplig”. Den höga flykten finns där inte, men väl andra kvaliteter. Aristoteles ställer sig explicit avvisande till metaforiska uttryckssätt och rekommenderar en bokstavlig framställning. Han betonar vikten av att låta varje utredning av ett problem föregås av en genomgång och prövning av de viktigaste åsikter som tidigare framlagts om saken. Därigenom har han blivit vår förste filosofihistoriker, rik på upplysningar om tidigare filosofers uppfattningar. Aristoteles har ambitionen att reda ut problemen på ett systematiskt sätt, att sorgfälligt granska dem ur alla deras aspekter, att noggrant distingera, att inte lämna luckor. Hans verk har också i motsats till Platons en encyklopedisk karaktär. Bit för bit arbetar han sig igenom det mänskliga vetandets alla fält. Om man betänker att han i stor utsträckning gör det som pionjär och på sin väg lägger grunden för den ena vetenskapen efter den andra undgår man inte att gripas av en närmast skräckblandad respekt för hans ingenium. Utan särskilt mycket överdrift kan man påstå, att Aristoteles är upphovsman till logiken, att han lagt grundvalen för biologin, särskilt i dess zoologiska gren, att han grundat de politiska och ekonomiska vetenskaperna, att han är den förste som utformat en psykologi och en estetik. Lägger man därtill att hans fysikaliska och astronomiska åskådning under århundraden varit fundamentet till den västerländska världsbilden och att hans etik ännu idag stimulerar den filosofiska debatten, så inser man att det är svårt att överskatta hans inflytande.

Logik och vetenskapsteori

I fortsättningen skall jag följa en encyklopedisk uppläggning och försöka ge en bild av Aristoteles' uppfattningar inom de olika vetenskaperna. Därvid är det rimligt att börja med logiken. Inte bara därför att Aristoteles' insats som logikens grundläggare varit mer oomtvistad än hans prestationer på något annat område. Utan också därför att logiken enligt Aristoteles och många senare filosofer kommer först i vetenskapernas ordning. Utgivarna av Aristoteles' skrifter kallade de logiska arbetena "organon" (ordet "logik" kom till användning i liknande betydelse först något senare). "Organon" betyder "redskap" och är onekligen en bra namn på vad det är fråga om. Logik är som Aristoteles ser det den vetenskap, som kommer före all annan vetenskap. Den behandlar inte något särskilt ämnesområde, utan tillhandahåller de redskap varmed all vetenskap måste bedrivas. Logiken är till sin kärna en lära om de korrekta slutledningarna, men den gränsar också till semantiska, metodologiska och därmed även ontologiska frågeställningar.

Inget inslag i Aristoteles' logik har blivit så omtalat och av eftervärlden studerat som hans lära om syllogismerna. En syllogism är det samma som en slutledning, men Aristoteles trodde att alla perfekta slutledningar var av en viss bestämd typ. Om man ställer upp ett exempel på en sådan syllogism på det sätt som efter Aristoteles' tid blivit brukligt kunde det se ut så här:

Alla djur är dödliga.
Alla människor är djur.
Alltså: Alla människor är dödliga.

Här är det lätt att se, att om de två första satserna ("premisserna") är sanna så måste den tredje satsen ("slutsatsen") också med nödvändighet vara sann. Det rör sig här om en helt och hållet formell nödvändighet. Det konkreta innehållet i satserna spelar ingen roll. Aristoteles valde i själva verket att formulera denna första figur i läran om syllogismerna på ett sätt, där resonemangets helt abstrakta natur framgick:

"Om A prediceras om alla B och B om alla C, måste A nödvändigtvis prediceras om alla C".

Aristoteles använde sålunda bokstäver i ställer för konkreta ord. Man har menat att han på detta sätt införde vad som i modern logik kallas ”variabler”, tecken på vars plats konkreta ord kan sättas i i enlighet med vissa regler. Slutledningens giltighet är alldeles oberoende av vilka speciella egenskaper som prediceras om vilka speciella föremål. Det är formen som är det avgörande. Logiken är en i denna mening formell vetenskap. Därav följer också att slutsatsen i en giltig slutledning ingalunda behöver vara sann. Vi kunde ersätta den tidigare anförda satssekvensen med följande formellt likartade: ”Alla djur är fyrfotade. Alla människor är djur. Alla människor är fyrfotade.” Här skulle varken den första premissen eller slutsatsen vara sanna, men slutledningen skulle ändå vara korrekt. Dvs. *om* de två första satserna varit sanna så skulle slutsatsen också med nödvändighet ha varit sann.

Aristoteles' inventering av syllogismerna räknar med flera olika ”figurer”. En syllogism av andra figuren kunde vara följande: ”Inga djur är odödliga. Alla gudar är odödliga. Alltså: Inga gudar är djur.” Detta är fortfarande en logiskt giltig slutledning, även om Aristoteles hade uppfattningen att bara slutledningar av första figuren var fullkomliga. Nu kan man göra en genomgång av alla de syllogismer som kan bildas genom att man i formen av två premisser och slutsats sammanställer alla satser som tillhör endera av de fyra typerna: ”Alla A är B”, ”Några A är B”, ”Några A är inte B” och ”Inga A är B”. Resultatet skulle bli en uppräkning av alla tänkbara syllogismer och därmed enligt Aristoteles alla tänkbara slutledningar. Inom denna uppräkning kunde man sedan skilja de giltiga från de ogiltiga syllogismerna och på så vis till tänkandets hjälp få en fullständig förteckning över alla giltiga slutledningar. Medeltida scholares som studerade logik fick till och med lära sig minnesramsor, med vars hjälp räckan av de giltiga syllogismerna kunde inpräntas. Så kunde fel i tänkandet undvikas. Exempel på en felaktig syllogism kunde vara: ”Alla A är C. Alla B är C. Alltså: Alla B är A.” I Ludvig Holbergs pjäs får Erasmus Montanus förskräcka sin mor med följande individuella tillämpning av en syllogistisk bevisföring: ”Mor kan inte flyga. Stenar kan inte flyga. Alltså: Mor är en sten.” Men detta argument tyder inte, som Holberg vill låta påskina, på att Erasmus förläst sig på syllogismerna under sina studier vid Köpenhamns universitet. Snarare tyder det på att han aldrig öppnat sin Aristoteles, ty hans resonemang är givetvis enligt filosofen exempel på en ogiltig slutledning.

Aristoteles' formella logik ter sig med moderna mått mätt mycket ofullständig. Det finns hos honom visserligen antydningar till en satslogik, men han utvecklade den aldrig och först stoikerna tog upp tråden. Aristoteles' auktoritet blev likväl sådan, att logiken i den form han givit den blev gällande för årtusenden. Ännu Kant kunde förklara, att logiken sedan Aristoteles' dagar inte avancerat ett enda steg framåt och kunde betraktas som en avslutad vetenskap. Först under senare hälften av 1800-talet länkades den formella logiken in på banor, där Aristoteles överskreds och överträffades. Då blev det också klart att den aristoteliska syllogismen bara representerar en form av slutledning. Det finns andra former som har minst lika stor betydelse.

Aristoteles. Skulptur i Hofmuseum, Wien.

Men syllogismläran var inte det enda inslaget i Aristoteles' ”organon”, där fanns annat. Jag tänker då inte i första hand på den dialektiska fäktkonst, som övades i Lykeion och där en respondent tränades att med dialektiska och retoriska medel försvara en förelagd tes mot en opponent – även om sådana övningar hade sin betydelse och utgjorde en förebild för de medeltida universitetens disputationsväsende (och därmed för de moderna doktorsdisputationerna). Utan jag tänker framför allt på den vetenskapslära och den semantik som Aristoteles formulerade, visserligen på ett ibland något knapphändigt och osystematiskt sätt, och som fick stort inflytande på eftervärlden.

Som vi sett ägnade Aristoteles stort intresse åt bevisföringens konst. Men han var samtidigt medveten om att allting inte kan bevisas. Ett bevis utgår alltid från premisser. Premisserna kan i sin tur bevisas, men processen kan inte fortgå hur länge som helst. Någonstans måste vi komma tillbaka till de yttersta premisserna, som är de obevisade utgångspunkterna för våra resonemang. Aristoteles kallade dem *archai*. Man kunde översätta med ”axiom” om man har klart för sig, att det inte enbart rör sig om logisk-matematiska satser. Medicinens *arche* är sålunda hälsan. Det innebär att hälsans önskvärdhet är den obevisade förutsättningen för all läkekonst.

Med hjälp av idén om *archai* kan Aristoteles inrätta en skillnad mellan olika vetenskaper och en hierarki mellan dem. Varje vetenskap har sin första princip och sina speciella föremål. Den mest fundamentala vetenskapen är ”den första filosofin” som handlar om det varande som sådant. Dess princip är motsägelselagen, principernas princip. Denna säger, att ”ett och samma ting inte vid samma tidpunkt och i samma avseende kan vara och icke vara”. Motsägelselagen kan inte strikt bevisas – det finns ingen annan mer fundamental eller självklar princip som den skulle kunna härledas från. Men den utgör en förutsättning för all vetenskap och för varje meningsfullt samtal. Om vi ohämmat kunde både påstå och förneka samma sak skulle vi alls inte kunna föra något förnuftigt samtal med varandra. Därför måste Protagoras ha fel då han säger att människan är alltings mått. Om det som är sant för den ene kan vara falskt för den andre skulle ju ett och samma påstående kunna vara både sant och falskt, något som strider mot motsägelselagen. Om våra ord och utsagor överhuvud skall kunna ha någon bestämd innebörd måste vi acceptera motsägelselagen som en yttersta princip, gemensam för alla vetenskaper.

Hur kan vi då få kunskap om *archai*? Aristoteles svarar: genom *nous*. Ordet *nous* kan ibland översättas med ”förnuft” eller ”själ”, men i detta sammanhang passar ”intuition” bättre. Aristoteles finner att all kunskap måste utgå från erfarenheten. Men genom sinnena får vi bara en svärm av förvirrade intryck. Från den oordnade sinneserfarenheten måste vi med den intuitiva överblickens hjälp höja oss till klara begrepp och principer. Aristoteles begagnar den egenartade och suggestiva liknelsen om en flyende armé. Alla soldaterna flyr för livet i fullt kaos. Men så stannar en modig man upp och lyckas med sina rop hejda de övrigas flykt. Plötsligt återuppstår armén igen där det ett ögonblick tidigare bara funnits en panikslagen massa av flyende. Så kan den förnuftiga intuitionen skapa begrepp ur en oordnad mängd av impressioner. Först så uppstår möjligheten till verklig kunskap.

Det kan sägas, att kunskapen enligt Aristoteles rör sig i två riktningar. Den rör sig nerifrån och upp när de från början kaotiska sinnesintrycken ger upphov till *archai*. Den rör sig uppifrån och ner när man i den vetenskapliga framställningen deduktivt rör sig från de högsta principerna och ner till de empiriska fenomen som skall förklaras.

Det är omöjligt att karaktärisera Aristoteles med begagnande av enkla etiketter som ”empirist” eller ”rationalist”. Varken empiristen eller rationalisten har någon svårighet att finna brukbara Aristotelescitat till förmån för just sin ståndpunkt. Men man bör inte dra slutsatsen att Aristoteles är motsägelsefull. Riktigare är att säga att han inte är någon extremernas man. Hans signum är en noggrant avvägd, en fint balanserad klokhet, som är besläktad med sunt förnuft. Också i sin lära om begreppen väljer Aristoteles en medelväg, som givit honom en särställning i filosofins historia.

Den aristoteliska metafysiken

Av naturliga skäl framträder åsiktsolikheten mellan Platon och Aristoteles med särskild tydlighet just i frågan om allmänbegreppet. Gång på gång i sina skrifter kritiserar Aristoteles sin lärомästares idélära i enlighet med sitt motto: ”Jag älskar mina vänner i Akademin, men jag älskar sanningen ännu mera”. Platons grundläggande fel består enligt Aristoteles helt enkelt däri, att han tilldelar idéerna en självständig existens oberoende av de enskilda tingen. Det skönas idé är enligt Platons lära något annat, högre och ädlare än de enskilda sköna tingen. Därmed kommer idéerna att lokaliseras i en speciell idévärld och den för Platon karaktäristiska tvåvärldsläran uppstår. Hos Aristoteles finns det bara en värld, just den som vi har omkring oss, ser, hör, luktar och känner och till vardags vandrar runt i. Sunda förnuftets och gemene mans världsbild hade för Platon varit en illusion, ett skuggspel utan verklighet. Aristoteles däremot godtar grunddragen i denna världsbild. Syftet med hans vetenskap är att undersöka och förklara de empiriska fenomen vi har omkring oss. Vad som enligt Aristoteles existerar är de enskilda tingen, det individuella. Idéerna, eller som man i Aristoteles' fall brukar översätta, formerna, finns *hos* tingen, inte i en speciell värld bortom dem.

Så långt kan allt förefalla ganska klart. Men snart börjar komplikationerna. Det är visserligen sant att enligt Aristoteles det individuella är det som egentligen existerar. Men samtidigt betonar han, att det generella är det enda vi kan ha någon kunskap om. Det enskilda verkar ha företräde i ontologin (ontologi = läran om det varande), det allmänna i kunskapsteorin. Hur går det ihop? Vi måste söka svaret i Aristoteles' lära om substanserna och om definitionerna.

Aristoteles' semantik framläggs bland annat i skriften *Om kategorierna*. Där ges en uppräkning av tio olika betydelser av ordet ”vara”, tio olika sätt att finnas till, tio olika kategorier. De är: substans (t.ex. ”en man”), kvalitet (t.ex. ”vitt”), kvantitet (t.ex. ”två meter lång”), relation (t.ex. ”dubbelt så stor”), plats (t.ex. ”i Lykeion”), tid (t.ex. ”förra året”), position (t.ex. ”liggande”), tillstånd (t.ex. ”beväpnad”), att handla (t.ex. ”bränner”), att göras till föremål för handling (t.ex. ”bli bränd”). Bland dessa kategorier är den viktigaste skillnaden den mellan substanskategorin och de övriga. Bara substansen är något självständigt existerande. De övriga kategorierna svarar mot egenskaper, tillstånd eller handlingar hos en substans. Man kan säga, att Aristoteles' kategorilära bibehåller grammatikens och sunda förnuftets skillnad mellan på egen hand existerande ting och personer (”substantiv”) och sådant som tillskrives dessa (”adjektiv”, ”verb”).

I *Om kategorierna* får man intrycket att Aristoteles med substans menar ett individuellt något (”denna man”, ”denna häst”, ”detta berg”). Men i hans *Metafysik* görs klart, att en substans är tingets essens – vi kunde också säga dess natur, dess väsen. Essensen är visserligen på sätt och vis någonting individuellt. Den är essensen hos denna människa, detta djur, detta ting. Men den är också något generellt och därmed för vetenskapen tillgängligt. Essensen hos ett föremål är dess form. Formerna innebor i tingen och utgör deras essens. Det är denna essens eller form som vi anger i en definition. När det hos Aristoteles är tal om definitioner gäller det inte sådana, som återger ett visst språkbruk, utan sådana som vill säga något om tingens natur. Vi kan tala om väsensdefinitioner eller realdefinitioner.

Antag att vi definierar ”månförmörkelse” som ett tillstånd, som uppstår då jorden befinner sig mellan solen och månen och hindrar solens ljus från att lysa upp månen. Vi har då inte återgett ett visst språkbruk, utan vi har försökt säga vad månförmörkelse *är*, vad det är som händer när månen förmörkas. En realdefinition kan i denna mening sägas implicera en viss teori, en viss uppfattning om det ting som definieras. I Aristoteles' samtid fanns andra åsikter om vad månförmörkelse är än den som framgår av hans definition. Definitionen vill sålunda ange det definierade föremålets natur och därmed, som Aristoteles ser det, något om dess orsaker och ändamål. Ett tings "natur" i aristotelisk mening innefattar dess naturliga ändamål. Vad ett öga är kan vi sålunda inte förklara utan att hänvisa till seendet, som är dess ändamål. En av Aristoteles' bäst kända definitioner är den som säger att människan är ett "förnuftigt djur". Den bör inte förstås så, att nödvändigtvis alla människor är förnuftiga, utan så, att alla människor är ämnade att vara det. Vi förverkligar vår fulla mänsklighet bara när vi strävar efter det förnuftiga.

En egenhet hos definitioner enligt Aristoteles' modell är att de skall återge det definierade föremålets släkte (lat. "genus") och art (lat. "species"). Människan tillhör djurens släkte, medan hennes artegenskap (skolastikerna talade på latin om "differentia specifica") är att vara förnuftig. Släktes- och artegenskaperna blir på så vis *nödvändiga* egenskaper, dvs. sådana som någonting måste ha för att förbli vad det är, för att fortsätta att motsvara sin definition. Men det finns också *tillfälliga* egenskaper, som ett föremål kan ha eller mista och ändå förbli samma föremål. En person kan övergå från att vara svarthårig till att bli gråhårig och likväl förbli en människa. På så vis framstår de essentiella, nödvändiga egenskaperna som förblivande, medan de tillfälliga (skolastikerna talade om "accidenser") framstår som föränderliga.

Aristoteles' definitionslära kom att betyda mycket för senare filosofi, inte minst för medeltidens skolastiker, för vilka de riktiga definitionerna framstod som ett av tänkandets främsta hjälpmedel. En inriktning på klassifikationer, släktes- och artbestämningar kom länge, till stor del genom det aristoteliska inflytandet, att utmärka västerländsk vetenskap. Ännu hos Linné är detta sätt att förstå naturen förhärskande. Först utvecklingsbegreppets genombrott under 1800-talet skulle slutgiltigt bryta den aristoteliska tankemetodens makt. Ty hos Aristoteles är släktet och arten självklart något fast och beständigt, något en gång för alla givet. Aristoteles' former är lika oföränderliga som Platons idéer.

Ett klart begrepp om de aristoteliska formerna kan man emellertid få bara när man ser att form (grek. *eidos*) alltid står i relation till materia (grek. *hyle*). Form och materia är motsatta och komplementära på ett sätt som utgör själva nerven i Aristoteles' världsuppfattning. I varje ting finns både form och materia. En bronskniv har sålunda knivens form, men bronsens materia. Materia och form är dock relativa begrepp. Om jag gör en tegelsten av lera är leran materia. Men om jag bygger ett hus av tegelstenen är tegelstenen materia. Materia är, kunde man säga, ”material”, det varur något görs eller uppstår. Formen är form i vår mening, men också ändamål. Husets ändamål är att vara ett skydd. Detta är dess natur, dess definition. Det som ger en anhopning av material, sten, trä osv., dess form, gör den till ett hus, är ändamålet. Ändamål heter på grekiska *telos* och vi kan säga, att Aristoteles' naturuppfattning är alltigenom teleologisk. Saker och ting förklaras framför allt genom sitt ändamål, genom det de blir. Hönan är förklaringen till ägget, eken till ekollonet, blomman till fröet, huset till tegelstenen.

Nu kan vi tydligare se varför hos Aristoteles materia är det samma som potentialitet, möjlighet, medan form är aktualitet, förverkligande, eller med den term Aristoteles ibland använder för ”form”, *energeia*, aktivitet. All förändring innebär en övergång från något potentiellt till något realiserat. Den synpunkten innehåller för Aristoteles förklaringen till förändringens problem, som i så hög grad förbryllade grekerna. Vara kan inte uppstå ur Icke-vara, så långt hade Parmenides rätt. Men materia är inte Icke-vara, den är potentialitet, möjlighet. Hos den finns redan det förverkligade ändamålet in spe. Ingenting uppstår ur ingenting. Världen har alltid funnits och kommer alltid att finnas. Men naturen befinner sig i ständig rörelse, i oavbruten förändring från potentiellt till aktuellt. Aristoteles främsta naturvetenskapliga intressen fanns inom biologin. Och inom biologins sfär kan vi med speciell tydlighet se denna eviga rörelse, från frö till blomma, från ägg till organism. Inom denna sfär kan vi heller inte undgå att se naturens ändamålsenlighet, den avsiktlighet som finns i allt den företar sig.

Allt det vi kan se omkring oss utgörs av både materia och form. Men Aristoteles finner det rimligt att postulera en ren materia, en formlös möjlighet, som ännu ingenting blivit. Denna materia utgör substratet, råmaterial för all förändring och är samtidigt det lägsta trappsteget i naturens hierarki. Vid den motsatta polen befinner sig den rena formen, som är ren aktualitet eller rent förverkligande, som är ren handling och naturens yttersta mål. Aristoteles menar sig kunna visa, att en sådan ren form måste antas. Varje förändring måste ha en orsak. Varje ting i rörelse måste ha fått denna rörelse genom ett annat ting i rörelse. Men kedjan av orsaker kan inte vara oändlig. Någonstans måste vi finna en yttersta punkt. Denna första orsak måste vara en orörlig rörare, något som sätter andra i rörelse, men självt är orörligt, en ren aktualitet, ett ändamål, som hela naturen strävar mot. Aristoteles ställer frågan vad som kan åstadkomma rörelse utan att självt röra sig och svarar – det som är föremål för åtrå och det som är föremål för tanke:

”Objektet för åtrån och objektet för tanken sätter i rörelse utan att själva försättas i rörelse. Det första objektet för åtrån och det första objektet för tänkandet är emellertid ett och samma. Ty begärets objekt är det som ter sig gott, men den rationella viljans objekt är det som är gott. I serien av tankeobjekt är den enkla och aktuella substansen den första. Men också det goda och det i sig önskvärda finns i denna serie, och det första är alltid det bästa och likartat med det bästa."

Det hela påminner inte så litet om Platons Eroslära. Den högsta formen styr, själv orörlig, genom att vara föremål för längtan och begär. Direkt styr den bara den yttersta himlasfären, men indirekt hela naturen. Allting strävar i längtan mot detta ändamål. Formen är som ren aktualitet också det högsta goda. Hos Aristoteles är det en självklar sak att form är något högre än materia, det förverkligade något högre än det potentiella. Aristoteles talar rent av om den orörlige röraren som "gud". Gud är sålunda högsta aktivitet och hans aktivitet kan inte gärna vara någon annan än den bästa typen av aktivitet, som för Aristoteles är tänkandet. Guds handling är *theoria*, kontemplationen. Men vad tänker han på? Rimligen måste objektet för hans tänkande vara det mest upphöjda möjliga – gud tänker på sig själv, han är på en gång sitt tänkandes subjekt och dess objekt, den som tänker och det som tänks:

"Och dess liv är det bästa som vi kan uppleva endast under korta ögonblick. Dess aktualitet är ett liv i salighet, och den lever på detta sätt beständigt, vilket för oss är omöjligt. /---/ Intellektet tänker nu sig självt genom att ta del i tänkandets objekt. Ty genom att fatta och tänka detta blir intellektet självt tänkandets objekt, så att intellekt och tankeobjekt blir ett och detsamma. /---/ Men han är också det bestående livet. Ty intellektets aktualitet är liv, och gud är aktualitet; hans aktualitet är det eviga och fullkomliga livet. Det är därför vi brukar säga, att gud är ett fullkomligt och evigt levande väsen; och därför tillkommer gud ett oavbrutet evigt liv och oavbruten evig tillvaro. Ty detta är vad gud är."

Aristoteles' språk i en sådan passage, som här citerats ur hans *Metafysik*, påminner onekligen om kristendomens. Det gladde också medeltidens skolastiker, som identifierade den orörlige röraren med den kristne guden. Intrycket av likhet med kristendomen förtas dock, när Aristoteles, i en utredning som förbryllat inte bara skolastikerna, förklarar att det finns 55 orörliga rörare, nödvändiga för att förklara planeternas rörelser. Någon kristen monoteism är det inte fråga om.

Om gud och den rena formen, om varandet som vara, handlar den mest grundläggande vetenskapen, den första filosofin, som också kallas teologin. Dess väg går från de enskilda tingen till ett betraktande av den högsta formen. Dess mål är den rena teorin, den rena kontemplationen, som i sig också innebär den högsta lycka. Men något av vetandets lycka finns hos alla människor, även om den når sin höjdpunkt hos filosoferna. ”Alla människor har av naturen en vilja att veta”, så inleder Aristoteles sin *Metafysik*. Han fortsätter: ”Ett tecken på detta är den glädje som våra sinnen skänker oss; för alldeles bortsett från deras nyttighet älskar vi dem för deras egen skull; och då framför allt synsinnet. Inte bara då vi står i begrepp att handla, till och med när vi inte avser att göra någonting, föredrar vi synen framför allt annat.” Seendets glädje och vetandets glädje är ett. Det grekiska ordet *theoria*, som vi har i vårt ”teori”, betyder just seende. Den högsta kunskapen är för Aristoteles liksom för Platon seende, kontemplation. Och en sådan kunskap är sin egen belöning, oberoende av praktiska syften. I samma anda förklarar Aristoteles, att det är människornas undran som driver dem att filosofera. De började undra över praktiska svårigheter, men steg för steg riktades deras förundran mot mer upphöjda ting, mot månen, solen och stjärnorna, mot tingens orsaker och uppkomst. De började bedriva vetenskap, inte för att hitta något nyttigt utan för att tillfredsställa sin undran. Den teoretiska driften innebor i det förnuft, som gör människan till människa. Detta kommer i eminent mening till uttryck i filosofin, vetenskapen om varat som vara. Men samma drift finns bakom de andra teoretiska vetenskaperna.

Naturvetenskap och världsbild

Aristoteles är den förste tänkare, som försöker ge en systematisk indelning av vetenskaperna. I en första, grundläggande indelning skiljer han mellan de teoretiska, de produktiva och de praktiska vetenskaperna. De praktiska vetenskaperna handlar om sådant, som skulle kunna vara annorlunda än det är, som kan ändras och praktiskt påverkas. De teoretiska vetenskaperna handlar om det nödvändiga och av lagar bundna. Bland dem finns förutom den första filosofin och matematiken också ”fysiken”, naturvetenskapen, innefattande sådant som vi skulle kalla fysik, astronomi och biologi. Eftersom Aristoteles’ åsikter om naturvetenskapliga ting har ett så nära samband med hans filosofi i övrigt och eftersom de i så hög grad blivit bestämmande för Västerlandets världsbild under mer än tusen år finns det skäl att gå en smula in på vad de innehöll.

Verklig kunskap om tingen har vi enligt Aristoteles först då vi känner deras orsaker. All vetenskap söker efter orsaker. Frågan blir då vad Aristoteles menar med orsak (grek. *aition*). Vi finner svaret i hans lära om de fyra olika slagen av orsaker: materiella, formella, effektiva och finala. Vi kan se skillnaden med hjälp av ett exempel. En bildhuggare tillverkar en marmorstaty. Marmorn blir då statyns materiella orsak, den materiella förutsättningen för att statyn kan finnas. Den färdiga statyns form, t.ex. av en mansfigur, blir den formella orsaken. Den effektiva orsaken blir bildhuggaren och hans mejsel. Den finala orsaken eller ändamålsorsaken blir bildhuggarens avsikt att skapa ett vackert föremål. Men ändamålsorsakerna är, som vi redan sett, verksamma inte bara där en mänsklig aktör finns med i bilden, utan också bland naturföremålen. Aristoteles' naturvetenskap kan man komma underfund med bara när man insett den vikt han lägger vid ändamålsorsakerna, något som skiljer honom inte bara från modern naturvetenskap utan också från en del samtida åskådningar, t.ex. från Demokritos' atomlära.

Aristoteles' egen definition av naturvetenskapen är att den är den vetenskap som handlar om de ting som har sin rörelseprincip i sig själva. Varje ting har sin naturliga rörelse, sitt ändamål, som det strävar mot. Detta är tydligt redan hos de fyra element varav alla ting (utom etern, det femte elementet) är sammansatta. Teorin om de fyra elementen, jord, vatten, luft och eld, har Aristoteles (i visserligen förändrad form) övertagit från Empedokles. I dessa fyra delar materien sålunda upp sig när den fått sin första form. Vart och ett av elementen har sin egen karaktäristiska rörelseprincip. Det som tillhör jordens element strävar mot jordens medelpunkt. Därför faller stenen, som innehåller detta element, ner mot jordytan. Vatten och luft intar en mellanposition. Deras naturliga ort finns mellan jorden och elden. Eldens naturliga rörelseriktning är uppåt, som vi kan se av den uppåtsträvande eldslågan. Med de fyra elementen är också de primära kvaliteterna förknippade: varmt och torrt med elden, varmt och fuktigt med luften, kallt och fuktigt med vattnet, kallt och torrt med jorden. Genom att elementen på olika sätt kombineras och ingår i sammansättningar uppstår nya ämnen och kroppar med sina karaktäristiska egenskaper.

Betydelsefull för Aristoteles' naturvetenskap är den skillnad som görs mellan naturliga och artificiella rörelser. Stenens naturliga rörelseriktning är mot jorden. Men det är också möjligt att kasta en sten uppåt. Den tillförs då en artificiell rörelse, som för en tid behåller sin verkan till dess naturen tar ut sin rätt och stenen åter faller nedåt. Likadant om jag sparkar till en sten som ligger på jordytan. Den rör sig en bit, men återgår så småningom till vila, dess naturliga tillstånd då den befinner sig på jordytan.

Viktig och för modern naturvetenskaplig uppfattning främmande är likaledes den distinktion Aristoteles gör mellan världen ovan månen och världen under månen. Det som finns ovan månen är himlakroppar bestående av det femte elementet. Deras naturliga rörelse är den mest perfekta, dvs.

enligt Aristoteles' liksom enligt Platons åsikt cirkelrörelsen. Ovan månen finns inte uppkomst eller undergång, allt är evig, likformig rörelse. (Kometer och meteorer hänförde Aristoteles till de meteorologiska fenomen som hör hemma under månen.) Den sublunara världen däremot präglas av ständig växling, uppkomst och undergång, födelse och död. Månen är själv växlingsrik liksom allt som finns under den. Den terresta mekaniken lyder andra lagar än den celesta.

Aristoteles tänker sig världsalltet som femtionio koncentriska sfärer med jorden som medelpunkt. Fyra sfärer hör hemma under månen, en för varje element. Femtiofem sfärer bär upp himlakropparna och för dem runt i ett roterande lopp. Den innersta bär månen, den yttersta fixstjärnorna. Jorden tänktes vila orörlig i universums mitt, vara klotformig och av en storlek som är alldeles obetydlig jämförd med världsalltets. Himlakropparnas rörelse ville Aristoteles i detalj bestämma med hjälp av den astronomiska matematik som utarbetats inom Platons Akademi. Såtillvida var hans astronomi för sin tid modern och utarbetad i enlighet med de senaste forskningsrönen. Han överskattade jordens omfång något, men hans uppfattning att vägen mellan Gibraltar och Indien borde vara segelbar var inte orimlig och inspirerade Columbus. Att Amerika skulle ligga i vägen kunde dock varken Aristoteles eller Columbus ana.

Inom astronomin byggde Aristoteles till stor del på andras observationer och beräkningar. Inom biologin kunde han ofta utgå från sina egna. För djurlivet i synnerhet hade han ett livslångt intresse. Han anlitade fiskares och jägares hjälp för att samla in olika arter och nämner över femhundra djurarter i sina skrifter. Charles Darwin är inte den ende som prisat exakticiteten i många av Aristoteles' iakttagelser. Aristoteles gjorde embryologiska undersökningar av kycklingens utveckling, han beskrev idisslarnas fyra magar, han studerade pigghajens fortplantning och olika bläckfiskarters beteende. Men även om han var en minutiös observatör hade han givetvis även här ett teoretiskt och systematiskt intresse. Aristoteles utgick från tanken på en "naturens trappa", där varje art och släkte från de högsta till de lägsta har sin givna plats i en kontinuerlig hierarki. Den börjar uppifrån med däggdjuren, går vidare med fåglar och fiskar, sänker sig till de "blodlösa" djuren som insekter och mollusker, förutsätter de sk. zoofyterna som mellanled mellan djur och växter och slutar i växtriket. En konsekvens av det hela blev att människan räknades som det högsta däggdjuret. Att hon var besläktad med de andra högre däggdjuren hyste Aristoteles inget tvivel om. Inte heller om att människan har sin bestämda plats i naturens ordning, likaväl som bläckfiskarna eller pigghajarna har det. I naturen var alltig beundransvärt eftersom det är ändamålsenligt. Naturen gör aldrig någonting förgäves, det ser man tydligast inom biologins sfär. Inget djur har någonsin ett organ, som är utan funktion. Och inget stadium i dess utveckling är utan betydelse för målet, den fullt utvecklade organismen.

Överhuvud är Aristoteles' universum en ordning, ett kosmos på ett sätt som har motsvarighet hos Platon och försokratikerna, men inte i modern naturvetenskap. Naturens ordning är på en gång moralisk, religiös och metafysisk, inte bara ett system av faktiska regelbundenheter. Allt har ett ändamål, allt skrider från det lägsta till de högsta. För varje företeelse (också för människan) gäller ett mått. Allt (också elementen) har sin naturliga ort. Här finns inte, som hos de kristna, någon skapare – världen har alltid funnits och kommer alltid att finnas. Inte heller någon försyn – den orörlige röraren är just orörlig, inte någon ingripande eller påverkbar gud. Men där finns en sträng, meningsfull ordning. Den är inte antropocentrisk – mollusken finns inte till för vår skull utan för sin egen, som ett nödvändigt steg på naturens trappa. Men den är ändamålsenlig och förnuftig. Från sofisternas himlastormande subjektivitet är vi långt borta.

Ingenstans blir skillnaden mellan Platon och Aristoteles tydligare än i deras syn på människan och själen. Hos Platon är själen någonting av kroppen oberoende, något som överlever den, som kan vandra från kropp till kropp eller leva okroppsligt i idévärlden. Snarast framstår själ och kropp hos Platon som fiender – kroppen blir en boja som det gäller för själen att frigöra sig från. Därmed blir Platon anfader till en asketisk, kroppsfientlig tradition i Västerlandet. Hos Aristoteles med hans nyktra, biologiska förnuft blir förhållandet mellan själ och kropp ett helt annat. De två framstår som oupplösligt förknippade till en enhet.

Aristoteles bestämmer själen som kroppens form. Själen är kroppens livgivande och ändamålsgivande princip (eller med det grekiska ord Aristoteles ibland begagnar, dess *enteleki*). I Aristoteles' avhandling *Om själen* heter det: ”Om ögat vore ett djur skulle synen vara dess själ.” Själen skulle sålunda vara kroppens funktion. Hur än förhållandet i detalj skall förstås är det tydligt att själ och kropp för Aristoteles är två sidor av samma sak, två aspekter hos den levande organismen.

Själ (grek. *psyke*) är enligt Aristoteles något som utmärker allt levande. Därvid skiljer han mellan olika själar eller själsliga funktioner. Den vegetativa själen, förmågan att uppta näring, växa och fortplanta sig, delar vi med alla levande varelser, även med växterna. Med djuren delar vi den animala själ, som innehåller bl.a. förnimmelseförmågan. Förmågan till sinnesförnimmelser och till fantasi är enligt Aristoteles förutsättningar också för de högsta själsförmögenheterna, inklusive förmågan att tänka. En egendomlig lära, som Aristoteles framställer i detta sammanhang, är den om det

”gemensamma sinnet”. Förutom de vanliga fem sinnena tillskriver han oss ett sjätte, ”gemensamt”. Med dess hjälp uppfattar vi exempelvis form och kvantitet, som inte är en sak för något enskilt sinne bland de första fem.

Den förnuftiga själen är något som bara finns hos människan. Men i samband med diskussionen av den förnuftiga själsförmögenheten stöter vi på en passage, som vållat Aristoteleskommentatorerna från antiken till våra dagar mer huvudbry än någon annan. Aristoteles' syn på själen som kroppens form implicerar att de båda är en oupplöslig enhet så att själen inte kan existera utan sin kropp (lika litet som synen kan existera utan ögat). Något rum för själens odödlighet finns inte. Men nu introducerar Aristoteles oväntat något som han kallar ”det aktiva förnuftet”, förnuftet som ren aktualitet. Detta förnuft, heter det ”är skiljbart från kroppen, det röner inte påverkan och är oblandat, ty till sitt väsen är det aktivt”. Och vidare: ”Det finns ingen främmande inblandning i dess tänkande; det är endast då det är skilt från materien som det är helt sig självt, och detta ensamt är odödligt och evigt, medan det passiva intellektet är förgängligt”.

Frågan hur läran om det aktiva förnuftet som odödligt kan förenas med uppfattningen att själen är kroppens form har sysselsatt uttolkarna. En tydning, som spelade en viktig roll för de medeltida skolastikerna, är den, att det aktiva förnuftet skulle vara en del av den rena formen, av gud. En sådan tolkning kan på ett vis te sig logisk. Materien är hos Aristoteles ”individuationsprincipen”, dvs. det är genom materien som det finns olika individer medan formen alltid står för något allmänt. Ett förnuft som är ren aktualitet, ren form, borde därför inte vara ett individuellt utan ett allmänt förnuft, ett världsförnuft, evigt och oföränderligt Det finns fortfarande forskare, som läser Aristoteles på detta sätt. Men inte heller den tolkningen räcker mer än ett halmstrå till det kristna odödlighetshoppet. Odödligheten tillkommer ju enligt den inte den individuella själen, som dör med kroppen, utan ett allmänt, abstrakt förnuft. För Aristoteles var det en självklar sak att tillbakavisa den platonska och pythagoreiska själavandringsläran. Individens själ kan inte finnas efter kroppens död.

Människan med hennes kropp och själ är föremål för det som Aristoteles kallar det mänskliga livets filosofi och vars viktigaste underavdelningar är etiken och politiken. Vad Aristoteles skrivit om dessa ämnen tillhör det märkligaste i hans författarskap och har i hög grad aktualitet ännu i den moderna filosofiska debatten.

Aristoteles' etik

Aristoteles' viktigaste moralfilosofiska skrift är den s.k. *Nikomachiska etiken* (döpt efter filosofens son Nikomachos). Den tillhör hans bäst utarbetade och innehåller på varje sida uppslag som blivit av betydelse för senare filosofi.

Den *Nikomachiska etiken* börjar med att slå fast att varje vetenskap har ett ändamål. Läkekonstens ändamål är t.ex. hälsan. Ändamål kan emellertid vara av två slag. Somliga ändamål är goda som medel för något annat ändamål (t.ex. pengar). Men det måste också finnas ändamål som är goda i sig, som är självändamål. Det den praktiska filosofin söker är det högsta självändamålet. Detta högsta goda måste enligt Aristoteles sammanfalla med statens högsta goda och därmed med den politiska vetenskapens ändamål. Ty hela samhällets välgång måste alltid vara viktigare än den enskilde individens. Den etiska vetenskapen är i denna mening underordnad den politiska. Men vad är det då som är det högsta goda och som inte är ett ändamål för något annat utan ett självändamål? Det är, förklarar Aristoteles i likhet med de flesta grekiska filosofer, lyckan eller det goda livet. Han räknar inte med att bli motsagd på denna punkt, men erkänner att svaret kan förefalla trivialt. Det blir nödvändigt att tala om vad det lyckliga livet består i.

Det är påtagligt hur praktiskt inställd Aristoteles är. I sin framställning flikar han in en polemik mot Platons lära om det godas idé. Vad har vi för glädje av ett högsta gott som bara finns i en ouppnåelig idévärld, undrar Aristoteles. Blir vävaren en bättre vävare eller läkaren en bättre läkare genom att känna till det godas idé? Vad vi behöver är ett gott, som kan förverkligas i det mänskliga livet. För att åstadkomma det krävs inte bara filosofisk insikt utan praktisk förmåga, en sorts moraliskt omdöme (grek. *phronesis*) som kan bedöma enskilda konkreta situationer och händelser här på jorden, inte bara titta efter idévärlden.

Aristoteles förkastar likväl vissa krassa svar på frågan vad lycka är. Ett liv i oupphörliga njutningar som den legendariske assyrerkungen Sardanapalos' svarar inte mot vad han menar. För att finna svaret på vad som är människans lycka och därmed hennes högsta ändamål måste man ställa frågan vad som är hennes verk (grek. *ergon*). Vad är människans karaktäristiska verk, det som bara hon och inte djuren kan utföra, något som inte har med det vegetativa eller animala livet utan bara med det mänskliga att göra? Aristoteles svarar att detta verk utförs när människan utövar själens förmåga i enlighet med förnuftet (*logos*) eller i enlighet med dygden (*arete*). Det förnuftiga och det dygdiga livet antas vara detsamma och utgöra det i verklig mening goda livet. Att vara dygdig är detsamma som att vanemässigt utföra ädla handlingar och att göra detta ett helt liv igenom. Dygden är ett sätt att leva, det enda lyckliga.

Att den dygdiges liv präglas av oberoende av yttre villkor håller Aristoteles med Sokrates om. Men han driver ingalunda denna tanke så långt som Sokrates gjort, än mindre till de ytterligheter som präglade de samtida kynikerna. Hos Aristoteles finns ett drag av världsman, som hindrar honom från alla paradoxala tillspetsningar. Idén att den vise skulle kunna vara lycklig till och med på tortyrbänken är honom främmande. Världsliga tillgångar är inte lycka, men väl en förutsättning för ett lyckligt liv. Människan är en social varelse. Familj, barn och vänner kan hon inte leva lycklig utan. Det finns vissa yttre fördelar utan vilka lyckan inte är fullkomlig: en god börd, välartade barn, fördelaktigt utseende, hälsa, ekonomiska tillgångar. Sådana skänker av ödet är inte lyckan själv, men väl hjälpmedel för den. Därmed finns också sårbarheten och tragiken närvarande i Aristoteles' etik. Lyckan beror av oss själva, men också i någon mån av ödet.

Platon hade oftast varit benägen att föra alla dygder tillbaka på en – visdomen. Aristoteles sätter också han de intellektuella dygderna högst, men betonar starkare att dygderna är flera, att det här finns en mångfald, som måste tas till vara om dygdebegreppet skall få sin fulla konkretion. Detta hindrar inte att det finns en definition av ”dygd”, något gemensamt för alla dygder. Dygd är en bestämd vana hos själen, som får oss att välja handlingssätt och som består i att iaktta en riktig medelväg.

Att dygd är en vana är något för Aristoteles väsentligt. Ordet ”etik” kommer från det grekiska ordet för ”vana” (medan ”moral” kommer för det latinska ordet för samma sak). Aristoteles står sålunda i god överensstämmelse med etymologin när han gör de goda vanorna till etikens grundval. Ett anlag för dygd har vi genom naturen, men för att det skall utvecklas till ett konsekvent ädelt handlande krävs uppfostran, goda lagar, goda seder.

Lika viktig för Aristoteles är karaktäristiken av dygden som en medelväg. Det rätta måttets betydelse är något som ständigt framhävs hos grekerna. Det är skönjbart i kosmos' byggnad men också i den enskilda levnaden. Dygd är för Aristoteles mellanläget mellan två ytterligheter. Modet är medelvägen mellan feghet och dumdristighet, generositet medelvägen mellan snålhet och slöseri osv. Tanken låter sig kanske inte lika obesvärat genomföra med alla exempel. Är ärlighet verkligen, som Aristoteles påstår, medelvägen mellan skrytsamhet och självunderskattning? Men huvudtankegången är klar. Dygd kan inte finnas utan måttfullhet, den har med den rätta avvägningen att göra.

Aristoteles' diskussion av de olika enskilda dygderna är fascinerande, bland annat genom de inblickar de ger i grekiskt liv, grekiska värderingar och grekisk moralisk vokubalär. Här må det räcka att exemplifiera med det Aristoteles säger om ”storsinthet”. Den storsinte, eller med en ”stor själ” utrustade, framstår som en aristokratisk personlighet. Han gör anspråk på mycket, men är också värd mycket. Ära och vanära är viktiga för honom, men han finner det rätta måttet mellan skrytsamhet och överdriven ödmjukhet. Makt, välstånd och högt anseende klär honom, men han har förmåga att ta förlusten av sådana ting med jämnmod. Han är inte dumdristig, men modig när detta är nödvändigt. Han utför hellre välgärningar mot andra än tar emot dem. Får han en gåva återgäldar han den med råge. Han håller huvudet högt bland rika och förnäma, men uppträder vänligt mot underordnade. Han är öppen i kärlek och hat och gör ingen hemlighet av sina åsikter. Han skaffar sig hellre vackra och onyttiga saker än nyttiga och profitabla.

Ett betydande avsnitt av *Nikomachiska etiken*, omfattande två böcker av samtliga tio, ägnas åt vänskapen. Vänskapen har för grekernas moraliska liv en betydelse motsvarande den som den romantiska kärleken innehar i det moderna Västerlandet. Aristoteles poängterar i sin diskussion vänskapens oumbärlighet för lyckan liksom att den sanna vänskapen förutsätter dygd. Vänner är utan svek och alltid beredda att hjälpa varandra. Men om självuppoffring är det inte fråga. Aristoteles prisar den kärlek en människa känner till sig själv. Om den bara står i enlighet med dygden och förnuftet är självkärleken en god sak. Strängt taget går ju också hela Aristoteles' etik ut på hur vi kan finna lyckan, den handlar om levnadskonst. Normen för den goda vänskapen är att vännerna bör känna samma kärlek till varandra som de gör till sig själva.

Att etiken handlar om levnadskonst framgår klart av Aristoteles' diskussion av lusten (grek. *hedoné*). Det finns naturligtvis låga och lastbara njutningar. Men i allmänhet är lusten något gott. Den uppstår när vi sätts i tillfälle att ohindrade utöva våra förmågor. Det är aktivitet som utgör människans lust. Att den högsta formen av aktivitet, det rena tänkandet, då också skall vara den som ger den högsta lusten är en given sak.

Därmed är vi framme vid den betraktelse över filosofens lycka vari *Nikomachiska etiken* kulminerar. Den högsta lusten, den högsta lyckan, det högsta goda finns i det teoretiska livet, i den filosofi vars handling är det rena betraktandet. Här finner vi det mänskliga livets självändamål i dess egentligaste form. Aristoteles anför många argument för uppfattningen att det teoretiska livet är det högsta. Det är tänkandet och kontemplationen som hör samman med det som mest utmärker människan – det aktiva förnuftet. Ingenting kan vara människans verk i högre utsträckning än just den rena förnuftsverksamheten. Det filosofiska livet är också det mest oberoende. Forskaren mår väl av att ha kolleger, medger Aristoteles, men han kan också klara sig ensam. De materiella tillgångar som är nödvändiga för det intellektuella livet är blygsamma. Den intellektuella betraktelsen, framhåller Aristoteles vidare, är något som utförs för sin egen skull, utan alla utilistiska bihänsyn. Här är det fråga om ett absolut självändamål. Till slut är det teoretiska livet det som gör oss mest lika gud. Ty guds aktivitet kan, som vi sett, inte vara någon annan än tänkande och självkontemplation.

Politik och poetik

Efter sin lovsång till det teoretiska livet påminner sig Aristoteles dock åter att de praktiska vetenskapernas mål inte är teoretiskt vetande enbart, utan att omsätta den etiska kunskapen i handling. För att människor skall handla på ett etiskt riktigt sätt räcker det emellertid inte med upplysning och förmaningar. Det behövs, som Aristoteles redan tidigare inskärpt, goda vanor, god uppfostran, goda lagar. Därför leder etikens vetenskap omedelbart över till politikens. Aristoteles avslutar den *Nikomachiska etiken* med att annonsera att han också ämnar skriva en avhandling om politik. Visserligen krävs för statskonsten vana, erfarenhet och praktisk skicklighet. Men en teoretisk utredning av politikens principer är för den skull inte onyttig utan kan bli till vägledning. Aristoteles förklarar på karaktäristiskt sätt att hans undersökning av statskonsten skall inledas med en granskning av föregångarnas åsikter och att han ämnar dra nytta av sina empiriska studier av olika grekiska författningar. Att Aristoteles verkligen genomfört en kollektion av grekiska författningar stod i slutet av förra seklet klart genom ett papyrosfynd som innehöll ett fragment där Atens konstitution behandlades. Aristoteles' politiska teori har sålunda kunnat dra nytta av grundliga empiriska förstudier.

Varje social gemenskap finns till för något ändamål och staten som är den högsta formen av social gemenskap måste finnas till för det högsta ändamålet, det högsta goda. Så heter det i inledningen till *Politiken*. Där framhålls det likaså att människan av naturen är ett politiskt (eller socialt) djur. Däri liknar hon exempelvis bin eller myror, men är i själva verket på ett djupare sätt än de en samhällsvarelse. Det är utmärkande för människan att hon har talet och en förmåga att skilja mellan ont och gott. Därmed är hon från början ägnad att leva i en moralisk gemenskap, i kommunikation och samvaro med andra. Sin fulla mänsklighet kan hon förverkliga bara i sådan samvaro.

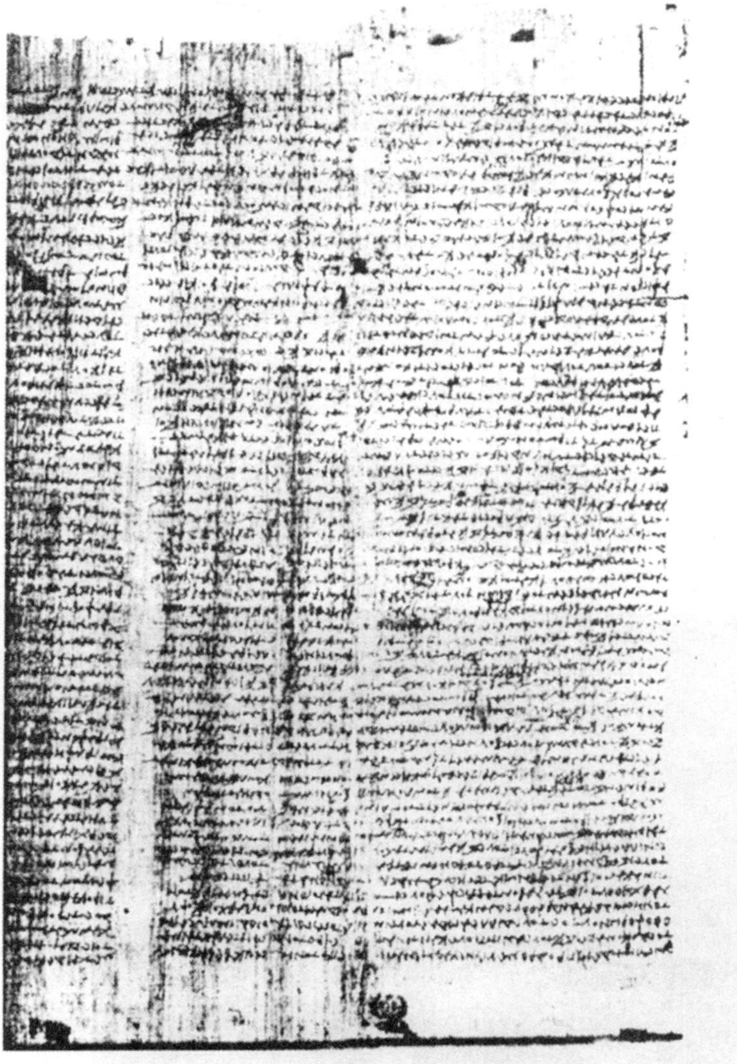

Manuskriptsida till Aristoteles' "Atens författning", skriven på papyrus. Manuskriptet var en sensation då det återupptäcktes 1890.

Eftersom Aristoteles' utgångspunkt inte är individualistisk behöver han inte postulera något samhällskontrakt. Människans naturliga tillstånd är redan ett samhällstillstånd – bara en best eller en gud kan leva ensam utanför samhället. Staten uppstår inte genom någon överenskommelse utan den växer fram ur familjen, stammen, bygemenskapen. Visserligen är staten primär i förhållande till dessa underordnade sociala gemenskaper, men bara så som ändamålet är primärt, så som slutet enligt Aristoteles alltid har prioritet före början. Familjen med husfadern som överhuvud och det enskilda hushållet spelar viktiga roller för Aristoteles. Där finns statens fundament. Därför försvarar Aristoteles också familjen och privategendomen gentemot Platons utopiska samhällsprojekt i *Staten*. Platon hade trott att barnen i väktarklassen som var allas gemensamma barn också skulle bli omhändertagna av alla. Aristoteles tror att resultatet av en sådan ordning snarare skulle bli att barnen komme att försummas av alla. Gemensamma barn är ingens barn. På liknande sätt med gemensam egendom. För att människor skall sporras att arbeta och förkovra sina tillgångar måste det existera privategendom, anser Aristoteles. Denne pragmatiske och empiriskt inriktade tänkare har ingen smak för utopiska önskedrömmar. Platons förkärlek för enhet i staten anser han högst överdriven. Pluralism och mångfald måste enligt Aristoteles' mening beredas rum inom ramen för den statliga enheten.

Det pragmatiska draget kommer fram även i Aristoteles' bedömning av olika författningar. Här har de empiriska studierna av de mångahanda olika författningar som fanns representerade i Grekland givit upphov till en viss relativism. Det finns enligt Aristoteles tre slag av goda styrelsesätt, tre slag av dåliga. Indelningsgrunden är hur många som regerar – en, ett fåtal eller ett flertal – samt i vad mån styret främjar det allmänna intresset eller enbart privata intressen. De tre goda styrelsesätten är monarki, aristokrati och *politeia*, det sistnämnda en tämligen oöversättbar beteckning för en form av konstitutionellt styre i vilket flertalet medborgare deltar. De tre dåliga är tyranni, oligarki och demokrati. Aristoteles kritiserar sålunda "demokratin" (ett laglöst pöbelvälde där de fattigare medborgarna försöker roffa åt sig mesta möjliga). Men han godtar *politeia*, där den stora massan av medborgare har ett starkt inflytande. Det betyder att hans syn på politiken såtillvida är långt mer demokratisk än Platons, att han i mycket accepterar det flertalsdeltagande i politiken som faktiskt förekom i många grekiska stadsstater. Om något filosofstyre är det inte tal. Däremot anser Aristoteles att maktens tyngdpunkt bör ligga hos medelklassen, dvs. hos de medborgarskikt som varken tillhör de rikaste eller de fattigaste. Som så ofta gör sig Aristoteles' förkärlek för medelvägen gällande.

Medborgarskap definierar Aristoteles på den atenska demokratins sätt som aktivt deltagande i lagstiftning och administration. Medborgarna är de fria männen, givetvis inte kvinnor eller barn, inte heller statslösa invandrare. Aristoteles försvarar slaveriet (i vissa fall) och slavar kan naturligtvis inte heller vara medborgare. Men av medborgarna krävs personligt deltagande i statens skötsel. Enligt Aristoteles' sätt att se är de medborgerliga uppgifterna viktiga och en del av förutsättningarna för det goda livet (även om den rent filosofiska kontemplationen står högre). De dygder han talar om och prisar i sin etik har alla karaktär av medborgerliga dygder, de är sådana som pryder den enskilde men också sådana som behövs i en väl fungerande stat. I sin syn på medborgarskapet – liksom på politiken överhuvud – rör sig Aristoteles helt inom ramen för *polis*, den grekiska stadstaten. Sålunda gör han gällande att en stat idealt sett inte bör vara större än att alla medborgare känner varandra – hur kan de annars veta vem som är lämplig för vilket ämbete? – och inte större än att alla kan höra talaren på torget när medborgarna är samlade till rådslag.

Statens mål är enligt Aristoteles medborgarnas lycka. Individernas och statens ändamål är därmed detsamma. Aristoteles skiljer visserligen mellan privat och offentligt, men han ser ingen motsättning dem emellan. Även om den högsta lyckan, den filosofiska kontemplationen, är en individuell angelägenhet tillhör det statslivets uppgifter att skapa förutsättningar även för denna genom att gynna uppkomsten av en klass som är befriad från praktiskt arbete och som har tid att ägna sig åt studier och andliga ting. Harmoni råder mellan det enskilda och det allmänna. Staten är fortfarande en gemensam angelägenhet.

När Aristoteles i sin berömda och för ett par tusen år av diktning normgivande *Poetik* behandlar de litterära formerna befinner han sig inte så långt borta från politikens och medborgarskapets sfär som vi från moderna utgångspunkter skulle kunna tro. Episka verk som Homeros' dikter kunde läsas som handböcker i politik. Dramatiska verk uppfördes i Aten inför alla medborgare, som också utsåg pristagare. Såväl komedier som tragedier behandlade gärna politiska teman. När Platon bannlyste diktarna ur sin stat var det, som påpekats, inte en kälkborgerlig konstsyn som drev honom utan en politisk avsikt. Den livssyn som diktarna gestaltade var enligt hans övertygelse farlig för staten. Aristoteles företräder här som så ofta en annan uppfattning än sin mästare. Inte minst är hans försvar för tragedin anmärkningsvärt.

Den höga uppskattning av diktkonsten som utmärkte Aristoteles framgår redan av hans jämförelse mellan historikern och diktaren. Skillnaden, påpekar Aristoteles, gäller inte den yttre formen – Herodotos' historia skulle ha kunnat versifieras: ”Nej, skillnaden ligger däri, att den förre skildrar det faktiska skeendet, den senare det som skulle kunna hända. Därför är också dikten mer filosofisk och värdefull än historieskrivningen; diktkonsten är inriktad mera på det allmängiltiga, historien mera på det enskilda.” Att den filosofiska sanningen enligt Aristoteles handlar om det allmänna, inte om det enskilda har vi redan sett.

Vid sin jämförelse mellan de olika diktarterna finner Aristoteles tragedin vara den främsta. Den innebär, liksom andra diktformer, en efterbildning (grek. *mimesis*) och definieras sålunda: ”Tragedin är en efterbildning av en handling som är allvarlig och avslutad i sig /---/ i en dramatisk, inte en berättande, form samt med händelser som väcker medlidande och fruktan, varigenom en rening av dessa känslor kommer till stånd.” För att tragedins handling skall väcka medlidande och fruktan hos åskådarna fordras att dess hjälte varken är helt och hållet god eller helt och hållet ond och att han går under snarare genom ett felsteg än genom ett brott. Tanken att en storslagen (om än inte helt och hållet dygderik) människa kan hamna i ödets snaror och gå under innebär ett erkännande av ett tragiskt moment i tillvaron, av en moralisk sårbarhet, av människans utsatthet. Som vi tidigare sett var Aristoteles på ett annat sätt än Sokrates och Platon beredd att erkänna en sådan den mänskliga lyckans skörhet. Hans annorlunda inställning till tragedidiktningen ter sig ur den synpunkten konsekvent. Medlidande och fruktan kan verkligen, enligt Aristoteles, vara fullt adekvata känslor inför vissa livssituationer och vår upplevelse av dem i det estetiska betraktandets form kan medföra ”rening” (grek. *katharsis*), klargörande och frigörande.

Gång på gång i vår genomgång av Aristoteles’ filosofi har vi återkommit till en jämförelse med Platons. En sådan jämförelse är en god utgångspunkt också för en sammanfattning.

Aristoteles och Platon

Ur flera synpunkter kan Aristoteles’ tänkande tyckas vara bara en variant av hans läromästares. Mot Platons idéer svarar Aristoteles’ former. De senare liksom de förra står för det allmänna i tillvaron och för allmänbegreppen i diskursen. De aristoteliska formerna förändras inte lika litet som de platonska idéerna och de har en grad av verklighet som är högre än materiens. Den sanna kunskapen kan bara handla om dem, om det generella, inte om det individuella. Denna kunskap är en förnuftskunskap, som rentav tillskrivs deduktiv karaktär. Men formerna hos Aristoteles är lika litet som idéerna hos Platon enbart intellektuella instrument. De finns i verkligheten och mot dem längtar naturen, ytterst mot den högste av dem alla, den orörlige röraren. Platons Eros har återuppstått i ny version. Lika avvisande som Platon står till sofisterna, lika främmande är Aristoteles för varje form av subjektivism. Hos honom är världen en objektiv ordning. I tingens natur finns måttet för allting – för himlakropparnas rörelser, för jorden och vattnet, för djuren och människorna, för staten och dygderna.

Kontrasterna mellan Platon och Aristoteles är emellertid inte mindre iögonenfallande än likheterna. Hos Aristoteles finns ingen idévärld utanför grottan. Där finns bara *en* värld i vilken formerna är immanenta, inneboende. Den empiriska erfarenheten av denna värld blir utgångspunkten för all kunskap. De många människornas meningar och ”sunda förnuft” blir inte något som filosofen utan vidare kan förkasta. De blir tvärtom inledningen till hans forskande undersökning. Aristoteles är en vardagsverklighetens och en den levande naturens filosof. Han har biologens kärlek till mångfalden för dess egen skull och en blick för det mänskliga livets komplikationer, för lyckan, för tragiken.

I sin syn på filosofins uppgift representerar Aristoteles likaledes något nytt. När han inför en systematisering av vetenskaperna tilldelar han filosofin en roll som ”första filosofi”, dvs. som lära om det mest grundläggande, om ”Varat” i dess olika innebörder. Här finns ett första utkast till en syn på filosofin som ”vetenskapernas vetenskap”, vilken i sig innefattar principerna för de övriga.

Filosofin under hellenismen och romarriket

Efter Aristoteles

Med Aristoteles avslutas en epok i filosofins historia. I den antika filosofin framträder inte mer någon tänkare av samma resning, ingen som kan jämföras med den mirakulösa treklövern Sokrates-Platon-Aristoteles. Även om Platons Akademi och Aristoteles' Lykeion fortlever i Aten blir det inte främst dessa traditioner som ger den efteraristoteliska filosofin dess karaktär. Det teoretiska liv, som betytt så mycket för Platon och Aristoteles, får en minskad roll jämfört med de rent praktiska frågorna. Det sker ett återvändande till det Sokratiska kärnproblemet beträffande lyckan och den rätta livsföringen. Samtidigt mister politikens och medborgarskapets frågeställningar mycket av sin relevans. Den civism (eller medborgartanke) som i så hög grad utmärkt Platon och Aristoteles förloras ur sikte till förmån för den privata levnadens spörsmål. Först hos Cicero och andra romerska tänkare blir den åter en angelägenhet av högsta prioritet.

Den filosofiska utveckling som antytts har givetvis samband med det politiska händelseförloppet. Å ena sidan har de grekiska städerna förlorat sin självständighet och kommit under makedonskt välde. Stadsstatens era är förbi. Å andra sidan har Alexanders erövringar grundat ett grekiskt världsvälde. Den grekiska kulturen, som tidigare varit provinsiell, har blivit en världskultur. Vi brukar använda beteckningen "hellenism" för den epok som därmed träder in. Den grekiska kulturen, och därmed den grekiska filosofi som var den intellektuellt bärande beståndsdelen i denna kultur, blev nu på ett nytt sätt en kosmopolitisk företeelse. Filosofin spreds över medelhavsvärlden, den blev tillsammans med retoriken och det grekiska språket en huvudingrediens i bildningen. De bildade skikten tenderade att göra filosofin till sin livsåskådning. Den, snarare än folkreligionen, kunde ge riktlinjer för handlande och liv. Romarrikets erövringar ändrade härvidlag ingenting. Det grekiska området införlivades med dess domäner samtidigt som den mer högtstående grekiska intellektuella och estetiska kulturen trängde in i Rom. Horatius' kända formel "Graecia capta ferum victorem cepit" ("Det besegrade Grekland besegrade sina ociviliserade besegrare") återgav en historisk sanning. Det romerska riket blev nu den vehikel med vars hjälp den grekiska kulturen spreds och blev till västerländsk. Också i själva Rom och på latinskt språk framträdde några författare, varibland de viktigaste är Lucretius, Cicero och Seneca, som skulle få stor betydelse för filosofins utveckling, framför allt för dess spridning och popularisering.

Filosofins fortsatt centrala betydelse för den antika bildningen tog sig bland annat uttryck i förekomsten av rivaliserande filosofskolor, alla kämpande för intellektuell hegemoni. Dessa förde fram skilda kunskapsteorier och skilda naturuppfattningar. Men framför allt hade de olika åsikter om lyckan och dygden. De viktigaste av dessa skolor uppstod under eller strax efter Aristoteles' levnad. Det gäller för epikurismen, kynismen, stoicismen och skepticismen. Om dem alla kan sägas att de – direkt eller indirekt – utgick från Sokrates, snarare än från Platon eller Aristoteles. Några av Sokrates' personliga lärjungar spelade en roll i förspelet till dessa riktningars uppkomst. Jag skall inleda min översikt över hellenismens filosofskolor med att presentera en av dessa lärjungar, vällevnadsmannen och kvickhuvudet Aristippos.

Kyrenaiker och epikuréer

För den som hunnit ledsna en smula på den dygdiga och världsföraktande typen av grekisk filosof känns det angenämt att hos Diogenes Laërtios få göra Aristippos' bekantskap. Aristippos (omkring 435–355 f.Kr.) härstammade från Kyrene, varav den skola han grundade fick sitt namn. Men han kom också att vistas i Aten där han blev Sokrates' lärjunge – tillräckligt intim för att Platon i *Faidon* skall finna det befogat att ge en särskild förklaring till att Aristippos inte var med under Sokrates' sista dag. Sin mästares minne skall han alltid ha vördat. Annars skall hans livsföring ha skilt sig betydligt från Sokrates' enkelhet. Diogenes Laërtios berättar härom många anekdoter. Vid ett tillfälle förebrådde en allvarsman Aristippos hans extravagans i fråga om mat och dryck. Aristippos frågade sin vedersakare om han inte själv skulle ha skaffat sig samma överflöd om han kunnat få det för tre oboler. Då svaret blev jakande sade Aristippos: "Nå, i så fall är det mindre jag som älskar njutningar än du som älskar pengar!". Då man klandrade honom för hans umgänge med kurtisanen Lais svarade Aristippos: "Jag har

Lais, inte hon mig”. Han framhöll också att man kunde ha en kvinna som andra tidigare ägt lika väl som man kunde överta ett hus som andra tidigare bebott.

Efter dessa anekdoter inhämtar man utan förvåning att den kyrenaiska skolans filosofi betraktade lusten (grek. *hedoné)* som livets ändamål. Lusten utgör det i sig goda och ger upphov till det lyckliga livet. Olusten eller lidandet är det i sig onda. Livskonsten går ut på att skaffa sig lust och undvika olust. Kroppsliga njutningar är starkare och intensivare än själsliga, liksom kroppslig smärta är starkare och intensivare än själslig. Därför är kroppslig lust det viktigaste målet. Enbart smärtfrihet eller undvikande av lidande är inte tillräckligt. Detta är den kyrenaiska skolans hedonism, en moralfilosofi som i renodlad form skulle återuppstå först under 1700-talet. Hos skolans grundläggare Aristippos bar den prägel av lebemannens livsaptit. Men hos somliga av hans efterföljare, t.ex. Hegesias, tog läran en dystrare vändning. Hegesias höll fast vid att njutning och lycka är det enda goda. Men han ansåg detta goda vara omöjligt att uppnå – i det mänskliga livet måste lidandet och olyckan alltid vara större än lusten och lyckan. Hegesias’ förkunnelse lär ha inspirerat somliga av hans lärjungar till självmord och han gavs tillnamnet ”dödsövertalaren”.

Det ligger i öppen dag att det finns en släktskap mellan den kyrenaiska skolan och epikurismen. Men skillnaderna är också påtagliga. Kanske var det epikurismens måttfullare och värdigare framtoning som förlänade den en större livskraft.

Epikuros (omkr. 341–270 f.Kr.), som grundlade epikurismen och gav den namn, föddes på ön Samos, men var av god attisk härkomst. Under sina tidigare år förde han ett kringflackande liv, men som medelålders (omkring 306 f. Kr.) slog han sig ned i Aten, fortfarande det filosofiska livets centrum, där han köpte ett stycke jord och grundade en skola. Denna Epikuros’ ”trädgård” representerade också ett livsideal. Här kunde han leva ett stilla liv, i enlighet med sin maxim ”Lev i skymundan!”. I politiken deltog han inte. Men han omgavs av sina vänner och lärjungar och bedrev tillsamman med dem filosofiska studier. Att en del av dessa lärjungar var kvinnor gav Epikuros’ fiender tillfälle att sprida ut rykten om att otukt och utsvävningar bedrevs i hans hus, men de flesta filosofihistoriker betraktar sådana uppgifter som rent förtal. Epikuros var den obestridde ledaren för sin skola, betitlades *hegemon* och var den ende som hade rätt att kallas ”vis”. Hans födelsedagar firades under närmast religiösa former av anhängarna. Trots det framträder Epikuros i de efterlämnade vittnesbörden ingalunda som någon hustyrann eller inbilsk narr. Tvärtom får man ett intryck av hans vänsällhet, omtänksamhet och klokhet.

Epikuros. Huvud i sten från den hellenistiska perioden. Metropolitan Museum of Art, New York.

Det är närmast en slump att vi har så relativt god kunskap som vi har om Epikuros' liv och verk. Det beror helt och hållet på att Diogenes Laërtios betraktade denne filosof med sympati, förmedlade många upplysningar om honom och i sin helhet tog med några viktiga filosofiska brev av hans hand i sin *Filosofernas liv*. Tack vare detta kan vi studera Epikuros' läror utifrån hans egna ord.

Det var karaktäristiskt för Epikuros att han ansåg all filosofi onyttig som inte kunde bidra till att göra människorna lyckliga eller hindra dem från att vara olyckliga. Kunskapsteori och naturfilosofi intresserade honom i hög grad, men bara på grund av det bidrag de kunde ge till praktiska syften. Till och med studiet av de astronomiska fenomenen, inskärpte Epikuros, hade sinnesfriden som enda mål. Filosofin definierade han som ”en aktivitet, vilken genom ord och argument säkrar ett lyckligt liv”. Mellan naturvetenskap och etik fanns enligt hans sätt att se ett intimt sammanhang.

Epikuros' naturfilosofi bygger på en atomlära, som uppenbarligen står i skuld till Demokritos, även om Epikuros aldrig erkände detta. Om något plagiat är det heller inte fråga – på viktiga punkter hade Epikuros andra uppfattningar om atomerna än sin föregångare. Universum består enligt Epikuros av atomer och tomrum. Båda är osynliga, men vi måste anta dem för att kunna förklara det vi ser. Universum är oändligt stort och atomerna är oändligt många. Atomerna varierar i fråga om storlek, form och vikt, vilka är deras enda egenskaper. Genom olika sammansättningar av atomer uppstår de synliga tingen, vars egenskaper beror av hur de ingående atomerna är sammansatta, hur många de är och av vilken sort. När ett ting förstörs innebär det att det faller sönder i sina beståndsdelar, atomerna. Atomerna själva däremot är eviga och oföränderliga. Genom antagandet av dem kan Epikuros ge en förklaring till förändringens problem.

I likhet med de flesta grekiska filosofer antar Epikuros, att universum alltid funnits och alltid kommer att finnas, ty ”det finns inte något till vilket det kan förändras”. Vidare antar han att ingenting uppstår ur ingenting eller övergår till icke-varande. Atomerna och tomrummet har alltid funnits och är oförstörbara. Det vi kallar uppkomst och undergång består av att ting bildas genom sammansättning av atomer och sedan förstörs genom att atomerna åter frigörs från varandra. Alla förändringar beror ytterst av atomerna. Atomerna själva kan inte delas, de har inga beståndsdelar. Därför kan de heller inte förstöras.

Epikuros antar, att atomerna från början faller lodrätt ned genom tomrummet – hur det kan finnas upp och ned i ett tomrum har han avsevärda svårigheter att förklara. Alla atomer faller lika snabbt oavsett tyngd, hävdar han och skiljer sig därmed från Demokritos, som ansåg att tunga atomer faller snabbare. Till skillnad från Demokritos antar Epikuros också att det finns förlopp utan orsak. Ibland avviker en atom utan orsak från sin bana, kolliderar med andra atomer, fastnar i dem och bildar större sammansatta enheter. Ur den turbulens som sålunda uppstår skapas ting och till slut världar. Det finns enligt Epikuros bara ett universum, men många, oändligt många, världar. Allt det vi kan se från jorden, sol, planeter och stjärnor utgör en värld, men det finns sålunda oändligt många liknande i universum. Det var en tanke som kom att inspirera renässansens naturfilosofi, t.ex. hos Giordano Bruno, till tron på ett öppet universum med många världar.

Den epikureiska naturuppfattningen innebär sålunda en genomförd materialism. Den materialistiska principen återkommer även i Epikuros' kunskapsteori, som antar att all kunskap om verkligheten kommer till oss utifrån genom sinnena. Epikuros förklarar ingående hur sinnesintrycken kommer till oss genom materia som befordras via tomrummet. Synen uppstår sålunda genom att materiella "bilder" av oöverträffad finhet med yttersta hastighet i ett tätt flöde sänds ut av tingen i alla riktningar. Då somliga av dessa bilder träffar ett mänskligt öga uppstår ett synintryck. En förutsättning för denna mekaniska förklaring av perceptionen är att också själen uppfattas som något helt och hållet materiellt och bestående av atomer. Det är genom själen kroppen kan ha förnimmelser, men själen skiljer sig från kroppen bara genom att den består av en finare typ av atomer. I samband med kroppens död dör också själen och på samma sätt som denna – dess atomer skingras, förnimmelse och tankeförmåga upphör.

Även gudarna, som Epikuros vördade, består enligt hans uppfattning av atomer, givetvis av en särskilt fin sort. Märkligt nog är de odödliga och lever ett alltigenom saligt liv. De har inget behov av att ingripa i människornas liv och de har, som vi sett, inte haft någonting med världens skapelse att göra. Eftersom de inte ingriper i våra liv har vi inget skäl att frukta dem. För Epikuros' naturförklaring spelar gudarna ingen roll. Att himlakropparna skulle vara gudomliga eller röras genom gudomliga krafter förnekas explicit.

Det är Epikuros' övertygelse att hans naturförklaring kan hjälpa människorna till lycka och sinnesfrid. Det som oroar och förskräcker människorna är nämligen i stor utsträckning fruktan för gudarna och fruktan för att efter döden skall utsättas för straff. Om människorna kan förmås inse att denna fruktan vilar på grundlös inbillning kommer de att bli lyckligare och ingenting kommer att hindra dem från att njuta av livet. Att någon skulle kunna frukta döden sedan han väl fått klart för sig att denna inte innebär något annat än upphörande av all förnimmelse och tankeverksamhet finner Epikuros omöjligt. Hans argumentering i detta stycke har blivit berömd. Epikuros uppmanar sina lärjungar att vänja sig vid tanken "att döden för oss är ingenting eftersom gott och ont förutsätter känsloförmåga och döden innebär att all känsloförmåga upphör; en riktig förståelse av att döden ingenting är gör därför det dödliga livet njutbart för oss, inte genom att lova evigt liv, men genom att ta bort längtan efter odödligheten. Livet äger ingenting förskräckligt för den som grundligt insett att det inte finns något förskräckligt i att upphöra att leva. /---/ Döden, som anses vara det värsta av allt ont, är sålunda ingenting för oss när vi väl inser, att där vi är finns inte döden och där döden är finns inte vi."

Epikuros' argument mot fruktan för förintelsen kan förefalla så logiskt bindande, att också moderna filosofer (utan större framgång) sysselsatt sig med problemet varför det har så föga effekt på den faktiska dödsfruktan. Många moderna människor tror att döden innebär att medvetandet för alltid upphör, men fortsätter ändå att frukta den och i det längsta försöka undvika den. Vi behöver emellertid inte sysselsätta oss med frågan hur detta skall förklaras, utan kan nöja oss med att konstatera, att Epikuros och hans lärjungar tydligen fann tröst i hans argument. Att de med stor konsekvens följde ur hans lära förefaller uppenbart. Om döden utplånar all upplevelseförmåga och om det onda, som Epikuros menade, är upplevelsen av olust kan döden inte vara något ont.

"Lusten (*hedoné*) är början och slutet för ett lyckligt liv. Lusten är vårt högsta goda. Den är utgångspunkten för allt det vi väljer och allt det vi undviker och till den kommer vi tillbaka, eftersom känslan är den måttstock med vars hjälp vi bedömer allt som är gott. Men även om lusten är vårt högsta och naturliga goda eftersträvar vi inte varje tänkbar lustupplevelse som kommer i vår väg, utan vi undviker många sådana lustupplevelser därför att de längre fram skulle leda till obehag. Ofta föredrar vi till och med smärta framför lust i de fall, när vi genom att underkasta oss en tids smärta kan uppnå ett stort mått av lust."

Den citerade passagen är hämtad ur ett av Epikuros' filosofiska brev och innehåller kärnan av hans morallära. Som framgår är också Epikuros hedonist såtillvida som han betraktar lusten som det i sig goda och olusten som det i sig onda. Han framhåller även att vi rent faktiskt strävar efter lust och undviker olust – det är här inte bara fråga om en filosofisk teori utan om en naturlig instinkt. Så långt är Epikuros inte oense med kyrenaikerna. Men i motsats till dem är han inte inställd på omedelbar njutning. Utsvävningar leder ofta till obehagliga efterräkningar, påminner han. Och ibland kan vi rent av genom att underkasta oss obehag, t.ex. en läkarbehandling, uppnå ett mera lustfyllt liv efteråt. Det hela utmynnar i en sorts lustkalkyl, där olika sannolika konsekvenser av ett visst handlande subtraheras och adderas. Epikuros skiljer sig från kyrenaikerna också på så vis att han lägger större vikt vid själslig lust och olust än vid kroppslig. Därmed sammanhänger den stora betydelse han tillmäter befrielse från rädsla för gudarna eller för straff efter döden.

De olika begären klassificerar Epikuros i naturliga och onaturliga, nödvändiga och onödiga. Hunger och törst är naturliga och nödvändiga behov,

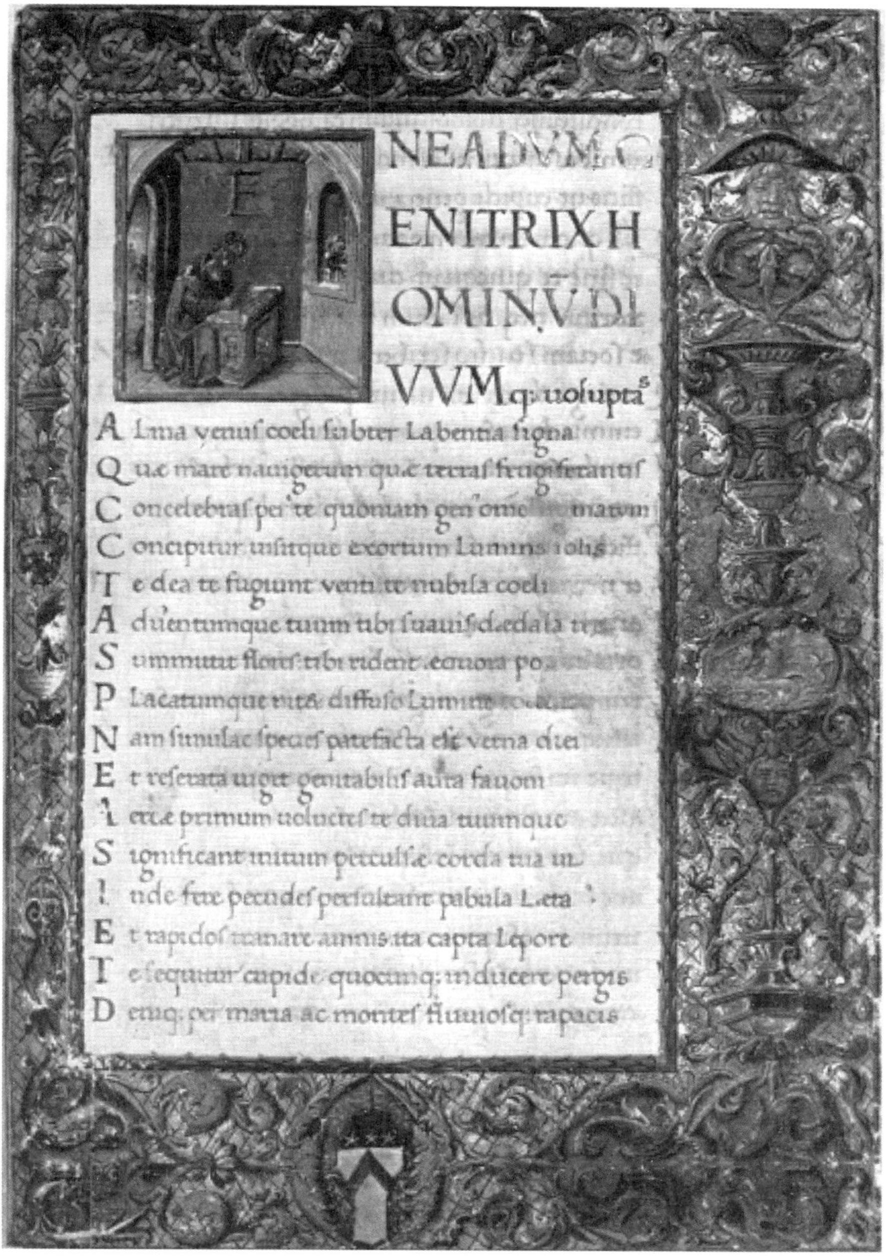

Sida ur illuminerat manuskript till Lucretius' De rerum natura, femte boken, skrivet under 1400-talet på kalvskinnspergament. British Museum, London.

begär efter pråliga kläder eller efter smicker är onaturliga och onödiga. Den livsföring Epikuros rekommenderar är den som väsentligen nöjer sig med det naturliga och nödvändiga. Frånvaro av smärta och olust räcker för vår lycka: ”Med lust menar vi frånvaro av kroppslig smärta och själslig oro. Det är inte en oavbruten följd av dryckeslag och utsvävningar, inte heller sexuella, inte heller njutandet av fisk och andra läckerheter från ett överflödande bord, som ger oss ett lyckligt liv.” Bröd och vatten utgör den mest delikata föda för den hungrige inskärper Epikuros. Livet i hans trädgård följde enkelhetens recept. God föda och dryck, den sexuella kärleken mellan man och kvinna var ingenting att förakta. Men det väsentliga var ett liv i lugn tillbakadragenhet, ägnat vänskapen och samvaron, de filosofiska samtalen och forskningarna, det naturliga och hälsosamma. Sinnesfriden, uppnåbar genom själsstyrka och fasthet inför ödet, (grek. *ataraxia*), är det väsentliga. Genom att nöja sig med det nödvändigaste uppnår den epikureiske vise ett oberoende, en immunitet mot ödets slag. Vid ett enkelt liv är han van och för döden hyser han ingen rädsla.

Den epikureiska livsstilen kan förefalla attraktiv och Epikuros’ lära vann också många anhängare. Hans skola i Aten fortlevde in i senantiken och den fick många efterföljare i Grekland och på andra håll inom den hellenistiska kulturvärlden. I Italien och i Rom erövrade epikurismen under republikens tid stort inflytande. En romersk skald, Titus Lucretius Carus (omkr. 96–55 f.Kr.), blev också skolans vid sidan av Epikuros mest kände författare. Lucretius’ på latin skrivna *De rerum natura* (”Om tingens natur”) är en av världslitteraturens främsta lärodikter. Där framläggs den epikureiska doktrinen på ett sätt som på flera punkter kompletterar vad vi får veta genom Epikuros’ bevarade skrifter. Poetisk kraft och känslomässig intensitet får Lucretius’ dikt genom de storslagna kosmiska perspektiven men också genom den längtan efter det lugna, avskilda livet som där kommer till uttryck:

> ”Skönt, när på villande hav sig för stormarna vågorna häver,
> skåda från stranden den kamp, som en annan får kämpa där ute;
> icke som vore det skönt att så veta sin nästa i livsnöd,
> utan man känner det ljuvt, att man själv ej svävar i faran.”

Lucretius tycks inte ha tillhört någon av de epikureiska skolor som under hans livstid fanns etablerade på den italiska halvön. Men för mästaren Epikuros hyste han den mest oinskränkta beundran och såg i honom en mänsklighetens räddare undan skräck och vidskepelse. I övrigt vet vi föga om skalden. En uppgift från den helige Hieronymus att Lucretius skulle ha

Bild av Lucretius ur en utgåva av De rerum natura, som tryckts i London 1683. Att Lucretius varit visionär och förkunnare åskådliggörs.

blivit vansinnig genom en kärleksdryck och i ljusa mellanstunder skrivit sin dikt förtjänar knappast tilltro. De kristna hyste agg till epikuréerna och kyrkofaderns påstående kan nog skrivas på den illvilliga propagandans konto. Vad som kvarstår är Ciceros uttalande i ett samtida brev, att Lucretius' dikt utmärkte sig för "många snilleblixtar". Det kan läsaren fortfarande verifiera.

Cicero hörde annars till epikuréernas belackare. Bland annat förebrådde han dem deras politiska tillbakadragenhet och brist på medborgaranda. Beskyllningar av det slaget kan ha bidragit till att epikuréerna från och med Augustus' tid förlorade mycket av sitt inflytande bland romarna till förmån för stoikerna. Helt dog epikurismen likväl aldrig ut under antiken. De kristnas negativa inställning gav Epikuros dåligt anseende under hela medeltiden (medan stoikerna tack vare viss affinitet med kristendomen skattades högre). Under 1600-talet inledde emellertid filosofen och matematikern Pierre Gassendi vad som skulle bli en sannskyldig Epikurosrenässans. Den kulminerade under 1700-talet när den grekiske tänkarens materialism och njutningsfilosofi blev en uppenbarelse för många av upplysningens författare.

Epikurismen var framför allt en levnadsvisdom och en livsform. Den handlade om ett bemästrande av livet och av de mänskliga villkoren. Det måttliga och naturliga levnadssättet var avsett att ge epikuréen ett oberoende, en beredskap inför ödets och tillfälligheternas spel och därmed sinnesfrid. Levnadskonsten handlade om önskningarnas anpassning till verkligheten, inte om odödlighetshopp eller paradisvisioner. Lugn värdighet, rättrådighet och kompromisslös rationalism utmärkte epikuréernas ideal för en filosof. Som vi skall se hade det idealet, trots alla olikheter och all hätsk rivalitet, mycket gemensamt med kynikernas och stoikernas.

Kynikerna – de skandalösa filosoferna

Bland Sokrates' lärjungar befann sig en, som i mycket var den levnadsglade Aristippos' motsats. Han hette Antisthenes (omkr. 446–366 f.Kr.) och blev den kyniska skolans grundläggare. Antisthenes fick i sin tur en lärjunge, Diogenes (omkr. 404–323 f.Kr.), som blev kynismens mest färgrika personlighet och som efter sin död blev skolans speciella skyddshelgon. Om denne Diogenes berättar Diogenes Laërtios många anekdoter, som vare sig de är sanna eller inte säger mycket om den kyniska livsstilen sådan omgivningen uppfattade den.

Diogenes drev till det yttersta kynikernas lära att lyckan står att finna i behovslösheten och att föraktet för varje form av njutning självt är den högsta njutningen. Han skall ha draperat sig på det sätt, som sedan blev kynikernas kännetecken. Han vek sin mantel dubbel och bar den som enda plagg. Han bar en ränsel där han förvarade sina ägodelar och stödde sig, åtminstone på äldre dar, på en käpp. Diogenes försörjde sig på att tigga, men torde inte ha behövt svälta eftersom han tack vare sin skarpa och kvicka tunga var populär bland atenarna. Han sov utomhus eller i en tunna. Den mest kända ankedoten om honom handlar om hur den store Alexander skulle ha besökt den i tunnan vilande filosofen och lovat honom att få varje önskan han ville uttala uppfylld. Diogenes bad då världshärskaren flytta sig så att han inte längre skuggade solen. Berättelsen illustrerar inte bara Diogenes' behovslöshet utan också hans förakt för politiken och makten. En annan berättelse om hans enkelhet säger att han en gång såg ett barn dricka ur sin kupade hand och att han då kastade bort sin kopp som varande onödig. Diogenes skall ha betraktat djuren som föredömen eftersom de inte har behov av kläder, ägodelar eller pengar. Huruvida namnet "kyniker" har att göra med en benägenhet att efterlikna hunden (grek. *kyon*) är väl osäkert, men vitsar i denna riktning var vanliga under antiken och fann grund i kynikernas beundran för det animala. Å andra sidan hade även Diogenes' behovslöshet sina gränser. Åtminstone i Diogenes Laërtios' möjligtvis partiska framställning framstår han som en man utrustad med åtskillig fåfänga och lust att väcka uppseende. Då en talare som han tyckte illa om framträdde ställde sig Diogenes en bit bort från denne och började äta blommor, som han plockat i en bukett. När talarens auditorium övergav honom för att i stället titta på Diogenes uttryckte denne den största förvåning över retorns oförmåga att fängsla sin publik.

Ur en synvinkel utgjordes Diogenes' filosofi helt enkelt en tillspetsning av Sokrates' lära. Dygden är tillräcklig för lycka, den sanne vise kan inte skadas av någonting, han är beredd på varje öde. Det sades om Diogenes, att han mot ödet ställde sinnesstyrkan, mot konventionen naturen, mot passionerna förnuftet. Den som lever enligt dygdens, naturens och förnuftets föreskrifter når den sinnesro, som är filosofins belöning. Men draget av primitivism blir mycket starkare än hos Sokrates. Alla civilisationens normer föraktades och utmanades av Diogenes. Det berättades om honom att han i sin hemstad Sinope gjort sig skyldig till falskmynteri och av det skälet tvingades gå i landsflykt till Aten. Diogenes Laërtios ger saken en symbolisk innebörd – Diogenes filosofi gick ut på att förfalska varje gångbar valuta, ifrågasätta varje form av konventionell visdom, förverkliga den totala friheten. Yttrandefriheten skall han ha betraktat som det mest dyrbara i världen och han skall ha satt sig över varje konvention. Provokationen var hans favoriserade debattmetod. Diogenes lärde ut att all sorts föda är tillåten, till och med människokött, eftersom det ätes av somliga folkslag. Han skall ha masturberat offentligt och förklarat, att om man lika lätt kunnat bli mätt genom att gnida sig på magen skulle ingen ha försummat möjligheten. Äktenskapet föraktade han och från misogyni kan han knappast frikännas. Patriotismens dygder var inte hans. Diogenes kallade sig stolt världsmedborgare (grek. *kosmopolites*) och avstod från varje form av politiskt engagemang.

Anthistenes och Diogenes var de första kynikerna, varvid särskilt Diogenes förblev den stora förebilden. Men sektens historia blev lång och sträcker sig i antiken över tusen år. Med särskild framgång vände sig kynikerna, inte minst under senantiken, till de fattiga och till enkelt folk. Kynikernas asketism gjorde sekten mer acceptabel för de kristna än epikurismen, trots att dess hållning till religionen var agnostisk. När kristendomens seger blev total gick kynismen givetvis ändå under och har fortlevt bara i så måtto att inslag i dess förkunnelse tagits upp av senare filosofier. Under 1700-talet kunde så olikartade författare som Martin Wieland och Diderot åberopa sig på Diogenes.

Stoikerna – pelargångens tänkare

Anthistenes räknades i antiken ofta som anfader inte bara till kynikerna utan även till stoikerna. Säkert är att stoicismen grenar ut sig från kynismens stam. Skolans grundare Zenon (omkr. 336–264 f.Kr.) var lärjunge till kynikern Krates. De grundläggande idéerna hos stoicism och kynism är i stor utsträckning desamma. Men det gatpojksaktiga hos Diogenes saknas hos de värdiga stoikerna. Och medan kynikerna ringaktat geometri och astronomi som onyttiga utvecklade stoikerna intressanta läror inom både logik och naturvetenskap.

Zenon härstammade från Cypern, men kom i trettioårsåldern till Aten. Det berättas om honom att han hos en bokhandlare där kom att läsa Xenofons *Hågkomster av Sokrates* och blev så fascinerad av Sokratesgestalten att han frågade var man kunde finna sådana män. Någon pekade ut Krates för honom och Zenon blev Krates' elev. Så småningom blev Zenon själv en uppskattad filosofisk lärare. Han brukade undervisa på det centrala torget i Aten i närheten av en kolonnad, Stoa poikile. Därav uppstod namnen ”Stoa” och ”stoicism” som beteckningar för hans skola. Zenon var även verksam som författare, men hans skrifter har gått förlorade. I själva verket har vi från stoicismens första tvåhundra år inte en enda skrift av en stoiker bevarad utan får lita till fragment och andrahandsuppgifter. Både som lärare och författare vann Zenon stort anseende. När han dog restes en minnesstod över honom i Aten.

Zenon efterlämnade lärjungar som fortsatte den tradition han grundat. Den vid sidan av Zenon mest framstående inom den äldre Stoan var Krysippos (omkr. 280–206 f.Kr.), ofta betraktad som stoicismens andra grundare ("Utan Krysippos ingen Stoa"). Först med den yngre stoicismen inom det romerska kejsarriket framträder författarpersonligheter, vars skrifter vi fortfarande kan läsa. Till dem skall jag återkomma.

Till sin kärna handlade stoicismen om etik i den antika meningen av livskonst – vi studerar inte etik för att veta vad det goda är, utan för att bli goda, framhöll Aristoteles i *Nikomachiska etiken.* I full överensstämmelse med den Sokratiska traditionen hävdade stoikerna att dygden är den enda lyckan och det enda goda. Något annat gott än det moraliskt goda ville man inte erkänna. Välstånd, hälsa, intelligens, vältalighet kan vara något ont eller något gott beroende på omständigheterna. Bara dygden är något gott i sig. Hos de äldre stoikerna fick denna lära ofta karaktär av moralisk rigorism – bara den absolut dygdige och absolut vise kan utföra dygdiga handlingar. Allt som inte når upp till den fulla dygden är värdelöst. En man som befinner sig en tum under vattenytan drunknar lika mycket som den som befinner sig på hundra meters djup, påpekade en av Stoas lärare. Det var ett hett debattämne inom stoicismen om det någonsin funnits en fullkomligt vis man (Sokrates och Diogenes var möjliga kandidater). Det rigorösa moralkravet hotade därmed att döma ut alla faktiskt förekommande handlingar som värdelösa.

Den moraliska rigorismen ställde överhuvud till svårigheter för stoicismen (samtidigt som den utgjorde dess främsta attraktionskraft). Om endast dygden är ett gott innebär det att exempelvis välstånd, hälsa, familj, vänner, fosterland är moraliskt likgiltiga ting ("adiafora" i den stoiska terminologin). Om bara lasten är ett ont måste ens egen liksom ens familjs och ens vänners misär, sjukdom eller död anses som indifferenta. Men hur skall den dygdige alls kunna handla eller leva i världen om allting är likgiltigt? Hur skall han kunna sköta ett arbete, skaffa familj eller vänner? De flesta stoiker var obenägna att på Diogenes' sätt avstå från allt sådant. På olika sätt sökte man kringgå svårigheterna. Man kunde hävda att naturen eller sedvanan bjuder oss att göra vissa ting, som i sig själva är likgiltiga (t.ex. att inta föda, gifta sig eller skaffa barn). Eller man kunde rent av modifiera doktrinen därhän, att "adiafora" tillmättes ett visst relativt värde. Kungen vid ett hov har ensam absolut och ojämförlig rang, argumenterade man, men de olika hovmännen skiljer sig dock rangmässigt inbördes. På liknande sätt har bara dygden absolut värde i värdenas rike, men somliga världsliga fördelar kan dock ha högre värde än andra. På ett liknande sätt kunde man resonera om handlingar. Bara den dygdiga handlingen är en absolut plikt. Men vissa handlingar som saknar dygdens dignitet kan dock betraktas som ”lämpliga”, t.ex. att skaffa familj eller att sköta ett arbete.

Människans mål, hennes *telos*, är enligt stoikerna att följa naturen (på en gång den mänskliga och universella). Detta gör hon när hon låter sig styras av det förnuft, som naturen nedlagt hos oss. Natur, förnuft och dygd blir en enhet. Den som följer dessa ledstjärnor lever ett lyckligt liv. Lyckan beror uteslutande av oss själva eftersom den är avhängig enbart av dygden, inte av yttre tillgångar. Följdriktigt går stoikernas livskonst ut på självbehärskning. Den vise är rik, vacker, stolt, kung i sitt rike eftersom han behärskar sig själv. Själen måste härska över kroppen och förnuftet i själen. Den fiende som hotar självbehärskningen är framför allt lidelsen, passionen (grek. *pathos*). Bara genom att behärska våra lidelser – vrede, fruktan, avund, svartsjuka, medlidande osv. – blir vi fria. Vi uppnår den *apathi*, den lidelsefrihet som var stoikernas ideal. Det fysiskt lustfyllda hör till det vi bör undvika. Även om det i sig är likgiltigt skapar det lätt passioner, som binder oss. I motsats till epikuréerna fruktade stoikerna även den måttliga kroppsliga njutningen.

Att den vise bland andra passioner måste besegra fruktan för döden är självklart. Döden kan enligt deras värdelära inte vara något ont. Som en konsekvens av detta framhöll stoikerna också självmordet som en handling som i vissa situationer kan vara ”lämplig”. Stoiker kunde begå självmord av olika skäl: för att bespara sig själva onödigt lidande eller för att tjäna sina vänner eller sitt land. Det mest berömda stoiska självmordet begicks av romaren Cato den yngre, vilken sedan Caesar besegrat republikanerna tog sitt liv i Utica i Nordafrika. Hans motiv var att han inte ville leva under en tyrannisk regim och hans exempel fick sådan lyskraft att man i det unga republikanska USA ett par tusen år senare uppkallade en stad efter Catos dödsort (Utica, N.Y.).

En fullt klar bild av den stoiska etiken kan man emellertid få först när man tar den stoiska naturvetenskapen i beaktande. Stoikerna utvecklade en originell naturfilosofi som i flera avseenden inverkade på deras etiska uppfattningar.

Stoikerna uppfattade universum som någonting alltigenom rationellt, behärskat av *logos* eller Zeus, det högsta förnuftet. Förnuftet tänktes därvid som en aktiv princip, materien som en passiv. Så långt fanns en likhet med den aristoteliska världsbilden. Men den upphörde när stoikerna förklarade att förnuftet och materien överallt i universum finns *blandade* med varandra (på samma sätt som vin kan finnas blandat med vatten). Den helhet, som utgörs av denna blandning av förnuft och materia, uppfattades som en besjälad kropp. Världen är enligt stoikerna en levande organism. Den gud, som är dess själ, kallade de anda eller andedräkt (grek. *pneuma*). Hela världen liksom varje enskilt ting antogs äga en sorts andhämtning, där två varandra motsatta krafter arbetar – en som rör sig utåt från centrum till periferi, en som rör sig inåt från periferi till centrum. Genom denna vibration uppstår en enhet som håller tingen och världen samman. Hela världen blir på detta sätt en form av dynamisk process. Världsförnuftet eller Zeus uppfattades (kanske under inspiration från Herakleitos) som en ursprunglig eld. Ur denna eld föddes de fyra elementen – ett stycke eld förvandlades till luft, en del av luften till vatten, en del av vattnet till jord. Hela världen med alla dess arter och individer uppstod till slut genom en sådan transformationernas dynamik.

Stoikerna skiljer sig från Aristoteles och många andra grekiska författare genom att de inte uppfattade världen som evig. Tvärtom företrädde de en märklig cyklisk uppfattning av det kosmiska förloppet. De räknade med att en världs livslängd sträcker sig över ett väldigt, mångtusenårigt ”världsår”. Men då detta världsår lupit till ända går världen under. I en väldig världsbrand förtärs allting så att till slut endast ett frö återstår, varur en ny värld kan födas. Ett nytt stort år, en ny världscykel tar sin början, identiskt lik den föregående så att allt, händelser, individer, levnadslopp, upprepas in i minsta detalj. På detta sätt följer världscykel på världscykel, alla identiskt lika, i ändlös rad. Endast Gud består genom dem alla, dragande sig tillbaka till sig själv under det moment då världen går under.

I god överensstämmelse med läran om den eviga upprepningen var stoikerna anhängare av en strikt fatalism. Den enskildes öde och allt som händer i naturen uppfattades som förutbestämt: ”ingenting, inte ens den minsta detalj, kan inträffa annorlunda än i enlighet med den universella naturens plan”, skriver Krysippos. Med tanke på detta är det inte särskilt förvånande att stoikerna trodde på orakel, profetior och på astrologiska förutsägelser. Den väsentligaste konsekvensen var dock den etiska. Om den enskilda människans öde är en del av en gudomlig och rationell världsordning gör människan på en gång klokt och rätt när hon accepterar det oundvikliga. Kärlek till ödet blev en viktig del av den stoiska levnadsvisdomen. Den sanne filosofen emotser varje händelse med lugn fatalism.

I samband med stoikernas vetenskapliga teorier bör någonting också sägas om deras logik. Den stoiska insatsen inom logiken togs inte tillvara av den omedelbara eftervärlden och föll snart i glömska. Men när den aristoteliska logikens monopol under 1800- och 1900-talen började sättas i fråga kom också intresset för det stoiska alternativ som en gång funnits att vakna. Numera ser man på stoicismens logik med stor respekt. Inte minst måste man betrakta stoikerna som uppfinnare av den s.k. satslogiken. Inom den kan man behandla slutledningar av annan art än de aristoteliska syllogismerna. Omdömena indelade de stoiska logikerna i konjunktiva (p och q), disjunktiva (p eller q), hypotetiska (om p så q) och kausala (p därför att q). Detta gjorde det möjligt för dem att behandla slutledningar som de följande:

1. Om solen lyser är det dag. Solen lyser. Alltså är det dag.
2. Om solen lyser är det dag. Det är inte dag. Alltså lyser solen inte.
3. Det kan inte vara så att solen lyser och det är natt. Men solen lyser. Alltså är det inte natt.
4. Det är antingen dag eller natt. Det är dag. Alltså är det inte natt.
5. Det är antingen dag eller natt. Det är natt. Alltså är det inte dag.

Slutledningar som dessa kan tyckas triviala (och kritiserades av med stoikerna rivaliserande filosofer för att vara det). Men under moderna logikers händer har från sådana utgångspunkter byggts upp deduktiva system av imponerande komplexitet och fruktbarhet.

Stoicismen med sina dygdeideal och sin värdiga fatalism kunde förefalla klippt och skuren till livsåskådning åt ett härskarfolk. Under romersk kejsartid kom den också att bli en sådan och tränga undan epikurismen som den romerska överklassens mest gynnade filosofi. Till förutsättningarna för denna utveckling hörde de förändringar stoicismen genomgått under den s.k. mellersta Stoan, framför allt genom Panaitios från Rhodos (180–110 f.Kr.).

Panaitios' viktigaste insats blev att utarbeta stoicismens rättsfilosofi och politiska tänkande. Han utvecklade en naturrättslära, där stoicismens tanke på en ideell världsstat fick uttryck. *Ius naturale* uppfattades som en rätt enligt naturen och förnuftet vilken stod över mänskliga inrättningar och lagbestämmelser. Statens ideella syfte antogs vara att skydda denna naturliga rätt. Därvid måste staten erkänna alla människors lika värde och lika rätt. Tanken på ett världsmedborgarskap låg i förlängningen av dessa idéer. Hos Panaitios' gode vän, historikern Polybios, kompletterades resonemanget med åsikten, att det romerska världsväldet redan var på god väg att förverkliga världsstaten och den universella rättsordningen. *Pax romana* skulle förvandla stoikernas utopi till verklighet. Sådana uppfattningar slog an hos den krets romerska aristokrater som samlades kring Scipio Aemilianus och som Panaitios och Polybios hade goda relationer till. Inte minst genom den Scipionska kretsen kom Panaitios' tankar att påverka romersk rättsfilosofi. Vi skall återvända till detta i avsnittet om Cicero eftersom det framför allt är genom Ciceros skrifter som naturrättsidéerna och Panaitios' läror påverkat eftervärlden.

När kejsartiden tog sin början var stoicismen sålunda redan fast etablerad i Rom. Det kom att bli i kejsartidens Rom som de tre författare framträdde, vilkas skrifter mer än några andra gjorde stoicismen känd för senare tider. De var i tur och ordning Seneca, Epiktetos och Marcus Aurelius.

Lucius Annaeus Seneca (omkr. 4 f.Kr.–65 e.Kr.) skulle komma att bli den genom århundradena mest läste och beundrade av stoiska författare, den som framför andra skulle anses förkroppsliga Stoas läror. Därvid var det mindre filosofisk originalitet än en briljant litterär och retorisk förmåga samt det faktum att han gav stoicismen latinsk språkdräkt som gav Seneca hans ställning. Annars fanns det åtskilligt i den romerske författarens levnadshistoria som kunde skada hans anseende som stoisk vis. Född i Cordoba i Spanien kom han tidigt till Rom där han gjorde karriär genom sin vältalighet som advokat. Under kejsar Claudius blev han förvisad till Korsika, beskylld för ha förfört kejsarens syster. Genom underdåniga och svassande skrivelser avsedda för kejsarens ögon lyckades han utverka nåd och återvände från landsflykten. (På Claudius hämnades han först efter dennes död genom en fruktansvärd nidskrift.) Kejsarinnan Agrippina anförtrodde Seneca det ansvarsfulla uppdraget att vara lärare till hennes son Nero. När denne efter Claudius' död blev kejsare var Seneca länge en av hans främsta rådgivare och sannolikt medskyldig till en del av Neros blodsdåd, bl.a. mordet på Agrippina. Så småningom vände sig Nero emellertid även mot Seneca, som anklagades för delaktighet i en sammansvärjning och fick befallning att ta sitt liv. Kanske som en gärd av tacksamhet mot sin forne lärare tillät Nero Seneca att själv välja sitt dödssätt. Filosofen öppnade sina pulsådror i ett varmt bad.

Seneca framstår i sina många bevarade skrifter, ofta i form av verkliga eller fingerade brev till olika personer, i synnerhet som vältalare, moralist och psykolog. Han domderar mot de rikas lyx och vällevnad, prisar det enkla livet, varnar för vrede, avund och andra passioner, anställer betraktelser över livets korthet och lyckans skiftningar, glorifierar den vises lycka, frammanar den glädje man kan finna i läsning och studier, lovordar familjelivet, de trogna makarna, de goda föräldrarna, förmanar romarna att behandla sina slavar som medmänniskor osv. Inga av dessa teman är originella men Seneca behandlar dem med ojämförlig stilistisk kraft och han förstår att liva en framställning, som annars kunnat bli monoton, med illustrationer ur romersk historia och romerskt vardagsliv.

Den som förmår ha överseende med de många retoriska tiraderna skall hos Seneca finna en intim röst, en vardagsmoralist och själsläkare vars visdom inte nödvändigtvis mist all aktualitet därför att den talar ur ett helt annat samhälle än vårt. Seneca manar oss till självförvandling och självuppfostran. Det gäller att skaffa sig förmågan att behärska det egna jaget. Den som förmår detta blir fri. För honom innehåller den yttre världens skeenden inget hot. Han vilar oberörd i sig själv. Han äger visdom och därför också lycka. Den dåraktige skräms av livets korthet: ”Livet är däremot några korta och oroliga ögonblick för dem, som ingenting minns eller vet om det förflutna, medan de försummar det närvarande och går i fruktan för vad som komma skall. När de står inför slutet, då först inser de, men för sent, att de under ett helt liv ingenting uträttat ehuru de jämt haft mycket att göra.” Filosoferna däremot vet att ta till vara på nuet. För dem står också alla tidevarv öppna: ”Det står oss fritt att samtala med Sokrates, att tvivla med Karneades, att njuta sorglös ro med Epikuros, att besegra människonaturen med stoikerna, att överskrida dess gränser med kynikerna.” Som synes har Senecas stoicism ingenting av skoltrånghet eller dogmatism. Seneca är filosof, men också världsman. Sektens fanatism är honom främmande.

Epiktetos (omkr. 50–138 e.Kr.) var från början slav till en man vid Neros hov, men frigavs, lämnade Rom och slutade sina dagar som överhuvud över en filosofskola i Nikopolis vid Adriatiska havets östkust. För eftervärlden är han framför allt känd genom sin på grekiska skrivna *Handbok i livets konst*. Där förkunnas den stoiska visdomen med en enkelhet och innerlighet, som tillvunnit Epiktetos talrika läsare genom århundradena. Det ledande resonemanget görs klart redan i *Handbokens* inledning:

”En del av tillvaron står i vår makt, en annan del icke. I vår makt står våra åsikter och drifter, vår åtrå och vedervilja – med ett ord, allt som beror på vår egen verksamhet; utom vår makt står kroppen, förmögenheten, anseendet, samhällsställningen och, med ett ord, allt som inte beror av vår egen verksamhet. Vad som står i vår makt är till sin natur friboret, oförhindrat, obundet; vad som inte står i vår makt är svagt, trälbundet, fullt av förhinder och för vårt väsen främmande.”

För vår lycka krävs, framhåller Epiktetos, bara det som står i vår makt. Han manar oss att av respekt för oss själva och för den gudomlighet som bor i oss alltid göra vår plikt inom den sfär där ödet placerat oss. Detta står alltid i vår förmåga och är nog för vår lycka. Samhällsställningen betyder därvid ingenting:

”Glöm aldrig att du är en av de medspelande i ett skådespel, vars regissör har anförtrott dig en roll däri. /... / har du dig anförtrott att spela en tiggares roll, gäller det att utföra den så fulländat som möjligt; likaledes om det gäller en haltandes roll, en regents eller en privatpersons roll. Det är nämligen din sak att utföra rollen väl; att välja den åt dig är regissörens sak.”

Liksom för att illustrera Epiktetos' tes kom de stoiska filosoferna från de mest skilda samhällsställningar. Epiktetos hade från början varit slav. Marcus Aurelius (121–180 e.Kr.) var kejsare. Han var den siste av de s.k. Antoninska kejsarna och avslutade därmed romarrikets sista guldålder. Som kejsare beskrivs Marcus Aurelius som mild och rättrådig, ständigt beredd att fylla sina plikter. De *Självbetraktelser* han skrev på grekiska och som grundlade hans litterära rykte författades i härlägren medan Marcus Antonius försvarade sitt vidsträckta rikes gränser. Där möter vi en man som ter sig livstrött och en smula melankolisk, men som finner tröst i filosofin. ”Hur snabbt försvinner inte allt: i världen människorna själva, i tiden deras minne!”, utbrister Marcus Aurelius: ”Vad är sinnevärldens ting, särskilt de som lockar oss genom lust eller skrämmer oss genom olust eller högljutt prisas av fåfängan? Hur obetydliga och föraktliga, hur smutsiga, bräckliga och livlösa! Att besinna det hör förnuftet till.” Filosofin ensam kan leda oss: ”Den består i att man bevarar den gudomliga anden inom sig okränkt och fläckfri, står höjd över lust och olust, aldrig handlar i fåvitsko, aldrig tillgriper lögn och förställning och förblir oavhängig av andras görande och låtande.” Den som tänker så behöver inte frukta någonting, inte ens döden: ”Jag går den av naturen anvisade vägen, tills jag sjunker samman och min livsande uppgår i den luft jag så länge andats in och min kropp införlivas med det element, där min fader hämtade säden, min moder blodet och min amma mjölken.”

Marcus Aurelius liknar livskonsten vid en fäktkonst, som går ut på att kunna parera oväntade stötar och stå orubbligt fast. Och han liknar på samma sätt som Epiktetos livet vid ett skådespel, där envar fått en roll. Själv visade han sig som en god fäktare och han spelade sina roller väl, både kejsarens och filosofens.

Marcus Aurelius blev den siste av stoikerna, åtminstone den siste vi har någon egentlig kännedom om. Vad som överlevde av den stoiska visdomen införlivades med kristendomen och blev en del av dess morallära. Först på 1500-talet levde stoicismen upp på nytt i en kristen neo-stoicism, vars främsta namn var Justus Lipsius (1547–1606). Under 1500-, 1600-, och 1700-talen var stoicismen ett i hög grad levande inslag i den europeiska kulturen. I än högre grad än epikurism eller kynism har den kommit att utgöra en ingrediens i vår moraliska tradition. Stoicismen lärde självbe-

Ryttarstaty av Marcus Antonius – det enda bevarade exemplet på en ryttarstaty från kejsartiden. Piazza del Campidoglio, Rom.

härskning, konsten att hantera lidelserna: vreden, smärtan, bitterheten, besvikelsen, hämndbegäret, avunden. Den lärde att man måste anpassa sina önskningar till verkligheten, acceptera det som inte kan ändras, avstå från det som inte kan uppnås. Den gjorde måttfullheten och den inre styrkan till det väsentliga i livets konst. Politiskt förde stoicismen fram mycket av det som vi sedermera har kommit att betrakta som typiskt modernt: rationalismen, universalismen, idén om de mänskliga rättigheterna, den kosmopolitiska hållningen.

Skeptiker och eklektiker

Den skeptiska traditionens grundläggare i antiken var Pyrrhon (omkring 360–270 f.Kr.). Hos Diogenes Laërtios berättas det om honom att han följde med i Alexanders fälttåg till Indien, där han skall ha sammanträffat med gymnosofister och mager samt lärt något av indisk livsvisdom. Samma källa förtäljer att Pyrrhon genomförde sin skepticism till den ytterligheten att han aldrig ”vek undan för något och aktade sig aldrig utan mötte vilka faror som helst, såsom stridsvagnar, branta stup, hundar och annat sådant utan att någonsin lita på sinnena. Han räddades emellertid av sina vänner som följde honom tätt efter”. Eftersom Pyrrhon levde tills han blev nittio år gammal får vi antingen anta att hans vänner var ovanligt uthålliga eller att berättelsen om hans oförsiktighet mindre avspeglar verkligheten än den populära uppfattningen om hur en skeptiker borde uppträda.

Hur som helst anses Pyrrhon har grundlagt skepticismen och därmed en lång tradition i antik filosofi. Någon egentlig skola gav han dock inte upphov till. I gengäld intog skepticismen på 200-talet f.Kr. Platons Akademi, där den under ett drygt århundrade blev förhärskande. Om en av företrädarna för denna skeptiska Akademi, Karneades, berättas att han deltog i en atensk filosofbeskickning till Rom. Därvid framträdde han som filosofisk föreläsare och vann stor framgång med en ytterligt vältalig och skarpsinnig föreläsning där han prisade rättfärdigheten. Nästa dag uppträdde Karneades på nytt med en annan föreläsning där han med än större vältalighet och än mer borrande skarpsinne vederlade allt han sagt till rättfärdighetens försvar dagen förut. Sådana försvarstal för motsatta positionen ingick i de grekiska skeptikernas stående repertoar, men på de ännu lantliga romarna gjorde Karneades’ framträdande ett skakande intryck.

Sedan skepticismen dött ut inom Akademin väcktes den mot slutet av första århundradet f.Kr. till nytt liv av Ainesidemos, som tog upp tråden från Pyrrhon och grundade en under två hundra år bestående skeptisk skola. Till förgreningarna därav hörde Sextos Empeirikos (omkring 200–250 e.Kr.), som för oss har en särskild betydelse eftersom hans verk bevarats till vår tid så att vi känner den skeptiska skolans lärosatser framför allt genom honom. Sextos Empeirikos tycks också ha varit den siste antike skeptikern av betydelse.

Skepticismens lära är framför allt kunskapsteoretisk och går ut på att förneka möjligheten av mänsklig kunskap. Men målsättningen för skepticismen var densamma som för alla de antika vishetsskolorna – uppnåendet av sinnesfrid. Skeptikernas ”suspension av omdömet” (grek. *epoche*) åtföljdes som av en skugga av sinnesfrid (grek. *ataraxi*). Pyrrhons lärjunge Timon från Flios skrev: ”Hur är tingen beskaffade? Svar: det kan vi inte veta. –Hur skall vi förhålla oss till dem? Svar: inte yttra oss om dem. –Vad vinner vi, om vi förhåller oss riktigt till dem? – Svar: ostörd sinnesfrid.”

Sedda på detta sätt utgjorde de skeptiska argumenten medel att åstadkomma ett upphävande av omdömet och därmed sinnesfrid. De skeptiska lärarna brukade göra upp listor på olika ”troper” eller argumenttyper med vars hjälp kunskapen kunde visas vara omöjlig. Sextos Empeirikos refererar sålunda tio sådana troper som kunde leda till suspension av omdömet: 1. Olika varelser ser och uppfattar tingen på olika sätt. T.ex.: ”Om vi trycker på ögat från sidan, förefaller former, figurer och storlekar hos de betraktade tingen avlånga och smala. Det är alltså troligt att varelser med sneda och avlånga pupiller såsom getter, katter och några andra, föreställer sig tingen annorlunda än djur med runda pupiller.” 2. Människor är olika och gör sig olika bilder av verkligheten. 3. Sinnena är olika så att vi inte kan säga om det är synen, hörseln, lukten, känseln eller smaken som ger oss den riktiga bilden av verkligheten. 4. Tillståndet avgör hur verkligheten uppfattas – i sömnen drömmer vi och upplever ting, som vi i vaket tillstånd bedömer som overkliga. 5. Avstånd och ställning bestämmer vad vi ser – ett torn, som ser runt ut på långt avstånd kan på nära håll visa sig fyrkantigt. 6. Omständigheterna påverkar sinnesintrycken – en ton ljuder på ett sätt på öppna platser, på ett annat sätt på trånga och vindlande ställen. 7. Helheten påverkar delarna – stycken av marmor från Tainaron ter sig vita när de slipas, men förefaller gulröda när de förekommer i hela block. 8. Allt är relativt – i stället för att säga att någonting *är* så och så borde man säga att det *förefaller vara* så och så för den eller den. 9. Vi uppfattar det vanliga på ett annat sätt än det ovanliga – kometen förskräcker oss, men inte solen. 10. Olika folk har olika levnadssätt, seder, lagar, mytiska trosföreställningar. Inom etik och religion är allting därför ovisst. Somliga folk är kannibaler, andra tillåter sexuella relationer som greken betraktar som incestuösa.

En del av de skeptiska argumenten riktade sig mot möjligheten att bevisa ett påstående. Såväl deduktion som induktion underkändes. Ett deduktivt argument säger sålunda exempelvis: ”Alla människor är dödliga. Sokrates är en människa. Alltså är Sokrates dödlig.” Men hur skall vi kunna veta att alla människor är dödliga om vi inte redan vet att Sokrates är dödlig? Alla deduktiva argument tycks röra sig i cirkel. Och för övrigt: Ett bevis leder alltid en slutsats tillbaka till vissa premisser. Men premisserna behöver själva bevisas, dvs. ledas tillbaka till nya premisser, vilka i sin tur måste bevisas. Varje bevis leder oss ut i en oändlighet, där vissheten ständigt uppskjuts. Med de induktiva bevisen är det inte bättre ställt. Induktiva slutledningar går ut på att bevisa det generella utifrån det individuella – när jag sett så och så många svarta korpar drar jag slutsatsen, att alla korpar är svarta. Men hur många individuella fall måste jag granska för att slutsatsen skall hålla? Om jag granskat dem alla behövs ingen induktiv bevisföring. Om jag bara granskat några blir slutsatsen oviss – ingenting hindrar att den hundrade eller den tusende korpen jag ser är den första vita. Skeptikerna kunde även formulera sin kritik mot induktionen som ett ifrågasättande av ”tecknet”. Rök betyder eld, är ett tecken för eld. Men ibland förekommer rök utan eld – vi kan aldrig med absolut säkerhet sluta oss från tecknet till det betecknade.

Mot skeptikerna framförde deras motståndare framför allt två invändningar – de framhöll att det praktiska livet förutsätter omdömen och försanthållande och de påpekade att skeptikerna motsade sig själva.

Uppenbarligen är det svårt att leva utan att tro vissa saker, t.ex. att man kan bli mätt genom att äta eller skada sig genom att kasta sig utför en stor höjd. Hur kunde skeptikerna förneka att de i vardagslivet höll vissa saker för sanna eller verkliga, andra för falska eller overkliga? Skeptikernas svar blev att hänvisa till fenomenen, till sannolikheten och till sedvanorna. Vad de förnekade, sade de, var bara möjligheten av absolut kunskap, insikt i verklighetens natur. För vardagslivet var det (som ju även Platon erkänt) fullt tillräckligt att hålla sig till det skenbara, till tingen sådana de tedde sig, till det sannolika. I fråga om rätt och moral borde man rätta sig efter seden i det egna landet, efter traditionen, efter skick och fason, utan att göra anspråk på kunskap om det absolut rätta och goda.

Beskyllningen för självmotsägelse gick ut på, att skeptikerna sade sig vilja avstå från varje omdöme, men inte desto mindre fällde en lång rad omdömen, t.ex. det att man bör avstå från omdömen. Något samstämmigt svar på detta argument lyckades skeptikerna aldrig prestera. Enligt somliga innebar skepticismen, att ingenting kan vetas – utom just detta att ingenting kan vetas. Andra skeptiker erkände helt frankt, att de upphävde också sin egen position. Sextos Empeirikos för sin del svarade, att skeptikerna egentligen ingenting påstod, utan bara avlade rapport om sin egen oförmögenhet att träffa ett val mellan motsatta möjligheter till omdömen.

Skeptikernas kamp mot dogmatismen kunde i vissa fall förenas med en eklektisk hållning, dvs. med en benägenhet att uppge skoltroheten och söka utvälja det bästa från olika filosofiska skolor. Det historiskt sett mest betydelsefulla exemplet på en sådan eklekticism finner vi hos romaren Cicero.

Marcus Tullius Cicero (106–43 f.Kr.) var statsman, vältalare, filosof och därtill en av alla tiders mest inflytelserika författare. I Ciceros politiska liv kom hans stoltaste stund då han år 63 som konsul slog ned Catilinas sammansvärjning, en aristokratisk komplott. I ett senare skede blev Cicero gentemot Caesar och dennes efterföljare en konservativ försvarare av republiken. Hans angrepp i senaten mot Antonius ledde till att han eftersöktes och mördades av dennes handgångna män. Av det Cicero skrev finns en myckenhet bevarad till vår tid – hans politiska tal och anföranden vid rättegångar, en stor mängd av hans privata brev (som gjort honom till den antika personlighet vi vet mest om), hans skrifter om retorik och filosofi.

Cicero hade i sin ungdom fått en gedigen grekisk filosofisk utbildning. Hans egen ståndpunkt var närmast Akademins skepticism. Men han häm-

Cicero. Antik marmorbyst. Kopparstick av H. Withouc 1638 efter teckning av Rubens.

tade idéer även från stoikerna – i sin viktiga politisk-filosofiska dialog *De republica* låter han personer ur den stoiska Scipiokretsen uppträda och det som förs fram står i uppenbar skuld till Panaitios och Polybios. Överhuvud var Ciceros filosofiska skrifter föga originella, de hade, som han själv öppet erkände, till stor del karaktären av kompilat från grekiska förebilder. Men Cicero gav filosofin latinsk språkdräkt och särskilt hans skrifter om den politiska filosofin äger en omisskännlig romersk anda genom sitt betonande av de medborgerliga plikterna och genom sitt framhållande av rätten och lagarna.

För kyniker och epikuréer hade Cicero föga till övers. Deras programmatiska brist på engagemang för de offentliga angelägenheterna stötte bort honom. Själv framhöll han ständigt det aktiva livets och de medborgerliga dygdernas höga värde. I *De republica* poängterade han ”att dygdens existens helt och hållet beror av dess utövande; och dess ädlaste utövande äger rum i samband med statens styrande och genom förverkligandet i handling, inte bara i ord, av allt det som filosoferna ur sina hörn ständigt väsnas om”. I en annan skrift, *De officiis* (”Om plikterna”), ställde Cicero den retoriska frågan vem som kan vara så fördjupad i astronomiska och geometriska studier att han inte om fosterlandet – eller en förälder eller en vän – var utsatt för fara och bad om hans hjälp skulle kasta undan sina teoretiska problem och skynda till undsättning.

Ciceros hållning innehöll emellertid ingenting av förakt för filosofin, vilken han tvärtom vördade och betraktade som den värdefullaste gåva gudarna givit mänskligheten. Dess värde är stort som själsläkedom och tröst – Cicero ägnade sig intensivast åt filosofiska studier och filosofiskt författarskap då hans politiska karriär lett till motgångar och han tvingats dra sig tillbaka från statsangelägenheterna. Men filosofin antogs också ha stor betydelse för statskonstens utövande. Politiken är visserligen en praktisk konst, men dess principer kan filosofin klargöra. Politik och filosofi står i ett harmoniskt förhållande till varandra. Något liknande gällde enligt Cicero om förhållandet mellan retorik och filosofi. Själv en berömd vältalare delade Cicero inte Platons förakt för retoriken. Tvärtom ansåg han retoriken vara ett nödvändigt medel för politisk påverkan och därmed för förverkligandet av filosofins mål. I kombinationen av filosofi, retorik och medborgarskap fanns Ciceros människo- och bildningsideal, hans *humanitas*, som i sekler låg till grund för den humanistiska traditionen i Västerlandet.

Det är de grundläggande politiska problemen som diskuteras i *De republica*. Staten (lat. *res publica*) definieras som en angelägenhet för folket (lat. *res populi*), närmare bestämt ett folk som slutit sig samman till en gemenskap för tillvaratagande av rättvisan och av ett allmänt väl. Olika statsskick diskuteras på liknande sätt som hos Aristoteles och man kommer fram till att en blandad konstitution är det bästa. Monarkiska, aristokratiska och demokratiska element bör förenas i staten, så som fallet var i den romerska republiken. Staten måste styras av lagen, men därvid förutsätts en högre, naturlig och gudomlig, lag som den faktiska lagstiftningen måste följa. I en vältalig passage definieras den sanna lagen:

”Den sanna lagen är det rätta förnuftet i överensstämmelse med naturen; den är tillämplig på alla människor, evig och oföränderlig; genom sina befallningar ålägger denna lag människorna deras plikter; genom sina förbud hindrar den dem från att göra orätt. /.../ Att förändra denna högre lag genom lagstiftning är aldrig rätt, inte heller att avskaffa delar av den eller att upphäva den i sin helhet. Vi kan inte befrias från dess förpliktelser av senaten eller folket och vi har inom oss själva den enda rätta uttolkaren av den. Den innebär inte en lag för Rom och en annan för Aten, eller en lag nu och en annan i framtiden, utan är en enda och oföränderlig lag för alla nationer och alla tider. Det finns bara en herre och mästare, nämligen gud, som är denna lags upphovsman, dess uttolkare och domare. Den människa som inte lyder den förnekar sig själv och sin egen mänskliga natur; han kommer att lida det svåraste straff även om han skulle undslippa all världslig rättvisa.”

Med formuleringar som dessa bidrog Cicero i mycket hög grad till att ge naturrätten dess historiska form. Såväl senare romerska rättslärare som den medeltida och moderna naturrättstraditionen kom att överta doktrinen i den form han gav den. Identifikationen av den naturliga med den förnuftiga och den gudomliga rätten, tanken på en rätt gemensam för alla människor, nationer och tider, evig och oföränderlig och utgörande en högre instans jämfört med varje mänsklig lagstiftning, allt detta kom att bli naturrättstraditionens arvedel. Det mesta av detta fanns utformat hos stoicismen, men det var Cicero som gav den klassiska och bestående formuleringen. I synnerhet i *De officiis* utformade han dessutom på ett synnerligen inflytelserikt sätt i större detalj de stipulationer som naturrätten kunde tänkas innehålla. Inte minst diskuterade han *ius naturale* i dess roll som *ius gentium*, som folkrätt. Fredens och krigets rätt, frågan under vilka omständigheter ett krig kunde rättfärdigas och vilka regler som borde iakttas vid dess förande togs här upp på ett sätt som ger genklang ännu i FN:s stadgar och andra nutida internationella avtal och konventioner.

När renässansen på 1300-talet och senare på ett nytt sätt tog upp det klassiska arvet var det Ciceros latin som blev normgivande för hela den humanistiska litteraturen. I århundraden var det ciceroanska vändningar och ciceroanska citat som fostrade Västerlandet i civistisk humanism. Bara romantikens uppfinning av den s.k. originaliteten kunde få Ciceros anseende som författare att dala. I filosofins traderingshistoria innehar han hur som helst en av den främsta platserna.

Nyplatonismen

Hos epikuréer, kyniker, stoiker och skeptiker hade filosofin haft en avgjort inomvärldslig karaktär. En viss nykter förnuftsmässighet hade präglat deras respektive läror, vilka alla handlade om detta livet och dess lycka. Från 200-talet e.Kr. och fram till den antika kulturens slut blir en intellektuell klimatförändring emellertid allt tydligare. De religiösa och filosofiska frälsningslärorna får en större roll, inriktningen mot det transcendentala blir mer betydelsefull, mystiken får en framträdande plats. Inslag av denna art hade tidigare inte saknats. Till och med den förståndige och på praktiska angelägenheter inriktade Cicero hade i sin *De republica* infogat den berömda ”Somnium Scipionis” (”Scipios dröm”), där blicken öppnades mot de kosmiska och transcendentala perspektiven. Men nu förskjuts tyngdpunkten så att transcendensen blir det väsentliga under det att medborgarskapets problematik skjuts i bakgrunden.

Det är föga förvånande att platonismen i denna nya tidsatmosfär skulle få en renässans. En sådan kan skönjas redan under första århundradet f.Kr. då skepticismen inom Akademin fick ge vika för ett återvändande till den ursprunglige mästarens läror. Men det är först genom den s.k. nyplatonismen, vars grundare är Plotinos (204–270 e.Kr.), som de Platonska lärorna i ny form får en dominerande roll. Plotinos ger inte bara platonismen nytt liv. Han samlar och formar till en ny syntes tankeimpulser från de mest skilda håll: nyaristotelism, nypythagoreisk talmystik, judisk spekulation och österländsk mystik.

Plotinos föddes i Lykopolis i Egypten. Under två decennier studerade han filosofi i Alexandria, staden som Alexander den store grundlagt i Egypten och som vid sidan av Aten och Rom blev den antika världens främsta intellektuella centrum, länge den hellenistiska kulturens hjärtpunkt. Här kunde Plotinos komma i kontakt med all världens intellektuella strömningar. I Alexandria hade den judiske filosofen Filon (omkr. 20 f.Kr.–40 e.Kr.) varit verksam. Filon hade sökt förena judendomens läror med Platons och hade utvecklat en doktrin om ”det oskapade Ena” som kom att få betydelse för Plotinos. Men Plotinos sökte sig också utanför Alexandria. Det påstås att hans iver att studera Österns visdom var orsaken till att han följde med i kejsar Gordianus' fälttåg mot Persien år 243. Det säger något om brokigheten i periodens intellektuella liv, att Plotinos i Alexandria studerade för samma lärare (platonisten Ammonios Sakkas) som den kristne kyrkofadern Origenes och att han under sitt fälttåg mycket väl i den persiska armén skulle ha kunnat träffa på och växla hugg med religionsstiftaren Mani, manikeismens grundare. År 244 flyttade Plotinos till Rom. Där kom han så småningom att utveckla en vänskap med kejsar Gallienus och dennes gemål Salonina, något som tyder på att Plotinos' politiska oskuldsfullhet knappast var så stor som hans principiella världsfrånvändhet kanske kunde ha låtit förmoda. När Gallienus mördats våren 268 fick Plotinos och hans anhängare fly Rom för att undgå repressalier. Sin sista tid tillbringade filosofen på ett gods i Campanien.

Plotinos var en flitig författare. Hans skrifter finns bevarade i den form de gavs ut av hans lärjunge Porfyrios, vilken konstfullt ordnade dem, i enlighet med den pythagoreiska talmystikens principer, i sex avdelningar med nio skrifter var, varav namnet *Enneaderna* (ennead = grupp på nio). Skrifterna behandlade olika teman: "Om det sköna", "Om lyckan", "Om dialektiken", "Om cirkelrörelsen", "Om det förnuftiga självmordet" och så vidare. Men de handlade ändå om samma sak, om olika aspekter på ett och detsamma. Ty Plotinos' åskådning har en stark systematisk enhet. Plotinos är, i högre grad än någon filosof sedan Parmenides, Enhetens profet.

Plotinos' filosofi kan vara svårförståelig och dunkel i många av sina detaljer. Men dess centrala vision är utomordentligt enkel. Här finns ett centrum, som allt utgår ifrån och allt vänder tillbaka till. Detta centrum är "det Ena". Det Ena är varandets princip, det varigenom allt är, det varur allt emanerar. Det identifieras med Platons "det Goda" och "det Sköna". Dock undandrar sig det Ena all begreppslig bestämning. Eftersom det utgör en absolut, åtskillnadslös enhet kan det egentligen inte karaktäriseras, till och med beteckningen "det Ena" är oegentlig. Det Ena är outsägligt, inte ett "något", utan höjt över varje "något". Dess egenskaper kan bäst uttryckas negativt – genom att man talar om vad det inte är, eller genom en liknelse som när det Ena på platonskt vis liknas vid solen, varifrån allt ljus kommer.

Det Ena är godhet och flödar över av godhet, givmildhet, alstringskraft. Det producerar, ger upphov till, alstrar andra storheter. Plotinos' term är "hypostaser". Det Ena är den första hypostasen. Ur den produceras den andra hypostasen, Intelligensen. Ur denna den tredje hypostasen, Själen. Själen är den tredje och sista av de gudomliga hypostaserna, den medlar mellan den intelligibla (den för blotta förnuftet begripliga) och den sinnliga världen. På de gudomliga hypostaserna följer nämligen de sinnliga eller materiella. Plotinos' lära kan inte förstås utan denna egendomliga idé om att varje hypostas måste gå utanför sig själv, att varje ting måste flöda över och delge sitt väsen till någonting annat. Allt kommer i följd efter vartannat i evighet, men inte genom en skapelse vid någon bestämd tidpunkt, utan genom en tidlös nödvändighet.

Intelligensen eller den intelligibla världen innehåller i motsats till det Ena ett moment av mångfald. Den utgör en enhet i mångfald eller en mångfald i enhet. Redan häri ligger enligt Plotinos' sätt att uppfatta tingen en sorts verklighetsförlust. Hypostaserna betecknar en fallande skala, där fullkomligheten avtar ju längre bort man kommer från det Ena. Hos det Ena finns ingen åtskillnad och således heller inte den mellan subjekt och objekt – det Ena saknar därför självmedvetande. Intelligensen å andra sidan är en vision av det Ena, ett medvetande om det Ena. Också Själen är ett medvetande. Därigenom kan Själen vara vänd antingen uppåt mot det Ena eller nedåt mot materien. Dessa två möjligheter som finns för Själen och därmed för människan har en avgörande betydelse för Plotinos.

Trots att materien som vi sett indirekt emanerar från det Ena förbinds den hos Plotinos med enbart negativa egenskaper. Den är icke-vara, saknar verklighet, är bedräglig, associeras med last och synd och med det onda. Själens nedstigande längs hypostasernas trappa innebär därför en sorts syndafall. Den själ som vänder sig mot materien låter sig fångas som i ett fängelse. Filosofins uppgift blir att åstadkomma en omvändelse (i den ursprungliga mening som skymtar redan hos Platon), en själens vändning från materien mot det Ena. Själens vändning uppåt innebär samtidigt en vändning mot ursprunget, mot hemlandet. Plotinos använder gärna den hemvändande Odysseus som sinnebild för detta återvändande. Slutet och början kommer på så vis att sammanfalla i Själens odyssé.

Vägen tillbaka till ursprunget går inåt innan den går uppåt. Det är genom att gå in i oss själva, in i själens centrum som vi finner vägen till det Ena. Filosofen vänder sig mot det Ena i skådande och vision. Men detta skådande åstadkommes inte genom begreppsligt, diskursivt tänkande, utan genom en sorts intuition. Det Ena är för den seende inte ett kunskapsobjekt utan en närvaro, det är inte längre fråga om en kunskapsakt utan om en extatisk förening: "Liksom bortryckt eller fylld av det gudomliga står han där i ensam ro utan rörelse, utan att med sitt väsen böja av åt något håll eller kretsa kring sig själv, helt i vila och liksom bliven vila och ro." Det tillstånd som uppnås är inte egentligen ett skådande utan "ett utträdande, en hänryckning, en förenkling, ett uppgivande av sig själv".

Denna mystiska extas utgör den Plotinska lärans höjdpunkt. Själv skall Plotinos bara fyra gånger under sitt liv ha erfarit en sådan mystisk upplevelse. Men det förutsätts, att den som väl en gång vänt sig mot det Ena blir en vis, vilken framlever sitt liv i lycklig gemenskap med detta Ena och som inte frestas av materian. Porfyrios säger i den biografi över mästaren varmed han inledde *Enneaderna* att denne föreföll skämmas över att ha en kropp. Uttrycket fångar något av det asketiska drag som utmärkte nyplatonismen hos Plotinos och som denne gav i arv till sina lärjungar.

Det är ingen överdrift att säga att Plotinos' system gav Västerlandets metafysik en ny vändning. Ännu hos Hegel kan man utan svårighet känna igen de grunddrag, som Plotinos inpräntat. Hit hör monismen – tanken att allt är ett, att allt emanerar ur det Ena. Hit hör emanationsidén, enligt vilken verklighet fortplantas från en sfär till en annan i enlighet med en gudomlig nödvändighet. Hit hör själva den kosmiska intrigen, föreställningen om Själens utfärd och slutliga hemkomst efter en lång odyssé. Plotinos' lära innehåller en mystik, men ger också utrymme åt borrande skarpsinne och åt en systematiseringsdrift, som kan bringa ordning bland hypostasernas rika mångfald.

Nyplatonismen blev snart den dominerande riktningen inom den slutande antikens filosofi. Bland dess företrädare kan framhållas Plotinos' redan tidigare nämnde lärjunge Porfyrios (232–304 e.Kr.) samt Proklos (410–485 e.Kr). Proklos var föreståndare för Akademin i Aten och utvecklade nyplatonismens skolastiska sida, bl.a. genom analyser av emanationens begrepp. Samtidigt hängav han sig magiska och astrologiska spekulationer. Dessa fick en teoretisk motivering genom läran om alltings enhet, om den "kosmiska sympati" som förbinder alla ting i universum genom hemlighetsfulla motsvarigheter. Beroende av Proklos torde den mystiske Dionysios Areopagiten ha varit. Denne på 500-talet verksamme kristne nyplatoniker fick för medeltiden en svåröverskattbar betydelse, framför allt därför att han troddes ha varit en i Nya testamentet omnämnd grek som av Paulus själv omvänts till kristendomen. Areopagitens roll blev framför allt att smuggla in nyplatonskt kontraband in i den kristna teologin under den täckmantel som Paulus' auktoritet troddes ha givit honom.

Något tidigare än Proklos levde en annan legendarisk figur, den kvinnliga nyplatonikern Hypatia (d. 415 e.Kr.). Denna i Alexandria verksamma filosof och matematiker är intressant på grund av sitt kön – kvinnliga filosofer omnämns här och var i den antika litteraturen, men vi får sällan särskilt ingående besked om dem. Men också på grund av sitt öde – hon skall ha stenats till döds av en fanatisk kristen folkmassa. Hennes fantasieggande och hemlighetsfulla gestalt, sådan den skymtar i annalerna, lockade den viktorianske författaren Charles Kingsley att om henne skriva romanen *Hypatia* (1853). Om hennes verksamhet vet vi dock föga mer än att hon skall ha varit matematiker och ha föreläst om Platon och Aristoteles.

Den antika filosofins slut

Hypatias öde utgör ett exempel på de kristnas allt större intolerans gentemot den hedniska filosofin. En slutpunkt för den antika filosofin överhuvud sattes då den kristne östromerske kejsaren Justinianus år 529 lät stänga Akademin i Aten. Den siste föreståndaren, Damaskios (omkr. 480–544), en nyplatoniker i Proklos' närhet, tvingades ta sin tillflykt till Persien.

Strax innan Akademin stängdes i Aten hade även i Rom ridån gått ned för filosofin. Anicius Manlius Severinus Boethius (480–524 e.Kr.), den siste romerske filosofen av någon betydenhet, tillhörde en förnäm senatorsätt. Under Teodorik den store, den östgotiske kungen som regerade som kejsare i Rom, innehade Boethius höga statsämbeten. Han störtades emellertid, anklagades för högförräderi, satt under ett år i fängelse i Pavia och blev till sist avrättad. På flera sätt fick han en utomordentlig betydelse för filosofins utveckling. Boethius var kristen, men också en fullfjädrad representant för den antika bildningen, nyplatonist med inslag av stoicism, kunnig i grekiska och en fin kännare av Platon och Aristoteles. Han planerade en fullständig översättning av Platons och Aristoteles' skrifter till latin, men hann bara fullborda översättningen av en del av Aristoteles' arbeten inom logiken. Det har sagts att Europas idéhistoria skulle fått ett annat förlopp om Boethius' översättargärning inte avbrutits. Hans betydelse för medeltidens filosofi är överhuvud svår att överskatta. Boethius gav de auktoritativa, senare ständigt citerade definitionerna åt en rad filosofiska nyckelbegrepp: natur, substans, person, evighet, försyn. Några formuleringar av honom i en kommentar till Porfyrios gav upphov till den tidigare medeltidens hetaste filosofiska kontrovers, den s.k. universaliestriden, rörande frågan om allmänbegreppens natur. Men Boethius kan också ses som den "siste romaren", den siste representanten på västromersk mark för antikens filosofiska kultur. Den rollen har han framför allt genom sin *Consolatio Philosophiae* ("Filosofins tröst"), skriven under fängelsetiden, en omtyckt uppbyggelsebok för medeltiden men också en sista syntes av den antika visdomens tröstegrunder.

Consolatio Philosophiae innehåller i konstfull omväxling partier på prosa och partier på vers. Den skildrar hur Boethius i sitt fängelse får besök av Filosofin själv. Vi får veta hur hon tog sig ut vid detta sitt sista scenframträdande under antiken. Filosofin är en kvinna med allvarligt utseende, men hennes ögon är gnistrande och klara, hennes ansiktsfärg frisk. Hennes kläder är av finaste tyg, som hon själv vävt. På klädnadens nedre del finns ett grekiskt P invävt, på den övre ett grekiskt T. De står för praxis respektive teori, för praktisk respektive teoretisk filosofi. I sin högra hand bär Filosofin bokrullar, i den vänstra en spira. Nu vänder hon sig till den över sina olyckor ruvande Boethius och försöker inge honom tröst.

De tröstegrunder Filosofin anför är av olika slag. Vi kunde kalla en del av dem stoiska, andra platonska. Boethius sörjer över att lyckan har svikit honom. Men med vilken rätt riktar han anklagelser mot lyckan? frågar Filosofin. Fortunas svekfullhet borde vara bekant för envar, den som upphöjs av henne måste också vänta sig att störtas av henne. Fortuna snurrar på sitt hjul, människor och riken, som hon för en tid givit välgång och ryktbarhet, låter hon i nästa ögonblick gå under. Boethius visste det väl – 522 hade han innehaft statens högsta ämbete som *magister officiorum*, hans båda söner hade samtidigt uppnått konsulsvärdigheten, två år senare satt han i fängelse i väntan på sin avrättning. Det han visste skulle också medeltidens monarker och stormän vara medvetna om – det är kanske ingen tillfällighet att en kung och en drottning befann sig bland dem som i senare tidsåldrar skulle översätta Boethius' bok till folkspråken. Den stoiska tröstegrunden ligger i att hålla sig till det man har i sin makt, det egna sinnets ståndaktighet, och att ta emot ödets slag i insikt om att lyckans växlingar hör till jordelivets villkor. Men Filosofin har också mer positiv tröst att komma med. Den sanna lyckan ligger inte i rikedom, ära eller framgång, framhåller hon. Den finns i gemenskapen med Gud, med det Goda, det Ena. I en hymn som förenar platonska, aristoteliska och pythagoreiska inslag skildras det universum som skapats av en givmild upphovsman med de eviga idéerna som förebilder. I tron på en gudomlig Försyn finns Filosofins slutgiltiga tröstegrund.

Ingenstans i *Consolatio Philosophiae* anförs några bibelcitat eller förekommer några anspelningar på kristen tro. Resonemanget rör sig helt och hållet inom den antika filosofins ramar. Ändå kunde Boethius' bok till synes utan svårigheter accepteras som en uppbyggelsebok av de kristna århundradena. Det är ett förhållande som reser frågan om relationen mellan antikt och kristet, mellan Filosofin och Religionen. Den frågan utgör i själva verket det centrala problemet i hela medeltidens filosofi, till vilken vi nu skall övergå, efter en kort återblick på antikens.

Den antika filosofins historia kan delas in i ett antal tämligen väl avgränsade perioder.

Den sk. försokratiska epoken under fem- och fyrahundratalen f.Kr. innehåller i överväldigande rikedom tankar inom kosmologi och naturforskning, metafysisk, religiös och matematisk spekulation, etiska och politiska idéer. Mångfalden är fascinerande, men också frustrerande då vi till följd av det bristfälliga källäget måste sväva i okunnighet om mycket. Det fragmentariska och gåtfulla i dessa tidiga århundradens spekulation utövar en stark lockelse, men gör det också rimligt att tala om förstadier till filosofin snarare än om filosofin själv.

Vad vi kunde kalla den filosofiska diskursen kan vi se födas först hos de tre stora, för hela den fortsatta utvecklingen avgörande gestalterna, Sokrates, Platon och Aristoteles. I Platons och Aristoteles' skrifter definieras filosofin som intellektuellt företag, dess problemområde inventeras på bredden, dess argumentationstyper och karaktäristiska förfaranden ges sin för framtiden riktningsgivande form. Det är överhuvud svårt att överskatta betydelsen av det som hände under tre- och tvåhundratalen f.Kr. Då författade Platon och Aristoteles sina skrifter. Då grundades de eftersokratiska filosofskolorna, kynism, stoicism, epikurism, skepticism. Det var en häpnadsväckande filosofisk kraftutveckling som kommande sekler skulle leva på.

Vad de senare antika århundradena gav var inte så mycket djupgående nyskapande som filosofins konsolidering i form av skolor och uppfostringsideal samt dess utbredning över hela den hellenistiska och romerska världen. Samtidigt uppträder författare – Lucretius, Cicero och Seneca, Epiktetos och Marcus Aurelius – som utan att i större utsträckning vara filosofiskt innovativa likväl genom sina skrifter skulle ge den filosofiska traditionen en klassisk och bestående form. Senantiken såg också en filosofisk rörelse, nyplatonismen, som innebar något genuint nytt, även om den vilade på de Platonska skrifternas grundval.

Filosofins historia under antiken innebär ingalunda en jämn och kontinuerlig utveckling, utan en där blomstring följs av stagnation, halsbrytande förnyelse av konsolidering och traditionsförmedling. Vid antikens slut var filosofin fortfarande det intellektuellt bärande elementet i den hedniska bildning, som nu var ställd på avskrivning. Dess framtida öden tedde sig just därför en smula ovissa.

Medeltid och renässans – filosofin möter kristendomen

Kristen filosofi och tidig medeltid

Under de sex århundraden som närmast föregick Kristi födelse hade filosofin uppstått och fått sin form. Efter förstadierna under den försokratiska perioden hade filosofin givits sin klassiska utformning genom Sokrates, Platon och Aristoteles. Därmed hade den grekiska anden firat sin största intellektuella triumf som allt framgent skulle sätta sin prägel på den antika bildningen. Hellenismens och romarrikets vishetsskolor vidareutvecklade filosofin och gjorde den till det intellektuellt bärande och enande inslaget i en världskultur. I anmärkningsvärd grad hade filosofin visat förmåga till samexistens med olika religiösa föreställningar. Den hade existerat vid sidan av den traditionella grekiska och romerska polyteismen liksom vid sidan av de skilda mysteriereligioner och frälsningsläror som kommit och gått i kulturområdet kring Medelhavet. Först när kristendomen började sprida sig mötte filosofin en konkurrent med liknande hegemonianspråk som dess egna.

Apostlar och kyrkofäder

I sin kristna version utgjorde religionen en livsform och en kunskapsform, som på område efter område råkade i konfrontation med filosofin. Den kristna och medeltida filosofins drama skulle komma att handla om just denna konfrontation mellan religion och filosofi, mellan judiskt och grekiskt, mellan tro och vetande, uppenbarelse och förnuft. Det var inte bara två läror, det var två attityder till livet och kunskapen som stötte samman. Judendom och kristendom hade byggt sin åskådning på konkreta, individuella och historiska faktorer, medan filosofin ständigt betonade det allmänna, det överindividuella och det tidlösa. Judendomens heliga skrifter handlade om världens skapelse, om syndafallet, om uttåget ur Egypten, om David, om den babyloniska fångenskapen osv. Det kristna evangeliet handlade om en bestämd person, Jesus Kristus, hans födelse, gärningar, läror, död och uppståndelse. I den grekiska filosofin var ingenting sådant väsentligt. Den handlade om ett kosmos, vars lagar var givna en gång för alla och om en mänsklig situation, som i sina grunddrag var oföränderlig. Sokrates och andra filosofer kunde uppfattas som förebilder, men de var inga frälsargestalter, deras historiska roll var inte avgörande för någon filosofisk sanning. Filosofin skilde sig från kristendomen också genom att ifrågasätta varje auktoritet utom förnuftets och genom att betona människans moraliska autonomi och självständighet. Kristendomen framhöll det mänskliga förnuftets svaghet och otillräcklighet, den mänskliga viljans syndfullhet, människans fundamentala beroende. Den antika filosofin poängterade tvärtom förnuftets makt, viljans styrka då den övats genom filosofin, den vises oberoende av alla yttre omständigheter. Filosofin manade till skepsis mot allt som inte kunde rationellt motiveras, kristendomen krävde underkastelse under Ordets auktoritet. Det kunde förefalla som om varje kompromiss här skulle vara omöjlig. Ändå handlar filosofins historia under de kristna årtusendena till stor del om kompromisser mellan filosofi och religion, om ömsesidig befruktning, om ömsesidig penetration, om två till sitt ursprung olikartade strömningar som smälter samman i en ny kultur utan att likväl någonsin förlora sin identitet. Filosofin förblir filosofi, religionen religion, men ett fredsfördrag sluts mellan dem, vars villkor dock är utsatta för ständig omförhandling.

Noga taget är kristendomen inte ens i sitt tidigaste ursprung oberörd av grekisk kultur eller grekisk filosofi. Den uppstår i en judisk miljö, men i en situation, där det judiska området redan är införlivat med det hellenistiska och dessutom utgör en del av romarriket. De kristna grunddokumenten i Nya testamentet är skrivna på grekiska och har redan därigenom del av grekisk kultur. Evangelietexterna är på olika sätt präglade av detta. Det kan här räcka att erinra om de berömda inledningsorden till Johannesevangeliet: ”I begynnelsen var Ordet, och Ordet var hos Gud, och Ordet var Gud”, åtföljda några verser senare av: ”och Ordet vart kött och tog sin boning bland oss”. På evangelistens grekiska hette Ordet *logos* och därmed var en förbindelse upprättad till den grekiska filosofins *logos*-begrepp, något som skulle bli av oöverskådlig betydelse.

Också Paulus tvingades i sina brev ibland sysselsätta sig med den grekiska filosofin. Vanligen var hans kommentarer fördömande. I andra Kolosserbrevet (2:8) varnade Paulus sålunda för dem som försökte förföra församlingsmedlemmarna med hjälp av ”filosofi och tomt bedrägeri”. Och i en välkänd passage i första Korintierbrevet (1:22–23) karaktäriserade han fyndigt den skillnad mellan judisk och grekisk mentalitet, som kom till uttryck i respektive folks inställning till kristendomen: ”Ty judarna begär tecken och grekerna åstundar visdom. Vi åter predikar en korsfäst Kristus, en som för judarna är en skandal och för grekerna en dårskap.” Men inte ens Paulus kunde helt negligera den andliga makt, som den grekiska filosofin innebar: Apostlagärningarna (17:15–34) berättar om ett besök av Paulus i Aten (av visserligen omstridd historicitet). Där råkade aposteln i ordstrid med några filosofer ”dels av epikuréernas skola, dels av stoikernas”. Han fördes till Areopagen (där rådsförsamlingen sammanträdde) och gavs tillfälle att förklara sin tro. Listigt tog Paulus fasta på ett altare ”Åt en okänd Gud” som han lagt märke till i staden och utvecklade hur denna okända gud just var den de kristna dyrkade. Atenarna skall, om vi får tro Apostlagärningarna, ha blivit imponerade och några av dem kom till tro: ”bland dem var Dionysios, han som tillhörde Areopagens domstol”. Som vi tidigare sett skulle denne Dionysios göra en postum karriär i filosofins historia.

De tidiga kristna lärarna uppvisade skiftande inställningar till filosofin. Tertullianus gick närmast på Paulusbrevens negativa linje och framhöll att ”efter Jesus Kristus behöver vi ingen vishetssträvan och efter evangelium ingen forskning”. Justinus Martyren, en filosof som omvänt sig till kristendomen, poängterade att han även som kristen behållit sin filosofmantel på och att han betraktade kristendomen som den högsta formen av filosofi. Origenes utvecklade en mer avancerad filosofisk teologi, bl.a. i *Contra Celsum*, en skrift där han sökte gendriva invändningar som platonisten Celsus (eller Kelsos) från den hedniska filosofins utgångspunkter riktat mot kristendomen. Men den verkligt storslagna filosofiska och teologiska syntesen kom med Augustinus. I honom hade den kristna läran funnit en företrädare, som på fullt jämbördigt plan kunde bemöta den hedniska filosofin. Han blev den förste store kristne filosofen, vars tänkande blev riktningsgivande för hela medeltiden.

Augustinus – syndare och helgon

Augustinus (354–430) föddes i Thagaste i Nordafrika. Hans far var hedning, hans mor, Monica, som skulle komma att spela en oerhört viktig roll för sonens utveckling, var kristen. Om hans liv, sådant han själv mindes och uppfattade det, vet vi mycket, ty Augustinus har berättat därom i sina berömda *Confessiones* (”Bekännelser” omkr. 397). Den boken är världslitteraturens första egentliga självbiografi, med en intimitet i själsskildringen som skiljer den från allt som skrivits tidigare och en skärpa i den psykologiska analysen, som överträffar det mesta som skrivits senare.

”Bekännelser” börjar med den allra tidigaste barndomen, vilken Augustinus ägnar ett intresse, som verkar i hög grad modernt: ”Sedan började jag också att le, först i sömnen och sedan vaken. Så har man berättat om mig, och jag har satt tro till det, eftersom vi ser andra barn göra så”. Redan som spädbarn hade han varit fordrande och egoistisk, framhåller Augustinus, vars barnpsykologi bär prägel av kärv realism och teologiskt förankras i läran om arvsynden. Med tecken förkunnade det lilla barnet sina önskningar och ”när man inte lydde mig, för att man inte förstod mig eller för att inte skada mig, blev jag arg på de vuxna som inte lydde mig, på fria människor som inte ville vara mina slavar, och hämnades på dem genom att gnälla”. Med samma stränga psykologi skildrar Augustinus sina senare försyndelser under barndomen och den tidiga ungdomen. Berömd är skildringen av hur han tillsammans med andra pojkar stjäl päron i en trädgård – inte för att äta dem utan för att kasta bort dem. Njutningen fanns inte i att smaka frukten utan i att göra det som var förbjudet: ”Jag fann glädje i att vara tillsammans med mina kamrater i brottet. /.../ Vi skrattade som kittlade i vårt innersta åt att vi lurade dem som inte trodde att vi kunde göra något sådant, och som strängt förbjudit oss att göra det.” För människan är synden sin egen belöning, hos henne finns en irrationell lust att göra det onda.

Som 17-åring kom Augustinus till Kartago för att studera juridik och retorik. Det var, har han skrivit, ”en stad som överallt omkring mig sjöd som en häxkittel av liderlig älskog”. För egen del var han inte sen att skaffa sig en konkubin. Augustinus hade mött den jordiska kärleken, som han sedan livet igenom skulle kämpa för att frigöra sig från. Kroppens lust, bindningen i erotik till jordiska kvinnor eller i vänskap till jordiska män, kommer att te sig som främsta hindret i det sökande efter Gud som Augustinus uppfattar som ledmotivet i sitt liv. Det motivet anslås redan i inledningen till ”Bekännelser” där Augustinus vänder sig till Gud med orden: ”du har skapat oss till dig, och vårt hjärta är oroligt tills det finner vila i dig”. Sökandet efter Gud blir en kamp mot synden och de köttsliga begären, men också en intellektuell odyssé. Augustinus konfronteras med senantikens hela brokiga intellektuella liv. En bok av Cicero medför vad han beskriver som en väckelse: ”denna bok, som kallas *Hortensius,* innehåller hans uppmaning till studiet av filosofi, och denna bok ändrade min inställning, vände mina böner till dig, Herre, och gav mig helt andra önskningar och behov. Alla mina inbilska förhoppningar blev plötsligt värdelösa för mig, och med otrolig iver längtade jag i mitt hjärta efter den odödliga visheten.”

Ciceros numera förkomna introduktion till den grekiska filosofin gav sålunda det första incitamentet till Augustinus' intellektuella sökande. Det förde honom under en tid till manikeismen, vars skarpa kontrast mellan gott och ont och förkastande av det kroppsliga tilltalade honom. Akademiska lärartjänster i retorik i Rom och Milano ledde till nya erfarenheter och möten med nya strömningar. Engagemanget för manikeismen slutade i besvikelse. En ny väckelse utgick från nyplatonikerna, framför allt Plotinos och Porfyrios, som Augustinus läste med stor iver och som på ett bestående sätt kom att prägla hans åskådning. Men också nyplatonismen blev ett genomgångsstadium. Snart nog kom Augustinus att identifiera platonismens *logos* med de kristnas gud. Han antog sin mors kristna tro, som han använde återstoden av sitt liv åt att predika, förklara och försvara. Augustinus återvände också till Nordafrika och Thagaste där han tillbringade tio år i en klosterliknande gemenskap av fromma kristna. 395 blev han biskop i Hippo, där han efter en lång biskoplig gärning också dog medan staden belägrades av vandalerna.

Augustinus' mogna teologi, den som han gav i arv åt kyrkan och den medeltida kristenheten, präglas av ett starkt medvetande om människans syndfullhet, svaghet och beroende. Syndafallet och arvsynden bestämmer människans situation. Av egen vilja förmår hon inte göra det goda. Gud skapade henne av intet och det finns hos henne ingenting fast eller beständigt. Människan i sitt fallna tillstånd är hemfallen åt det onda och därmed åt förtappelsen. Guds nåd är det enda som kan rädda henne. Tanken leder Augustinus till en predestinationslära – den stora massan av mänskligheten är bestämd för den eviga elden, men en liten skara är av Gud utvald att räddas, att bli föremål för hans frälsande nåd. Eftersom människan inte själv av egen vilja kan göra något för sin frälsning är det helt och hållet Guds för oss outgrundliga nåd som bestämmer vem som skall räddas och vem som skall bli förlorad. En nästan oinskränkt pessimism behärskar Augustinus' syn på det kroppsliga, det naturliga, det jordiska, på det som är denna världen. Den mänskliga visdom och den mänskliga vilja som i den sokratiska traditionen kunde framstå som klippfasta är enligt Augustinus sköra som glas. För viljans antinomier har han den skarpaste blick. Han älskar att citera Paulus' ord i Romarbrevet 7:19: "Ja, det goda som jag vill gör jag icke; men det onda som jag icke vill, det gör jag." Som vi skall se präglas också hans inställning till världsliga institutioner, inte minst de politiska, av en svartsyn, som avgörande skiljer honom från den klassiska civistiska traditionen från Platon till Cicero. En mänsklighet som lämnad åt sig själv är hemfallen åt fördömelsen kan inte förväntas åstadkomma något gott annat än genom nådens omedelbara intervention.

Augustinus' produktion var utomordentligt omfattande. Det ur filosofihistorisk synpunkt mest betydelsefulla i hans tänkande fångar vi dock in genom att koncentrera oss på hans två mest kända, av eftervärlden ständigt lästa och intensivt studerade verk, hans *Confessiones* och hans *Civitas Dei.*

Confessiones har redan omtalats. Det är ett arbete som trotsar alla moderna genrebestämningar – självbiografi, bön, meditation, bekännelse, med en stilistisk spännvidd mellan andaktsfull betraktelse och knivskarp logisk analys. Redan genom sin framställningskonst ger det en god bild av Augustinus, predikanten, retorn, dialektikern. Den handlar om ett sökande, en pilgrimsfärd, om en människa som dras till Gud som stenen dras till jorden. Den handlar också om tre slag av kärlek – om den erotiska, som vänder oss bort från Gud och som Augustinus till slut finner det klokast att helt avstå från, om vår kärlek till Gud och Guds kärlek till oss, i vilken ensam vägen till lycka och sinnesfrid finns, och om moderns kärlek till sonen, som förmedlar mellan den jordiska och den himmelska kärleken, som ingenting högre vill än att hjälpa sonen till kristen tro och till frälsning. Naturligtvis finns det något av Platons Eroslära i allt detta (hos Augustinus är platonismen aldrig långt borta). Till och med kunskapsteoretiskt tilldelas kärleken en roll – om Gud kan vi ha kunskap bara genom kärleken. Men skillnaden gentemot platonismen är ändå stor. Platons kärlek har en rörelseriktning nedifrån och upp, Augustinus' kärlek framför allt en uppifrån och ned. Det är bara Guds kärlek till oss som gör det möjligt för oss att älska honom. Och det är Gud som i vår själ nedlagt den längtan efter honom som driver oss att söka.

Ur en synpunkt är *Confessiones* framför allt ett dokument i den västerländska subjektivitetens historia. Augustinus' berättelse handlar om självkännedom, om själens upptäckt av sig själv, inte som yttre objekt utan som tänkande och handlande subjekt eller jag. Det är en ny sorts innerlighet, en ny form för inre liv som framträder hos Augustinus. Vägen uppåt mot Gud går först inåt, in i det egna jaget. Till och med kunskapsteoretiskt pekar Augustinus här framåt mot något som i en senare tidsålder skall bli centralt. Han blir den förste att formulera argumentet "jag tänker, alltså finns jag till" och att gentemot skeptikerna framhålla, att jag dock inte kan bedra mig i fråga om min egen existens, eftersom jag för att bedra mig ju först måste finnas till. Men självkännedomen är lika svår som den är viktig. Själen har enligt Augustinus djup, det egna jaget är inte omedelbart tillgängligt för oss. Den tanken utvecklas i synnerhet med hjälp av Augustinus' egendomliga begrepp "memoria". "Memoria" innehåller minnen i vår mening, men också kunskaper, t.ex. om logiska eller moraliska sanningar, som är människan medfödda. Det är inte som hos Platon fråga om minnen från en föregående tillvaro (en för den kristne Augustinus omöjlig tanke), men väl om i själen från början inpräglade idéer. Överhuvud står ”memoria” för själens inre, som hos Augustinus blir till en väldig kontinent, om vilken det står i *Confessiones*:

”En väldig, omätlig kalk är minnet – vem har lodat dess djup? Och denna förmåga finns i min ande, den hör till mitt väsen! Jag fattar inte själv allt jag är. Anden är för inskränkt för att fatta sig själv / --- / Men människorna går ut för att förundras över bergstoppar och väldiga havsvågor, flodernas vida vatten, oceanens rand och stjärnornas kretslopp; sig själva lämnar de / --- / Jag skulle emellertid inte tala om det om jag inte i mitt inre, i mitt minne, såg bergen, vågorna, floderna och stjärnorna – som jag sett – och oceanen – som jag tror på.”

Det är detta väldiga inre djup som utforskas genom ”Bekännelsernas” meditationer och minnesrannsakan. I detta djup finns också Gud och hans ljus, från vilket all verklig kunskap kommer. Enligt Augustinus uppfattar vi alla inre sanningar och alla idéer genom ”illumination”, genom ett ljus som kommer från Gud. Åter befinner vi oss i närhet av platonismen, men med ett starkare betonande att det gudomliga ljuset måste finna vägen genom vårt eget inre.

Augustinus’ lära om människosjälen utvecklas på ett väsentligt sätt genom de betraktelser kring tiden och tidsuppfattningen som ingår i elfte boken av ”Bekännelser”. Teologiskt är tidsbegreppet av vikt bland annat för att förstå skapelsen. I fråga om denna hävdar Augustinus att Gud ingalunda skapade världen vid någon viss tidpunkt, utan före all tid. Ja, för Gud finns egentligen ingen tid, bara ett evigt nu. Den slutsatsen stärks genom Augustinus’ grubblerier kring tidsuppfattningen.

”Vad är då tiden?” frågar sig Augustinus i en berömd passage: ”Om ingen frågar mig om det, då vet jag, om någon frågar mig och jag vill förklara det för honom, då vet jag det inte.” Det största problemet skapas av de tre tiderna – det förflutna, nuet och framtiden. Hur kan vi påstå att det förflutna finns, när det inte längre är? Hur kan vi påstå att framtiden finns, när den ännu inte existerar? Hur kan det som inte är vara något? Och nuet självt, vad är det? Hur långt är det egentligen: ”Är hundra år av nuet en lång tid? Pröva då först om det är möjligt för hundra år att vara ett nu? Om det innevarande året är det första av dem, då är just det nuet, men de nittionio kommer senare, och därför *är* de ännu inte; om det innevarande däremot är det andra, då har det första redan förflutit och de övriga kommer senare. /---/ Hundra år kan därför inte finnas i nuet.” Samma resonemang kan sedan genomföras för året – det som finns nu är inte hela året utan en viss månad medan övriga månader är framtida eller förflutna –, för veckan, för dagen, för timmen, osv. Nuet undflyr oss ständigt, krymper samman till en punkt som saknar utsträckning och följaktligen inte existerar. Augustinus finner lösningen på paradoxerna genom att framhålla tidens subjektiva karaktär. De tre tiderna svarar mot tre själsfunktioner: förväntan, varseblivning och minne. Själen är utsträckt mellan dessa tre. Därmed hade Augustinus också betonat människans fundamentala tidslighet på ett sätt som blev av stor betydelse för eftervärlden.

Confessiones blev en klassiker för alla tider. Augustinus' andra storverk, *Civitas Dei* ("Gudsstaten"), har inte samma litterära slagkraft och kanske inte samma allmängiltighet. Men på medeltidens åskådning skulle den få ett minst lika stort inflytande. Redan arbetets tillkomsthistoria säger oss något om varför. Utgångspunkten för *Civitas Dei* är en situation där romarriket inte längre är den självklara ramen för Västerlandets politiska liv. Därmed står verket i själva portalen till medeltiden.

År 410 hade Alariks västgoter intagit och plundrat Rom. Händelsen väckte bestörtning och konsternation inom hela det romerska riket. Många klandrade kristendomen för vad som inträffat. Var det inte denna i grunden statsfientliga religion som undergrävt de romerska dygderna och därmed orsakat stadens fall? Anklagelserna vann tillräcklig anklang för att få Augustinus' kristne vän Marcellinus att tillskriva Augustinus och be honom utarbeta en skrift till kristendomens försvar. Augustinus tog uppgiften på allvar. Hans skrift växte ut till ett väldigt verk om tjugotvå böcker som det tog honom tretton år att fullborda. Till kompositionen är det labyrintiskt med ständiga utvikningar. Det är karaktäristiskt att de många lärda kommentatorerna aldrig riktigt förmått enas om vad *Civitas Dei* egentligen handlar om, var hjärtpunkten finns. Tydligt är, att försöket att frita de kristna från skulden för Roms fall leder över till en betraktelse över politiken och historien i allmänhet. Men den betraktelsen går framför allt ut på att hävda det politiska och historiska livets betydelselöshet jämfört med det som ensamt är nödvändigt – det religiösa livet, frälsningen. Augustinus hävdar inte bara att de kristna är oskyldiga till den aktuella händelsen – drabbades inte Rom av otaliga olyckor redan innan kristendomen fanns, enligt vad hennes historieskrivare förtäljer? Han menar också att Roms fall i grunden inte är någon så stor olycka. Att riken uppstår och går under hör till historiens gång, och för övrigt – vilken roll spelar det under vilken politisk regim vi framlever de korta jordeåren? Den sanna staten är hur som helst inte jordisk utan himmelsk, Guds stat.

Överst Augustinus skrivande. Nedtill de två städerna Sion (Jerusalem) och Babylon. Träsnitt i en upplaga av Augustinus' "De civitate Dei" tryckt i Basel av Johann Amerbach 1489.

Själva titeln på Augustinus' bok innehåller en polemik mot hedniska filosofer som Platon och Cicero, vilka skrivit om "staten". Augustinus tar fasta på Ciceros definition av staten i *De republica* enligt vilken en stat är en sammanslutning för att upprätthålla rättvisan. Utan rättvisa ingen stat, hade Cicero menat. Men var på jorden finns rättvisa?, frågar sig Augustinus. Rom hade aldrig utmärkts av rättvisa och således, enligt Ciceros definition, aldrig varit någon stat. Det finns bara en sann stat – Gudsstaten och den är inte identisk med någon av de stater som finns eller funnits på jorden.

Vi möter nu Augustinus' kontrast mellan den himmelska och den jordiska staten (eller staden), mellan Guds stat och djävulens, mellan Jerusalem och Babylon. Hela mänsklighetens historia tolkas som en kamp mellan dessa båda, en berättelse enligt vilken den gudomliga Försynen länkar mänsklighetens öden med inriktning på Gudsstatens slutgiltiga triumf. Med hån avvisar Augustinus den hedniska läran om världscykler och evig upprepning. Enligt honom rör sig världens historia i rät linje, inte i cirkel. Världen har bara skapats en gång. Adam och Eva har bara en gång drivits ut ur paradiset. Gud har bara en gång blivit människa i ett möte mellan tiden och evigheten, en inkarnation som förändrat den jordiska tillvarons innebörd. Varje sådan händelse är unik. Gud har förmågan att skapa något nytt i historien, vilken inte bara upprepar sådant som hänt tidigare.

Syndafallet blir hos Augustinus den yttersta utgångspunkten för den mänskliga historien. Av det första människoparets barn blir Kain den som skapar den jordiska staten, medan Abel blir medborgare i den himmelska. Grunden för uppdelningen i de båda staterna finns i två slag av kärlek. Den jordiska statens medborgare är de som älskar världen, lusten, köttet, de vars vilja är till det onda. Den himmelska statens medborgare är de som älskar Gud, det goda och sin nästa. På jorden är de bara en pilgrimsskara, främlingar i ett främmande land. På jorden lever medborgarna i de båda staterna blandade. Först efter Yttersta Domen skall medborgarna i den himmelska staten komma till sin konung Gud, som skall regera över dem i evighet, under det att medborgarna i den jordiska staten skall komma till sin konung djävulen och leva i helvetet bland demonerna. Gudsstaten är sålunda inte en stat i politisk mening. Den är snarare en församling av de till frälsning förutbestämda. Den är en kyrka, men inte en som utan vidare kan identifieras med den existerande kyrkan, vilken, såsom Augustinus insåg och erkände, innehöll många onda och syndiga mäniskor.

Varje rike på jorden är ett "Babylon". Augustinus uppehåller sig med särskild utförlighet vid det första Babylon, det Assyriska riket, och vid "det andra Babylon", Rom. Fyndigt framhåller han att liksom Kain dödade sin broder Abel dödade Romulus, Roms grundläggare, sin broder Remus. Varje jordiskt rike har sitt upphov i brodermord, tycks Augustinus mena. Det politiska livet betraktar han med djupaste pessimism. Vad är en stat utan rättvisa annat än ett organiserat rövarband? frågar han sig (och vi vet att enligt Augustinus ingen jordisk stat utmärks av rättvisa). Vad handlar krönikorna om annat än svek och grymhet, erövring och förtryck, maktlystnad och blodsutgjutelse? Visserligen anser Augustinus med Paulus att överheten inte bär sitt svärd förgäves, att någon form av statlig ordning är nödvändig, att de kristna måste lyda överheten. Visserligen prisar han de goda kristna kejsare, som regerade väl och till undersåtarnas fromma. Men det är honom ändå främmande att tro på några varaktiga goda förhållanden på jorden eller på jordisk lycka. Jordelivet är som bäst en pilgrimsfärd mot något bättre.

Här ligger också den avgörande skillnaden mellan Augustinus och de hedniska filosoferna. Visserligen kan han säga att den sanne filosofen är kristen eftersom filosofin är kärlek till visdom och Gud är visdomen. Men han är inte omedveten om avståndet mellan kristendomen och det grekerna kallade filosofi. Filosofin syftade till ett lyckligt liv, men ett lyckligt liv kan enligt kristendomen finnas först på andra sidan graven. Om kyniker, stoiker och epikuréer talar Augustinus därför vanligen ringaktande. Om Platon, Plotinos och Porfyrios talar han däremot med vördnad. Platonismen är den filosofi som kommer närmast kristendomen, menar han, eftersom den erkänner Gud och själens odödlighet. Augustinus avvisar på goda grunder hypotesen (som han själv tidigare tilltalats av) att Platon under sina orientaliska resor kunde ha träffat profeten Jeremia och av denne fått lära några av den uppenbarade religionens sanningar. Men Guds ljus, som finns hos oss alla, kan ha fått Platon att antecipera vissa av de kristna insikterna. Trots allt har Augustinus' erkännande för den bästa hedniska filosofin dock en ganska begränsad innebörd. Det innebär egentligen bara att somliga av de grekiska filosoferna förebådat delar av den sanning som uppenbarats genom kristendomen. Det innebär inte att Augustinus på den senare skolastikens vis gör en boskillnad mellan filosofi och religion eller tillerkänner filosofin en självständig och permanent roll.

Augustinus var inte någon filosof i den meningen att han skulle ha försökt utveckla någon självständig förnuftskunskap. Det är alltid den kristna uppenbarelsen som utgör utgångspunkten för hans resonemang, även om han inte försmår att för sina apologetiska syften hämta argument också från den hedniska filosofin. Ändå har Augustinus haft en enorm inverkan på filosofins utveckling. Han var en kristen som med genialisk begåvning förenade ett behärskande av hela den antika bildningen. Därmed var han väl skickad att ta ställning till de problem som mötet mellan kristendomen och grekisk-romersk intellektuell kultur gav upphov till. Han blev den största gestalten i Västerlandets intellektuella historia mellan Plotinos och Thomas av Aquino. Till den tidigare medeltiden förmedlade han ett grekiskt filosofiskt arv, som annars till stor del skulle ha fallit i glömska. För reformationen hos Luther och Calvin skulle han inte minst genom sin synda- och predestinationslära få utomordentlig betydelse. Medeltidens politiska tänkande skulle i betydande utsträckning komma att röra sig kring den motsättning mellan den himmelska och den jordiska staten (tolkad som en motsättning mellan påvedöme och kejsardöme) som introducerats i *Civitas Dei*. Den uppfattning av mänsklighetens historia som led i Försynens planer vilken utvecklades i samma verk blev startpunkten för det kristna och efterkristna historietänkandet. Spåren av Augustinus' konception är skönjbara ännu hos Karl Marx. Den nya subjektivitet, som framträder framför allt i *Confessiones*, utgör en av förutsättningarna inte bara för det medeltida fromhetslivet utan för den moderna europeiska kulturen.

Mörka århundraden och filosofisk pånyttfödelse

Den från renässansen stammande historiesyn, som utmålar "medeltiden" som en tröstlös följd av mörka århundraden mellan antikens härlighet och 1400-talets pånyttfödelse, är naturligtvis ensidig och felaktig. Inte minst därför att den – liksom den populära historiesynen överhuvud – tillmäter medeltiden en enhetlighet som den inte har. Det kan emellertid inte förnekas att de århundraden som omedelbart följer på det västromerska rikets sammanbrott ter sig oomtvistligt mörka, åtminstone ur den intellektuella kulturens synpunkt. Under 500-, 600- och 700-talen förtvinar den urbana kulturen inom det forna romerska riket. Den romerska överklass som burit den antika kulturen förlorar sin ställning. Folkvandringstidens politiska virrvarr är föga ägnat att befrämja någon högre civilisation eller några mer utvecklade former av statsliv. Bildning och kulturliv kan framför allt överleva genom klostren, men bara på en tämligen rudimentär nivå. Det grekiska språket, vars ställning försvagades inom det västromerska riket redan under senantiken, är nu på väg att glömmas bort. Med det försvinner det mesta av det filosofiska arvet. Klostren är inte inriktade på hednisk lärdom utan på kristet fromhetsliv. Likväl bidrar de till latinets fortlevnad, nu inte längre som folkspråk utan som lärt och kyrkligt språk. De få böcker som existerar finns framför allt i klosterbiblioteken. Genom dem fortlever en del av den latinska litteraturskatten. Inte minst de irländska klostren spelar en viktig roll. Böckerna ändrar samtidigt form. I stället för antikens papyrusrullar får vi pergamentböckerna. Ur eftervärldens synpunkt har detta den stora fördelen att böckerna framställs i ett varaktigare material. Men för samtiden blir de på djurhudar skrivna böckerna dyra. Ett privatbibliotek sådant som Boethius inför fru Filosofia skryter med att han ägt under sin välgångs dagar finns inte mer i Västeuropa. Handeln med böcker upphör, åtminstone utanför Italien.

Inställningen till det förlorade antika kulturarvet skiftar. Somliga i klostren och kyrkorna intar en puristisk hållning, enligt vilken den hedniska litteraturen är en styggelse. Andra håller fast vid den i vördnad. Av den hedniska filosofin är det därvid i synnerhet den nyplatonska traditionen, sanktionerad av Augustinus', Dionysios Areopagitens och Boethius' auktoritet, som hålls vid liv. Medvetandet om vad som gått förlorat slocknar aldrig. I själva verket handlar en viktig del av medeltidens intellektuella drama om restaurationsförsök, om arbeten på att återupptäcka och återställa element ur den antika bildningen. Den första av dessa renässanser, den karolinska, utspelar sig på 700- och 800-talen. Karl den stores återupprättande av en stormakt på det forna västromerska rikets mark både möjliggjorde och ställde krav på högre bildningssträvanden – inte minst uppstod ett administrativt behov av utbildat folk. Vid hovet i Aachen samlade Karl kring sig bildade män från olika europeiska länder. Den främsta rollen spelades av Alkvin från York, som på sin herres uppdrag grundade skolor, lät avskriva antika böcker och intresserade sig för det latinska språkets odlande. Karl den stores arvingar förmådde i viss mån upprätthålla traditionen.

Det var ur den kulturella miljö den karolinska renässansen skapat som den tidigaste medeltidens enda betydande filosof, Johannes Scotus Erigena, framgick. Johannes (omkr. 810–877) var, som namnet Erigena säger, bördig från Irland. På 840-talet kom han till Frankrike och gavs av Karl den skallige ställningen som ledare för Schola palatina (hovskolan). Johannes behärskade grekiska, en redan ovanlig talang, och fick av kungen det betydelsefulla uppdraget att översätta Dionysios Areopagitens skrifter till latin. Han bör ha satt värde på uppgiften eftersom han själv filosofiskt stod Areopagitens kristna nyplatonism mycket nära. Detta visade sig när Erigena omkring 850 fick ett annat uppdrag – att teologiskt utreda den kontroversiella frågan om predestinationen och den fria viljan.

I sin teologiska utredning förklarade sig Erigena vilja behandla de förelagda frågorna filosofiskt. Han förnekade i nyplatonsk anda det ondas positiva existens (dvs. han uppfattade det onda som frånvaro av gott). Därigenom leddes han också till att förneka Guds förutkunskap om det onda, bejaka människans fria vilja och ta avstånd från lärorna om predestinationen, arvsynden och den fysiskt existerande helveteselden. Helvetet omtolkades till att innebära endast frånvaro av salighet. Dessa läror var uppenbarligen dubiösa ur renlärighetssynpunkt. Erigenas teser blev attackerade, men han själv lämnades ifred – hovgrammatikern åtnjöt ju mäktigt beskydd.

Av tvivelaktig renlärighet var också Erigenas främsta filosofiska verk *De divisione naturae* ("Om indelningen av verkligheten"), offentliggjort omkr. 867. I sinom tid skulle studiet av detta arbete förbjudas av ett provincialkoncilium i Paris 1210, eftersom det ansågs kunna förleda till panteistiska avvikelser. Även den som inte delar konciliets stränga syn kan förstå dess bevekelsegrunder. Hos Erigena fanns onekligen åtskilligt, som mer påminde om den nyplatonistiska monismen än om ortodox kristendom.

I *De divisione naturae* delas verkligheten in i det som är skapande, men inte skapat – Gud som skapare; i det som är både skapat och skapande – Ordet; i det som är skapat men inte skapande – världen; och i det som varken är skapande eller skapat – Gud som ändamålet varemot allting strävar. Gud uppfattas sålunda som både orsak och ändamål, som den yttersta principen, varifrån allting utgår och som det mål vartill allting återvänder. Här finns nyplatonismens dubbla rörelse av utfärd och hemvändande. Men också en om Augustinus påminnande lära om vår längtan tillbaka till Gud: "Om det nu om all rörelse som är i enlighet med naturen kan sägas att den inte kan upphöra eller komma till ro förrän den når fram till det som är slutmålet för dess strävan, vad skulle då kunna hindra denna den mänskliga naturens för densamma nödvändiga rörelse, vad skulle kunna hålla den fängslad eller stoppa den, så att den icke skulle förmå att nå fram till det som den i enlighet med naturen strävar efter?" Förnuftet strävar som en eldslåga mot höjden, mot sitt ursprung hos Gud. Början och slutet är ett och detsamma.

Skapelsedramat framstår för Erigena som en "teofani", en manifestation av det gudomliga. Gud manifesterar sig genom Ordet, som i sin tur manifesterar sig genom människan och den synliga världen. Nyplatonistiska termer som "produktion" och "emanation" undviks på så sätt, även om själva tankegången röjer spår av nyplatonistisk påverkan. Människan är Guds avbild och därmed en avbild av världsalltet självt, ett mikrokosmos. Hon äger en dubbel natur, en sinnlig och en andlig. Genom syndafallet vänder hon sig bort från Gud och mot världen. Syndafallet nödvändiggör Ordets inkarnation i Kristus. Genom Kristus erbjuds den fallna människan försoning och frälsning, hon kan återvända till Gud. Hennes frälsning blir samtidigt hela skapelsens. Erigena tar upp ett nyplatonistiskt och Paulinskt motiv, enligt vilket den synliga världen vinner sitt återvändande till Gud genom människan, som sålunda frälser hela den skapade naturen då hon frälser sig själv.

Johannes Scotus Erigenas filosofi med dess karaktäristiska blandning av platonistiska och kristna inslag vann inte någon omedelbar efterföljd. Överhuvud ebbade den karolinska renässansen ut samtidigt med att Karl den stores rike föll sönder i sina beståndsdelar. 900-talet blev åter ett mörkt århundrande i kulturellt avseende, den feodala partikularismen återtog sitt herravälde och lämnade föga utrymme för mer utvecklat intellektuellt liv. 1000-talet såg emellertid en viss pånyttfödelse av den filosofiska debatten. Inte minst uppblossade nu den s.k. universaliestriden, som i sina förlängningar skulle fortsätta även in i den egentliga skolastiken.

Universaliestriden

Utgångspunkten för universaliestriden fanns i en text av Porfyrios (översatt till latin och kommenterad av Boethius) där frågan om allmänbegreppen (universalia) togs upp. Finns det allmänna, arter och släkten, enbart hos de enskilda individerna eller oberoende av dem? Är idéerna av materiell eller andlig karaktär? Det var debattämnen som gick tillbaka till Platon och Aristoteles, men som nu fick förnyad aktualitet, inte minst tack vare sina teologiska tillämpningar. Annars var problemets fundamentala filosofiska betydelse uppenbart. Vårt språk innehåller både beteckningar som står för enskilda individer eller föremål (”Sokrates”, ”Fido”, ”trädet vid knuten”) och sådana som står för allmänna egenskaper som delas av mer än en individ (”människa”, ”hund”, ”träd”). Hur förhåller sig dessa båda grupper av beteckningar till varandra och till verkligheten? De svar som avgavs på 1000- och 1100-talen brukar handboksmässigt delas in i tre grupper. ”Realisterna”, företrädda av bl.a. Remigius från Auxerre (omkr. 841–908) och Odo från Tournai (d. 1113), hävdade att idéerna föregår de enskilda tingen (lat. ”*universalia ante rem*”). Med platonismen såg de i idéerna något som äger en av sinnesföremålen oberoende existens. Idéerna uppfattades som arketyper efter vars förebild sinnesföremålen har skapats och som de ”har del” i. ”Konceptualisterna”, t.ex. John av Salisbury (omkr. 1115–1180), menade att idéerna finns till endast som begrepp (lat. *conceptus*). Denna uppfattning kunde kombineras med den aristoteliska åsikten att våra äkta begrepp motsvaras av substanser, vilka finns *i* de enskilda tingen (”*universalia in re*”). ”Nominalisterna”, som vars grundare räknas Roscelin (omkr. 1050–1120), hävdade slutligen att allmänbegreppet bara är namn (lat. *nomina*) på de enskilda tingen (”*universalia post rem*”). Universalia skulle sålunda enligt realisterna finnas *före* tingen som arketyper, enligt dem som höll sig till en aristotelisk konceptualism *i* tingen som substanser, och enligt nominalisterna *efter* tingen som namn.

Den tilltalande enkelheten i den schematiska tredelning som refererats kan dock knappast behållas då man vänder sig till den verkliga universaliestridens empiriska och begreppsliga virrvarr. Var och en av de tre positionerna var nämligen underkastad avsevärda svårigheter av såväl logisk som teologisk art, varför de blev besvärliga att upprätthålla i renodlad form. Medgivanden åt opponenter framtvingades och tydligheten i de respektive positionerna gick förlorad. Realisterna hävdade sålunda, att samma essentiella natur är helt och hållet närvarande i varje individ som tillhör en viss art eller ett visst släkte. Därav drog man slutsatsen att de olika individerna inte skiljer sig från varandra essentiellt utan bara accidentellt. Till sin natur, påpekade vedersakarna, skulle Sokrates och Platon då bli samma människa, fastän denna människa accidentellt råkade vara närvarande på två platser på en gång. Den konsekvensen fann de orimlig. Dessutom såg kritikerna panteismen hota, eftersom Gud är substans och alla substanser enligt det realistiska resonemanget måste finnas i den gudomliga substansen. Realisterna tog i flera fall intryck av kritiken och backade mot uppfattningar som var mer sofistikerade, men också oklarare.

Inte heller nominalisterna gick fria från kritik. Menade de verkligen att allmänbegreppet bara var ord, bara ljud (lat. *flatus vocis*)? Men hur kan det komma sig att vi bara använder låt oss säga ordet ”människa” om vissa individer (människor) och inte om andra (t.ex. fåglar)? Måste det inte finnas något som är gemensamt för de individer om vilka vi använder ordet ”människa”? Medgav nominalisterna att det fanns något sådant gemensamt så återuppstod det ursprungliga problemet – på vilket sätt existerar detta gemensamma? Även om det gemensamma förklarades endast vara en likhet, fanns frågeställningen kvar. Likhet kan ju inte vara ett individuellt ting (det enda som enligt nominalisterna skulle existera) utan måste vara något som flera ting kan ha gemensamt. För att göra situationen än svårare fanns också teologiska betänkligheter mot nominalismen. Den katolska transsubstantiationsläran lärde att brödet och vinet i nattvarden faktiskt till sin substans förvandlas till Kristi kropp och blod, trots att de tillfälliga (accidentella) egenskaperna fortfarande är brödets och vinets. Hur kunde detta förenas med den nominalistiska uppfattningen, enligt vilken det inte finns några substanser utan bara enskilda ting? Också nominalisterna tvingades ofta nog modifiera sina ståndpunkter och retirera mot mer svårangripbara, men också mindre klara och renodlade positioner. De tre grundhållningarna, realism, konceptualism och nominalism, kompletterades med otaliga mellanformer och korsningar. Debatten gick vidare. Inte att undra på att John av Salisbury klagade över att mer tid spillts på försöken att lösa universalieproblemet än caesarerna behövt för att erövra världen.

Anselm och det ontologiska gudsbeviset

Till dem som försvarade begreppsrealismen och med sina invändningar gjorde livet surt för nominalisterna hörde 1000-talets mest namnkunnige filosof, Anselm av Canterbury (1033–1109). Anselm gjorde en kosmopolitisk karriär av det slag som är typisk för så många av medeltidens lärda, vilkas rörlighet inte hindrades av språkbarriärer. Han föddes i Aosta i Piemonte i Italien, inträdde i Becs kloster i Normandie 1060, blev abbot där 1078 och var från 1093 till sin död ärkebiskop av Canterbury. Det var under tiden i Bec, mellan 1070 och 1078, som Anselm skrev sina filosofiskt sett viktigaste skrifter, *Monologion* och *Proslogion*.

Teologiskt ansåg sig Anselm stå i Augustinus' tradition. I sina försök att definiera förhållandet mellan tron och förnuftet använde han en formel, som också Augustinus begagnat: *Credo, ut intelligam* ("Jag tror för att kunna begripa"). Det innebar att trons innehåll betraktades som givet genom auktoriteterna, men att det var förnuftets sak att klargöra dess innebörd. Det kunde inte vara tal om att med förnuftets hjälp kritisera dogmerna, men väl om att använda förnuftet för att förklara och försvara dem. Det var medan han grubblade över den kristna trons centrala lärosatser som Anselm kom fram till det gudsbevis, som skulle ge honom en betydelsefull plats i filosofins historia och som alltsedan Kant brukar kallas det "ontologiska".

Om det ontologiska gudsbevisets tillkomst har Anselm själv berättat i *Proslogion*. Han hade börjat fundera över om "man inte kunde finna *ett* enda argument som för sin giltighet inte förutsatte något annat än sig självt och som ensamt vore tillräckligt för att bevisa att Gud i sanning existerar, att han är det högsta goda som inte förutsätter något annat men som allt annat förutsätter för sin existens och sitt välbefinnande, och alla andra antaganden som vi i vår tro gör om det gudomliga väsendet". Ofta och ivrigt inriktade Anselm sin tanke på problemet så att "det jag sökte än syntes mig kunna gripas, än gled undan min andes blick" och så att han i förtvivlan ville ge upp saken som omöjlig att utforska. Men då han sökte slå den ifrån sig "började den mot min vilja och trots att jag värjde mig att efterhängset tvinga sig på mig. Och en dag, då jag på så sätt var uttröttad av häftiga försök att motstå dess efterhängsenhet, uppenbarade sig i själva denna tankestrid detta som jag uppgivit hoppet om, och det på ett sådant sätt att jag ivrigt kom att omfatta den tanke som jag ängsligt sökt slå ifrån mig."

Vad Anselm på detta sätt fann var ett argument, som bevisade Guds existens från det begrepp vi har om honom. Gud är enligt detta begrepp det största (eller fullkomligaste) som kan tänkas. Men om Gud inte existerade skulle han inte kunna vara det största (fullkomligaste) som kan tänkas. Ty i så fall skulle vi kunna tänka något ännu större (fullkomligare), nämligen något som hade alla Guds egenskaper, men dessutom existerade. Detta skulle emellertid strida mot förutsättningen att Gud till sitt begrepp är det största (fullkomligaste) som kan tänkas. Följaktligen måste Gud existera. I Anselms egna ord lyder det avgörande argumentet sålunda: ”Säkert är nu att det, som är sådant att något större inte kan tänkas, inte kan finnas endast i tanken: ty om det funnes endast i tanken kunde det tänkas också finnas i verkligheten – vilket är större.” Finessen – och det filosofiskt sett nya – i argumentet låg i det som Anselm själv framhöll: att det för sin giltighet inte förutsatte något annat än sig självt. Guds existens följer enligt beviset ur hans begrepp. Ingen empirisk kunskap om världens beskaffenhet, ändamålsenliga ordning eller dylikt förutsätts vid resonemanget. Därmed följer också konklusionen att Guds existens är nödvändig. Gud ensam är sådan att hans existens till följd av hans begrepp är nödvändig, sådan att han existerar endast genom sig själv, under det allt annat skapats ur intet.

Anselms bevis reste grundläggande filosofiska frågor. Kan man verkligen med enbart rent logiska argument bevisa att någonting existerar? Kan logiken ge oss en kunskap om verkligheten som är oberoende både av empirin och av den religiösa uppenbarelsen? Redan Anselms samtid betvivlade detta. Munken Gaunilo hävdade att man med samma metod lika väl kunde bevisa att det fanns en fullkomlig ö i världshavet, eftersom vi kan forma idén om en absolut fullkomlig (och därför även existerande) ö.

Senare medeltida filosofer ställde sig i de flesta fall skeptiska till det ontologiska argumentet – Thomas av Aquino godtog det sålunda inte. Men Descartes gav det på 1600-talet nytt liv. Det tycktes öppna vägen för en rent rationell verklighetskunskap, för en deduktiv metafysik. Spinoza och Leibniz tilltalades likaledes av det ontologiska bevisets möjligheter. Kant å sin sida bestred dess giltighet som ett led i sin kamp mot den dogmatiska metafysiken. Hans huvudargument blev att ”existens” inte är en egenskap och således inte kan ingå som en del av begreppet ”storhet” (eller ”fullkomlighet”). Hundra daler som bara existerar i min fantasi har samma egenskaper som hundra daler som förekommer i verkligheten. Gud blir inte till sina egenskaper annorlunda eller mer fullkomlig därför att ”existens” adderas till dem. Styrkan i Kants argument kan betvivlas. Åtminstone torde mången ha egen erfarenhet av att det trots allt är en viss praktisk skillnad mellan hundra daler som verkligen existerar och hundra daler som finns bara i fantasin. Hur som helst återvände Kants efterföljare till det ontologiska argumentet. För Hegels filosofi hade det utomordentlig betydelse. Efter Hegel förlorade Anselms bevis emellertid ånyo sin kraft att övertyga. I modern filosofi torde enigheten vara stor om att det är ogiltigt – men å andra sidan tycks oenigheten vara lika stor om varför det är ogiltigt. Det ontologiska beviset behåller ännu hemligheter som undslipper den logiska analysen.

Förskolastiken och Abélard

Genom sitt ontologiska gudsbevis och genom sina försök att formulera det rätta förhållandet mellan förnuft och uppenbarelse hade Anselm givit ett bidrag till det som blev de följande århundradenas dominerande filosofiska företeelse – skolastiken. 1100-talet såg början av denna skolastik, vars egentliga blomstring skulle infalla under 1200- och 1300-talen. Överhuvud var 1100-talet ett sekel när det intellektuella livet i Västeuropa pånyttföddes. Den renässans för det klassiska arvet som påbörjats och sedan avbrutits under 800-talet kom nu verkligen till stånd, med oerhörda konsekvenser för Europas hela utveckling. Århundradet innefattade häpnadsväckande mycket. Ett ekonomiskt uppsving ägde rum, som bidrog till en urbanisering. Statsmakten konsoliderades på många håll med uppbyggandet av byråkratier och behov av utbildade ämbetsmän som följd. Katedralskolorna blomstrade under århundradet, vars senare hälft såg upprättandet av de första universiteten i Salerno, Bologna, Paris, Montpellier och Oxford. Den gotiska arkitekturen gav upphov till byggnadsverk som katedralen i Chartres, även platsen för en berömd skola. En ny profan litteratur på folkspråken växte fram, rymmande både riddarepik och innerlig kärlekspoesi. Latinet och den latinska lärdomen fick förnyad livskraft. Inte minst återupptäckten av den romerska rätten blev betydelsefull och gav upphov till en rättslärdom som odlades bl.a. i Bologna. Till slut kom också en sorts återupptäckt av grekiskan och den grekiska litteraturen, av grekisk vetenskap hos Euklides, Ptolemaios och andra samt inte minst av den grekiska filosofin. Resultatet av allt detta blev att Västeuropa från 1100–1200-talen och framåt fick en allt fullständigare tillgång till den grekisk-romerska kulturen. Från 1100-talet och framåt kan man också tala om en kontinuerlig intellektuell utveckling i Västerlandet. Den oavbrutna tillväxten av mängden bevarad litteratur, på det filosofiska fältet likaväl som på andra, är bara ett av tecknen på detta.

1100-talets mest färgrika intellektuella gestalt var Pierre Abélard (1079–1142). På många sätt var han idealtypisk för den nya anda som nu började göra sig gällande. Han förkroppsligade en individualism, en vetenskaplig nyfikenhet och en intellektuell oförskräckthet som innebar något nytt. Hans levnadsöde var dramatiskt och låg till grund för en legend.Abélard föddes i Bretagne som son till en adelsman. Tidigt framträdde han som lärare i filosofi under stor anslutning av åhörare. Hans vältalighet och dialektiska skicklighet blev berömda. Från 1113 var han lärare vid katedralskolan i Paris och hjälpte till att göra Paris till centrum för periodens intellektuella liv. Det var under sin tid där som han inledde sitt förhållande till Héloïse, en kvinnlig elev som han gav privatlektioner av till slut alltför intim karaktär. Flickans farbror fick kunskap om förhållande, misstyckte och anstiftade ett överfall på Abélard, som sexuellt stympades. I fortsättningen skildes de båda älskande åt och hänvisades till korrespondens. Abélards brev till Héloïse, där en självbiografisk ”Historien om mina olyckor” ingår, har blivit hans mest lästa verk, låt vara att en misstrogen filologi ifrågasatt deras äkthet. Abélard slog in på den väg som hans sexuella oförmåga tycktes anvisa honom, blev munk och slutade sina dagar som klosterbroder i Cluny. Som lärare stod han in i det sista högt i kurs. Blivande biskopar och till och med en påve (Celestinus III) hörde till hans lärjungar. Hans beundrare prisade honom som ”Frankrikes Sokrates, Västerlandets Platon, vår Aristoteles”.

Också som författare vann Abélard stora framgångar. Hans främste motståndare, den fromme Bernhard av Clairvaux, klagade över att Abélards böcker flög över världen från det ena kungariket till det andra. Likväl är de i icke ringa utsträckning förkomna, något som torde ha samband med att de fördömdes som oortodoxa av olika koncilier under 1100-talet. Abélards författarskap rörde framför allt logiska och semantiska frågor, låt vara att det var de teologiska tillämpningarna som i första hand gav dem kontroversiell karaktär. Därvid blev Abélard den siste store utövaren av den s.k. ”gamla logiken”, dvs. den logik som byggde på enbart de skrifter av Aristoteles som översatts av Boethius.

I universaliestriden sökte sig Abélard en medelväg mellan realismens och nominalismens extremer. Han införde en distinktion mellan *vox* och *sermo*, mellan orden som enbart ljud och orden som betydelsebärande. Allmänbegreppen måste förstås som betydelsebärande ord, de svarar mot ett bestämt begrepp hos den talande. Ofta har Abélards lära betraktats som en form för konceptualism. Begreppet var för honom inte något godtyckligt utan något som tillkommit genom abstraktion från de enskilda tingen. Vi formar våra begrepp genom att abstrahera egenskaper som flera individuella föremål har gemensamma, t.ex att vara gul, att vara fyrkantig, att vara hård osv. Eftersom Abélards konceptualism framför allt handlar om den psykologiska process varigenom begreppet formas i vårt medvetande, var den inte oförenlig med sympati för Platons begreppsrealism på det ontologiska planet.

Abélard hyste ett stort intresse också för etiska frågor. Det Sokratiska mottot ”Känn dig själv!” gav enligt honom ledtråden till etiken. Moralläran vilar enligt hans sätt att se inte på den uppenbarade religionen utan på insikt om människans natur. Det fanns hos Abélard en lära om det moraliska medvetandet som skiljer honom från Augustinus' pessimism. Människan kan, menade han, bejaka eller förneka sina egna viljeimpulser och drifter. Hos detta samtycke eller uteblivna samtycke till viljan finns den mänskliga friheten lokaliserad, det är där vår moraliska ansvarighet uppstår. Det innebar ett medgivande åt den moraliska friheten, som bar förebud om en ny, mer optimistisk människosyn.

Den tro på människan som gav Abélard hans kanske främsta idéhistoriska betydelse tog sig i all synnerhet uttryck inom det intellektuella fältet. Abélard bejakade utan tvekan den intellektuella nyfikenheten, viljan att veta, kunskapssökandet. Sina läsare uppmanade han att dricka ur sitt förstånds källor: ”Inom dig finns det levande vattnets natur, där finns oförgängliga ådror och vederkvickande flöden av förnuftigt tänkande.” En sådan tilltro till det mänskliga förnuftet var anatema för Abélards konservativa teologiska motståndare, den sågs som ett tecken på det ofromma intellektuella högmod som (sannolikt inte grundlöst) menades vara Abélards skötesynd. S:t. Bernhard av Clairvaux vände sig mot ”en skamlig nyfikenhet som består i vetande för vetandets egen skull, en skamlig fåfänga som består i att bedriva vetenskap för att bli känd”. Bernhard representerade en attityd, som varit vanlig bland de fromma och enligt vilken kunskap är till nytta bara i den mån den bidrar till själens frälsning. För honom behövdes ingen annan filosofi än kunskapen om den korsfäste Kristus. Abélard företrädde motsatsen, en vetenskaplig nyfikenhet, som inte såg några gränser för människans kunskapssökande. Det var Abélards anda som skulle betyda mest för de kommande århundradena.

En lärjunge till Abélard och tillika en av de främsta talesmännen för 1100-talets humanistiska renässans finner vi i John av Salisbury (omkr. 1110–1180). För honom betydde dialektiken mindre, de filologiska och litterära studierna mer. Hans latinska lärdom var stor. Från Ciceros och Senecas skrifter hämtade han många av sina tankar. Inte minst kom den stoiska naturrättsläran att spela en roll för hans politiska filosofi. John prisade den romerska rätten och godtog de romerska rättslärdes föreställning om en naturlig rätt som står över den enbart mänskliga. Som kristen kunde John av Salisbury identifiera den naturliga rätten med den gudomliga. Den härskare som satte sig över den naturliga rätten hade därmed stämplat sig själv som en tyrann. John var beredd att försvara både rätten att göra uppror och tyrannmordet som metod att göra sig av med en ond härskare. Att kyrkan skulle betraktas som den högre rättens värnare gentemot den världsliga makten låg i förlängningen av argumentet. John av Salisbury försvarade också den kyrkliga maktens överhöghet och tog därmed ställning till kyrkans fördel i den strid mellan påve och kejsare som just under 1100-talet nådde sin höjdpunkt.

1100-talets kanske originellaste politiska tänkare var annars den kalabriske franciskanen och abboten Joakim di Fiore (omkring 1145–1202). Från en synpunkt kan denne hänföras till den s.k. kiliasmen, dvs. till dem som drömde om det tusenårsrike som utlovas i Uppenbarelseboken. Men Joakims utformning av dessa förhoppningar var personlig och hade sin grund i det grubbel över treenigheten som under 1100-talet i så hög grad upptog tänkarna. Joakim menade att tre världsåldrar svarar mot de tre personerna i gudomen. Mot treenighetens första person svarade Faderns rike, det gamla förbundets tid, behärskad av lagen och lydnaden under den. Mot den andra personen svarade Sonens rike, som påbörjades då Kristus blev människa och som fick sin karaktär genom evangeliet. Ännu väntade det tredje riket, Andens rike, som enligt Joakims kalkyl skulle komma att inledas år 1260. Denna tredje världsålder skulle liksom de tidigare utspelas på jorden och föregå Yttersta Domen. Men den innebär en sorts realiserad utopi. Det tredje riket kommer att vara den förverkligade bergspredikan, ett fredsrike. Sanningen kommer inte längre att finnas i böckerna utan kommer att bestå i ett inre ljus. Inget tvång och ingen yttre auktoritet kommer längre att vara nödvändiga. Alla hemligheter kommer att uppenbaras. Människorna kommer att leva i kärlek och fria från egoistiska begär. Anden kommer att ha gjort dem fria. Sådana tankar bar fromhetens prägel, men knappast ortodoxins. Joakim di Fiores läror fördömdes också av kyrkan (1215). Sin makt att fängsla den politiska fantasin kom de emellertid att behålla.

De sekler som följde på 1100-talet skulle bli den medeltida filosofins verkliga blomstringstid. Det var en blomstring vars viktigaste intellektuella förutsättning fanns i ”återupptäckten” av Aristoteles. Abélard, som endast kände de av Boethius översatta skrifterna av Aristoteles, klagade över att de övriga Aristotelesskrifterna inte var honom tillgängliga. Här skulle emellertid en förändring snabbt komma till stånd. Så tidigt som 1240 förelåg hela Aristoteles' verk i latinska översättningar. En del hade översatts direkt från grekiskan, annat indirekt via arabiskan. Saken fordrar en kommentar.

Filosofin hos araberna

Fram till den turkiska erövringen av Konstantinopel 1453 bestod det östromerska riket. Här var grekiska det dominerande språket och här var de klassiska grekiska skrifterna, inklusive de filosofiska, fortfarande bekanta och studerade. Men något lysande filosofiskt liv frodades inte i den bysantinska miljön. Den lärda kommentaren bedrevs, men om filosofiskt nyskapande var det inte fråga. Helt annorlunda förhöll det sig därmed i den arabiska kulturmiljön. Araberna hade från 600-talet och framåt, eldade av sin nya islamska religion, bedrivit en expansionspolitik och lagt under sig väldiga områden, bl.a. de förut kristna i Nordafrika och på den Iberiska halvön. Ett nytt kulturområde hade därvid skapats, vars religion var islam, men där det

Aristoteles undervisar. Illustration i arabiskt manuskript från 1200-talet.

också fanns utrymme för profana vetenskaper som medicin, astronomi, matematik och filosofi. Fram till 1200-talet hade den islamska världen i själva verket ett iögonenfallande försprång framför Västeuropa i intellektuellt och vetenskapligt avseende. Här fanns det västeuropéerna saknade – en urban miljö, furstar och stormän med vetenskapliga intressen, bibliotek. Bara i Bagdad skall det ha funnits 36 bibliotek, det största med 10 000 band. I Cordoba skall kalifens bibliotek ha innehållit uppemot 600 000 band. Det var förhållanden som man ingenstans i det kristna Västeuropa kom i närheten av. Inom detta arabiska kulturområde bevarades också den grekiska vetenskap, som glömdes bort i Västerlandet. Här studerades Galenos' medicin, Ptolemaios' astronomi, Platons och framför allt Aristoteles' filosofi. Men araberna var i vetenskapligt avseende inte bara mottagande. De vidareutvecklade vad de lärt och gav viktiga, originella bidrag. Detta gällde även inom filosofin. De arabiska filosoferna gav ofta sina verk formen av kommentarer till grekiska filosofiska verk. Men dessa kommentarer innehöll ofta en nytolkning och därmed ett självständigt filosofiskt arbete.

Mot slutet av 800-talet fanns hela Aristoteles översatt till arabiskan samt dessutom verk, som tillskrevs Aristoteles men som i verkligheten hade nyplatonistiska författare till upphovsmän. Så gick ett urval ur Plotinos' Enneader under Aristoteles' namn. Omständigheten bidrog till att förrycka den arabiska tolkningen av Aristoteles, som fick ett starkt inslag av nyplatonism. Överhuvud tenderade man gärna på samma sätt som under den kristna medeltiden att harmonisera Platon och Aristoteles. Redan hos tidiga företrädare för den arabiska Aristotelesinterpretationen som Al-Kindi (d. 873) och Al-Farabi (d. 950) finner man denna tendens. Den är också tydlig hos de två islamska filosofer som skulle komma att få den största betydelsen för den kristna skolastiken, Ibn-Sina (på latin kallad Avicenna) och Ibn-Rushd (på latin kallad Averroës).

Ibn-Sina (Avicenna) (980–1037) var perser till börden och föddes i närheten av staden Bokhara. Hans verk är emellertid skrivna på arabiska. Avicenna utbildade sig till läkare och hans böcker handlar till stor del om medicinska frågor. Han företog vidsträckta resor och genomlevde många äventyr. Han blev visir hos flera sultaner och fick uppleva hovgunstens skiftningar. Femtiosju år gammal dog han i Hamadan efter att ha läst sina böner och ångrat sina synder. Om sitt möte med Aristoteles och den grekiska filosofin har han berättat i sin självbiografi. Där förtäljer Avicenna hur han läste Aristoteles' *Metafysik* inte mindre än fyrtio gånger utan att förstå särskilt mycket. En eftermiddag besökte han emellertid stadens bokhandlarkvarter där en envis bokhandlare övertalade honom att köpa en bok till ett särskilt billigt pris. Det var Al-Farabis kommentar till Aristoteles' *Meta-*

fysik. Avicenna fann med glädje och förvåning att han förstod den och därmed hade fått en ledtråd till mästarens skrifter. I fröjd delade han ut allmosor till de fattiga och tackade Allah för denna nåd.

Avicennas Aristotelestolkning har många likheter med Al-Farabis och innehåller ett starkt nyplatonistiskt inslag. Avicenna övertar Aristoteles'

Avicenna undervisar. Sida från ett illuminerat 1100-talsmanuskript. Bibliothèque national, Paris.

världsbild med de olika sfärer vid vilka planeterna och stjärnorna är fästade. Han uppfattar Guds skapelseakt med hjälp av något som påminner om Plotinos' emanationsteori. Ur det Ena produceras den första Intelligensen – inte vid en bestämd tidpunkt utan av evighet och med nödvändighet. Gud är sålunda inte i sin skapelseakt fri i den meningen att han skulle välja mellan olika handlingar. Till sin natur är Gud (det Ena) god, givmild, utan missunnsamhet. Därför *måste* han skapa. Skapelsen har, givet Guds natur, nödvändighetens karaktär. Nio ytterligare Intelligenser produceras i sin tur ur varandra, varav den lägsta är den sublunära världens demiurg, identifierad med Aristoteles' "aktiva intellekt". Hos detta aktiva intellekt finner människan sin lycka, till det återgår hon efter sin död. Människan befinner sig på så sätt inte i direkt kommunikation med Gud, utan bara i en indirekt, via den lägsta Intelligensen.

En viktig och framtidsdiger punkt i Avicennas filosofi gäller den klara distinktion han som den första gjorde mellan essens och existens. Essensen (*vad* något är) och existensen (*att* något är) är två olika ting. Endast hos Gud, menade Avicenna, är essens och existens samma sak, dvs. Gud ensam existerar med nödvändighet, till följd av själva sitt väsen. Allt annat, dvs. det av Gud skapade, existerar visserligen med nödvändighet i den meningen att Gud har skapat det med nödvändighet. Men detta är en härledd, en sekundär nödvändighet, inte en som ligger i de skapade tingens essens. Att existens inte ligger i de skapade tingens väsen visas redan av deras föränderlighet och förgänglighet, av att de uppstår och går under. De skapade tingen är i denna mening kontingenta (icke-nödvändiga). De är beroende av ett annat väsen, Gud, för sin existens. Deras existens är i viss mening tillfällig, accidentell.

Det kan sägas att Avicennas lära om de skapade tingens kontingens och beroende av Gud förde honom närmare den skapelselära som islam ärvt från judendom och kristendom. Överhuvud ansträngde sig Avicenna att harmonisera sin filosofi med den islamska religionen. Att detta inte utan vidare kunde lyckas ligger dock i öppen dag. Läran att Gud skapar av nödvändighet och utan val, liksom åsikten att skapelsen är evig, var svåra att förena med hur man inom islam vanligtvis såg på saken. Resonemanget om människans endast indirekta gemenskap med Gud och om hennes odödlighet endast genom ett uppgående i det aktiva intellektet var också något, som måste få en ortodox muslim att betänksamt rynka pannan. Från ortodoxt håll kom mycket riktigt motangrepp mot de Aristotelesinfluerade filosofernas framfart. En from teolog, Al-Gazali (d. 1111), författade en stridskrift mot filosoferna. Där angrep han vad han ansåg vara filosofernas travesti på skapelseläran. Han utnyttjade också skeptiska argument till att ifrågasätta med vad rätt aristotelikerna tillämpade metafysiska principer, t.ex. nödvändighetsbegreppet, på den transcendenta Guden. Frågan om förhållandet mellan filosofi och religion blev också en huvudpunkt för Avicennas store efterföljare, Averroës.

Ibn-Rushd (Averroës) (1126–1198) var verksam i det islamska Spanien, närmare bestämt i Cordoba. Också han var läkare, livläkare till kalifen al-Mansur, som residerade i Cordoba – det var ingen tillfällighet att filosofin utövades av läkarna snarare än av det islamska prästerskapet. Hans filosofiska verk går helt i Aristoteleskommenterandets tecken. För hans latinska anhängare skulle Aristoteles bli Filosofen, Averroës Kommentatorn. Man skall dock inte föreställa sig att Averroës på alla punkter var en blind anhängare av Aristoteles. Han var i besittning av ett högst självständigt förnuft och han begagnade det

Mot sin föregångare Avicenna förhåller sig Averroës ofta polemiskt. Avicenna hade i Averroës' ögon gjort alltför stora eftergifter för folkreligionen och inte alltid tillräckligt klart förstått Aristoteles' intentioner. Inte minst kritiserade han Avicennas åtskillnad mellan essens och existens och hans sätt att betrakta existensen för de skapade tingens del som en tillkommande tillfällighet (accidens). Averroës återvänder här till vad som måste anses vara en mer äktaristotelisk hållning, enligt vilken essens och vara inte kan skiljas åt och enligt vilken världen i sig är nödvändig och förnuftig, inte tillfällig eller arbiträr. Därvid avlägsnar han sig å andra sidan än mer än Avicenna gjort från det skapelsebegrepp som judendom, kristendom och islam hade gemensamt. Överhuvud är Averroës i teologiskt avseende än mindre ortodox än sina föregångare. Uttryckligen hävdar han att världen är evig. För den individuella odödligheten har hans system ingen plats. Dessutom framhäver Averroës att den egentliga kunskapen måste gälla det allmänna, aldrig det individuella. Hos Gud finns därför ingen kunskap om det individuella. Det tycks följa att tanken på en gudomlig försyn eller på ett gudomligt ingripande i den enskildes öde blir en omöjlighet. Tydligt är att Averroës' filosofi på punkt efter punkt kolliderade med den vedertagna religionen.

Det var nödvändigt för Averroës att försöka förklara på vad sätt hans filosofi kunde förenas med religionen. Han gjorde det genom att utveckla en lära om två sorters sanning eller, bättre, två slag av tillgång till sanningen. Religionen, menade han, framställer sanningen på det sätt som lättast gör den tillgänglig för folket – genom bilder, symboler, allegoriska berättelser anpassade efter folkliga föreställningssätt. Filosofin å sin sida framställer sanningen bokstavligt, med det begreppsliga språkets hjälp. Lösningen kan vid en hastig anblick förefalla salomonisk, men endast en mycket skumögd

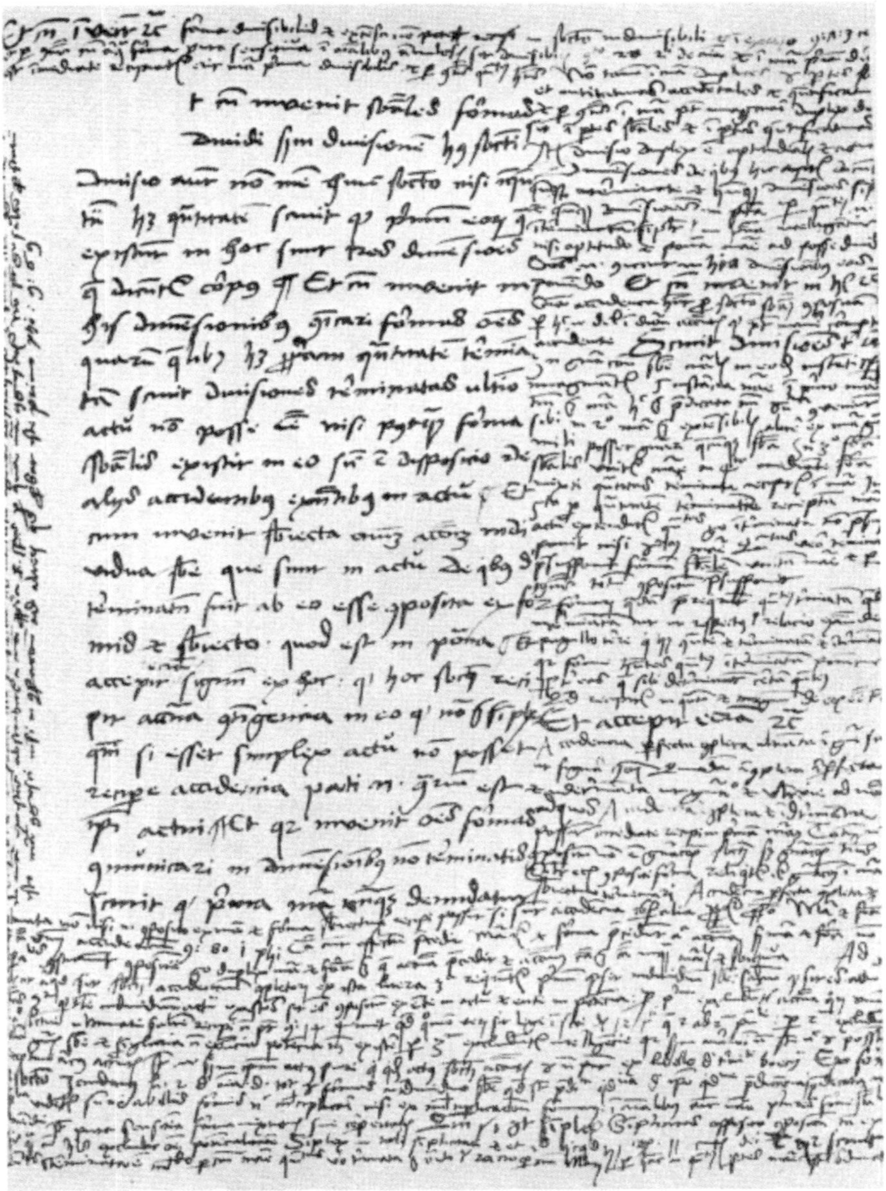

Manuskriptsida till en latinsk översättning av Averroës, skriven i Tyskland under tidigt 1500-tal. British Museum, London.

islamisk teolog kan i längden ha undgått att lägga märke till att domen i själva verket utfallit ganska ensidigt till den ena partens förmån. Averroës gav uppenbarligen filosofin företräde vid tolkningen, det var dess bokstavliga sanning som avgjorde hur folkreligionens allegoriska uttryckssätt skulle interpreteras. Det är sålunda föga förvånande om de rättrogna muslimerna satte igång en agitation mot Averroës. Den bidrog till att han 1195 förvisades från Cordoba och fick tillbringa sin sista tid i Marocco. Därmed var den islamiska vetenskapens blomstringstid avslutad. Filosofins förvisning från Cordoba 1195 blir ett symboliskt årtal jämförligt med filosofins fördrivande från Aten 529. I den islamiska världen blir i fortsättningen utrymmet för ett från religionen oberoende filosofiskt tänkande mycket begränsat. Det är ett ironiskt faktum att reaktionen mot Averroës i den islamiska kulturmiljön blev så stark att en del av hans skrifter numera finns tillgängliga endast i latinsk översättning. Liksom Aristoteles under en period levde vidare på arabiska har Averroës levt på latin. Ty samtidigt som den Aristotelesinspirerade filosofin fördrevs från den arabisktalande världen blommade den upp i den latintalande.

I samma miljö som Averroës tillhörde levde en annan filosof som skulle få viss betydelse för utvecklingen av den latinska skolastiken, juden Moses ben Maimon (Maimonides). Moses Maimonides (1135–1204) föddes i Cordoba och hörde till en rättrogen judisk familj. Familjen fördrevs emellertid från Cordoba – också judarna kände av det under 1100-talet hårdnande religiösa klimatet i det arabiska Spanien – och slog sig ned i Kairo. Där levde Moses Maimonides under återstoden av sitt liv, verksam bl.a. som livläkare åt den store Saladin, korsfararnas vedersakare. Där skrev han (på arabiska) sin berömda *Vägledning för de villrådiga*, som innehöll kärnan av hans filosofi.

Moses Maimonides arbetade i en judisk filosofisk tradition som existerat alltsedan Filon av Alexandria under vår tideräknings första århundrade sökt förena platonismen med Toran. Men framför allt var det den arabiska Aristotelestolkningen han utgick från. Hans problematik rörde sig i inte ringa utsträckning kring samma frågor som Averroës'. Hur skulle Aristoteles kunna förenas med Den heliga skrift, som i Maimonides fall inte var Koranen utan Gamla testamentets böcker? Också Maimonides tillgriper den allegoriska tolkningens princip som lösning på problemet. Bibeltexten utläggs allegoriskt på de punkter där den inte överensstämmer med filosofin. Undantag gives dock i de fall där textens mening förefaller entydig och där den aristoteliska uppfattningen enligt Maimonides' åsikt inte är tillräckligt välgrundad. Sålunda förkastade Maimonides Aristoteles' lära att världen är evig till förmån för den bibliska skapelseläran. På andra punkter förklarade han att Bibeln i allegorins form innehåller filosofins sanningar. I sin gudsuppfattning anslöt sig Maimonides till den s.k. negativa teologi som hävdar att vi om Gud bara kan säga vad han inte är, inte vad han är. När vi talar om Gud som god, kärleksfull, givmild, vis osv. använder vi sålunda ett oegentligt språkbruk. Sådana från vår vardagliga erfarenhet hämtade termer har ingen tillämpning på Gud. Såväl Maimonides' negativa teologi som hans allegoriska bibeltolkning skulle bli föremål för debatt bland de latinska skolastikerna. Till dem är det nu tid att övergå.

Skolastikens filosofi

Skolastikens värld

Översättningen till latinet av Aristoteles och av hans arabiska och judiska kommentatorer hörde till de viktigaste förutsättningarna för 1200-talets skolastik ("skollärdom"). Vad som uppenbarades genom översättningarna och genom de grekiska språkkunskaper, som nu började bli vanligare bland de lärde, var ett nytt system av vetande som täckte snart sagt alla områden, astronomi, fysik, biologi, etik, politik, ontologi, och som i klarhet och intellektuell kraft vida överträffade det medeltiden dittills känt till. Intrycket var överväldigande. Aristoteles framstod inte som en filosof bland andra, han blev Filosofen, representanten för allt som kunde vetas genom det naturliga förnuftet. Eftersom han samtidigt var hedning och hans filosofi på många punkter var svår att förena med kristendomen, reste återupptäckten av hans verk på ett nytt sätt hela frågan om relationen mellan religion och filosofi, uppenbarelse och förnuft.

Mot den tradition med förankring i Augustinus och hans platonism, som dominerat den tidigare medeltidens teologi, ställdes nu något nytt. Platonismen hade i viss mån kristnats genom vanans makt och traditionens helgd. Aristotelismen hade genom själva sin nymodighet ännu något av oförskräckt hedendom över sig. I det längsta försökte man också från kyrkligt håll förhindra dess framträngande. När Parisuniversitetet på påvlig befallning 1215 fick sina statuter förbjöds sålunda uttryckligen läsningen av den "nye" Aristoteles – endast de tidigare kända logiska skrifterna ansågs säkra. Förbudet kunde dock inte stoppa Aristotelesstudierna. Man behöver inte i allo dela Augustinus' pessimistiska människosyn för att misstänka att det kanske tvärtom blev en sporre till dem. Snart nog framstod universitetet i Paris som Aristoteleslärdomens centrum. Det blev nödvändigt att förhålla sig till Aristoteles på annat sätt än genom förbud. Frågan om den store grekiske filosofens kristnande kom högst upp på dagordningen. Problem hur judiskt och hellenskt skulle förenas med varandra, som så länge sysselsatt den västerländska kulturen, hade fått en ny turnering.

Aristoteles undervisar munkar. Illustration i en latinsk översättning av Aristoteles' "Nikomachiska etiken", skriven i Paris under senare hälften av 1200-talet. Kungl. biblioteket, Stockholm.

Vid sidan av Aristotelesrenässansen var det två andra faktorer som blev avgörande för skolastiken. Det var universitetsinstitutionens uppkomst och konsolidering och det var instiftandet av de s.k. tiggarordnarna. Universiteten, bland vilka de första grundades under 1100-talet, fick under 1200-talet allt större betydelse för Europas intellektuella liv. På teologins och filosofins fält var det universitetet i Paris som blev det obestritt ledande och dit studenter från hela Europa vallfärdade för att få del av de djupaste visdomarna. Genom universiteten och vid universiteten skapades grupper av intellektuella, medicinare, jurister, filosofer, som inte på samma sätt som den tidigare medeltidens präster och munkar var beroende av kyrkan och dess makt. Detta svarade kanske inte fullt ut mot vad påvemakten hoppats då den främjade universitetens framväxt. Innocentius III, den påvliga suprematins mäktige försvarare, hade sålunda 1219 framhållit att teologin borde utöva sin makt över de övriga fakulteterna på samma sätt som anden styr kroppen. Men det skulle inte bli helt och hållet som han tänkt sig. En strid mellan fakulteterna kunde snart nog skönjas. Teologernas företrädesrättigheter blev aldrig obestridda. I Paris var det framför allt inom artes-fakulteten som den radikala aristotelismen frodades till de frommas förargelse. Men universitetsinstitutionen fick lika stor betydelse för lärdomens form som för dess innehåll. Skolastiken inom filosofin kan inte tänkas utan den form som disputationsväsendet, den syllogistiska slutledningskonsten, de lärda kompendiernas frågor och svar, bidrog till att skapa. När den europeiska filosofin konsolideras på nytt efter nära tusen år av ganska osäker tillvaro är det som universitetsfilosofi.

I början av 1200-talet hade påven godkänt två nya ordnar, dominikanerna, grundade av spanjoren Dominicus, och franciskanerna, grundade av italienaren Franciscus. De kallades tiggarordnar, deras medlemmar hade svurit lydnad och fattigdom och fick inte äga privat egendom. Svart- och gråbröderna var, i motsats till de tidigare munkordnarnas medlemmar, inte hänvisade till klosterliv utan rörde sig fritt bland människorna. Dominikanerna intresserade sig från början livligt för lärda studier, franciskanerna följde snart efter. Redan på 1210-talet installerade sig tiggarordnarna i Paris och dominikaner och franciskaner skulle komma att spela en stor roll som lärare vid universitetet där. Till dominikanorden hörde den störste av alla skolastiker, Thomas av Aquino, av medeltiden tilldelad hedersnamnet *doctor angelicus*, ”den änglalike doktorn”.

”Den änglalike doktorn”

Thomas av Aquino (1225–1274) föddes på borgen Roccasecca i närheten av Neapel som sjunde son till en greve Landulf av ätten Aquino. Vid fem års ålder sändes han till benediktinklostret Monte Cassino där han gick i skola under nio år. Senare fortsattes hans studier vid universitetet i Neapel, där han bland annat studerade Aristoteles' skrifter. 1244 gick Thomas in i dominikanorden. Hans familj blev bestört över detta steg som stängde vägen för varje karriär som kunde anses passande för en adelsman. Under en resa som Thomas företog i sin ordens tjänst blev han bortrövad av sina egna bröder, som placerade honom i husarrest på Roccasecca. Han vägrade emellertid envist att bryta sitt ordenslöfte. Bröderna skickade upp en vacker flicka på hans rum för att förföra honom, men Thomas motstod också denna frestelse och skall i fortsättningen ha undvikit kvinnor som vore de ormar. Till slut gav bröderna upp, Thomas fick återgå till dominikanerna och skickades av dem till Köln, där han studerade för den lärde Albertus Magnus. Albertus var en av tidens allra främsta Aristotelesspecialister och hade tidigare undervisat i Paris. Också Thomas skolades nu till lärd Aristotelesforskare. På sina medstudenter imponerade han förutom genom sina kunskaper genom sin massiva kroppshydda, sina långsamma rörelser och sitt orubbliga lugn. De döpte honom till "den stumme oxen".

En ny period i Thomas' liv inleddes 1252 när han skickades till det då ganska nya universitetet i Paris. Här kom han att vara verksam som lärare i teologi fram till 1259 och förvärvade ett stort rykte genom sin undervisning och sitt författarskap. Bland annat påbörjade han i Paris det ena av sina båda huvudarbeten *Summa contra gentiles* ("Handbok mot hedningarna"), en encyklopediskt utformad sammanfattning av den kristna teologin, skriven i polemik mot i första hand muslimer och judar. Detta stora arbete – det omfattade omkring 300 000 ord – fullbordades först i Italien, där Thomas tillbringade de följande sex åren. I Italien påbörjade Thomas också sitt största arbete *Summa theologiae* ("Handbok i teologi"), som han arbetade vidare med sedan han 1268 återvänt till den teologiska lärostolen i Paris. Betänker man att *Summa theologiae*, trots att det aldrig fullbordades, omfattar över två millioner ord och att Thomas, förutom huvudarbetena, skrev en lång rad avhandlingar om teologiska frågor, kommentarer till Aristoteles' skrifter och annat, inser man att det här är fråga om en av alla tiders flitigaste filosofisk-teologiska författare. Man tror gärna på uppgiften att Thomas kunde diktera till 3–4 sekreterare samtidigt. Under hans sista år avtog likväl hans arbetsförmåga och hans tankspriddhet tilltog. Det berättas att han vid Ludvig IX:s bord, där han satt placerad närmast kungen, vid ett tillfälle försjönk så djupt i sina tankar att hans tycktes ha glömt sin omgivning till dess han plötsligt slog näven i bordet utropande att han funnit ett avgörande argument mot det manikeiska kätteriet. Thomas dog den 7 mars 1274 när han var på väg till en kyrkomöte.

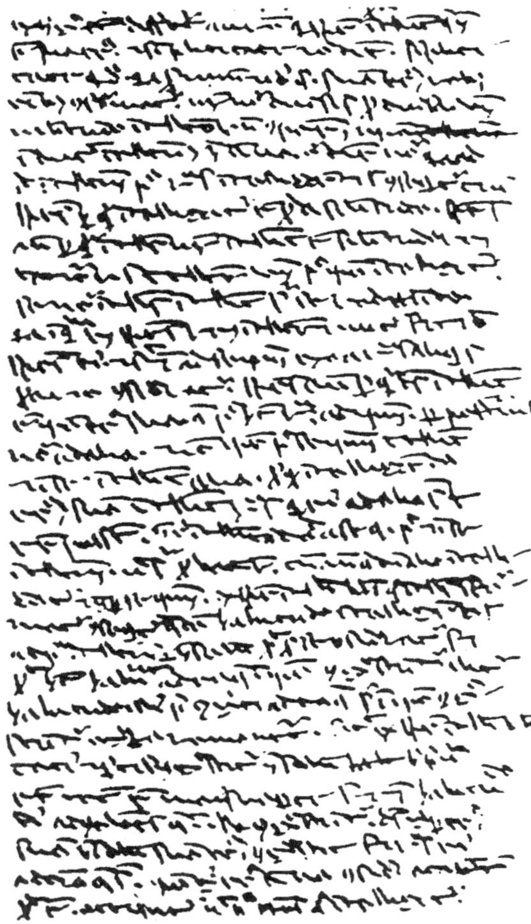

Manuskriptsida till ett brev från Thomas av Aquino.

Thomas av Aquino var, till professionen såväl som till intresseinriktningen, framför allt teolog. Filosofin var för honom väsentligen ett hjälpmedel för teologin. Likväl genomförde Thomas på ett sätt som inte har någon tidigare motsvarighet en sorgfällig distinktion mellan filosofi och teologi och detta så att han slog vakt om filosofins självständighet. Det viktigaste incitamentet för hans tänkande var konfrontationen med Aristoteles, vilken för Thomas representerade Filosofin. Att förlika och harmoniera religionen (i form av den kyrkliga traditionens kristendom) med filosofin (i form av Aristoteles) blev Thomas' stora insats. Den var betingad av en bestämd historisk situation, men har också en allmängiltig innebörd som ett av de representativa försöken i Europas idéhistoria att förena det som kan vetas med det som är föremål för tro.

Skillnaden mellan teologi och filosofi vilar på en olikhet mellan två sätt att nå kunskap, genom uppenbarelsen och genom förnuftet. Teologin utgår från uppenbarelsen, auktoriteten (kyrkans och Bibelns) och tron. Den kan begagna sig av förnuftet för att reda ut sammanhanget mellan olika trosföreställningar, bemöta invändningar mot dem etc. Men sina premisser hämtar teologin från tron. Filosofin å sin sida hämtar sina från det naturliga förnuftet, den utgår enligt aristotelikern Thomas från tingens essenser och yttersta principer. Det faktum att en hedning, Aristoteles, representerar det mest fulländade inom filosofin visar med all önskvärd tydlighet att denna vetenskap i motsats till teologin inte förutsätter den kristna uppenbarelsen. Visserligen kan trons insikter ha ett heuristiskt värde, hjälpa oss att upptäcka förnuftssanningar genom att leda våra tankar in på rätt väg. Men nödvändiga är de inte för detta ändamål.

I mångt och mycket har tron och vetandet olika områden. Genom uppenbarelsen har vi fått reda på det som är nödvändigt för vår frälsning. Många sanningar har uppenbarats för oss som inte kan bevisas genom förnuftet, t.ex. att Gud är treenig eller att Kristus blivit människa. Å andra sidan existerar många sanningar, t.ex. naturvetenskapliga, som inte är nödvändiga för vår frälsning, men ändå betydelsefulla och som vi leds till genom det rent mänskliga förnuftet. Filosofin studerar t.ex. elden sådan den är i sig själv och till sin fysikaliska natur, medan teologin intresserar sig för elden som symbol för Guds upphöjdhet. Detta innebär att teologins och filosofins sanningar kompletterar varandra. För att få en fullständig bild av verkligheten behöver vi både tron och vetandet. Ibland kan likväl tron och vetandet handla om samma föremål. Vi kan ange rent förnuftsmässiga bevis för Guds existens, vilken dessutom har uppenbarats för oss. Gud har så att säga för säkerhets skull uppenbarat för oss en del saker som vi också kan veta genom vårt förnuft. Eftersom förnuftsbevis ibland kan vara svåra att komma fram till och dessutom svåra att förstå för de olärde, har allt som behövs för frälsningen också gjorts till föremål för uppenbarelse. En psykologisk skillnad mellan vetande och tro består likväl alltid. Det vi vet är sådant som överväldigar sinnena och förnuftet och tvingar till bifall. För att vi skall tro fordras å andra sidan viljans assistans och i sista hand Guds nåd. Kunskap har vi genom naturen, tro genom nåden. Att trons sanningar aldrig kan strida mot dem vi får tillgång till genom den naturliga kunskapsförmågan var för Thomas en självklar sak. Som god aristoteliker insåg han att två sanningar aldrig kan motsäga varandra.

I sin uppfattning av den naturliga kunskapsförmågan följer Thomas i det väsentliga Aristoteles (eller "Filosofen" som han gärna kallade honom). All kunskap har enligt denna uppfattning sitt ursprung hos sinnena. Det finns ingenting i intellektet som inte först funnits hos sinnena (lat. *nihil in intellectu quod prius non fuerit in sensu*). Det nyfödda barnets intellekt är en oskriven tavla (lat. *tabula rasa*), på vilken erfarenheten sedan kan skriva sin skrift. Det vi möter i sinneserfarenheten är de enskilda tingen, vilka ensamma har oberoende existens. Genom abstraktion kan intellektet emellertid få kunskap om allmänna egenskaper och bilda allmänbegrepp. Det vi

Thomas av Aquino. Träsnitt i Jacobus de Voragine, "Legenda aurea", tryckt i Lyon av Matthias Huss 1486.

har sinneserfarenhet av är olika mänskliga individer, inte människans idé. Men genom abstraktion från de enskilda mänskliga individerna kan vi bilda begreppet ”människa”, få kunskap om människan som art och essens. Den kunskapen är indirekt – någon intellektuell åskådning eller något direkt skådande av sammanhangen (lat. *intuitio*) finns enligt Thomas inte under jordelivet. Därför är intellektet beroende av sinnena, som förser det med det material, varur det formar kunskap. Samtidigt följer Thomas Aristoteles i åsikten, att det bara är kunskapen om det allmänna, om essenserna, som är den verkliga kunskapen. Först när förnuftet bearbetat det som kommit till det genom sinnena uppstår verklig kunskap. Thomas kan i så måtto ses antingen som empirist eller som rationalist, beroende på vid vilken aspekt av hans kunskapslära man lägger huvudvikten.

Lika svårt är det att i en enkel formel fånga Thomas' hållning till universalieproblemet. Thomas förnekar att essenserna har en från de enskilda tingen oberoende existens. Å andra sidan existerar de just *i* tingen som deras essens. Thomas följer Aristoteles i detta liksom i den skillnad han gör mellan tingens tillfälliga och nödvändiga (essentiella) egenskaper samt i läran om definitioner genom genus och *differentia specifica*. Hos oss existerar allmänbegreppen enligt Thomas just som begrepp (med en objektiv motsvarighet hos tingens väsen) och han kan med viss rätt kallas konceptualist. Samtidigt vidhåller han den platonska åsikten att tingens essenser också existerar som idéer eller arketyper i Guds medvetande. Kanske kunde Thomas' lära om allmänbegreppen karaktäriseras som en aristotelism modifierad av kristen platonism.

Hittills har jag uppehållit mig vid Thomas' uppfattningar om kunskapsteoretiska och metodiska frågor. Men Thomas var framför allt teolog. I sina stora systematiska exposéer följer han en teologisk ordning i de ämnen han diskuterar. *Summa theologiae* börjar sålunda inte med den mänskliga kunskapen utan med Gud, det högsta varat, föremålet för all sann kunskap. I fortsättningen skall jag följa framställningsordningen i detta verk. Något ytterligare bör emellertid först sägas om Thomas' framställningssätt. Det måste betonas att Thomas som teologisk-filosofisk författare framför allt är akademisk, professorlig, skolastisk. Här finns inga höjder och stup som hos Augustinus. Författarens eget jag hålls i bakgrunden. Texten är torr och pedantisk. Dess spänning finns enbart på det intellektuella planet. Den oerhörda omständligheten betingas av dispositionen. En fråga uppställs. Några argument anförs mot det svar som till slut blir Thomas'. Häremot anförs motargument. Dessutom anförs de positiva argumenten för Thomas' svar. Därefter kommer en ny fråga. Auktoriteter citeras för och emot de olika ståndpunkterna. Det hela är monotont, i synnerhet som ingen stilistisk glans lättar upp de tunga perioderna. Men det har fördelen av intellektuell hederlighet. Argumenten mot Thomas' egna ståndpunkter smusslas inte undan. Tvärtom, de lyfts fram, de kommer rent av först efter varje fråga. Varje svar motiveras och preciseras utförligt. Argumenteringarna präglas av klarhet och följdriktighet. Thomas' största verk är läroböcker för universitetsbruk. De vittnar om en intellektuell kultur där argumentationens konst drivits till en höjdpunkt, en intellektuell kultur som Thomas själv gjort mycket för att skapa.

Vad kan vi veta om Gud? Vi kan enligt Thomas först och främst veta att han existerar. Detta är inte bara bekant för oss genom den kristna uppenbarelsen, utan det naturliga förnuftet kan bevisa det för oss. I *Summa theologiae* anför Thomas sina fem berömda bevis för Guds existens. Dessa bevis har alla samma struktur. De utgår i enlighet med Thomas' uppfattning om den mänskliga kunskapens natur från det vi kan erfara, från vår kunskap om världen. Det är vår kunskap om skapelsen som tillåter oss att sluta oss till skaparen. Thomas avvisar Anselms' ontologiska bevis. Enligt honom är det omöjligt att från vårt begrepp om Gud bevisa Guds existens. Det ontologiska argumentet bevisar att vi måste tänka oss Gud som existerande (om vi definierar detta som en del av hans begrepp), men inte att han faktiskt är det. För att finna de verkligt övertygande argumenten måste vi gå till väga på ett annat sätt. Vi måste utgå från det vi primärt har kunskap om, från världen, och därifrån resonera oss tillbaka till dess orsaker.

Thomas' gudsbevis har en aristotelisk struktur. Det första beviset utgår från förändringens faktum. Allt förändras. Men om något förändras förändras det genom något annat. Förändring innebär alltid att något potentiellt blir aktuellt, att något förverkligas. Det som orsakar förändringen måste vara något i högre utsträckning förverkligat än det som förändras. Det som förändrar något annat kan självt i sin tur förändras genom inverkan från något tredje och detta tredje genom något fjärde. Men kedjan kan inte fortgå i det oändliga. Någon gång måste vi komma till en första orsak. Denna första orsak är då en som inte själv förändras: "Vi kommer till slut till någon första orsak till förändring, vilken själv inte förändras av något, och denna är vad alla förstår som Gud." Det första bevisets Gud är som synes en orörlig rörare i Aristoteles' mening. Det finns strängt taget ingenting i beviset som säger att det bara kan finnas *en* orörlig rörare. Överhuvud är Thomas alldeles för rask när han identifierar det han anser sig ha bevisat med "vad alla förstår som Gud". Å andra sidan finns det i *Summa theologiae* många fler argument, som fyller ut vår bild av det första bevisets Gud. Redan ur det aristoteliska schemat följer för övrigt att den orörlige röraren är ren aktualitet (lat. *actus purus*), något helt och hållet förverkligat hos vilket det inte gömmer sig någon rest av potentialitet eller materia. Det följer också att den orörlige röraren är *telos*, är ändamål. Att Gud är *actus purus* och att han är alltings ändamål är viktiga punkter i Thomas' filosofiska teologi.

De fyra senare gudsbevisen påminner i uppläggningen om det första. Bevis nummer två är baserat på begreppet om en verkande orsak. Om första beviset handlade om ändamålsorsaken är det nu fråga om den utlösande orsak, som i tiden föregår verkan. I den synliga världen måste varje orsak i sin tur ha en orsak. Men kedjan av orsaker måste ha ett slut någonstans. Därför måste vi anta en första orsak, "åt vilken alla ger namnet Gud". För att ge argumentet mening får vi supplera premissen, att Gud inte i sin tur behöver någon orsak. En tanke på Gud som ett i sig nödvändigt väsen är likaledes förutsatt i det tredje beviset. De ting vi möter i den synliga världen är tillfälliga, kontingenta, de måste inte finnas till. Vi ser dem uppstå och gå under så att de ibland existerar, ibland inte. Men allt kan inte ha denna tillfälliga karaktär. Ty det som endast existerar på ett tillfälligt sätt måste en gång ha varit icke-existerande. Det betyder, enligt Thomas' en smula förhastade slutsats, att om allt vore tillfälligt skulle en gång i tiden ingenting alls ha existerat. Men ur ingenting kan ingenting uppstå. Dock vet vi genom observation att det existerar någonting. Sålunda finns det något som till sin natur inte är tillfälligt eller kontingent, utan nödvändigt. Vi tvingas till slutsatsen att det finns något som existerar med nödvändighet, som inte för sin existens är beroende av någonting utanför sig självt, utan tvärtom är orsaken till allt annat, som existerar. Detta är Gud. Hos honom sammanfaller essens och existens, vilka hos de skapade tingen är åtskilda. Detta tredje bevis, som bygger på skillnaden mellan den med nödvändighet existerande skaparen och hans utan nödvändighet existerande skapelse, har inte samma aristoteliska karaktär som de föregående. Närmast är det här Avicenna och Maimonides som inspirerat Thomas.

Thomas' fjärde bevis är baserat på den gradering vi kan iaktta hos tingen. Somliga ting är bättre, ändamålsenligare, vackrare etc. än andra. Men varje skala förutsätter en yttersta punkt, en absolut grad av fullkomlighet. Det mest fullkomliga av varje slag är dessutom det som delger lägre grader av denna fullkomlighet till allt annat. Men det mest fullkomliga är Gud, som sålunda hos alla andra ting orsakar deras vara, deras godhet, deras skönhet osv. Beviset är uppenbarligen djupt rotat i den platonsk-aristoteliska metafysikens antaganden. Mer common sense-mässigt är det femte och sista beviset för Guds existens. Det utgår från naturens observerbara ändamålsenlighet. Denna ändamålsenlighet, som finns hos allt i naturen, förutsätter en intelligent skapare, som vi kallar Gud.

De fem bevisen är avsedda att bevisa *att* Gud är, inte *hurdan* han är. Thomas är i själva verket intill en viss gräns anhängare av den s.k. negativa teologin, dvs. av åsikten att Gud bara kan karaktäriseras negativt, genom vad han inte är: han är inte ändlig, inte föränderlig, inte begränsad av tid och rum, inte kroppslig osv. Någon fullständig och klar bild av vad Gud är kan vi dödliga och till våra sinnens förmåga begränsade människor inte ha. Men Thomas medger att de negativa karaktäristikerna inte är tillräckliga. *Någon* positiv kunskap måste vi kunna ha om Gud. Vi har sett hur redan bevisen för hans existens har tilldelat honom en rad metafysiska egenskaper: han är orörlig rörare, *actus purus*, ren andlighet, absolut osammansatt, alltings orsak, nödvändig existens, högsta norm för all fullkomlighet och det som ger allt annat fullkomlighet. Men de kristna vill också ge honom andra, mer personliga egenskaper, de vill se Gud som vis, kärleksfull, barmhärtig osv. Samtidigt står det klart att ord som ”vis”, ”kärleksfull”, ”barmhärtig” osv. får sin normala betydelse i språket genom det sätt varpå de används om människor. Men hur kan en människas visdom, kärleksfullhet eller barmhärtighet jämföras med Guds? Eller om de inte kan det – hur kan vi begagna samma ord för att karaktärisera människor och för att karaktärisera Gud?

Thomas finner en utväg ur dilemmat genom att tala om en ”analog” användning av orden. När vi använder ett ord analogt om Gud använder vi det inte i alldeles samma bemärkelse som vi skulle ha gjort om vi beskrivit en människa, men heller inte i en alldeles olika. Thomas tar som exempel ordet ”sund” som kan användas i sammansättningen ”en sund kropp”, men också i sammansättningar som ”en sund kost” eller ”en sund urin”. Uppenbarligen betyder ”sund” inte samma sak i de olika fallen, men heller inte fullständigt olika saker. (En ”sund kost” är sålunda inte en som själv äger hälsa utan en som bidrar till hälsa hos den som äter den, medan en ”sund urin” är en som vittnar om producentens hälsa.) ”Vis”, ”kärleksfull”, ”barmhärtig” betyder olika saker när de utsägs om människor och när de utsägs om Gud. Gud har dessa egenskaper med en grad av perfektion, som aldrig kan finnas hos en mänsklig varelse. Men han har dem också på ett annat sätt. Gud ensam är vis, kärleksfull, barmhärtig och så vidare till sitt väsen, medan vi får del av dessa egenskaper genom Gud (i den mån vi alls besitter dem). Gud är likaledes det högsta Varat, den högsta verkligheten, den enda om vilken det i full mening kan sägas att han *är*. De skapade tingen har del av varat bara genom honom, de ”är” enbart i en lägre överförd bemärkelse. Resonemanget med dess reminiscenser från Platon och Aristoteles laborerar sålunda med den för Thomas grundläggande föreställningen om grader av verklighet, grader av Vara. Det sanna Varat är Gud, allt annat Vara är härlett och beroende.

Vad vi framför allt vet något om är emellertid inte hurdan Gud är i sig själv, utan hur han är som orsak till världen, som skapare. Thomas ser skapelsen som en fri handling från Guds sida. Därav följer, som redan berörts, att det mellan Gud och världen finns en avgörande ontologisk skillnad. Hos Gud är essens och existens detsamma, han ensam existerar med nödvändighet. Hos de skapade tingen är essens och existens åtskilda. De äger existens bara genom Guds skaparvilja. De är till sin natur beroende, ontologiskt osjälvständiga. I detta avseende följer Thomas Avicenna snarare än Aristoteles. Överhuvud visar sig den kristna skapelseläran svår att anpassa till aristotelismen. Sålunda hade Aristoteles i enlighet med sin övertygelse om världens nödvändighet menat att världen funnits i evighet. Thomas ger ett erkännande åt Aristoteles' uppfattning såtillvida som han medger att det inte kan bevisas att världen haft en begynnelse. Men han anser att det heller inte kan bevisas att världen existerat i evighet. Här blir det uppenbarelsen som fäller utslaget. Genom Bibelns skapelseberättelse vet de kristna att världen haft en begynnelse. Detta är inte en filosofisk sanning, men väl en teologisk.

Hur ser den av Gud skapade världen ut? I det väsentliga följer Thomas Aristoteles. Han anammar Aristoteles' lära om form och materia och därmed (som vi redan sett) den aristoteliska teleologin. Han övertar den aristoteliska världsbilden med dess astronomiska och fysikaliska läror. Han övertar också, vilket är märkvärdigare och leder till större problem, Aristoteles' syn på människan och själen. Thomas avvisar den platonistiskt influerade åsikt som förfäktats av en del kristna tänkare och enligt vilken människan skulle vara identisk med själen. Människan är enligt Thomas både kropp och själ, kroppen är inte bara ett redskap för själen utan en del av själva den mänskliga personen. Vi bör, menar Thomas, älska kroppen, eftersom Gud skapat den. Förhållandet mellan kropp och själ anger han på samma sätt som Aristoteles – själen är kroppens form, dess livsprincip. Därmed är också sagt att alla levande varelser är besjälade, låt vara att det bara är människorna som äger en rationell själ.

Det kan förefalla som om anammandet av den aristoteliska läran om själen borde involvera Thomas i svårigheter i förhållande till den kristna odödlighetsdogmen. Så var också fallet. Här komplicerades debattläget ytterligare genom att Averroës och dennes latinska efterföljare tolkade Aristoteles' uppfattning som ett förnekande av den individuella odödligheten. Det kunde synas som om Aristoteles menat att de vegetativa och animala delarna av själen måste förgås med kroppen under det att den förnuftiga själen är icke-individuell, gemensam för alla människor. Den individuella odödlighet som de kristna fäster en så avgörande vikt vid skulle därmed bli otänkbar.

Thomas bestrider emellertid den averroistiska uppfattningen, såväl i fråga om dess sanning om verkligheten som i fråga om dess överensstämmelse med Aristoteles' åsikt. Han hävdar att människans intellekt (såväl det "passiva" som det "aktiva") är individuellt och som individuellt odödligt. Hur skulle man kunna förklara människors olika uppfattningar och olika sätt att tänka om man inte antog att de ägde individuella intellekt? Hur skulle man kunna förklara att viljan kan påverka förnuftet och styra in det på olika verksamhetsområden om man samtidigt hävdade att viljan är individuell, men förnuftet universellt? Att förnuftet å andra sidan inte är något kroppsligt eller av kroppen helt beroende vill Thomas visa genom att poängtera att människan i tänkandet kan höja sig över alla materiella begränsningar och förstå t.ex. allmänbegreppen och Gud. Därför kan förnuftet också överleva kroppens död. Trots det utomordentliga skarpsinne varmed Thomas i detta stycke genomför sin argumentering och söker sig en väg genom de subtilaste distinktioner måste det väl sägas, att en spänning kvarstår mellan den aristoteliska läran om själen som kroppens livsprincip och den kristna odödlighetsläran. De kristna tänkare som höll sig till Platon hade onekligen då det gällde just odödlighetsproblemet ett i flera avseenden gynnsammare utgångsläge.

Thomas' förhållandevis höga uppskattning av kroppen och det kroppsliga, som skiljer honom från den augustinska traditionen, hänger nära samman med hans syn på naturen. Ur kristen synpunkt är det möjligt att se naturen företrädesvis ur endera av två aspekter. Antingen kan man, som Augustinus och hans efterföljare, framhålla naturen som fallen, korrumperad, syndfull. Skillnaden mellan naturen och nåden blir då till en motsatsställning. Eller kan man som Thomas poängtera, att naturen är Guds skapelse och följaktligen något gott. "Nåden förstör inte naturen, utan fullbordar den", inskärper Thomas. Hans grundhållning är en kristen optimism snarare än en kristen pessimism. De aristoteliska inslagen i hans filosofi bidrog till denna världsbejakelse, som gör sig gällande också i Thomas' uppfattningar inom etik och politik.

Thomas' etik utgår från frågan vad som är människans ändamål och vad som är hennes lycka. Därvid gör Thomas en skillnad mellan det svar som kan ges från en enbart filosofisk ståndpunkt och det som kan ges från en teologisk. Å ena sidan finns det goda som människan kan eftersträva enbart med hjälp av sina naturliga krafter (mänsklig dygd och visdom), å andra sidan finns det goda som hon kan få endast genom nåd, frälsningen, den högsta lycksalighet som består i kontemplationen av Gud. Naturens sfär och nådens samexisterar fredligt samtidigt som rangordningen mellan dem är klar. Den fullkomliga lyckan kan människan nå endast efter döden, hos

Gud. Det högsta goda kan förverkligas bara på det religiösa planet. Här skiljer sig Thomas fundamentalt från Aristoteles.

I mångt och mycket tänker Thomas emellertid även som etiker på det aristoteliska sättet. Hans morallära bygger liksom grekernas på en lyckomoral, låt vara att perspektivet förändras genom att han på kristet vis räknar den hinsides saligheten som den väsentliga lyckan. På samma sätt som Aristoteles utvecklar Thomas en dygdelära, även om han lägger mindre vikt vid aristokratiska dygder som generositet och storsinthet och i stället framhåller specifikt kristna, t.ex. ödmjukhet. I likhet med Aristoteles och de grekiska filosoferna i allmänhet är Thomas också en intellektualist i etiken, han tror på ett praktiskt förnuft som leder oss. Det goda för människan, hävdar Thomas, är det som står i överensstämmelse med förnuftet. Den tanken utvecklar han emellertid på ett sätt som inte har någon exakt motsvarighet hos de hedniska filosoferna, men som gör honom till en av de stora naturrättslärarna.

Förnuftet förverkligas enligt Thomas i de lagar som styr världen. Det finns lagar för naturen, för människan, för samhället. Dessa lagar är på en gång naturliga, rationella och gudomliga. Gud vill dessa lagar, men inte genom ett godtyckligt beslut utan därför att de är en konsekvens av det förnuft och den godhet som tillhör hans natur. För den moderna människan kan det tyckas vara en avgörande skillnad mellan en naturlag, som beskriver invarianser hos de fysikaliska fenomenen, och en moralisk lag, som människor kan följa eller överträda. Men för Thomas är de alla del av en universell rättsordning.

Lex naturalis, den naturliga lag som gäller för människan, är grundad i människans natur och i förnuftet. Den gäller sålunda inte bara för de kristna, utan för alla människor. Den innehåller föreskrifter om envars rätt till självbevarelse, om respekt för det mänskliga livet, om kontrakts förpliktande karaktär m.m., som har giltighet för varje samhälle, inte bara för de kristna. Statens primära uppgift, även i ett kristet samhälle, är också att skydda människornas världsliga väl. Men det existerar därtill en annan, än mycket viktigare uppgift, den att verka för själarnas frälsning. Den uppgiften tillkommer den kristna kyrkan. Stat och kyrka, kejsare och påve, existerar sålunda sida vid sida med olika uppgifter. Thomas' sätt att betona det naturliga förnuftet och den naturliga lagen innebär att staten i rent världslig mening tillerkänns sin rätt. Men den religiösa uppgiften framhålls som överordnad, kyrkans roll blir fundamental. Därtill innebär existensen av en högre, gudomlig och naturlig rätt, att det finns en norm för den faktiska lagstiftningen och för kungarnas handlande. Den kung som systematiskt bryter mot den högre rätten är en tyrann. Thomas varnar för uppror mot tyranner –

de kan leda till mera ont än tålig underkastelse – men han tillåter dem i extrema fall. Den världsliga makten är legitim bara så länge som den rättar sig efter Guds och naturens lagar.

Hos Thomas av Aquino möter vi, som ofta framhållits, en syntes, en harmonisering av olika element. Här upprätthålls en balans mellan filosofi och religion, mellan vetande och tro, mellan Aristoteles och kristendomen, mellan naturens rike och nådens, mellan kroppsligt och själsligt, mellan stat och kyrka. Det imponerande, linjerena i denna syntes har bidragit till att Thomas av Aquino kommit att betraktas som medeltidens klassiska tänkare. Men Thomas utförde inte enbart en syntes av tidigare existerande element. Han var en förnyare. För eftervärlden har det varit frestande att se högmedeltiden som en organisk, stillastående tidsålder. För samtiden var förändringarna, ofta upplevda som hotande, mer iögonenfallande. Thomas var en pionjär bland dem som för sin kristna samtid uppenbarade hela betydelsen av Aristoteles' filosofi. Han var en av de första att utnyttja Vilhelms av Moerbeke nya latinska Aristotelesöversättning direkt från grekiskan. Återupptäckten av Aristoteles innebar ett avgörande vetenskapligt framsteg och lade grundvalen för en ny filosofisk kultur. Här hörde Thomas till föregångsmännen och undgick heller inte att väcka den förargelse, som alltid brukar följa sådanas verksamhet. 1277 fördömdes ett antal av Thomas' teser, dels i Paris, dels i Oxford.

Med tiden skulle Thomas av Aquino likväl komma att accepteras som en av kyrkans stora lärare. 1323 blev han helgonförklarad. Hans filosofi kom i synnerhet inom hans egen orden, dominikanorden, att betraktas som normgivande. Så sent som 1879 gavs Thomas' filosofi en ny betydelse genom att påven Leo XIII i en encyklika förklarade, att Thomas' tänkade skulle anses förebildligt för katolsk teologi. Encyklikan kom att bilda utgångspunkten för den s.k. nythomismen, som under det senaste århundradet varit en tongivande riktning inom rättrogen katolsk filosofi. Bland företrädarna för denna nythomism kan nämnas Jacques Maritain (1882–1973), som i thomistisk anda behandlat problem inom alla filosofins områden, och Etienne Gilson (1884–1978), som framför allt gjort sig känd genom sina forskningar kring den medeltida filosofin. Deras och andra nythomisters verksamhet är ett vittnesbörd om att Thomas' filosofi haft relevans för kristna också i vår tid.

Den radikala aristotelismen

Thomas av Aquino kom att försvara och avgränsa sin filosofi framför allt i två riktningar. Dels mot de teologer som höll fast vid den platoniserande traditionen från Augustinus. Dels mot de radikala aristoteliker vilkas tolkning av mästaren formats genom Averroës' kommentarer. Dessa senare fanns samlade framför allt inom artes-fakulteten vid universitetet i Paris. Deras främsta företrädare var Siger av Brabant.

Siger av Brabant (omkring 1240–1284) dyker upp i annalerna på 1260-talet i samband med oroligheter inom artes-fakulteten. Han framstod redan då som ledare för den averroistiska riktningen. År 1270 fördömdes en del av de radikala aristotelikernas teser, samtidigt som Thomas av Aquino i en skrift, *De unitate intellectus contra Averroistas* ("Om intellektets enhet mot averroisterna"), polemiserade mot Siger. Siger svarade, men gjorde också en del medgivanden och reträtter från tidigare ståndpunkter. År 1277 fördömde biskopen av Paris med påvligt stöd 219 teser, framför allt averroistiska. Siger blev inkallad inför en inkvisitionstribunal i Frankrike, men föredrog att tillbringa sina sista år i Italien under det han energiskt bestred anklagelserna för kätteri. Enligt en tradition skall han ha mördats av sin sekreterare, som gripits av sinnesförvirring.

Vår kunskap om Sigers filosofi begränsas av två faktorer. Många av hans skrifter har gått förlorade. Och även i de fall då hans ord bevarats kan det vara svårt att avgöra när Siger uttalade sin verkliga mening och när han för att undgå förföljelse dolde den. Huvudinriktningen hos hans filosofi kan det dock knappast råda någon tvekan om. Siger betraktade Aristoteles som den store mästaren inom filosofin och Averroës som hans oöverträffade kommentator. Lojalt och kompromisslöst försökte han återge Aristoteles' filosofiska åsikter. Det innebär naturligtvis inte att han nödvändigtvis lyckades. Tvärtom är hans uppfattningar om Aristoteles mätt med den nutida forskningens mått ofta felaktiga. Lika litet som Averroës var Siger alltid på det klara med skillnaden mellan aristoteliska och nyplatonistiska uppfattningar. Men hans strävan var otvivelaktigt att följa Aristoteles. Därvid kom han emellertid på en rad punkter fram till tolkningar som svårligen lät sig förena med ortodox kristendom. Siger hävdade att världens evighet följer ur förnuftets argument, att enligt Aristoteles det rationella intellektet är gemensamt för alla människor (under det att den individuella själen är dödlig), att enligt Aristoteles Gud saknar kunskap om individuella företeelser och följaktligen inte kan bekymra sig om den enskilda människans öde. Dessa och liknande meningar var det som stack det över rättroheten vakande prästerskapet i ögonen.

Då Siger anklagades för kätteri försvarade han sig på olika sätt. Ibland lät han och de andra latinska averroisterna påskina, att de endast avsett att återge Aristoteles' uppfattningar, inte att bekänna sig till deras sanning. Ibland framfördes argumentet att Gud genom ett underverk kunde ha ingripit i naturens ordning, t.ex. genom att skapa individuella förnuftiga intellekt. I sådana fall vore det oundvikligt att det naturliga förnuftet måste komma fram till åsikter, som kunde korrigeras bara genom uppenbarelsen. I de teser som fördömdes 1277 tillskrevs averroisterna en lära om en "dubbel sanning". De skulle ha hävdat att samma sak kunde vara sann enligt filosofin, men falsk enligt tron. Det förefaller emellertid osannolikt att filosofer, som önskade vara trogna aristoteliker, skulle ha förnekat motsägelselagen på ett så flagrant sätt. Rimligare är att tro att Siger och hans bundsförvanter har ställt sig på endera av två ståndpunkter. Antingen har de i själ och hjärta menat som Averroës att filosofin satt inne med den bokstavliga sanningen under det att religionens uttryckssätt var figurliga och avsedda för enbart folklig konsumtion. I så fall får försiktigheten anses ha varit orsaken till att de inte kunde ge uttryck för sin mening i klartext. Eller har de som fromma kristna böjt sig för tanken att trons ståndpunkt är högre och sannare än förnuftets, men likväl insisterat på att få formulera också det av tron okorrigerade förnuftets ståndpunkt.

Hur man än vill uppfatta Sigers och de övriga "averroisternas" åsikt står det fast att deras historiska roll blev, att framhålla den motsats som trots alla harmonieringsförsök kvarstod mellan filosofin (i Aristoteles' version) och religionen (i kristendomens). Detta skulle få stor betydelse för skolastikens senare utveckling.

Några franciskaner

Samma år, 1270, som Thomas av Aquino polemiserat mot averroisterna, hade han också fäktat mot en augustinskt orienterad franciskan, John Peckham, som trott sig om att gentemot Aristoteles kunna bevisa att världen inte kan vara evig. (För Thomas gällde det ju att upprätthålla den fina balans, enligt vilken varken världens evighet eller dess icke-evighet kunde bevisas med förnuftsargument.) Men den främste samtida företrädaren för en augustinsk orientering var inte Peckham, utan Thomas' vän och tidvis kollega i Paris, Bonaventura.

Det skulle vara fullständigt felaktigt att framställa Giovanni di Fidanza, kallad Bonaventura, (omkr. 1221–1274) som någon sorts teologisk mörkman eller ensidig bakåtsträvare. Han var en man som stod på höjden av sin tids teologiska och filosofiska bildning och var verksam som akademisk lärare i Paris till dess han kallades att utöva högsta ledningen för sin orden, franciskanernas. Inte heller stod Bonaventura för ett restlöst förkastande av Aristoteles' filosofi. Det är riktigt att han i den radikala aristotelismen i Sigers efterföljd såg ett djävulens verk. Men han accepterade många av Aristoteles' logiska och metodiska tankar. Bonaventura tillskrev både Platon och Aristoteles en viss ensidighet. Platon hade blickarna ständigt riktade mot skyn, Aristoteles ständigt mot marken. Båda såg därför bara en del av verkligheten, men Aristoteles den sämre delen. Man kunde lära en hel del av Aristoteles' naturvetenskap, men Bonaventura tog avstånd från hans kritik mot Platons idélära. Själv räknade han både med idéläran och med den augustinska illuminationsteorin. Enligt Bonaventura finns det redan för oss här på jorden en mystisk väg till kunskap, ett direkt skådande av det gudomliga. Så hade den helige Franciscus övergått till Gud i extasen: "Om denna övergång skall vara fullkomlig, måste man i densamma lämna all förståndsverksamhet och känslans spets bör överflyttas och omformas till Gud. Detta är den mystiska yttersta hemlighet, vilken ingen känner utom den som mottager den."

Bonaventura kom att framstå som en väktare av rättroheten. Han tog avstånd från intellektualismen hos de mer långtgående aristotelikerna. Det var ställningstaganden som kom att bli normgivande, i synnerhet inom franciskanorden. Ändå får man inte föreställa sig att det rådde någon fullkomlig ideologisk manstukt ens bland gråbröderna. Bonaventura kunde ibland trotsas även av medlemmar av sin egen orden. Vi kan se ett exempel på det hos Roger Bacon.

Till de tidigaste universiteten hörde det i Oxford i England. Här utvecklades traditioner som i vissa avseenden avvek från de parisiska. Inte minst odlades ett intresse för matematik och naturvetenskap, som gav Oxford en särprägel. Den store föregångsmannen var Robert Grosseteste (omkr. 1168–1253). Grosseteste hade studerat både i Oxford och Paris, bland annat hade han läst Aristoteles för Albertus Magnus. Han hade varit kansler för universitetet i Oxford och slutat som from och handlingskraftig biskop i Lincoln. Under sin tid i Oxford hade han föreläst för franciskanerna och till dem hade han testamenterat sitt stora bibliotek. Även om Grosseteste skolats som aristoteliker utvecklade han en filosofi och naturuppfattning med många platonska inslag. I centrum stod en märklig ljusmetafysik. Enligt den hade Gud ursprungligen endast skapat ljuset och materien. Ljuset hade förenats med materien och ur föreningen hade successivt alla universums sfärer och företeelser uppstått. Denna metafysik hade Grosseteste kombinerat med en vetenskapligt anlagd och matematiskt utformad optik. Därvid hade han inte bara sökt formulera lagar för ljusets rörelser utan också utfört vissa praktiska experiment med linser och prismor. Han blev den förste latinske författare som diskuterade möjligheten av att använda linser för förstoring och torde därmed ha bidragit till uppfinnandet av glasögonen vid slutet av 1200-talet. Grosseteste var samtidigt språkligt intresserad och uppmuntrade studiet av grekiska och hebreiska.

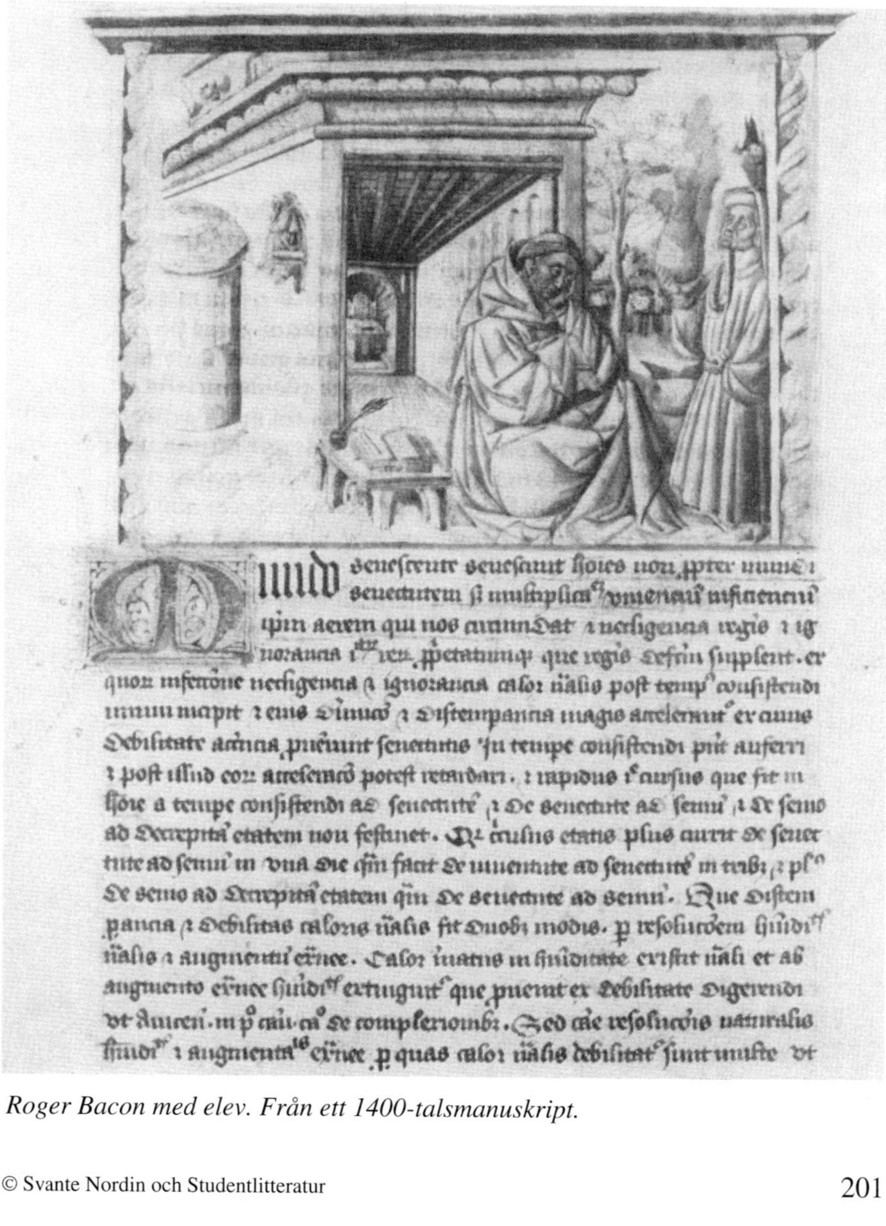

Roger Bacon med elev. Från ett 1400-talsmanuskript.

Grossetestes främste efterföljare blev Roger Bacon (omkring 1214–1292). Bacon studerade i Oxford för Grossetestes franciskanska lärjungar och anslöt sig själv till franciskanorden. Under en tid var han också lärare i Paris, där han bland annat föreläste över Aristoteles' filosofi. Liksom Grosseteste förespråkade Bacon studiet av grekiska och han var full av förakt för de Aristoteleskommentatorer som stödde sig enbart på latinska översättningar. Hans egen syn på filosofins historia byggde likväl på fantastiska föreställningar. I likhet med andra inom Grossetestes skola antog han förekomsten av en urgammal visdom med egyptiska inslag som via de hebreiska profeterna vidarebefordrats till grekerna och som sedan kommit till de kristna. Överhuvud fascinerades Bacon av mystiska och hemliga läror. Han sysselsatte sig med alkemi och astrologi, något som torde ha bidragit till att Bonaventura, hans ordens ledare, belade honom med publiceringsförbud. Bacon kunde emellertid vädja till påven, Clemens IV, som var honom bevågen. För Clemens skrev Bacon sitt viktigaste verk, *Opus maius*, 1266–67. Clemens dog emellertid 1268 och Bacon var utlämnad åt sin orden, som satte honom i en rumsarrest som varade under tolv år. Först ett par år före sin död återfick Bacon friheten.

Det som framför allt fascinerat eftervärlden hos Roger Bacon har inte varit hans aristotelism, inte heller hans alkemi och astrologi, utan hans naturvetenskapliga insatser och kanske framför allt de framåtsyftande åsikter om naturvetenskapen som han gav uttryck för. Han anslöt sig till Grossetestes matematiska vetenskapsideal, samtidigt som han förespråkade erfarenheten och experimentet som kunskapskälla. Själv torde Bacon ha genomfört tekniska, kemiska och i synnerhet optiska experiment. Bland annat försökte han förklara fenomen som brännglaset och regnbågen. Bacon hade en stark tro på vetenskapernas nytta och förutsåg en tid då de skulle tas i anspråk för att genom tekniska innovationer förbättra människornas lott. Han förutsåg skepp utan åror eller segel, vagnar utan dragdjur, flygmaskiner och lyftmaskiner, undervattensbåtar och en märklig jättemagnet med vars hjälp en man skulle kunna dra tusentals människor till sig mot deras vilja. Han föreställde sig en ny, vetenskaplig medicin som skulle göra oss gamla som Methusalem.

Det skulle vara felaktigt att förvandla Bacon till en modern figur. Hans tro på vetenskapens förmåga att behärska naturen hängde nära samman med hans tilltro till magi och alkemi. Hans framtidsförväntan var kombinerad med föreställningen om en urgammal, hemlig visdom. Men om Bacon inte var modern pekade han under alla omständigheter fram mot renässansen, som på samma självklara sätt förenade magi och vetenskap. En föreningslänk mellan Bacon och en senare tidsålders spekulation fanns för övrigt genom en annan franciskan, den katalanske filosofen och vetenskapsmannen Lullus.

Raymond Lullus (omkr. 1232–1316) skilde sig från andra av sin tids filosofer bland annat därigenom att han inte var knuten till något av de stora lärosätena, även om han tidvis undervisade i Paris. Under långa perioder bodde han på sin hemö, Mallorca. Men han företog också missionsresor till det islamiska Nordafrika. Han var en flitig författare – ca. 240 av hans skrifter har bevarats till vår tid – som skrev på latin och katalanska. Genom skrifterna på katalanska blev han den förste kristne medeltida filosof som skrev på ett folkspråk. Ofta räknas han som den katalanska litteraturens fader.

Lullus var franciskan och sålunda ordensbroder till Roger Bacon, som influerade honom. Med Bacon delade han en vördnad för en annan franciskansk tänkare, Joakim di Fiore. Lullus omfattade med glödande iver idén om ett Gudsrike, en *Pax christiana* under påvens beskydd. Men för att fred på jorden på detta sätt skulle kunna uppnås krävdes att alla folk omvände sig till kristendomen. Därav Lullus' självuppoffrande missionsresor, därav hans nit för studier av det arabiska språket, därav, under hans sista år, hans yrkande på nya korståg. Men också Lullus' filosofiska kungstanke, hans *ars magna*, stod i nära sammanhang med hans längtan efter en kristen fred. Genom sin *ars magna* (lat. ”den stora konsten”) ville Lullus skapa en alltomfattande enhetsvetenskap, axiomatiskt och deduktivt uppbyggd. Ambitionen var att åstadkomma en heltäckande logik med vars hjälp alla sanningar skulle kunna härledas från ett antal grundläggande begrepp: ”Varje vetenskap har sina egna principer som skiljer sig från principerna för andra vetenskaper; men förnuftet fordrar, att det måste finnas en generell vetenskap med generella principer i vilka principerna för de särskilda vetenskaperna finns implicerade och inneslutna.” Från dessa generella principer skulle också kristendomens sanningar kunna bevisas på ett sätt som måste övertyga till och med hedningarna. Till det märkligaste i denna vetenskapliga utopi hör, att Lullus förutsåg möjligheten att använda mekaniska verktyg i bevisföringens tjänst. Sanning och falskhet hos satser skulle kunna representeras genom vridbara tre- och fyrkanter i en sorts logikmaskin. Det kan kanske sägas, att Lullus tänkte tanken om datamaskinen, även om hans tid givetvis saknade möjligheter att förverkliga den (och även om den när den väl förverkligats inte riktigt åstadkom de välsignelsebringande effekter för världs- och religionsfreden som han hoppats).

Lullus' många fantasieggande idéer fick åtskillig betydelse för senare tänkare. Nikolaus Cusanus och Giordano Bruno läste honom och tog starka intryck. Och från Lullus' *ars magna* går en rät linje till Leibniz' *ars combinatoria*.

Lullus kunde tala om sig själv som en ”narr” och en ”vir phantasticus” och var otvivelaktigt något av en excentriker. En franciskansk tänkare som befann sig närmare den skolastiska huvudströmfåran var Lullus’ något yngre samtida Johannes Duns Scotus. Om någon skulle kunna kallas franciskanernas svar på Thomas av Aquino var det han.

Den subtile Duns Scotus

Johannes Duns Scotus (omkr. 1266–1308) var av skotskt ursprung. Hans korta karriär utspelade sig bl.a. i Oxford och Paris. Det råder en viss osäkerhet om vilka av de skrifter som tillskrivits honom som verkligen är av hans hand. Men till de minst omtvistliga hör kommentarer till 1100-talsteologen Petrus Lombardus, till Aristoteles och Porfyrios.

Det kanske kan sägas att Duns Scotus var en skolastikernas skolastiker. Han var en virtuos logiker och begreppsanalytiker, som ofta kunde ta poäng från Thomas av Aquino och andra, vars argumentationsmetoder inte var lika rigorösa som hans egna. Många av hans insatser rörde utomordentligt tekniska problem, hemmahörande i ett specifikt skolastiskt begreppsuniversum. Men de dikterades av intellektuella intressen som var mer än skolastiska. Duns Scotus behandlade frågor rörande viljefriheten, den mänskliga individualiteten, världens kontingens, viljans roll i kunskapsakten och annat, vars betydelse överlevde skolastiken.

Fördömandet av de 219 teserna genom biskopen av Paris 1277 hade inte enbart drabbat den latinska averroismens positioner. Det hade vänt sig mot varje försök att förena den oavkortade Aristoteles med kristendomen. Guds allmakt hade starkt framhävts, och det hade inskärpts att den nödvändighet som råder i naturen inte kunde anses utgöra en gräns för denna allmakt. Vår värld kom att framstå som bara en av de många möjliga världar, som Gud skulle ha kunnat skapa om han så funnit för gott. Den aristoteliska idén om ett på inneboende nödvändighet vilande kosmos avvisades därmed. Det skulle få betydelse för Duns Scotus och hans store efterföljare Ockham, vilka, trots att de upptog många av Aristoteles’ läror, dock färdades långt bort från den thomistiska aristotelismen.

Den balans mellan filosofi och teologi som Thomas av Aquino upprättat började rubbas redan hos Duns Scotus. Duns Scotus är benägen att förkorta listan över religiöst väsentliga teser som kan bevisas med förnuftets hjälp och att förlänga listan av *credibilia*, dvs. av uppenbarade trossanningar. Sålunda anser han inte att Guds egenskaper (allmakt, kärleksfullhet osv.)

eller själens odödlighet kan bevisas. Bland bevisen för Guds existens accepterar Duns Scotus framför allt ett – det som utgår från skapelsens kontingens. Att den skapade världen är kontingent (icke-nödvändig) är något som han ständigt poängterar. Den som tror att allting sker med nödvändighet, skämtar han på ett ställe, borde utsättas för tortyr till dess han var beredd att medge möjligheten av att inte torteras. Men det som är kontingent, tillfälligt, kan inte vidmakthålla sin egen existens. Det behöver något annat, något i sig nödvändigt, som skänker det vara. Detta i sig nödvändiga vara är Gud.

En för Duns Scotus karaktäristisk doktrin är att Guds vara (*ens*) och skapelsens vara är ”vara” i samma mening. Ord som ”är” och ”vara” används sålunda inte, som Thomas av Aquino menat, i en mening om de skapade tingen och i en annan (”analog”) mening om Gud. Enligt Duns Scotus är orden entydiga. Den första filosofin är enligt honom vetenskapen om varat som vara, varvid innebörden av ”vara” bara är en enda oberoende av vilken sorts föremål det är som äger vara. En sådan entydighet tillkommer också andra termer som kan användas om både Gud och människor. Duns Scotus menar sålunda, att när vi säger att Gud är vis eller kärleksfull menar vi att han är vis och kärleksfull i exakt samma mening som en människa kan vara vis eller kärleksfull (om än givetvis i en utsträckning och med en grad av fullkomlighet som ingen människa kan uppnå).

Duns Scotus' lära om skapelsens kontingens hänger nära samman med hans betonande av den gudomliga viljans frihet och allmakt. Gud kan göra vad han vill, hans vilja är sin egen orsak. Därför äger skapelsen ingen inneboende nödvändighet, ingen förklaring mer än den som ligger i Guds suveräna beslut. Den mänskliga viljan är såtillvida en avbild av Guds att också den är absolut fri. Också människan kan skapa kontingenta fakta, dvs. sådana som kan förklaras bara genom hennes fria vilja. Det är rentav möjligt att tala om en form av voluntarism hos Duns Scotus. Där vi hos Thomas fann ett intellektets primat finner vi hos honom ett viljans. Viljan är enligt Duns Scotus förmer än intellektet. Visserligen kan vi bara vilja det vi kan fatta med hjälp av vårt intellekt. Men viljan kan styra intellektet, tvinga det att intressera sig för det eller detta så som vår vilja dirigerar.

Genom sin höga värdering av viljan avviker Duns Scotus från Thomas av Aquino och från aristotelismen. Han gör det också genom sin höga värdering av individen. Thomas hade från kristen synpunkt skapat svårigheter för sig genom att anta att vår intellektuella kunskap bara kan gälla allmänbegreppen (formerna) och genom att betrakta materien som individuationsprincip, dvs. genom åsikten att det är genom materien (kroppen) som individen blir individ. Duns Scotus menade att dessa aristoteliska ståndpunkter gav individualiteten en alltför begränsad roll. För egen del sökte han ge individualiteten en mer rättmätig plats genom sin berömda lära om *haecceitas* ("dettahet", det som är unikt för en viss individ). Enligt Thomas äger två människor, låt oss säga Sokrates och Platon, en gemensam natur, den mänskliga. Det som skiljer dem åt och gör dem till två individer är att de har två skilda kroppar. Duns Scotus hävdade att de dessutom ägde var sin *haecceitas*, en unik individualitet, som inte var begränsad till det kroppsliga. Sokrates ägde sålunda sin mänskliga natur, men också en speciell "Sokrateshet" som gjorde honom till just denna människa, just denna individ och ingen annan. Sokrates' mänskliga natur och hans *haecceitas* var olika saker, hävdade Duns Scotus, formellt om än inte reellt skilda från varandra. Hans argumentering för den formella distinktionen mellan mänsklig natur och *haecceitas* är ett stycke finsmakarskolastik av bästa märke, som utrymmet dock inte tillåter oss att här gå närmare in på. Det må vara nog sagt, att de skilda hållningar som Thomas och Duns Scotus intog till individuationens problem ledde dem till olika slutsatser i den viktiga frågan om änglarnas natur.

Änglar har givetvis ingen materiell kropp och kan därför inte individueras genom sin kroppsliga åtskildhet. Thomas tvingades därför förklara, att änglar skiljer sig från varandra endast genom sin art. Varje ängel utgör följaktligen inte bara en individ utan är också den unika representanten för en art. Ärkeängeln Gabriel är kanske lika olik ärkeängeln Mikael som fisken är olik människan. Duns Scotus kunde undvika denna förvånande slutsats genom att hävda, att varje ängel, liksom varje annan individ, har sin *haecceitas* och i kraft av den skiljer sig från andra individer av samma art.

Det finns ett uppenbart samband mellan Duns Scotus' *haecceitas*-begrepp och hans distinktion mellan "intuitiv" och "abstraktiv" kunskap. Enligt Thomas av Aquino kan människan ha enbart sinneskunskap om det individuella. Genom abstraktion från sinneskunskapen kan hon sedan nå intellektuell kunskap, vilken då enbart handlar om det allmänna. Enligt Duns Scotus kan emellertid också det individuella, *haecceitas*, bli föremål för människans intellektuella kunskap. Hur kan intellektet abstrahera från individer, som det inte vet något om? frågade han sig. Intellektets abstraktiva kunskap förutsatte, ansåg Duns Scotus, en föregående intuitiv kunskap om individer och kontingenta förhållanden. Det intuitiva intellektet ger oss denna kunskap, menade han, dels via sinneskunskapen, genom att förnuftsmässigt förstå de individuella företeelser som förekommer i sinneserfarenheten, dels genom introspektion. Då vi är medvetna om vår egen själ, våra egna tankar eller sinnesrörelser är det enligt Duns Scotus fråga om en intuitiv intellektuell kunskap. En särskild fördel med hans lära var att han kunde förklara att själen efter döden fortfarande i okroppsligt tillstånd kan få kunskap om individuella ting, så att de döda exempelvis kan bekymra sig om sina ännu levande anförvanter.

Inom moralläran intar Duns Scotus ståndpunkter som ligger i linje med hans filosofi i övrigt. Sålunda ser han moralen som framför allt en sak för viljan, inte för intellektet. Synd i kristen mening, betonar han, beror av viljans, inte av intellektets bristfällighet, av en förvänd vilja, inte av ett svagt förstånd. Synd innebär att trotsa Guds vilja. Duns Scotus poängterar också att det är Guds vilja som gör det orätta orätt. Visserligen innehåller t.ex. tio Guds bud en sorts naturlig rätt. Men det är Guds vilja som förvandlar denna naturliga rätt till plikt för människorna. Det är också möjligt för Guds vilja att bevilja dispens till och med från de tio buden, som han t.ex. gjorde när han befallde Abraham att döda sin son Isak. För Gud är allting möjligt, också inom moralen. Hos Duns Scotus träder en kristen plikt- och lydnadsmoral in i stället för den form av lyckomoral som funnits hos Aristoteles och som i kristnad version levde kvar hos Thomas av Aquino.

Duns Scotus bildade skola och fick många beundrande lärjungar. Detta bidrog i sin tur till att just han under renässansen kom att utsättas för särskilt förbittrade attacker. Hans namn missbrukades så till den grad att ordet ”dunce” kommit att införlivas med engelska språket i betydelsen ”dumhuvud”. Likväl är det svårt att tänka sig en mindre adekvat beteckning på Duns Scotus än just ”dumhuvud”. Med långt större rätt bar han det namn medeltiden gav honom: ”doctor subtilis”. Ty subtil var han i allra högsta grad. Och om han ibland kan förefalla en sen eftervärld översubtil måste till hans försvar framhållas, att de frågor han behandlade för honom och hans samtid var högst reella även om de i vissa fall kan tyckas oss en smula världsfrämmande.

Ockham och skolastikens kris

De läror som Duns Scotus fört fram fick av naturliga skäl en särskild auktoritet inom hans egen orden. De blev en utgångspunkt för en annan franciskansk teolog och filosof, William av Ockham, som tog till sig åtskilligt i dem, men också tillspetsade dem och vidareutvecklade dem på ett sätt som gav upphov till en helt ny filosofi.

William av Ockham (omkr. 1285–1347) föddes i byn Ockham i Surrey nära London. Han studerade vid universitetet i Oxford och undervisade där vid slutet av 1310-talet. Någon akademisk lärostol erhöll han dock aldrig, vilket torde ha hängt samman med den fiendskap han väckte hos universitetets kansler, den thomistiskt inriktade John Lutterell. 1323 begav sig Lutterell till den påvliga kurian i Avignon där han framförde anklagelser mot Ockham för kätteri. Påven Johannes XXII kallade Ockham till Avignon för att stå till svars inför en teologkommitté, som sammankallats för att undersöka anklagelserna. Det var medan han väntade på sin dom i Avignon som Ockham blev inblandad i en dispyt, som kom att avgöra hans öde. Franciskanernas ordensgeneral, Mikael av Cesena, hade invecklats i ett gräl med påven beträffande frågan om den apostoliska fattigdomen. Mikael av Cesena försvarade fattigdomsidealet, viktigt för tiggarordnarna, gentemot påven och Ockham tog sin chefs parti. Det hela slutade med att ordensgeneralen, Ockham och några andra medlemmar av den franciskanska oppositionen en natt i maj 1328 flydde från Avignon. De tog sin tillflykt till den tyske kejsaren, Ludvig av Bayern, i vars huvudstad, München, Ockham kom att tillbringa största delen av sitt återstående liv. Ludvig av Bayern befann sig vid denna tid i full konflikt med påven. Kejsaren hade förklarat påven avsatt och satt upp en motpåve. Påven hade riktat en bannbulla mot Ludvig. Även Ockham och hans vänner kom att drabbas av exkommunikationen. I denna strid tog Ockham nu resolut parti för kejsarens sak och riktade ett antal stridsskrifter mot påvemaktens anspråk. Kejsarens beskyddade honom med sitt svärd och han försvarade lojalt kejsaren med sin penna.

William av Ockham var som alla medeltida skolastiker först och främst teolog. Det var också den position han intog inom teologin som blev bestämmande för hans ställningstagande i andra frågor. Som teolog utmärkte sig Ockham framför allt genom att förfäkta Guds absoluta allmakt och världens lika absoluta kontingens. För Gud är ingenting omöjligt utom det som står i strid med motsägelselagen. Därav följer att i den skapade världen ingenting är nödvändigt utom det som följer ur samma lag. De möjliga världarnas antal är oändligt stort och Gud skulle kunna ha skapat var och en av dem. Bara hans suveräna vilja kan förklara att vår värld ser ut just så som den gör och inte på något annat sätt. Ur tankegången följer både en form av ”atomism” och en form av ”empirism”.

Gud kan, menade Ockham, skapa varje del av verkligheten hur han vill oberoende av varje annan del. Varje del av verkligheten är tillfällig i förhållande till varje annan del och för sin existens beroende endast av Gud. Det han vill förgöra kan han förgöra, det han vill upprätthålla kan han upprätthålla. Varje skapad existens är absolut kontingent. Det betyder att inte heller orsaksförhållandet innehåller någon nödvändighet. Att A orsakar B innebär inte att B nödvändigt följer ur A, bara att A i vår värld regelmässigt alltid åtföljes av B. Gud skulle om han velat ha kunnat skapa en låga utan hetta, en flod som rann uppåt, en vattenyta som höll att gå på. Allt som kan tänkas utan motsägelse är möjligt för Gud. Med därav följer också att det bara är genom sinnenas eller trons vittnesbörd som vi kan övertyga oss om existensen av någonting. Förnuftet kan ingenting bevisa om en värld där det inte finns någon nödvändighet. Vi är hänvisade till uppenbarelsen eller till sinneserfarenheten. Ja, det måste erkännas att till och med sinneserfarenhetens pålitlighet är beroende av tron, eftersom Gud om han velat skulle ha kunnat ge oss sinnesintryck utan att det existerade någon motsvarande objektiv verklighet. Bara tron kan övertyga oss om att Gud inte bedrar oss.

Uppenbarligen innebar Ockhams världsbild en fundamental omvärdering jämfört med den aristoteliska. Hos Aristoteles är världen nödvändig just sådan den är. Hos Ockham är världen tillfällig, en av otaliga möjliga världar, och förklarbar endast som en skapelse av Guds suveräna vilja. Detta fick till konsekvens en omtolkning även av vetenskapsbegreppet. Det som är vetenskap i Aristoteles' mening, dvs. vetenskap om det nödvändiga, blir för Ockham inskränkt till matematik och logik. Vetenskap i aristotelisk bemärkelse handlar om nödvändiga sanningar som via syllogistiskt giltiga slutledningar följer ur evidenta axiom. Men sådana sanningar måste enligt Ockham vara giltiga om alla tänkbara världar. Specifika sanningar om just vår värld (där allt är tillfälligt) kan inte uppnås på detta sätt. Vetenskapen i aristotelisk mening kommer därmed att begränsas till att handla om formella, matematiska och logiska sanningar.

Det som nu sagts om de nödvändiga sanningarnas begränsade räckvidd innebär inte att Ockham skulle försumma logiken. Tvärtom inskärper han att logiken är en förutsättning för all kunskap. Själv måste Ockham betraktas som en originell och banbrytande logiker och semantiker.

Ockhams logiska teori har sin grundval i vad vi skulle kalla hans semantik. För Ockham själv existerade distinktionen knappast, eftersom enligt honom logiken är en vetenskap om språket. Han anammade och utvecklade den s.k. terministiska logik, som på grundval av Abélards logiska innovationer utformats av bl.a. Peter av Spanien och William av Sherwood under 1200-talet. I sitt stora arbete *Summa totius logicae* ("Handbok över hela logiken", omkr. 1320–28) gav Ockham en systematisk framställning av denna logiska doktrin.

Den terministiska logiken innehöll både en lära om satserna och en lära om tecknen. Argument består enligt den av satser och satser av termer. Termerna är av tre slag – skrivna, talade och tänkta. De kan också enligt en annan sorts indelningsgrund delas in i kategorematiska och synkategorematiska. De kategorematiska termerna har en bestämd betydelse och betecknar något i verkligheten – termen ”människa” betecknar alla människor, termen ”vit” allt som är vitt osv. De synkategorematiska termerna, t.ex. ”varje”, ”ingen”, ”någon”, ”icke”, ”och”, ”eller”, ”om – så”, har ingen sådan bestämd betydelse. I stället får de sin betydelse genom sin ställning i satsen. Ockham jämför dem med talet 0 som får sin innebörd genom en annan siffra som står framför det. De synkategorematiska termerna motsvarar vad som i modern logik kallas logiska konstanter. Med deras hjälp kunde Ockham genomföra sofistikerade satslogiska analyser.

Ockham går systematiskt igenom olika satstyper: konjunktioner, disjunktioner och så vidare och formulerar satslogiska insikter om dem. Han påpekar t.ex. att negationen av en konjunktiv sats är en disjunktiv sats bestående av negationen av var och en av dess delar. Eller med modernt skrivsätt – en sats ”Icke (p och q)” gäller om och endast om ”Icke p eller icke q” gäller. Han påpekar också att negationen av en disjunktiv sats är en konjunktiv sats bestående av negationen av delarna i den disjunktiva satsen. Det vill säga: ”Icke (p eller q)” gäller om och endast om ”Icke p och icke q” gäller. Han framhåller i sammanhanget att vi från varje led i en disjunktiv sats kan sluta oss till hela satsen. Från ”Sokrates är en människa” följer sålunda ”Sokrates är en människa eller Sokrates är en åsna”. Från en disjunktiv sats och negationen av disjunktionens ena led följer vidare disjunktionens andra led – från ”Sokrates är en människa eller Sokrates är en åsna” och ”Sokrates är inte en åsna” följer ”Sokrates är en människa”.

Överhuvud är Ockham outtröttlig då det gäller att formulera logiska regler. Hans förmåga ter sig så mycket mer beundransvärd då man betänker att han inte hade någon bekväm formalism till sitt förfogande utan tvingades i ord formulera det som en modern logiker på ett enklare och överskådligare sätt kan formulera i symboler. Denna omständighet var likväl mindre besvärande då det gällde att ställa upp allmänna slutledningsregler, vilket Ockham också gjorde. Från sanna premisser följer aldrig en falsk slutsats, påpekade han, under det att en sann slutsats mycket väl kan följa ur falska premisser. Eller: ”Om en slutledning är giltig följer negationen av (summan av) premisserna ur negationen av slutsatsen”. Eller: ”Allt som är förenligt med slutsatsen måste vara förenligt med premisserna”.

Mot de skrivna, talade och tänkta termer Ockham laborerade med svarar skrivna, talade och tänkta tecken. De skrivna och talade tecknen (orden) anser han ha en konventionell relation till det betecknade. Det är bara genom en konvention som djuret hund i svenskan kallas just ”hund”. I ett annat språk kan en annan beteckning, ”dog” eller ”chien” t.ex., vara den korrekta. Det tänkta tecknet, begreppet, har däremot en naturlig relation till det betecknade. För detta tänkta tecken använder Ockham ord som *intentio* eller *intentio animae*, varmed menas ett själsligt tillstånd som refererar till något betecknat utanför sig självt. Vi kan översätta med ”begrepp” om vi håller i minnet, att dessa begrepp av Ockham uppfattas som något mentalt.

Beträffande termerna och tecknen har Ockham en lång rad viktiga och skarpsinniga poänger. Han har ett klart sinne för att termer ofta är flertydiga så att frågor där de används i många fall kan besvaras först sedan noggranna distinktioner genomförts. Han gör i synnerhet en skillnad mellan den användning av termerna där de betecknar en sak och den där de betecknar ett ord eller ett begrepp. Här kommer den terministiska logikens begrepp ”supposition” till nytta. Att en term supponerar för en sak betyder att den träder i stället för, står för den saken. Därvid skiljer Ockham mellan ”personlig”, ”enkel” och ”materiell” supposition. I satsen ”Sokrates är en människa” har vi sålunda att göra med personlig supposition eftersom ”Sokrates” här används om någonting i verkligheten. I satsen ”Människan är en art” eller ”Människa har åtta bokstäver” har vi däremot att göra med enkel respektive materiell supposition eftersom det här inte handlar om saken utan om begreppet eller ordet ”människa”.

Nu kan det sägas att vi enligt Ockham kan tala om något allmänt (i motsats till något individuellt) bara med enkel eller materiell supposition. Det innebär att det enda som kan vara allmänt är talade, skrivna eller tänkta termer, aldrig ting i verkligheten. Ett ord eller en intention kan vara allmänna genom att kunna stå som term för flera olika saker. Ordet eller intentionen (begreppet) ”människa” är något allmänt i den bemärkelsen att vi om många olika enskilda individer kan säga: ”Det där är en människa”. Men i verkligheten själv finns bara individer, inga universalia, varken i form av Platons idéer eller i form av Aristoteles' substanser. Med skärpa avvisar Ockham Duns Scotus' åsikt att det hos en individ dels skulle finnas en individualitet (*haecceitas*), dels en allmän artnatur, formellt om än inte reellt åtskilda. Det enda som enligt Ockham existerar är individen, inte någon för arten gemensam natur. Säger jag: ”Sokrates är en människa” så supponerar både ”Sokrates” och ”människa” för samma sak, nämligen för den individ som både är Sokrates och en människa. Ingenting utsägs i satsen om någon ”människans natur”, ”Sokrates natur” eller dylikt utan både subjekt och predikat i satsen handlar om samma sak, nämligen om individen Sokrates.

Ett av motiven för att frånkänna universalia reell existens finns formulerade i den berömda metodregel, som brukar kallas Ockhams rakkniv. Hos Ockham förekommer den ofta i formen: *frustra fit per plura quod potest fieri per pauciora* (”det är fåfängt att göra genom flera vad som kan åstadkommas genom färre”). Ockhams rakkniv handlar, kan man säga, om en intellektuell ekonomi, som skär bort alla onödiga antaganden och som tillråder filosofen att inte belamra verkligheten med fler entiteter än dem han oundgängligen behöver för att förklara fenomenen. Eftersom sinneserfarenheten inte låter oss möta annat än individuella fenomen finns det inget skäl att tillskriva allmänbegreppen faktisk existens.

Vanligen betecknar man i läroböcker den lära som just framställts som ”nominalism”. Dock ter det sig en smula oegentligt att tala om Ockhams ”nominalism”. Det är som vi sett enligt honom inte bara talade och skrivna tecken (”namn”) som kan stå för många olika ting, utan även tecken i själen (intentioner, begrepp). ”Konceptualism” vore kanske en bättre term för Ockhams ståndpunkt än ”nominalism”. I den medeltida samtiden kom man snart att ge den filosofi som Ockham och hans anhängare företrädde namnet *via moderna*, den moderna riktningen. En sådan beteckning är berättigad bland annat därför att den hjälper till att inskärpa att det Ockham stod för var något nytt inte bara i förhållande till Thomas' och Sigers aristotelism utan också i förhållande till Bonaventuras och Augustinus' platonism. Läran att bara det individuella är verkligt utgjorde i själva verket ett radikalt brott med hela den dittills dominerande metafysiska traditionen, vilken tillerkänt det allmänna ett primat framför det individuella. Men den låg väl i linje med Ockhams hävdande av Guds allmakt och skapelsens radikala kontingens. Tidigare kristna teologer hade i de flesta fall anammat den platonska läran att Gud skapat tingen och arterna i enlighet med deras arketyper. Ockham såg emellertid häri en inskränkning av den gudomliga vilja absoluta frihet och suveränitet. Att Gud skapat ur intet måste enligt Ockham innebära att han skapat utan förebilder, utan arketyper. Vår värld har ingenting av den nödvändighet som antagandet av förutexisterande idéer eller former skulle ge den. Den är skapad med absolut frihet.

Uppfattningen att bara det individuella har reell existens medförde kunskapsteoretiska konsekvenser. Bland annat ledde den till att det måste finnas säker kunskap, som inte tillhör vetenskapen i Aristoteles' mening. Enligt Aristoteles kan vi ju bara ha vetenskaplig kunskap om det allmänna och om det deduktivt bevisbara. Det medför, om vi accepterar Ockhams ”nominalism”, att ingen kunskap om vad som faktiskt existerar kan vara vetenskaplig. För att förklara förekomsten av sådan faktisk (ehuru ickevetenskaplig) kunskap använder sig Ockham av Duns Scotus' distinktion mellan intuitiv och abstraktiv kognition. Det är genom den intuitiva kognitionen, vilken i sin tur förutsätter sinnlig varseblivning eller introspektion, som vi får kunskap om de enskilda, kontingenta företeelser varav världen består. Vi kan aldrig bevisa att en individ eller något visst enskilt förhållande måste existera eller inte existera. Allt som motsägelsefritt kan antas är också möjligt. Det är bara genom sinneserfarenhet, genom intuitiv kognition eller genom trons auktoritet som vi kan veta något om vad som existerar eller ej, det vill säga ha kunskap om den faktiska verkligheten. I denna mening har Ockhams kunskapsteori ett starkt drag av empirism. Den begränsar de rationella resonemangens räckvidd och framhåller varseblivningens, intuitionens och trons roll.

De kunskapsteoretiska uppfattningar som refererats blev bestämmande för Ockhams åsikter om den naturliga teologin. Jämfört med Thomas av Aquino, men också jämfört med Duns Scotus, ger Ockham det naturliga förnuftet ett mer inskränkt spelrum inom teologin. De allt mer skärpta kraven på logisk bevisföring gjorde det svårare för de senare skolastikerna att hitta invändningsfria gudsbevis. Ockham är benägen att acceptera det gudsbevis utifrån världens kontingens som Duns Scotus formulerat. Men han framhåller samtidigt att föregångaren egentligen aldrig bevisade att det bara måste finnas *ett* nödvändigt väsen. Ett gudsbevis som lämnar möjligheten öppen för flera gudar är uppenbarligen inte till någon större glädje för den kristna teologin. Ockhams slutsats blev också i praktiken den att mycket litet av det som tillhör den religiösa sfären är öppet för rationell bevisföring. I det som har betydelse för vår frälsning måste vi lita till tron, inte till förnuftet. Thomas av Aquinos omsorgsfullt avvägda försök att ge både förnuftet och tron en plats inom teologin havererar hos Ockham.

Ockhams moralfilosofi ligger väl i linje med hans uppfattningar i övrigt. Också moralens regler framstår hos Ockham som "kontingenta". Guds suveräna vilja är upphovet till alla moraliska normer. Gud vill inte det goda därför att det är gott, utan det goda är gott därför att Gud vill det. Gud befaller inte det rätta därför att det är rätt, utan det rätta är rätt därför att Gud befaller det. "Ont är att göra något när man är förpliktigad att göra motsatsen. Ingen plikt kan gälla Gud, som inte är förpliktigad att göra något." Om Gud hade befallt oss att göra hor eller att stjäla skulle vi göra rätt om vi i lydnad för hans befallning utförde sådana handlingar. Liksom Gud i suverän frihet skapat naturens lagar har han i suverän frihet skapat moralens. För en naturrätt – tänkt som något även för Gud bindande – finns sålunda inget rum hos Ockham. Detta ter sig fullkomligt konsekvent utifrån tanken på Guds fullkomliga allmakt och utifrån en "nominalism", som förnekar existensen av en mänsklig natur, liksom existensen av något "gott i sig" eller "det godas idé". Ockhams formuleringar kan visserligen variera något, ibland vara mer traditionella, ibland mer radikala, men intrycket blir ändå att han vill förneka att det existerar någon naturlig moral. Också i sitt moraliska liv är människan helt och hållet beroende av Gud och hans uppenbarelse.

Om Ockham förlitar sig på tron i religiösa och moraliska frågor litar han till förnuftet då det gäller politiska och naturvetenskapliga. Som vi sett ägnade Ockham sina senare år åt en livlig polemik mot påvemaktens anspråk och till förmån för kejsarmaktens. Därvid hävdade han den världsliga maktens oberoende av den andliga i alla rent politiska frågor. Kejsaren får inte sin makt från påven och behöver inte påvens sanktion, menade Ockham. Kejsarens makt kommer från folket, närmast representerat av de furstar som valde honom, och från Gud genom folket. Påvens makt borde inskränkas till det andliga området. Vi kan såtillvida tala om en sekularisering av synen på politiken hos Ockham. De politiska funktioner han framhöll var de världsliga – skapandet av inre och yttre ordning.

Naturvetenskapen var inte Ockhams egentliga sfär. Men han kommer då och då på ett intressant sätt in på naturvetenskapliga frågor. Och han kan sägas vara del av en större rörelse, en omorientering inom naturfilosofin som äger rum under 1300-talet. Den aristoteliska världsbilden är redan nu under omstöpning. Vid sidan av Ockham är 1300-talstänkare som Nicole Oresme, Albert av Sachsen, Jean Buridan, Nicolas d'Autrecourt och Jean de Mirecourt i färd med en tills vidare rent teoretisk kritik mot antaganden inom den aristoteliska fysiken. Det fanns inslag i Ockhams filosofi som tycktes predestinera honom för en sådan kritik. Hans kunskapsteori mynnade ut i en empirism som var betydligt mer radikal än Aristoteles'. Hans kritik mot begreppsrealismen träffade även Aristoteles' antagande av essenser och substanser. Ockham var heller inte rädd för att förklara att de aristoteliska ändamålsorsakerna existerade endast i metaforisk bemärkelse. I bokstavlig mening kunde man inte tro på en orsaksrelation där verkan föregick orsaken. Endast de omedelbara, effektiva orsakerna kunde antas vara orsaker i egentlig mening.

Ett problem som särskilt sysselsatte Ockham – liksom andra naturfilosofer under 1300-talet – gällde rörelsen. Om jag kastar en sten upp i luften tillförs den enligt Aristoteles en artificiell kraft som för en stund upphäver stenens naturliga strävan mot ett läge i närheten av jorden. Men hur skall man på aristoteliskt vis kunna förklara att stenen fortsätter att flyga uppåt även en tid efter det att den lämnat min hand? Den tillförs ju då inte längre någon utifrån kommande artificiell kraft. Aristotelikerna brukade hävda att kastet alstrat ett lufttryck, som fortsatte att bära stenen även sedan den lämnat handen. Men Ockham kritiserade den teorin. Om två från motsatta håll kastade stenar korsade varandra i luften borde om den var riktig de bärande luftpelarna råka i turbulens och orsaka stenarnas omedelbara fall. Men så sker inte. Någon annan förklaring till stenarnas bana måste sökas. Ockham menade att en kropps rörelse helt enkelt är dess kontinuerliga existens på olika platser efter varandra i tiden (och förnekade därmed den aristoteliska uppfattningen av rörelse som förverkligandet av något potentiellt). Någon särskild "rörelse" skild från föremålet som rör sig finns inte. Därför behöver man heller inte anta någon speciell orsak till rörelsen. Ockham förklarade att det ting som rör sig i en projektilbana "sedan det lämnat den kropp som utlöste rörelsen rör sig av sig självt och inte genom någon yttre kraft, ty rörelsen kan inte skiljas från det ting som rör sig". Man kan i formuleringar som denna urskilja en tidig version av tröghetslagen, enligt vilken ingen yttre kraft behöver tillföras ett ting för att det skall bibehålla sin rörelse.

Det kan kanske sägas att Ockham var i färd med att sekularisera även fysiken. Om föreställningarna om substanser, ändamålsorsaker, naturliga rörelseriktningar, orörliga rörare och dylikt mönstrades ut skulle de band som i den aristoteliska världsbilden funnits mellan fysik och metafysik (eller "teologi") klippas av. Under 1300-talet ser vi några steg tas på den väg som mynnar ut i 1600-talets mekaniska världsbild.

Hos William av Ockham faller den thomistiska syntesen sönder. Avståndet mellan tro och förnuft vidgas. Tron tenderar att bli allenarådande inom religionens och moralens sfär. Samtidigt tecknas bilden av en kontingent värld, som kan kartläggas enbart med den strängt empiriska forskningens hjälp. Ockhams modernitet har ofta framhållits. Det finns mycket hos honom som pekar framåt mot en upplysningstänkare som David Hume, ja mot filosofer i vår egen tid som Ludwig Wittgenstein eller Jean-Paul Sartre. En del av de problem som den mekaniserade världsbilden skulle ställa filosofin inför finns föregripna hos Ockham. Närmare sin egen tid fick Ockhams teologi med dess förnekande av förnuftets makt betydelse för Luther och reformationen. Luther nåddes av Ockhams tankar via den "nominalistiska" rörelse som uppstod kring mästaren och som kom att få förgreningar både i Frankrike och i Tyskland. Till den occamistiska riktningen räknas ofta den nyss nämnde Nicolas d'Autrecourt. I vart fall finns intressanta likheter mellan denne och Ockham. Nicolas d'Autrecourt ger samtidigt ett exempel på hur radikala och självupplösande slutsatser den medeltida skolastiken kunde drivas till i sin sista fas.

Senskolastik och mystik

Nicolas d'Autrecourt (f. omkr. 1300, d. efter 1350) undervisade vid Sorbonne i Paris. Han blev tidigt misstänkt för kätteri och ställdes inför en påvlig tribunal. 1346 dömdes han att bränna sina böcker offentligt i Paris och att återta sin kätterska teser, vilket han även gjorde. Nicolas berövades också sin lärarbefattning vid Parisuniversitetet. Han sägs ha slutat sina dagar som funktionär vid katedralen i Metz. Exakt vad i hans skrifter som motiverade beskyllningarna för kätteri och hur välgrundade sådana beskyllningar kan ha varit kan vi numera dåligt bedöma eftersom de flesta av Nicolas' skrifter försvunnit. Det av hans hand som finns i behåll är emellertid märkligt nog.

Nicolas d'Autrecourt utmärkte sig för sina rigorösa kunskapsteoretiska krav. Säker kunskap, hävdade han, kan vi förutom om trons sanningar bara ha om motsägelselagen och det som följer ur den. Matematisk, geometrisk och logisk kunskap kan betraktas som säker. Men ingen annan. Denna ståndpunkt ledde Nicolas till konflikt med vedertagna uppfattningar bland annat då det gällde substansbegreppet och orsaksbegreppet. Det invändes mot honom att vi med säkerhet måste kunna sluta oss från accidens till substans – om vi exempelvis ser en färg måste vi kunna dra slutsatsen att det finns ett föremål, en substans, som har denna färg, eftersom det inte kan finnas en egenskap utan en substans som har den. Nicolas svarade emellertid att vi från existensen av en sak aldrig kan sluta oss till existensen av en annan. Vi kan utan motsägelse anta, att vi kan uppfatta en färg utan att det i verkligheten finns något föremål hos vilket denna färg är en egenskap. När det gäller substansbegreppet hävdade Nicolas till och med att vi inte ens kan dra sannolika slutsatser. Substansen är enligt sin definition ett okänt substrat som bär upp föremålets sinnliga egenskaper men som självt inte kan bli föremål för omedelbar erfarenhet. Hur kan erfarenheten då ge oss rätt att anta att den finns? Nicolas förnekade inte att det existerar substanser, men han förnekade att vi kan veta något om dem.

I fråga om orsaksbegreppet resonerade Nicolas på liknande sätt. Det invändes mot honom att vi med säkerhet kan veta att eld kommer att uppstå om vi för en låga i närheten av ett lättantändligt ämne. Men Nicolas förnekade detta. Ingenting hos motsägelseprincipen hindrar oss från att tro motsatsen och alla medeltida filosofer medgav möjligheten av mirakel. Om sålunda orsaken aldrig med nödvändighet medför verkan så har vi uppenbarligen att göra med enbart en följd i tiden. A är orsak till B om B följer i tiden på A och om fenomen av samma typ som A brukar åtföljas av fenomen av samma typ som B. Det är vanan, inte någon nödvändighet, som får oss att anta att verkan alltid måste följa orsaken. Det var resonemang av detta slag som förmått en del sentida filosofihistoriker att tala om Nicolas d'Autrecourt som en "medeltida Hume".

Uppenbarligen intog Nicolas ståndpunkter som låg mycket långt bort från aristotelismens. I sina skrifter går han också till direkt angrepp mot dem som föröder sina dagar på att studera Aristoteles och Averroës och blint tro på dem i stället för att undersöka naturen själv. Huruvida Nicolas själv genomförde någon empirisk naturforskning vet vi inte. Men han framförde djärva teorier om naturen i det han anslöt sig till en atomlära av epikureisk typ. I detta avseende föregrep han den naturfilosofiska spekulation som skulle komma under renässansen och 1600-talet.

Det naturfilosofiska intresset hade Nicolas d'Autrecourt gemensamt med en annan av periodens Parisfilosofer, Johannes Buridanus. Johannes Buridanus eller Jean Buridan (omkring 1295–1356) hade studerat i Paris för Ockham. Senare tog han emellertid avstånd från Ockhams läror. Det var under Buridans tid som rektor för Parisuniversitetet som Ockhamska teser fördömdes där 1340. Buridan själv blev en framgångsrik och inflytelserik lärare. François Villon berättar att det till slut skall ha gått honom illa – Buridan skulle ha blivit insydd i en säck och kastad i Seinen ("L'histoire dit que Buridan/Fut jeté en un sac en Seine"). Men sentida forskning har dess bättre kommit fram till att detta är en legend och att Buridan förmodligen fick ett fredligare slut.

Buridan gjorde sig känd som logiker och för sina naturfilosofiska teorier. Bland annat var han en av de mest prominenta företrädarna för den s.k. impetus-teorin. Detta var en teori som uppstod i ett försök att lösa det problem, som tidigare berörts, beträffande varför en projektil fortsätter sin bana även efter det att ingen yttre kraft påverkar den. Buridan och hans meningsfränder hävdade, att projektilen vid avskjutandet får med sig en "impetus", en kraft som den sedan behåller och som bär den framåt på den givna banan till dess luftens motstånd bromsar upp den. Det var en annan förklaring till rörelsen än den Aristoteles givit och den hade väsentliga naturfilosofiska implikationer eftersom den underminerade den aristoteliska skillnaden mellan naturliga och artificiella krafter. Tankemöjligheten uppstod att exempelvis himlakropparnas rörelser skulle kunna förklaras med hjälp av impetus-teorin (förutsatt att en ursprunglig rörelsekraft kunde bibehållas i det oändliga i ett lufttomt rum). Den kastade stenens, den avskjutna projektilens och himlakroppens rörelse skulle i så fall följa samma dynamiska lagar, något för aristotelikern otänkbart.

Eftervärlden har framför allt kommit att associera Buridans namn med "Buridans åsna". Visserligen förekommer exemplet med åsnan som i obe-

Porträtteckning av Jean Duridan i medeltida handskrift.

slutsamhet svälter till döds mellan två identiskt lika hötappar inte i Buridans bevarade skrifter, där i stället en hund går samma öde till mötes mellan två lika attraktiva köttskålar. Men problemet finns hos Buridan. Han företräder en sorts moralisk determinism. Människans val bestäms av vad som för henne synes vara det större goda. Måste inte detta leda till att en människa (eller ett djur) som ställs mellan två lika åtråvärda alternativ kommer att försmäkta i evig obeslutsamhet? Åsnan mellan de två hötapparna ger onekligen en bild av dilemmat som inpräntar sig i minnet.

De antipåvliga uppfattningar som Ockham företrädde var han inte ensam om i den samtida filosofin. I det väsentliga på samma linje (om än med betydande meningsskiljaktigheter i enskildheter) befann sig 1300-talets främste politiske teoretiker, Marsilius av Padua.

Marsilius av Padua (omkring 1275–1342) studerade i Padua och Paris. Hans främsta verk, *Defensor pacis* ("Fredens försvarare") fullbordades i Paris i juni 1324. Den skarpt antipåvliga tendensen i denna bok gjorde det omöjligt för författaren att stanna kvar i Paris. Marsilius tog sin tillflykt till Ludvig av Bayern och förblev under resten av sitt liv under kejsarens beskydd. Sådant beskydd hade han desto större behov av som han 1327 bannlystes genom en påvlig bulla.

Ett centralt tema i *Defensor pacis* är, som bokens titel utsäger, freden. Marsilius utmålar vältaligt fredens välsignelser och krigets, inbördesstridens och anarkins fasor. De senare kände han väl från Italien som med sina många små stadsstater ständigt härjades av krig och omvälvningar och var ett värnlöst offer för angrepp från omgivande stormakter. Kejsarens viktigaste uppgift var enligt Marsilius att vara "fredens försvarare", upprätthållaren av yttre försvar och inre ordning. I hägnet av en stark politisk makt borde medborgarna kunna leva fredligt och förverkliga det goda livet. Marsilius anslöt sig i det närmaste reservationslöst till Aristoteles och åberopade gärna dennes uppfattningar inom den politiska filosofin. Hans åsikt om det goda livets innehåll skiljer sig inte fundamentalt från den aristoteliska. Frågan om frälsningen och livet på andra sidan intar en mycket underordnad plats i Marsilius' politiska teori.

Trots all principiell anslutning till Aristoteles är Marsilius' problematik likväl i grund och botten en annan än den aristoteliska. Detta beror inte så mycket på att kejsartanken saknas hos Aristoteles. Marsilius försvarar visserligen kejsarens sak. Men tanken på ett kejsardöme som omfattar hela kristenheten och som ytterst aspirerar på att vara en universalmonarki spelar hos Marsilius inte längre samma roll som den gjort hos en del tidigare tänkare, t.ex. hos Dante i hans *De monarchia* (1310–13). Marsilius är beredd att medge en kungamakt som omfattar endast ett mer begränsat territorium. Det som avgörande skiljer honom från Aristoteles är snarare hans koncentration på ett problem som inte existerade för den hedniske filosofen – påvemaktens. Påvemaktens orimliga anspråk på överhöghet över den politiska makten blir för Marsilius det farligaste hotet mot freden. Risken för krig mellan det andliga och det världsliga svärdet, mellan påve och kejsare, existerar ständigt så länge dessa anspråk upprätthålls. Marsilius' lösning på problemet ligger i kyrkans resoluta underordning under staten i allt som gäller världsliga frågor. Påven och prästerna skall hålla sig till rollen som religiösa lärare och som utdelare av sakramenten.

Marsilius hävdade att all makt kommer från folket. Det gäller den politiska makten, där furste och överhet måste regera med folkligt samtycke. Men det gäller ur Marsilius' synpunkt framför allt den kyrkliga makten. Också påve och präster har sin makt ytterst från folket. Marsilius framförde argument som stödde den s.k. konciliaristiska rörelse inom den romerska kyrkan vilken ville ge kyrkomötena, inte påven, den högsta makten inom kyrkan.

Hos Marsilius av Padua möter vi vad som kan uppfattas som en sekularisering av synen på politiken. Men 1300-talets intellektuella liv hade också rum för strömningar i riktning mot ett fördjupat religiöst liv, om än ofta ett som utvecklades vid sidan av de kyrkliga hierarkierna och de dogmatiska formlerna. Nu blomstrade en spekulativ mystik, som inte skulle bli utan inflytande på filosofin.

Den främste av det tidiga 1300-talets mystiker, Johann Eckehart (omkring 1260–1327), hade en framgångsrik karriär som visar att han åtminstone till vardags inte kan ha varit världsfrämmande. Uppvuxen i Hochheim vid Gotha blev han tidigt prior vid dominikanklostret i Erfurt. Senare var han i flera omgångar professor i teologi vid dominikanordens högskola i Paris. Tidvis upprätthöll han också höga administrativa befattningar inom sin orden, bland annat som visitator för dess kloster i Sachsen. De för en framstående senmedeltida intellektuell närmast obligatoriska anklagelserna för kätteri undgick han dock inte. År 1326 blev han ställd inför en inkvisitionskommission. Han försvarade sig energiskt, men strax efter hans död förklarade påven Johannes XXII i en bulla vissa av Eckeharts teser som kätterska.

Att mäster Eckeharts skrifter och predikningar – han skrev ymnigt både på latin och tyska – skulle anses betänkliga ur renlärighetssynpunkt är egentligen knappast ägnat att förvåna. Eckeharts nyplatonskt färgade kristendomstolkning befann sig avgjort vid sidan av ortodoxins allfarväg. Eckehart talade om Guds enhet, om Gud som ”det Ena”, på ett sätt som kunde förefalla svårt att förena med treenighetsläran. Han talade om hur skapelsen utspelades i ett ”evigt nu” och om hur Gud är immanent i världen på ett sätt som kunde ådra honom misstankar för panteism. Medeltiden var beredd att acceptera ett symbolrikt och metaforiskt språk i religiösa sammanhang. Men det är begripligt att många, inte minst franciskaner som alltid hade lätt att finna fel hos en dominikan, ansåg att Eckehart gått för långt. I hans förkunnelse finns det mycket som även idag ter sig djärvt och oväntat.

Eckehart gjorde en skillnad mellan Gud (lat. *Deus*) och gudomlighet (lat. *Deitas*). Gudomligheten är Guds ”grund”, något djupare, mer fundamentalt än Gud. Om Gud predikade Eckehart att han alltid riskerar att förväxlas med de bilder vi gör oss av honom, att bli något existerande bland annat existerande, ett ting bland andra ting, själv något kreaturligt. För att verkligen förstå Gud måste vi frigöra oss från alla förmänskligande och bildliga föreställningssätt: ”Men Gud skall du älska utan hänsyn till hans älskvärdhet, det vill säga icke därför att han är älsk-värd. Ty Gud är alls icke älskvärd: han står över all kärlek och älskvärdhet. / --- / Du skall älska honom sådan som han är: en icke-gud, en icke-ande, en icke-person, en icke-bild, ja: såsom det rena, klara, pura Ena, fjärran från all tvåhet.” Målet för denna kärlek är den fullkomliga föreningen med Gud, att bli Gud.

Det finns enligt Eckehart en del av vår själ, en ”själens gnista” (lat. *scintilla animae*), som är ofödd och oskapad och som är vårt allra innersta. Denna själens gnista kan förenas med Gud, återgå till Gud. Men förutsättningen är att vi är beredda att uppge allt, inte bara gods och guld och yttre ställning, utan till och med vår vilja att utföra goda handlingar, ja Gud själv: ”Det låter underligt, att själen måste förlora även Gud. Men jag påstår: för att bli fullkomlig är det på visst sätt nödvändigare för själen att den förlorar Gud än att den förlorar de skapade tingen. Men allt måste likväl gå förlorat för den; själens tillstånd måste bero på ett fritt intet!”. Bara genom att utplåna och fullständigt förlora sig själv kan själen vinna sig själv.

Mäster Eckeharts läror gjorde ett djupt intryck på hans samtida. Det senare 1300-talets mystiker, en Johan Tauler, en Henrik Suso, en Johan Ruysbroeck, stod alla under hans inflytande.

Mitten av 1300-talet bildar en gräns i den intellektuella utvecklingen. Digerdödens härjningar, som skördade många offer också bland lärdomens företrädare, bidrog till att göra avståndet mellan de intellektuella generationerna större än annars. Det senare 1300-talet utspelas redan i stor utsträckning i renässanshumanismens tecken. Detta innebar naturligtvis inte att den skolastiska lärdomen skulle ha vissnat bort över en natt. Men det kan kanske sägas att skolastiken inte längre utgör den europeiska filosofins huvudströmfåra. Successivt flyttas den skolastiska lärdomens tyngdpunkt till länder som Spanien och Portugal. De djärva innovationerna hos *via moderna* överges för en återanknytning till en mer traditionell skolastik. Ibland –

som med Francisco Suarez vid slutet av 1500-talet – kan viktiga nya impulser fortfarande komma från skolastiken. Men i huvudsak för den en ganska undanskymd tillvaro, åtminstone fram till återuppvaknandet på 1800-talet. Då leder reaktionen mot upplysningens och den franska revolutionens doktriner till en renässans för romerskt katolskt tänkade samt även för skolastiken. Några representanter för 1900-talets nyskolastik har nämnts i samband med Thomas av Aquino. Det nyskolastiska tänkandet har påverkat vår tids filosofi. Men det har kanske framför allt bidragit till att den vetenskapliga utforskningen av medeltidens filosofi kommit igång på allvar och på nytt öppnat vad som hunnit bli en bortglömd kontinent.

Det kunde möjligen ifrågasättas om det alls är lämpligt att tala om ”medeltida filosofi” och ”medeltida filosofer”. De vi kallar medeltida filosofer var först och främst teologer. De utövade inte filosofin som ett självständigt och oberoende intellektuellt företag utan alltid i relation till problem av teologisk karaktär. För dem var filosofin enligt den stundom använda formeln ”teologins tjänarinna” (lat. *ancilla theologiae*). Men även om filosofin inte utövades alldeles för sin egen skull utgjorde den en konstant närvaro, i vart fall som irriterande faktor, som förargelseklippa. Den medeltida kulturen stötte trots allt aldrig ut filosofin som en främmande kropp. Tvärtom anammades och accepterades den. Oupphörliga försök gjordes att kristna den eller åtminstone tilldela den en hedersam, om än underordnad, plats i samexistens med religionen.

De tidigare medeltida århundradena innebar otvivelaktigt en förfallsperiod för den intellektuella kulturen i Västeuropa. Den ganska rudimentära filosofiska kultur som fortlevde präglades framför allt av nyplatonismen. Nyplatonismen roll som den mest livskraftiga hedniska filosofin under romarrikets sista århundraden bidrog till detta. Augustinus' auktoritet, Dionysios Areopagitens skrifter, de nyplatonska inslagen hos Boethius spelade sin roll. Den filosofiska spekulation som ibland blomstrade upp, ibland åter tynade bort under medeltidens första femhundra år, handlade i stor utsträckning om försök att förena kristendom och platonism och att tolka kristendomen med hjälp av nyplatonismens filosofiska termer.

Något avgörande nytt inträffade på 1100-talet när den grekiska filosofin och framför allt Aristoteles ånyo på ett bredare sätt blev kända för det latinska Västeuropa. Det rörde sig därvid om ett filosofiskt arv som i stor utsträckning förmedlades genom arabiska (och judiska) kommentatorer och i viss mån fick sin prägel genom dessa. Konfrontationen mellan Aristoteles och den kristna teologin gav upphov till skolastiken, vars yttre förutsättning fanns i det universitetsväsen som ungefär samtidigt växte fram. Nu fick de filosofiska studierna en omfattning och en kontinuitet, som saknat motsvarighet under den tidigare medeltiden. Fortfarande stod den filosofiska spekulationen i teologins skugga. Men det utvecklades deldiscipliner, där en ny vetenskaplig självständighet gjorde sig gällande. Så var i viss mån förhållandet med filologin, där en lärd debatt kom till stånd kring problem vid uttolkningen av i synnerhet Aristoteles. Så var det i fråga om logiken, där på vissa punkter resultat uppnåddes som först det sena 1800-talet skulle hinna ifatt. Så var det med naturkunskapen, där grekernas ståndpunkt, framför allt i aristotelismens form, på nytt bemästrades, bara för att överskridas i en kritik som pekade fram mot en ny, ännu ofödd vetenskap.

Vill man peka på områden där medeltidens filosofi medförde något nytt jämfört med antikens måste man i första hand framhålla frågor vilka genom konfrontationen mellan filosofi och kristendom gavs stark aktualitet. Jagets, subjektivitetens, innerlighetens, den mänskliga personens problematik fick en ny betydelse genom att kristendomen satte den individuella frälsningen i centrum. Redan Augustinus bildar här epok, men också den senmedeltida spekulationen kring individualitetens innebörd tillförde nya moment. Logiker och mystiker kunde förenas i grubbel över jagets innebörd och den enskildes roll. Samtidigt fick frågor som rörde viljan, viljefriheten och människans moraliska val en annan vikt.

Kristendomen kom också att på ett annat sätt än den antika filosofin ge en betydelse åt det historiska förloppet. Åter fanns en utgångspunkt hos Augustinus. I den kristna historiespekulationen trädde det unika, det nya, det en gång för alla avgörande i de cykliska förloppens ställe. Skapelseberättelsen själv blev paradigmet för denna nya syn. I stället för den antika filosofins i sig vilande, i sig nödvändiga och självtillräckliga värld, kommer en skapelse ur intet.

Den nya synen på jaget och historien hänger naturligtvis samman med transcendensens betraktelsesätt. Hos de medeltida tänkarna stod ”världen” i kontrast till Gud. Den sanna verkligheten antogs finnas på andra sidan, i en annan värld, vilken likväl gav mening och innebörd åt denna. Inom den antika filosofin är det framför allt hos Platon och nyplatonikerna man kan finna en affinitet med detta sätt att förstå verkligheten.

De flesta av medeltidens filosofer var helgon eller kättare (ibland bådadera). Deras tänkande hade alltid ett omedelbart samband med den religiösa problematiken och deras liv framlevdes inom ramar som bestämdes av kyrkan. När vi från och med det senare 1300-talet kommer in i en ny tid behåller de religiösa frågorna sin relevans, men filosofins relation till teologin omstruktureras, samtidigt som nya frågeställningar genereras inom intellektuella miljöer vilka inte på samma sätt som tidigare direkt står i samband med kyrkan.

Renässansens filosofi

Begreppet ”renässans” tillhör de mest omdiskuterade i idéhistorien. I vad mån utgjorde renässansen ett brott med medeltiden, i vad mån utgjorde den en fortsättning på denna? Hur förhöll den sig till de olika ”renässanser” som kan urskiljas under medeltiden (den karolinska renässansen, 1100-talets pånyttfödelse av de klassiska studierna etc.)? Innebar den verkligen någon ”pånyttfödelse” av antiken och i så fall i vilken mening? Sådana frågor har diskuterats länge och ingående i den lärda litteraturen alltsedan 1800-talet, då renässansbegreppet fick sin nuvarande centrala ställning i den historiska periodiseringen. Här behöver vi inte bekymra oss om alla aspekter av denna lärda debatt. Det räcker att ställa frågan i vad mån renässansen inom filosofins område tillförde något nytt och i vad mån den där medförde ett brott med det som föregått den, i första hand den hög- och senmedeltida skolastiken.

Renässanshumanismen

Frågan om renässansfilosofins förhållande till skolastiken kompliceras därav att renässansen som intellektuell rörelse inte väsentligen handlade om filosofi. Renässanshumanismens kärna var en fördjupning och utvidgning av de klassiska studierna, en förnyelse av den latinska och grekiska filologin. Inriktningen hos denna förnyelse var inte bara vetenskaplig utan lika mycket praktisk. Det gällde att med trohet och elegans tala och skriva det äkta Ciceronianska latinet. Förnyelsen av de retoriska och litterära formerna stod i centrum. Renässanshumanismen i dess snävaste mening hade mer att göra med grammatik än med filosofi. Med någon karikering kunde man säga att det viktiga inte var vad som sades utan hur det sades. En renässanshumanist kunde vara platonist eller aristoteliker, följa Augustinus eller Thomas. Det väsentliga var hur han skrev, hur han använde sig av språket och hur han utnyttjade sin klassiska lärdom för övertalningens syften.

Samtidigt skulle det givetvis vara naivt att tro, att en förändring av formen skulle bli utan konsekvenser för innehållet. Även om renässansen inte innebar någon ny filosofisk doktrin medförde den en ny anda, nya attityder, nya former av mottaglighet. De nya formerna, det nya språket öppnade en ny värld. Teologins herravälde över tänkandet bröts. Den skolastiska terminologin förlorade det mesta av sin makt. Kanske kan man urskilja tre vägar längs vilka de nya humanistiska studierna fick sitt viktigaste inflytande på den filosofiska åskådningen. De fick betydelse för människosynen, de låg till grund för en kritik mot den skolastiska logiken, de ställde nya antika texter till samtidens förfogande.

Renässansens humanism innebar ett uppsving för de humanistiska, framför allt de språkliga studierna. Den pånyttfödelse som tagit sin början i Frankrike på 1100- och 1200-talen nådde nu Italien, som kom att bli renässanskulturens huvudland. Men framför allt gjordes nya erövringar. Filologi, grammatik och retorik blev de stora ämnena. Den latinska filologin nådde tidigare okända höjder av sofistikation och förfining i latinets eget hemland. Den italienska skalden och vältalaren Petrarca (1304–1374), som med viss rätt kommit att betraktas som renässansens första stora gestalt, kunde klaga över det barbariska bruk engelsmän och skottar (man kan läsa Ockham och Duns Scotus) gjort av det gudomliga spåket. Petrarca krävde nu en återgång till det äkta klassiska latinet som Cicero talat och skrivit. Lika mycket betydde det att grekiskan nu för första gången på allvar började bli känd bland Västeuropas lärde. De finare humanisterna rynkade på näsan åt skolastikerna, som läst sin Aristoteles i latinsk översättning. Detta hindrade inte att renässanshumanisterna själva ofta nog hade behov av översättningar. Latinska översättningar av den klassiska grekiska litteraturen utgjorde en icke föraktlig del av renässanslärdomens insats för en djupare kännedom om antiken.

De klassiska språken studerades inte enbart för sin egen skull. De humanistiska studierna uppfattades i Ciceros efterföljd som ett sätt att dana och fullkomna människan. Här fanns ett vittsyftande pedagogiskt projekt. Det gällde att lämna det råa och barbariska bakom sig och att erövra en fördjupad och förfinad mänsklighet. Konst och vetenskap var oersättliga hjälpmedel till detta mål. Renässansen medförde en ny humanism också i betydelsen av en ny människosyn, en ny uppfattning av människans värdighet. Det nya livnärde sig därvid givetvis ur det gamla. Petrarca citerar med förtjusning den passage ur Augustinus' *Bekännelser* där kyrkofadern förebrår sina medmänniskor för att de beundrar bergen, floderna, havet och stjärnorna, men glömmer sig själva. "Jag blev förbluffad", kommenterar Petrarca, "slog igen boken och var arg på mig själv därför att jag fortfarande beundrade jordiska ting trots att jag för länge sedan borde ha lärt mig från de hedniska filosoferna att ingenting är beundransvärt utom själen, i jämförelse med vilken, om den är stor, ingenting annat är stort." Från Cicero, Augustinus och Seneca kunde samma lärdom om människoandens storhet läras. Också Platon hade, så som renässansens läsare tolkade honom, mycket att säga om detta. Vi skall återkomma till hur Ficino och Pico della Mirandola behandlade temat om människans storhet och värdighet.

Renässansens program var en pånyttfödelse av den klassiska antiken. Medeltiden kom därvid att uppfattas som en period av kulturförfall, mörker och barbari. Det gällde att återuppliva inte bara det klassiska latinet utan den antika bildningen i hela dess vidd. Detta innebar inte att renässanshumanisterna förnekade kristendomen. I allmänhet var de goda och i flera fall till och med fromma kristna. Men det faktum att de flesta av de författare de beundrade var hedningar bidrog naturligtvis till att relativisera det kristna inslaget i deras åskådning.

Till de inslag i medeltidens kristna bildning som ständigt utsattes för renässanshumanisternas skoningslösa kritik hörde inte minst skolastiken. Ofta stannade kritiken vid ett allmänt orerande om skolmännens barbariska munklatin, deras pedanteri, hårklyverier, ofruktbara frågeställningar och meningslösa gräl. Men i vissa fall erbjöds ett positivt alternativ. Ett exempel på detta finner vi hos den store italienske filologen Lorenzo Valla (1407–1457). Valla sköt i sin kritik in sig framför allt på den skolastiska logiken. Den föreföll honom opraktisk och verklighetsfrämmande.

Stödjande sig på den antika retorikens tradition (ej minst Cicero och Quintilianus) poängterade Valla att vår målsättning vid normal argumentation ytterst sällan är att åstadkomma en deduktiv bevisning. Syllogismen är i den praktiska verkligheten en ytterst marginell företeelse. Vad vi försöker åstadkomma är i stället sannolikhetsargument och framför allt övertalning, övertygelse. Därvid är retoriken (eller som Valla sade "dialektiken"), inte den skolastiska logiken, det adekvata redskapet. Om syllogismerna alls har något värde är det som redskap för övertalning, som del av en retorisk strategi. Många av de aristoteliska slutledningsfigurerna kunde restlöst utmönstras som opraktiska. "'Ingen människa är en sten; någon människa är ett djur; således är något djur inte en sten.' Jag kan knappt avhålla mig från att skrika", skriver Valla: "Har ni någonsin hört någon argumentera på detta sätt, ni folk av galningar?". Vallas förkärlek för det praktiska, naturliga och verklighetsnära visade sig också i hans kritik mot den skolastiska terminologin. Termer som "ens", "essentia" och "esse" utmönstrades ur den filosofiska vokabulären, som ansågs böra innehålla endast sådant som kunde sägas på gott klassiskt latin.

Hos Valla fanns ansatser till en ny logik, som under det påföljande århundradet utarbetades och lades till grund för en ny sorts logikundervisning. En viktig roll som Aristoteles' konkurrent och utmanare spelade därvid den franske humanisten Petrus Ramus (Pierre de la Ramée 1515–1572). Ramus blev författare till stora, för akademiskt undervisningsbruk avsedda kompendier i logik som på många håll kom att ersätta skolastikens motsvarande produkter. "Ramismen" blev samtidigt en doktrin, en ideologi som omfattades av många. Ramus prisade en ny allians mellan logik och retorik och lovade lära ut en argumentationskonst som skulle passa för varje tillfälle och varje ämne. Någon originell tänkare var han inte, men hans syntetisering av logiska och retoriska lärdomar ur olika källor föreföll många erbjuda det sanna humanistiska alternativet till Aristoteles.

Renässansens humanistiska studier medförde emellertid inte bara formell förfining. De innebar också att nya upptäckter gjordes och att det klassiska litterära arvet gavs en ny tillgänglighet. Uppfinnandet av boktryckarkonsten vid mitten av 1400-talet blev här av svåröverskattbar betydelse. De klassiska författarna kunde nu göras tillgängliga i goda och förhållandevis prisbilliga editioner. Här fanns en viktig praktisk förutsättning för humanistkulturen.

Renässansplatonismen

De filologiska upptäckterna innebar att nya verk av Cicero, Tacitus och andra latinska författare drogs fram. Återupptäckten på 1500-talet av Lucretius' *De rerum natura* blev av särskild filosofisk betydelse. Men än viktigare var det att stora delar av den grekiska litteraturen blev tillgänglig på ett nytt sätt. Den textskatt som förvaltats i Bysans blev nu känd också i det latinska Västerlandet. Det filosofiskt sett mest väsentliga var därvid att Platons skrifter nu för första gången sedan antiken blev tillgängliga i sin helhet, i grekiskt original och snart också i fullständiga latinska översättningar. Petrarca blev som den förste västeuropeiske lärde den stolte ägaren till ett grekiskt Platonmanuskript, som skänkts honom av en östromersk vän. Han kunde dock inte läsa det på grund av bristande kunskaper i grekiska. Under 1400-talet förändrades bilden snabbt. En viss Manuel Chrysoloras, som emigrerat från Bysans till Florens, kom vid seklets början att spela en stor roll för att göra Platon i original känd i Italien. Han inspirerade också de första latinska översättningarna av bland annat *Staten* och *Lagarna*. Det östromerska rikets undergång 1453 ökade strömmen av bysantiska lärde som tog sin tillflykt västerut. Men den viktigaste milstolpen passerades när en italiensk lärd, Marsilio Ficino, tog sig an en fullständig latinsk Platonöversättning. Hans Platonutgåva 1484 blev en bestseller för sin tid. 1499 gjordes också den fullständiga grekiska texten tillgänglig i tryck. Därmed hade en ny era av Platoninflytande i Västerlandet öppnats.

Även om Ficinos framträdande betecknade något nytt hade en vitalisering av den platonska traditionen redan dessförinnan kunnat registeras. Den märkligaste figuren i detta sammanhang är Nikolaus Cusanus, vilken intar en intressant ställning mellan medeltid och renässans, förmedlande mellan den Augustinska traditionens Platonförståelse och den senare renässansplatonismen.

Cusanus – ”den lärda okunnigheten”

Nikolaus Cusanus (1401–1464) var född i Cues i Rhenlandet och gjorde en lysande kyrklig karriär. Han blev biskop i Brixen (i Tyrolen) och kardinal. Han anförtroddes också viktiga kyrkopolitiska uppdrag, framför allt förhandlingar i Bysans med sikte på att återförena den östromerska och den västromerska kyrkan. Men Cusanus hade många intressen utanför de kyrkliga. Han efterlämnade i Cues ett stort bibliotek, fyllt av böcker och manuskript, men också av astronomiska och fysikaliska instrument. Cusanus var en lärd humanist, som upptäckte betydelsefulla latinska manuskript. Han hade studerat hela den platonska filosofiska traditionen: Platon, Plotinos, Proklos, Dionysios Areopagiten och Bonaventura liksom mäster Eckehart och Raymond Lullus hörde till de författare han läst och tagit intryck av. Men han var också en ivrig matematiker och naturforskare, vilken även ägnade sig åt praktiska experiment. I hans verk blandades filosofisk spekulation, religiös mystik och djärva naturvetenskapliga teorier. Det mest kända arbetet i hans omfattande produktion blev *De docta ignorantia* (”Om den lärda okunnigheten” 1440).

Begreppet ”den lärda okunnigheten”, som spelar en väsentlig roll hos Cusanus, knyter an till Sokrates’ uppfattning, att insikt om den egna okunnigheten är förutsättningen för all visdom. Men hos Cusanus hänger denna ödmjukhet beträffande det egna vetandet samman med en bestämd metafysisk och kunskapsteoretisk lära. Gud är oändlig, människan ändlig. Därför är människans kunskap alltid inkommensurabel med den yttersta verkligheten. Våra ord, begrepp och föreställningar kan aldrig vara helt adekvata. Den sanna verkligheten kan vi närma oss, men inte nå. Med en för matematikern Cusanus karaktäristisk liknelse heter det, att förståndet förhåller sig till sanningen ”som mångsidingen till cirkeln; ju fler vinklar den förra såsom inskriven har, desto mer lik är den cirkeln, men den kan aldrig göras alldeles lik denna, även om vinklarna mångfaldigas i det oändliga”. Den mänskliga kunskapen är sålunda som bäst approximativ. Vi kan närma oss sanningen bara med hjälp av en sorts gissningarnas konst, där mer eller mindre goda hypoteser framkastas, prövas och ersätts med nya.

Den djupaste orsaken till att verkligheten är onåbar med hjälp av våra begrepp har att göra med det diskursiva, förståndsmässiga tänkandets själva natur. Vi tänker i motsättningar, ett objekt tillerkännes en viss egenskap och frånkänns en annan. Men det tänkande som följer motsägelselagen är enligt Cusanus, som på denna punkt riktar skarp kritik mot aristotelikerna, inte adekvat i förhållande till den sanna verkligheten. Hos Gud finns inga motsägelser. Cusanus talar om ett ”motsägelsernas sammanfallande” (lat. *coincidentia oppositorum*). Hos Gud sammanfaller det stora med det lilla, framtiden med det förflutna, det varande med det icke-varande. Detta överstiger fullständigt vårt förstånd, som inte kan förena med varandra motsägande påståenden: ”Ty vem skulle kunna förstå den oändliga enheten, som går oändligt före varje motsats och i vilken alla ting utan någon sammansättning är inbegripna i enkelheten, i vilken det inte finns något annat och något skiljaktigt, i vilken människan icke skiljer sig från lejonet eller himlen från jorden men i vilken de dock alla finnas i högsta sanning, likväl icke i enlighet med sin ändlighet, utan så att de i sitt inbegrepp är den högsta enheten själv.” Uppenbarligen är det mystikernas och den negativa teologins väg Cusanus här följer – Gud kan inte fångas med begrepp, namn eller förståndskategorier, han utgör en mystisk enhet bortom mångfalden och åtskillnaderna. Samtidigt pekade Cusanus’ tankar framåt – mot Hegels dialektik och andra senare försök att finna en ny form av logik som frigjorts från motsägelselagen.

Hur förhåller sig Gud till skapelsen? Cusanus talade på platonistiskt vis om den Gud varur världen emanerar och om den skapelse som i längtan och kärlek sträcker sig mot Gud. Men han höll samtidigt distans till panteismen genom att inskärpa att Gud befinner sig utanför världen och inte sammanfaller med denna. Likväl leddes han in på vägar som förde honom långt bort från den aristoteliska världsbild som varit högmedeltidens. Världen är obegränsad, förkunnade Cusanus, den har varken centrum eller periferi. Han öppnade på så vis porten mot ett gränslöst universum och lärde också att alla himlakroppar, även jorden, befinner sig i rörelse. Därmed genomförde han ett brott med den medeltida världsbilden som var lika radikalt som senare Copernicus’. Den i den yttersta himlasfären inneslutna världen ersattes av en som är utan gräns och som inte exakt låter sig fånga genom astronomernas beräkningar.

Men Cusanus hade höga tankar också om människans storhet. Människan är Gud, predikade han. Människan är världen, hon är alla ting, hon är ett mikrokosmos, vari allt avspeglas och går igen. Hos henne finns allt potentiellt – Guden, ängeln och besten.

Nikolaus från Cues var inte någon ortodox platonist. Han drog sig inte för att kritisera Platon när han tyckte att det fanns anledning till det. Men han representerade den Platonska traditionen sådan den existerade i brytningsskedet mellan medeltid och renässans och hans idéer skulle få avsevärt inflytande på den senare renässansen, inte minst på Bruno. Den som gav renässansplatonismen dess specifika karaktär var dock en något senare tänkare, vars namn redan flera gånger nämnts, Ficino.

Ficino och den florentinska platonismen

Med Marcilio Ficino (1433–1499) befinner vi oss i den stad som på många sätt framstår som renässanskulturens hjärta – Florens. Här blomstrade under 1400-talet konsterna och vetenskaperna under Medicéernas välvilliga spira och staden förvärvade sitt rykte som ”Italiens Aten”. Sitt välstånd byggde Florens på hantverk och handel. Dess författning var republikansk. Medicéerna var en borgerlig dynasti som upprätthöll sin hegemoni under republikanska former. Stadens borgerskap, vars övre skikt samlades i de mäktiga hantverksgillena, vakade svartsjukt över stadens och sin egen frihet. Här uppstod tidigt en tradition av republikansk frihetsretorik som närde sig av Cicero och av minnena från den romerska republiken. Också Platons tankar om politiken och medborgarskapet kunde fogas in i denna florentinska civism.

Ficinos karriär utspelade sig i stor utsträckning under Medicéernas beskydd. Det var Cosimo Medici som uppmuntrade honom att översätta Platon, som försåg honom med Platonmanuskript och som ställde en villa till hans förfogande där han kunde arbeta. Det var till Cosimos efterföljare Lorenzo Medici (”il magnifico”) som Ficino dedicerade sitt viktigaste filosofiska verk, *Theologia Platonica* (1482). Det var också Medicéerna som uppmuntrade Ficinos ansträngningar att i Florens återupprätta Platons akademi, låt vara att denna nya Platonakademi torde ha varit en ganska informell historia, vars mest organiserade aktivitet blev firandet av Platons förmodade födelse- och dödsdag den 7 november.

Från Cosimo Medici kom också ett initiativ som skulle bli av stor betydelse för Ficino. Cosimo hade kommit över ett grekiskt manuskript som innehöll delar av den s.k. *Corpus Hermeticum* och som han nu gav Ficino i uppdrag att översätta till latin. *Corpus Hermeticum* var en samling skrifter av esoteriskt innehåll som tillkommit i hellenistisk miljö under de tidiga århundradena e. Kr. Ficino och hans samtid godtog emellertid helt kritiklöst uppfattningen att skrifterna varit ett verk av en figur ur den egyptiska mytologin, Hermes Trismegistus, som troddes ha levt ungefär samtidigt med Moses. Redan dessa skrifters förmodade ålder gav dem i Ficinos ögon en ofantlig auktoritet. Det antogs här röra sig om en urgammal, sedermera bortglömd men nu återupptäckt visdom, en *prisca theologia*, en ursprunglig teologi av den mest vördnadsvärda art. Ficino laborerade med en succession av sex stora forntida teologer – Hermes Trismegistus, Orfeus, Aglaofemus, Pythagoras, Filolaus och Platon, varvid Filolaus ibland fick utgå till förmån för den persiske religionsstiftaren Zoroaster. Dessa sex hade varit förvaltare av en hemlig religiös visdom samt förebådat Kristi ankomst. I Ficinos lika fromma som fantasifulla spekulationer blandades platonism och kristendom, hermetism, astrologi och magi. Det är inte förvånande att Ficino blev författare till en av renässansens mest populära handböcker i (naturlig, inte demonisk) magi. Allt som hade att göra med ockulta läror och hemliga kunskaper fängslade hans fantasi.

Ändå är det främst som platonist Ficino har en plats i filosofihistorien. Naturligtvis var hans platonism, liksom all renässansplatonism, starkt influerad av nyplatonismen – han översatte för övrigt inte bara Platon utan också Plotinos' *Enneader* till latinet. Men flera av de teman han populariserade hade förankring hos Platon själv lika väl som i den senare platonistiska traditionen.

Ett exempel finns i Ficinos inflytelserika behandling av motivet ”den platonska kärleken” (ett uttryck som Ficino myntade men använde i en oironisk mening skild från den nuvarande). Ficino vidareutvecklade Platons kärleksfilosofi. Den jordiska kärleken, såväl den erotiska kärleken mellan kvinna och man som den filosofiska kärleken mellan vänner, uppfattade han som ett förstadium till den kärlek som riktas mot Gud och det gudomliga. Han tog inte avstånd från den sexuella kärleken, men betonade den andliga, som gavs en religiös dimension. Den eteriska kärlekspoesin hos Dante och Petrarca kunde han tolka i den platonska kärlekens anda. Ficinos egen kärleksfilosofi kom att influera andra poeter (bl.a. engelsmannen Edmund Spenser) och överhuvud bli ett betydelsefullt inslag i den senare renässansens syn på kärleken.

I den jordiska kärleken uttrycks på detta sätt enligt Ficino en odödlighetslängtan och en strävan efter det gudomliga. Platons odödlighetstanke var överhuvud central för Ficino. Människans dyrkan av det eviga och oförgängliga förutsätter att den mänskliga själen är odödlig. Hur skulle vi kunna tillskriva Gud evighet utan att också tillerkänna oss själva samma egenskap så att vi kan få del av Guds evighet genom vår egen? Utan odödlighet skulle människan, det fullkomligaste av alla djur, ha varit det olyckligaste, eftersom hon då ensam skulle ha varit berövad möjligheten att nå det naturliga målet för sin existens. I *Theologia Platonica* heter det: ”Vår själs hela strävan är att bli Gud. En sådan strävan är inte mindre naturlig för människorna än strävan att flyga för fåglarna. Ty den finns hos alla människor överallt.” Den i den mänskliga naturen inneboende längtan efter Gud och det gudomliga förutsätter att det hos människan själv, i hennes odödliga själ, finns något gudomligt.

Ficino var lycklig över att leva i en tid och i en stad där den platonska filosofin stod upp till nytt liv. Sin samtid betraktade han som en guldålder när grammatik, poesi, talekonst, målning, skulptur, arkitektur och musik som tidigare hotats av undergång, åter blomstrade och då den Platonska lärdomen återkallats från mörker till ljus. Själv skulle han genom sin återupptäckt av Platons skrifter bli en ljusbärare för många.

Pico della Mirandola och människans värdighet

En yngre samtida och vän till Ficino var Giovanni Pico della Mirandola (1463–1494). Också han levde tidvis i Florens, deltog i Ficinos Platonska akademi och åtnjöt Medicéernas patronage. I Picos filosofiska åskådning finns mycket som påminner om Ficino. Där finns platonismen, som hos Pico emellertid saknar varje udd mot Aristoteles eller aristotelismen. Pico hävdade nämligen, och var på denna punkt oense med Ficino, att det mellan Platon och Aristoteles i det väsentliga rådde full åsiktsöverensstämmelse. I likhet med Ficino tolkade Pico Platon i ljuset av den nyplatonska traditionen. Och i likhet med Ficino omfattade han tanken på en *prisca theologia*, där inte bara Platon och Pythagoras utan också Hermes Trismegistus och allsköns ockulta författare inordnades. På en punkt tillförde han emellertid något nytt. Genom några spansk-judiska lärde hade Pico kommit i kontakt med kabbalan och andra former av judisk mystik. Den hade gjort ett djupt intryck på honom och han var inte sen att föra in detta inslag bredvid de andra i den stora filosofiska syntesen.

Mycket av det centrala i Picos tänkande finns sammanfattat i hans mest berömda skrift, det tal som senare fick namnet *De hominis dignitate* (Tal om människans värdighet). Ursprungligen hade Pico tänkt hålla detta tal som inledning till en magnifik offentlig disputation i Rom 1487 där han skulle ha försvarat inte mindre än niohundra filosofiska teser inför en församling av Italiens lärde. Som det hände sig satte påven Innocentius VIII stopp för detta projekt. En del av teserna fördömdes senare som kätterska och Pico tvangs fly till Frankrike för att undgå kyrkliga repressalier. Endast ett ingripande från Lorenzo Medici till hans fördel kunde häva hotet och göra det möjligt för Pico att återvända till Florens. Den som läser det inledande talet om människans värdighet kan lätt förstå påvens betänkligheter i fråga om Picos teologiska rättrohet. Här sammanfattas med glödande vältalighet många av renässansfilosofins karaktäristiska motiv. Men därmed är också sagt att det mera utmärks av tankens flykt och djärvhet än av ängslig religiös ortodoxi (eller för den delen av filosofisk stringens eller filologisk kritik).

Pico inleder sin oration med att ställa frågan varför människan är den lyckligaste av alla levande varelser och den som är mest värd beundran. Han ger sitt svar genom en berättelse om hur Gud, eller demiurgen, skapade världen. Gud skapade himmel och jord, han skapade levande varelser av alla slag, var och en i enlighet med sin arketyp. Till sist ville han också skapa människan. Men han fann då att det bland hans arketyper inte fanns någon som passade. Därför skapade han människan utan någon bestämd förebild, ställde henne mitt i världen och sade: ”Varken en bestämd ort eller en gestalt som är din egen eller någon uppgift som är säregen för dig har vi givit dig, Adam, på det att du efter ditt beslut och enligt din åsikt skall få äga den ort, den gestalt, de uppgifter du önskar. Andra varelsers natur begränsas av oss föreskrivna lagar. Du är av inga gränser instängd, utan skall fastställa dem själv med din vilja i vars hand jag lagt dig. Mitt i världen har jag ställt dig, för att du därifrån så mycket lättare skall kunna skåda runt omkring dig allt som finns i världen. Varken himmelsk eller jordisk, varken dödlig eller odödlig har jag gjort dig, på det att du liksom din egen skulptör och formare fritt och ärofullt må kunna ge dig den gestalt du helst vill ha. Du skall ha makt att degenerera till lägre former som är djuriska, du skall ha makt att enligt din själs beslut regenereras till de högre former som är gudomliga.”

Med denna Guds appell till människan avslutas den mest kända delen av Picos tal, som gjort det till en av renässanshumanismens nyckeltexter. Här finns tanken på människans unicitet i skapelsen och fullkomliga frihet. Här finns idén om hennes universalitet – ställd mitt i skapelsen kan hon förstå allt och göra sig lik allt från det avlägsnaste till det närmaste, från det högsta till det lägsta. Picos människosyn har tolkats i olika riktningar av kommentatorer och efterföljare. Här finns den sociala tolkningen, enligt vilken det som nu träder fram är en det kommersiella samhällets människa, mobil och frigjord från feodala ståndshierarkier. Här finns den existentiella tolkningen som betonar frihetstanken, idén om människan, vars existens föregår hennes essens, som är fri att välja sitt eget livsprojekt. Här finns den nyhumanistiska interpretation som skulle få betydelse för bl.a. Hegel och som framhåller människan som sin egen skulptör, sin egen skapare.

Pico stannade likväl inte vid det anslag som givit hans tal dess namn utan fortsatte till sitt egentliga tema – lovordandet av det filosofiska livet, av filosofin och mer specifikt av den filosofi som var hans.

Människan utmärks sålunda enligt Pico av att vara oändligt förvandlingsbar. Hon liknar Proteus i den grekiska mytologin ”på grund av förmågan att ömsa skinn och forma sig själv”. Hon kan sänka sig till de lägsta existensformerna och bli lik växterna behärskad av rent biologiska funktioner: ”Om du nämligen ser en människa behärskad av sin mage kräla på marken, så är det ingen människa du ser, utan en buske.” Men hon kan också höja sig till det högsta: ”Om du ser en filosof bedöma och urskilja allt med det rätta förnuftet, vörda då honom: han är en himmelsk, ingen jordisk varelse.” Pico ber oss efterlikna de himmelska varelserna: Seraferna som brinner av kärlekens eld, Thronerna, som representerar den moraliska fastheten, men framför allt Keruberna, som är den kontemplativa filosofins utövare. Redan på jorden kan vi efterlikna det kerubiska livet och ”genom att tämja våra affekter med moralfilosofien och skingra förnuftets dunkel med dialektiken, liksom rensa själen från okunnighetens och lasternas smuts på det att varken affekterna må storma blint eller förnuftet ibland i ovetskap yra. Vår väl beredda och renade själ må vi sedan dränka med naturfilosofiens ljus, så att vi till sist kan fulländа den genom kunskap om gudomliga ting.” Liksom Sokrates skall vi låta oss gripas av gudomlig galenskap och hänryckning: ”Och till sist smittade av outsäglig kärlek som stungna av en broms skall vi likt brinnande Serafer i extas, fyllda av gudomlighet, inte längre vara oss själva utan Han som gjorde oss.”

Vad är det då för slags filosofi med vars hjälp vi skall förbereda oss för odödligheten? Pico skryter med att han fostrat sig ”så att jag, inte försvuren åt någons ord, utforskar *alla* filosofiens lärare, betar av *allt* som finns skrivet, erkänner *alla* skolor”. Han tillhör inte de inskränkta som stängt in sig ”inom bara en enda Pelargång eller en enda Akademi”. I själva verket tror Pico på vad en något senare lärjunge till Ficino och Pico (Agostino Steuco) döpte till *philosophia perennis* (”den eviga filosofin”). Det vill säga han tror på en stor tradition av i det väsentliga samstämmiga filosofer, på en urgammal visdom som de stora tänkarna genom tiderna varit bärare av. Med samma instämmande åberopar han Hermes Trismegistus, Moses, Zarathustra, kaldéerna, Apollo, Orfeus, Pythagoras, Platon och Aristoteles. Också hos skolastikerna, en Thomas av Aquino, en Duns Scotus, finner han höga förtjänster. Han prisar kabbalan, som låter oss tolka Gamla testamentets hemliga budskap och som otvetydigt kan ställas i kristendomens tjänst. Han lovordar den naturliga magin, som "drar fram de underverk som döljs i världens gömslen, i naturens sköte, i Guds förrådshus och mysterier" och som bygger på tanken om universums harmoni och de olika naturernas ömsesidiga släktskap.

Överhuvud utgår Pico från att den högsta visdomen alltid varit en hemlig visdom. Påminner oss inte redan de i egyptiernas tempel skulpterade sfinxerna om "att mystikens läror skulle hållas fridlysta från den oinvigda hopen med hjälp av gåtornas knutar"? Nu berömmer sig Pico emellertid av att ha dragit fram, tolkat och i sina niohundra teser formulerat kärnan i denna urvisdom, varom profeterna och filosoferna genom seklerna varit ense. Han poängterar vilket arbete detta varit för honom, "hur svårt det var, att draga fram den hemliga filosofiens mening ur gåtornas intrasslade snaror och fablernas dunkel, särskilt som jag i denna så besvärliga och så hemlighetsfulla sak inte haft hjälp av några andra uttolkares verk och mödor". Nu ber han att den lärda församlingen skall belöna honom för hans flit.

Vi har redan sett att åtminstone de påvliga myndigheterna såg utan entusiasm på Picos ansträngningar. Den sorts filosofiska och religiösa synkretism han företrädde kunde givetvis inte falla dem på läppen. Men inte heller de mer renläriga platonisterna kunde rimligtvis gilla Picos eklekticism. Inte minst stegrade de sig inför Picos anspråk på att ha påvisat "samstämmigheten mellan Platon och Aristoteles, en samstämmighet som många trott finnas men ingen tillräckligt bevisat".

Likväl var Pico inte den enda renässansfilosof som hade höga tankar om Aristoteles. Onekligen är det framför allt platonismen och det återupplivade Platonstudiet som givit renässansfilosofin dess särmärke. Men det skulle vara alldeles felaktigt att tro att aristotelismen under denna period plötsligt utslocknat. Tvärtom levde, i synnerhet vid universiteten, en livskraftig aristotelism vidare, förstärkt genom de nu allmännare kunskaperna i grekiska. Den mest kände bland renässansaristotelikerna blev måhända Pietro Pomponazzi (1462–1525), som i sin skrift *De immortalitate animae* ("Om själens odödlighet" 1516) förfäktade den kontroversiella åsikten att själens odödlighet inte kan bevisas och heller inte har någon betydelse för moralen eftersom dygden är sin egen belöning och synden sitt eget straff redan i jordelivet.

Gemensamt för platonister och aristoteliker var inriktningen på det praktiska, på livsföringen och samhället. En sådan praktisk inriktning var överhuvud karaktäristisk för renässansens hela kynne. Inom kunskapsteori, ontologi och logik hade renässansfilosofin föga nytt att tillföra. Men då det gällde synen på människan, moralen, politiken och religionen införde den revolutionerande förändringar. Exempel på det kan vi finna hos ännu en florentinsk tänkare – Niccolò Machiavelli.

Machiavellis nya furstespegel

Pico della Mirandola lär under sina sista år ha kommit under inflytande från Girolamo Savonarola, den märklige munken och domedagspredikanten, som dundrade mot Florens' synder. Pico dog den 17 november 1494, samma dag som den franske kungen Charles VIII erövrande drog in i Florens och Piero Medici (den store Lorenzos son) flydde därifrån. Genom dessa händelser förbereddes Savonarolas fyraåriga religiösa diktatur över staden. Några år senare, närmare bestämt den 8 mars 1498, ger annalerna oss den första verkliga glimten av Niccolò Machiavelli (1469–1527), född och uppvuxen i Florens och tillhörig en enkel borgerlig familj. Machiavelli skriver då ett brev till en vän, där han berättar om några predikningar som han hört Savonarola hålla i San Marco och där han försöker bedöma dennes politiska överlevnadsmöjligheter. Senare, i *Fursten*, skall Machiavelli hänföra Savonarola till de ”obeväpnade profeter”, som sällan i längden förmår hålla sig kvar vid makten.

I verkligheten störtades Savonarola i maj 1498 och fick bestiga bålet på Piazza della Signoria. Bara några dagar efter Savonarolas avrättning fick Machiavelli en hög befattning i tjänst hos det nya styret i Florens. Nu började det mest händelserika skedet i hans liv. Machiavelli sändes ut på olika diplomatiska uppdrag i sin fädernesstads tjänst. Han besökte under de kommande åren den franske kungen Ludvig XII, påven Julius II, den tyskromerske kejsaren Maximilian I. Men vad som gjorde det starkaste intrycket på honom och kom att avsätta de tydligaste spåren i hans skrifter var mötena med Cesare Borgia. Cesare tillhörde en mäktig och fruktad släkt och var son till påven Alexander VI. Med stöd av påven och av en armé opererade han i Mellanitalien. Hans avsikter var ovissa, det var viktigt för Florens att hålla ett öga på honom. Under vintern 1502–1503 var Machiavelli Florens' sändebud hos denne kondottiär för vars djärvhet, handlingskraft, hänsynslöshet och list han hade stor beundran. De rapporter han skrev hem till sina uppdragsgivare skulle i flera fall berätta om händelser som sedermera utnyttjades i *Fursten*.

Machiavellis diplomatiska bana avbröts abrupt 1512. Det året störtades den regim i Florens som anställt honom. Medicéerna återinsattes vid styret, Machiavelli fick avsked. Påföljande år, 1513, blev han till och med anklagad för medverkan i en mordkomplott mot Medicéerna, kastad i fängelse och torterad. Så småningom släpptes Machiavelli ur fängelset, men förblev i disponibilitet. Till sin sorg skulle han aldrig med återanställas i Florens' tjänst. Men vad den florentinska diplomatin möjligtvis kan ha förlorat på detta vann litteraturen.

Det var nu Machiavelli obesvärad av politiska göromål kunde gripa sig an med författarskapet. Det var nu hans stora verk skrevs. Om sitt liv på den lantgård som han ägde och dit han dragit sig tillbaka har han skrivit i brev till en vän. Han stiger upp före gryningen, berättar han, och ställer i ordning fågelfällor – han snärjer trastar med egna händer. Han inspekterar skogshuggarna som avverkar hans skog. Han äter lunch tillsammans med sin familj. Han besöker bykrogen där han finner värdshusvärden, en slaktare, en mjölnare, två bagare. Med dessa spelar han kort och grälar om vinsterna. Han känner hur hårt ödet behandlat honom som tvingar honom, van vid kungar och påvar, att hålla till godo med detta låga och grälsjuka sällskap. Men på kvällen kommer han hem till sitt bibliotek, tvättar sig, byter om till sina finaste hovkläder: "sålunda anständigt klädd inträder jag bland antikens människor vid de gamla hoven där jag, vänligt bemött, livnär mig på den föda som ensam är min och för vilken jag är skapad; och där jag inte skäms för att tala med dem och fråga efter motivet till deras handlingar; och på grund av sin mänsklighet svarar de mig, och på fyra timmar känner jag ingen leda, jag glömmer all trötthet, jag fruktar inte längre fattigdomen, och döden skrämmer mig inte; helt och hållet sällar jag mig till dem." Machiavelli gör anteckningar i ett häfte och fördjupar sig i ämnet "vad ett furstendöme är, vilka slag det finns, hur de erövras och behålls, och varför de går förlorade". Detta ämne är det Machiavelli behandlar i den följd av böcker han skriver under de påföljande åren: *Il Principe* ("Fursten", skriven 1513); *Discorsi* över Livius (skriven 1513–19); *Arte della guerra* ("Om krigskonsten" 1521); *Istorie fiorentine* ("Florens' historia" fullbordad 1525).

Il principe är det stora mästerverket, läst med beundran och motvilja genom seklerna, översatt till alla tänkbara språk, fortfarande lika provokativt, lika skandalöst som då det skrevs. Det författades under några intensiva månader 1513 och tillägnades den för tillfället härskande Medicéen i Florens (han hette Lorenzo och var sonson till den magnifike). *Fursten* är en s.k. furstespegel, en populär genre under renässansen, dvs. en bok om hur furstar bör uppträda och handla, om politikens konst. Machiavelli använder sig av genren, men underminerar den samtidigt. De ädla betraktelser över furstens dygd som utmärkte furstespeglarna får i hans bok en ny innebörd. Machiavelli berömmer sig i dedikationen över sin kunskap om stora mäns handlingar, ”vilken jag erhållit genom en lång erfarenhet av nutida händelser och ett aldrig upphörande studium av antikens historia”. Formuleringen säger något om vilka kvaliteter hos sig själv – praktisk erfarenhet och humanistisk lärdom – som Machiavelli ville framhålla för Lorenzo Medici i sitt aldrig uppfyllda hopp om ny anställning. Den säger också något om hans faktiska tillvägagångssätt i *Fursten* och därmed om hans historiesyn. Machiavelli blandar exempel på stora mäns handlingssätt hämtade från de antika historieskrivarna med sådana som tagits ur hans egen erfarenhet. Hannibals och Caesars bedrifter likaväl som Cesare Borgias åberopas i hans text som belägg för samma teser. Machiavelli är övertygad om att politikens spelregler är oföränderliga från tid till annan. Historien upprepar sig. De som träder fram på dess scen kan inte förändra reglerna, bara spela spelet mer eller mindre väl.

Det problem som Machiavelli försöker lösa i *Fursten* är i grunden mycket enkelt – hur måste en furste handla för att erövra makt och behålla den? Han koncentrerar sig på den svåraste uppgiften, den som möter en ny furste som själv gripit makten, som inte kan stöda sig på ärftlig legitimitet utan själv måste trygga sin ställning. Därvid kommer det för Machiavelli i mycket att handla om ett spel mellan två storheter – dygden (it. *virtù)* och lyckan. Med ”dygd” menar han inte den kristna dygden, utan en sorts duglighet och styrka, ja en virilitet eftersom italienskans *virtù* och latinets *virtus* kan härledas från latinets *vir*, man. Dygd är manlig styrka och djärvhet. Lyckan, Fortuna, är å andra sidan alla de oberäkneliga faktorerna, slumpen, det oförutsedda. Machiavelli skildrar politiken som en konst, inte som en vetenskap. Tillfälligheterna, det som inte kan behärskas, spelar en stor roll i hans konception. Men samtidigt inskärper Machiavelli att vi inte är hjälplöst utlämnade åt ödet: ”Men för att vår fria vilja inte alldeles skall utsläckas anser jag, att det visserligen kan vara sant att ödet till hälften bestämmer våra handlingar, men att det också låter oss besluta över ungefärligen den andra hälften.” Han liknar ödet vid en av de floder som då de stiger lägger landet öde. När översvämningen väl är där kan den inte hejdas. Men ingenting hindrar att man i lugna tider bygger dammar och vidtar skyddsanordningar. Ödet bestämmer bara till hälften. Furstarnas förmåga betyder lika mycket som deras lycka. Machiavelli framhåller, att Fortuna är en kvinna – hon ler bara mot den starke och initiativkraftige, hon står den djärve bi, men sviker lätt. Politiken skildras på detta sätt som en sexuell lek mellan furstens manlighet och Fortunas kvinnlighet.

Machiavellis stora exempel på en föredömlig ”ny” furste blir Cesare Borgia. Cesare gjorde allt som kan begäras av en ny furste. Om han till slut misslyckades berodde det på ett oblitt öde (pappa påven dog vid ett för Cesare synnerligen olämpligt tillfälle). Machiavelli ger exempel på Cesares talang. Då Cesare intagit Romagna ansåg han det nödvändigt att kuva provinsen med eftertryck. Han satte som ståthållare in ”messer Remirro de Orco, en grym och skrupelfri man, åt vilken han gav fullständig maktfullkomlighet. Messer Remirro gjorde landet lugnt och enigt på kort tid och fick på så sätt mycket stort anseende.” Så småningom tyckte Cesare att messer Remirros anseende blivit nästan väl stort. Han ville också motverka uppfattningen att han, Cesare, var en grym härskare: ”Han tog första tillfälle i akt och lät en morgon i Cesena hugga ståthållaren i två bitar och han lät liket ligga kvar på torget med ett stycke trä och en blodig kniv vid sidan. Anblicken av en sådan vild grymhet gjorde människorna både nöjda och skräckslagna.” Den lilla vinjetten från en morgon i Cesena ger Machiavellis skildringskonst i ett nötskal: rask, rakt på sak, obekymrad. I liknande stil skildrar han ett annat lyckokast från Cesare Borgias sida som han själv bevittnat – hur Cesare i staden Sinigaglia lyckades lura en svekfull bundsförvant, Orsini. Genom att visa Orsinis förtrogne, en viss signor Paulo, all tänkbar uppmärksamhet för att försäkra sig om hans förtroende, ge honom pengar, klädedräkter och hästar, kunde Cesare lura hans herre in i en fälla. Orsini föll tack vare ”sin enfald och lättrogenhet” i Cesares händer, fängslades och ströps. Machiavelli är full av beundran för Cesares beslutskraft och handlag vid detta tillfälle.

Exemplen på Cesare Borgias statskonst för oss rakt in i en för *Fursten* central problematik – förhållandet mellan politik och moral. Machiavellis position i fråga om detta problem är fullkomligt klar. Den kristna moralen – att vara ödmjuk och vända andra kinden till – kan otvivelaktigt vara bra om man önskar komma till himlen. Men om man önskar erövra och utöva makt är den oduglig. En furste som följde dess bud skulle snabbt detroniseras. ”Ty”, skriver Machiavelli, ”om man noggrant betänker allt finner man, då man följer verkningarna av det som tycks vara en god egenskap, att den för till undergång medan den egenskap, som synes vara dålig, för till säkerhet och välstånd.” Frikostighet är en god egenskap, men en ständigt frikostig furste har snart förslösat sina och statens tillgångar och blir fattig och ringaktad. Grymhet är en dålig egenskap, men nödvändig för en furste. Cesare Borgia ansågs grym, ”men med denna sin grymhet återställde han dock ordningen i Romagna, förenade det och återförde det till fred och trohet”.

Oordning som medför mord och rov är till skada för hela befolkningen, medan de exekutioner som fursten företar skadar bara en person. Det är en god sak för en furste att vara älskad, men viktigare att vara fruktad. Tvingas han välja bör han välja det senare: ”Ty om människorna kan man i allmänhet säga att de är otacksamma, flyktiga och hycklande, att de flyr undan faran och att de är vinningslystna, och medan du visar dem godhet är de alla dina, de offrar sitt blod, sina ägodelar, sitt liv och sina söner när ditt behov därav är avlägset, men om faran närmar sig gör de uppror.” Den furste handlar ovist som förlitar sig på folkets kärlek: ”människorna älskar en furste av fri vilja men det beror på furstens vilja om de hyser fruktan för honom”.

I liknande anda framhåller Machiavelli att svek och list är nödvändiga för fursten: ”En klok furste kan följaktligen inte och bör inte hålla ord, när detta är till skada för honom och när de skäl som förorsakade hans löften inte längre är förhanden.” Det är viktigt för en furste att synas ha alla goda egenskaper, men inte att verkligen äga dem: ”Man måste förstå att en furste, och i all synnerhet en ny furste, inte kan iaktta allt det som gör att en människa anses vara god, därför att han ofta för att behålla sin makt är tvingad att handla mot all trofasthet, barmhärtighet, mänsklighet och gudsfruktan.” Det som är goda egenskaper hos en privatperson är inte nödvändigtvis de egenskaper som gör en god furste. I statsintressets namn är fursten ofta tvungen att handla på ett sätt som i privatlivet skulle vara skamligt – termen ”statsförnuft” börjar vid denna tid komma i svang, och även om Machiavelli inte använder ordet formulerar han idén. I *Discorsi* skriver han om den brodermördande Romulus, att handlingen anklagade honom, men resultatet ursäktade honom.

Vilka var då Machiavellis politiska mål, som gjorde de nödvändiga medlen önskvärda även när de stred mot gängse moral? Något om detta framgår av *Fursten*. Machiavelli prisar den furste som inte förlitar sig på legosoldater – vilka varit Italiens olycka – utan på det egna folket i vapen. Den furste som stöder sig på folket, på de egna medborgarna, och som beväpnar dessa kan uträtta storverk. Vilka storverk framgår av bokens sista kapitel där Machiavelli vänder sig direkt till Lorenzo Medici och vädjar till denne att ena Italien och befria det från ”barbarerna”. Det söndrade och svaga Italien befinner sig i ett eländigt tillstånd: ”Det är mer förslavat än judarna, mer förtryckt än mederna och mer splittrat än Grekland, utan överhuvud, utan ordning, slaget, plundrat, sönderslitet, härjat och utsatt för all sorts förstörelse.” Machiavelli vädjar till Lorenzo att anföra italienarna mot inkräktarna och kasta ut fransmän, österrikare, spanjorer ur landet och ena det under sin spira. Han skriver i den framväxande nationella furstemaktens epok och önskar Italien samma enhet och styrka som Frans I givit Frankrike och Henrik VIII givit England. Italien förblev dock svagt och splittrat ännu under århundraden. 1527, samma år som Machiavelli dog, skulle den tyske kejsaren Karl V storma och inta Rom. Men det är begripligt att då det italienska enhetsverket äntligen genomfördes under 1800-talet Machiavelli hyllades som en av *Risorgimentos* intellektuella förelöpare.

Liviuskommentaren lägger åtskilligt nytt till bilden av Machiavellis politiska uppfattningar. Framför allt framträder här de republikanska ideal som var hans djupaste politiska övertygelse (även om han alltid erkände att ett enat furstendöme är bättre än en splittrad republik). Machiavellis idealstat var en som bars upp av medborgaranda och medborgarfrihet. Hans historiesyn följer ett schema som ärvts från Polybios och andra romerska historieskrivare. Välden blomstrar och utvidgas när medborgardygderna är starka och när de privata intressena underordnas *res publica*. Men då penningbegär, njutningslystnad och egenintresse tar överhanden förfaller staten, försvagas och faller till slut offer för yttre eller inre fiender. Sålunda försiggår det historiska förloppet i cykler, där riken uppstår, florerar, dör och avlöses av andra. Men Machiavelli vill inte erkänna att detta förlopp är ödesbestämt. Medborgarskapets förfall kan motverkas, borgardygderna revitaliseras. Ett nederlag, en chock, en nationell förödmjukelse kan ibland ha denna verkan och undergången är då inte förutbestämd.

Machiavellis tankar om medborgarandan skulle göra honom till en viktig länk i en "republikansk" tanketradition som hade rötter i antiken och där bland andra Montesquieu, Rousseau och det sena 1700-talets amerikanska och franska revolutionärer hörde till efterföljarna. Men Machiavelli fick också i andra avseenden stor betydelse för det politiska tänkandets utveckling. Tidigare politisk filosofi hade framför allt behandlat politikens etiska, religiösa och metafysiska aspekter. Machiavelli frilade dess realpolitiska, maktpolitiska dimension, relationen mellan mål och medel. Han tecknade en bild av politiken som tidigare funnits hos historikerna, men som undsluppit filosoferna, en politik som innebär konflikt och ständig rörelse och vars yttersta grundval är våldet.

Machiavelli skrev om politiken sådan den är snarare än om politiken sådan den borde vara. "Många har fantiserat om fria statsformer och furstendömen, som man varken sett eller hört talas om i verkligheten", påpekade han. Men för egen del hade han ansett det lämpligare att "hålla mig till den verkliga sanningen om saken än till fantasier om den". I detta avseende betecknar *Fursten* raka motsatsen till ett annat verk, som skrevs bara ett par år senare och som likaledes blivit en av den politiska filosofins bestående och mest lästa klassiker. Jag tänker på Thomas Mores *Utopia*.

More och utopins födelse

Thomas More (1478–1535) blev sin tids främste engelske företrädare för renässanshumanismen. Om 1400-talets renässans fortfarande i det huvudsakliga varit en italiensk företeelse blir 1500-talet det århundrade då den nya rörelsen på allvar sprider sig norr om Alperna och kommer att omfatta hela Europa. Därvid ändrar den också karaktär. Den nordliga renässansen blev, har det sagts, en renässans i b-moll, allvarligare, mindre färgsprakande, mindre hednisk än den italienska. More introducerade Pico della Mirandola i England, men hos honom själv finns mer av moralisten och mer av den renhjärtade kristne.

Utopia, Mores ojämförligt mest berömda verk, skrevs 1515 och trycktes 1516. Det berättar om hur More under en för övrigt fullt autentisk ambassad till Flandern i kung Henrik VIII:s tjänst träffar en sjöfarande, Raphael Hythloday, vilken sägs ha varit till sjöss "som den kunnige och sluge Odysseus, ja, kanske som den gamle vise tänkaren Platon". Raphael hade nämligen bedrivit djupa studier i filosofin, i synnerhet den grekiska. Driven av en lust att se främmande länder hade han rest med Amerigo Vespucci under tre av dennes resor. Därefter hade han företagit resor på egen hand och bland annat besökt den märkliga ön Utopia (grekiska för "ingenstans"). Därmed kom Raphael Hythloday att i lika hög grad som Amerigo Vespucci ge namn åt en ny kontinent – den utopiska. Ty efter den ö han träffade på har alla senare utopier fått sitt namn.

Thomas More. Efter samtida målning.

Utopia är sålunda till formen en reseskildring, en genre som tidens stora upptäcktsresor gjort populär. Men resan går till ett land som den vise Platon redan tidigare besökt. Det är liksom i Platons *Staten* fråga om en förnuftsstat, styrd av idel visa lagar och anordningar. Men den litterära formen är en annan och därmed blir intrycket annorlunda. Här resonerar man inte i ett filosofiskt sällskap, här är det fråga om en berättelse om en okänd ö i världshavet och om de förhållanden som där är rådande, inte mindre märkvärdiga än vad Columbus eller Vespucci kunnat berätta från indianernas världsdel.

Den första delen av *Utopia* ger kontrasten i form av en skildring i mörka färger av det samtida England. Klädesindustrins blomstring gör det lönsamt för markägarna att gå över till fåravel. Följden blir att de som tidigare som arrendatorer och lantarbetare brukat jorden drivs ut till svält och hemlöshet. I skaror driver de omkring på landsbygden, stjälande till brödfödan. Galgar sätts upp för tjuvarna, de hängda kantar vägarna. Raphael är strax färdig med sin förklaring till det onda. Enligt hans åsikt kan ett rättvist samhälle aldrig skapas, ”då allt äges av enskilda och penningen är den stora maktkällan”. Han håller med Platon om att man endast kan ”befrämja det allmänna välståndet genom att skapa jämlikhet, något som jag finner omöjligt så länge privatäganderätten vidmakthålles”. Raphael åberopar som bevis vad han fått se i det socialistiska Utopia.

På ön Utopia, berättar Raphael, är all egendom gemensam. Pengar existerar inte och guld anses vara en metall utan värde, varav huvudsakligen tillverkas nattkärl. En socialistisk ekonomi råder. Alla utopier (utom en liten grupp lärde som också är styrande) har arbetsplikt. Deras dygn är noggrant reglerat. Tre timmar på förmiddagen ägnas arbete. Därefter kommer middagsmålet följt av två timmars vila. Middagsmålet intas i stora, gemensamma matsalar och utlyses genom hornsignaler. På eftermiddagen vidtar ytterligare tre timmars arbete. Därefter inträder fritiden som till stor del ägnas lyssnandet till nyttiga föreläsningar. Harmlösa förströelser såsom schackspel och musik förekommer, men inga dumma eller skadliga som tärningsspel. Än mindre tolereras sådana lastens nästen som vinkrogar, ölstugor eller varmbadhus. Klockan åtta på kvällen går utopierna och lägger sig.

Utopiernas liv i övrigt är lika vist anordnat. De styrs genom en furste och ett högsta råd, som via allmän rösträtt väljs bland de lärde. Det råder dödsstraff på att diskutera politiska frågor utanför kretsen av valda ombud och utanför rådhuset. Utopiernas familjeliv är idylliskt. Männen bestämmer över hustrurna, föräldrarna över barnen. På äktenskapsbrott ser man mycket strängt. Det bestraffas med slaveri, vid återfall med döden. Slavar finns i Utopia, rekryterade från utopiernas fiender eller från svåra förbrytare. Utopierna ser strängt på brottslingar, "eftersom de ej kunnat avhålla sig från lagöverträdelse fast de blivit så väl uppfostrade till dygd i ett så utmärkt samhälle". Utopierna för krig, men bara rättvisa krig. När de själva blir för många grundlägger de kolonier på grannländernas mark, som till stor del ligger obrukad. Skulle grannländernas befolkningar motsätta sig detta kuvas de med krig, ty "det betraktas som fullt rättmätigt att bekämpa dem som låter sin jord ligga obrukad och dock hindrar ett annat folk från att bruka den". Fattigdom och nöd finns inte i Utopia, eftersom allt ägs gemensamt. Av samma skäl kan utopierna lugnt lämna sina hus olåsta. Var och en kan gå in och ut i husen som inte innehåller någon privategendom eller något annat privat. Utopierna föraktar lyx och prål. Alla går klädda i likadana kläder av naturfärgat ylle. Deras liv styrs av vad som är förnuftigt, naturligt och nyttigt. Deras samhälle är, enligt Raphaels bestämda uppfattning, "ej blott det bästa utan också det enda som på goda grunder kan ha rätt att bruka namnet samhälle".

Mores *Utopia* bör knappast läsas som ett revolutionärt projekt eller ens som ett utkast för konkreta reformplaner. I stället är det fråga om en dröm om ett bättre samhälle och om ett ideal mot vilket de faktiska förhållandena kunde mätas. I *Utopia* bestäms allt av förnuftet och rättvisan, ingenting av sedvänjor eller traditioner. Det rör sig om en filosofs vision. Så är det också hos Mores efterföljare. Bland dem kan nämnas italienaren Tommaso Campanella (1568–1639), vars *Civitas Solis* ("Solstaten" 1602) bygger på Platon och More och skildrar ett idealsamhälle som styrs av visa filosofer och där all egendom ägs gemensamt.

I början av *Utopia* för More och Raphael ett samtal om i vad mån filosoferna kan bidra till att förbättra samhället genom att uppträda som rådgivare åt furstar. More tror det, men Raphael är skeptisk. Kungarna kommer aldrig att obetingat "underordna sig filosofernas vägledning, emedan de redan i barndomen blivit fördärvade genom en falsk och ond uppfostran. Vilket Platon själv fick erfara hos konung Dionysos." More skulle få göra om Platons erfarenhet i försvårad form. Han engagerades allt djupare i Henrik VIII:s tjänst. Han blev lordkansler och innehade därmed Englands högsta juridiska ämbete. Men när kungen mot påvens vilja beslöt skilja sig från sin hustru kunde More inte ge sitt bifall. Han avsade sig sina ämbeten. I den strid mellan påvemakt och nationell kungamakt som Henrik inlett valde More kyrkans sida. Han kastades i Towern. Den 6 juli 1535 föll hans huvud för bödelns bila. Hans avrättning väckte bestörtning och avsky runt om i Europa, där hans namn var välkänt. Hans nära vän den store humanisten Erasmus av Rotterdam skrev när han drabbades av nyheten om Mores död: ”Han var den visaste och heligaste man, som England hade. I Mores död känner jag som om jag hade dött själv. Vi var ett hjärta och en själ.”

Karta över landet Utopia. Ur Mores Utopia (1516).

Erasmus, visdomen och dårskapen

Erasmus (omkring 1469–1536) föddes i Rotterdam som illegitim son till en prästman. Han utbildades i latinskola och blev i tjugoårsåldern augustinermunk. Dock kom han inte att ägna sig åt någon kyrklig karriär – han erhöll sedermera påvlig dispens från klosterlivet – utan åt en lärd. Erasmus lärde sig grekiska och blev en av sin tids främsta grekiska filologer. Hans litterära produktion blev enorm, han kan sägas vara den förste europeiske författare som levde i symbios med tryckpressen. Hans namn blev känt över hela Europa och han utvecklade en väldig korrespondens med lärda och stormän i olika länder. Utgiven ger den en unik bild av 1500-talets intellektuella liv. Erasmus befann sig ständigt på resa, bytte ständigt bostads- och vistelseort: från Rotterdam till Gouda; från Gouda till Paris, där han studerade vid Sorbonne; från Paris till England, där han träffade och blev vän med More; från England till Italien och tillbaka till England; därefter till Basel, under långa perioder hans fastaste replipunkt, där tryckaren Johannes Frobenius tog hand om hans manuskript; från Basel till bl.a. Freiburg och tillbaka till Basel. Erasmus var hemma i alla europeiska länder. Hans språk, latinet, var internationellt gångbart och gav honom en publik över hela världsdelen.

När Erasmus stod på höjden av sin berömmelse åren efter 1516 erkändes han från alla håll som Europas främste lärde, hyllad av påve och kejsare, av Englands och Frankrikes kungar, av Tysklands furstar, av Luther och Zwingli. De främsta konstnärerna tävlade om att få måla hans porträtt – de mest kända Erasmusporträtten är av Albrecht Dürer och Hans Holbein d.y. Vid Erasmus' död tjugo år senare hade bilden förändrats. Reformationen, som han själv bidragit till att befordra, hade delat upp hans forna anhängare i olika läger. Från alla håll beskylldes Erasmus för svek och opålitlighet. För de ivrigaste protestanterna blev han en förrädare, för de mest fanatiska katolikerna blev han ormen som lagt äggen varur reformationen vuxit. Vilken väg hade fört till detta mål?

Sitt första stora rykte förvärvade Erasmus med sina *Adagia* (1500), en samling ordspråk och citat hämtade från romerska och grekiska författare, som blev Erasmus' av samtiden kanske mest lästa verk. Här kunde Erasmus foga moraliserande eller skämtsamma kommentarer till olika ordstäv samtidigt som de allt mer utvidgade upplagorna av verket demonstrerade hans allt större klassiska beläsenhet. Från Erasmus' *Adagia* har många ordvändningar och talesätt gått in i de moderna europeiska språken: ”ett nödvändigt ont”; ”gräset är grönare på andra sidan staketet”; ”Gud hjälper den som hjälper sig själv”; ”en svala gör ingen sommar”; ”vara i samma båt”; ”sova på saken”; ”bryta isen”.

År 1516 gav Erasmus ut det verk som skulle ge honom hans största historiska betydelse – en utgåva av Nya testamentet med den grekiska grundtexten, en ny latinsk översättning av Erasmus' hand samt ingående kommentarer. Det hela innebar att kristendomens heligaste texter för första gången gjordes allmänt tillgängliga på grundspråket och att Hieronymus' latinska översättning (*Versio vulgata*) utsattes för en granskning i den nya filologiska lärdomens ljus. Därmed förefanns också en av de viktigaste förutsättningarna för det som skulle bli reformationen. I väsentliga avseenden var reformationen en parallellföreteelse till renässanshumanismen. Också den gick ut på ett återvändande till källorna, som i detta fall inte var de hedniska författarna utan de bibliska skrifterna. Också den såg medeltiden som en

Erasmus från Rotterdam. Träsnitt av Dürer från 1526.

förfallsperiod. Också den aspirerade på att återställa en ursprunglig visdom – urkristendomens, den rena evangeliska lärans. Erasmus' text till Nya testamentet blev förutsättningen för Luthers och andras bibelöversättningar. Men därmed blev Erasmus också indragen i 1500-talets hårdaste intellektuella strid, den som handlade om reformationen, om kristendomen, om själva förutsättningen för den efterantika europeiska kulturen.

I det längsta förhöll sig Erasmus avvaktande, förbidande i denna strid. Själv ville han reformera kyrkan, prästerskapet, teologin. Till en början sympatiserade han otvivelaktigt i det väsentliga med reformatorernas strävanden. Den unge Luther hade också närmat sig Erasmus med förtroende. Men Erasmus ville ingen brytning med den existerande kyrkan, bara dess förbättring och förädling genom ett innerligare trosliv och en mindre skolastisk teologi. Luthers anda var en annan än hans. När Luther blev upprorsmannen, kyrkans oförsonlige vedersakare, upphovet till en ny dogmatik, kunde Erasmus inte följa honom. I det längsta sökte han dock avstå från att välja sida. När han till slut tvingades ta ställning skedde det i en fråga som låg honom varmt om hjärtat. I skriften *De Libero Arbitrio* ("Om viljans frihet" 1524) försvarade han den mänskliga viljefriheten. Luther svarade med skriften *De Servo Arbitrio* ("Om viljans träldom" 1526), där han förfäktade sin uppfattning att människan är oupplösligt bunden vid synden och kan frälsas bara genom Guds outgrundliga nåd. Här bröt sig renässanshumanistens ljusa, frihetsbejakande människouppfattning mot reformatorns mörka pessimism.

Av Erasmus' många skrifter finns det en som i högre grad än de andra förblivit levande också i vår tid och som kommit att räknas till den filosofiska litteraturens klassiska verk. Det är hans *Encomium Moriae* ("Dårskapens lov", tryckt i sin första upplaga 1511). Verket koncipierades medan Erasmus satt på hästryggen under en resa från Italien till England, där han skulle besöka More. Han skrev den i England, förmodligen i Mores hus. Boken dedicerades också till More och dess titel utgör en vits på Mores namn: *morus* betyder dåraktig på latin. Vad som började som ett gott skämt mellan två renässanshumanister har sedermera roat tiotusentals läsare.

I *Dårskapens lov* är det dårskapen själv som för ordet och som prisar sina förtjänster inför en lyssnande skara. Redan detta grepp ger något halsbrytande åt framställningen där läsaren snart inte vet vad som är upp eller ned.

"Jag ensam är gudars och människors glädjebringerska", hävdar Dårskapen. Beviset ligger nära till hands: "Knappt hann jag visa mig i Er talrika församling, för att hålla detta tal, förrän rynkorna i Edra pannor utslätades, Era anleten lyste upp av en sällsam munterhet och Era älskvärda leenden betygade mig ett välvilligt bifall." Dårskapen går vidare i sin argumentering för den egna förträffligheten: ”vad kan vara mera passande, än att Dårskapen blåser i trumpeten för sig själv?” Vem kan nog prisa dårskapens välgärningar? Vem vill förneka att barndomen, då dårskapen regerar, är människans gladaste och lyckligaste tid? Vem skulle kunna uthärda ett äktenskap utan skämt och glam och tokerier? Hur skulle vi stå ut med själva samhället och staten utan skämt och lustighet? Och vilken kroppsdel är det som givit upphov till vår tillvaro? Är det huvudet, handen, örat eller någon annan anständig och seriös kroppsdel? ”Förvisso icke! Det är ju med denna komiska, löjliga kroppsdel, som man icke kan nämna vid namn utan att skratta, som hela människosläktet fortplantas!” Alla lidelser är för övrigt dårskaper. Men hur skulle den människa se ut som inte behärskades av dem? Den stoiske vise, till exempel, denna stumma marmorbild: ”Ty vem skulle icke avsky och undvika en sådan människa som ett vidunder, ett spöke, som är döv för alla naturliga känslor, icke har några lidelser och är lika okänslig för kärlek och barmhärtighet som den hårdaste sten?” Och vidare – är det inte bara narrar som är fullkomligt uppriktiga, är det inte bara från dem man kan få höra sanningen?

I denna stil fortsätter Dårskapen att prisa sina förtjänster. Snart kommer hon också in på sina anhängares egenskaper. I vilken tacksamhetsskuld står inte exempelvis skalderna till henne? De är ju ett släkte vars hela strävan är ”att med idel onyttigt sladder och löjligt prat smeka narrars öron”. Något liknande kan sägas om vältalarna. Och hur är det med filosoferna: ”Fastän de icke vet något ens om sin egen natur och icke lägger märke till en sten eller ett dike, som ligger i deras väg, därför att de antingen är surögda eller tankspridda, så skryter de i alla fall med att kunna urskilja idéer, universalia, formae separatae, primae materiae, quidditates och haecceitates, vilket allt är så subtila ting, att enligt min mening icke ens det skarpaste öga kan varsebliva sådant.” Efter de skolastiska filosoferna blir det teologernas tur, vilka med spetsfundigheter av alla slag gjort kristenheten konfys. Skulle väl någon av apostlarna eller de gamla kyrkofäderna ha begripit ett ord av Duns Scotus' *Quodlibet*? När Dårskapen diskuterar munkar och präster finner hon lika goda skäl att kalla dem sina egna. Munkarna benämnes ”detta smutsiga, råa och oförskämda pack” och sägs utmärkas av sitt regelpedanteri: ”Det måste vara ett bestämt antal knutar på skosnörena, en bestämd färg, bredd, och storlek på skärpet och bestämda färger på kläderna; kåpan måste ha en viss storlek och form och man får endast sova ett visst antal timmar.” Påvar, kardinaler och biskopar förebrås sitt yppiga leverne vari de överträffar furstarna.

Till slut går Dårskapen över till att tala om korsets dårskap. Red inte Kristus in i Jerusalem på en åsna, denna dårskapens sinnebild? Det finns överhuvud ett samband mellan den kristna religionen och dårskapen: ”Det finns väl knappast större dårar i hela världen än sådana, som brinner av kristlig kärlek och fromhet: de delar med sig av sin egendom åt andra, de hämnas ej lidna oförrätter, låter sig bedragas, gör ingen åtskillnad på vän och fiende, flyr njutningen, plågar sig med fasta, vakor, mödor och späkningar, föraktar denna världens goda och önskar sig inget annat än att få dö.” På det sättet liknar de kristna platonikerna, vilka ansåg filosofin vara en förberedelse för döden. Hade inte Platon framställt de sanna filosoferna som dårar i sin liknelse om grottan: ”När den, som varit ute ur grottan en stund, kom in igen, berättade han att han skådat tingen, sådana de verkligen är, och sade, att de, som trodde, att ingenting annat fanns än dessa bleka skuggbilder, var fångna i en beklaglig och dåraktig villfarelse. Men de andra skrattade åt honom som åt en vansinnig och körde ut honom ur grottan.” Platon hade ju också talat om kärleksyran som det lyckligaste av alla tillstånd, han hade prisat Eros' gudomliga vanvett. Den ”som behärskas av en lidelsefull kärlek, han är inte längre sig själv utan går helt upp i det älskade föremålet”. Vi kan säga att han är ”utom sig”. I extas har han lämnat det jordiska och den egna kroppen för att helt gå upp i kärleken. De som helt går upp i kärleken till Gud uppträder som dårar: ”De talar ej som andra människor utan fullkomligt sammanhangslöst, alldeles som vore de från sitt förstånd. Ibland är de glada, ibland nedslagna, stundom skrattar de, och stundom gråter och suckar de; kort och gott: de har alldeles förlorat fattningen.”

Med denna skildring av den galenskap som frälser världen, och denna hänryckning som lyckliggör kristna och filosofer, avslutar Dårskapen sitt tal. Här finns något av Cusanus' ”lärda okunnighet”, något av Ficinos och Picos nyplatonska lära om filosofins extaser, något av bekännelse till en enkel och enfaldig kristendom, bortom teologins spetsfundigheter. Texten undandrar sig alltför exakta bestämningar. Det centrala begreppet ”dårskap” förändrar värdeladdning och konnotationer med förvirrande hastighet. Erasmus har undvikit att naglas fast vid några teser. Han döljer sig bakom många masker. Men också en del av hans boks litterära charm vilar på denna mångtydighet.

Erasmus ville uppfostra sin samtid till en sann humanism och till en fromhet som skulle komma från hjärtat snarare än från en spetsfundig hjärna. Han avskydde ingenting så mycket som fanatism, kärlekslöshet, split och oenighet. Därför ter sig hans öde tragiskt. Erasmus blev på sätt och vis den siste europén, den siste store företrädaren för ett Europa, som fortfarande var intellektuellt och andligt enat. Under hans senare årtionden började den stora kyrkoschismen, som skulle splittra världsdelen och snart nog dra med sig krig och inbördeskrig i spåren. Ingenting kunde mer bedröva Erasmus, som trots all tankeradikalism i mycket var en konservativ natur som avskydde tumult och omvälvningar. Förgäves förebrådde han Luther dennes alltför stora nit, alltför starka tro på de egna meningarna. Erasmus tillgrep skepticismens argument i sin strid med Luther. Hur kunde Luther vara så säker på att sitta inne med den rätta tolkningen av kristendomen? Var fanns hans kriterium? Och i avsaknad av ett säkert kriterium på sanningen – var det inte klokast att hålla sig till traditionen och beprövad hävd hellre än att välta världen över ända för en inre övertygelse av hur som helst osäkert sanningsvärde? Luther svarade uppbragt att man vinner frälsning genom tro, inte genom tvivel. Den helige ande är ingen skeptiker, slog han fast.

Erasmus tog inte sina argument på måfå. Skepticismen låg i tiden. Under den kommande perioden skulle den få allt större betydelse. I Erasmus' polemik med Luther kan vi se trådarna dra ihop sig till en intrig som skall behärska det kommande seklets filosofi. Descartes' och hans efterföljares tänkande utgör i mycket svaret på en skeptisk utmaning. Rörelsen är för övrigt inte unik, utan återkommer med regelbundna mellanrum i filosofins historia. Redan Platons och Aristoteles' filosofi hade utformats som vederläggningen av sofisternas skepticism. Men det som hände under 1500- och 1600-talen fick sin särskilda karaktär genom att reformationen och den religiösa splittringen gav frågan om sanningens kriterier en ny och plågsam aktualitet.

Det fanns emellertid också en annan omständighet som gav skepticismen nytt liv. Vår främsta källa till den antika pyrrhonismens idéer finns i Sextos Empeirikos' skrifter. Dessa hade under medeltiden varit okända för västeuropéerna. På 1500-talet återupptäcktes de, gavs ut av trycket i grekiskt original och i latinsk översättning. För författare som verkade under senare delen av 1500-talet och under 1600-talet kom de att få stor betydelse. Ingen gjorde mer för att popularisera och modernisera pyrrhonismens argument än Michel de Montaigne, vars genialiska stilkonst gav skepticismen en plats på dagordningen, som annars knappast den utförligaste och skarpsinnigaste argumentering kunnat ge den.

Montaigne – världsman och skeptiker

Michel de Montaigne (1533–1592) var son till en jurist och ämbetsman, i vars fotspår han till en början vandrade. Han tog sitt namn efter släktgården Montaigne, belägen några mil öster om Bordeaux. Montaigne fick en humanists uppfostran. Fadern såg till att det talades latin redan i barnkammaren så att latinet blev sonens första språk. Senare följde juridiska studier. De skulle ge Montaigne en post inom magistraten i Bordeaux. Efter faderns död sålde Montaigne emellertid denna befattning och drog sig tillbaka till arvgården. Från 1570 levde han ett tillbakadraget privatmannaliv, som endast avbröts av en del resor (delvis i diplomatiska uppdrag) och en period som borgmästare i Bordeaux, ett ämbete som fadern tidigare innehaft.

Varför föredrog Montaigne på detta sätt privatlivet framför den offentliga scenen? Till en del hänger det otvivelaktigt samman med den historiska situation vari han växte upp. Den generation som var född på 1530-talet i Frankrike nådde vuxen ålder i ett land som led svårt under religionsförföljelse och religiösa inbördeskrig, kulminerande i massakern på protestanterna Bartholomeinatten 1572. Montaigne var trött på krigen. Men hans reaktion bottnade inte bara i generationserfarenheter. Den var individuell, en för Montaigne utomordentligt karaktäristisk motvilja mot det offentliga livet och förkärlek för det privata, för vardagslivet och för studierna. Då han fyllde trettiåtta år lät han måla en latinsk inskription på väggen i sitt arbetsrum, där det heter att han ”trött på slavtjänst vid domstolar och offentliga ämbeten” dragit sig tillbaka ”till de lärda musernas sköte”. Detta musernas sköte var beläget i ett torn på hans fädernegård, där Montaigne låtit inreda sitt bibliotek. Han har beskrivit sitt liv i detta läsrum två trappor upp i tornet: ”Här hemma drar jag mig lite oftare tillbaka till mitt bibliotek, varifrån jag i ett enda svep kan överblicka hela mitt hus. Jag sitter ovanför porten och ser ned på min trädgård, min stallbacke, min borggård och de flesta andra byggnadslängor. Här bläddrar jag än i den ena, än i den andra boken, utan plan och reda, som det faller sig. Ibland drömmer jag, ibland upptecknar eller dikterar jag mina hugskott, vandrande av och an. / --- / Jag försöker vara ensam herre här och undandraga denna enda vrå den äktenskapliga, sonliga och samhälleliga gemenskapen.”

I detta bibliotek skrev Montaigne (på franska) de *Essais* (”Essayer”), som skulle bli hans livsverk och som publicerades i olika etapper och med olika revideringar mellan 1580 och 1595. Genom dem blev han essaygenrens upphovsman, namngivare och ouppnådde mästare. Det betydde inte att förebilder saknades. Antika författare som Cicero, Seneca och Plutarchos hade författat betraktelser över moraliska och filosofiska ämnen som har släktskap med Montaignes. Erasmus’ *Adagia* torde ha betytt något. Erasmus lät kommentarer till klassiska citat växa ut till små meditationer. Montaigne lät meditationerna växa ut till essayer. Också hos honom är de klassiska citaten fröet varur det hela växer. Hans essayer är uppbyggda kring 1264 latinska citat. Men Montaignes sätt att skriva innebar ändå något alldeles nytt. Hans stil var med hans egen karaktäristik *comique et privé*, dvs. anpassad till det privata livet utan att sky låga ämnen eller låga ord. Montaigne talar också om den stil han eftersträvar som "inte pedantisk, inte munkaktig, inte advokatspråk, snarare militärisk". Hans kompositionsprincip var tankeflyktens. Han griper sina teman åtminstone skenbart som det faller honom in, han associerar fritt, han växlar från det ena ämnet till det andra, blandar högt och lågt, allmänt och privat. Men framför allt är det likväl hans subjektivitet som betyder något nytt. Montaignes essayer öppnar ett nytt kapitel i jaguppfattningens historia. Hans ämne är till sist alltid han själv: "Här vill jag bli sedd sådan jag är, enkel, naturlig och vardaglig, utan anspänd förkonstling; ty det är mig själv jag målar. / --- / Hade jag levt bland de folk som fortfarande sägs leva under de första naturlagarnas ljuva frihet försäkrar jag dig att jag gärna hade målat av mig spritt naken i helfigur."

Montaignes jag är inte ett universellt utan ett individuellt och konkret jag, ett vardagsjag utan metafysiska poser, ett jag som består lika mycket av kropp som av själ. Hur kan vi påstå att själen kan betraktas skild från kroppen när en värkande tå är tillräcklig för att skaka en världsåskådning? Vår individualitet består lika mycket av kroppsliga som av själsliga särdrag. Varje rörelse röjer oss: "Julius Caesar brukade klia sig i huvudet med ett finger, vilket är typiskt för en man som är uppfylld av svåra tankar; och jag har för mig att Cicero brukade rynka på näsan, vilket tyder på en gycklande läggning. Sådana rörelser kan uppkomma alldeles omärkligt hos oss." Överhuvud har de vardagliga småsakerna den största betydelse, den privata människan är intressantare än den offentliga. Montaigne skriver om Brutus: "Jag skulle hellre vilja veta vad han verkligen talade om i sitt tält med någon av sina nära vänner kvällen före ett slag än vad han sade i sitt tal till armén dan efter, och hellre vad han gjorde i sitt arbetsrum och sitt sovrum än vad han gjorde mitt på Forum och i senaten." I denna anda skriver Montaigne också om sig själv, oförblommerat, i enskildheter, om sin familj, sina vänner, sina vanor, sin kropp, sina kläder, sina resor, sina förströelser, sina sjukdomar.

Till det nya i Montaignes subjektsuppfattning hör också hans starka känsla för jagets föränderlighet. Den hör samman med en livlig upplevelse av tillvarons föränderlighet överhuvud. Montaigne håller med Herakleitos – allt flyter. "Andra söker forma människan, jag beskriver henne", förklarar han: "Dragen i mitt porträtt är inte vilseledande, även om de växlar och skiftar. Världen är en evig gungbräda. Allt i den gungar oupphörligt: jorden, Kaukasus klippor, Egyptens pyramider – de gungar allmänt och de gungar särskilt. Själva beständigheten är inget annat än en långsammare gungning. Jag kan aldrig fixera mitt objekt. Det rör sig förvirrat och vacklande i ett medfött rus. Jag fångar det precis som det är i det ögonblick jag ägnar mig åt det. Jag skildrar inte varat. Jag skildrar övergången". Montaigne förändras, varje mänskligt jag förändras, våra sinnestillstånd, åsikter, karaktärsegenskaper förändras, allt omkring oss förändras. Platon hade hävdat att vi kan äga kunskap om varat, men aldrig om övergången. Om Herakleitos haft rätt skulle vi enligt Platon inte kunna ha kunskap om något. Montaigne accepterar tankegången, men väjer inte för slutsatsen. I en värld där allt flyter kan vi inte ha någon säker kunskap, vi kan inte ens fälla fasta och bestämda omdömen. Pyrrhonismen blir den naturliga konsekvensen av upplevelsen av alltings växling.

Montaignes valspråk *Que sais-je?* ("Vad vet jag?") har blivit berömt. Frågeformen ger ett svar på en vanlig invändning mot de pyrrhonistiska filosoferna. Egentligen skulle de behöva ett nytt språk för att kunna formulera sin filosofi: "Vårt språk består helt och hållet av affirmativa satser, som de helt avvisar – så till den grad, att när de säger 'Jag tvivlar', så flyger man genast i strupen på dem för att tvinga dem att erkänna att de åtminstone vet den saken säkert att de tvivlar. / --- / Detta tänkesätt fångas bäst i en frågeform: 'Vad vet jag?' – ord jag har som ett motto, inskrivet över bilden av en våg." Bland andra motton, varmed Montaigne dekorerat sitt bibliotek, fanns flera från Sextos Empeirikos: "Jag upphäver omdömet", "Jag undersöker", "Kanske, kanske inte".

Montaignes argument för skepticismen var i stor utsträckning desamma som redan Sextos Empeirikos samlat: sinnenas otillförlitlighet (hur kan vi förresten veta att just våra fem sinnen är de som ger bäst information om den sinnliga världens beskaffenhet?), våra iakttagelsers beroende av hälsa och sjukdom, drömmarnas illusioner, minnets otillförlitlighet osv. Men hans mest påfallande skäl hämtas från den kulturella relativitetens faktum. På ett ställe lever man på människokött, på ett annat är det en akt av pietet att döda sin far när han nått en viss ålder. Det finns länder där männen bär bördor på huvudet, kvinnorna på axlarna, där kvinnorna pissar stående, männen hukande, där kvinnorna är krigare, där det finns manliga prostituerade. Om all denna variationsrikedom i vanor och åskådningar kunde Montaigne läsa hos Herodotos och andra klassiska författare (det är Herodotos som berättar om kvinnorna i Egypten som pissar stående). Men än starkare intryck fick han säkert från de många reseskildringar om den nya världens indianer som nu strömmade över Europa. Här gavs kunskap om en helt ny civilisation, annorlunda än vår egen. Montaigne kan inte finna den mer barbarisk, annat än i den meningen att den är naturligare, mindre fördärvad av civilisationens onda. Indianerna var vilda bara i samma mening "som vi kallar de frukter vilda som naturen frambringar av sig själv och i sitt normala förlopp". När olika tider och olika folk har så olika uppfattningar om allt – hur kan vi vara säkra på något? Visdomen ligger i att reservera omdömet.

Vilka praktiska slutsatser drog Montaigne av sin skepticism? Man kan kalla dem konservativa i både religiöst och politiskt hänseende: Skeptikern gör klokast i att följa seden i det land där han befinner sig. I vart fall är han inte beredd att ställa till omvälvningar och blodbad för något så osäkert som en åsikt. Montaigne var en god katolik och menade att pyrrhonismen stod i bästa samklang med religionen, eftersom den framställer ”människan naken och tom, inseende sin naturliga svaghet, redo att ta emot någon utomstående kraft från ovan, berövad mänsklig kunskap och därmed så mycket mer benägen att hysa den gudomliga kunskapen inom sig”. I religonsstridernas tidevarv höjer skeptikern sin röst för tolerans och enkel fromhet utan teologiska spetsfundigheter. Också i politiskt avseende är Montaigne en fridens och fredens man: ”Enligt min mening finns det inte en slentrian – förutsatt att den är gammal och fast inrotad – som är så usel, att den inte är att föredraga framför förändringar och rubbningar.” Lagarna inger respekt och åtlydes inte därför att de är rättvisa, utan därför att de är lagar. Den som vill omstörta dem tar på sig ett stort ansvar: ”Uppriktigt sagt anser jag att det tyder på stor egenkärlek och förmätenhet att sätta sina egna åsikter så högt att man för att genomtrumfa dem måste krossa samhällsfriden och genomföra alla dessa oundvikliga olyckor och allt detta fruktansvärda sedefördärv som inbördeskrig och politiska förändringar för med sig.” Skepticismen blev ett skydd mot den fanatism och intolerans som satte Montaignes samtid i brand.

Montaignes filosofi var en levnadskonst, inte någon skolastik. Den skilde sig från Machiavellis civism, skydde det offentliga livet, men befann sig också långt bort från Ficinos och Picos religiösa och filosofiska extaser. Montaignes levnadsvisdom var vardaglig, världsmannamässig, klarögd och, trots all melankoli och pessimism i människouppfattningen, munter. Det är det myckna käbblandet som blockerat vägen till filosofin, skriver han. Man har utmålat filosofins ansikte som surmulet, rynkat och hemskt: ”Vem har styrt ut den med detta falska, bleka och ruskiga anlete? Det finns ingen gladare, muntrare – mer full i fan hade jag så när sagt. Fest och glädje är det enda den predikar.”

Suveränitet och dygd i senrenässansens filosofi

De religiösa motsättningarna och de franska inbördesstriderna, som utgjorde en betydelsefull bakgrund till Montaignes filosofi, blev utslagsgivande också för en av hans generationskamrater, Jean Bodin (1530–1596). Jurist liksom Montaigne kom Bodin att framför allt inrikta sig på den politiska filosofin. Hans storverk, *Six livres de la République* ("Sex böcker om staten" 1576), har givit honom en plats i den politiska filosofins historia i synnerhet genom sin epokgörande behandling av suveränitetsbegreppet. Begreppet självt fanns före Bodin, men han blev, vilket han nogsamt framhöll i sin bok, den förste som gav det en mer ingående behandling och en central statsteoretisk ställning. Bodin definierar staten framför allt som innehavaren av suverän makt. Suveränen har den högsta makten och är inte underordnad någon annan än Gud. Suveräniteten är en och odelbar. Den innebär en oinskränkt makt att stifta och genomdriva lagar. Suveränen står över lagen, som dess källa och upphov, men under den naturliga och gudomliga rätten. Ingen rätt att göra uppror mot suveränen existerar. Suveräniteten kan innehas av en furste (monarki), av adeln (aristokrati) eller av folket (demokrati). Ingen statsform är självklart den bästa – olika länder har olika klimat, olika folkseder, olika geografiska förutsättningar som statslivet måste anpassas till. Men för Frankrikes del anser Bodin monarkin vara den bästa statsformen. Den "legitima monarkin" blir hans ideal.

Vill man förstå Bodins lära om suveräniteten måste man ta hänsyn till den politiska och intellektuella situation där han befann sig. I förordet till sin bok påminner han om Frankrikes belägenhet: en oerhörd storm kastar statsskeppet hit och dit med sådan kraft att skeppsbefälet utmattats av den ständiga ansträngningen och passagerarna måste försöka hjälpa till. Vad han vädjar om är ett stärkande av kaptenens auktoritet. Suveränitetens odelbarhet blir ett värn mot inbördeskrig. Suveränen skall ha monopol på legitim (polisiär och militär) våldsutövning inom territoriet och därmed kunna garantera att ordningen upprätthålls. Bodins suveränitetsbegrepp har en polemisk udd riktad mot medeltidens sätt att tänka politiken. Ingen överterritoriell makt – påve eller kejsare – bör enligt hans sätt att se tillåtas begränsa den statliga auktoriteten. Inte heller bör makten existera i feodal skiktning där olika magnater kan ha anspråk på personlig makt och på att upprätthålla egna väpnade styrkor. Inom varje stat tänker sig Bodin makten som en och odelbar.

Bodins ideal – den legitima monarkin – innebär en ordning där en furste styr suveränt, men i enlighet med den naturliga och gudomliga rätten, respekterar undersåtarnas liv, frihet och privategendom, handlar på ett lagbundet och förutsägbart sätt, upprätthåller lag och ordning och därmed förutsättningarna för näringarnas och kulturens blomstring. Det Bodin vill är ingalunda despotin – låt vara att han anser till och med despoti vara bättre än inbördeskrig – utan den välordnade, rättsstatligt fungerande monarkin.

Det är ett ideal som pekar framåt mot den utveckling av den franska kungamakten som skulle äga rum under det påföljande seklet.

En filosof som i minst lika hög grad som Bodin påverkade samtidens uppfattning av politiken var flamländaren Justus Lipsius (1547–1606). Montaigne beundrade hans skrifter och kallade honom ”den lärdaste man vi har kvar”. Lipsius fick inflytande framför allt som upphovsman till den s.k. neo-stoicismen, ett försök att återuppväcka den antika stoicismen och harmoniera den med kristendomen. Denna kristna stoicism skulle under ett par århundraden bli ett betydelsefullt inslag i Europas intellektuella liv och i synnerhet ge sin prägel åt dess furste- och adelsideologi. I sitt måhända mest lästa verk, *De constantia* (”Om ståndaktigheten” 1584), definierade Lipsius den stoiska kardinaldygden ståndaktighet som en ”rättrådig och oföränderlig själslig styrka, som varken jublar eller trycks ned av yttre och tillfälliga omständigheter”. Det var en passande dygd för stormän i ett oroligt skede där den enskildes lycka kunde växla med förfärande snabbhet. Om sina samtida yttrade Lipsius att de ägde ”slaviska sinnen, utom jag själv, som i mitt hjärta bär en Cato, en Brutus, en Seneca och som skulle föredra döden framför vanära”. I varje tum en Cato var Lipsius likväl inte utan bytte med förvånande smidighet konfession från katolsk till protestantisk och tillbaka igen allt efter karriärens skiftande krav.

Enligt Lipsius borde statsmännens handlande styras av *prudentia*, statsklokhet, och *virtus*, dygd. Lipsius insåg att dessa båda, statsklokheten och dygden, kunde komma i konflikt med varandra. Han erkände det berättigade i Machiavellis tes att statsmän ibland måste tillgripa list och bedrägeri (*fraus*) för att nå sina syften. Men trots den beundran han hyste för Machiavellis ”skarpa, fina och glödande ingenium” ville han inte följa den cyniske italienaren fullt ut. I nödlägen kunde en smula krigslist visserligen försvaras. Vi lever i Romulus' smuts, inte i Platons republik. Vinet upphör inte att vara vin om man spär ut det med en aning vatten, inte heller upphör statsklokheten att vara statsklokhet om man spär ut den med några droppar *fraus*. Men i det väsentliga är enligt Lipsius' sätt att se statsklokhetens krav också moralens och religionens. Grundvalen för en furstes politiska auktoritet kan inte vara någon annan än äkta majestät. Och äkta majestät förutsätter ett uppträdande i enlighet med religionens, mänsklighetens och hederns bud. De moraliska egenskaper som ger en furste auktoritet kan inte i längden hycklas eller simuleras. De blir trovärdiga bara när de verkligen finns där. Machiavelli hade sett alltför kortsiktigt, alltför ytligt på saken.

Filosofen på bålet

More, Erasmus, Montaigne, Bodin och Lipsius tillhörde alla den nordeuropeiska renässansen. Men för den sista figuren i vårt galleri av renässansfilosofer är det tid att återvända till Italien. Hos Giordano Bruno (1548–1600) finner vi flera av de inslag som hade utmärkt 1400-talets italienska renässansfilosofi. Men vi finner också något nytt och framåtsyftande. Detta nya återfinns framför allt i Brunos naturfilosofi.

Under 1500-talets första hälft hade den vetenskapligt intresserade världen bevittnat förnyade attacker mot Aristoteles' naturfilosofi. Den märkvärdige läkaren Philippus Aureolus Theophrastus Bombastus von Hohenheim, kallad Paracelsus, hade dragit Europa kring, brännmärkande Galenos, Avicenna och Aristoteles och predikande nya och revolutionerande medicinska läror. Den polske astronomen Nicolaus Copernicus hade inte Paracelsus' dragning mot rampljuset, men av hans hand utgavs 1543 postumt en bok, *De revolutionibus orbium coelestium* ("Om de himmelska sfärernas kretslopp"), som skulle komma att ge den aristoteliska världsbilden dess grundskott. Där framlade Copernicus med en slagkraftig matematisk argumentering teorin att solen, inte jorden, befinner sig i världens mitt och att jorden liksom planeterna kretsar kring henne. Det var en uppfattning som Bruno skulle anamma och som han skulle sammanföra med många andra lika djärva uppfattningar till en ny bild av världen.

Giordano Bruno föddes i Nola i närheten av Neapel. Vid femton års ålder blev han dominkanermunk. Men 1576 flydde han från munklivet sedan misstankar väckts mot honom om kätteri. Därefter förde han ett kringresande liv i Europa och besökte universitetsorter och huvudstäder i Frankrike, England och Tyskland. Överallt där han kom väckte han uppseende genom de magiska konster han lärde ut och genom de revolutionerande åsikter han förde fram. På alla områden var han en omstörtare. Bruno kallade sig "en fiende till varje lag och varje tro" och i en av sina skrifter, en på italienska skriven dialog, har han givit en indirekt självkaraktäristik: "Förföljd av alla, men av vilken sorts människor! Prisad av få, men av de bästa och snillena. Han motsätter sig vedertagna läror, men inte som läror eller som vedertagna, utan därför att de är falska." På ett annat ställe jämförde Bruno sig själv med Columbus – helt och hållet till sin egen fördel. Om man prisade Columbus för att ha upptäckt Amerika, hur borde man då inte prisa honom som "har genomvadat luften, skådat genom himlen, vandrat bland stjärnorna, korsat världens gränser och fått sfärernas imaginära murar att falla"? Som synes hörde blygsamhet inte till Brunos mer framträdande egenskaper.

I Brunos vision av världen sammansmältes element från de mest skilda håll. Här förenades Copernicus och Cusanus, hermetism och kabbala, Pythagoras, Platon och Lucretius. Nyckelbegreppen i Brunos tänkande är två: oändlighet och enhet. Universum är oändligt och rymmer en mångfald av världar – den uppfattningen inspirerades av Cusanus och av Lucretius, vars *De rerum natura* varit en av renässansfilologins stoltaste återupptäckter. Hos Bruno kombinerades åsikten om universums gränslöshet för första gången med den heliocentriska uppfattningen av vårt solsystem. Det var ett viktigt steg mot den moderna världsbilden. Men hos Bruno fanns också föreställningar som kanske inte förefaller oss lika moderna. Hermetismen, kabbalan och magin gav enligt Bruno nycklar till naturens hemligheter. Från Lullus hade han hämtat en minneskonst, som till sitt ursprung rätt och slätt var ett mnemotekniskt regelverk, men som av Bruno gavs en djup magisk innebörd. Från Lucretius kom den atomlära som införlivades med Brunos system. Men Bruno tänkte sig de minsta beståndsdelarna som besjälade. Det stämde illa med Lucretius, men pekade i gengäld fram mot Leibniz och hans monader.

Alldeles fundamental för Brunos åskådning är åsikten att det mellan alla ting i världen finns ett hemlighetsfullt samband, att allt, när man väl ser bakom skenen, är ett. Hos Anaxagoras likaväl som i hela den nyplatonistiska traditionen kunde Bruno finna incitament till det synsättet. ”Alltså är denna värld”, låter han en av personerna i sina dialoger sammanfatta, ”detta varande, det sanna, det universella, det oändliga, omätliga helt och hållet i var och en av sina delar, och är därmed ett *ubique*, d.v.s. det allestädes närvarande självt”. Motsatserna sammanfaller, allt är en enhet, allt genomsyras av samma världssjäl. Universum kan betraktas som ett konstverk, bäst fattbart för den poetiska intuitionen. ”Den är ingen filosof, som inte diktar och målar”, framhöll Bruno, ”därför säger man inte utan skäl att förstå är att skåda fantasigestalter och förståelse är fantasi.” Men det mänskliga förnuftet kan aldrig helt nå sitt mål att begripa världen. Det liknar Ikaros, som störtade under sitt försök att nå solen eller jägaren Actaeon som enligt myten fick se gudinnan Artemis bada naken och därför sönderslets av hennes hundar. Det är inte de dödliga givet att fullt ut skåda den sanna, gudomliga verkligheten.

Brunos slut blev tragiskt. 1591 var han oförsiktig nog att bege sig till Venedig där han skulle lära en venetiansk adelsman sin magiska minneskonst. Adelsmannen blev besviken på resultatet och angav Bruno för inkvisitionen. I sju år satt Bruno i inkvisitionens fängelse för att till slut dömas för kätteri – han skulle ha förnekat treenigheten och jungfru Marias obefläckade avlelse. Vilka hans kätterier än var vägrade han att återkalla dem.

Den 17 februari år 1600 brändes Bruno levande på Campo di Fiori i Rom. På platsen står numera hans staty, som 1889 restes där till minne av Brunos martyrskap.

Bruno är med fasta band knuten till renässansens idévärld. Inslagen av hermetism och nyplatonism i hans tänkande, intresset för magi, dragningen mot panteistisk mystik för honom i närheten av tänkare som Cusanus, Ficino eller Pico. Det som pekar framåt är framför allt moment i hans naturvetenskapliga åskådning – den heliocentriska uppfattningen av solsystemet, läran om universums oändlighet och världarnas mångfald. Bruno var mindre humanist än naturfilosof. I så måtto förebådar han 1600-talsfilosofin.

Renässansen bryter med skolastiken. Men den ger inte upphov till ny, självständig konception av filosofin. I stället återvänder den med brinnande upptäckarlust till antikens vishetsläror. Epikurismen, stoicismen och pyrrhonismen återupptäcks eller ges nytt liv. Aristotelismen fortlever och spelar en väsentlig roll, även om den också utsätts för kritiskt bombardemang. Men framför allt är det den nu vitaliserade platonistiska och nyplatonistiska traditionen som kommer att sätta sin prägel på mycket av renässansens filosofiska spekulation. Samtidigt förnyas de filosofiska formerna och genrerna. De skolastiska ”summorna” och handböckerna betraktas numera som barbariska. Helt andra krav ställs på stilens elegans och retoriska uttryckskraft. Latinet anpassas till de klassiska mönstren. Men en filosofisk litteratur på folkspråken växer också fram. Machiavelli och Bruno skriver på italienska, Montaigne och Bodin på franska. De stora skolastikerna framställde sällan sina idéer i litterärt njutbar form. Renässansen producerar däremot några av den filosofiska litteraturens mästerverk. En förändrad uppfattning av vad en filosof är och hur han bör skriva växer fram. Detta gäller också socialt. Nya grupper av intellektuella formas i renässansens Europa. Bindningen till kyrka och teologi är inte längre absolut. Renässansfilosoferna kan vara hovmän, diplomater, jurister, fria författare. Inte heller universiteten spelar längre den roll de hade under skolastikens glansdagar. Ofta är det just universitetslärdomen som uppfattas som pedantisk och skolastisk. Krav på en enklare och innerligare kristendom spelas ibland ut mot de teologiska hårklyverierna. Inom naturspekulationen skjuts skott efter skott mot den aristoteliska världsuppfattningens grundvalar.

Den stora intellektuella förnyelse renässansfilosofin medförde ägde inte i första hand rum inom områden som kunskapsteori, metafysik eller logik. Den hade i stället att göra med människan som moralisk, social och historisk varelse. Inte för intet var renässansfilosoferna humanister. Det var frågor som i vid mening gällde synen på människan som framför allt engagerade dem. Hos dem möter vi en ny uppfattning av människan, hennes värdighet, hennes frihet, hennes universalitet, en bild av människan som rörlig, dynamisk, men också som bestämd av omgivande sociala och historiska faktorer. Synen på samhället, politiken, historien lösgjordes från de teologiska förutsättningarna. En stark känsla för kulturell och historisk relativitet, för normernas och sanningarnas föränderlighet, gjorde sig gällande och lämnade ett skeptiskt arv efter sig till kommande filosofi. Moralisterna tog sin utgångspunkt i konkret iakttagelse av det mänskliga livet i dess variationsrikedom snarare än i metafysiska frågeställningar av den art konfrontationen mellan teologi och filosofi givit upphov till under skolastiken. Olika uppfattningar om människan bröt sig mot varandra. Där fanns optimistiska lovtal till människans storhet, mångsidighet, frihet och värdighet. Men där fanns också pessimistiska betraktelser över det mänskliga förnuftets begränsningar och över mänsklighetens svekfullhet, vacklan, dårskap och ondsinthet.

Till moralfilosofi, politisk filosofi, historiesyn och historieforskning, till sociologi och psykologi efterlämnade renässansen ett rikt arv. Men det kan inte sägas att renässansfilosoferna omskapade den filosofiska diskursen eller gav det filosofiska sökandet ett nytt fundament. De uppgifterna förbehölls 1600-talet. Då utspelades ett drama som handlade om filosofins konfrontation med en ny intellektuell makt – den moderna naturvetenskapens. Renässansfilosoferna hade varit humanister. Naturfilosofin hade för dem spelat en inte oväsentlig roll, men till stor del varit förankrad i gångna tiders naturvetenskapliga spekulation. För dem var det fortfarande möjligt att blicka tillbaka till de gamla egyptierna, kaldéerna eller hebréerna för insikt om naturens hemligheter. Först under 1600-talet blir den nya naturvetenskapen en kulturmakt, som på ett avgörande sätt förändrar förutsättningarna för Västerlandets intellektuella liv.

Sexton- och sjuttonhundratal – filosofin och den nya vetenskapen

Den nya filosofin

Le grand siècle, ”det stora seklet”, brukar 1600-talet kallas i fransk kulturhistora. Men ”det stora seklet” kunde man kalla det också i filosofins historia. Inget århundrade sedan 300-talet f.Kr. har medfört lika stora förändringar i filosofins grammatik och spelregler. Fram till 1600-talet hade filosofin i det huvudsakliga levt på arvet från antiken. Ännu renässansfilosofin hade i stor utsträckning handlat om återupplivande och nytolkning av de antika filosofierna: platonism och epikurism, stoicism och skepticism. Under 1600-talet uppstår något annat. Under detta sekel uppträder en rad tänkare som tillsammans och var för sig ger filosofin en ny inriktning. Fyra av dem, Descartes, Spinoza, Locke och Leibniz, skulle rimligtvis komma med även i en uppräkning som bara innefattade ett tiotal av filosofihistoriens viktigaste namn. Andra, som Bacon, Hobbes och Pascal, framstår som i lika hög grad grundläggare av något nytt på de områden av filosofin som vetter mot vetenskapen, politiken respektive religionen. Det är inte felaktigt att se 1600-talet som den tid då den moderna filosofin föds.

Revolution i naturvetenskaperna

Inte heller är det svårt att avgöra vilken faktor det är som ger 1600-talsfilosofin dess dynamik, som öppnar nya fält för dess undersökningar och ger den en ny konception av förnuftet. Det är den naturvetenskap som nu bryter igenom och som blir 1600-talets stora intellektuella äventyr. Ingen betydande tänkare under århundradet undgår att ta ställning till de frågor naturvetenskapen ger upphov till. Det är inte möjligt att här i någon detalj gå in på den naturvetenskapliga utvecklingen. En antydan om dess huvuddrag måste vara nog.

Framläggandet av Copernicus' heliocentriska hypotes om solsystemet 1543 blev startskottet för en utveckling utan motstycke inom astronomi och fysik. Under 1500-talets senare hälft lade den danske astronomen Tycho Brahe med sina noggranna observationer av stjärnhimlen grunden för nya teorier. Hans iakttagelse 1572 av en ny stjärna gav dödsstöten åt den aristoteliska uppfattningen att inga nyheter förekommer ovanför månen. Tycho Brahes assistent och medhjälpare, Johannes Kepler, blev den som framför andra utnyttjade Brahes observationer för en ny bild av planeternas rörelser. Kepler utgick från den heliocentriska bilden av solsystemet och lyckades med hjälp av en snillrik matematik ställa upp exakta lagar för planeternas rörelser. Den övertygelse Kepler ärvt från Pythagoras och Platon om att naturen följer en strängt matematisk regelbundenhet bekräftades därvid.

Samtidigt som Kepler arbetade i Prag var Galileo Galilei i Italien sysselsatt med att dra konsekvenserna av Copernicus' teorier. Det viktigaste var i det sammanhanget inte de upptäckter han gjorde i sitt teleskop utan det teoretiska nydaningsarbetet. Om jorden rörde sig i en bana runt solen kunde den aristoteliska fysiken knappast upprätthållas. Aristoteles' lagar för de olika elementens rörelser hade sålunda förutsatt en naturlig rörelse mot eller från jorden som universums mitt. Galilei gav nu de första formuleringarna av den ”tröghetslag”, som sedan förbättrades av Descartes och gavs sin klassiska formulering av Newton: ”Varje kropp förblir i sitt tillstånd av vila eller likformig och rätlinjig rörelse, om den inte tvingas att förändra sitt tillstånd av någon kraft som utövas på den.” Borta var den inre strävan och orientering mot ett mål, som den aristoteliska fysiken förutsatt. Kvar var kroppar som passivt bibehöll rörelsetillstånd och rörelseriktning till dess de påverkades av en yttre kraft. Ett viktigt steg mot världsbildens mekanisering hade därigenom tagits. Ändamålsbegreppet kunde utmönstras ur naturvetenskapen. Mekaniken blev allenarådande, varvid den aristoteliska skillnaden mellan himmelsk och jordisk mekanik eliminerades. Samma lagar styrde planeternas rörelser och äpplets fall. Det blev Isaac Newtons stora uppgift att i sin *Philosophiae naturalis principia mathematica* (”Naturfilosofins matematiska principer” 1687) formulera syntesen av den utveckling som ägt rum sedan Copernicus samt att ge fysikens lagar en matematisk formulering, som för århundraden blev den giltiga.

Vid sidan av den stora linje inom astronomi och mekanik som via Brahe, Kepler och Galilei går från Copernicus till Newton ägde en rad betydelsefulla förändringar rum inom naturvetenskapens olika fält. År 1600 publicerade William Gilbert sin ”Om magneten och magnetiska kroppar och om den stora magneten Jorden”, där magnetismens fenomen studerades med hjälp av experiment och observationer och där en teori om jordens dragningskraft lades fram. En annan engelsman, William Harvey, revolutionerade uppfattningen av människokroppen genom sin upptäckt av blodomloppet 1628. Torricelli, Pascal, Guericke, Hooke och Boyle upptäckte lufttrycket och lagarna för dess verkan. Teleskopet, mikroskopet och många andra instrument av avgörande betydelse för fysikens och kemins upptäckter konstruerades. Tryckpressarna garanterade att nya resultat snabbt kunde spridas och komma till den lärda världens kännedom, låt vara att manuskript och korrespondens mellan vetenskapsmän fortfarande spelade stor roll för kungörandet av nya rön.

Bacon – trumpetare för en ny tid

Mer än kanske någon annan tänkare under det tidiga 1600-talet framträdde Francis Bacon (1561–1626) som den nya vetenskapens profet. Det var inte en ställning som Bacon skaffade sig genom några lysande naturvetenskapliga insikter. Hans oförmåga att rätt bedöma mycket i den samtida vetenskapen är i själva verket notorisk – han ställde sig avvisande till Gilbert, grälade

Francis Bacon.

med Harvey, ryckte på axlarna åt Copernicus'och Keplers teorier och tog föga notis om Galilei. Bacons betydelse låg på ett annat plan. Med lysande vältalighet och betvingande litterär talang fick han sin samtid att lystra till ett profetiskt budskap, enligt vilket naturvetenskapen skulle komma att revolutionera världen och befria människan. Eftersom Bacon dessutom hade de makthavandes öra kom det budskapet att ge starkt genljud.

Francis Bacon tycktes redan från sin födelse vara ämnad till något stort. Hans far var storsigillbevarare under drottning Elisabeth, hans mors syster var gift med lord Burghley, drottningens främste rådgivare. Uppvuxen i elisabethanska hovcirklar gjorde Bacon själv en lysande karriär. Efter juridiska studier i Cambridge blev han advokat. Hans bana gynnades av Elisabeths siste favorit, earlen av Essex. Efter Essex' fall engagerades Bacon som åklagare mot denne och förberedde den process som ledde till earlens avrättning. Framgång i större stil fick Bacon dock först sedan Elisabeth dött och efterträtts av James I på Englands tron. År 1617 blev han storsigillbevarare, 1618 lordkansler. Han adlades och blev både lord Verulam och viscount St Albans. År 1621, strax efter upphöjelsen till viscount, störtades Bacon från makten. Han anklagades för att ha tagit mutor, erkände sig skyldig under hänvisning till att han endast följt gängse praxis men tvingades avgå från sitt ämbete och ådömdes böter samt fängelsevistelse i Towern. Den sistnämnda blev kortvarig tack vare kunglig benådning, men Bacons politiska karriär var slut. Sina sista år kunde han med mer odelad uppmärksamhet än tidigare ägna sig åt filosofin.

Bacon vann litterär berömmelse redan genom sina *Essays* (1597). Men de verk som framför allt givit honom en plats i filosofins och vetenskapernas historia utgavs senare: *The Advancement of Learning* (1605), *Novum Organum* (1620) och *The New Atlantis* (1627). De två förstnämnda skrifterna hade Bacon ämnat som delar i ett aldrig fullbordat storverk: *Magna instauratio imperii humani in naturam* ("Den stora förnyelsen av människans herravälde över naturen"). Den latinska titeln innehåller i sig Bacons hela program. Gud hade givit människan herravälde över naturen i enlighet med de ord han i Bibelns skapelseberättelse riktar till Adam och Eva: "Var fruktsamma och föröka er, och uppfyll jorden och lägg den under er. Och råd över fiskarna i havet och över fåglarna under himmelen och över alla djur som rör sig på jorden." Sedan dess hade människorna emellertid gått miste om detta herravälde. Bacons stora program var att återställa det med hjälp av vetenskapen.

Som sitt viktigaste verk betraktade Bacon *Novum Organum scientiarum* ("En ny metod för vetenskaperna"). I det finns också hela hans filosofi samlad. Titeln hänsyftar polemiskt på Aristoteles' berömda *organon* som det nu gällde att ersätta med något nytt och för vetenskapernas tillväxt fruktbarare. Ty det är hela tiden vetenskapernas tillväxt och utnyttjande i människans tjänst som är målet för Bacons strävan.

De vetenskaper vi för närvarande besitter, förklarar Bacon i *Novum Organum*, ”är ingenting annat än vissa sammanställningar av förut upptäckta förhållanden, icke metoder för nya upptäckter eller anvisningar om nya verk”. Bakom denna förebråelse låg en tanke som nu började vinna insteg och som Bacon blev en av de mest inflytelserika företrädarna för, nämligen att vetenskapernas främsta uppgift inte är att bevara och lära ut gammal kunskap utan att upptäcka ny. Det är idén om ett vetenskapligt framåtskridande som nu bryter igenom. Detta hindrade inte Bacon från att i andra sammanhang med vördnad tala om de gamles visdom sådan den kommer till uttryck exempelvis i deras fabler och berättelser. Bacons anklagelse mot de stagnerade vetenskaperna drabbar också den aristoteliska logiken. Den gängse logiken hade tjänat till att befästa och upprätthålla misstag snarare än till att upptäcka nya vetenskaper.

Vilka faktorer är det då som hindrat vetenskapernas framsteg? Bacon ger sig in på en undersökning som föregriper vår tids vetenskapssociologi och kunskapspsykologi. Han försöker systematiskt utreda var blockeringarna mot kunskap finns och ger sin berömda beskrivning av *idola mentis*, själens gyckelbilder. Bacon urskiljer fyra faktorer som i särskild grad stått i vägen för vetenskaperna: stammens, grottans, torgets och teaterns gyckelbilder.

”Stammens gyckelbilder” har sin grund i den mänskliga naturen, i människans härstamning och släkte. Det är fel att människan skulle vara alltings mått. Tvärtom är både våra sinnen och vårt förnuft anpassade till människan snarare än till världsalltet: ”det mänskliga förnuftet liknar en spegel, som ej är avpassad för tingens strålar, utan som blandar in ett stycke av sin egen natur i tingens och sålunda förvrider och förorenar den senare.” Det mänskliga förnuftet brinner inte med ren låga utan påverkas av viljan och känslorna. På så vis uppkommer vad Bacon kallar ”önskevetenskaper”, sådana som baserar sig på det faktum att människan tror det hon vill tro.

”Grottans gyckelbilder” har att göra med den enskilda människans natur. Ty bortsett från den mänskliga naturens gyckelbilder ”har var och en en särskild grotta eller håla, som bryter och förvrider naturens ljus”. Vi förvirras av den uppfostran vi fått, av de böcker vi läst, av det umgänge vi bedriver. De individuella fördomarna kan leda oss vilse i sökandet efter sanningen.

”Torgets gyckelbilder” uppstår ur människornas inbördes beröring och gemenskap. Särskilt lägger Bacon vikt vid språkets och ordens makt över tanken. Ofta delar orden in verkligheten på ett sätt som inte har någon objektiv motsvarighet. Ordet ”fuktighet” är sålunda inget annat ”än en obestämd beteckning på de mest skilda företeelser, som inte tillåter en enhetlig tydning eller kan hänföras till ett och samma”. Något liknande kan sägas om många andra ord, t.ex. ”jord”. Här formulerar Bacon början till en språkkritik som senare kommer att bli en allt viktigare angelägenhet för filosofin.

”Teaterns gyckelbilder” kommer från filosofins system, från olika vetenskapliga teorier och ideologier, som förvirrar intellektet och för forskningen på avvägar. Alla dessa gyckelbilder borde enligt Bacon förbjudas genom ett bestämt och högtidligt dekret och förnuftet helt och hållet rensas och befrias från dem.

Den skada gyckelbilderna gjort är oerhörd. Bacon ger en närmast tröstlös beskrivning av vetenskapernas tillstånd. Alla våra vetenskaper kommer från grekerna, påpekar han, de tillägg som gjorts av romarna, araberna och den nyare tidens forskare är av ringa värde. Men hurdan var grekernas vetenskap? Enligt Bacon hade den ”en världsfrämmande, akademisk karaktär och förlorade sig lätt i dispyter; men denna sorts filosofi är den fullkomliga motsatsen till ett verkligt utforskande av sanningen”. Namnet sofist var tillämpligt på alla grekiska filosofer, också Platon, Aristoteles, Zenon och Epikuros. Deras läror var ingenting annat än ”sysslolösa gubbars ord till oerfarna ynglingar”. Bristen på praktiska resultat är det kriterium som dömer grekernas filosofi och vetenskap: ”Ty en filosofis resultat och upptäckter är, om uttrycket tillåtes mig, borgesmännen för dess sanning. Men ur de nämnda grekiska filosofierna och ur deras vidare utveckling i de enskilda vetenskaperna kan från en tidsutsträckning av så många år knappast ett enda experiment andragas, som bidragit till höjandet och upphjälpandet av mänsklighetens läge.” Bacons sanningskriterium är pragmatiskt, om man så vill moraliskt. Bara det som förbättrar människornas villkor har värde. Grekernas höga uppskattning av kontemplationen och det rent teoretiska livet delar Bacon inte. Det är den nya tidens praktiska, aktiva och resultatinriktade kunskapsuppfattning som kommer till uttryck i hans skrifter.

Det är just frånvaron av klar målsättning för vetenskaperna, bristande insikt om att deras syfte bara kan vara att ”berika det mänskliga livet med nya upptäckter och möjligheter” som enligt Bacon till stor del förklarar deras flertusenåriga stagnation. Andra faktorer har kommit till. Föraktet för praktiska sysselsättningar har spelat sin roll, ”värderingen, att människosjälen skulle lida avbräck i sitt majestät, om den länge och mycket ägnade sig åt experiment och åt de enskilda till materien begränsade objekten för våra sinnesförnimmelser”. Likaså har vördnaden för äldre tider och auktoriteter verkat hämmande. Människorna har inte förstått att jordens gubbålder infaller nu – vi är äldre än ”de gamla”, som ju egentligen hör till en yngre tidsålder. Den vördnad som ålderdomen har billigt anspråk på bör således tillkomma de moderna. De har den längsta erfarenheten och bör besitta den största visdomen.

Också vidskepelse och övertro sätter käppar i hjulet för vetenskaperna. Bacon raljerar med alkemisternas lika ihärdiga som misslyckade försök att göra guld och förklarar att anhängarna av den naturliga magin ”har på grundval av onyttiga och förfelade gissningar pådiktat verkligheten en serie egendomliga krafter och verkningar”. Det bör dock påpekas att Bacon i andra skrifter, framför allt i den postumt publicerade *Silva Silvarum*, intog en annan och långt mer positiv hållning till alkemi och magi, vars målsättning ju var densamma som hans – att ställa naturen i människans tjänst.

För den äkta fromheten uttalade Bacon alltid den största respekt. Men han var angelägen om att religion och vetenskap skulle hållas i sär. Det var här fråga om två skilda domäner, som båda skulle skadas av att blandas samman, något som skett i skolastikernas teologi. I *Novum Organum* vänder han sig mot dessa som firar ”bröllop mellan tro och tanke med en pomp och ståt som om det gällde en legitim förbindelse” och framhåller att i sådana förbindelser endast det får plats ”som just nu är godtaget och erkänt i filosofin”, medan det nya avvisas och förjagas. En del teologer fruktar nämligen i sin enfald, ”att ett djupare inträngande i naturen skulle föra utöver den tillåtna gränsen för ett måttfullt spörjande”, varvid de felaktigt överflyttar det som i skrifterna sägs mot dem ”som vill avslöja Guds hemligheter till att gälla naturens fördolda ting, beträffande vilka dock inget förbud gäller”. Bacons hållning i detta avseende illustrerades lyckligt genom titelbladet till *Instauratio magna,* vilket visade skepp som färdas förbi Herakles’ stoder vid Gibraltar ut i den fria oceanen. I sin *Divina Commedia* hade Dante berättat om hur Odysseus seglat förbi Herakles’ stoder och straffats med skeppsbrott för sitt övermod. Dantes attityd var medeltidens, Bacons tillhörde den nya tid som upptäckt Amerika och seglat jorden runt.

Vilken är då den nya metod som enligt Bacon ofelbart skall leda till vetenskapernas framsteg efter så lång tid av stillastående? De besked som ges är beklagligt vaga och har givit upphov till skiftande tolkningar och värderingar. Som alltid är Bacons formuleringar mer retoriskt verkningsfulla än exakta. Så mycket står emellertid klart att han söker en medelväg mellan en överdriven empirism och en överdriven rationalism: ”Empirikerna är som myror: de insamlar blott och förbrukar. Rationalisterna åter förfärdigar, liksom spindlarna, trådar ur sin egen kropp. Binas metod är ett mellanting mellan dessa båda: de suger saften ur trädgårdens och ängens blommor men bearbetar och smälter den sedan med hjälp av egna möjligheter." Uppenbarligen är det bina forskarna bör ta som sina förebilder. Genom iakttagelser och experiment bör de samla in empiriska rön som de sedan bearbetar och ordnar med förnuftets hjälp. Därvid tycks Bacon likväl se den största faran i en förnuftsspekulation som alltför djärvt drar långtgående slutsatser från några få iakttagelser: "Det är därför inte med vingar man skall utrusta det mänskliga intellektet, utan med tyngder av bly, vilka kan hämma alla språng- och flygförsök."

Experimentet spelar en viktig roll i Bacons metodlära. Ett passivt iakttagande är inte tillräckligt. Det gäller att, som Bacon uttrycker det, lägga naturen på tortyrbänken och tvinga den att svara på frågor. Då det sedan blir fråga om att dra slutsatser av observationer och experiment skall en induktiv metod tillämpas. Men en induktion genom enkel uppräkning som bara bygger på positiva fall är barnslig och leder inte till några säkra slutsatser. Bacon återger den antika anekdoten om mannen som i ett tempel förevisades de upphängda kläderna från personer vilka räddats ur sjönöd och på detta sätt velat tacka gudarna och som frågade: "Men var finns då kläderna från de personer upphängda som trots att de högtidligt åkallade gudarna ändå gick under?". Tillförlitlig induktion kan inte bara bygga på de bekräftande iakttagelserna. Den måste ta hänsyn också till de motsägande omständigheterna. Bacon förespråkar ett tillvägagångssätt där närvaro och frånvaro av en faktor systematiskt varieras. Han iakttar t.ex. att värme är närvarande i solstrålar, i eldslågor och i kokande vätskor men frånvarande i månstrålar, fosforescens och vätskor i deras naturliga tillstånd. Slutsatsen blir att värme är en form av expansiv rörelse. Variationerna av närvaro/frånvaro kompletteras med variationer i fråga om grad. När vi finner mer av verkan i de fall där orsaken är starkare, kan vi känna oss säkra på att den rätta orsaken är funnen.

Bacon är övertygad om att hans induktiva metod skall leda till sanna vetenskapliga teorier och därmed till nya uppfinningar. Införandet av betydelsefulla uppfinningar intar nämligen den främsta platsen bland mänskliga dåd. Uppfinningar är en välgärning för hela mänskligheten medan t.ex. politiska handlingar bara kommer vissa folk till del och för en kort tid. Uppfinningarnas betydelse kan inte överskattas. Bacon uppmanar sina läsare att betänka den skillnad, "som förekommer i fråga om levnadssätt mellan ett civiliserat europeiskt land och en vild och barbarisk trakt av Nya Indien". Skillnaden är så stor att den ena människan är en gud för den andra: "Men detta är något, som vi inte har jordmånen, klimatet eller egna kroppskrafter att tacka för utan vetenskapen och det andliga arbetet." Där

Montaigne hade framhållit indianernas överlägsenhet i fråga om dygder och naturligt levnadssätt poängterar Bacon deras underlägsenhet i fråga om konster och vetenskaper. Här finns redan fröet till den debatt om civilisationens värde som i så hög grad skulle uppta upplysningstidens tänkare. Bacon tvekar inte om sin hållning. Tre uppfinningar som boktryckarkonsten, krutet och kompassen har revolutionerat tingens tillstånd på vår jord – "intet härskardöme, ingen filosofisk skola, ingen stjärna har utövat en större verkan eller ett vidare inflytande på mänsklighetens villkor än dessa tre verk av tekniken". Att människan skulle kunna missbruka det herravälde över naturen som vetenskaperna kommer att ge henne hyser Bacon ingen fruktan för: "Vill bara mänskligheten gentemot naturen återtaga de rättigheter, som tillkommer den till följd av en gudomlig förläning, och får den bara tillfälle att utöva dem, så kommer sunda förnuftet och en sann gudsfruktan att leda den i deras rätta brukande."

En optimistisk syn på vetenskapens och teknikens oerhörda möjligheter präglade också *The New Atlantis* ("Det nya Atlantis"). Här tävlade Bacon, kunde man kanske säga, med en tidigare engelsk lordkansler, Thomas More. Ty *The New Atlantis* är en utopisk reseskildring. Liksom hos More är det en nyupptäckt ö i världshavet som skildras i Bacons skrift. Men i detta fall rör det sig om en teknisk och vetenskaplig utopi. Invånarna på Bensalem har lyckliggjorts genom tekniska uppfinningar och genom vetenskaplig anda. Den märkligaste institutionen på deras ö är kanske det s.k. Salomons hus, en sorts vetenskaplig akademi i statlig regi där vetenskapsmän i samarbete bedriver sina experiment och observationer.

Själv hade Bacon ihärdigt, om än med måttlig framgång, försökt övertyga de monarker han tjänade om att kronan måste uppmuntra och stödja vetenskaperna. Som en sorts senkommet resultat av hans ansträngningar kan man betrakta det 1660 instiftade Royal Society i London. Flera av dess grundande medlemmar, bland dem Robert Hooke och Robert Boyle, hyste en glödande beundran för Bacon och gav honom ställning som den engelska vetenskapsakademins skyddspatron. Royal Society blev ett fäste för den empiristiska Bacon-traditionen, ibland i skarp polemik mot den cartesianska rationalismen.

Bacons plats i filosofins historia har definierats på olika sätt. Ofta har man velat se honom som grundaren av en brittisk empiristisk tradition, som i så fall skulle inkludera namn som Hobbes och Locke, Berkeley och Hume, John Stuart Mill och Bertrand Russell. Även om skäl kan anföras för en sådan konstruktion befinner man sig otvivelaktigt på säkrare mark om man nöjer sig med att se Bacon som en den nya vetenskapens profet. Han var som han själv kallade sig *buccinator novi temporis*, trumpetaren för en ny tid. Hans mest kända maxim är den som säger att ”knowledge is power”, kunskap är makt, och i den satsen finns hela hans filosofi komprimerad. Bacon är språkröret för den nya maktkänsla som gör sig gällande i Västerlandet vid början av den vetenskapligt-tekniska tidsåldern och för en ny, aktivt och praktiskt inriktad kunskapssyn. Som filosofisk banérförare för den vetenskapliga revolutionen har han bara en rival – fransmannen René Descartes.

Descartes och filosofins nollpunkt

René Descartes, eller med hans latinska namn Renatus Cartesius, (1596–1650) var i likhet med Bacon en propagandist för den nya vetenskapen. I motsats till Bacon gjorde han också själv banbrytande insatser inom flera vetenskapsområden. Som filosof fick han en betydelse som kanske ingen efter Aristoteles. Descartes gav den filosofiska problematiken och det filosofiska framställningssättet ett nytt utseende, som blev bestämmande för filosofins fortsatta utveckling under 1600-talet, ja som präglade den även under senare århundraden. Beteckningen ”den moderna filosofins fader”, som ofta tilldelas honom, är så välförtjänt som den sortens beteckningar nu kan vara.

Descartes föddes i Touraine i nordvästra Frankrike. Familjen var välbärgad och sonen gavs en god uppfostran. Tioårig sattes han i den ansedda jesuitskolan i La Flèche, där han var elev under åtta år. Undervisningen var skolastiskt präglad, men innehöll också inslag av matematik och modern naturvetenskap. År 1611 firade skolan sålunda under aktivt deltagande från eleverna Galileis upptäckt av Jupiters månar.

Åren 1612–1618 vistades Descartes i Paris där han bedrev både mondänt sällskapsliv och vetenskapliga studier. Det beslöts att han skulle ägna sig åt den militära banan. År 1618 reste Descartes till Holland och slöt sig som frivillig till prins Mauritz av Nassaus armé. Detta var ett led i en militär utbildning, men gav också Descartes tillfällen att se världen. De närmaste åren tillbringade han på vidsträckta resor genom skilda europeiska länder. År 1619 var han närvarande vid kröningen av kejsar Ferdinand II i Frankfurt. Det var strax därefter som han i Ulm hade en viktig upplevelse, som vi skall komma tillbaka till. Åren 1625–1628 vistades Descartes åter i Paris, sysselsatt bland annat med författandet av verk som aldrig fullbordades eller publicerades. 1628 emigrerade han, kanske för att vinna större arbetsro, till Holland, där han bodde under den närmaste dryga tjugoårsperioden, hans litterärt fruktbara tid. År 1637 publicerade Descartes sitt första mästerverk, *Discours de la méthode pour bien conduir sa raison et chercher la vérité dans les sciences* ("Avhandling om metoden att rätt vägleda sitt förstånd och söka sanningen i vetenskaperna"), tillsammans med ett par naturvetenskapliga avhandlingar som var avsedda att demonstrera den där framställda metoden. Eftersom *Discours de la méthode* ger sin författares egen version av hans intellektuella utveckling kan det finnas skäl att lyssna till dess berättelse.

Descartes' *Discours de la méthode* är på liknande sätt som Augustinus' *Confessiones* en tillrättalagd självbiografi, en framställning av författarens liv som ett sökande efter sanningen, en resa mot sanningen. Också hos Descartes är resan mot sanningen samtidigt en resa mot Gud. Men rutten är en helt annan. *Discourse de la méthode* inleds med tillkännagivandet att författaren utbildat "en metod med vars hjälp jag tror mig kunna gradvis öka mitt vetande och så småningom höja det till den högsta punkt som mitt medelmåttiga förstånd och mitt livs korta varaktighet kan tillåta det att uppnå". Hans livshistoria sådan den återges i verket – den kallas där "en berättelse eller, om man så vill, en dikt" – blir berättelsen om hur denna metod upptäcktes.

Descartes berättar om hur han alltifrån sin barndom uppfostrats med studier och hur man försäkrade honom att det han förvärvade var "en klar och säker kunskap om allt som är nyttigt för livet". Sedan han avslutat studierna kunde han dock inte dela den meningen: "Ty jag fann mig insnärjd i så många tvivel och villfarelser att jag inte tyckte mig ha dragit någon annan nytta av mina försök att lära, än att jag mer och mer upptäckt min okunnighet." Ändå hade han fått lära sig allt det som brukade läras ut vid europeiska skolor. Tydligen fanns det inte "någon lära i världen som var sådan som man tidigare låtit mig hoppas".

Att läsa historia och de gamles böcker var nog i och för sig bra. Men om man alltför mycket intresserar sig för vad som hänt under gångna århundraden "förblir man i allmänhet mycket okunnig om det som händer i det närvarande". Dessutom är även de sannfärdigaste historiska framställningar otillförlitliga och benägna till överdrifter för den litterära effektens skull. Descartes delar som synes alls inte renässansens förkärlek för de filologiska och historiska studierna, som aldrig kunde svara mot hans ideal av en strängt uppbyggd, deduktiv vetenskap. I fortsättningen prisar han vältaligheten och poesin, vilka dock kräver naturlig fallenhet snarare än studier, samt teologin, vars betydelse dock begränsas genom att vägen till himlen står lika öppen för de okunnigaste som för de lärdaste.

Vad filosofin beträffar ämnar Descartes inte säga mer – tydligen anser han detta tillräckligt dräpande – än att den, trots att den i århundraden odlats av de yppersta andar som funnits, aldrig kommit fram till en enda sak som man inte tvistar om och som således inte är tvivelaktig. Om de övriga vetenskaperna lånar sina grundsatser från filosofin, vilar de på osäkra grundvalar.

Besviken lämnar författaren bokstudierna och använder ”återstoden av min ungdom till resor, till att besöka hov och arméer, till att umgås med folk av skilda lynnen och villkor”. Men hans slutsats av dessa världsliga erfarenheter blev densamma som av de lärda studierna: ”Så länge jag blott betraktade andra människors seder, fann jag förvisso ingenting i dem som kunde skänka mig säkerhet, och jag fann nästan lika stora olikheter mellan dem som jag tidigare funnit mellan filosofernas åsikter.”

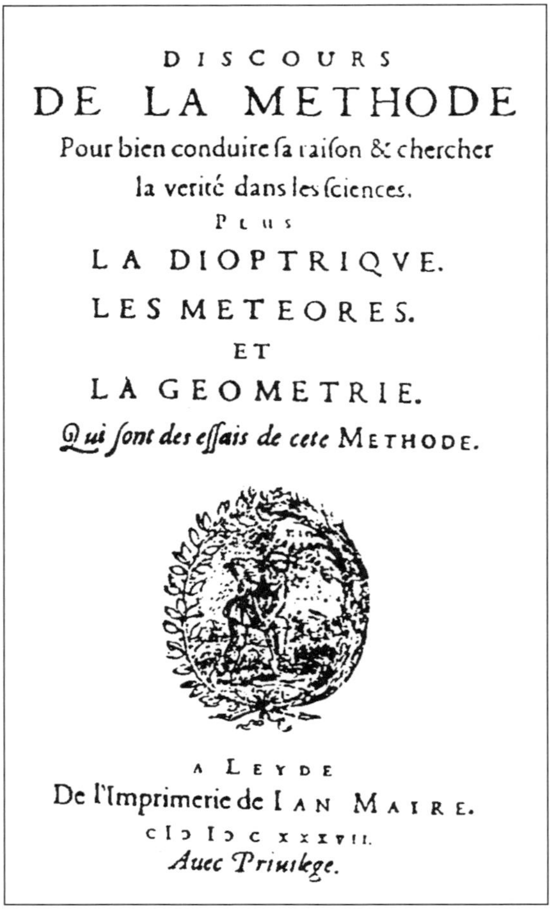
DISCOURS
DE LA METHODE
Pour bien conduire ſa raiſon & chercher
la verité dans les ſciences.
PLUS
LA DIOPTRIQVE.
LES METEORES.
ET
LA GEOMETRIE.
Qui ſont des eſſais de cete METHODE.

A LEYDE
De l'Imprimerie de IAN MAIRE.
CIↃ IↃ C XXXVII.
Auec Priuilege.

Descartes' Discours de la méthode, titelsidan.

Emellertid väntade snart en vändpunkt, en uppenbarelse av det slag, som filosoferna genom historien så ofta kunnat rapportera om. Descartes hade just bevistat kejsarens kröning och var på väg tillbaka till armén då han genom vinterns ankomst blev kvarhållen i ett kvarter i Ulm, "där jag inte fann något sällskap som förströdde mig". Han höll sig ensam hela dagen inomhus, "i ett varmt rum där jag hade god tid att ägna mig åt mina tankar". Den yttre situationen har sin betydelse för de tankar som följer. För den ensamme filosofen i det stängda rummet blir det naturligt att utveckla tvivel på yttervärldens existens och att ta sin utgångspunkt i det rena självmedvetandet. Hans argument hade knappast kunnat föras fram i en Platonsk dialog. Ensamheten upphöjs också mycket riktigt i de närmast följande reflexionerna till princip.

Den ensamme tänkaren finner att det vanligen ryms mindre fullkomlighet "i verk, som är sammansatta av flera delar och tillverkade av olika mästare, än i sådana som utarbetats av en enda". De vackraste och bäst inrättade byggnaderna är de som planlagts och fullbordats av en enda arkitekt. Av liknande orsaker är de städer som fått växa utan styrsel genom århundraden underlägsna "de regelbundna bebyggelser, som en ingenjör i fantasin gör utkast till på ett fritt område". På samma sätt är ett naturligt och historiskt framvuxet rättsväsende underlägset det som uppstått genom "en klok lagstiftares föreskrifter". De lagar Sparta fick genom Lykurgos anförs som exempel. Samma radikalism, samma tro på det enskilda snillets förmåga att börja från nollpunkten, överförs nu från arkitektur och lagstiftning till Descartes' egentliga område, vetenskapernas och filosofins. Visserligen händer det inte att man river ner alla hus i en stad endast för att bygga upp dem igen på nytt sätt och göra stadens gator vackrare, medger Descartes. Men en enskild person kan låta riva ner sitt eget hus om det hotar att störta samman av sig självt och grundmurarna inte är riktigt säkra. På det sättet vill Descartes bygga om vetenskapernas hus. Han blir övertygad om "att jag i fråga om alla de åsikter som jag hittills skänkt min tilltro inte kunde göra något bättre än att en gång för alla förkasta dem för att sedan ersätta dem med andra som är bättre, eller också med samma, sedan jag anpassat dem till förnuftets krav".

Descartes' misstro mot alla vedertagna åsikter stärks med hjälp av klassiska skeptiska argument, som vittnar om att han läst både Sextos Empeirikos och Montaigne. Olika folk har olika seder och Descartes hade insett, "att inga av dem vilkas åsikter är mycket motsatta våra för den skull är barbarer eller vildar". Han hade betänkt hur olika samma människa med ett och samma förnuft blir om hon från barndomen uppfostras bland fransmän eller tyskar i jämförelse med vad hon skulle ha blivit om hon fått bo "bland kineser eller kannibaler". För att komma ur detta gungfly av olika åsikter gällde att finna en fast punkt och en ledtråd som ledde dit, en metod. Men den gamla aristoteliska skollogiken hade visat sig värdelös, mindre lämpad för att vinna kunskap än för att förklara sådant som man redan vet. På samma sätt som tidigare Bacon söker Descartes en metod för vinnande av ny kunskap. Han finner den i fyra regler, som han beslutar sig för att noga iaktta. Den första går ut på att han aldrig skulle godta något som sant, om han inte klart och tydligt insåg att det var det. Den andra "var att uppdela vart och ett av de problem jag skulle undersöka i så många delar som möjligt och som det behövdes för att bättre lösa dem". Den tredje regeln gick ut på att i tankarna alltid börja med det enklaste och lättfattligaste för att sedan gå vidare till det mer sammansatta. Den sista regeln innebar att man skall göra fullständiga uppräkningar så att man kan vara säker på att inte ha utelämnat något.

Skepticismen framträder i Descartes' filosofi både som en yttre och som en inre fiende. I genmälen till teologiska vedersakare skulle Descartes berömma sig av att ha uppställt en filosofi som ensam kunde vederlägga skeptikerna, vilka alltsedan Montaignes dagar var en faktor att räkna med i franskt intellektuellt liv. Men det är hos honom också fråga om ett inre tvivel, en tankemöjlighet som måste övervinnas. Det mest karaktäristiska för Descartes är emellertid, som vi snart tydligare skall se, att tvivlet förvandlas till en del av hans metod, blir en nödvändig rörelse i hans resonemang. Ett viktigt motiv hos honom är sökandet efter en absolut visshet, efter ett absolut säkert fundament för filosofin och därmed för vetenskaperna. Tvivlet blir en station på vägen till denna visshet.

Varifrån Descartes hämtat förebilden för denna metod, som hos honom kommer att definiera förnuftet självt, låter han inte läsaren sväva i okunnighet om. Det är den matematiskt-geometriska metoden, vilken med sin visshet genom årtusendena utövat så stor lockelse på filosoferna, som attraherar också honom: "Dessa långa kedjor av alltigenom enkla och lätta resonemang, som geometrikerna brukar betjäna sig av för att genomföra sina svåraste bevis, hade ingivit mig tanken att allt som kan bli föremål för mänsklig kunskap hänger samman på samma sätt / --- / jag betänkte att bland alla dem som hittills sökt efter sanningen i vetenskaperna endast matematikerna kunnat finna några bevis, dvs. säkra och klara grunder." Redan på detta tidiga stadium av Descartes' resonemang framtonar visionen av en deduktiv, matematiskt uppbyggd vetenskap, som skulle omfatta allt som kan bli föremål för mänsklig kunskap.

Innan Descartes på allvar griper sig an med sitt metodiska tvivel förser han sig med en provisorisk moral, hämtad ur pyrrhonismens handkammare. Den ämnar han hålla sig till i avvaktan på sin undersöknings resultat. Han beslutar att tills vidare "följa mitt lands lagar och sedvänjor" och att "ständigt hålla fast vid den religion jag genom Guds nåd från barndomen blivit uppfostrad i". Därefter går han vidare i sitt resonemang. Han har bestämt sig för att "förkasta som absolut falskt allt det, vari jag kunde finna minsta tvivel, för att se om inte efter detta något skulle bli kvar att tro på som vore höjt över varje tvivel". Till en början går de skeptiska argumenten segrande fram. Eftersom sinnena ibland bedrar oss, "ville jag sålunda anta att ingenting är sådant som de låter oss föreställa oss att det är". Eftersom människor ibland resonerar fel i logik och matematik "förkastade jag som falska alla de grunder jag tidigare tagit för säkra bevis". Eftersom vi ibland drömmer fastän vi tror oss vakna, borde allt betraktas som drömmars bländverk. Men sedan tvivlet på detta sätt drivits till sina yttersta konsekvenser, kommer omkastningen: "Men omedelbart därpå märkte jag, att medan jag på detta sätt ville tänka att allting var falskt, så var det ofrånkomligt nödvändigt att jag, som tänkte detta, var något; och då jag märkte att denna sanning: *jag tänker, alltså är jag till,* var så fast och så säker att intet av skeptikernas djärvaste antaganden var i stånd att rubba den, ansåg jag att jag utan betänkligheter kunde godta den som första princip i den filosofi jag sökte."

Detta "*Je pense, donc je suis*" (som det heter i den franska grundtexten) blev den mest berömda satsen i Descartes' filosofi. I filosofins historia hade en liknande tankegång tidigare skymtat hos Augustinus. Men Descartes gör den, vilket Augustinus inte gjort, till den bärande pelaren för en stor tankebyggnad, till den fasta punkt varifrån den dittillsvarande världen kunde vältas över ända. Den radikala subjektiviteten blir nu utgångspunkten för hans filosofi – och för den moderna filosofin överhuvud. Med någon dramatisering kunde det sägas, att den moderna filosofin föds när Descartes sitter i sitt varma, ensamma rum i Ulm och tänker sitt: *je pense, donc je suis*. Senare filosofer har i stor utsträckning – det finns givetvis undantag – varit benägna att acceptera jaget och dess medvetande som sin vetenskaps början. Men de har varit oense om hur man skall kunna komma vidare från denna första station.

Vad är då detta jag om vars existens Descartes nu övertygat sig? Han undersöker frågan och finner att det är möjligt för honom att inbilla sig att han inte har någon kropp och att det inte finns någon värld eller någon plats där han befinner sig, men att han ändå inte kan inbilla sig att han inte finns till. "Härvid förstod jag", heter det, "att jag var en substans, vars hela väsen eller natur består i att tänka och som för att finnas till ej behöver någon plats och ej heller är beroende av något materiellt. På så sätt är detta jag, dvs. själen, genom vilken jag är vad jag är, helt skild från kroppen och lättare att få kunskap om än denna."

En nutida läsare är knappast benägen att strax låta sig övertygas av detta resonemang. I ett senare sammanhang skulle Descartes varna den som tilllämpar det metodiska tvivlets taktik för att låta sig luras av vedertagna tänkesätt: "Ty de invanda tänkesätten återkommer ständigt och avfordrar mig nästan mot min vilja mitt lättrogna bifall." Vi tycks i den citerade passagen möta ett exempel på detta hos Descartes själv. Substansbegreppet, som oförmedlat smugglas in i Descartes' resonemang, tillhörde standardrekvisitan inom den skolastik som Descartes tränats i vid La Flèche. Men en modern läsare är inte beredd att acceptera det utan vidare. Något bevis för att jaget verkligen är en "substans" eller för den delen en "själ" företes inte i *Discours*. Begreppet synes förutsätta ett jagmedvetandets stabilitet och självidentitet som i texten tas för givna. Det bör tilläggas, att inte heller Descartes' samtid var nöjd med hans argumentering vad gällde jagets natur och att han vid olika tillfällen fick försvara och utveckla sin åsikt. Att jagmedvetandet skulle vara något självevident vågar man kanske trots filosofens argument betvivla, med hänsyn till att dess natur och innehåll allt sedan Descartes tillhört filosofins livligast omdebatterade frågor.

Jaget är sålunda enligt Descartes en tänkande substans – *res cogitans,* det tänkande tinget, skulle han senare med en latinsk term kalla det. Hans nästa steg blir att undersöka de tankar eller idéer, som detta jag innehåller. Där finns idéer som kommer till honom utifrån, t.ex. om materiella föremål. Men där finns även idéer som han övertygas om är medfödda. Till dem hör idéer om tal och geometriska förhållanden. Till dem hör också idén om Gud. Hos sig själv iakttar Descartes föreställningen om ett fullkomligt väsen. Men varifrån kommer denna idé? Att den skulle uppstå ur intet är orimligt. Men den kan heller inte uppstå ur det egna jaget. Ty Descartes vet att han själv är ofullkomlig, medan idén om Gud är fullkomlig, och det är orimligt att "det fullkomligare skulle följa eller vara beroende av det mindre fullkomliga". Åter har tydligen en skolastisk princip insmugit sig i resonemanget. Den gör tjänst och Descartes kan konkludera: "På så sätt återstod endast att den /Gudsidén/ blivit nedlagd i mig av ett väsen som verkligen var fullkomligare än jag själv och som till och med ägde hos sig alla de fullkomligheter jag kunde ha en föreställning om, dvs. – kort sagt – som var Gud."

Detta var ett gudsbevis, som Descartes i framtiden skulle vara mycket stolt över. Enbart med det naturliga förnuftets hjälp hade han bevisat den kristna religionens viktigaste sanning. Liksom för att slutgiltigt befästa sin ställning som trons försvarare lade han till ytterligare ett bevis för Guds existens. Då han undersökte idén om ett fullkomligt väsen fann han, ”att den innehåller existensen på ett minst lika klart sätt som triangelns idé innehåller att dess tre vinklar är lika med två räta. / --- / Det är följaktligen minst lika säkert som något bevis i geometrin kan vara, att Gud som är detta fullkomliga väsen finns till eller existerar.” Här är det som synes en variant av det ontologiska gudsbeviset som formuleras. Gud är till sin idé i alla avseenden fullkomlig. Men om han inte existerade, skulle han i detta avseende vara ofullkomlig. Således existerar han.

Sedan Descartes på detta sätt till egen belåtenhet bevisat Guds existens går han vidare med att granska sakens kunskapsteoretiska implikationer. De visar sig vara djupgående och vidsträckta. Viktigast är att ”själva den sats som jag nyss fastslog som regel, nämligen att allt det som vi uppfattar mycket klart och mycket tydligt är sant”, endast kan stå fast ”på grund därav att Gud finns till eller existerar, att han är ett fullkomligt väsen och att allt som finns i oss kommer från honom”. Gud blir garantin för våra föreställningars sanning (i den mån de är klara och tydliga). Allt vetandes sanning beror ytterst på kunskap om den sanne Guden. Om vi inte visste någonting om honom, skulle vi inte riktigt kunna veta något om någon annan sak. I sista hand är det bara vetskapen om Gud och hans tillförlitlighet som kan besegra skepticismen.

Descartes' argument om Gud som vårt vetandes garanti väckte redan i samtiden invändningar. Man pekade på det som i senare litteratur brukat kallas ”den cartesianska cirkeln”. Först tycks Descartes vilja bevisa att Gud finns, varvid han förutsätter att det vi klart och tydligt inser (t.ex. satsen ”jag tänker, alltså finns jag till”) också är sant. Därefter förkunnar han att bara vetskapen om Guds existens kan ge oss garanti för att det vi klart och tydligt inser är sant. Cirkelbeviset förefaller perfekt. Descartes försökte besvara invändningarna med argument som det här skulle föra för långt att gå in på. Det må vara tillräckligt att säga att en oklarhet, en labilitet, kvarstår. Är Descartes främst ute efter att visa att det naturliga ljuset är tillräckligt för att låta oss se Gud? Eller efter att visa att det gudomliga ljuset är nödvändigt för att låta oss se naturen? Hur man än ställer sig till de frågorna står det fast att Descartes inte, som ibland skett, kan uppfattas som någon sorts förklädd ateist ur vars system Gud utan saknad skulle kunna bortopereras. Gud finns tvärtom närvarande i hjärtat av den cartesianska filosofin, som sanningens källa och garant.

Gud blir nu också en garant för att yttervärlden och de materiella föremålen existerar. Om Descartes kan ta steget från det ensamma, tänkande subjektet till den yttre verkligheten med dess olika ting så är det tack vare Gud. En fullkomlig Gud kan nämligen inte bedra oss, inte inge oss föreställningen om materiella föremål utan att det verkligen finns sådana. Därmed är inte sagt, att yttervärldens föremål måste vara precis sådana som våra sinnen visar dem för oss. Den skeptiska argumenteringen om sinnenas bedräglighet ger oss i själva verket goda skäl mot en sådan naiv realism. Enligt Descartes har de materiella tingen bara sådana egenskaper som vi kan uppfatta hos dem med hjälp av det rena tänkandet eller, annorlunda uttryckt, sådana som den matematiska geometrin uppfattar. Geometrins föremål är en kontinuerlig kropp eller ett rum, ”oändligt utsträckt i längd, bredd och höjd eller djup, delbart i olika delar som kunde ha olika form och storlek och var i stånd att sättas i rörelse och förflyttas på alla möjliga sätt”. Materien har enbart kvantitativa egenskaper. Den är, med Descartes' latinska beteckning, *res extensa*, den utsträckta substansen.

Descartes har nu bevisat sin egen och själens existens, därefter Guds och slutligen yttervärldens och materiens, sådan den matematiska fysiken uppfattar den. Han skulle, skriver han stolt, kunna fortsätta ”med att uppvisa hela rader av andra sanningar som jag härlett från dessa första”, bland annat genom att visa hur naturlagarna kan härledas ur Guds natur, men avstår tills vidare från det. Dock står det klart att filosofi, religion och naturvetenskap för Descartes utgör delar av samma helhet.

Till att börja med hade Descrates tvekat att alls offentliggöra sin nya metod, men övertygats om att han genom att hemlighålla den skulle ”svårt synda mot den lag som påbjuder oss att så mycket som det står i vår makt bidraga till alla människors gemensamma bästa”. Ty med den nya metoden skulle det bli möjligt att ersätta den onyttiga spekulativa filosofi, som lärdes ut i skolorna, med en praktisk ”med vars hjälp vi, om vi känner till eldens, vattnets, luftens, himlakropparnas, himlens och alla de andra oss omgivande kropparnas kraft och verkningssätt lika bra som vi känner till våra hantverkares olika yrken, kan på motsvarande sätt bli naturens herrar och ägare”. Det skulle sätta oss i stånd att njuta av jordens olika frukter och företräden och i synnerhet att utveckla en medicinsk vetenskap till nytta för vår hälsa. Som synes är Descartes anhängare av samma program som Bacon. En ny vetenskap skall lägga grunden för människornas herravälde över naturen och därmed för deras lycka och välgång.

Descartes avslutar sin skrift med ett försvar för att han skrivit på folkspråket: ”om jag hellre skriver på franska som är mitt modersmål än på latin som är mina lärares språk, så beror det därpå, att jag hoppas att de som blott brukar sitt naturliga ogrumlade förstånd skall bättre kunna bedöma mina åsikter än de som blott tror på de gamles skrifter.” Den franska språkdräkten har också bidragit till den oförlikneliga friskhet och omedelbarhet som utmärker *Discours*. Brytningen med det gamla, med den förlegade skolastiken, känslan av ett förestående äventyr utan horisonter har bäst kunnat förmedlas med modersmålets hjälp. Så direkt som Descartes här gör hade ingen latinskrivande skolastisk filosof kunnat tala till sina läsare. Men formen hade också sina nackdelar, mycket blev för hastigt och för slarvigt utfört. Descartes blev snart själv missnöjd med *Discours*. Därtill kom att argumenten mött allehanda invändningar som behövde tillbakavisas. Descartes beslöt att i en ny bok, skriven på latin, vända sig till en lärd publik. Resultatet blev *Meditationes de prima philosophia in qua Dei existentia et animae immortalitas demonstratur* ("Meditationer över den första filosofin i vilka Guds existens och själens odödlighet bevisas"). Verket, som många betraktar som Descartes' främsta, kom ut 1641. Titeln "Meditationer" hade inte valts utan överläggning. När hans vän Marin Mersenne menade att geometrins framställningssätt med dess stränga bevisregler skulle vara det bästa också inom filosofin, anmälde Descartes en avvikande uppfattning. En serie meditationer, där läsaren är villig att följa författaren i terapeutiska tankeövningar för att övervinna de gamla fördomarna, var nödvändiga för att nå sanningen. Trots allt åberopande av geometriska modeller följer Descartes i praktiken ett annat, mer informellt framställningssätt, där läsaren genom olika överväganden och konstgrepp förbereds för nästa steg i resonemanget.

I allt väsentligt innehåller *Meditationes* en upprepning av argumenten och ståndpunkterna i *Discours*. Men det hela är tänkt för en mer begränsad, lärd publik. I ett förord vänder sig Descartes explicit till teologiprofessorerna i Sorbonne. Hänvändelsen till just teologerna är ingen tillfällighet. Den nya filosofin hade redan mött mycket motstånd från i synnerhet teologiskt håll. Kunde Sorbonne, skolastikens högborg, erövras för Descartes, skulle mycket vara vunnet. Till det ändamålet var Descartes beredd att kompromissa så till vida, att han sorgfälligt dolde vissa av de mest anstötliga anti-aristoteliska konsekvenserna av sitt resonemang. Å andra sidan utbjöds bevisen för Guds existens och för själens odödlighet – lätt genomfört sedan själens oberoende av kroppen tidigare bevisats – som lockbete för teologerna.

På det rent filosofiska planet finns den viktigaste innovationen i *Meditationes* i det bekanta s.k. *deus deceptor*-argumentet (argumentet om den bedräglige guden). Det rör sig här om ett nytt, radikaliserat sätt att presentera det metodiska tvivlet, om en fördjupning och skärpning av det skeptiska argumentet. Måste vi inte, frågar sig Descartes, kunna vara absolut säkra åtminstone på matematiska och geometriska sanningar, sådana som att 2+3=5 eller att kvadraten inte har fler sidor än fyra? Och ändå – hur kan jag veta att inte en allsmäktig, men bedräglig Gud ordnat det så att jag tar miste varje gång jag adderar 2 och 3 eller räknar kvadratens sidor? Hur kan jag veta att inte samme Gud låter mig med mina sinnen uppfatta yttervärlden i hela dess rikedom utan att det för den skull existerar vare sig jord, himmel, materiella föremål eller andra människor? Descartes beslutar i enlighet med sin föresats att tvivla på allt som kan betvivlas, att ”anta att inte en allgod Gud, sanningens källa, utan någon ond ande, som på en gång är högst mäktig och förslagen, har använt hela sin energi på att bedra mig”. I svårigheternas ogenomträngliga mörker visar sig emellertid till slut ett ljus. Anta att den mäktige och förslagne guden bedrar mig! ”Utan tvivel finns alltså även jag till, om han bedrar mig; och må han bedra mig hur mycket han än förmår, aldrig skall han dock åstadkomma att jag ingenting är, så länge jag tänker att jag är något.” Descartes’ ”Jag tänker, alltså finns jag till” (eller i den mest bekanta latinska versionen *cogito ergo sum)* blir sålunda än en gång den fasta klippa varpå den skeppsbrutne räddar sig upp.

Argumenteringen förlöper därefter längs de banor som vi lärt känna från *Discours*. Guds existens bevisas, varigenom hypotesen om den bedräglige demonen vederläggs. De materiella föremålens verklighet bevisas likaledes. En fullkomlig Gud kan inte bedra oss när han inger oss föreställningen att det finns en yttervärld. Detta innebär likväl inte att tingens egenskaper behöver vara just de, som sinnena visar oss. Det är genom förnuftet snarare än genom sinnena vi får kunskap om tingens natur. Descartes finner bevisningen för den tesen hos ett stycke vax som han sträcker fram mot läsarna. Vaxstycket har nyss tagits ur honungskakan. Det har kvar blommornas doft. Det är hårt och kallt. Om man slår på det med fingret, ger det en ton ifrån sig. ”Men se, medan jag talar flyttas det närmare elden: det förlorar återstoden av sin smak, dess doft dunstar bort, dess färg förändras, formen utplånas, storleken tilltar, det blir flytande, varmt, kan knappt beröras, och om man slår på det ger det nu ingen ton ifrån sig. Är det månne fortfarande samma vax?” Vårt förnuft säger oss att det är detsamma, trots att alla de sinnliga egenskaperna förändrats. Det är tydligt att vaxet självt inte är något vi kan uppfatta med sinnenas hjälp – smak, doft, färg, hårdhet och ton förändras ju – utan bara med förnuftets.

Gud är garanten för att det vi klart och tydligt uppfattar med vårt förnuft också är sant. Hur kan det då komma sig att vi någonsin tar miste? Descartes finner svaret hos vår fria vilja. Viljan och valfriheten är det största hos människan, det är tack vare dem vi är Guds avbilder och har en viss likhet med honom. Men vår valfrihet kan vi bruka fel, så att vi leds till felaktiga omdömen. Botemedlet är att avstå från omdömen utom i de fall där vi klart och tydligt uppfattar en sak. Jag finner den säkra vägen till sanningen ”om jag blott ger noga akt på allt vad jag fullständigt förstår och skiljer det från det andra som jag uppfattar på ett mera förvirrat och dunkelt sätt".

De båda sista meditationerna ägnas de materiella tingens natur och förhållandet mellan själ och kropp. Innan vi går närmare in på detta bör emellertid först något ytterligare sägas om Descartes' naturvetenskap och hans åsikt om den fysikaliska verkligheten. Det måste då först framhållas att för Descartes filosofi och naturvetenskap, metafysik och fysik, är intimt förknippade med varandra. Hans livsverk, hans sökande efter en ny vetenskap, handlade i lika mån om dem båda. Även om man numera främst tänker på Descartes som filosof har han också i naturvetenskapernas historia satt tydliga spår.

Descartes' dröm sedan ungdomen gällde skapandet av en *mathesis universalis*, en matematisk naturvetenskap som skulle täcka alla verklighetsområden. Matematiken var kardinalvetenskapen, alla andra vetenskaper

René Descartes.

kunde betraktas som grenar av den. Descartes' kanske största naturvetenskapliga insats, hans analytiska geometri, låg i linje med detta synsätt. Vad Descartes där visade var att geometrin kunde befrias från sitt beroende av åskådligheten, av de rumsliga formerna, och att dess axiom och teorem kunde formuleras med rent matematiska medel. Den analytiska geometrin innehöll på så vis ett program som kunde utvidgas till att gälla all naturvetenskap.

Under sina tidiga år i Holland var Descartes sysselsatt med att författa ett verk, ”Le Monde” (”Världen”), som skulle innehålla hans naturvetenskapliga världsbild. Det var färdigt för trycket när han 1633 nåddes av nyheten om inkvisitionens dom över Galilei. Galilei dömdes för att han försvarat tesen att jorden rör sig runt solen. Också Descartes accepterade och utgick från den copernikanska bilden av solsystemet. Domen skulle med andra ord ha kunnat utsträckas till att gälla även honom. Descartes beslöt sig för att avstå från publikation. I framtiden skulle han föra fram den heliocentriska teorin endast i garderade ordalag. Men redan det skulle bidra till att göra hans filosofi misstänkt både i katolska och protestantiska länder.

Descartes gav likväl inte upp tanken att framlägga sina naturvetenskapliga teorier för publiken. *Discours* gavs ut som en sorts metodologiskt förord till tre avhandlingar (en om optik, en om ”meteorologi”, en om geometri). *Meditationes* innehöll en skiss till en naturvetenskaplig världsbild. I *Principia philosophiae* (”Filosofins principer” 1644) fördjupade Descartes denna skiss, varvid han även inkorporerade material från ”Le Monde”. Där gav han också sin definition av förhållandet mellan sin vetenskaps olika delar. Filosofin kunde jämföras med ett träd, vars rot är metafysiken (den första filosofin), vars stam är fysiken och vars grenar är alla de andra vetenskaperna, bland vilka de viktigaste är medicinen, mekaniken och moralen.

I sina huvuddrag såg Descartes' världsuppfattning ut på följande vis. I världen finns det bara två slag av substanser, *res cogitans*, den andliga substansen och *res extensa*, den materiella substansen. Vore man riktigt strikt med orden finge man visserligen säga att Gud är den enda substansen, eftersom han är det enda som inte behöver något annat för att existera. Men med det friare språkbruk Descartes mestadels tillämpar utgörs den skapade världen av de två sorternas substanser, den kroppsliga och den själsliga, som båda vidmakthålls av Gud. Den kroppsliga substansen kan riktigast beskrivas som en enda – de olika materiella föremålen är bara modifikationer av en och samma materia. Denna materia har inga egenskaper utom utsträckning i rummets tre dimensioner. Den kan därför beskrivas uttömmande i geometriskt-matematiska termer. Egenskaper som färg, smak, och lukt finns till endast subjektivt. De uppstår hos våra sinnen men tillkommer inte tingen sådana dessa objektivt är. Man kan säga att materien fyller rummet, ja man kan rent av säga att den är rummet. I Descartes' värld finns inget tomrum, materien fyller rymden. Däremot existerar rörelse, så att enligt Descartes det materiella universum består av materia och rörelse.

Tre lagar gäller för materia i rörelse och dessa lagar är tillräckliga för att förklara de fysikaliska företeelserna. Den första av dessa naturlagar säger att varje ting alltid förblir i samma tillstånd och bara ändras av yttre orsaker. Den andra lagen säger att ett stycke materia, som satts i rörelse, alltid strävar efter att röra sig i rät linje. Dessa två lagar utgör tillsammans Descartes' formulering av tröghetslagen. Ännu Galilei hade antagit att ett tings naturliga rörelse är i cirkel. Descartes' hävdande av den räta linjens rörelseriktning blev därför epokgörande och utgör ett av hans viktigaste bidrag till den moderna fysiken. Den tredje lagen handlar om hur två kolliderande kroppar påverkar varandras rörelseriktning. Tillsammans förklarade de tre lagarna materiens rörelser. De gav också vid handen att rörelsesumman förblir konstant, så att ingen rörelse går förlorad. Antar vi att Gud en gång satt världsmaskineriet i rörelse behöver vi inte postulera ytterligare ingrepp från hans sida för att förklara dess sätt att fungera (låt vara att Gud hela tiden är upphovet till naturens lagbundenhet och konstans). Hjulen snurrar av sig själva i enlighet med naturens lagar så länge ingen yttre kraft hindrar dem. Liknelsen vid ett maskineri är för övrigt en metafor som Descartes själv favoriserade. Hos honom är den aristoteliska skillnaden mellan det naturliga och det artificiella upphävd. Ett urverk och ett solsystem fungerar i princip på samma sätt.

Descartes anammade den copernikanska bilden av solsystemets utseende. Han antog också att världen är oändlig, utan slut i någon riktning. Däremot kunde han inte låta planeter och andra himlakroppar rusa fram i världsrymdens tomrum. Något tomrum finns ju enligt Descartes inte. I stället tänker han sig att himlakropparna i sina rörelser förs runt i väldiga kosmiska virvlar. Detta förklarar planeternas rörelser kring solen, men också månens rörelse kring jorden samt fenomen som tidvatten och tyngdkraft. Virvelteorin blev på en gång cartesianismens signum och dess akilleshäl. När Newton i sin *Principia mathematica* 1687 vederlagt virvelteorin var cartesianismen noga taget redan föråldrad.

Ett inslag i Descartes' naturvetenskap vilket tilldrog sig stort intresse redan i samtiden var hans lära om människokroppen. För Descartes var människokroppen helt enkelt en maskin, en automat. Pumpar och andra hydrauliska anordningar liksom hissar med taljor och rep gav analogier. Jämförelsen med ett urverk hör också till de av Descartes begagnade. Men om människokroppen är en maskin, vilken helt lyder mekaniska rörelseprinciper – hur kan samverkan mellan kropp och själ förklaras? Djuren uppfattades av Descartes som själlösa automater. Borde inte hans naturvetenskapliga läror kräva att människan uppfattades på samma sätt? Hur kan hans deterministiska, naturlagsbundna universum rymma varelser med fri vilja?

Descartes gav svaret att all växelverkan mellan kropp och själ äger rum i hjärnan, närmare bestämt i tallkottkörteln (epifysen). Från hjärnan går nervtrådar ut till sinnesorgan och muskler. Impulser från sinnesorganen fortplantas till hjärnan av "livsandar", ytterst små materiepartiklar som rör sig längs nerverna. På liknande sätt vidarebefordrar livsandarna viljans direktiv till musklerna. Descartes' tankar om hjärnans funktionssätt har stort vetenskapshistoriskt intresse. Men något bidrag till lösning av det metafysiska problemet utgör de inte. Om själen, som Descartes hävdade, inte intar någon plats och är oberoende av allt materiellt – hur kan den då påverkas av kroppsliga sinnesintryck och av kroppslig smärta eller välbehag? Och omvänt – om delar av materien endast kan påverkas genom yttre inverkan från annan materia i rörelse – hur kan själen få kausal betydelse, hur kan viljan eller andra själsliga yttringar inverka på kroppen? De två substanserna, den tänkande och den utsträckta, är av fullkomligt olika natur, de har ingen egenskap gemensam – hur kan de då växelverka? Ibland tillgrep Descartes hypotesen om Guds intervention för att lösa problemet. En mänsklig viljeyttring skulle enligt det resonemanget bli ett tillfälle eller en anledning för Gud att sända nervimpulser till musklerna. Omvänt skulle en stimulering av ett mänskligt sinnesorgan bli en anledning för honom att tända en synbild eller ett hörselintryck i människans själ. Denna idé om Guds ständiga ingripande skulle spela en viktig roll för en del av Descartes' efterföljare.

Någon verklig lösning på problemet erbjuder emellertid inte heller denna idé. Tanken på en Gud som ständigt influerar materiens rörelser är omöjlig att förena med föreställningen om naturens egen inneboende lagbundenhet. Vad vi i stället kan konstatera är att kropp-själ-problemet så som Descartes formulerat förutsättningarna är olösligt. Han har definierat materien så att den är helt oberoende av allt andligt. Han har definierat själen så att den är helt oberoende av allt kroppsligt. Detta hör till finesserna med hans system, men det är en finess som köpts till ett högt pris. Descartes' dualism är så skarp, att de två halvorna av hans värld omöjligt kan sättas samman till en helhet. Hans dilemma är emellertid inte bara hans utan hela den moderna filosofins. Åtminstone har senare tiders filosofi inte lyckats presentera någon allmänt accepterad lösning på det problem, som hos Descartes för första gången fick sin moderna formulering. Den moderna naturvetenskapens bild av en värld styrd av kemisk-fysiska lagar lämnar inget utrymme för någon viljefrihet, för något ändamål, för ont eller gott. Den står oförmedlat bredvid det subjektiva jagets uppfattning av sig självt och sin värld. Antikens och medeltidens värld var fysikalisk och moralisk på en och samma gång. I det moderna medvetandet finns den fysikaliska och den moraliska världen vid sidan av varandra. Hur de egentligen hänger ihop – om de alls hänger ihop – har varit ett problem för filosofin alltsedan Descartes.

Med Descartes' syn på kroppen och själen har hans moralfilosofi ett nära sammanhang. Det ser man kanske tydligast i den sista skrift han gav ut, *Les passions de l'âme* ("Själens passioner" 1649). Här behandlades ett klassiskt moralfilosofiskt problem, vårt förhållande till själens passioner. Det nya bestod framför allt i att Descartes sökte ge våra affekter fysiologiska förklaringar. Det är livsandarnas inverkan på tallkottkörteln som ger upphov till

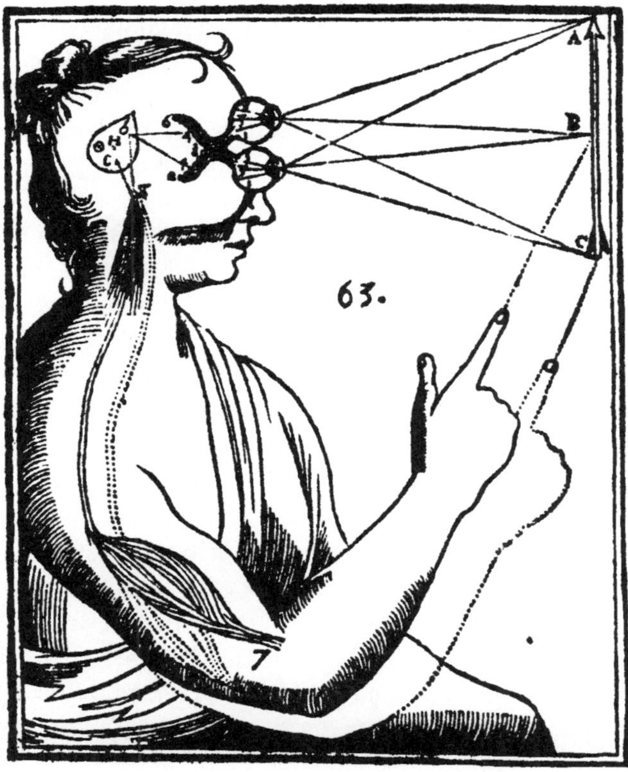

Illustration till Descartes' Traité de L'Homme som visar hur utifrån kommande synbilder via ögonen uppfångas i tallkottkörteln.

passionerna. Verkningssättet beskrivs i stor detalj i Descartes' bok. Därav kan bland annat den slutsatsen dras, att de antika stoikernas passionslöshet, deras "apati", är ett omöjligt ideal. De fysiologiskt betingade passionerna kan inte utrotas. Men de kan bringas under viljans kontroll. I sig utgör de inte ett ont. De nöjen själen har gemensamt med kroppen förklaras helt och hållet bero av passionerna, "så att de människor som mest kan uppröras av dem också förmår mest njuta av detta livets sötma." Idealet blir inte att göra sig av med passionerna, men att ställa dem under viljans och förnuftets kontroll. Det gäller att inte låta sig vägledas av sina känslor utan enbart av de omdömen om gott och ont som vårt förnuft fäller.

I praktiken kom Descartes att omfatta moraliska ideal som trots sin moderna fysiologiska grundval hade många likheter med de antika dygdelärorna. Den aristokratiska dygd som han kallar *générosité*, högsinthet, har stora likheter med Aristoteles' "storsinthet": De högsinta är av "naturen ägnade att utföra stora ting". De ringaktar sin egen fördel, de är alltid "mycket artiga, vänliga och tjänstvilliga mot envar". De behärskar fullständigt sina passioner "särskilt begären, svartsjukan och avunden". De hatar ingen människa. De fruktar ingenting, "därför att deras tillit till den egna dygden gör dem säkra". De vredgas inte, men de föraktar det gemena och det låga. Högsinthet är emellertid inte oförenlig med sann ödmjukhet eller med sann kristendom. Den högsinte känner sin egen viljas svaghet samtidigt som han har aktning för den fria viljan hos sig själv. Han vet också att det enda i sig goda är den goda viljan. Det högsta goda består i en fast vilja att handla gott och i den tillfredsställelse som denna vilja framkallar.

En av dem som beundrade Descartes' moralfilosofi var drottning Kristina av Sverige. Genom den franske ambassadören i Stockholm, Pierre Chanut, som var Descartes' vän, inbjöd hon filosofen till Stockholm för att han skulle ge henne lektioner i filosofi. Descartes accepterade inbjudan. I Holland hade marken börjat bränna under hans fötter. Hans filosofi anklagades för att vara ateistisk, blev föremål för våldsamma gräl vid de holländska universiteten och hade till slut helt och hållet förbjudits där. Visserligen ingav resan filosofen betänkligheter, inte minst med tanke på det svenska klimatet. "För en människa som är född vid Touraines trädgårdar", skrev han till en vän, "och nu lever i ett land, där det flyter om inte mer honung så sannolikt mer mjölk än i det förlovade landet, torde det väl falla sig svårt att besluta sig för att lämna det för att resa till björnarnas land bland klippor och is." Descartes vågade dock resan. I Stockholm led han mycket riktigt av det bistra vinterklimatet. Dessutom tvingade drottningen den morgonsömnige filosofen att stiga upp klockan fem på morgnarna för att ge henne privatlektioner. På andra sätt fann han sig dock till rätta vid det svenska hovet och sysselsatte sig bland annat med att komponera ett balettlibretto till den Westfaliska fredens ära. I februari 1650 insjuknade Descartes emellertid oväntat och avled i lunginflammation efter en kort sjukdom.

Descartes' betydelse för filosofins fortsatta utveckling är svår att överskatta. Med all rätt betraktas han som den moderna filosofins grundläggare. Det västerländska förnuftet får hos honom en ny definition. I en tidig formulering heter det: "Alla vetenskaper är ingenting annat än det mänskliga förnuftet, som alltid förblir ett och detsamma, det må tillämpas på hur många föremål som helst, och som inte får större olikhet av dessa föremål än solens ljus av mångfalden av de ting som det belyser." Detta nya, vetenskapliga förnuft kommer till uttryck framför allt genom en *metod*, en serie logiska steg, som om de bara noggrant iakttages, måste leda oss till sanningen. Sin viktigaste tillämpning har denna metod i den matematiska naturvetenskapen.

Men även om Descartes är den matematiska naturvetenskapens och den mekanistiska världsbildens profet är han mer än detta. Det skulle vara fullkomligt förfelat att som vissa samtida och sentida kritiker mena, att begrepp som Gud och själen utan förlust skulle kunna opereras bort ur Descartes' världsbild. Det är visserligen sant att Gud inte ständigt ingriper för att hålla världsmaskineriet igång – när det väl fått sin ursprungliga rörelseimpuls rullar det utan tillskott av yttre kraft. Det är också sant, att människokroppen är ett urverk, en automat, som i långa stycken skulle kunna tänkas funktionera utan själen på samma sätt som djurens kroppar gör det. Men det är i Guds natur naturlagarna har sitt ursprung, det är Gud som upprätthåller deras allmängiltighet och oföränderlighet. Och kunskapsteoretiskt är själen och Gud fundamentet för Descartes' hela filosofi. Hans "jag tänker, alltså finns jag till" är startpunkten för den bevisföring, med vars hjälp den mänskliga kunskapen räddas undan det radikala tvivlet. Gud är den nödvändiga garanten för våra föreställningars sanning. Den mekanistiska vetenskapen byggs upp genom en deduktion, där jaget och Gud utgör de nödvändiga premisserna. Om detta är en paradox är det på den paradoxen hela den cartesianska filosofin vilar.

Malebranche och occasionalismen

Det var Descartes som bestämde dagordningen för filosofin under återstoden av 1600-talet. De tänkare som kom senare skulle utgå från Descartes' filosofi, instämma med den, opponera mot den, omvandla den till nya konceptioner. På samma sätt som Platons tänkande utgör den nödvändiga förutsättningen för Aristoteles', och Kants för Fichtes, Schellings och Hegels, var Descartes' närvaro, erkänd eller ej, villkoret för det senare 1600-talets filosofi. I vissa fall var inflytandet direkt och omedelbart. Så var fallet i fråga om den s.k. occasionalismen.

Descartes efterlämnade olöst frågan hur själen kan påverka kroppen eller kroppen själen. Han antydde dock möjligheten att hypotesen om Guds intervention skulle kunna bidra till att ge ett svar på problemet. Occasionalismen innebar en teori, enligt vilken en själslig händelse kan bli ett tillfälle eller en anledning (lat. *occasio)* för Gud att orsaka en kroppslig händelse och en kroppslig händelse kan bli ett tillfälle för honom att orsaka en själslig. Ingen direkt växelverkan skulle sålunda äga rum mellan kropp och själ även om på grund av Guds ingripande ett sken därav uppstår. Den holländske filosofen Arnold Geulincx hörde till dem som förfäktade en sådan tanke. Men den som framför andra förde in occasionalismen i den filosofiska debatten var Nicolas Malebranche.

Nicolas Malebranche (1638–1715) växte upp i Paris, där hans far var kunglig sekreterare. Han studerade teologi vid Sorbonne. År 1660 trädde han in i oratorieorden, en kongregation som teologiskt kännetecknades av sin augustinska orientering. En dag 1664 promenerade Malebranche ned för Rue St. Jacques när någonting hände som skulle bli bestämmande för hans liv. Han fick i en boklåda syn på Descartes' *L'Homme* ("Människan"), ett postumt publicerat verk som just utgivits. Boken blev för Malebranche en initiering i den filosofi som kom att utgöra den närmaste förutsättningen för hans egen. Båda de teorier – occasionalismen och läran att "vi ser alla ting i Gud" – som i synnerhet givit Malbranche hans plats i filosofins historia och som lades fram i hans huvudarbete, *De la recherche de la vérité* ("Sökandet efter sanningen" 1674–75), emanerar ur hans ställningstagande till Descartes.

Descartes hade menat att kropp och själ var två helt olika substanser, varför det blev svårt att tänka sig en orsaksrelation mellan dem. Hos Malebranche skärps och radikaliseras denna svårighet. Inte bara orsaksrelationer mellan ande och materia utan också mellan materia och materia tedde sig för honom omöjliga. Materien som ren utsträckning och passivitet kunde inte tänkas ha någon orsakande kraft. Överhuvud frånkände Malebranche alla ändliga entiteter sådan kraft. Vi kan se en nål stickas i fingret och vi kan känna smärtan. Men hur det ena kan ge upphov till det andra måste förbli ett mysterium. Vi kan uppleva en viljeimpuls och känna hur vi lyfter armen till slag. Men på vilket sätt vår vilja förmår armen att röra sig kan vi inte förstå. Vi kan iaktta hur en biljardboll stöter mot en annan och sätter den i rörelse men inte något nödvändigt samband mellan det ena och det andra.

Malebranches slutsats blir att det heller inte finns någon sådan nödvändighet. Ingenting orsakar någonting annat utom genom Guds medverkan. Han ensam är i besittning av den kausala kraften. Och Gud verkar regelbundet, i enlighet med lagar som han själv har stiftat och som till följd av enkelheten i hans natur måste vara så enkla som möjligt. Orsakssamband finns sålunda noga taget inte i naturen, men väl en regelmässighet som är fullkomlig och som Gud i varje ögonblick upprätthåller.

Lika väsentlig är enligt Malebranche Guds roll för att förklara vår kunskapsförmåga. Att ”vi ser alla ting i Gud” innebär att de idéer, som vi omedelbart uppfattar och som för oss representerar tingen, är idéer hos Gud, är de tingens arketyper som existerar i Guds medvetande. Här förenas Augustinus' illuminationsteori med Descartes' lära om att Gud är garanten för våra klara och distinkta idéers sanning. Malebranche förnekar inte att de materiella tingen existerar – det står ju i Bibeln att Gud skapade dem – men han hävdar att det bara är via Gud, via de idéer vi ser hos honom, som vi kan ha kunskap om den materiella verkligheten.

Malebranches historiska betydelse kom att bli avsevärd. Hans lära att vi ser alla ting i Gud inspirerade George Berkeley och är uppenbart besläktad med dennes teori att Gud inger oss alla våra idéer. Hans tankar om orsaksrelationerna fick betydelse för David Hume. Men Malebranches filosofi väckte också anstöt och gav upphov till genmälen. Det som i samtiden väckte störst uppmärksamhet kom från Antoine Arnauld.

Jansenismen och Pascal

Antoine Arnauld (1612–1694) tillhörde en riktning som under 1600-talet spelade en viktig roll i framför allt franskt katolskt fromhetsliv, den s.k. jansenismen (döpt efter upphovsmannen Cornelius Jansen). Den anslöt sig i viktiga avseenden till Augustinus och framhöll liksom denne Guds allmakt, människans vanmakt och nådens allt överskuggande betydelse. Filosofiskt stod Arnauld cartesianismen nära, även om han hade varit med om att formulera några av de mest talande invändningarna mot Descartes' filosofi och som den förste påtalat den ”cartesianska cirkeln”. Tillsammans med Pierre Nicole hade han författat *La logique, ou l'art de penser* (”Logik eller konsten att tänka” 1662), som i medveten opposition till Aristoteles och lika medveten anslutning till Descartes i handboksform utvecklade reglerna för det metodiska tänkandet. Boken kom ofta att gå under beteckningen ”Port Royal-logiken”, efter Port Royal, det kloster strax utanför Versailles som blivit jansenismens högkvarter.

Klostret Port-Royal des Champs, som Pascal ofta besökte, var ett fäste för jansenismen. Bibliothèque National, Paris.

Arnaulds kontrovers med Malebranche gällde i första hand teologiska spörsmål. Framgår Guds handlande med nödvändighet ur hans natur, som Malebranche hävdade? Eller är Guds frihet absolut och obetingad, som Arnauld gjorde gällande? Polemiken handlade emellertid också om kunskapsteoretiska teman. Arnauld förnekade att vi omedelbart förnimmer Guds idéer. Våra idéer finns hos oss själva, inte hos Gud. Vår sinnliga perception representerar de materiella föremålen på ett direkt sätt, utan att gå omvägen över Gud, menade han. Malebranche blev inte svaret skyldig. Den omfattande polemiska skriftväxlingen mellan honom och Arnauld tillhörde det slutande 1600-talets mest uppseendeväckande filosofiska evenemang.

Jansenisterna kom i växande utsträckning att utsättas för beskyllningar för kätteri. Inte minst var deras dödsfiender, jesuiterna, nitiskt verksamma för att få deras läror fördömda. Också Arnaulds personliga ställning blev genom dessa anklagelser utomordentligt trängd. I det läget kom en ung vän, Blaise Pascal, till hans undsättning. De *Lettres provinciales* ("Brev till landsorten"), som Pascal anonymt publicerade 1656–1657, innehöll ett försvar för Arnauld och ett svidande angrepp på jesuiterna. Med dem hade Pascal, som tidigare främst gjort sig bemärkt genom insatser inom matematik och naturvetenskap, givit sig in i det religionsfilosofiska författarskap, som framför allt skulle bära hans namn till eftervärlden.

Blaise Pascal (1623–1662) var son till en framgångsrik jurist och växte upp i en familj med starka religiösa intressen. Hans genialitet var brådmogen, tidigt trädde han fram med uppseendeväckande prestationer som om han vetat, att hans liv skulle bli kort.

Pascal engagerade sig under de tidiga åren i synnerhet i vetenskapliga problem. Här kom han att göra flera banbrytande insatser. Tjugotreårig vågade han i strid mot auktoriteter som Aristoteles och Descartes hävda att det existerar tomrum. (Descartes svarade förargad att tomrummet bara fanns i Pascals huvud.) I anslutning till Evangelista Torricellis upptäckter genomförde Pascal viktiga experiment, där lufttryckets existens påvisades. En bestigning med instrument av berget Puy-de-Dôme visade att luften utövar betydligt mindre tryck vid 1 600 meters höjd än vid markytan. Luften har således tyngd och utövar ett tryck mot jordytan. Det var ett resultat som bidrog till att ytterligare diskreditera den redan hårt medtagna aristoteliska fysiken, enligt vilken luften redan befinner sig vid sin naturliga ort och saknar strävan nedåt.

Blaise Pascal. Självporträtt.

Men Pascal ägnade sig också med framgång åt matematiken. Utifrån praktiska frågeställningar som uppstod vid kortspel eller vadhållning skapade han den första egentliga sannolikhetskalkylen och kom fram till flera viktiga sannolikhetsmatematiska resultat. Dessutom konstruerade Pascal den första matematikmaskinen, vilken han i ett brev tillägnade drottning Kristina av Sverige.

I sin tidiga ungdom var Pascal visserligen en god kristen. Men hans tro hindrade honom varken att ägna sig åt naturvetenskapen eller att delta i Paris' mondäna sällskapsliv. Plötsligt, natten mellan den 23 och 24 november 1654, genomgick Pascal emellertid en religiös pånyttfödelse. Till jansenismen hade han redan tidigare i likhet med flera medlemmar av hans familj anslutit sig. Men nu övergav han fullkomligt världens vägar, drog sig undan sällskapslivet och gick upp i sina religiösa meditationer. Sina sista år ägnade Pascal huvudsakligen åt det som skulle bli hans främsta verk, ett försvar för den kristna religionen. Under titeln *Pensées* ("Tankar" 1670) skulle det ges ut efter hans död i ofullbordat skick.

Pascals tillvägagångssätt i *Pensées* är inte skolastikerns. Vid gudsbevis lägger han ingen vikt. Sådana gör på sin höjd intryck medan man läser dem, sedan glöms de bort. Och för övrigt – man tror inte på Gud som man tror på ett geometriskt bevis. Vad det här handlar om är att träffa hjärtat. De Pascal vänder sig mot är inte förnekarna. Snarare är det skeptikerna, de likgiltiga, världens barn. Ofta skymtar Montaignes gestalt bakom Pascals återgivande av skeptiska argument, ofta är det hans egna erfarenheter från det förnäma sällskapslivet som gjort honom förtrogen med de världsliga tänkesätten. Det första steget i Pascals kristna apologetik är inte att formulera premisser, utan att övertyga läsaren om att det är nödvändigt att söka Gud. Hur kan vi vara likgiltiga inför det som är det viktigaste av allt? Vårt liv är kort. "Döden hotar oss varje stund och kommer obevekligen att inom få år tvinga oss in i antingen evig förintelse eller evig olycka." Måste vi inte söka klarhet i fråga om vårt framtida öde? I stället går vi upp i allehanda sysslor, nöjen och förströelser, som inte kan tillfredsställa oss. Människans villkor är obeständighet, leda, oro. "Ty antingen tänker vi på det elände vi lever i eller på det onda som hotar oss. Och även om vi kunde känna oss tämligen säkra åt alla håll skulle ledan, denna sällsamma makt, stiga upp från hjärtats djup, där den har sina naturliga rötter, och fylla själen med sitt gift." I jordelivet kan vi aldrig nå lyckan. Skeptikernas liknöjdhet och stoikernas sinnesjämvikt tycks Pascal lika oförmögna att övervinna dess misär.

Människan är egoistisk, fåfäng, grym, likgiltig inför andras lidande, fylld av sin egen förträfflighet, förmögen att visa mod eller generositet bara inför utsikten att sedan kunna skryta med det inför andra. Likväl är hon bestämd för något högre, hon är en konung i exil, fallen från en högre natur som en gång var hennes egentliga. Hennes elände och hennes storhet är lika påfallande. Och det som ger henne storhet är hennes förmåga att tänka. För ett ögonblick snuddar Pascal vid Descartes' sätt att uppfatta människan, men bara för att strax gå vidare i annan riktning. Människan är inte en tänkande substans utan ett tänkande rö. "Människan är bara ett rö, det svagaste i hela naturen, men hon är ett rö som tänker. Det behövs inte att hela universum griper till vapen för att krossa henne. Några dunster, en vattendroppe räcker för att tillintetgöra henne. Men även om hela universum vältrade sig över henne skulle människan fortfarande vara ädlare än den makt som dödade henne. Ty människan vet att hon dör och att universum är henne övermäktigt. Universum vet intet därom."

Det universum där Pascals människa lever är den nya naturvetenskapens. Härigenom skiljer sig Pascal från tidigare kristna apologeter och teologer. Hos honom är det fråga om människans situation i den värld som den nya fysiken och astronomin skapat. Människan stirrar ut i denna nyupptäckta värld. Hon ser solen och förstår att jordens bana bara är som en prick mot den väldiga bana denna himlakropp beskriver. Hon inser att denna mäktiga bana i sin tur bara är en ynka liten punkt i jämförelse med stjärnornas vägar i världsrummet. Hela det synliga universum är bara "ett stoftgrand i naturens väldiga famn". Världen är en oändlig sfär vars centrum är överallt, vars omkrets är ingenstädes. Där Giordano Bruno jublat i frihetskänsla inför detta oändliga universum, drar sig Pascal samman i rädsla: "Dessa oändliga rymders eviga tystnad förfärar mig."

I ängslan söker det öga som spanar in i människohjärtat eller ut i världsrymden efter Gud. Men ingenstans finner det entydiga tecken på hans närvaro eller bevis för hans existens. Pascals Gud döljer sig, han är *deus absconditus*. I den nya naturvetenskapens värld har Gud tystnat. Ändå är ingenting entydigt. Vi måste förstå två saker, nämligen "dels att Gud i Kyrkan gett oss synliga tecken för att ge sig tillkänna för dem som uppriktigt söker honom, dels att han beslöjat dem så att de bara kan upptäckas av sådana som av hela sitt hjärta söker honom". Världen är mångtydig, den kan ges olika tolkningar. Varken Guds existens eller hans icke-existens kan rationellt bevisas. Mörker omger oss. Vi vet för litet för att känna oss trygga, för mycket för att förneka. Naturen lämnar oss inget bevis. "Världen, sådan vi ser den, vittnar varken om att gudomen är fullständigt närvarande eller uppenbart frånvarande men väl om att det finns en Gud som döljer sig. Allt bär vittnesbörd om detta."

Världen är flertydig. Men den som av hela sitt hjärta söker honom kan upptäcka Gud. Tillvaron har många dimensioner, som inte är tillgängliga för det rationella resonemanget men väl för hjärtat: ”Hjärtat har sina skäl som förnuftet inte känner.” Hjärtat älskar Gud eller sig självt – det beror på vem det ger sig hän åt. När valet är gjort, förhärdar det sig mot Gud eller mot sig självt. Det är hjärtat som förnimmer Gud, inte förnuftet. ”Detta är tron: Gud åtkomlig för hjärtat, inte för förnuftet.” I en värld som saknar rationell entydighet är det hjärtat som måste träffa vårt val. Det är detta som de kristna kallar tro (i motsats till vetande).

Med denna tro finner vi också något, som förnuftet inte kan visa oss. Pascals omvändelse 1654 uppenbarade för honom ”Abrahams, Isaks och Jakobs Gud, inte filosofernas”. Detta betydde något annat än de rationella gudsbevisens Gud: ”De kristnas Gud är inte en gud som bara är upphov till de geometriska sanningarna och elementens ordning – det kan hedningarna och epikuréerna ordna lika bra.” Pascal kunde också ha sagt: ”Det kan Descartes ordna lika bra.” Hos Descartes är Gud å ena sidan den som sätter universums maskineri i gång, å andra sidan den som garanterar vår vetenskaps sanningar. Hos Pascal är han något annat: ”Det är en Gud som fyller själ och hjärta hos dem som hör honom till”, som låter dem känna sitt eget elände och hans barmhärtighet, som fyller dem med ödmjukhet, tillit och kärlek.

Ändå är förnuftets beräkningar trots allt inte utan sin betydelse för tron. Pascal visar det på det berömda ställe i *Pensées*, där det är tal om ”vadet”. Gud är till eller han är inte till, men vilketdera skall vi välja att tro på? ”Förnuftet kan inte bestämma någonting, det ligger en oändlig och oöverstiglig avgrund emellan. Det spelas ett spel på den yttersta randen mot denna avgrund, och krona eller klave kommer att falla upp. Vilket håller du då på?” Skeptikern invänder att felet består i att alls välja i detta osäkra läge. Det riktiga är att suspendera omdömet. Men Pascal tillbakavisar den möjligheten: ”Det är inte någon frivillig sak, du är ombord, och skeppet har redan lagt ut från land. Vad håller du alltså på?” Insatsen i detta vad är den högsta möjliga. Det finns två saker att förlora: sanningen och lyckan. Det finns två saker att satsa: förnuftet och viljan. Förnuftet kränks inte mer om du väljer det ena än om du väljer det andra, eftersom du är tvungen att göra ett val. Om ateismen är sann, om Gud inte existerar och om detta liv är det enda spelar det ingen roll vilket val som träffas. Men om kristendomen är sann? Då hänger din eviga lycksalighet på att du valt rätt: ”Låt oss väga vinst mot förlust. Vi håller på krona och säger: Gud existerar. Reflektera över de två möjligheterna: vinner du, vinner du allt; förlorar du, förlorar du ingenting. Satsa därför utan betänkande på att Gud är till!” Pascal saknade inte erfarenhet från spelbordens värld och han var sannolikhetskalkylens uppfinnare. Nu ställde han sina spelarinsikter i religionens tjänst. Resonemanget kan verka cyniskt, men ingenting kan vara Pascal mera främmande än cynism. Om frälsning och förtappelse verkligen finns – vilket Pascal var övertygad om – kan ju ingenting vara mindre cyniskt än att på alla sätt försöka övertala sina medmänniskor av välja den förra och undvika den senare.

Mellan människan och Gud står Jesus som förmedlare. Gudskunskap utan honom, den enda som förnuftet kan ge oss, är onyttig och steril. Vi kan utmärkt väl känna Gud utan att känna vårt elände, liksom vi kan känna vårt elände utan att känna Gud: ”Men Jesus Kristus kan vi inte känna utan att vi samtidigt känner både Gud och vårt elände.” Dessa båda måste vi känna samtidigt för att frälsningens möjlighet skall öppnas. Så ser vi Kristus' betydelse, han som samtidigt var Gud och människa. I centrum för Pascals Kristusuppfattning står Getsemaneepisoden, där Jesus i dödsångest ber att kalken skall gå ifrån honom, medan lärjungarna, som han bett vaka med honom, sover på marken. Jesus är ensam på jorden, skriver Pascal, inte bara den ende att bära plågan, men den ende att känna till den: ”himlen och han är ensamma i denna vetskap. Jesus är i en trädgård, inte av ljuvligheter som den förste Adam, där denne förlorade sig själv och hela människosläktet, utan i en trädgård av plågor, där han räddar sig själv och hela människosläktet.” Det är bara genom lidandet världen kan frälsas. ”Jesus kommer att vara i dödsångest intill världens ände: intill dess är det ingen tid att sova.” Pascals syn på den jordiska tillvaron är mörk och fylld av tragik. Men den innehåller också hopp. Jesus tänker på oss i sitt lidande, han utgjuter sitt blod för oss och manar oss: ”Trösta dig, du skulle inte söka mig om du inte redan hade funnit mig.”

Pascal blev den förste som tolkade kristendomen för den verklighet som den nya naturvetenskapen skapat. Hans inflytande blev omätligt. I sin samtid var han den främste kritikern av den filosofiska rationalismen. Också i vårt eget sekel finns han överallt närvarande. Den moderna katolska litteraturen – en Georges Bernanos, en François Mauriac, en Julien Green – är otänkbar utan Pascal. Men hans betydelse för livsåskådningsfilosofin är inte begränsad till kristna tänkare. Pascals lära om verklighetens mångtydighet, om nödvändigheten av att träffa ett val som inte kan rationellt fullständigt motiveras eller bevisas, hans upplevelse av en tillvarons osäkerhet för vilken spelbordets sannolikhetskalkyler ger en bättre modell än geometrins bevis – allt detta har avgörande påverkat den moderna filosofin, också långt utanför den konfessionella kristendomens domän.

Hobbes och den nya politiska filosofin

Om cartesianismen hos Pascal fann en motpol, hade den hos Thomas Hobbes i viss mån en pendang. Det var kontakten med Descartes' idéer som på allvar gjorde Hobbes till filosof, trots att hans viktigaste insats kom att ligga inom ett område som Descartes knappast alls sysslade med – den politiska filosofins. Inom det området kom Descartes' inflytande att kompletteras med ett annat, från Hugo Grotius.

Till de väsentliga inslagen i 1600-talets tankeliv hörde den pånyttfödelse av den naturrättsliga traditionen som nu ägde rum. Naturrätten skilde åter ut sig från skolastiken och den kristna teologin, varmed den under medeltiden förenats. En direkt förbindelse till den antika filosofin, särskilt till stoicismen, upprättades. Den nya naturvetenskapen med sin förändrade konception av naturens lagbundenhet influerade sättet att tolka den naturliga rätten. Ingen betydde mer för denna naturrättsrenässans än Hugo Grotius (1583–1645). Denne holländske rättslärde, som efter en växlingsrik karriär slutade som Sveriges ambassadör i Frankrike, gjorde epok genom sitt stora verk *De jure belli ac pacis* ("Om krigets och fredens rätt" 1625). Här lade Grotius grunden för en ny uppfattning av folkrätten, skönjbar ännu i sena dokument som Nationernas förbunds eller Förenta nationernas statuter.

Grotius var inte utan föregångare i sin ambition att skriva krigets och fredens rätt. Cicero och Thomas av Aquino, Francisco Suarez och Erasmus av Rotterdam, för att nämna några, hade tidigare sysslat med sådana frågor. Men Grotius fotade sin uppfattning på ny basis och utarbetade sina tankar i helt annan detalj. Naturrätten föreföll honom rotad i själva det mänskliga förnuftet. Dess lagar tycktes honom så orubbliga att inte ens Gud själv skulle kunna ändra dem. Någon uppenbarad kunskap om Gud krävdes heller inte för att naturrätten skulle kunna uppfattas. Också ateister och hedningar måste, när de använde sitt förnuft, erkänna dess existens. Grundvalen för den internationella rätten fann Grotius i den enkla satsen *pacta sunt servanda*, "ingångna avtal måste hållas." Detta är något som alla stater och folk måste erkänna, om fredlig internationell samlevnad skall vara möjlig. Grotius fördömde inte kriget i alla situationer, men han ville så långt möjligt inskränka dess roll. Hans försök att definiera villkoren för det rättfärdiga kriget, *bellum iustum,* var avsedda att tjäna det syftet. Krig kan rättfärdigas bara i mycket begränsade fall. De måste ha en laglig grund och de måste syfta till antingen självförsvar, återtagande av en rätt som en stat berövats med våld eller vedergällning för en begången orätt. Varje stat tillerkändes på detta sätt rätt till självförsvar. Rätten till självbevarelse framstod för Grotius som den första paragrafen i naturens lagbok. Den gäller individer lika väl som stater. Just tanken på rätten till självbevarelse, som han övertagit från Grotius, skulle Hobbes göra till utgångspunkt för sin politiska filosofi.

Thomas Hobbes (1588–1679) var son till en fattig prästman i Malmesbury i England. Hobbes brukade själv gärna berätta att hans mors värkar började när hon skrämdes av ryktet om den stora spanska armadans annalkande, så att ”jag och fruktan föddes som tvillingar”. Gossen fick en god humanistisk uppfostran. Med tiden lärde han sig skriva och tala grekiska, latin, franska och italienska vid sidan av engelskan. Det skulle bli honom till god nytta när han sedermera anställdes som informator och sekreterare hos familjen Cavendish, en av Englands rikaste och mäktigaste adelsätter. Som informator fick han tillfälle att med sina elever resa Europa runt och därvid möta stormän och lärde, bland dem Galilei. Hobbes drogs också i familjen Cavendishs tjänst in i politiken. Det ledde till att han 1640, sedan revolutionen störtat Stuartarna från den engelska tronen, tvingades fly fosterlandet och bosätta sig i Paris. Här gjorde han bekantskap med en grupp franska filosofer som stod Descartes nära. Descartes själv träffade han först 1648.

Mötet med cartesianismen stimulerade Hobbes’ intresse för filosofin. De tankar han nu själv började nedteckna och i några fall publicera, handlade i stor utsträckning om samma angelägenheter som de som upptog Descartes. Hobbes var en häftig motståndare till aristotelismen och en varm anhängare av den nya naturvetenskapen. Själv utvecklade han teorier om ljuset, vilka han fäste stort avseende vid. Liksom Descartes betraktade Hobbes geometrin som en modellvetenskap. I tankebanor, som i stor utsträckning gick parallella med dennes, försökte han gendriva de skeptiska argumenten. Den cartesianska dualismen anammade Hobbes dock inte – han var väsentligen materialist. Sina ur eftervärldens synpunkt betydelsefullaste arbeten kom Hobbes att ägna den politiska filosofin, ett område beläget i utkanten av cartesianismens kärnland. Verk som *De cive* (”Om medborgaren” 1642) och framför allt det på engelska skrivna mästerverket *Leviathan* (1651) hörde till dem. Med *Leviathan* kan Hobbes sägas ha lagt grunden till den moderna politiska filosofin.

Leviathan är ett sjövidunder som förekommer i Bibeln i Jobs bok. I Hobbes’ arbete får det symbolisera staten (Hobbes använder engelska ord som *commonwealth* och *state*). En titelillustration visade i förstaupplagan av *Leviathan* staten som en kung i jätteformat, vilken i ena handen håller den världsliga maktens svärd, i den andra den andliga maktens biskopskräkla, och vars gestalt består av en mängd små människofigurer, symboliserande alla dem som tillsammans utgör staten. Hobbes liknade i förordet till sin

Titelsidan till Hobbes' Leviathan.

bok staten vid ett konstgjort djur, en automat i Descartes' och den nya fysiologins anda, vars hjärta är en fjäder, vars nerver är strängar, vars leder är hjul osv. Staten är människans artefakt, liksom världen är Guds.

Hur går det då till när människorna skapar staten? Hobbes utgår från en beskrivning av naturtillståndet, det som människorna lever i innan det finns stat, samhälle eller lagar. Detta tillstånd betecknas som ett permanent krigstillstånd. Hos människorna finns drifter som gör att de i frånvaro av en straffande makt, som kan hålla dem tillbaka, kommer i strid med varandra. Där finns lusten efter egendom och vinning som får nästans tillhörigheter att te sig som begärligt byte. Där finns begäret att vinna ära genom att utmärka sig i strid. Där finns självbevarelsedriften. Varje människa är enligt Hobbes utrustad med en naturlig rätt att försöka bevara sitt eget liv och sin egen kropp. Men hur vet man när en medmänniska utgör ett potentiellt hot mot den egna säkerheten? Så länge det faller på envar att tolka och definiera hoten, kommer människor också att angripa varandra för att undanröja möjliga hot mot sig själva. Därmed blir naturtillståndet ett tillstånd av permanent osäkerhet. Ingen kan lägga sig på kvällen och vara säker om att vakna oskadd på morgonen. Ingen industri, inget jordbruk, inga näringar kan frodas i en situation där ingen kan vara säker på att få njuta frukterna av sitt arbete. Människornas liv i naturtillståndet blir ensamt, armt, vedervärdigt, brutalt och kort.

Thomas Hobbes. Porträtt av J. M. Wright ca. 1670. National Portrait Gallery, London.

Har det verkligen funnits ett sådant naturtillstånd som Hobbes beskriver? Hobbes hävdar inte att det existerat som ett tillstånd vilket vid någon tidpunkt varit utbrett över hela jorden. Men han påpekar att det finns sådana tillstånd också i samtiden. Amerikas obygder får bli hans exempel. För övrigt kan vi lätt inse vad naturtillståndet innebär, när vi ser samhällen som tidigare levt under en fredlig regering falla sönder i inbördeskrig. Hobbes hade bevittnat just detta i det hemland han flytt ifrån och sedan i det av frondens uppror härjade Frankrike. Upplevelsen av inbördeskrigets ohygglighet var en av de starkaste drivkrafterna bakom Hobbes' politiska filosoferande. Men vi kan se naturtillståndet också mellan staterna. Det som råder mellan suveräna stater är en sorts latent allas krig mot alla, där de olika nationerna står väpnade till tänderna, beredda att med kortast möjliga varsel falla över varandra.

I naturtillståndet finns enligt Hobbes i praktisk mening varken rätt eller orätt. Där det inte finns någon laglig makt finns det ingen effektiv rätt. Rättvisa och orättvisa är egenskaper som människor har i relation till varandra, inte några som de besitter i ensamhet. Liknande gäller om egendom. I naturtillståndet finns varken mitt eller ditt. Sådana rättigheter upprättas först med samhället. I naturtillståndet har var och en "rätt" till det han kan ta, också till andras kroppar och egendomar. Det är just för att avskaffa detta tillstånd av krig och laglöshet som människorna går samman för att upprätta ett samhällsfördrag.

Staten uppstår, enligt Hobbes' förklarande fiktion, genom att människor i ett kontrakt frivilligt avstår från vissa av de rättigheter de har i naturtillståndet i utbyte mot en laglig ordning. Människorna behåller bara sådana friheter som de är beredda att tillerkänna också andra. De avstår från rätten att angripa andra, döda dem, lemlästa dem eller frånta dem deras egendom. Därmed avstår de också från rätten att tolka och förebygga hot mot sig själva. Rätten eller makten att upprätthålla en ordning till skydd för samhällsmedborgarnas liv och egendom överlåts i stället till en suverän. Suveränen får ensam makt att utöva våld, han får ensam rätt att utfärda lagar. Bara han får tolka och försöka avvärja hot mot enskildas liv och egendom, mot samhällsordningen eller mot statens yttre säkerhet. Samhällsfördraget innebär upprättandet av en suveränitet, som enligt Hobbes' sätt att se måste vara en och odelbar. Suveränitetsstrider mellan kung och parlament hade varit en av orsakerna till det engelska inbördeskriget. Hobbes vill förekomma sådana strider genom att betona suveränitetens odelbarhet. Suveränen måste av liknande skäl inneha både den världsliga och den andliga makten. Vad var och en tänker i sitt stilla sinne är hans ensak – tanken kan ingen betvinga. Men den offentligt utövade religionen faller under suveränens välde.

Mot suveränen finns ingen rätt till uppror. Att ta till vapen mot honom skulle innebära att återuppliva naturtillståndet och inbördeskriget. Genom samhällskontraktet har människorna överlåtit rätten att utöva våld på suveränen. Ur detta kontrakt stammar statens legitimitet och vår plikt att underkasta oss den. Det kan inte återkallas ensidigt. Bara under ett villkor blir vi lösta ur kontraktsförbindelsen. Det sker när suveränen inte vill eller inte kan fullgöra det han åtagit sig, nämligen att skydda undersåtarnas liv och säkerhet. Av detta skäl anser Hobbes att t.ex. en dödsdömd inte har någon skyldighet att underkasta sig straffet (varför det å andra sidan är av vikt att dödsdömda bevakas ordentligt). Av detta skäl uppstår också något som kan ses som en paradoxal konsekvens av Hobbes' lära, nämligen att ett uppror blir legitimt om det lyckas. Lyckas upproret har suveränen ju misslyckats med att uppfylla sin kontraktsenliga förpliktelse att upprätthålla den inre ordningen. Därmed har han också förverkat sina anspråk på undersåtarnas lojalitet. Detta var en punkt i *Leviathan* som förfärade författarens rojalistiska vänner i Frankrike. Hobbes' argument innehöll inget försvar för en rojalistisk restauration, vilken skulle betyda nytt inbördeskrig. Det kunde till och med läsas som en legitimering av Oliver Cromwells makt.

I själva verket blev *Leviathan* en vändpunkt i Hobbes' liv lika väl som i hans litterära bana. Boken skapade hans bestående berömmelse, men den ogillades av hans tidigare vänner. Hobbes tvingades lämna sin exil och återvända till England. Sedan den Stuartska monarkin restaurerats, hotades han ständigt av förföljelse från dem som tidigare varit hans meningsfränder. Anklagelser om religionsförnekelse riktades mot honom. Till slut tilläts han dock dö i frid, över nittio år gammal. Från religionens tröst och prästerliga ceremonier vid sin dödsbädd avstod han frivilligt.

Radikalismen och den genialiska ensidigheten i Hobbes' argument i *Leviathan* skaffade boken många fiender. Ändå står det klart att hans bok bildade epok och påverkade också meningsmotståndare. Machiavellis realpolitik och Bodins suveränitetsbegrepp spelade en roll för Hobbes. Men han blev den förste som förde samman de nya tankarna till ett systematiskt helt, och han grundade den politiska legitimiteten på nya principer, karaktäristiska för den vetenskapliga tidsålder varav han var ett barn. Det var inte religionen som gav legitimitet åt hans stat. Inte heller utgick han som Aristoteles från att människan är ett politiskt djur, att samhället är hennes *telos*. Hobbes arbetar utan ändamålsorsaker och hans utgångspunkt är renodlat individualistisk. Människorna är i hans naturtillstånd ensamma individer som bara ser till sitt eget – eller möjligen den egna familjens – bästa. Staten konstrueras genom ett kontrakt med deltagarnas ömsesidiga egennytta som riktmärke. Den är en artefakt, en människans, inte en Guds eller en naturens skapelse. Grunden för dess funktionsduglighet finns i naturrättens påbud att ingångna avtal skall hållas och i upprättandet av en suverän makt, som genomdriver detta påbud.

Hobbes' politiska konception kan förefalla allt annat än liberal, så exklusivt framhålls trygghetens, säkerhetens, den inre och yttre ordningens aspekt. Samtidigt måste betonas att deltagarna i hans samhällskontrakt söker en garanti för legitima friheter genom att avstå från illegitima och att statens mål enbart är att skydda medborgarnas liv, kropp och egendom. Bara sådana åtgärder från suveränens sida som är nödvändiga för att uppnå detta mål är legitima – låt vara att suveränen samtidigt har monopol på tolkningen av vad som faktiskt är nödvändigt för målets uppnående.

Sextonhundratalsfilosofin efter Descartes

De författare inom den politiska filosofin som kom efter Hobbes var sällan benägna att acceptera hans åskådning oavkortad men kunde heller inte undgå hans inflytande. Engelsmannen Richard Cumberland (1631–1718) försökte i sitt verk *De legibus naturae* ("Om naturens lagar" 1672) vederlägga Hobbes och ersätta hans uppfattning med en politisk teori, som skulle vara på en gång kristen och rationell. Tysken Samuel Pufendorf (1632–1694) blev genom sina böcker, bl.a. *De jure naturae et gentium* ("Om naturens och folkens rätt", utgiven 1672 i Lund under Pufendorfs tid som professor vid universitetet där), sin tids mest läste naturrättsförfattare. Hans lära förenade inslag från Grotius och Hobbes och utmärktes av en systematisk drift att upprätta en naturrättslig detaljreglering av alla samhällets områden. Viktigare än både Cumberland och Pufendorf ur eftervärldens om än inte ur samtidens synvinkel var likväl Baruch Spinoza, en av 1600-talets största filosofer. I sin politiska filosofi utgick Spinoza från Hobbes, i sin metafysik och kunskapsteori från Descartes. I båda fallen avlägsnade han sig emellertid långt från föregångarna.

Spinoza – den helgonlike kättaren

Baruch, eller, med en latinisering av förnamnet, Benedictus Spinoza (1632–1677) föddes i Amsterdam som son i en familj av portugisiska judar, vilka emigrerat från Iberiska halvön till Holland undan religiös förföljelse. Familjen hade i ursprungslandet varit *marranos*, dvs. den hade tillhört de nominellt konverterade judar som till det yttre iakttog kristna bruk men ofta i hemlighet höll fast vid sin mosaiska bekännelse. I Holland, där judarna beviljats asylrättigheter, hade Spinozas far blivit en betydande man i den judiska församlingen och sonen sattes i rabbinskola. Här blev Spinoza bekant med hebreiska (han torde ha behärskat spanska, portugisiska, holländska, hebreiska och latin, kanske också franska). Han studerade Skriften, men blev också förtrogen med skolastisk filosofi, bl.a. den judiska skolastiken hos Moses Maimonides. Tidigt måste han också ha fått ett intresse för naturvetenskapen och för den nya cartesianska filosofin.

Mycket snart blev den unge Spinoza misstänkt för att vara fritänkare. En sorts kätteriprocess inleddes mot honom och 1656 utstöttes han ur den judiska församlingen i Amsterdam, följd av grundliga hebreiska förbannelser: ”Förbannad vare han om dagen, förbannad om natten, förbannad när han sover, förbannad när han står upp. Förbannad vare hans utgång och ingång. Må Herren aldrig förlåta honom.” Till yttermera visso lyckades rabbinerna av de kristna myndigheterna för en tid utverka att Spinoza förvisades från Amsterdam. I fortsättningen skulle han huvudsakligen bo i Leiden och Haag.

Under resten av sitt liv förde Spinoza en tillbakadragen tillvaro, inrättad för att inte utmana den religiösa fanatismen. Sin försörjning fick han bl.a. genom att slipa optiska glas. Vid ett tillfälle erbjöds han en professur i Heidelberg, som han dock avböjde med motiveringen att den skulle kringskära hans tankefrihet. I lärda kretsar hade han då redan hunnit få ett stort rykte. Också de styrande i Holland lade märke till honom. Jan de Witt, i egenskap

Spinoza.

av ”rådspensionär” under en följd av år Hollands ledande statsman, blev Spinozas vän. År 1672 mördades emellertid Jan de Witt och hans bror av en fanatisk folkmassa. Spinoza, som med möda hindrats från att offentligt ta bröderna Witts parti, drog sig därefter alltmer undan offentligheten. Troget följde han det valspråk han låtit ingravera i sin signetring: *Caute*, Var försiktig! Han beskrivs som en närmast helgonlik gestalt. Välvillig och kärleksfull mot alla, undvikande alla gräl, med frugala behov, levde han undan världen med några få vänner. Han tilläts också dö i frid, i en bröstsjukdom.

Den försiktighet som styrt Spinozas liv satte sin prägel också på hans skrifter. Till *marranons* vana vid det dubbeltydiga och dubbelbottnade uttrycket kom 1600-talsförfattarens nödtvång att ständigt beräkna de juridiska och politiska effekterna av en publicerad text. Spinoza publicerade under livstiden bara ett verk i eget namn. Det var *Principia philosophiae cartesianae*, liksom hans övriga skrifter skriven på latin och innehållande en geometriskt ordnad exposé över den cartesianska filosofins principer. Spinozas viktiga samhälls- och religionsfilosofiska verk, *Tractatus theologico-politicus* (”Teologisk-filosofisk avhandling”), publicerades anonymt 1670. Sitt huvudarbete *Ethica ordine geometrico demonstrata* (”Etiken bevisad på geometriskt vis”) vågade Spinoza aldrig publicera under livstiden, även om det blev känt i avskrifter. Det utkom genom vänners försorg 1677, strax efter hans död, och blev då omgående förbjudet.

Spinozas *Etik* behandlar ett betydligt vidare område än vad titeln låter förmoda. Alla de grundläggande ontologiska, metafysiska och kunskapsteoretiska frågorna avhandlas och besvaras där. Arbetets titel är för den skull inte oberättigad. Resonemangen och slutsatserna mynnar alla ut i en etik, i en lära om hur man bör leva och hur man kan bli lycklig. Samtidigt lever Spinoza upp till titelns löfte att ”på geometriskt vis” bevisa sina teser. Den euklidiska geometrins form följs genomgående. Definitioner ges, axiom ställs upp, teorem formuleras och bevisas. Hos Spinoza finns ingenting av det eleganta och lättflytande hos det cartesianska framställningssättet. Det intryck den geometriska formen åstadkommer är inte ett av klarhet, utan snarare av ett visst ljusdunkel. Bakom och genom den svårforcerade texten förnimmer man en väldig vision, ett egenartat och fantasieggande sätt att uppfatta världen. Spinoza är med all sin radikala rationalism en mystiker och visionär.

De första teser som bevisas i Spinozas *Etik* går ut på att det bara existerar en substans. Descartes hade hävdat, att det finns två sorters substanser, tänkande respektive utsträckta, låt vara att han också medgivit, att om begreppet ”substans” tas i sin strängaste betydelse som något av allt annat oberoende, det bara kan finnas en substans, nämligen Gud. Det är denna senare tanke Spinoza tar fasta på. Substansen är det som existerar oberoende av allt annat, som inte är frambringat av någonting annat. Det hör till dess natur att existera, dess existens är nödvändig. Vi kan också säga att substansen är sin egen orsak och sitt eget tillräckliga skäl (lat. *causa sui* och *ratio sui*). Spinozas substans har med andra ord alla de egenskaper skolastikerna tillskrev Gud. Men sedan upphör likheten. Spinozas substans är Gud, men ocká materia. Den är både *res cogitans* och *res extensa*. Hos Spinoza är det tänkande tinget och det utsträckta tinget inte olika substanser utan en och samma. Tänkande och utsträckning är två olika attribut (egenskaper) som tillkommer den enda substansen, två olika aspekter, två olika sätt att uppfatta den. Substansen är hos Spinoza på en gång ande och materia. Den är Gud eller naturen (lat. *Deus sive natura*). Ibland har Spinozas lära betraktats som en form av panteism.

Spinozas djärva ontologi behöver utvecklas och förklaras. Tydligen har en variant av det ontologiska gudsbeviset en fundamental betydelse för Spinoza. Gud existerar med nödvändighet. Han gör det därför att han är fullkomlig och följaktligen inte kan äga ofullkomligheten att icke existera. Han gör det också därför att han är substans och substansen till sin definition är något existerande, något som är sin egen orsak och oberoende av allt annat. Men Spinoza menar också att ur Guds natur *allt* "framgått med nödvändighet eller städse framgår med samma nödvändighet, på samma sätt som av triangelns natur från evighet till evighet följer, att dess vinkelsumma är två räta". Det finns i Spinozas text ingen åtskillnad mellan logisk och kausal nödvändighet. Guds skapande jämställs med hur en logisk följd framgår ur en logisk grund. Ur Gud uppstår med tankemässig nödvändighet allt. Detta kan också formuleras så att Gud är den immanenta, inte den transcendenta orsaken till alla ting. Alla ting finns i Gud liksom triangelns vinkelsumma finns hos triangeln. Därav följer också att det i tingens natur inte finns något som är tillfälligt eller kontingent. Allt är av den gudomliga nödvändigheten bestämt att vara till och verka på ett visst sätt. Därmed har det ontologiska gudsbevisets räckvidd konsekvent utsträckts till att gälla allt som existerar. I naturen finns ingen tillfällighet, bara nödvändighet. Hos Gud och i den gudomliga nödvändigheten finns allt.

Men om det bara finns *en* substans, måste det innebära att de enskilda tingen saknar självständighet, att de noga taget inte är särskilda individer eller entiteter utan bara aspekter av den enda substansen. Det är också just vad Spinoza menar. Descartes hade ibland uttryckt sig som om den utsträckta substansen, materien, bara var en, varav de enskilda tingen var delar. Spinoza menar detsamma om den tänkande substansen. Gud är orsaken inte bara till tingens existens, utan också till deras väsen. "De enskilda tingen är inget annat än affektioner eller modi hos Guds attribut, varigenom dessa attribut uttrycks på ett visst bestämt sätt." Också om människan sägs det, att hennes väsen utgörs av vissa modifikationer hos Guds attribut. Ibland har man sökt åskådliggöra Spinozas tanke genom att jämföra individerna med vågorna på havet. Varje våg är till synes ett individuellt ting, men samtidigt bara en del av havet. Å andra sidan framhåller Spinoza att varje ting strävar efter att förbli i sin tillvaro, efter att bevara sig självt. Spinoza använder det latinska ordet *conatus* för denna självbevarelsedrift och säger att, "den *conatus* genom vilken varje ting söker bibehålla sin existens" ingenting annat är än tingets väsen. Varje enskilt ting har sålunda ett väsen, men utgör ingen substans. Det har en självständighet och söker upprätthålla sig självt. Men denna självständighet är ytterst relativ, eftersom tinget bara är en del av en större helhet.

Spinoza företräder en genomförd monism enligt vilken det enda som existerar är Gud eller naturen. Ändå kan han inte förneka tillvarons mångdimensionalitet. Han försöker göra den rättvisa genom en sorts komplementaritetstänkande. Vi kan betrakta den enda existerande substansen på olika, varandra kompletterande sätt. Vi kan se den som tänkande eller som utsträckning. Vi kan uppfatta den som enhet eller som mångfald-i-enhet. Vi kan, med en terminologi som Spinoza lånat från skolastiken, uppfatta den som *natura naturans* eller som *natura naturata*. *Natura naturans* innebär därvid den skapande naturen, *natura naturata* den skapade. Naturen kan sålunda uppfattas både som levande aktivitet och som färdig produkt.

Hur man än vrider på saken, kan det emellertid knappast förnekas att Spinozas åsikt om världen befinner sig fjärran från det "sunda förnuftets". Spinoza är medveten om detta, men förskräcks inte därav. I hans inställning till sunda förnuftet finns inslag både av den antika filosofins förakt för mängdens meningar och av den moderna naturvetenskapens övertygelse att den sanna verkligheten måste vara mycket olik våra vardagsföreställningar. I hans kunskapsteori finns tre olika slag av kunskap, varav det lägsta är mänsklighetens gemensamma egendom medan det högsta är förbehållet ett utvalt fåtal. Det första slaget av kunskap kommer ur de enskilda tingen, som genom sinnena framställs fragmentariskt, förvirrat och utan ordning, eller genom andrahandskunskap. Spinoza talar om detta första slag av kunskap som "mening eller föreställning" (lat. *opinio vel imaginatio*). Det andra slaget av kunskap utgår från allmänna begrepp och från adekvata idéer om tingens egenskaper. Spinoza kallar det förnuftskunskap, förnuftig insikt (lat. *ratio*). Slutligen finns en tredje art av kunskap, den intuitiva (lat. *scientia intuitiva*). Den innebär förnuftig insikt i tingens väsen och har sin grund i en intuition som överskrider det diskursiva tänkandets gränser, som inte förstår verkligheten genom distinktioner och åtskillnader utan som i en enda blick uppfattar det väsentliga, essensen. Det tredje slaget av kunskap förutsätter det andra och måste föregås av det. Den första kunskapsarten är sålunda empirisk, de två senare utgör olika former av rationell kunskap, varav den tredje är den högsta.

Spinoza slår fast att det första slaget av kunskap är den enda källan till fel och misstag. Falskheten är inte något positivt existerande utan bara en brist på kunskap. Den består i inadekvata och fragmentariska idéer om verkligheten. Det finns ingen absolut okunnighet utan bara en kunskap som är så begränsad och ensidig att den blir missvisande. Om vi t.ex. uppfattar att solen befinner sig på 200 meters avstånd, är denna uppfattning inte utan vidare falsk. I vår subjektiva synbild kan det verkligen förefalla som om solen var mycket närmare än den är. Felet består i stället i att vi inte kan sätta in denna synbild i dess rätta sammanhang eller ge den riktiga naturvetenskapliga förklaringen till vår illusion.

De båda högre, rationella kunskapsarterna visar däremot aldrig fel. En adekvat och fullkomlig idé är alltid sann. Ja, Spinoza hävdar också att den sanna kunskapen innehåller sitt eget kriterium. Den som har en sann idé vet att den är sann och innesluter den högsta visshet: ”Liksom ljuset blottar både sig självt och mörkret, så är sanningen en norm för både sig själv och det falska.” Människoanden är en del av Guds oändliga tänkande och våra klara och tydliga idéer är lika sanna som Guds idéer. Vi förstår bättre Spinozas övertygelse, att den rationella kunskapen är sitt eget kriterium, då vi inser, att enligt honom alla falska satser är självmotsägelser, alla sanna satser logiskt sanna.

Det ligger enligt Spinoza i förnuftets natur att betrakta tingen som nödvändiga, inte som tillfälliga. I naturen finns ingen kontingens, bara nödvändighet. Och då Spinoza talar om nödvändighet, menar han logisk nödvändighet. Allt som händer, har hänt eller kommer att hända sker med logisk nödvändighet. Världen kan inte i något avseende utan självmotsägelse tänkas vara annorlunda än den är. Det betyder att alla sanningar om världen är logiskt sanna och kan inses enbart med förnuftets hjälp. Givetvis är människans kunskap begränsad. I praktiken inser vi inte att om vi en dag träffar först Peter, så Paul och därefter Simon, så sker detta med absolut förnuftsmässig nödvändighet. Men att vi inte inser det beror på att vår kunskap är så fragmentarisk och begränsad. Om vi kunnat betrakta hela verklighetssammanhanget ur evighetens synvinkel, så som Gud gör det, skulle vi ha förstått att ingenting händer av en tillfällighet, att allting sker just så som det måste ske. Då skulle också alla de sanningar som vi nu får kännedom om som erfarenhetssanningar framstå som nödvändiga förnuftssanningar.

Den nödvändighet som enligt Spinoza genomlöper världen är förnuftsmässig, men den är också kausal, mekanisk. Den är den nya naturvetenskapens nödvändighet. Hos Spinoza finns samma dubbelhet som hos Descartes – världen är just sådan den är eftersom detta följer ur Guds natur, men också därför att det följer ur mekaniska orsakslagar. Men Spinoza skiljer sig från Descartes genom att hans determinism är radikalare, den gäller *res cogitans* i lika hög grad som *res extensa.*

Enligt Descartes hade den fria viljan varit människans högsta egenskap, varigenom hon liknar Gud. Spinoza förnekar fullkomligt att det finns en fri vilja, vare sig hos människor eller hos Gud. Varje särskild viljeakt måste ”till sin existens och sin verkan blott bestämmas av en annan orsak, denna åter av en annan o.s.v. i oändlighet”. Detta gäller också om den gudomliga viljan som i allt följer med nödvändighet ur Guds natur. Allt är förutbestämt av Gud, men inte till följd av hans fria viljebeslut utan till följd av hans natur. Man bör heller inte föreställa sig saken så, att Gud i sin verksamhet skulle eftersträva ett ändamål. Om Gud strävade efter ett ändamål skulle det förutsätta att han led någon brist, att det fanns något som han saknade och eftersträvade. Det är en omöjlig tanke. Några ändamålsorsaker finns överhuvud inte i naturen. Med förakt avvisar Spinoza detta aristoteliska orsaksbegrepp som låter verkan komma före orsaken. Överhuvud kritiserar han ständigt antropomorfa sätt att betrakta Gud eller naturen. Det gäller att göra sig fri från vardagsföreställningarnas förvirrade bilder och höja sig till en rent rationell betraktelse.

Spinozas stränga determinism ger förutsättningen för hans lösning av kropp-själ-problemet. För Descartes blev det svårt att förklara hur en fri och obunden vilja skulle kunna påverka en kropp, som i alla sina rörelser är determinerad av ett mekaniskt orsaksförlopp. Hos Spinoza, där själ och kropp är i lika grad determinerade, ställer sig problemet på ett annat sätt. Hans syn på vad själ och kropp är blir också en annan. Liksom tänkande och utsträckning hos Spinoza är olika aspekter hos den enda substansen, är själ och kropp olika aspekter hos samma individ. Idéernas ordning och sammanhang är desamma som tingens ordning och sammanhang. Guds tänkande och det ting han tänker, hans idéer och föremålen för hans idéer är ett och samma. De enskilda tingen finns till som föremål för Guds idéer. Människoanden är en idé hos Gud och föremålet för denna idé är kroppen. Människan består av själ och kropp, vilka enligt Spinoza är relaterade till varandra som en idé och föremålet för en idé. Den individuella kroppen är ingen substans – det finns ju bara en substans – men väl en essens. Själen blir därmed en idé om en essens. Härigenom får människan en form av individuell tillvaro. Hon blir en individuell kroppslig essens och idén om denna essens.

Ur denna utifrån alla invanda föreställningssätt överraskande och märkvärdiga syn på förhållandet mellan kropp och själ, utvinner Spinoza sin lösning på Descartes' problem. Descartes' resonemang om tallkottkörteln avvisar han utan förskoning – hur kunde en filosof som gjorde narr av skolastikernas "förborgade kvaliteter" själv ställa upp en hypotes, som är dunklare än alla förborgade kvaliteter? Spinozas egen lösning är i grunden enkel – det existerar ingen växelverkan mellan kropp och själ. Kroppen påverkar inte själen, själen inte kroppen. I stället är det själsliga och det kroppsliga två parallella förlopp. Eller, kanske hellre, de är två olika aspekter av ett och samma förlopp. Mot idéernas ordning och sammanhang i människoanden svarar ordningen och sammanhanget hos kroppens affektioner. Hos Spinoza kommer anden inte före materien, materien inte före anden. Ande och materia är två sidor av samma sak, och så är det också med själ och kropp hos den enskilda individen.

Om de affekter som styr människan till själ och kropp skriver Spinoza i den fjärde boken av *Etiken*, den som bär titeln "Om människans slaveri". Där är det fråga om människan som slav under sina affekter, sina passioner. I jämförelse med Descartes' behandling av samma tema i *Les passions de l'Ame* finns både likheter och skillnader. I fråga om psykologiskt skarpsinne står Spinoza inte föregångaren efter. Hans analys av affekter som kärlek, hat, avund, svartsjuka, förakt, högmod, medlidande, vrede, hämndlystnad osv. har en briljans som inte fördunklas ens av det en smula otympliga axiomatiskt-deduktiva framställningssättet.

Affekterna definieras av Spinoza som förvirrade idéer varigenom människoanden blir passiv. När vi inte förmår tygla och behärska våra affekter råkar vi i slaveri, blir passiva och känner därför olust. Lust är för Spinoza alltid något gott, och lust känner vi när vi är aktiva och fria. Lustkänslan är en maktkänsla. Olust är å andra sidan något ont, och olust känner vi när vi är passiva och ofria. Den är en känsla av vanmakt. Genom att följa förnuftet, genom att äga klara och adekvata idéer blir vi herrar över affekterna. Då blir vi fria, känner glädje och munterhet. Denna munterhet (lat. *hilaritas*) framstår för Spinoza som en dygd, medan melankolin är en last. Den fria människan tänker på ingenting så litet som på döden.

Den femte och sista boken i *Etiken* handlar just om förnuftets makt och människans frihet. Förnuftets makt består i att äga klara och adekvata idéer. Människoanden blir fri genom att förstå alla ting som nödvändiga. Spinozas *Etik* mynnar ut i en nödvändighetens Höga Visa. Den anvisar en väg till frälsning, men det är fråga om en immanent frälsning, en i världen inneboende. Många detaljer i Spinozas resonemang är dunkla, men huvudlinjen låter sig följas.

Den som inser alla tings nödvändighet frigörs därigenom från affekterna. Men att inse nödvändighetens stora sammanhang innebär också att hänföra alla affekter i sin kropp till Gud. Ju klarare och tydligare kunskap en människa har om sig själv och sina affekter, desto mera måste hon älska Gud. Kärleken till Gud bör mer än något annat behärska vår ande. Gud är å andra sidan fri från alla affekter, alla lust- och olustkänslor. Han varken älskar eller hatar oss och vi bör inte önska att han skall älska oss. Den högsta kärleken – den till Gud – är sålunda enligt Spinoza obesvarad. Ändå gör den oss lyckliga. Den är en ren intellektuell kärlek, en *amor intellectualis Dei*. Den innebär ett tillstånd av högsta kontemplation, ett betraktande där vi ser tingen ur evighetens synvinkel, *sub specie aeternitatis*. I detta betraktande känner vi frihet och fullkomlig lycka.

Vill man förstå enskildheterna i Spinozas lära måste man ta hänsyn till den roll den tredje kunskapsarten spelar för hans resonemang. Spinozas *scientia intuitiva* är uppenbarligen besläktad med Duns Scotus' och Occams intuitiva kunskapsart. Den innebär en kunskap om individuella essenser, bland annat om de enskilda mänskliga kropparnas essenser. Hos Gud måste det finnas en idé, som uttrycker varje enskild människokropps väsen eller essens ur evighetens synpunkt. Kroppen själv finns i tiden. Därför kan vår ande bara så länge kroppen existerar föreställa sig något framtida eller erinra sig det förflutna. Men kroppens individuella essens finns till också som föremål för en evig idé. Vår ande är ju en idé om vår kropp, varför idén om kroppens väsen är en del av själens väsen. Denna del av människoanden är oberoende av det hos kroppen som förgås i tiden. Här är det ju inte kroppen själv, som är föremål för idén, utan dess individuella väsen. Följaktligen finns det något av vår ande som inte förgås utan är evigt.

Med hjälp av det tämligen invecklade och intrikata resonemang som relaterats kommer Spinoza således fram till att en del av vår individuella ande har evighet. Ordet "evighet" täcker bättre än ordet "odödlighet" vad det är fråga om. Evigheten får vi del av redan här och nu då vi förmår höja oss till en betraktelse ur evighetens synvinkel. Med den intuitiva kunskapsartens hjälp fattar anden sin kropps väsen och därmed sig själv ur evighetens synvinkel. Men därigenom har den också kunskap om Gud: "I samma mån anden fattar sig själv och sin kropp under evighetens synpunkt har den med nödvändighet kunskap om Gud och vet sig innesluten i Gud och fattad av Gud." Att se tingen ur evighetens synpunkt är att se dem så som Gud ser dem, att inta en ståndpunkt som sammanfaller med hans, att medvetet bli en del av honom. Då känner vi också den glädje som är förbunden med betraktandet av Gud och som är den intellektuella kärleken till Gud. Den kärleken är evig, den äger rum i en dimension där tiden inte finns. Så länge vi befinner oss i den, är vi lyfta ovanför de affekter som tillhör de passiva tillstånden. Vi är utan svartsjuka, hat eller avund förbundna med andra människor i kärleken till Gud. Genom denna kärlek kan vi trots allt i en viss mening bli älskade av Gud – som delar av honom, genom den kärlek varmed Gud älskar sig själv. "Människoandens intellektuella kärlek till Gud är en del av den kärlek, varmed Gud älskar sig själv." Det vi känner i detta tillstånd är en lycksalighet, som inte är en belöning för dygden utan dygden själv. Befriade från slaveriet under passionerna, skådande alltet i kärleksfull kontemplation har vi nått en sorts *unio mystica*.

Spinoza avslutar sin *Etik* genom att medge att den väg till frälsning som han anvisat är smal och svår att vandra: "Om nu också den väg jag visat, som för dit, kan tyckas mycket svår, kan man likväl finna den. Och förvisso måste det vara en svår sak, som anträffas så sällan. Ty om själens frälsning vore så lätt och kunde försiggå utan mycken möda – hur vore det då möjligt att den försummades av nästan alla. Men allt det upphöjda är lika svårt som sällsynt."

Tankarna i Spinozas *Etik* uttrycks genomgående i ett religiöst språk. Det talas om Gud, om själens frälsning och så vidare. Men ordens innebörd har förskjutits. Givetvis är det filosofernas Gud Spinoza talar om, inte Abrahams, Isaks och Jakobs. Men hans omtolkning av det religiösa språket går längre än skolastikernas, längre än Descartes'. Hans Gud äger utsträckning i rummet, ja är materia. Någon fri vilja är Gud inte i besittning av, liksom heller inte människan. Människans frälsning innebär inte personlig odödlighet i kristen mening utan hennes delaktighet i ett tillstånd av högsta kontemplation. Hos Descartes hade den naturvetenskapliga och den religiösa världsbilden tyckts samexistera sida vid sida genom en dualism som delat tillvaron i två sfärer, en materiell och en andlig. Hos Spinoza skjuts de båda världsbilderna samman till en. Gud och naturen är samma sak, naturvetenskapens lagar gäller dem båda. Det är en immanensfilosofi, som i vissa avseenden påminner om Aristoteles' – också Aristoteles' Gud finns ju i världen, inte utanför den. Men hos Aristoteles hade det dock gjorts klart, att anden eller formen är något högre än materien, är det mål mot vilket materien strävar. Hos Spinoza är ande och materia likställda, som två aspekter av samma tillvaro.

Det är sålunda alls inte förvånande att samtiden i Spinoza såg en farlig materialist och ateist. Ändå kan det traditionella religiösa språkbruk han använder inte tolkas enbart som ett (tämligen utsiktslöst) försök att föra ortodoxa kritiker bakom ljuset eller som en övertalningsmetod vädjande till läsarnas känslor. Väsentligare är att Spinozas naturvetenskap faktiskt också var hans religion, att vi hos honom står inför en mystiker, vars vördnad inför alltet inte minskats utan ökats genom den nya naturvetenskapens landvinningar.

Spinozas skarpa avvikelse från traditionell judisk och kristen tro utsatte honom ständigt för risken för förföljelse. Denna personliga situation utgör en viktig del av bakgrunden till den plädering för religiös tolerans och åsiktsfrihet, som utgör ett så remarkabelt inslag i Spinozas politiska filosofi.

Tractatus theologico-politicus innehåller just vad titeln låter förmoda – en blandning av teologiska och politiska utredningar. Eftersom 1600-talets politik i så hög grad handlade om teologi (och dess teologi om politik) är en sådan samtidig behandling av de båda ämnesområdena inte omotiverad. Inom båda fälten hade Spinoza saker att säga som var chockerande för hans samtid, men som i ett efterhandsperspektiv ter sig framåtsyftande och vägröjande.

En stor del av *Tractatus theologico-politicus* handlar om Bibeln. Det anses att Spinoza genom dessa partier varit en av dem som lagt grunden för den moderna bibelkritiken. Här behandlas Den heliga skrift som ett historiskt dokument. Spinoza antar att den skrivits av olika författare för olika läsare vid olika tider. Han ställer frågor om författarskap och datering och han relaterar texterna till den gammalorientaliska miljö, där de vuxit fram. Samtidigt utsätter Spinoza bibeltexterna för en kunskapskritisk prövning. Deras anspråk på att innehålla sanningen prövas och förkastas. Visserligen dansar Spinoza i *Tractatus* en de sju slöjornas dans. Det verkliga budskapet döljs i fromma talesätt och fraser som är avsedda att vilseleda ovarsamma läsare. Men det står ändå klart, att den genom Bibeln uppenbarade religionen enligt Spinoza inte i bokstavlig mening är sann. Den stöder sina utsagor på profetior och mirakler. Men profetior kan inte ge mer än en subjektiv övertygelse under det att mirakler helt enkelt är en omöjlighet i en värld styrd av gudomlig lagbundenhet. För Spinoza kan det bara finnas en källa till verklig kunskap – förnuftet, filosofin. Historiska berättelser kan inte innehålla något som är nödvändigt för vår lycka. De avgörande sanningarna om Gud och människan är eviga, oberoende av historiska vittnesbörd. Bibelns och uppenbarelsens enda positiva bidrag blir för Spinoza att lära ut ovillkorlig lydnad, så att de som inte är filosofer och kan nå förnuftsståndpunkten ändå gör det rätta.

Det är mot bakgrund av dessa läror inom teologin man måste förstå Spinozas position inom den politiska filosofin. I sina detaljer kan denna förklaras bara ur Spinozas ställningstagande för Jan de Witt och hans parti och mot Oranienpartiet i dettas så småningom framgångsrika planer att göra Vilhelm III till nederländsk härskare, planer som hade starkt stöd bland folkmassorna. Monarkin och mobben, vid sidan av prästerskapet, blev Spinozas fiender.

Argumenteringen i *Tractatus* är likväl abstrakt och principiell. Hänvisningarna till samtidspolitiska förhållanden är underförstådda snarare än explicita. Spinoza redogör för naturtillståndet och för samhällskontraktet på ett sätt som följer Hobbes tätt i spåren. Genom samhällskontraktet avstår människorna de flesta av sina naturliga rättigheter till suveränen. Därefter innehar suveränen en absolut makt, som inte begränsas av några lagar. Suveränen är tvärtom själv upphov till all lag och all rätt.

Men även om Spinoza i långa stycken följer Hobbes finns hjärtpunkten i hans framställning på annat håll. Hobbes' omsorg hade framför allt gällt säkerheten, hans rädsla risken för inbördeskrig. Spinozas angelägnaste ärende finns i en plädering för toleransen, för åsiktsfriheten, för rätten att filosofera. Suveränen skall ha absolut makt, inte minst på det religiösa området. Spinoza varnar för prästväldets fördärvlighet och framhåller att staten i fråga om alla yttre religiösa bruk måste ha fullständig bestämmanderätt. Undantagen är bara individens rätt att tänka fritt, som ingen kan ta ifrån honom. Men även om suveränen har denna makt, behöver det inte betyda att han använder den för att genomföra religiös likriktning. Spinoza pläderar tvärtom vältaligt för tanken, att långtgående religiös tolerans är det som bäst tjänar statsintresset. Statens sanna ändamål är friheten. Alla religiösa uppfattningar bör vara tillåtna. Det bör också vara tillåtet att ge uttryck för olika politiska uppfattningar. Inte ens kritik mot de styrande bör vara förbjuden, så länge den inte uppmanar till våld eller uppror. Det är regeringens uppgift att skapa fred, men inte att göra förnuftiga varelser till djur eller marionetter. Medborgarna måste tvärtom få möjlighet att utveckla sitt förnuft, också genom att diskutera statsangelägenheter. Detta är också ur de styrandes synpunkt klok politik. Intolerans och åsiktsförtryck leder bara till upproriskhet och konspirationer. Amsterdam, där olika åsikter, nationer och religioner levde i fred sida vid sida, framhålls som exempel på det ideala tillståndet, trots att Spinoza av bitter erfarenhet visste att toleransen även där hade sina gränser.

Bör den suveräna makten innehas av en, av många eller av alla? Det är en fråga som den Hobbesianska argumenteringen lämnar öppen. Spinoza pläderar mot monarki och för republik och demokrati. Visserligen är han emot mobbvälde – den mest tyranniska styrelsen är den där folkliga passioner regerar. Men demokratin förklaras vara det mest naturliga styrelseskicket. Exakt vad Spinoza menade med "demokrati" kan vi inte veta. Jan de Witts välde, som han aldrig kritiserade, vilade på en börs- och köpmannaoligarki. Framställningen i *Tractatus* ger föga av konkreta anvisningar. Tydligt är emellertid att det i en demokrati är majoriteten som bestämmer och att demokratin innebär en regering för folket och med folkets samtycke. I demokratin lyder vi bara sådana lagar, som vi själva pålägger oss. Därmed bevarar vi vår frihet också i samhällstillståndet. Demokratin förklaras vara den samhällsordning, som är bäst förenlig med den enskildes frihet.

Spinoza var på alla områden en djärv fritänkare. Några omedelbara efterföljare fick han just därför inte. Få skulle under de närmaste hundra åren efter hans död våga öppet bekänna sig till hans läror. Hans skrifter blev förbjudna även i det förhållandevis toleranta Holland. Hos Spinoza ställdes en åskådning, där den nya filosofin och den nya naturvetenskapen förenades, i otvetydig motsättning till den historiskt givna religionen. Långt mindre än Descartes lämnade han rum för kompromisser. Men Spinoza, som blev utstött ur judendomen utan att gå över till kristendomen, var en anomali. De flesta tänkare under hans tid och den närmast följande fortsatte att söka en filosofi, som lät sig förena med både naturvetenskapen och kristendomen.

Cambridgeplatonismen

Till dem som kritiserade materialismen och determinismen hos Spinoza och Hobbes hörde Ralph Cudworth (1617–1688), den främste av de s.k. Cambridgeplatonisterna. Denna grupp, där de flesta hade anknytning till Emmanuel College i Cambridge, utgör en påminnelse om universitetsfilosofins fortsatta betydelse under ett sekel, när annars få av de i eftervärldens ögon betydelsefulla tänkarna var knutna till universiteten. Cudworth själv blev professor i hebreiska och var en man av enorm lärdom. Vid universiteten hade de gamla filosofierna, aristotelismen och platonismen, fortfarande på många håll en fristad och Cudworth tog starka intryck av i synnerhet den senare. Men han försökte förena den inte bara med sin kristna tro utan också med den nya naturvetenskapen. Cudworth bekämpade tanken att det skulle finnas någon konflikt mellan tro och vetande och bestred att den naturvetenskapliga forskningen på något sätt skulle kunna hota religionen. Samtidigt försvarade han, gentemot tänkare som Hobbes och Spinoza, den mänskliga friheten.

Anden är enligt Cudworth det första tinget i världen, inte, som många materialister menade, det sista som uppkommit. Till sin natur är anden fri och aktiv. Cudworth avvisade alla försök att reducera det mänskliga själslivet till rörelser i den mänskliga kroppen. Samtidigt avvisade han den kunskapsteoretiska uppfattning enligt vilken själen endast passivt avspeglar sinnesintryck som kommer till den utifrån. Själen är ingen *tabula rasa*, ingen rentvättad tavla, inget naket passivt ting utan medfödd möblering.

Det är tvärtom först när själen formar de utifrån kommande intrycken som kunskap uppstår. Så argumenterade Cudworth bland annat i sitt största under livstiden publicerade arbete *The True Intellectual System of the Universe* (”Det sanna förnuftiga systemet för universum”, 1678). Hans optimistiska syn på människan som en varelse utrustad med fri vilja och aktivt förnuft hade en udd riktad mot den materialistiska determinismen, men också mot calvinismen och dess predestinationslära. Den förberedde en förening av humanism och kristendom, som skulle få betydelse under det kommande seklet. Om Cudworth och de övriga Cambridgeplatonisterna blivit en smula förbisedda och deras inflytande inte tillräckligt uppmärksammats beror det säkert till stor del på att de snart fullkomligt överskuggades av en något yngre samtida, John Locke, som kom att sätta sin prägel på det slutande 1600-talets engelska filosofi.

Locke – ”den förnuftigaste man som jorden burit”

John Locke (1632–1704) hyste respekt och beundran för Ralph Cudworth. Han blev bekant med dennes familj. Cudworths dotter, lady Masham, blev en av Lockes närmaste vänner och varmaste anhängare. Ändå skilde Locke sig filosofiskt på avgörande punkter från Cambridgeplatonisterna. Teorin om medfödda idéer, vilken de som goda platonister förfäktade, förkastade han fullständigt.

John Locke föddes i den lilla byn Wrington i Somerset. Fadern var jurist och hade som puritan tagit parlamentets parti när upproret mot Charles I bröt ut. En inflytelserik vän till fadern såg till att John kom in vid en god latinskola och sedan vid universitetet i Oxford. I Oxford studerade Locke medicin och samarbetade nära med Dr. Thomas Sydenham, en av periodens främsta på det medicinska området. I Oxford kom han också att möta en man som blev bestämmande för hans liv, lord Ashley (senare lord Shaftesbury). Familjen Ashley skulle få samma betydelse för Locke som familjen Cavendish haft för Hobbes. Locke fick anställning som lord Ashleys livläkare, sekreterare, vän och allt i allo. Han genomförde en framgångsrik leveroperation på Ashley, han ledde förhandlingarna inför dennes sons äktenskap, han engagerade sig i politiken för Ashleys räkning. Samtidigt fortsatte Locke att odla vetenskapliga kontakter och intressen. Han blev bekant med Robert Boyle, en ledande figur inom Royal Society, där Locke själv 1668 valdes in. Han gjorde även Isaac Newtons bekantskap.

Lord Ashley var då Locke lärde känna honom en av de främsta vid Charles II:s hov. Senare kom han i opposition mot kungen och blev en av ledarna för det kungafientliga lägret. Detta medförde en ny situation även för Locke, som djupt drogs in i den mot monarken riktade politiken. Den filosofiska kritiken mot de kungatrogna tog han sig an i *Two Treatises of Government,* ett par avhandlingar som sannolikt skrevs eller påbörjades under 1660-talet, även om de försiktigtvis inte publicerades då. Också i mer praktisk oppositionsverksamhet tog Locke del. Ashley tvingades fly till Holland, där han dog 1683. Locke följde efter i landsflykt senare samma år. Han misstänktes nu för delaktighet i en komplott mot Charles II och begärdes utlämnad. Efter en tid skrinlades anklagelserna mot honom, men Locke stannade i exil också under James II:s regering. Först då Vilhelm av Oranien genomfört sin ärorika revolution återvände Locke 1689 till England. Följande år publicerade han sina två viktigaste verk, *Two Treatises of Government* ("Två avhandlingar om regeringssättet") som utkom anonymt, och *An Essay Concerning Human Understanding* ("En essay om den mänskliga kunskapsförmågan"), som Locke utgav under eget namn.

De båda verk som han publicerade 1690 gjorde Locke till en världsberömd man. Oerhört inflytelserika blev också hans *Letter on Toleration* ("Brev om toleransen"), en plädering för religiös tolerans som först utkom på latin 1689, och hans *Some Thoughts Concerning Education* ("Några tankar om uppfostran" 1693), en skrift om en ung herremans uppfostran som gjorde epok genom sin argumentering för en friare, mer naturenlig pedagogik. Under den nya regeringen i England intog Locke en aktad ställning och fick viktiga politiska uppdrag, framför allt inom finans- och penningpolitiken. Samme Vilhelm av Oranien, som låtit förbjuda Spinozas *Tractatus theologico-politicus,* fann hos Locke filosofiskt och praktiskt stöd för sin regim. Lockes stora litterära rykte och medborgerliga framgång kom sent i livet. Men när de kom var portionerna maximalt rågade. Få filosofer har varit föremål för en intensivare eller mer utbredd beundran än Locke under hans senare år. Genom hans skrifter tyckte många sig höra förnuftet självt tala. För att förstå de läror, som gav Locke denna ställning, måste vi gå till hans båda huvudarbeten.

An Essay Concerning Human Understanding har varken koncentrationen och överskådligheten hos Descartes' *Discours sur la méthode* eller den systematiska uppbyggnaden hos Spinozas *Ethica.* Lockes bok är lång och innehåller många digressioner. Den omarbetades och utökades också ganska väsentligt under de fem upplagor som färdigställdes av författaren (den femte kom ut 1706). Det behagligt avspända framställningssättet köps till priset av att översikten ibland blir svår att uppnå. Läsarens resa blir så behaglig att han lätt glömmer bort att fråga vart han egentligen förs hän.

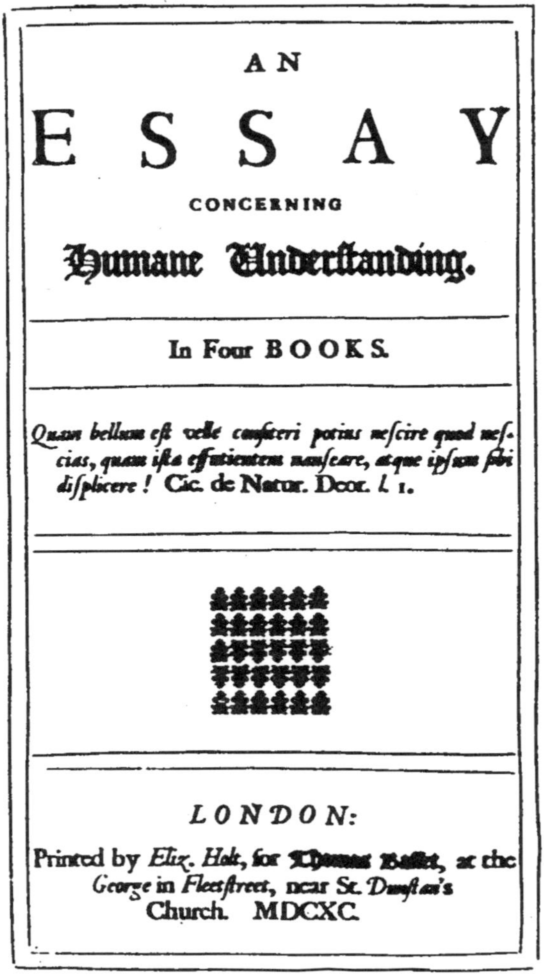
AN

ESSAY

CONCERNING

Humane Understanding.

In Four BOOKS.

Quam bellum est velle confiteri potius nescire quod nescias, quam ista effutientem nauseare, atque ipsum sibi displicere! Cic. de Natur. Deor. *l.* 1.

LONDON:

Printed by *Eliz. Holt*, for Thomas Basset, at the *George* in *Fleetstreet*, near St. *Dunstan's* Church. MDCXC.

Titelsida till Lockes Essay Concerning Human Understanding.

Den grundläggande avsikten i *Essay* är likväl klar och utgör i sig en milstolpe i filosofins historia. Den går ut på att genomföra en kunskapskritik, ett skärskådande av den mänskliga kunskapsförmågans räckvidd och gränser. Locke framträder med till synes blygsamma anspråk. Filosofins område är väldigt, förklarar han. Det lärda samfundet saknade inte i samtiden sina mästerbyggare, sådana som Boyle, Sydenham eller "den ojämförlige Mr. Newton". Men Locke vill nöja sig med att vara en enkel hantlangare i sådana byggherrars tjänst. Hans uppgift är att röja marken en smula, att föra undan bråte, som ligger i kunskapens väg. Hur detta skall göras förklaras också. Författaren hade brukat samla fem eller sex vänner på sitt rum för att diskutera vetenskapliga frågor. De hade emellertid tyckt sig komma in i en återvändsgränd, där tvivlen bara hopade sig alltmer. Till slut hade de kommit överens om att man måste börja i en ny ände, nämligen genom att undersöka den mänskliga kunskapsförmågan för att på så sätt komma underfund med vilka problem den hade förutsättningar att lösa. Detta är var Locke företar sig i *Essay*.

För Locke gäller det att undersöka den mänskliga förmågans styrka, men också dess begränsning. Det är av stor betydelse för sjömannen att känna till längden på sin lodlina, även om han inte kan loda oceanens djup. Det är tillräckligt att han vet att linan räcker för att loda de ställen där det skulle kunna finnas grund mot vilka han kunde gå i kvav. ”Det är inte vår sak att veta allt, men bara att veta det som behövs för vårt praktiska liv.” Gud har givit människan den kunskapsförmåga, som är nyttig och tillräcklig för hennes ställning. Dess art är föremål för undersökningen i *Essay*. Att loda havsdjupen överlåter Locke på andra. Hans uppgift är att undersöka lodlinan. Ingen tidigare filosof hade på samma medvetna sätt satt sig den målsättningen före. Den är besläktad med Bacons och Descartes’ undersökningar av metoden, men mer grundläggande, eftersom varje metod måste ha den mänskliga kunskapsförmågan som sin förutsättning.

Den uppgift Locke påtagit sig är inte utan praktisk betydelse. Om vi från början överskattar vår kunskapsförmåga, om vi tror oss kunna veta alla ting med fullkomlig visshet, kommer vi lätt att misströsta när svårigheterna tornar upp sig, för att till sist hamna i fullkomlig skepsis. Descartes hade försökt övervinna skepticismen genom att förnämt vägra att tro någonting, varom det kunde råda minsta tvivel. Locke väljer en annan strategi – att från början medge att mycket i vår kunskap är osäkert, ja är åsikt, sannolikhet och gissning snarare än absolut kunskap. Utan det medgivandet försätter vi oss lätt i samma läge som den som vägrar gå därför att han inte kan flyga. Vad som till slut ger Locke hans förtröstan och hindrar att skepticismen för honom blir ett stup att fascinerad titta ned i, är hans övertygelse att Gud givit oss all den förmåga till kunskap vi behöver för ett nyttigt och rättskaffens liv.

Allt det vi omedelbart har kunskap om är enligt Locke ”idéer” (eng. *ideas*). ”Idé” definieras som ”vadhelst som är föremål för kunskapsförmågan när människan tänker.” Vad vi än uppfattar och tänker på är en idé. Definitionen har uppenbarligen någon relation till det platonska språkbruket, liksom till Descartes’ bruk av begreppet ”idé”. Men Locke hävdar nu, och skiljer sig därigenom från både Platon och Descartes, att det inte finns några medfödda idéer. Eftersom detta blev en av Lockes mest berömda och omdiskuterade teser, finns det anledning att gå närmare in på dess innebörd.

Locke förnekar både att det finns medfödda idéer i människosjälen och att det finns medfödda principer. Om vi förstår principer som sanningar, vilka måste formuleras med hjälp av idéer, följer den senare tesen ur den förra. Vi har enligt Locke varken på det logiska, matematiska, moraliska eller religiösa området några medfödda idéer eller principer. Kandidater till sådana principer kunde annars vara logiska sanningar (”Det som är, är”, ”Det är omöjligt för samma sak att vara och inte vara”), matematiska satser (”Två och två är lika med fyra”), moraliska insikter (”Överenskommelser måste hållas”) eller religiösa övertygelser (”Gud existerar”). Det gemensamma för sådana principer är att de inte på något enkelt sätt tycks vara hämtade från erfarenheten, men ändå kunnat förefalla självklara och gemensamma för alla människor. Detta skulle kunna förklaras med hjälp av antagandet att det här rör sig om hos varje människa medfödda sanningar.

Locke finner emellertid många goda argument mot tron på medfödda principer. Han påpekar att barn inte känner till dem, vilket de bort göra om dessa principer verkligen varit medfödda. Ett barn vet inte att tre och fyra är lika med sju förrän det lärt sig räkna till sju och förstått benämningen och

John Locke.

idén ”lika med”. Och för övrigt – hur kan principer, som det kräver eftertanke och resonemang att komma fram till, vara medfödda? Sanningar, som vi inte känner till innan de bevisas för oss, kan knappast kallas medfödda. Vad de religiösa och moraliska sanningarna beträffar är de sällan oomstridda. Det finns nationer och individer som inte har någon idé om Gud. Dessutom är olika folks gudsidéer inbördes så olika att det förefaller godtyckligt att tala om dem som samma idé. I fråga om moraliska föreställningar gäller något liknande i än högre grad. Håller inte alla med om att föräldrar bör skydda och omhulda sina barn? Men i antiken rådde bruket att sätta ut oönskade barn till vilddjuren. Och det finns indianstammar, påstår Locke, där man göder och äter upp sina barn. Om nu inga religiösa eller moraliska principer är universellt accepterade kan de heller inte vara medfödda.

Varifrån kommer då idéerna, om de inte är medfödda? ”På den frågan svarar jag i ett ord, från *erfarenheten*”, skriver Locke och tillägger: ”på erfarenheten är all vår kunskap grundad och från den kan den ytterst härledas.” Det är sådana formuleringar som lett till att Locke i läroböckerna brukar bokföras under etiketten ”empirist”. Att han emellertid är empirist bara med många förhinder och många modifikationer skall vi snart se.

Till att börja med måste framhållas, att Locke inte alls förnekar att vi har en medfödd kunskapsförmåga eller ett medfött förstånd. Det han förnekar är bara att vi har medfödda idéer och principer. Idéerna sägs i stället härröra från erfarenheten. Härvid gör Locke en viktig skillnad mellan enkla och sammansatta idéer. Enkla idéer har en direkt och omedelbar motsvarighet i erfarenheten. De kan uppstå ur enkla sinnesintryck, ur vad Locke kallar ”sensation”, vilket är fallet med idéer om exempelvis gult, vitt, hårt, mjukt, hett, kallt. Eller de kan uppstår ur vad Locke kallar ”reflection”, ur vår inre erfarenhet av exempelvis tänkande, tvivlande, viljande, kännande. I förhållande till dessa enkla idéer är själen passiv. Den är som ett vitt blad, på vilket erfarenheten skriver sin skrift. Vi tar emot och bevarar de enkla idéer som kommer till oss från erfarenheten och som utgör vår kunskaps hela material. Men vår kunskapsförmåga är inte enbart eller alltid passiv och mottagande. Att hålla kvar idéerna i minnet är en aktivitet hos själen. Likaså att med fantasins hjälp kombinera dem med varandra eller att med abstraktionens hjälp skilja dem från varandra. Sammansatta idéer kan vi sålunda skapa själva genom att i förståndet kombinera de enkla. Vi kan skapa idén om en kentaur genom att sätta samman idén om en man och idén om en häst och detta trots att vi aldrig sett en kentaur.

Förmågan hos ett ting att producera en idé i vår själ kallar Locke en kvalitet eller egenskap hos det tinget. Vi kallar ett ting grönt, tillskriver det kvaliteten eller egenskapen att vara grönt, när det har förmågan att producera idén om något grönt i vår själ. Härvid inför Locke emellertid en viktig skillnad mellan vad han kallar ”primära” och vad han kallar ”sekundära” kvaliteter hos tingen. Den åtskillnaden hänger nära samman med den atom- eller korpuskelteori om tingens natur, som Locke övertagit från Gassendi (och ytterst från Epikuros). Atomteorin hade i 1600-talets nya vetenskap fått en pånyttfödelse, som Locke var delaktig i. Det betydde att tingen enligt hans uppfattning ytterst består av små, för sinnena inte omedelbart iakttagbara atomer. Nu har emellertid de synliga tingen egenskaper, färg, smak, lukt och så vidare, som atomerna i sig inte kan ha. Dessa egenskaper är enligt Locke ”sekundära”. De finns egentligen inte hos tingen själva utan uppstår genom tingens sätt att påverka våra sinnesorgan. Grönheten är inte en objektiv egenskap hos bladet, lika litet som brännsmärtan är en objektiv egenskap hos elden. Grönheten är en subjektiv egenskap, en som bladet har för oss, inte i sig självt. Andra egenskaper som soliditet, form, utsträckning och rörelse, tillkommer däremot varje enskild materiepartikel. De är primära, objektiva egenskaper som finns hos materien sådan den är i sig, oberoende av oss.

Distinktionen mellan subjektiva och objektiva egenskaper är inte originell för Locke, den gjordes ofta av hans samtida. Den avspeglar den klyfta som den nya naturvetenskapen öppnat mellan sunda förnuftets vardagsverklighet och den vetenskapliga teorin. Vardagserfarenhetens former, färger, lukter och smaker framstod i den samtida naturvetenskapens ljus inte längre som självklart objektiva. Inte minst hade mikroskopet avslöjat en materiens finstruktur, som åt det skenbart välkända gav en främmande och oväntad aspekt. Locke imponerades av vad han kunde se genom mikroskopet och kom fram till slutsatsen att tingens natur avsevärt skiljer sig från vad som möter ögat och i själva verket är för oss i det väsentliga okänd. Vi vet vad vi ser, hör, luktar, smakar och känner. Men vad som egentligen ger upphov till våra sensationer och på vad sätt har vi ytterst ofullkomliga kunskaper om. Det är en åsikt som kommer till uttryck i vad Locke har att säga om substanserna.

Sammansatta idéer finns det enligt Locke av tre slag: ”modes”, relationer och substanser. De två förstnämnda är egenskaper hos eller förhållanden mellan tingen, som inte kan existera självständigt utan måste bäras upp av substanser. Substanserna däremot existerar självständigt, men deras natur ter sig för Locke högst problematisk. Vår idé om substanserna består egentligen av en kombination av enkla idéer om deras egenskaper. Guld är en substans, men vår idé om ”guld” är strängt taget bara ett aggregat av enkla idéer som ”något gult”, ”något hårt” och så vidare. Vi antar att det måste existera ett substrat av något slag som förklarar detta konglomerat av egenskaper. Detta substrat är substansen. Men vår idé om denna substans är bara idén om ett okänt något som skall kunna förklara tingets observerbara egenskaper. Om vad substanserna i sig själva är, om tingens natur vet vi föga. Tydligen har Gud inte ansett det nyttigt eller nödvändigt för oss att ha mer djupgående kunskap.

Ett särskilt intresse har frågan om de själsliga substanserna. Vad är den mänskliga själen, den mänskliga personen för någonting? Descartes hade definierat själen som en tänkande substans. Locke gör invändningar. Själen är inte enbart tänkande, framhåller han, den är i lika hög grad viljande. Förmågan att sätta vår kropp i rörelse definierar den lika mycket som tänkandet. Det som ger vårt jag identitet är inte att det utgör en substans – huruvida jaget bärs upp av en enda eller kanske av flera själsliga substanser kan vi inte veta något säkert om. Det som ger jaget identitet är i stället kontinuiteten i själslivet, minnet av tidigare handlingar och tankar. Jag vet mig vara samme person som för så och så många år sedan utförde den eller den handlingen, tänkte den eller den tanken. Detta ”jag” eller ”själv” kan vi också kalla ”person”. ”Person är”, poängterar Locke, ”en rättslig term, som tillskriver handlingar och ansvarighet, och som därför endast kan användas om intelligenta aktörer.” Att identifiera någon som en person innebär att tillskriva honom/henne ansvar för sina handlingar och tankar. Locke framhåller att vi inte straffar någon för vad han gjort sig skyldig till i ett anfall av vansinne. Vi säger att han vid ett sådant tillfälle var ”utom sig”, inte ”var sig själv” och tillskriver honom inte fullt ansvar för sina handlingar.

Hos Locke möter man överhuvud ingenting av t.ex. Erasmus' beundran för extatiska tillstånd där människan lämnar sitt vanliga själv. I ett särskilt kapitel i *Essay* polemiserar han tvärtom energiskt mot den religiösa ”entusiasmen”. Av förnuftslös fanatism hade hans samtid redan sett alldeles för mycket. Vad vi i stället möter hos Locke är framhävandet av den moraliska och intellektuella autonomin, av den självständiga ”personen”, som tänker och handlar på eget ansvar. Man kan i detta se ett arv från Lockes puritanska förfäder. Men det är i så fall fråga om en puritanism tempererad av sunt förnuft och utan all teologisk fanatism. Lockes autonoma ”själv” blir ett ideal, som skulle komma att spela stor roll för det kommande seklets upplysningsrörelse.

I sitt försök att ange den mänskliga kunskapens räckvidd skiljer Locke mellan tre arter av kunskap: den intuitiva, den demonstrativa och den sinnliga. Den intuitiva kunskapsarten är den högsta. Genom den uppfattar vi en sanning omedelbart och med absolut visshet. I all kunskap handlar det enligt Locke om att fastställa överensstämmelse eller brist på överensstämmelse mellan idéer. I den intuitiva kunskapen uppfattar själen sanningen direkt som ögat uppfattar ljuset bara genom att vändas mot det. Sålunda ser vi genast, att vitt inte är svart, att en cirkel inte är en triangel, att tre är mer än två och lika med ett och två. Med intuitionens hjälp uppfattar vi också vår egen existens.

Den demonstrativa kunskapen är den som stöder sig på argument och bevis. Att triangelns vinkelsumma är lika med två räta kommer vi fram till genom demonstration. Alla mer komplicerade geometriska och matematiska sanningar tillhör denna domän. Vi kan också ha kunskap genom bevis för Guds existens. Om den intuitiva och demonstrativa kunskapen säger Locke att de utgör ”graderna hos vår kunskap; allt som inte når upp till en av dem, oavsett med vilken övertygelse det omfattas, är bara tro och åsikt, men inte kunskap, åtminstone inte i fråga om generella sanningar”. Sinneskunskapen kan sålunda bara med starka reservationer ges namn av kunskap. Dess grad av säkerhet är låg och den ger inget vetande om allmänna sanningar. Namnet ”vetenskap” (”science”) förtjänar den under inga omständigheter. Eftersom all vår kunskap om faktiskt existerande ting (bortsett från Gud och vårt eget jag) kommer från sinnena, följer att det inte kan finnas en vetenskap om naturen. Locke talar om naturfilosofi, inte om naturvetenskap. Om tingens väsen och om de samband som råder mellan olika ting i naturen vet vi inte mycket. Locke tvivlar inte på att Gud har en fullkomlig intuitiv kunskap om naturen. De nödvändiga, intuitivt uppfattbara sambanden finns där, men vi har inte fått förmågan att se dem.

Det kan förefalla som om Lockes kunskapssyn i grund och botten inte befann sig så långt borta från Spinozas. Både Locke och Spinoza särskiljer tre kunskapsarter, varav bara de två högsta, rationella, ger verklig kunskap. Båda är övertygade om att Gud kan ha fullkomlig intuitiv kunskap om allt. Båda förnekar att sinneskunskapen kan ge verkligt vetenskaplig kunskap. Dock är deras budskap olika. För Spinoza är det väsentliga, att filosofen dock kan höja sig till den högsta formen av kunskap, inta evighetens ståndpunkt. För Locke är den viktiga slutsatsen att vi måste nöja oss med den grad av kunskap som Gud i sin visdom ansett lämplig för varelser i vår ställning. Mot Spinozas sublima högmod kontrasterar Lockes ödmjukhet.

För Locke är det väsentligt att framhålla sannolikhetsresonemangens värde och berättigande. Allt som är något mindre än absolut visshet, behöver inte vara värdelöst. I vardagens och sunda förnuftets värld klarar vi oss bra med rimlighetsbedömningar. Det goda omdömet är ingen dålig ersättning för vetenskap. Dessutom befinner vi oss enligt Locke i den lyckliga situationen, att vi har den bästa kunskapen om just de saker som är viktigast för oss. Om de moraliska sanningarna kan vi sålunda ha en bevisbar vetenskap. De moraliska sanningarna liknar de matematiska och geometriska på så vis att de inte handlar om några för oss okända substanser utan om begrepp, som vi själva är upphov till. Genom att analysera och rätt förstå de moraliska idéerna har vi möjlighet att komma fram till säkra slutsatser. Moralen, skriver Locke, "är för mänskligheten i allmänhet den rätta vetenskapen och sysselsättningen". Locke vill ingalunda avskräcka från forskning om naturen, men han anser att studiet av moralen i än högre grad är lämpligt och nyttigt för mänskligheten.

Moraliska och politiska frågor är det som står i centrum för Lockes vid sidan av *An Essay Concerning Human Understanding* viktigaste verk, hans *Two Treatises of Government.* Detta arbete skulle komma att få en djupgående betydelse för den politiska principdebatten under det kommande seklet, inklusive under de amerikanska och franska revolutionerna. När det publicerades 1690 framställdes det i förordet som ett försvar för den ärorika revolutionen. Avsikten med boken, sades det där, var att legitimera kung William, den store återställaren av Englands politiska frihet, och att visa att det engelska folket gjorde rätt när det försvarade sina naturliga rättigheter och räddade sitt land från slaveri och ruin. Dock torde *Two Treatises of Government* i allt väsentligt ha författats före revolutionen och utgöra ett föregripande av denna snarare än ett försvar i efterhand. Under många år hade ju Locke, länge vid Ashleys sida, varit involverad i oppositionen mot Stuartarna. Steg för steg hade han vunnits över till åsikten att uppror under vissa omständigheter kan vara berättigat. Den åsikten förfäktas i hans skrift med en vältalighet och tankekraft, som innebar en förnyelse av den medeltida tyrannfientliga traditionen.

Den närmaste måltavlan för Lockes attacker i *Two Treatises of Government* var en viss Robert Filmer. Filmer var en monarkistisk författare som försökte grunda monarkernas absoluta makt på den förläning av jorden och allt som därpå var som Gud givit Adam och som sedan skulle ha ärvts av monarkerna, i vilka Filmer såg Adams arvtagare. Filmers argument ter sig föga imponerande och det skulle numera ha varit bortglömt om inte Locke gjort det odödligt genom sin briljanta vederläggning. Locke, som särskilt i den första av sina båda traktater uppehöll sig utförligt vid Filmers teori, ville visa att monarkernas makt inte var grundade på Guds förläning utan på folkens samtycke. Men naturligtvis var Filmer inte Lockes ende motståndare. Ibland tycker man sig bakom honom skymta en annan och betydligt mer formidabel gestalt, Thomas Hobbes'.

Huvudproblemet i *Two Treatises of Government*, också i den viktigaste andra traktaten, gäller sålunda hur den politiska makten skall kunna rättfärdigas. I motsats till Filmer vill Locke inte jämnställa den med den patriarkala makten. Fadersmakten, eller som det hellre borde heta föräldramakten, är noga taget begränsad till barnens minderårighet och kan inte gälla vuxna individer med ett fullt utvecklat förnuft. I stället finner Locke den politiska maktens grund i ett samhällsfördrag.

I likhet med Hobbes laborerar Locke med tanken på ett naturtillstånd, som upphävs först genom ett samhällskontrakt. Men hans skildring av detta naturtillstånd skiljer sig åtskilligt från föregångarens. Naturtillståndet är visst inte ett krigstillstånd, hävdar Locke. Det innebär fullkomlig frihet, men bara inom den naturliga rättens ramar. Det finns en naturens lag, en förnuftets lag, som gäller för människorna i naturtillståndet. Denna lag, som Gud har instiftat, förbjuder envar att skada någon annans liv, hälsa, frihet eller ägodelar. Den ger också envar tillstånd att bestraffa den som bryter mot naturens lag. Därmed kan det förefalla som om naturtillståndet skulle vara en perfekt idyll och som om varje anledning skulle saknas att ersätta det med ett samhällstillstånd. Men, argumenterar Locke med ett plötsligt steg i Hobbes' riktning, även om naturtillståndet inte är ett krigstillstånd kan det lätt förvandlas till ett permanent sådant. Naturens lag tillåter envar att bestraffa en brottsling. Den som utsätts för ett övergrepp har sålunda rätt att själv bestraffa missdådaren. Men i avsaknad av lagar och domstolar som båda parter i en konflikt kan vädja till, kan en sådan bestraffning lätt leda till ett krigstillstånd utan slut. Hobbes' "allas krig mot alla" tycks trots allt vara ett reellt hot även i Lockes naturtillstånd. Det är för att avvärja detta hot som ett samhällsfördrag ingås, avsett att skydda de fördragsslutandes liv, kroppar och egendom.

Begreppet "egendom" (eng. *property*) spelar en viktig roll hos Locke. Ibland heter det att staten inte har något annat ändamål än att bevara medborgarnas "egendom". Men då används begreppet egendom i en utvidgad mening som liktydigt med liv, frihet och ägodelar. Den innebörden har nära samband med Lockes berömda teori om privategendomen.

Gud har givit oss jorden till gemensamt bruk. Hur kan det då uppstå privategendom? Innebär inte varje privategendom en sorts stöld från den gemensamma egendomen? Locke svarar genom att hävda att vi av naturen har individuell äganderätt till vår egen kropp och dess krafter. Därför har vi också rätt att äga det som är frukten av vårt eget arbete. Gud har inte velat att jorden skall ligga obrukad. Han har velat att människorna till sin egen nytta skall förkovra de naturresurser han givit dem. Men då måste också envar som arbetar ha rätt till resultatet av sitt arbete. Den som plockar vilda bär har rätt till dem eftersom han gjort dem till sina genom arbetet att plocka dem. Den som odlar upp ett stycke mark, som tidigare legat obruten, har rätt till marken. Vi kan säga att Locke här lanserar en arbetsvärdelära.

Varifrån kommer skillnaden i värde mellan den obearbetade naturresursen och den bearbetade produkten? Från arbetet! svarar Locke. Därmed har han framställt en teori om värdet, som under 1700-talet skulle få betydelse för Adam Smith och under 1800-talet för Karl Marx. Det viktiga i vårt sammanhang är att Locke anser sig ha visat hur den privata äganderätten är en naturlig rättighet, som ur naturtillståndet förs över till samhällstillståndet.

Samhällstillståndet – Locke använder ord som *political society* och *civil society* – innebär nämligen ingalunda att vi uppgivit alla våra naturliga rättigheter. Egentligen är det bara en naturlig rättighet vi avstår från i samhällsfördraget – den att ta rättvisan i egna händer, att själva bestraffa brott mot naturens lagar. Den rättigheten överlåtes nu till samhället, till den suveränitet som upprättas genom fördraget. I fortsättningen blir det en sak för polis och domstolar, inte för den enskilde, att se till att lagarna efterlevs och rätten upprätthålls. Därigenom kan det krigstillstånd, som hotar i naturtillståndet, undvikas.

Genom samhällskontraktet uppstår en stat, en legitim politisk makt. Politisk legitimitet vilar på samtycke. Det är genom att alla i samhällskontraktet samtycker till att upprätta en högsta politisk auktoritet som denna auktoritet blir legitim. Locke har en viss svårighet att förklara hur den politiska makten i samhällen som England, där invånarna aldrig varit med om att sluta något samhällsfördrag, kan vara legitim. Han övervinner svårigheten med hjälp av en distinktion mellan explicit och implicit samtycke. Den som fortsätter att leva i ett visst land har implicit samtyckt till att följa dess lagar och underkasta sig dess regering – emigration finns annars alltid som en möjlighet.

Samhällsfördraget upprättar en politisk makt där majoriteten avgör. Däremot upprättar det inte en absolut monarki. Den absoluta monarkin skulle innebära, att suveränen stod ovanför lagen och sålunda befann sig i naturtillståndet. Men detta vore en motsägelse. Samhällskontrakten förflyttar alla ut ur naturtillståndet och in under lagen. Även monarken är skyldig att följa de lagar som samhällskontraktet inrättar. Man kanske kan säga, att Lockes ideal är en konstitutionell stat och en rättsstat, där ingen står över lagen. Genom samhällsfördraget uppger människorna inte sin frihet. De bara byter ut sin naturliga frihet mot en frihet i samhället, definierad som frihet under en legitim makt upprättad genom samtycke och begränsad bara av sådana lagar som denna makt stiftat. Samhällsmaktens mål är att bevara och stärka medborgarnas naturliga rättigheter.

Med en sådan tolkning av samhällskontraktet har Locke också etablerat rätten till uppror. Om suveränen förgriper sig mot medborgarnas liv, egendom eller intressen har han upphävt samhällskontraktet. Naturtillståndet har återuppstått och med det ett krigstillstånd mellan suveränen och hans forna medborgare. Om staten och lagarna skyddar orätten i stället för rätten, befordrar orättvisa i stället för rättvisa inträder rätt till uppror. Locke tycks mena, att vårt förnuft talar om för oss när ett sådant tillstånd uppstått. Rätt och orätt är inte något relativt, som bestäms genom suveränens beslut. De är något absolut, grundat i naturen och hos Gud och kända för oss genom vårt förnuft. Revolutionen blir på så vis för Locke återställandet av en naturenlig ordning, som suveränen genom sina tyranniska åtgärder rubbat.

Lockes politiska ideal är sålunda en konstitutionell stat, där medborgarnas naturliga rättigheter är garanterade. Det blir för honom rimligt att tänka sig en konstitutionell maktfördelning av engelsk modell med ett lagstiftande parlament och en verkställande monark. Den kompromiss som uppnåddes i England genom 1688 års revolution fann i Locke sin mest inflytelserike filosofiske försvarare. Varmt försvarade Locke även den religiösa toleransens princip. Hur en människa vill frälsa sin själ är en sak för den individuella övertygelsen, inte något som staten bör reglera, än mindre påverka genom förföljelser. En gräns drar Locke likväl vid ateismen. Tron på Gud är grundvalen för all moral och därmed för allt samhällsliv. Förnekelse av honom bör inte vara tillåten.

Genom sin plädering för de mänskliga rättigheterna, för friheten och för den religiösa toleransen blev Locke en av den politiska liberalismens föregångare. För 1700-talets upplysningsrörelse fick såväl hans politiska som hans kunskapsteoretiska idéer vidsträckt betydelse. Oomtvistade blev de dock inte. En av samtidens främsta filosofer, tysken Leibniz, skrev en hel bok där han gick till rätta med Lockes kunskapsteoretiska uppfattningar. Med Leibniz når vi också den siste av de stora 1600-talsfilosoferna. I hans tänkande ser vi de flesta viktiga teman i 1600-talets filosofi samlas upp.

Leibniz och den förutbestämda harmonin

Gottfried Wilhelm Leibniz (1646–1716) föddes i Leipzig som son till en professor vid universitetet där. Här bedrev Leibniz själv till en början sina akademiska studier. Senare studerade han vid andra lärosäten och blev 1666 doktor i juridik i Altdorf. Strax därpå erbjöds Leibniz en professur i Altdorf, som han dock avböjde. Självmedveten och äregirig siktade han redan som 21-åring högre än mot en lärostol vid ett provinsiellt universitet. En bekantskap med en viss friherre von Boineburg, en diplomat med lärda intressen, bidrog till att sätta Leibniz i stånd att förverkliga en del av sina ambitioner. Genom Boineburg fick han en anställning vid hovet i Mainz. Där sysslade Leibniz med juridiska men också med diplomatiska projekt. 1672 skickades han till Paris för att inför Ludvig XIV presentera sin "egyptiska plan". Idén var att locka den franske kungen till en sorts korståg mot muhammedanerna i Egypten, ett företag som skulle gynna kristenheten inte minst genom att avleda monarkens expansionslusta från Holland och Tyskland.

Den franska resan blev på flera sätt betydelsefull för Leibniz, även om det diplomatiska syftet fullkomligt förfelades. I Paris kom han inte bara i kontakt med den cartesianska filosofin, utan också med levande lärde, matematikern Christian Huygens, filosoferna Antoine Arnauld och Nicolas Malebranche. Här utarbetade Leibniz också sin infinitesimalkalkyl, en av 1600-talets viktigaste matematiska upptäckter, som dock utan att Leibniz kände till det gjorts även av Isaac Newton. I Paris sysslade Leibniz dessutom med att bygga en räknemaskin, betydligt förbättrad jämfört med den av Pascal konstruerade. Den skulle han 1673 under en resa till England förevisa för Royal Society i London, en demonstration som inbringade honom medlemskap i detta illustra sällskap.

Räknemaskinen var inte bara en teknisk triumf. För Leibniz hade den en innebörd som satte den i samband med hans djupaste filosofiska patos. Den hängde samman med det projekt att skapa en *ars combinatoria*, som Leibniz närt sedan sina studiedagar i Leipzig. Idén kan kallas en intellektuell utopi, en dröm om en universalvetenskap på logisk-matematisk grund. Den bar en omisskännlig släktskap med Raymond Lullus' spekulationer i liknande riktning men fick också färg av 1600-talets vetenskapliga och matematiska upptäckter. Leibniz tänkte sig att alla argument inom logiken skulle kunna formaliseras. Skolastikernas syllogismer och alla andra formella slutledningar skulle kunna införlivas med en sorts *mathesis universalis*, en universell matematik. Kunde dessutom ord och uttryck inom de naturliga språken översättas till ett artificiellt, formaliserat språk skulle vi uppnå en situation, där alla resonemang skulle kunna prövas med hjälp av matematiska metoder. "Skulle en meningsskiljaktighet uppkomma", tänker sig Leibniz, är "en diskussion mellan två filosofer lika litet behövlig som en diskussion mellan två bokhållare. Det räcker nämligen att de tar fram griffeln, sätter sig vid sina räknetavlor och ... säger till varandra: låt oss kalkylera!". Om det nödvändiga kalkylerandet dessutom kunde övertas av en räknemaskin, måste resultaten bli desto säkrare.

I oktober 1676 reste Leibniz från Paris tillbaka till Tyskland. Han hade erhållit en tjänst som bibliotekarie vid kurfurstehovet i Hannover. På återvägen hade han i Haag under fyra dagar ett samtal med Spinoza. Hannover skulle i fortsättningen bli Leibniz' fasta punkt. Bibiliotekariesysslan förenades med diplomatiska uppdrag och snart också med uppgiften att skriva Braunschweigs historia, vilken sysselsatte Leibniz fram till hans död. Men detta var bara en liten del av Leibniz' vittomfattande verksamhet och hovet i Hannover var inte det enda som anlitade hans tjänst. Med den preussiska kungafamiljen hade Leibniz nära kontakter, vilka bland annat ledde till grundandet av en vetenskapsakademi i Berlin 1700. Viktiga var likaledes hans relationer till kejsarhovet i Wien och till Peter den store av Ryssland. Överallt försökte Leibniz befordra vetenskapliga, men också tekniska och ekonomiska projekt.

Leibniz var, har det ofta sagts, det sista universalsnillet. Han inte bara behärskade sin tids lärdom inom de mest skiftande områden, han gjorde själv banbrytande insatser inom matematik, fysik, praktisk juridik (där han befordrade patenträtten), språkvetenskap och historieforskning. Kanske kan han också sägas ha varit den siste genuint europeiske filosofen. Han skrev sina verk på latin eller franska, men också på tyska. Han var lika hemma i Paris och London som i Berlin och Wien. Hans väldiga korrespondens omfattade mer än tusen adressater från hela Europa.

Även om det är omöjligt att skriva matematikens eller naturvetenskapens historia utan att nämna Leibniz' namn tänker vi numera på honom främst som filosof. Detta är heller inte oberättigat så länge vi bara har klart för oss att hos Leibniz filosofin och naturvetenskapen är intimt förbundna. Den berömda monadläran är sålunda i lika hög grad tänkt som ett bidrag till naturvetenskapen som till metafysiken. I detta avseende liknar Leibniz Descartes, hos vilken filosofi och naturvetenskap också är så nära förenade att varje försök att systematiskt särskilja dem måste bli vilseledande. Descartes' system är också en av de självklara förutsättningarna för Leibniz' filosofi. Efterföljaren är i stor utsträckning ute efter att korrigera och förbättra föregångarens världsåsikt.

Det finns inte hos Leibniz lika självklart som hos Descartes, Spinoza eller Locke en eller ett par skrifter som kan pekas ut som huvudarbeten. Leibniz strödde småskrifter omkring sig och lät för övrigt en hel del väsentliga ting förbli opublicerade. Ibland försökte han dock ge sina åsikter en översiktlig framställning och vi kan vända oss till ett av hans arbeten, den bekanta *Monadologie* (skriven 1712–14, första utgåva 1720), för att få en överblick över hans metafysiska system. Att det är fråga om just ett system är tydligt. Leibniz hade liksom Descartes och Spinoza ambitionen att ge en alltomfattande världsförklaring, där de stora naturvetenskapliga, filosofiska och teologiska frågorna gavs sitt svar.

Den lilla skriften om monadologin innehåller 90 teser, varav den första slår fast: ”*Monaden*, om vilken vi skall tala här, är ingenting annat än en enkel substans, som ingår i de sammansatta; *enkel*, dvs. utan delar.” Monaden (det grekiska ordet betyder ”enhet”) är sålunda en minsta odelbar atom. Monaderna är också substanser. Om det hos Spinoza finns en substans, hos Descartes två (eller åtminstone två sorter) finns det hos Leibniz många. Mot Spinozas monism och Descartes' dualism svarar, om man så vill, Leibniz' pluralism. Monaderna är inte bara många, de är alla olika varandra: ”Det är för övrigt nödvändigt, att varje monad skiljer sig från varje annan. Ty det finns i naturen aldrig två väsen, som är fullständigt lika varandra.” Leibniz resonerar om monaderna som Thomas av Aquino om änglarna – de kan inte skiljas åt enbart kvantitativt, där måste finnas en kvalitativ olikhet. Två individer som inte kvalitativt kan skiljas från varandra sammanfaller till en, det icke särskiljbara är identiskt – det är för Leibniz en viktig logisk princip. Varje monad måste därför vara *sui generis*. En anekdot som Leibniz själv berättat handlar om hur han och en adelsman promenerar med en kurfurstinna i slottsparken vid Herrenhausen. Adelsmannen misslyckas med att inför kurfurstinnan vederlägga monadologin. Förgäves söker han efter två absolut lika löv i den väldiga parken.

G. W. Leibniz.

I Leibniz' monadvärld erkänns individualiteten. Men där råder också en sträng ordning. Alla monader är olika, men skillnaden mellan dem består endast i att deras perception och deras själstillstånd har olika grader av tydlighet. De kan därför ordnas i förhållande till varandra i en entydig serie, en hierarki, där varje närmast högre monad har ett tydligare själstillstånd än det närmast lägre. För att bli begriplig kräver denna uppfattning en närmare utredning.

Leibniz' monader är en sorts atomer varav allting består. Det existerar sålunda egentligen inte någonting annat än monader. Allt som inte är monader tillhör fenomenens värld, en skenverklighet. Den sanna verkligheten är monadernas. Dessa monader är kroppar och själar på samma gång. De har alla en – mer eller mindre tydlig – uppfattning av verkligheten i dess helhet. Samtidigt är de på ett egendomligt sätt slutna i sig själva: "Monaderna har inga fönster, genom vilka något skulle kunna gå in i dem eller ut ur dem." En sorts vattentäta skott isolerar monaderna från varandra. De utgör var och en sin värld, sitt mikrokosmos, utan någon växelverkan. Leibniz liknar occasionalisterna såtillvida, att han förnekar att de olika tingen i världen påverkar varandra. Men han skiljer sig från dem genom att avvisa tanken att Gud förmedlar de skenbara orsaksrelationerna mellan världens ting genom oavlåtliga ingripanden. I stället antar Leibniz existensen av en "förutbestämd harmoni".

Läran om den förutbestämda harmonin antar, att Gud från början inrättat världen så att den utvecklas i en viss ordning. Monaderna påverkar visserligen inte varandra, men de är synkroniserade med varandra. Leibniz begagnar bilden av två klockor. När det ena uret visar fem visar det andra också fem. När det ena visar kvart över fem, visar det andra också kvart över fem. Detta beror inte på att uren influerar varandra utan på att de båda är konstruerade och inställda för att visa samma tid. Mellan dem råder en förutbestämd harmoni. På ett liknade sätt förhåller det sig med monaderna. De förändringar de genomgår bestäms inte av yttre påverkan utan av en inre princip.

Monaderna är enkla. Det innebär enligt Leibniz att de inte kan uppstå eller gå under – bara genom ett mirakel kan någonting uppstå ur intet eller gå under i intet. Men det innebär inte att monaderna saknar egenskaper eller att de inte förändras. Hos monaden finns en mångfald av tillstånd, även om den inte innehåller några delar. Monaderna har ett medvetande och de har en perception. Den inre princip som styr dem åstadkommer förändringen från ett medvetandetillstånd till ett annat, från en perception till en annan.

I de olika monadernas medvetande och perception avspeglas hela universum. Varje monad representerar en synpunkt, ett perspektiv: "liksom en och samma stad ter sig helt annorlunda betraktad från olika håll och blir liksom *perspektiviskt* mångfaldigad, på samma sätt finns det på grund av de enkla substansernas oändliga mångfald liksom lika många olika världar, som dock blott är olika perspektiv av en enda i enlighet med olikheten i varje monads *synpunkt*." Varje monad är ett mikrokosmos, varje monad reflekterar alla andra: "På detta sätt erhålles största möjliga mångfald i förening med största möjliga ordning, dvs. på detta sätt erhålles största möjliga fullkomlighet." Hos Leibniz liksom hos Aristoteles finns det en tillvarons stora kedja, från det högsta till det lägsta, en hierarki som förenar ordning och mångfald.

Leibniz' lära om monaden som mikrokosmos har många föregångare i äldre filosofi från Anaxagoras och framåt. Men den var också inspirerad av de upptäckter mikroskopet gjort möjliga för den samtida vetenskapen. Liksom teleskopet öppnade en oändlighet i det stora i den yttre världsrymden öppnade mikroskopet en oändlighet i det lilla. Det finns, skriver Leibniz i "Monadologin", "en värld av varelser, levande väsen, djur, entelekier och själar i varje minsta del av materien". Det betyder att varje del av materien "kan betraktas som en trädgård full av växter och som en damm full av fiskar. Men i varje förgrening av växten, varje lem av djuret och varje droppe av dess vätskor är också en sådan trädgård eller en sådan damm". I varje liten del av materien uttrycks hela universum.

Läran om den förutbestämda harmonin har en viktig tillämpning i det som gäller förhållandet mellan kropp och själ, det besvärliga problem som Descartes lämnat i arv till sina efterföljare. Tack vare en riktigare uppfattning av principen om energins konstans insåg Leibniz bättre än Descartes omöjligheten av att en immateriell själ skulle kunna påverka rörelserna hos en materiell kropp. Enligt honom råder det heller inte någon kausal förbindelse mellan själ och kropp utan en överensstämmelse, en förutbestämd harmoni dem emellan. Själen följer sina lagar, kroppen sina. De träffar samman tack vare den förprogrammerade harmoni som råder mellan alla substanser. Leibniz synes rent av på ett sätt som kan påminna om Spinoza betrakta den själsliga och den kroppsliga ordningen som komplementära: "Själarna verkar medelst begär, ändamål och medel i enlighet med lagarna för ändamålsorsaker. Kropparna verkar i enlighet med lagarna för verkande orsaker eller rörelser. Och mellan dessa båda riken, de verkande orsakernas och ändamålsorsakernas, råder harmoni."

Leibniz skilde sig från de flesta andra av de stora 1600-talstänkarna genom att ha en hög uppfattning om Aristoteles och skolastikerna. Hans filosofi gick inte ut på att förkasta dessa utan snarare på att finna en syntes mellan dem och den nya, av den mekaniska världsbilden inspirerade filosofin. Ändamålsorsakerna förkastas inte till förmån för de verkande orsakerna. Leibniz använder sig av det aristoteliska begreppet enteleki för att förklara organismernas funktionssätt. Han föreställer sig därvid förklaringar utifrån ändamålsorsaker och förklaringar utifrån verkande orsaker som komplementära snarare än som motstridande. Det finns hos honom både ett nådens moraliska rike där ändamålsbestämningen är rådande och ett naturens fysiska rike, där de verkande orsakerna gäller. Det är en dubbelhet i perspektivet som i förändrad form skulle återkomma hos Kant.

Eftersom alla monader har perceptioner kan de i viss mening kallas själar. Men i en striktare mening bör vi kalla endast de monader besjälade som har ett klart medvetande och ett minne. Ty perceptionen kan finnas också på en nivå nedanför medvetandets tröskel. Leibniz talar om de omedvetna ”små perceptioner” som kan ha ett väsentligt inflytande på vårt själsliv utan att vi någonsin blir klara över detta. Sådana små perceptioner finns också hos den materia vi brukar betrakta som själlös. Leibniz tänker sig en kontinuerlig övergång från de otydligaste, lägsta formerna av medvetande till de tydligaste, högsta. Därför blir det naturligt för honom att också tillskriva djuren själar och avvisa Descartes' lära om deras själlöshet.

Likväl skiljer sig människan från djuren genom sitt förnuft: ”Men det är kunskapen om de nödvändiga och eviga sanningarna som skiljer oss från de oskäliga djuren och gör oss delaktiga av *förnuftet* och vetenskaperna, i det den lyfter oss till kunskap om oss själva och om Gud.” Också djuren har sinneskunskap. Men förnuftskunskap tillkommer endast människan. Denna förnuftskunskap grundar sig enligt Leibniz på två stora principer. Den ena är motsägelseprincipen, enligt vilket det som innehåller en motsägelse är falskt. Den andra är den tillräckliga grundens lag, som säger oss att det för varje faktum och varje sanning finns en tillräcklig grund, något som gör att det förhåller sig på just detta sätt och inte på något annat.

Sin åsikt om grunderna för förnuftskunskapen kombinerar Leibniz med läran att det finns två sorters sanningar: nödvändiga sanningar och tillfälliga (eller faktiska) sanningar. De nödvändiga sanningarna är sanna redan av formellt logiska skäl – deras negation är en motsägelse. De tillfälliga sanningarna är sanna bara de facto – motsatsen är tänkbar. De nödvändiga sanningarna – t.ex. att två och två är fyra – gäller i alla möjliga världar. De tillfälliga – t.ex. att Caesar gick över Rubicon – bara i vår värld. De förra sanningarna kan man inse enbart med hjälp av förnuftsöverväganden. De senare måste man förvissa sig om genom undersökning av varje särskilt fall. Så skulle man åtminstone kunna tro att Leibniz menar. Men han har knappt framställt skillnaden mellan nödvändiga och tillfälliga sanningar förrän han komplicerar den. Det visar sig nämligen att enligt Leibniz alla sanningar är ”analytiska”. Det vill säga, han hävdar att i varje sann utsaga predikatet ligger inneboende i subjektet. Säger vi ”Alla ungkarlar är ogifta” blir detta lätt att förstå. Att vara ogift är en egenskap, ett predikat som ligger inbakat i detta att vara ungkarl. Men säger vi ”Caesar gick över Rubicon” blir saken inte lika självklar.

Likväl hävdar Leibniz att också ”Caesar gick över Rubicon” är en analytisk sats. En fältherre som inte gick över Rubicon, blev diktator i Rom och sedan mördades av sammansvurna kan ju inte ha varit Caesar. I Caesars själva begrepp tycks allt detta ligga innefattat. I substansens begrepp ligger allt som kan utsägas om substansen, också vilka relationer den står i till allt annat i universum. Hos varje substans, i varje monad, hävdar Leibniz, existerar individens hela förgångna, innevarande och framtida öde. Gud, som kan genomskåda varje individs begrepp, eller *haecceitas,* kan också genomskåda den individens förflutna och framtid. Det vi människor inte kan veta om Caesar annat än genom historisk forskning kan Gud veta genom kunskap om det individuella begreppet. Alla en individs egenskaper innebor i detta begrepp, också de skenbart tillfälliga.

Men innebär inte detta att Leibniz nu upphäver den distinktion han själv infört, nämligen den mellan nödvändiga och tillfälliga sanningar? Blir inte alla sanningar nödvändiga om de är analytiskt sanna och om predikatet alltid ligger implicit i subjektet? Leibniz förnekar emellertid att denna konsekvens måste uppstå. Förutsatt att Caesar är den faktiske Caesar, måste han gå över Rubicon. Men Gud skulle ha kunnat skapa en annan Caesar, en Caesar i en annan värld än vår. Den Caesar kanske skulle ha stannat i Gallien. Eller ha besegrats av Pompejus. Eller ha undgått mördarnas dolkar. När Gud skapar vår värld, väljer han enligt Leibniz ut en värld som skall förverkligas bland otaliga möjliga världar. I den väldiga meny av världar varifrån Gud väljer finns också tallösa Caesar med olika levnadsöden. Det är bara när Gud valt en av dessa som dennes individuella begrepp är fastställt och därmed hans levnadsöde i varje dess vändning. Men både Gud och Caesar väljer utan tvång. Deras val är fritt.

Guds val är inte nödvändigt. Det är fritt, men ändå säkert, hävdar Leibniz. Det är säkert därför att Gud, förutsatt att han är god, måste välja den bästa av alla möjliga världar. Ett annat val skulle inte ha inneburit en motsägelse. Men vi kan ändå vara säkra på att Gud inte skulle ha träffat ett annat val än det bästa. På liknande sätt valde Caesar fritt. Hans beslut att gå över Rubicon låg grundat i hans natur. Men ett annat beslut skulle inte ha inneburit en motsägelse.

På detta sätt innebär Leibniz’ förklaring av skillnaden mellan de nödvändiga och de tillfälliga sanningarna också en upplösning av viljefrihetens problem. Gud och människorna är fria att välja, men deras val framgår ur deras natur. Inte alla bedömare i samtid och eftervärld har tyckt att Leibniz på ett alldeles tillfredsställande sätt löst de svåra frågor han tagit sig an. Under förutsättning att Gud är fullkomligt god – *måste* han inte då välja det bästa av ett antal till buds stående alternativ? Är inte detta inte bara säkert utan också nödvändigt? Skulle inte motsatsen innebära en motsägelse?

Själv tycks Leibniz dock ha varit belåten med den lösning han funnit. Han var också övertygad om att han hittat ett svar på det besvärliga s.k. theodicéproblemet – dvs. problemet rörande Guds rättvisa. Leibniz diskuterade det särskilt ingående i sin skrift *Essais de theodicée* ("Essayer om theodicén" 1710). Gud är god. Följaktligen måste den värld han skapat vara den bästa av alla möjliga världar: "om vi kunde tillräckligt förstå universums ordning, så skulle vi finna att den överträffar allt vad de visaste kan önska sig och att det är omöjligt att göra den bättre än vad den är." Detta var uppfattningar som ett halvsekel senare skulle göra Leibniz' theodicé till tacksamt mål för Voltaire satir i *Candide*. Men för Leibniz stod det klart att det till synes onda i tillvaron är en följd antingen av att människorna missbrukar sin valfrihet (vilket Gud inte kan rå för) eller av att vår värld skapats i enlighet med enkla och allmängiltiga lagar (vilket är en förutsättning för dess största möjliga fullkomlighet, även om lagbundenheten ibland kan leda till av människorna oönskade resultat). Den ofullkomlighet som trots allt måste finnas i världen, är en följd av att världen är något skapat, av att den inte är Gud själv. Om Gud är Varat självt, är världen en blandning mellan Vara och Icke-vara.

På ett sätt som starkt erinrar om nyplatonismens tänker sig Leibniz att världen är en utstrålning från Gud: "Gud ensam är sålunda den ursprungliga enheten eller den ursprungliga enkla substansen. Alla de skapade eller härledda monaderna frambringas av honom och föds så att säga genom en oupphörlig utstrålning från gudomligheten från ögonblick till ögonblick; och de föds begränsade genom receptiviteten som utmärker de skapade varelserna, för vilka begränsningen är något väsentligt."

Skapelsen är sålunda så fullkomlig den kan vara. Den är en utstrålning av Gud. Därav följer både att dess källa är fullkomlig och att den själv måste ha del av begränsning, ofullkomlighet, passivitet (receptivitet). Världen är enligt monadläran både gudomlig och besjälad på ett sätt som erinrar om Spinozas uppfattning, men också skiljer sig från denna genom att så mycket starkare betona individualiteten, mångfalden, utvecklingen, rörelsen. Där Descartes och Spinoza tänkte sig materien som utsträckning, framhåller Leibniz att den är kraft, energi. Monaderna är punkter av aktivitet, inte något enbart passivt.

Descartes, Malebranche och Spinoza finns ständigt närvarande i Leibniz' filosofi. Den innehåller på punkt efter punkt originella svar på de frågor föregångarna behandlade – rörande substanserna, förhållandet mellan ande och materia, själ och kropp, Guds betydelse för kausaliteten och hans roll för kunskapen. I fråga om kunskapen kan Leibniz på sätt och vis hålla med Malebranche om att "vi ser alla ting i Gud" – monaderna har ju inga fönster, de ser bara det Gud programmerat dem för att se. I den meningen är all deras kunskap "medfödd". I striden om de medfödda idéerna ställer sig Leibniz därmed på Descartes' sida gentemot Lockes angrepp.

Ett av Leibniz' mest omfattande arbeten bär titeln *Nouveaux essais sur l'entendement humain* ("Nya essayer om den mänskliga kunskapsförmågan)", skrivet omkring 1704, utgivet 1765. Det var, som titeln indikerar, en direkt polemik mot Lockes *An Essay Concerning Human Understanding*. I en dialog får en företrädare för Leibniz' åsikter på punkt efter punkt bemöta en företrädare för Lockes.

Leibniz jämför Lockes åsikter med Aristoteles', sina egna med Platons. Antingen förhåller det sig så att ingenting finns i själen som inte tidigare funnits i sinnena och så att själen ursprungligen är en tom skrivtavla, på vilken ingen ännu skrivit något. I detta fall har Aristoteles och Locke rätt. Eller förhåller det sig så att "själen i stället från början innehåller grunderna till många begrepp och lärosatser, som de yttre objekten endast vid tillfälle uppväcker hos den, såsom jag anser i överensstämmelse med Platon".

Leibniz hävdar, att det just är de medfödda begreppen som skiljer människornas kunskap från djurens: "Djuren är helt bundna till erfarenheten och rättar sig endast efter iakttagna fall, ty de lyckas, så vitt man kan bedöma, aldrig bilda nödvändiga satser; människorna däremot kan ha demonstrativa vetenskaper. Av detta skäl är också djurens slutledningsförmåga underlägsen människornas förnuft." Locke hade gjort invändningen att människor i många fall inte alls är medvetna om de medfödda begrepp och principer, som filosoferna tillskriver dem. Detta hade varit en stark invändning mot Descartes, enligt vilken själen är tänkande och har ett klart medvetande om allt som finns i den. Men för Leibniz var det lätt att bemöta argumentet med en hänvisning till de "små perceptionerna", till det som omedvetet finns i själen. Med hjälp av en egendomlig liknelse försöker han förklara på vad sätt de medfödda idéerna finns i själen. Det är som om en bildhuggare ville hugga ut en Herkulesstaty ur ett marmorblock där det redan fanns ådror som häntydde på Herkules' gestalt och inte på någon annan. I så fall skulle Herkules så att säga vara medfödd i stenen, även om det skulle erfordras arbete för att få dess ådror att träda fram: "Och det är på detta sätt som idéer och sanningar är medfödda hos oss: som anlag, dispositioner, vanor eller naturliga krafter, och inte som verksamheter, ehuru dessa krafter alltid beledsagas av viss ofta omärklig verksamhet som svarar mot dem."

Leibniz samlar – instämmande eller polemiserande – upp mycket av föregångarnas tankar. På många sätt är han typisk för 1600-talets nya filosofi. Han har en stark tilltro till det mänskliga förnuftet. Han är i hög grad influerad av den nya naturvetenskapen och matematiken, som han själv tillför epokgörande upptäckter. Han är fylld av allehanda projekt till människornas fromma – inom ekonomi, vetenskapernas organisation, tekniska framsteg. Tidevarvets stora metafor – bilden av maskinen – håller också hans fantasi fången. Så är det när han talar om den välordnade staten som en förutbestämd harmoni: "Ty som i ett urverk ett hjul måste låta sig drivas i ett annat, så måste i statens stora ur det ena kollegiet driva det andra, och om allt står i riktig proportion och exakt harmoni, kan ingenting annat följa därur, än att klokhetens visare visar landet lyckliga timmar." Ändå är Leibniz ingen anhängare av en mekanisk världsbild. För honom är tvärtom all materia besjälad och aktiv. Hans monader utgör organiska helheter och den monadernas ordning som är världen är också en organisk helhet. Kärnan i Leibniz' världsbild är inte den mekaniska orsakspåverkan utan den levande energin. Det var därför han i så hög grad (och i en helt annan utsträckning är exempelvis Descartes eller Hobbes) kom att influera den romantiska strömning som kom i dagen mot 1700-talets slut. Från Leibniz liksom från Spinoza går en direkt linje till Herder, Schelling och Hegel.

Under 1600-talet levde den "gamla" skolastiska filosofin kvar, framför allt vid universiteten. Men det ur eftervärldens synpunkt intressantaste i epokens filosofiska liv var den "nya" filosofi som utgick från Bacon och Descartes och vars främsta incitament var den stora omvälvningen i naturvetenskaperna. Själva beteckningen "ny", som samtiden gärna använde, markerar en sinnesförändring. Renässansen hade varit tillbakablickande, den hade sökt en *prisca theologia*, en uråldrig visdom. 1600-talsfilosofin ville däremot medvetet bryta med traditionen och "fördomarna". Den utgjorde den första i denna mening moderna filosofin. Ofta var den i högre grad än den själv var medveten om influerad av det förflutna. Men dess medvetna strävan var att börja från nollpunkten utan ängsliga blickar över axeln. Inte ens Leibniz, som dock ärade föregångarna, undgick känslan av att befinna sig på tröskeln till en ny värld.

Med den nya filosofin följde ett nytt sätt att uppfatta förnuftet. Skolastikens motsatsställning mellan uppenbarelse och förnuft gav hos betydelsefulla sextonhundratalstänkare vika för en ny typ av förnuftsmetafysik där filosofi, religion och naturvetenskap förenades i en enhetlig världsbild. Förnuftets lagar identifierades med Guds och naturens. Malebranches occasionalism, Spinozas monism och Leibniz' monadlära drog var på sitt sätt konsekvenserna ur Descartes' metodologi. Förnuftskunskapen betraktades inom alla områden som den enda verkliga. Bortsett från Pascal var det framför allt Locke som representerade en delvis annorlunda och ödmjukare syn på det mänskliga förnuftets möjligheter. Det var ett förhållande som skulle bidra till att ge honom det enorma inflytande han skulle få på 1700-talets filosofi.

Insikten om att det vetenskapliga genombrottet öppnat en ny epok för mänskligheten kom annars i mycket att prägla filosofin också under 1700-talet. Det var först då som många av de ekonomiska, sociala, politiska och kulturella konsekvenserna av förändringarna på allvar blev teman för filosofin.

Empirism, moralsensefilosofi och upplysning i Storbritannien

Under 1700-talet börjar filosofin med en annan tydlighet än tidigare få nationell karaktär. Vad som tidigare var europeisk filosofi rätt och slätt blir nu i allt högre grad engelsk, skotsk, fransk eller tysk. Nationalspråkens definitiva genombrott som filosofiska språk bidrar till detta. Spinoza hade varit en spansktalande holländsk jude som skrev på latin, Leibniz en tysk som skrev företrädesvis på latin och franska. Descartes och Hobbes hade skrivit omväxlande på latin och på sina respektive modersmål. Under 1700-talet blir nationalspråken dominerande. Montesquieu, Voltaire, Rousseau och Diderot skriver på franska, Berkeley och Hume på engelska, Wolff, Kant, Fichte och Schelling på tyska. Med språken följer nationella traditioner, nationella temperament. Naturligtvis läser man fortfarande varandras skrifter (i original eller via översättningar) tvärs över språkgränserna. Varken Rhen eller Engelska kanalen utgör någon absolut kulturbarriär. Men den nationella kontexten spelar en allt större roll. Att Grotius och Spinoza var holländare, Leibniz tysk, ter sig inte fullkomligt avgörande. Men en tysk Voltaire, en fransk David Hume, en engelsk Immanuel Kant trotsar den livligaste fantasi. Kulturerna i Europa blir nu – trots och delvis kanske på grund av den dominans franskan uppnår under 1700-talet – alltmer nationella. Mot slutet av seklet skall den tendensen få en filosofisk artikulering. Nationalismen som tankeriktning och ideologi skapas.

Med tanke på det sagda ter det sig rimligt att behandla 1700-talets filosofi språkområde för språkområde, varvid jag väljer att börja med det engelska. Engelskan som filosofiskt språk hade fått styrka och popularitet genom Hobbes' *Leviathan* och genom Lockes vitt lästa skrifter. Lockes inflytande är också ett dominerande inslag i den ytterst livliga filosofiska debatten i Storbritannien vid 1700-talets början. Periodens främste filosofiske författare, George Berkeley, ger exempel på detta.

Berkeleys immaterialism

George Berkeley (1685–1753) föddes nära Kilkenny på Irland och betraktade sig, trots sin engelska härkomst och protestantiska religion, alltid som irländare. År 1700, då han var femton år gammal, började Berkeley sina studier vid Trinity College i Dublin. Vid detta college blev han också fellow 1707, en ställning som han skulle inneha till dess han 1724 övergav den för en kyrklig karriär. Till slut nådde Berkeley ämbetet som biskop i Cloyne i södra Irland. Det var emellertid i sina unga år, då han ännu var fellow vid Trinity, som Berkeley publicerade de skrifter som givit honom en rangplats i filosofins historia: *An Essay Towards a New Theory of Vision* ("Försök till en ny teori om synen" 1709), *A Treatise Concerning the Principles of Human Knowledge* ("Om principerna för mänsklig kunskap" 1710) och *Three Dialogues Between Hylas and Philonous* ("Tre dialoger mellan Hylas och Philonous" 1713). Det Berkeley skrev under sina senare år – bland annat en skrift om tjärvattnets utomordentliga och hälsobringande verkningar – väckte förmodligen större uppseende i hans samtid, men har endast obetydligt lagt något till hans filosofiska berömmelse.

Vid Trinity College var filosofistudierna modernt inriktade och Berkeley fick stifta bekantskap med både Locke och Malebranche, de två samtida tänkare som kanske starkast influerade honom. Berkeleys filosofiska huvudarbete, *The Principles of Human Knowledge*, varav de tre dialogerna mellan Hylas (grek. för "materia") och Philonous (grek. för "vän av förnuftet") är en popularisering, innehåller en fortgående polemik mot bland andra Locke. Men polemiken godtar Lockes utgångspunkter, som med god verkan vänds mot upphovsmannen själv. Därvid kommer Berkeley ibland i närheten av de tankar som utvecklades av Malebranche.

Enligt verkets undertitel var *Principles* riktad mot skeptiker, ateister och religionsförnekare. Det gällde för Berkeley att på ett övertygande sätt demonstrera kunskapens, inklusive den religiösa kunskapens, möjlighet. Därvid blev Lockes lära om den mänskliga kunskapens begränsningar måltavla för hans polemik. Som vi minns hade Lockes åsikt om vår oförmåga att känna tingens natur haft sin grund i hans distinktion mellan de primära och de sekundära kvaliteterna och i en korpuskelteori, enligt vilken materiens verkliga egenskaper undandrar sig vår observationsförmåga. Just dessa uppfattningar hos Locke är det som Berkeley utsätter för sin attack. Därvid kritiserar han inte bara atomteorin, utan antagandet av materiella substanser överhuvud.

En del av kraften bakom Berkeleys angrepp kom från hans språkteoretiska utgångspunkter. Särskilt betydelsefull var hans kritik mot de abstrakta idéerna och hans begreppsempirism. Det var en i 1600-talets filosofi vanlig åsikt att människan är utrustad med en abstraktionsförmåga och att denna förmåga sätter henne i stånd att forma abstrakta begrepp. Vi skulle sålunda forma begreppet ”människa” genom att abstrahera från sådana specifika egenskaper som kön, ras, kroppslängd, hårfärg och så vidare, genom att ta fasta enbart på det för alla människor gemensamma. Men Berkeley avvisar den möjligheten. Ett begrepp eller en idé är enligt hans sätt att se en mental bild av något. Men hur skulle vi kunna ha en mental bild av en människa, som varken är man eller kvinna, varken lång eller kort, varken barn eller vuxen? Sådana abstrakta föreställningar kan vi helt enkelt inte forma. Inte

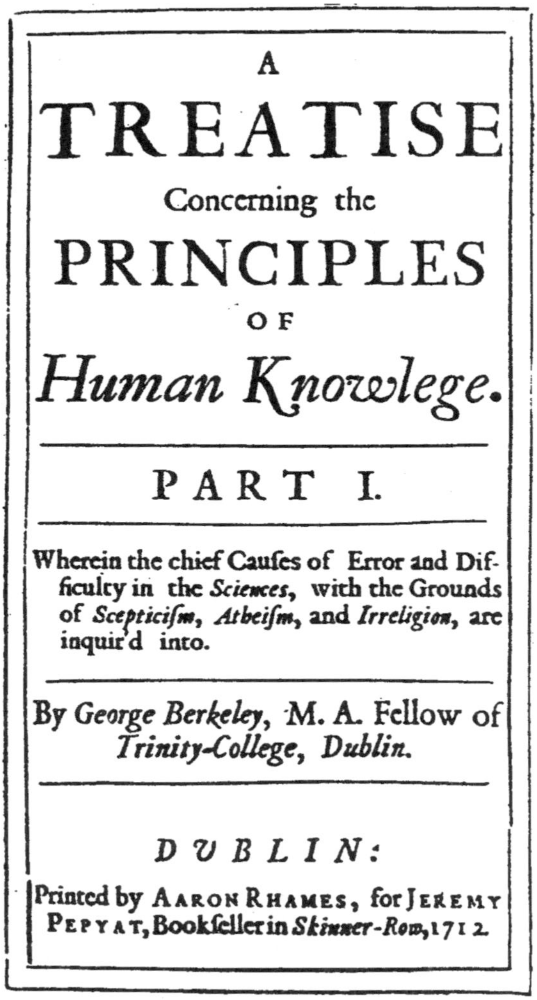
A

TREATISE

Concerning the

PRINCIPLES

OF

Human Knowlege.

PART I.

Wherein the chief Cauſes of Error and Difficulty in the *Sciences*, with the Grounds of *Scepticiſm*, *Atheiſm*, and *Irreligion*, are inquir'd into.

By *George Berkeley*, M. A. Fellow of *Trinity-College*, *Dublin*.

DUBLIN:

Printed by AARON RHAMES, for JEREMY PEPYAT, Bookſeller in *Skinner-Row*, 1712.

Titelsida till Berkeley's Principles of Human Knowledge.

heller kan vi föreställa oss en triangel som varken är liksidig eller oliksidig, varken rätvinklig eller icke rätvinklig. Allt vi kan föreställa oss måste ha vissa konkreta och bestämda egenskaper. Vi kan inte tänka oss något ”abstrakt”. För den skull förnekar Berkeley inte att vi kan ha vad han kallar ”allmänna” idéer. Vi kan t.ex. låta bilden av en bestämd människa genom en regel för dess användande representera alla människor. Vi kan låta idén om en bestämd triangel stå för alla trianglar. Men vi kan inte forma abstrakta idéer.

Kritiken mot antagandet av abstrakta idéer har hos Berkeley nära samband med en begreppsempirism, som i utgångspunkten föga skiljer sig från Lockes. Det heter i *Principles* om föremålen för mänsklig kunskap: ”Det är klart för envar, som tar en överblick över föremålen för mänsklig kunskap, att de är endera idéer, som är verkliga intryck på sinnena, eller också sådana som uppfattas genom att man ger akt på medvetandets känslor och verksamhet, eller slutligen idéer som skapas med hjälp av minnet och fantasin, vilka antingen sammansätter, uppdelar eller endast återger de idéer, som ursprungligen uppfattas på de förstnämnda sätten.” Här formuleras sålunda följande ståndpunkter: De enda föremålen för mänsklig kunskap är idéer. Dessa idéer uppstår i själen på endera av tre sätt. 1. De kan komma till oss genom verkliga intryck på sinnena – intrycket av något rött ger oss exempelvis idén ”röd”. 2. Vi kan få dem genom att ge akt på medvetandets känslor och verksamhet – känslan av sorg ger oss en idé för ”sorg”. 3. Vi kan med hjälp av vår fantasi bearbeta de enkla idéer som kommer till oss på de två förstnämna sätten, sätta samman dem, särskilja dem och så vidare. Genom att sätta samman idéer om färg, lukt, smak med mera kan jag exempelvis forma idén om ett ”äpple” (som inte innehåller något annat än idén om ett antal i tid och rum tillsammans förekommande sinnesintryck). Eller jag kan utforma fantasifulla idéer om en ”kentaur” eller ett ”glasberg”. I alla de tre fallen har idéerna sitt ursprung i empirin, hos det vi omedelbart förnimmer och uppfattar.

Den empiristiska språkteorin blir språngbrädan för Berkeleys kritik mot åsikten att det finns materiella substanser. Som vi sett hade Locke med sin likartade mening i fråga om idéernas ursprung stora svårigheter att förklara hur vi kan ha ett begrepp om materiella substanser. Substansen blir bara ett obekant något som bär upp tingets sensibla egenskaper. Guldets substans blir det som bär upp och förklarar guldets synliga och taktila egenskaper. Men hur kan vi ha en idé om något som vi enligt definitionen aldrig kan ha någon sinnlig erfarenhet av, frågar sig Berkeley. Och i vilken mening kan substansen sägas ”bära upp” de sinnliga egenskaperna? Som väggarna bär upp ett tak? Innebär det inte en orimlig abstraktion att skilja tinget självt från dess egenskaper? Och innebär det inte likaledes en orimlig abstraktion att skilja det att tingen finns från det att de uppfattas?

Locke hade sökt klargöra sin åsikt genom distinktionen mellan primära och sekundära kvaliteter, en distinktion som nu utsätts för Berkeleys vassaste kritik. Hur kan utsträckning och form vara objektiva egenskaper medan t.ex. färg, lukt och smak skulle vara subjektiva? Kan vi verkligen föreställa oss ett ting som har utsträckning men saknar färg? Uppfattar vi inte tingen genom deras sinnliga, för oss förnimbara egenskaper? Hur kan vi annars veta något om dem? Och för övrigt – kan inte de skeptiska argument som övertygat filosoferna om de sekundära egenskapernas subjektivitet tillämpas också på de primära egenskaperna? Ett föremåls form skiftar exempelvis beroende på från vilket avstånd och ur vilken synvinkel man ser det. Uppfattningen av form är inte mindre subjektiv än uppfattningen av färg.

Berkeley finner den enda rimliga uppfattningen vara att alla egenskaper och ting är subjektiva i den bemärkelsen att de existerar bara när vi förnimmer dem. Att vara är att förnimmas, de synliga tingens *esse* är *percipi*, de har ingen existens utanför de medvetanden eller tänkande väsen som uppfattar dem: "Bordet som jag skriver vid existerar, säger jag, d.v.s. jag ser och känner det; och hade jag gått ut ur min studerkammare, skulle jag säga, att det existerade, och därvid mena, att om jag var i min studerkammare, så skulle jag uppfatta det, eller att något annat andligt väsen verkligen uppfattar det."

Berkeleys åsikt att tingen bara existerar som idéer i medvetandet är onekligen tillräckligt paradoxal för att fordra ytterligare kommentarer. Ett av de problem som uppstår får en åtminstone partiell förklaring i den passage som sist citerades – måste vi säga att tingen upphör att existera när ingen förnimmer dem? I denna passage förefaller Berkeley anse att bordet fortsätter att existera i skrivrummet till och med om inget medvetande uppfattar det, nämligen i den meningen att *om* någon var i skrivkammaren skulle han uppfatta det. Ett ting skulle sålunda kunna förstås som en permanent möjlighet till förnimmelse. I *Dialogues* formuleras detta så, att tingen började sin existens eller skapades när Gud påbjöd "att de skulle bli uppfattbara för väsen med förnuft, i den ordning och på det sätt, som han då bestämde och som vi nu kallar naturens lagar". Vi skulle kunna tala om relativ eller hypotetisk existens. Ett ting existerar om det förnims eller om det skulle förnimmas, givet att de och de betingelserna var uppfyllda (att någon befann sig i rummet, att någon befann sig i rätt synvinkel etc.). På andra ställen i sina skrifter tycks Berkeley å andra sidan mena att bara det som är ett faktiskt och aktuellt föremål för perception kan sägas existera.

Bordet i det övergivna arbetsrummet skulle då finnas till enbart därför att Gud förnimmer det.

De fysiska tingen består aldrig av en enda idé, utan av flera som förekommer i regelbundet sammanhang med varandra. Ett äpple har inte bara färg, utan lukt, smak, hårdhet och så vidare. Det har en viss konstans i tiden och rummet. Vi väntar oss att återfinna det på samma plats där vi lämnar det eller, om vi inte gör det, åtminstone finna en förklaring till dess försvinnande. De komplex av idéer som är tingen lyder sålunda vissa lagbundenheter. Upprätthållaren av dess lagbundenheter är enligt Berkeley Gud som inger oss våra idéer.

Den centrala roll, som Gud innehar i Berkeleys filosofi i sin egenskap att vara den som inger oss våra förnimmelser av tingen, skall inte uppfattas enbart som ett uttryck för filosofens fromhet eller för prästerliga karriärambitioner. Den ter sig i själva verket naturlig mot bakgrund av den intellektuella miljö där Berkeleys filosofi utformades. Som vi sett hade 1600-talets filosofer stora svårigheter att förklara hur ande kunde påverka materia eller materia ande. Dessa orsaksrelationer framstod som mysteriösa eller till och med omöjliga. Malebranche hade förnekat att de alls fanns. Han antog visserligen materiens existens, men den spelade ingen kausal roll i

George Berkeley. Porträtt av Smibert i National Portrait Gallery, London.

hans filosofi eftersom det enligt hans åsikt var Gud som ingav oss alla våra förnimmelser och föreställningar. Berkeley hyfsar nu ekvationen genom att ta bort det enligt Malebranches egna förutsättningar onödiga antagandet av en materia. Om kropparnas inverkan på själen är något obegripligt – vilket även Locke medgav – varför då anta att den alls förekommer? Varför inte i stället anta, att Gud direkt inger oss våra förnimmelser utan att några kroppar alls finns till? Inte heller Leibniz' förutbestämda harmoni är långt borta. Berkeley måste liksom Leibniz anta att Gud låter varje medvetande få samma (eller samstämmiga) idéer i samma följd – två personer som befinner sig i samma studiekammare tycker sig ju se samma bokhyllor och samma skrivbordsstol.

Berkeley måste nu ge en ny tolkning av sambandet mellan ande och det som vanligen uppfattas som "materia". Där andra brukat se en relation mellan orsak och verkan uppfattar Berkeley en relation mellan ett tecken och det betecknade tinget: "Elden, som jag ser, är inte orsaken till den smärta, som jag känner, då jag närmar mig den, utan det tecken, som varnar mig för den." All kunskap om naturen blir därmed en form av teckentydning. Berkeley säger det explicit för naturvetenskapernas vidkommande: "att söka efter och bemöda sig om att förstå dessa tecken, som naturens skapare stiftat, borde vara naturvetenskapsmannens arbete, och inte att låtsas förklara tingen genom materiella orsaker." I själva verket kunde det naturvetenskapen faktiskt gjorde i stor utsträckning tolkas längs dessa banor. Berkeley hade sålunda en stor beundran för Newton och menade att de naturlagar denne formulerat i *Principia mathematica* rimligt kunde uppfattas just som en beskrivning av de lagbundenheter i enlighet med vilka de olika idéerna visar sig för vårt medvetande.

På vissa punkter riktade Berkeley likväl kritik mot Newton. Det gällde atomläran som han avvisade eftersom den förutsatte existensen av icke förnimbara kroppar. Och det gällde Newtons antagande av absolut tid, absolut rum och absolut rörelse. Gentemot detta hävdade Berkeley att vi inte kan uppfatta någon annan rörelse än en relativ sådan och att relativ rörelse följaktligen är den enda som finns: "för att uppfatta rörelse måste man tänka sig åtminstone två kroppar, vilkas läge och avstånd i förhållande till varandra ändras. Härav följer, att om det existerade endast en kropp, kunde den omöjligen vara i rörelse."

Berkeley ansåg sig ha försvarat naturvetenskaperna gentemot Lockes skepsis. Naturvetenskaperna handlar inte om okända materiella substanser som vi aldrig kommer att få någon verklig kunskap om. De handlar om det för oss mest välkända – om våra egna idéer och sinnesintryck. På liknande sätt ansåg sig Berkeley försvara sunda förnuftet gentemot filosofernas tvivel. På sätt och vis kan man ge honom rätt i hans anspråk. Berkeleys teori innebär ju att vardagsverkligheten med dess former, färger, lukter och smaker också är den sanna verkligheten. Tag bort från äpplet dess form, dess färg, dess lukt, dess smak och alla andra för våra sinnen uppfattbara egenskaper och vad finns kvar? Ingenting, svarar Berkeley och kan därvid förefalla hålla sig till sunda förnuftets åsikt att äpplet är just detta vi ser och känner, inte en svärm av färglösa och för våra sinnen oåtkomliga atomer. Å andra sidan är det uppenbart, att Berkeley i viktiga avseenden skiljer sig från sunda förnuftet. Otvivelaktigt menar sunda förnuftet att tingen har en objektiv existens och att de finns till även när ingen uppfattar dem. När den store Samuel Johnson föraktfullt ville vederlägga Berkeleys sofismer genom att sparka till en sten hade han onekligen sunda förnuftet på sin sida. Sanningen är väl den att det i ”sunda förnuftet”, dvs. i gemene mans vardagsvisdom, knappast existerar någon klar och motsägelsefri uppfattning om vad materien är. Det skulle också ha varit förvånande om sunda förnuftet haft någon sådan uppfattning med tanke på filosofernas svårigheter att nå en.

Satsen ”att vara är att förnimmas” gäller idéerna. Den gäller inte själen. Själen, jaget är i stället det som förnimmer. För den gäller: ”att vara är att förnimma” (lat. ”esse est percipere”). Det finns inga kroppsliga substanser, men det finns andliga och själarna liksom Gud är sådana. Man kan förvåna sig över att Berkeley anser att våra förnimmelser lättare kan förklaras genom antagandet att Gud orsakar dem än genom antagandet att materiella ting orsakar dem. Är inte Gud ett lika okänt och mysteriöst något som de materiella substanserna? Berkeley anser inte det. Det vara som består i att förnimma och det vara som består i att förnimmas kan vi enligt honom förstå. Både idéerna och de andliga substanserna (i form av vårt eget jag) ingår i vår erfarenhet och är därför begripliga. Men de materiella substanserna är så länge de inte förnimmes något absolut obegripligt, beteckningar utan innebörd. Det var en triumf för den fromme Berkeley att gentemot de ateistiska materialisterna ha visat att våra begrepp om själen och om Gud är långt klarare och mer motsägelsefria än våra begrepp om materiella ting. Dessutom hade han ju tilldelat Gud en central plats i sin kunskapsteori som förnimmelsernas och idéernas upphovsman. Med viss rätt gjorde Berkeley till sina Pauli ord om Gud: ”Ty i honom är det vi lever, rör oss och är till” (Apg. 17:28).

Berkeleys förnekande av materien var alltför paradoxalt för att tas på allvar av hans samtid. Hans inflytande över samtiden kan på intet vis jämföras med exempelvis Lockes. Men på längre sikt blev hans betydelse för filosofins utveckling utomordentligt stor. Hos David Hume vändes, som vi skall se, Berkeleys radikala anti-skepticism till en lika radikal skepticism. Hos den idealism som mot slutet av 1700-talet växte fram i Tyskland (Fichte, Schelling, Hegel) fanns ett förnekande av materien, som var lika bestämt som Berkeleys om än annorlunda grundat och motiverat. Under det sena 1800-talet och under 1900-talet utvecklades fenomenalistiska uppfattningar som hade uppenbar släktskap med Berkeleys. Mach och Carnap, Russell och Moore räknade Berkeley bland sina föregångare, även om man får förmoda att Berkeley om han kunnat förutse det skulle ha varit föga nöjd med det ofromma bruk efterföljarna gjorde av hans teorier.

Moralsenseskolan

I Berkeleys filosofi är kunskapsteorin och metafysiken det centrala och mest intressanta. Hos en del av hans samtida var det framför allt de moralfilosofiska frågorna som stod i fokus. Man brukar tala om ”moralsenseskolan” i brittisk 1700-talsfilosofi och därvid tänka på författare som Shaftesbury, Butler och Hutcheson. Men även David Hume och Adam Smith hör hemma i detta sammanhang, låt vara att dessa giganter sprängde ramarna för varje blott och bart moralfilosofisk strömning.

Anthony Ashley Cooper, tredje earl av Shaftesbury, (1671–1713) var sonson till den Shaftesbury som var Lockes beskyddare. Locke övervakade också personligen den blivande tredje earlens uppfostran. Någon renlärig Lockean i filosofin blev hans elev emellertid inte utan en högst självständig tänkare. I sina skrifter, bland dem en samling essayer i tre volymer, *Characteristics of Men, Manners, Opinions, Times* (”Karaktäristiker av människor, seder, åsikter och tider” 1711), företrädde Shaftesbury uppfattningar som kom att göra ett djupgående intryck på hans samtid och närmaste eftervärld. Shaftesbury hävdade den harmoniska, allsidigt och inte minst moraliskt och estetiskt rikt utvecklade personlighetens betydelse. Han poängterade moralens självständighet i förhållande till religionen – det är inte fruktan för straff eller förväntan om belöning efter döden som är motivet för det sant moraliska handlandet. Han sökte visa att människan var utrustad med en särskild moralisk känsla, en *moral sense*, en instinkt, en sympati som binder oss till våra medmänniskor. Denna moraliska känsla eller detta moraliska sinne (ordet *sense* har en sådan dubbeltydighet i engelskan och även hos Shaftesbury) förutsattes leda oss rätt i våra moraliska avgöranden.

Shaftesbury gav aldrig någon systematisk utredning av vad det moraliska sinnet var. Den uppgiften lämnade han till sina efterföljare Joseph Butler (1692–1752) och framför allt Francis Hutcheson (1694–1747). Butler framhöll att moraliska känslor som välvilja, medlidande och sympati är lika ursprungliga i den mänskliga naturen som egoismen. Men den mest ingående diskussionen av moral sense begreppet finner man hos Hutcheson, vars *Inquiry into the Original of Our Ideas of Beauty and Virtue* ("Undersökning av ursprunget till våra idéer om skönhet och dygd" 1725) blev en av seklets mest studerade moralfilosofiska skrifter.

För Hutcheson är det angeläget att vederlägga dem som hävdade att egenintresset och nyttosynpunkten är moralens grundval. Det som styr våra moraliska reaktioner är ett omedelbart moraliskt gillande eller ogillande, inte någon beräkning av den egna fördelen. Hutcheson vill bevisa att "somliga handlingar för människorna har en omedelbar godhet, eller, att vi genom ett överlägset sinne, som jag kallar det moraliska, erfar lust vid betraktandet av sådana handlingar hos andra, och är beslutna att älska den handlande utan någon utsikt till andra naturliga fördelar genom dem". En ädel handling som en medmänniska begår (och än mera en som vi själva utför) väcker vår omedelbara sympati, vårt gillande, vår kärlek medan en ond handling väcker vår motvilja, vårt ogillande, vårt hat. Det moraliskt onda och goda uppfattas därvid av ett särskilt sinne, det moraliska. Hutcheson jämför uttryckligen detta med hur våra yttre sinnen kan uppfatta tingens (i Lockes mening) sekundära kvaliteter. De moraliska och estetiska egenskaperna finns lika litet som färger eller smaker objektivt hos föremålen. Men de iakttas med samma regelbundenhet och har för oss samma grad av intersubjektivitet. Liknande gäller om estetiska omdömen. Satser som "sockret är sött", "handlingen är ädel", "tavlan är vacker" parallelliseras därmed hos Hutcheson. Det ädla och det vackra uppväcker hos oss moraliska känslor av bifall med samma regelbundenhet och säkerhet som de yttre tingen ger upphov till smak- eller färgförnimmelser. Tidigare moralfilosofer hade vanligen ansett att det är genom förnuftet vi får kännedom om de moraliska sanningarna. Enligt Hutcheson är det i stället sinnena och känslan som ger oss moralisk kunskap.

Hutcheson var professor i moralfilosofi i Glasgow och blev föregångare för en specifikt skotsk strömning inom filosofin. Till hans beundrare och efterföljare kan räknas Henry Home (lord Kames) (1696–1782), som framför allt vidareutvecklade Hutchesons idéer om det sköna och det fula och som ofta betraktas som den filosofiska estetikens upphovsman. Men Hutchesons främste efterföljare, vars rykte snart överskuggade hans eget, blev David Hume. Med Hume träffar vi på den centrala gestalten inom den skotska upplysningsfilosofin.

Le bon David – skepsis, empirism och upplysningsfilosofi hos Hume

David Hume (1711–1776) föddes i Edinburgh i Skottland. Han skulle alltid känna sig som skotte och talade en bred skotska, som ibland utsattes för åtlöje då han vistades i England. Familjen var ansedd med förnäma släktingar, men inte särskilt välbärgad. Efter skolgång bedrev Hume universitetsstudier i Edinburgh. Avsikten från familjens sida var att han skulle bli jurist, men hans egen håg stod helt till litteraturen och filosofin. Hume drömde om att skaffa sig ett rykte som författare. En resa till Frankrike 1735 satte honom i stånd att förverkliga sina författarplaner. Under två år slog han sig ner i jesuitklostret i La Flèche, som en gång fostrat Descartes, och skrev där sitt främsta filosofiska verk, *A Treatise of Human Nature* ("Avhandling om människans natur"), som i tre delar publicerades 1739–1740.

Humes ambitioner i *Treatise* påminner om dem Locke hade i *Essay Concerning Human Understanding*. Hume vill lägga en ny grund för filosofin genom en empirisk ("experimentell") undersökning av den mänskliga naturen. Inte minst då det gäller moralfilosofin, menade han, är det viktigt att ta hänsyn till de begränsningar som människans natur ger upphov till. Men kunskapen om den mänskliga naturen är fundamental för alla vetenskaper eftersom de alla står i någon relation till den. Den första delen av Humes verk är ägnad en undersökning av de grundläggande frågorna om den mänskliga kunskapens karaktär och gränser, varvid utgångspunkten än en gång erinrar om Locke.

Alla mänskliga förnimmelser är av två slag, förklarar Hume: intryck och idéer. Med intryck avser han inte bara yttre sinnesintryck utan också inre förnimmelser som känslor och sinnesrörelser. Idéerna är reflexer i själen av intrycken och kännetecknas genom sin ringare grad av livlighet och styrka. Såväl intrycken som idéerna kan vara enkla eller sammansatta. Alla enkla idéer härstammar från enkla intryck. Däremot är det möjligt för oss att med fantasins hjälp skapa sammansatta idéer som inte motsvaras av något sinnesintryck. Av idén om en häst och idén om vingar kan vi skapa föreställningen om en bevingad häst, trots att vi aldrig sett en sådan.

Om Hume i frågan om idéernas ursprung följt Locke följer han i sitt fortsatta resonemang Berkeley en bit på vägen. På samma sätt som Berkeley – vilken i sammanhanget åberopas och beskrivs som "en stor filosof" – kritiserar Hume läran om abstrakta föreställningar. På samma sätt som Berkeley avvisar han läran om materiella substanser. Men Hume går på viktiga punkter mycket längre än Berkeley. Berkeley hade förnekat existensen av materiella substanser, men fortfarande antagit att det finns själsliga. Hume visar emellertid att föreställningen om själsliga substanser kan kritiseras med samma sorts argument som Berkeley riktat mot de kroppsliga. Den själsliga substansen blir, i den mån den skall uppfattas som en ”substrat” vilket bär upp medvetandets introspektivt iakttagbara egenskaper, i lika hög grad ett mystiskt och okänt ”något” som den materiella substansen. De som hävdar att det finns en psykisk substans måste kunna påvisa vilka intryck som svarar mot den. I en ofta citerad passage skriver Hume om sin oförmåga att hos sig själv finna intryck som skulle kunna svara mot ett ”jag”: ”För min del råkar jag alltid, då jag söker komma i omedelbar kontakt med vad jag kallar *mig själv*, på en eller annan enstaka förnimmelse, såsom av värme eller köld, ljus eller mörker, kärlek eller hat, lust eller olust. Jag kan aldrig få tag på *mig själv* vid något tillfälle utan en förnimmelse och kan aldrig iaktta något annat än förnimmelsen.” Mot jaget svarar inget intryck och följaktligen inte heller någon idé. Den själsliga substansen är lika mycket en myt som den kroppsliga.

David Hume. Målning av Allan Ramsay.

Samma språkteoretiska principer som kommit till bruk gentemot substansbegreppet för Hume i fält i sin berömda kritik av orsaksbegreppet och induktionen. Vari består egentligen relationen mellan orsak och verkan? Vad är det som sker när exempelvis en magnet drar till sig några järnfilspån? Om vi endast iakttar en enskilt exempel på ett kausalt förlopp – en magnet som attraherar järnfilspån, en biljardboll som stöter emot en annan och delger den sin egen rörelse – så kan vi, påpekar Hume, inte uppfatta något annat än en tidsligt förlopp. Hur noggrann vår observation än är uppfattar vi inte något annat än händelser som följer på varandra i tiden. Men när vi talar om en orsak avser vi något annat och mer. Vi tänker oss visserligen att verkan följer orsaken i tiden, men dessutom att detta sker med någon form av nödvändighet. Orsaken framtvingar verkan. Men vari består detta tvång? Hos en tänkare som låt oss säga Spinoza likställes det kausala tvånget med ett logiskt. Men ett sådant likställande avvisas av Hume. Kausalitet har ingenting med logisk nödvändighet att göra. Vi kan utan motsägelse tänka oss att ett föremål uppstår ur intet eller försvinner i intet utan någon orsak alls. Vi kan utan motsägelse tänka oss en värld där järnfilspån repellerades av magneter i stället för att attraheras av dem eller en där biljardbollar fastnade i varandra i stället för att stöta bort varandra. Kausaliteten är ingen logisk relation. I stället rör det sig om en regelbundenhet. Vi observerar i ett stort antal fall utan undantag att magneter drar till sig järnfilspån. Eller vi övertygas genom långvarig övning vid biljardbordet om att det ena klotet har förmåga att sätta det andra i rörelse.

På detta sätt kommer Hume fram till en analys av kausaliteten enligt vilken den helt enkelt består i regelbundenhet. En händelse A sägs förorsaka en händelse B om den i tiden föregår B och om det regelbundet och utan undantag förhåller sig så, att händelser av samma typ som A följs av händelser av samma typ som B. Regelbundenheten skapar hos oss en vana, en associationsbana, som gör att vi då A uppträder också förväntar oss B. Det är ingenting annat än denna vana som hos oss skapar den känsla av nödvändighet, som vi förbinder med kausalitet. I naturen finns bara den empiriska regelbundenheten. Nödvändigheten finns bara i vår uppfattning, den är en subjektiv föreställning, skapad av vanan.

För att fullt förstå vidden av Humes slutsatser måste man ta i beaktande också hans kritik av induktionen. Det är med induktionens hjälp vi drar slutsatser från fenomen vi har iakttagit till sådana som vi ännu inte observerat. Alla slutsatser om framtiden vilar sålunda på induktion. Det är bara induktionen som kan ge oss grund att förvänta att solen skall gå upp också i morgon. Men hur kan induktionssluten legitimeras? I kraft av vilken princip kan vi dra slutsatser från det kända till det okända? Den formella logiken tillåter oss inte något sådant. Den formella logikens slutsatser tjänar bara till att göra explicit det som redan ligger implicit i premisserna. De tillför oss inte någon ny kunskap om världen. Erfarenheten kan uppenbarligen heller inte ligga till grund för induktiva slutledningar i den mån dessa syftar till att ge kunskap om något icke erfaret. Sinneskunskapen kan inte ge information om något som ännu inte blivit föremål för empirisk erfarenhet (t.ex. att solen går upp i morgon). Varken den rena, logiska förnuftskunskapen eller sinneskunskapen tycks kunna ge någon grund för induktionen. Denna vilar på premissen att framtiden kommer att likna det förflutna. Det är en premiss som inte kan grundas eller bevisas utan cirkelslut, utan som helt enkelt måste förutsättas vid de induktiva resonemangen. Den har sitt stöd i vanan, inte hos förnuftet, hos våra instinkter snarare än i någon bevisföring.

Humes kritik av kausalitet och induktion har de mest vittomfattande konsekvenser. Den revolutionerar världsåskådningen och filosofin. Humes värld är en där en fullkomlig kontingens är förhärskande. Såtillvida är Humes åskådning en motpol till Spinozas, som också ingående kritiseras i *Treatise*. I Spinozas värld existerar ingen kontingens, i Humes existerar ingen nödvändighet. Allt vi med vår fantasis hjälp kan föreställa oss är också möjligt ur förnuftets synpunkt. Vad som helst kan vara orsak till vad som helst. Orsakssambanden kan vi inte begripa. De har ingen förnuftig förklaring. De bara finns där som empiriska regelbundenheter. Vi kan iaktta dessa regelbundenheter, vi kan ibland inordna dem under andra, större regelbundenheter. Men det finns i sista hand inget skäl varför världen är just som den är. I sin *An Enquiry Concerning Human Understanding* ("En undersökning rörande den mänskliga kunskapsförmågan") formulerade Hume detta tydligare än i *Treatise*. Vad vi ser i naturen är hur en händelse följer på en annan. Något nödvändigt eller meningsfullt samband mellan dem ser vi aldrig: "det förefaller i hela naturen inte finnas ett enda exempel på ett samband som är begripligt för oss. Alla händelser tycks vara helt och hållet lösa och åtskilda. Den ena händelsen följer den andra; men vi kan aldrig observera något band mellan dem. De tycks existera tillsammans men utan sammanhang."

Denna syn på världens kontingens har ett nära samband med Humes kunskapsteoretiska grundantaganden. Det finns enligt hans mening två sorters kunskap, två sorters sanningar. Där finns den rena förnuftskunskapen som handlar om förhållandet mellan idéer och där finns sinneskunskapen som handlar om förhållandet mellan verkliga ting. Den matematiska och logiska kunskapen ger enligt Hume ingen information om verkligheten. Den handlar enbart om våra idéer och om de formella relationer som råder mellan dem. Med logikens hjälp kan vi klarlägga vad som redan ligger implicit i våra idéer, men inte upptäcka ny kunskap om världen. Kunskap om den yttre verkligheten kommer enbart till oss från sinnena. Och vad sinnena kan informera oss om är fakta och regelbundenheter vilka existerar som något blott och bart givet, som något ”kontingent” utan förnuftsmässig nödvändighet. I en vältalig passage som avslutar *Enquiry Concerning Human Understanding* har Hume formulerat konsekvenserna av sina kunskapsteoretiska principer: ”När vi övertygade om dessa principer går igenom bibliotek, vilken förstörelse måste vi inte åstadkomma? Om vi tar i vår hand en volym av exempelvis teologi eller skolmetafysik, låt oss fråga: *Innehåller den abstrakta resonemang om kvantitet och tal?* Nej. *Innehåller den erfarenhetsbaserade resonemang om fakta och existens?* Nej. Kasta den då på elden, ty den kan inte innehålla något annat än sofismer och illusioner.” För metafysik och rationell teologi av det slag som blomstrat under 1600-talet ger Humes filosofi ingen plats. Om ingen rationell nödvändighet bär upp universum, om det verkligt existerande är oåtkomligt för förnuftig förståelse och förklaring då kan det heller inte finnas en förnuftsmetafysik.

Utgångspunkten för Humes granskning av den mänskliga kunskapen i *Treatise* stod i överensstämmelse med Lockes begreppsempirism. Men slutsatserna tenderar snarast att underminera empirismen. Hume visar hur föga vår empiriska kunskap innefattar då den utsätts för en sträng granskning. Den tillåter oss ingen kunskap om materiella substanser eller om någon oberoende av oss existerande yttervärld – om vi ändå tror på en sådan beror det på vår naturliga instinkt, inte på rationellt grundad kunskap. Den tillåter oss ingen kunskap om vårt eget jag. Inte heller om naturens lagar eller om framtiden. Empirisk kunskap i verklig mening har vi noga taget bara om våra egna känslor och subjektiva intryck i detta enda ögonblick som infaller just nu. Empirismen förefaller då den konsekvent utvecklas obönhörligt leda till skepticism.

Men Hume rycker undan grunden också för skepticismen. Ingen kan leva som en total skeptiker: ”Varken jag eller någon annan människa har någonsin konsekvent omfattat denna åsikt. Naturen har, på grund av en absolut och okontrollerbar nödvändighet, nödgat oss att fälla omdömen likaväl som vi andas och känner.” Så fort filosofen stiger ut ur sin studerkammare, träffar sina vänner och återgår till vardagslivet skingras hans tvivel som om de aldrig funnits. Naturen och instinkterna återtar sitt herravälde över honom. Återvänder han å andra sidan igen till de abstrakta spekulationerna kommer tvivlen tillbaka. Med enbart rationella argument kan de inte övervinnas. Om Hume kommer fram till någon bestämd slutsats i den kunskapskritiska delen av *Treatise* är det närmast den, att man bör låta naturen, instinkten, inbillningskraften råda i det praktiska, vardagliga livet utan att för den skull avstå från filosofiska spekulationer om man finner ett nöje i sådana: ”En sann skeptiker är misstrogen mot sina filosofiska tvivel lika väl som mot sina filosofiska övertygelser; och han skall aldrig neka sig någon oskyldig tillfredsställelse, som någondera av dem kan erbjuda honom.”

Den attack mot överskattningen av förnuftet som Hume för kunskapsteorins och metafysikens vidkommande genomför i första delen av *Treatise* förflyttar han i verkets båda senare delar till moralens område. Det är här han kommer Hutcheson och moralsenseskolan närmast. Andra boken i *Treatise* handlar om passionerna. Där ger sig Hume in i en polemik mot den

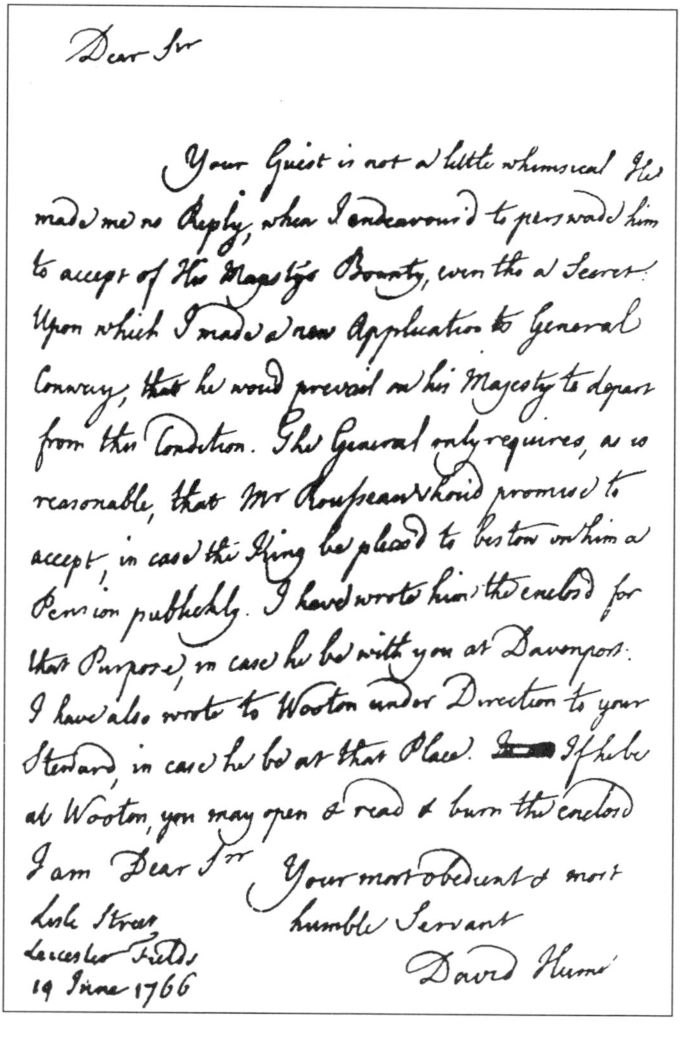

Dear Sir

Your Guest is not a little whimsical. He made me no Reply, when I endeavourd to perswade him to accept of His Majesty's Bounty, even tho a Secret. Upon which I made a new Application to General Conway, that he woud prevail on his Majesty to depart from this Condition. The General only requires, as is reasonable, that Mr Rousseau shoud promise to accept, in case the King be pleasd to bestow on him a Pension publickly. I have wrote him the enclosd for that Purpose, in case he be with you at Davenport. I have also wrote to Wooton under Direction to your Steward, in case he be at that Place. If he be at Wooton, you may open & read & burn the enclosd

I am Dear Sir Your most obedient & most humble Servant

David Hume

Lisle Street
Leicester Fields
19 June 1766

Faksimil av brev från Hume.

traditionella moralfilosofi som alltsedan antiken och framåt förkunnat att förnuftet måste behärska och tygla passionerna. Gentemot den hävdar Hume dels att förnuftet i sig aldrig kan motivera viljan, dels att det aldrig kan motsätta sig eller styra passionerna.

Att förnuftet ensamt inte kan få oss att handla är uppenbart för Hume. Förnuftet kan ge oss insikt om sanningar, men en sanning motiverar vår vilja bara i samband med en önskan, en känsla. Om vi vill uppnå en glädje eller undvika en smärta tar vi hänsyn till vad förnuftet kan säga oss om de bästa medlen att förverkliga det vi önskar. Men själva önskan uppstår ur våra passioner och drifter. Förnuftet kan heller inte strida mot passionerna, såvida dessa passioner inte är förenade med ett omdöme som vederläggs av förnuftet. Våra önskningar och preferenser som sådana kan inte vara mot förnuftet. Det strider inte mot förnuftet om jag föredrar hela världens förstörelse framför att få en skråma på fingret. Inte heller skulle det vara mot förnuftet om jag valde min egen totala undergång för att undvika minsta olägenhet för någon för mig totalt okänd person på andra sidan jordklotet. Våra målsättningar och preferenser är som sådana varken förnuftiga eller oförnuftiga. De hör hemma i känslornas och passionernas sfär, inte inom förnuftets. Vi talar sålunda på ett oegentligt sätt när vi talar om en strid mellan känslor och förnuft. ”Förnuftet”, skriver Hume, ”är och bör inte vara något annat än passionernas slav. Det kan aldrig göra anspråk på någon annan uppgift än att tjäna och lyda dem.”

Humes syn på förhållandet mellan det rationella och det emotionella inom etiken klargörs ytterligare i den avslutande boken i *Treatise*, den som handlar om moralen. Där bekämpar Hume uppfattningen att förnuftet skulle kunna ge oss kunskap om moraliska distinktioner, om ont och gott, rätt och orätt. Den under 1600-talet och tidigare vanliga uppfattningen om förnuftet som moraliskt rättesnöre och källa till moralisk kunskap avvisas sålunda.

Att moralen inte kan bli föremål för vetenskaplig kunskap synes följa ur Humes kunskapsteoretiska principer. Den handlar inte om kvantiteter och tal av det slag som är den rena förnuftskunskapens domän. Men moralen är heller inte i sista hand en fråga om empiriska fakta. Varken laster eller dygder är några sådana fakta. Tag vilken handling som helst som vi är ense om att kalla ond, manar oss Hume, exempelvis uppsåtligt mord: ”Undersök den ur alla synvinklar och se efter om du kan finna det faktum, den verkliga existens som du kallar en ond handling. Hur du än försöker finner du bara vissa passioner, motiv, viljeakter och tankar. Det finns inga andra fakta i målet. Det onda i handlingen undgår dig helt och hållet så länge du bara betraktar sakförhållandet. Du finner det inte innan du vänder betraktelsen in mot ditt eget bröst och finner en känsla av ogillande mot denna handling som stiger upp inom dig. Här finns verkligen ett faktum; men det är föremål för känsla, inte förnuft. Det finns hos dig själv, inte i sakförhållandet. Så att när du påstår att en handling eller en karaktär är ond eller lastbar menar du ingenting annat än att du till följd av din natur erfar en känsla av klander när du betraktar den." Hume fortsätter med att på Hutchesons vis jämföra de moraliska kvaliteterna med Lockes sekundära egenskaper – last och dygd är som färger och ljud vilka enligt den moderna filosofin inte finns hos föremålen utan endast hos det uppfattande sinnet.

Hume tillfogar en tanke som inte minst i modern filosofi blivit livligt omdiskuterad. I de flesta moralfilosofiska system säger han sig ha lagt märke till, att upphovsmannen först brukar tala om Guds existens eller om människans förhållanden för att sedan plötsligt och utan förvarning övergå från satser om vad som är eller inte är till satser om vad som bör eller inte bör vara. Men denna övergång från vara till böra, från påståenden om fakta i världen till normativa utsagor är enligt Hume otillåten. Hur kan denna nya typ av satser deduceras från den andra, som är dem fullkomligt olika?

Det kan förefalla som om Humes praktiska filosofi vore lika subversiv i förhållande till den filosofiska traditionen som hans teoretiska filosofi. Humes kunskapsteori hade underminerat förnuftskunskapens anspråk på att kunna säga något om verkligheten (annat än i frågan om relationer mellan begrepp) och sinneskunskapens anspråk på att ge information om något annat än våra egna omedelbara subjektiva förnimmelser. Hans moralfilosofi avvisade den tanke som tidigare varit den filosofiska etikens huvudtes, den att förnuftet måste styra och behärska passionerna. Till yttermera visso förnekade han att förnuftet alls kan ge oss någon moralisk kunskap. Det liv i enlighet med förnuftet som de flesta tidigare filosofer satt som mål för människornas strävan ter sig enligt Hume som en konfys, närmast självmotsägande föreställning.

Men lika lugnt som Hume betraktade den förödelse han åstadkommit inom kunskapsläran, övertygad om att de naturliga instinkterna alltid tar ut sin rätt, lika obekymrat förhåller han sig till konsekvenserna av sin värdefilosofi. Någon moralisk nihilism eller något sedefördärv befarar han inte som följd av moralens förvisning till den subjektiva, rent emotionella sfären. Ett skäl till detta är att han är övertygad om existensen av ett moraliskt sinne, som lär oss de moraliska distinktionerna, som får oss att älska dygden och ogilla lasten. En handling blir dygdig eller lastbar just genom att den hos det moraliska sinnet uppväcker känslor av tillfredsställelse eller motvilja. Och det moraliska sinnet med dess sympatiska och sociala känslor är enligt Humes övertygelse så djupt rotad i den mänskliga naturen att endast sjukdom och galenskap kan förstöra det. I den förvissningen och i förhoppningen att själv genom sin bok ha bidragit till den praktiska moralens stärkande avslutar Hume *Treatise*.

Hume hade otvivelaktigt ställt stora litterära förhoppningar på sin förstlingsbok. Det innebar en svår besvikelse för honom när den, som han själv formulerat det, ”föll dödfödd från tryckpressen”. Hume hämtade sig emellertid från missräkningen och övertygade sig om att det mindre varit bokens innehåll än dess alltför opolerade och dåligt genomarbetade litterära form som berövat den framgången. Tio år efter *Treatise* gav Hume ut sina *An Enquiry Concerning Human Understanding* (1748) och *An Enquiry Concerning the Principles of Morals* (”En undersökning rörande principerna för moralen” 1751) där han i bearbetad form på nytt lade fram tankegångarna från ungdomsverket. Dessa arbeten förändrar inte annat än i vissa enskildheter bilden av Humes filosofi. De viktigaste tilläggen jämfört med *Treatise* bestod i ett par kapitel om religionsfilosofiska frågor, framför allt det uppseendeväckande ”On Miracles” (”Om underverk”).

Det kan här vara lämpligt att säga något om Humes religionsfilosofi i dess helhet och om hans inställning till religionen. Ingenting binder Hume tätare till den stora strömning i 1700-talets intellektuella liv som man brukar kalla upplysningen än just hans syn på religionen. Gång på gång återkom han i sitt författarskap till kritiska synpunkter på religionen, dess förnuftsenlighet, sanningsanspråk, historiska och politiska roll. Hans argument hade aldrig samma vassa formulering som hos en Voltaire, men de var i sak lika drabbande.

Kapitlet om underverk i *Enquiry Concerning Human Understanding* behandlar frågan huruvida det är förnuftigt att sätta tilltro till sådana berättelser om mirakler som förekommer i Bibeln och andra religiösa skrifter. Svaret blir att tilltron i varje särskilt fall måste anpassas till vittnesbördets trovärdighet. Vittnesbördets sannolikhet måste vägas mot den rapporterade händelsens sannolikhet: ”Om någon berättar för mig att han sett en död människa väckas till liv, överväger jag omedelbart huruvida det är mer sannolikt att han söker bedra mig eller blivit bedragen eller att det faktum han återger verkligen skulle ha skett. Jag väger det ena undret mot det andra, och fattar mitt beslut efter den överlägsenhet jag upptäckt och avvisar alltid det större undret.” Hume överlåter visligen till läsaren att avgöra huruvida det är mer sannolikt att ett vittne har misstagit sig än att en död väckts till liv.

Humes mest ambitiösa religionsfilosofiska verk, *Dialogues Concerning Natural Religion* (”Dialoger om naturlig religion”), publicerades inte under författarens livstid utan först efter hans död (1779). I dialoger mellan företrädare för olika ståndpunkter behandlas frågan huruvida det kan finnas en naturlig religion, dvs. en som enbart vilar på vad som kan bevisas med det naturliga förnuftets hjälp. Framför allt genomför Hume här en förödande kritik mot de gudsbevis som försöker bevisa Guds existens utifrån naturens skönhet och ändamålsenlighet. Ett välordnat universum där växterna och djuren är underbart anpassade till sin miljö och sina livsbetingelser kan inte ha uppstått av en slump, det förutsätter en intelligent skapare, hävdar argumentet. Hume invänder genom sin främste talesman, Philo, att ordningen likaväl kan förklaras genom att materien tillskrivs en självorganiserande princip, genom antagandet av flera samarbetande gudar, genom hypotesen om en spontan uppkomst av många världar, varav bara den mest ändamålsenliga överlevt och så vidare. Hypotesen om en ensam intelligent och allgod skapare är bara en av flera möjliga. Och den är uppenbarligen inte den bästa, eftersom den är oförmögen att förklara världens ondska. Man kan ha olika uppfattningar om huruvida det ondas tillvaro alls är förenligt med antagandet av en god och allsmäktig skapare. Men det är enligt Hume otvivelaktigt att existensen av en värld som innehåller så mycket ont omöjligen kan *förklaras* med hjälp av antagandet av en god skapare.

Det kan diskuteras hur långt Hume gick i sin förnekelse. Han torde knappast ha betraktat sig själv som ateist och kunde ibland prisa ”den sanna religionen” och dess stillsamma väsen. Men det är säkert att religionen i alla dess officiella och historiskt dominerande uppenbarelseformer ingav honom motvilja och att han djupt ogillade både kyrkornas auktoritetstro (”superstition”) och sekternas fanatism (”enthusiasm”). Intolerans, förföljelse, inbördeskrig och krig är onda verkningar som Hume i sina verk gärna tillskriver religionen. De känslor han hyste för kyrka och prästerskap återgäldades också hjärtligt av dessa.

Efter det relativa misslyckandet med *Treatise* började Hume se sig om efter något som kunde ge honom ställning och inkomster. Ett tillfälle yppade sig då en professur i etik vid universitetet i Edinburgh förklarades ledig. Hume tillkännagav sitt intresse för tjänsten, men möttes av en häftig prästerlig agitation där han utmålades som gudsförnekare och fiende till all moral. Professuren gick till en viss William Cleghorn, en person som inte i övrigt har anspråk på någon plats i filosofins historia. En senare ansökan om en professur i logik i Glasgow avlöpte lika illa och av liknande skäl.

Hume fick aldrig någon universitetsanställning. På andra områden hade han likväl framgångar. En bibliotekariesyssla i Edinburgh gav honom tillgång till ett värdefullt bibliotek och vissa inkomster. Anställningar som privatsekreterare och i andra egenskaper hos några rika och förnäma män gav både pengar och tillfällen att se världen. Dessutom fick Hume litterära framgångar. Hans essayer, varav den första samlingen kom ut 1748, blev omedelbart en succé. Hans böcker såldes allt bättre, inbringande inkomster men också ett litterärt rykte som snart utbredde sig över hela Europa. Då Hume under 1760-talet besökte Frankrike artade sig vistelsen till en triumf. *Le bon David* firades av prinsar, filosofer och sköna adelsdamer och fann det oreserverade erkännande som hemlandet aldrig givit honom. Från Paris tog Hume också med sig Rousseau, som han ville ge en fristad i England. Den vänskapen slutade dock i gräl och bitterhet på grund av Rousseaus sjukliga förföljelseidéer.

Det verk som mer än något annat bidrog till Humes litterära anseende i samtiden var hans *History of England* ("Englands historia"), varav fyra delar gavs ut mellan 1754 och 1761. Voltaire ansåg den vara det kanske bästa historiska verk som någonsin skrivits, Gibbon läste den med en blandning av fröjd och förtvivlan. Humes engelska historia byggde på lärdom och forskarmödor. Men den väckte uppseende – och ibland skarpa gensagor – framför allt genom sina tolkningar. Hume var filosof också som historiker och hans synsätt i *The History of England* hängde nära samman med den politiska filosofi som han utvecklade i en del av sina essayer.

I en av 1700-talets stora stridsfrågor, frågan om civilisationens och i synnerhet den moderna civilisationens värde, tog Hume entydigt ställning. Han tillskrev konsterna och vetenskaperna ett humaniserande och lyckliggörande inflytande. Han prisade handeln och den typ av modern civilisation som vilade på handeln. När industrin och konsterna blomstrar, framhöll Hume, hålls människorna sysselsatta, deras tankeförmåga förvärvar styrka, deras naturliga behov tillfredställs och de onaturliga, som närs av sysslolöshet, hindras från att uppkomma. Ju större framsteg konsterna gör dess mer sällskapliga blir människorna. Deras fond av konversation berikas, de är inte längre nöjda med den isolering som utmärker människorna i barbariska nationer. Människorna flockas till städerna, de älskar att motta och delge kunskap, att visa sin kvickhet i konversation och sin smak i sitt sätt att leva, sina kläder, sin heminredning. Könen träffar varandra på att naturligt och tvångslöst sätt till ömsesidigt nöje och utbyte. Industri, kunskap och humanitet är sammanlänkade. Den moderna civilisationen humaniserar sederna, gör uppror och inbördeskrig sällsyntare och minskar till och med grymheten hos krigföringen mellan stater. Det är inte bara Humes egen sällskapliga och urbana natur som avspeglas i dessa betraktelser, det är hela upplysningsströmningens bejakande av det moderna samhället, vars lyx och förfining inte betraktas som förvekligande eller korrumperande utan som ett bidrag till människans fullkomning.

Hume var övertygad också om att den inre ordningen och samhällslugnet drog nytta av den moderna europeiska kulturens fördelar: ”Lagar, ordning, rättsväsende, disciplin, dessa kan aldrig fullkomnas innan det mänskliga förståndet har förfinats genom övning inom de allmännare konsterna, åtminstone inom kommers och manufaktur.” Överhuvud betonade Hume på ett sätt som ibland kan föra tankarna till Hobbes ordningens, auktoritetens betydelse. Ordningen är förutsättningen också för friheten – utan en garanterad, förutsebar ordning kan individen inte njuta några friheter eller rättigheter. I förhållande till friheten har auktoriteten en sorts primat – friheten är nödvändig för samhällets fullkomning, auktoriteten är nödvändig för själva dess existens. I sin *History of England* bedömde Hume med relativ mildhet den avsatta Stuartska kungaätten som sökt hävda kungamaktens auktoritet. I den ärftliga, konstitutionella monarkin såg han den bästa styrelseformen. Monarkin i dess moderna europeiska utformning innebär, menar Hume, en garanti för laglighet och för frihet under lagarna. Monarkins auktoritet vilar i sin tur till stor del på vanan. I politiskt avseende är människan ett vanedjur. Vanan vid lydnad inför lagar och myndigheter innebär den bästa garanten för en fredlig samhällsutveckling. I sin politiska filosofi liksom i andra sammanhang framhöll Hume förnuftets begränsade inflytande, vanans och instinktens stora betydelse.

Sina sista år framlevde Hume i sin födelsestad Edinburgh, en välbärgad och ärad man, den skotska litteraturens prydnad. Då han dog i cancer var det med stoiskt lugn han motsåg det utslocknande, som han trodde säkert. Hume dog liksom han levat – som filosof.

Reids commonsensefilosofi

Under sina sista år var Hume ryktbar, men fortfarande kontroversiell. De flesta attackerna kom liksom tidigare från klerikalt håll. Men nu framfördes också en mer djupgående filosofisk kritik. Den viktigaste kom från Thomas Reid, en man som hyste stor beundran för Hume men som på fundamentala punkter avvisade hans filosofi.

Thomas Reid (1710–1796) var verksam först vid King's College i Aberdeen, sedan som professor i moralfilosofi i Glasgow. År 1764 gav han ut sin bok *An Inquiry into the Human Mind in the Principles of Common Sense* (”En undersökning av det mänskliga intellektet i enlighet med sunda förnuftets principer”), där han angrep Hume. Kärnpunkten i angreppet gällde kunskapsteorin, med Humes teori om idéerna som främsta mål. Reid var fullkomligt klar över att Humes åsikt om idéerna inte var originell för honom utan stammade från Locke och Berkeley. Men han ansåg att först Hume dragit de fulla konsekvenserna av denna åsikt och därmed bevisat dess farliga och absurda karaktär. Om idéer och intryck är de enda föremålen för vår kunskap så är det från början givet att denna kunskap aldrig kan nå utöver det subjektivas sfär. Om vi inte kan ha omedelbar kunskap om något annat än vårt eget själsinnehåll måste Humes skepticism bli den oundvikliga slutsatsen. Reid vill därför bestrida hela föreställningen att vår kontakt med de yttre föremålen endast är indirekt och förmedlas av idéer eller intryck i själen. Vi förnimmer enligt Reid, som här intar sunda förnuftets ståndpunkt, inte representationer av föremålen utan föremålen själva. Om yttervärlden får vi genom våra sinnen en direkt och omedelbar kunskap.

Reid är givetvis inte omedveten om de svårigheter som ett försvar för commonsenseåsikten för med sig. Föremålen själva måste rimligtvis vara något annat än de sensationer de ger upphov till i våra sinnesorgan. Ett avstånd (litet eller stort) i tid och rum skiljer alltid föremålet från förnimmelsen av det och olika personer har var och en sin förnimmelse av samma

Thomas Reid.

föremål. Reid försöker reda ut en del av problemen genom att säga att sensationen är ”ett naturligt tecken” för tingen. Men därmed hotar tanken på en direkt förnimmelse att försvåras. En utredning av de närmare komplikationerna skulle föra för långt. Här må det vara tillräckligt med konstaterandet att Reid gentemot Humes skepticism förde vad han uppfattade som sunda förnuftets talan och att hans filosofi, snarare än Humes, under de närmaste årtiondena blev den vid de skotska universiteten tongivande.

Den skotska upplysningen hos Ferguson och Smith

I Edinburgh hade Hume funnit rikt utrymme för sina sällskapstalanger. Staden betraktades under hans sena år där som ett nytt Aten och som ett centrum för den florerande skotska upplysningen. Bland Humes intellektuella vänner i Edinburgh skall här nämnas två, som gav väsentliga bidrag till den skotska moralfilosofin – Adam Ferguson och Adam Smith.

Adam Ferguson (1723–1816) var professor vid universitetet i Edinburgh och en av de mest bemärkta företrädarna för den utvecklingsfilosofi, som var ett karaktäristiskt inslag i den skotska upplysningen. Hans främsta verk, *Essay on the History of Civil Society* (”Essay om samhällets historia” 1767), handlade om ”människans historia”, om hur människan utvecklats från en primitiv begynnelse till förfining och civilisation. Ferguson såg försynens hand i denna process, men tilldelade samtidigt människan rollen som Guds medarbetare. Människans historia kom såtillvida att handla om hennes självuppfostran till allt högre grader av medvetenhet och förnuft.

Adam Smith (1723–1790) företrädde också han en utvecklingstanke. Människans utveckling hade fortskridit i fyra stadier: jägarsamhället, nomadsamhället, jordbrukssamhället och handelssamhället. I likhet med Hume (och i högre grad än den på vissa punkter kritiske Ferguson) bejakade Smith det kommersiella samhället som en civilisatorisk erövring. I de nya behov civilisationen skapar såg han en förutsättning för en större mänsklig mångsidighet, för ett rikare och mer omväxlande liv.

Smith var professor i moralfilosofi i Glasgow och ägnade ett inflytelserikt arbete, *Theory of Moral Sentiments* (”Teori om moraliska känslor” 1759), åt moralfilosofiska frågor. Smith framhåller där de moraliska känslornas betydelse. Människan betraktar han som ett av naturen socialt djur, skapat att leva i ett samhälle och utrustat med känslor av sympati gentemot sina medmänniskor. Sympatin innebär inlevelse och deltagande i andra människors upplevelser. Smith exemplifierar med en skara av åskådare som tittar på en akrobat på en slak lina samtidigt som de instinktivt vrider, vänder och balanserar sina egna kroppar i inlevelse, eller med hur vi kan känna smärta i våra egna ögon då vi ser de inflammerade synorganen hos en sjuk. Sympatin och den naturliga välviljan mot andra står dock inte i någon motsättning till egoismen, vilken även den är en naturlig känsla, grundad i vår självbevarelsedrift.

Sin idéhistoriskt sett mest betydelsefulla insats gjorde Smith med sitt stora verk *Inquiry into the Nature and Causes of the Wealth of Nations* ("Undersökning av naturen hos och orsakerna till nationernas välstånd" 1776). Här gav Smith den första djupgående analysen av det moderna "kommersiella" (eller om man så vill "kapitalistiska") samhälle som den skotska upplysningen varit med om att upptäcka. Framför allt gällde det att blottlägga de ekonomiska lagar som styr detta samhälle och som betingar dess välstånd. Smith utgick från att det väsentligen är egennyttan som bestämmer individernas ekonomiska agerande. Samtidigt hävdade han att resultatet av de många oberoende aktörernas handlande blir en spontan harmoni. Om marknaden tillåts fungera ohindrad av tullar, monopol och andra handelshinder styrs ekonomin som genom en osynlig hand. Det egoistiska beteendet hos många, som söker befordra sin egen ekonomiska välgång, leder till välstånd för alla. Adam Smiths undersökning av orsakerna till nationernas välstånd lade grunden för den nationalekonomiska vetenskapen liksom för den ekonomiska liberalismen som politisk doktrin.

Burke och reaktionen mot franska revolutionens idéer

I de kretsar Smith och Hume tillhörde umgicks ibland en politiker och känd parlamentarisk vältalare, Edmund Burke. Burke var irländare, men hade på flera punkter influerats av de skotska filosofernas idéer. I sin estetiska åskådning hade han påverkats av Henry Home, i ekonomin anslöt han sig till Smith. Politiskt var Burke en whig, en radikal, till vars mest kända insatser hörde hans försvar för de amerikanska koloniernas frigörelse. Men det som givit Burke en central plats i de politiska idéernas och en mindre central men inte betydelselös plats i de filosofiska idéernas historia var hans ställningstagande till den franska revolutionen.

Edmund Burke (1729–1797) har gått till idéhistorien som "konservatismens fader". Den ställningen vilar på en bok som han skrev sent i livet, *Reflections on the Revolution in France* ("Tankar om revolutionen i Frankrike" 1790). Den stora revolution som 1789 bröt ut i Paris hade till en början många sympatisörer på andra sidan Engelska kanalen. Burke hade gjort sig känd som försvarare av förtryckta folk – irländare, indier, amerikaner –

gentemot deras förtryckare. Säkert väntade sig många att han med glädje skulle hälsa den frihetens sol som nu gick upp i Frankrike. Men när Burke hösten 1790 tog till orda i frågan om den franska revolutionen var det med kompromisslöst avståndstagande och med skoningslös polemik mot revolutionssvärmarna bland de egna landsmännen. Burkes utläggningar hade därvid en vältalighet och en principiell hållning som kom dem att bilda epok i de politiska idéernas historia. Hans tema – en revolution genomförd för att förändra världen snarare än enbart för att återställa en gammal ordning – var nytt men det har sedan hans dagar inte förlorat sin aktualitet.

Burke tolkade den engelska konstitutionen på ett sätt som i själva verket förde in en ny och mäktig tanke i den politiska debatten. Våra friheter, hävdade han, är ”ett *arvegods*, vilket vi fått från våra förfäder och vilket skall lämnas i händerna på våra efterkommande”. Burke såg sålunda staten som en sorts fideikommiss, vilket den nuvarande generationen ärvt från sina fäder, ägde rätt att bruka, men inte att fördärva och som den måste lämna i arv till sina efterkommande: ”Lusten för nyhetsmakeri är i allmänhet orsakad av ett själviskt temperament och inskränkta synpunkter. Folk, som aldrig blickar tillbaka till sina fäder, kommer aldrig att blicka framåt mot eftervärlden.” I Burkes händer förvandlas arvsprincipen sålunda från irrationell fördom till djupaste visdom. Men den visdom det därvid är fråga om är framför allt en naturlig, en omedveten visdom. Engelsmännen hade, hävdade Burke, i motsats till fransmännen, följt en av naturen föreskriven väg i politiken: ”Genom att på så sätt bibehålla naturens egen metod i statens organisation, inför vi aldrig något helt och hållet nytt, när vi gör förbättringar, men blir å andra sidan aldrig helt och hållet föråldrade i avseende på vad vi bibehåller.” Den naturliga växten blir metaforen för statskonsten. Det gäller att ”kalla till hjälp naturens mäktiga och aldrig svikande instinkter för att befästa förnuftets bräckliga och svaga uppfinningar”.

Växtmetaforen rymmer flera implikationer. En handlar om en preferens för de gradvisa, de kontinuerliga förändringarna. Motstridiga och motsatta intressen i staten är inte, hävdar Burke, en nackdel utan en fördel – de utgör ”ett hälsosamt hinder mot alla förhastade beslut”. De gör alla förändringar till föremål för en kompromiss och åstadkommer sålunda på naturlig väg moderation hos de styrande. De föranleder jämkningar och förhindrar omogna reformer.

Men växtmetaforen rymmer också en polemisk udd mot det alltför förnuftsmässiga, det som inte är grundat på instinkter utan på abstrakta projekt och filosofiska dagdrömmar. De franska revolutionärerna föraktar erfarenheten, de ”har under jorden lagt en mina, som i en väldig explosion skall spränga i luften alla exempel från forntiden, alla prejudikat, alla fribrev och parlamentsbeslut". De utgår från en abstrakt idé om mänskliga rättigheter. För dem är det viktigare att fastslå människornas abstrakta rätt till föda och medicin än att rent praktiskt skaffa dem livsmedel och läkemedel. De söker de enkla, rätlinjiga lösningarna och har bara förakt för verklighetens förvirrande mångfald, motsägelsefullhet, nyansrikedom. Därför har de velat göra rent hus med det förflutna för att sedan bygga från rena förnuftsprinciper. Burke å sin sida pläderar med glödande retorik känslornas och fördomarnas sak.

Burke berättar hur han sjutton år tidigare sett Frankrikes drottning, då kronprinsessa, i Versailles: "förvisso syntes aldrig en mer bländande uppenbarelse på denna jord, som hon knappast tycktes snudda vid". Han fortsätter: "Föga anade jag, att jag skulle leva för att få se sådana olyckor drabba henne i en nation av ridderliga män, i en nation av män av heder, av sanna kavaljerer. Jag trodde, att tiotusen svärd skulle ha dragits ur skidan för att hämnas till och med ett ögonkast som hotade att skymfa henne. Men ridderlighetens tidsålder är förbi. Sofisternas, ekonomernas, kalkylernas tidsålder har kommit i dess ställe och Europas ära är slocknad för alltid." Ridderligheten hade måhända byggt på illusioner och fördomar. Men Burke tvekar inte att prisa illusionerna, "detta sköna sken, som gjorde makten mild och lydnaden friboren". Inte heller räds han att lovorda fördomarna. Fördomen "med vad den rymmer av förnuft och skäl har en motiverande kraft som kan förmå förnuftet till handling och har därjämte en känsloaccent som kan göra den bestående." Den förutfattade meningen visar sig användbar vid plötsliga och oförberedda händelser. Den gör klokheten till en vana. "Genom riktiga och välgrundade fördomar blir människans plikt ett stycke av hennes natur."

När Burke predikar instinktens och vanans betydelse befinner han sig ännu i god samklang med en upplyst konservatism i Humes anda. Men när han förkunnar att Europas civilisation vilar på två principer, "nämligen gentlemannaandan och religionens anda och kraft", har han brutit sig loss från upplysningsfilosofins förutsättningar. Värmen i hans hyllning till de traditionella makterna överstiger allt som varit naturligt för upplysningsfilosoferna, även om dessa ofta i lika hög grad som han föraktade revolutionär fanatism och fruktade omstörtningar av den samhälleliga ordningen. Med Burke befinner vi oss vid randen av en ny tid, inte bara i staternas utan också i filosofins historia. Det historiska betraktelsesätt, som han i så hög grad bidrog till att utforma för politikens vidkommande, kom att få vittgående konsekvenser också för filosofin. Men innan mer sägs om det sena 1700-talets tänkande är det dags att gå närmare in på de filosofiska idéer vilka i Frankrike förberedde marken för den omstörtning, som i så hög grad väckte Burkes förbittring.

Samhällsfilosofi och upplysning i Italien och Frankrike

Under 1600-talet hade filosofin präglats av omvälvningarna inom naturvetenskaperna. Under 1700-talet blir det i högre grad människan, historien och samhället som ställs i fokus. Frågan i vad mån en vetenskaplig kunskap om den mänskliga världen står att uppnå blir viktig. Vi har tidigare sett hur Hume ville lansera en ”experimentell” metod inom moralvetenskapen och hur Adam Smith lade grunden till en ny vetenskap inom ekonomin. En av de tänkare som vid 1700-talets början grubblade över förutsättningarna för en vetenskap om människan var italienaren Giambattista Vico.

Vico och hans nya vetenskap

Giambattista Vico (1668–1744) föddes i Neapel där han tillbringade hela sin levnad. År 1699 blev han professor i retorik vid universitetet där och han tillhörde genom hela sitt umgänge och de influenser som var bestämmande för honom den syditalienska miljön. Neapel var vid denna tid en intellektuellt livaktig stad med omkring en halv miljon invånare. Där som på andra håll i Europa debatterades de intellektuella brytningen mellan den gamla skolastiken, som här hade ett starkt fäste, och den ”nya filosofi” med cartesianismen som spjutspets, som attraherade de djärvare andarna. Vico fängslades i yngre dar i hög grad av Descartes' läror. Men i sin mogna filosofi kom han att på ett djupgående sätt kritisera dem. Den kritiken kommer till uttryck i Vicos huvudarbete, *Scienza nuova* (”Den nya vetenskapen”), vars första utgåva kom 1725 med senare, väsentligt reviderade upplagor 1730 och 1744.

Titeln på Vicos arbete med dess löfte om en ny vetenskap kunde onekligen erinra om Descartes. Men den nya vetenskap Vico ville grunda gällde inte naturen utan människan och historien. Hans *Scienza nuova* innehåller en brokig, ibland förvirrande blandning av rättshistoria, språkhistoria, etnologi, kunskapsteori, teologi och betraktelser över litteratur, politik och idéutveckling. Descartes hade avfärdat vetandet om historien som en samling skrönor utan vetenskapens systematik eller nödvändighet. Vico ställde sig på en helt annan vetenskapsteoretisk grundval. Bara den som har skapat ett föremål, hävdade han, kan ha fullkomlig kunskap om detta föremål. Naturen har Gud skapat. Om den kan bara han ha fullkomlig kunskap. Men människorna har skapat talen och figurerna, därför kan vår matematiska och geometriska kunskap ha så stor säkerhet. Människorna har också skapat språken och lagarna, staterna och sederna. Därför kan vi ha bättre kunskap om den historiska världen än om den naturliga. Descartes' gradering av vetenskaperna vänds upp och ned.

Vico är övertygad om att vi inom den historiska världen lika väl som inom naturen kan finna lagbundenheter. I den historiska utvecklingen spårar han ett cykliskt förlopp, *corsi* och *ricorsi*, händelsesekvenser och upprepningar. Något av Polybios' och Machiavellis tankegång återkommer hos Vico, men i förändrad gestalt. Människans forntid sedan hon lämnat naturtillståndet bakom sig delar Vico in i tre åldrar, vilka han kallar ”gudarnas”, ”hjältarnas” och ”människornas”.

Under gudarnas tidsålder, menar Vico, dominerade religionen totalt det sociala livet. Skriftspråket var hieroglyfiskt, riter och tabun bestämde samlevnaden. Hjältarnas tidsålder identifieras hos Vico med den homeriska. Det är en heroisk, men också en barbarisk epok. Språket är fortfarande konkret, poetiskt, byggt på bilder. Vico var övertygad om att poesin i språkutvecklingen föregick prosan. Den primitiva tidsålderns människor var råa, men hos dem fanns också en primitiv kraft och storhet, så som vi kan skönja i de homeriska diktverken. Senare, under ”människornas” tidsålder, förfinas sederna. Konster och vetenskaper blomstar. Förmågan till abstrakt tänkande utvecklas. Men något går också förlorat. Den poetiska inbillningskraften försvagas. De förfinade sederna leder till förvekligande. De ursprungliga krigiska dygderna försvagas. På så sätt kommer rikedomen och framgången hos en civilisation att underminera dess egna grundvalar. Nu blir det nya heroiska och barbariska folk som tar över. Folkvandringstiden framstår hos Vico som en ny ”hjälteålder” med *Niebelungenlied* och andra medeltida epos som litterära vittnesbörd. Denna nya primitiva tid ersätts i sin tur av civilisation och förfining. Förloppet upprepas, om än i nya former.

Vico har en stark känsla för skilda epokers anda och för den skillnad i mentalitet som skiljer de moderna från de primitiva, från vad han ser som mänsklighetens barndom. Ett historiskt sinne, en känsla för den historiska relativiteten gör sig starkt gällande hos Vico. De homeriska skrifterna, som

Giambattista Vico.

han ägnar en ingående kritisk undersökning, kan enligt vad han framhåller inte bedömas utifrån vår tids smaknormer. De måste ses i sitt sammanhang, förstås utifrån den heroiska, ursprungligare, mer opolerade tidsålder som de avspeglar. De historiska framstegen är heller aldrig obetingade. Vinningarna i civilisation och sofistikation köps enligt Vico till priset av en ursprunglighet, en naiv styrka i upplevelsen av tingen, som går förlorad. Detta var tankar av ett slag som förebådade det sena 1700-talets och romantikens historieuppfattning. Romantikerna skulle också mycket riktigt "upptäcka" Vico och ge honom en hedersplats i humanvetenskapernas historia.

Den franska upplysningsfilosofin hos Bayle, Montesquieu och Voltaire

Det land där vetenskaperna om människan skulle göra de mest spektakulära erövringarna under 1700-talet var emellertid inte Italien utan Frankrike. Det var Frankrike som skulle bli huvudlandet för den mångfasetterade rörelse i idéernas historia som vi brukar kalla ”upplysningen”. Här är inte platsen för djuplodande betraktelser över denna upplysning, som involverade det intellektuella livets alla fält. Det må räcka att framhålla att upplysningsmännen själva framför allt betraktade sin rörelse som ”filosofi”. Det var som ”filosofer”, ”*philosophes*”, de framträdde inför offentligheten och inför varandra. Genom dem talade filosofins röst och de älskade att föreställa sig att deras budskap i grunden inte skilde sig från Sokrates’ eller Senecas. Det är inte orimligt att se den franska upplysningen som en sorts filosofins seger över kristendomen. Åtminstone de religiöst mest radikala av upplysningsmännen torde ha sett saken just så.

En vägröjare för upplysningen blev Pierre Bayle (1647–1706), den franske skeptikern, vars *Dictionnaire historique et critique* (”Historiskt och kritiskt lexikon”) fick sin slutgiltiga version 1702. Genom sin fyndiga och slagfärdiga kritik mot samhälle och religion blev Bayles lexikon en förebild för senare verk som i uppslagsbokens form förde fram ett filosofiskt budskap. Det verkliga startskottet för upplysningen som filosofisk rörelse blev likväl Montesquieus *Lettres persanes* (”Persiska brev” 1721). Den boken med dess kvicka satir över monarki och adel, präster och påvedöme, rättsväsende och seder blev formellt och innehållsligt mönsterbildande för mycket av den upplysningslitteratur som nu växte fram. Lika betydelsefull blev en senare bok av samme författare.

Charles Louis de Secondat, baron de la Brède et de Montesquieu (1689–1755) tillhörde vad som i Frankrike kallas *noblesse de robe*, en ämbetsmannaadel, vars fäste var de s.k. parlamenten, en sorts provinsstyrelser. Montesquieu var själv president för parlamentet i Bordeaux. Det gav honom en ställning och erfarenheter som bidrar till att förklara det perspektiv han intog i sitt största arbete, *De l’esprit des lois* (”Om lagarnas anda” 1748), ett av 1700-talets mest inflytelserika politisk-filosofiska verk. Tre läror i synnerhet drog till sig samtidens och eftervärldens uppmärksamhet i Montesquieus omfångsrika och ganska löst komponerade bok: klimatläran, tanken på lagarnas anda och maktfördelningsläran.

Olika sorters anda råder enligt Montesquieu inom olika folk och inom olika nationer. För att förklara detta griper han till en materialistisk förklaring. Det är de yttre levnadsbetingelserna, det är geografin och klimatet som bestämmer varje folks anda. Berömd blev Montesquieus åsikt att ett varmt klimat befordrar indolens, liknöjdhet och servilitet, under det att ett kyligt klimat fostrar manlighet och frihetskänsla. Detta var tankar som föll i synnerhet läsare ur de nordiska folken på läppen. Men Montesquieu var ingalunda ensidig i sina förklaringar utan tillmätte också andra faktorer än klimatet betydelse. Det väsentliga är den mångsidighet i seder och föreställningar han iakttog och den slutsats han drog därav. Varje lands lagstiftning, hävdade Montesquieu, måste anpassas till den där rådande andan. Det var en tankegång som stod i implicit motsatsställning till den naturrättsfilosofi som Montesquieu samtidigt förfäktade. Här öppnades en port mot ett annat synsätt än det naturrättsliga, mot en relativism, enligt vilken varje folk måste ha sina lagar, anpassade efter just detta folks åskådningar och traditioner. Lagstiftningen handlar då inte bara om rätt eller orätt i abstrakt mening, utan om vad som kan vinna samtycke och accepteras i en viss miljö. Lagar utan en motsvarande lagarnas anda blir verkningslösa.

Det sagda gäller ej minst den sorts lagar som Montesquieu särskilt intresserade sig för – de som reglerar styrelseskicket, de olika ländernas författningar. Montesquieu skiljer mellan tre slag av styrelseskick: republiker, monarkier och despotier. Mot vart och ett av dem svarar en princip, en anda som måste vara förhärskande i staten om just detta styrelseskick skall fungera. För republikerna är denna princip dygden, för monarkierna äran, för despotierna fruktan. Själv kom Montesquieu efter att i sin ungdom ha flirtat med republikanismen att föredra monarkin. I den såg han medelvägen mellan republikens och despotins extremer, ett måttfullhetens statsskick. Republiken förutsätter en dygd hos medborgarna, som dessa sällan äger. Despotin är frihetens död. Monarkin ställer realistiska krav på människorna och är samtidigt ett värn för friheten. Inte minst var det Englands exempel, vilket Montesquieu under en resa studerat på ort och ställe, som övertygade honom om den konstitutionella monarkins företräden.

Frihet definierar Montesquieu som envars rätt att göra vad han själv vill inom lagarnas ram. Det är friheten och dess villkor som står i centrum för hans politiska filosofi. Av Englands författning anser sig Montesquieu kunna lära att frihetens sak bäst tjänas genom maktdelning: ”För att det inte skall vara möjligt att missbruka makten fordras en sådan anordning att den ena makten hejdar den andra.” Följaktligen bör den verkställande, den lagstiftande och den dömande makten skiljas åt. Så hade enligt Montesquieus av Locke inspirerade åsikt skett i England, där monark och parlament representerade exekutiv respektive lagstiftande makt och där domstolarna var oberoende. Resultatet blev en balans av varandra motverkande makter, varigenom ett frirum för den enskilde uppstod. För sitt eget fosterlands del tillskrev Montesquieu aristokratins inflytande samt det provinsiella självstyret genom parlamenten en liknande roll för att motverka maktkoncentration och despoti. Hans tankar om maktfördelningen blev i hans eget sekel utomordentligt inflytelserika och gav inspiration till den amerikanska författningen, till de franska revolutionsförfattningarna liksom till det svenska författningsverket av 1809–10.

Vid sidan av Montesquieu och i än högre grad kom hans något yngre samtida Voltaire att symbolisera upplysningsströmningen. François-Marie de Voltaire (1694–1778) hette från början Arouet, men blev känd uteslutande under det namn han tog sig, Voltaire. Känd blev han för övrigt redan i tjugoårsåldern då hans verser och skådespel gjorde succé i Paris. Vid tiden för sin död var han Europas förmodligen mest berömde författare. Voltaire var ingen självständig eller nydanande tänkare. Hans geni bestod i hans förmåga att ge form och litterär gestalt åt tankar som låg i tiden och därmed befordra deras utbredning samt i ett individuellt temperament som gjorde allt han rörde vid till hans egendom. Liksom Montesquieu reste Voltaire i sin ungdom till England, där han lärde sig beundra allt engelskt och gärna framhäva det på det franskas bekostnad. Den religiösa toleransen i Storbritannien, där var och en tilläts ta sig till himlen på sitt eget vis, framhöll han som ett föredöme. Den politiska friheten i landet hade han likaledes höga tankar om. Annars var Voltaire på ett annat sätt än Montesquieu anhängare av en centraliserad kungamakt och av vad som ibland kallas ”upplyst despoti”, men som hellre borde kallas ”upplyst monarki”, det vill säga av en stark kungamakt verksam för det allmännas bästa. Men Voltaire entusiasm för det engelska inskränkte sig inte till politiken. Han beundrade engelska filosofer som Bacon och Locke. Han anammade Newtons gravitationsteori, som han gjorde propaganda för i Frankrike, och förkastade helt opatriotiskt Descartes' virvlar.

Mest berömd skulle Voltaire bli för sin kritik mot kyrka och religion. Hans stridsrop mot kyrkan ”*Écrasez l'infâme*”, ”Krossa den skändliga”, blev hans mest kända paroll. I pamfletter, skådespel, romaner och dikter var Voltaire outtröttlig i sin kritik mot vidskepelse, klerikalt maktmissbruk, intolerans och åsiktsförtryck. Men han var ingen ateist eller gudsförnekare. Han skulle önska, skrev han vid ett tillfälle, att hans advokat, hans skräddare, hans tjänstefolk, till och med hans hustru trodde på Gud – hur skulle man annars kunna lita på dem: ”Om Gud inte fanns måste man uppfinna honom.” Kyrkan och prästerna var heller ingalunda det enda föremålet för Voltaires gyckel. Voltaire ville bekämpa allt som han såg som inhumant och dåraktigt i det samtida samhället. Han engagerade sig mot slaveriet, mot rättsövergrepp i domstolarna, mot tortyr och omänskliga straff, mot militarism och krig.

Vad Voltaire gjorde gjorde han i namn av ”filosofin”, varvid det var de antika filosoferna, i synnerhet kanske epikuréerna, han åberopade som förebilder. Därav följer givetvis inte att han gillade all filosofi. I sin roman *Candide, ou l'optimisme* (”Candide eller optimismen”) riktade Voltaire en svidande satir mot den Leibnizska filosofin och dess övertygelse att vi lever i

Voltaire.

den bästa av alla möjliga världar. Voltaire trodde på förnuftet, men knappast på dess förmåga att styra världen.

Det vid sidan av Voltaires mest lyskraftiga författarnamnet på upplysningens firmament tillhörde Rousseau. Voltaire och Rousseau har av samtid och eftervärld gärna nämnts i ett sammanhang, som paralleller och motpoler. Den cyniskt kvicke Voltaire, den svärmiske Rousseau, folkföraktaren och folkvännen, civilisationens prisare och dess förkastare, dessa har bildat en artistiskt tacksam kontrast. I sin likhet och olikhet visar de båda något av den franska upplysningens spännvidd.

Rousseau och uppgörelsen med civilisationen

Jean-Jacques Rousseau (1712–1778) kom från en hantverkarfamilj i Genève i Schweiz. Tidigt gav han sig på egen hand av hemifrån och fick uppleva livet bland samhällets lägre skikt. En fransk beskyddarinna gav honom tillfälle till utbildning, varigenom både hans musikaliska och hans filosofiska begåvning utvecklades. Han gjorde också litterära bekantskaper. En dag 1749 befann han sig på vandring från Paris till Vincennes för att träffa sin vän Diderot, då han fick ögonen på en prisfråga som akademin i Dijon utlyst för en essaytävling: Har konsterna och vetenskaperna bidragit till att fördärva sederna eller till att rena dem? I sin berömda självbiografi *Confessions* ("Bekännelser") har Rousseau berättat om sin reaktion: "Jag kände det som om min själ med ens blev bländad av tusen ljus, skaror av levande tankar trängde sig plötsligt på mig med en styrka och i en förvirring, som bragte mig i en outsäglig oro." Rousseau författade ett bidrag till pristävlingen där han med ett rungande nej besvarade frågan om konsterna och vetenskaperna förbättrat sederna. Denna första *Discours sur les sciences et les arts* ("Essay om vetenskaperna och konsterna") följdes snart av en längre, mer utarbetad avhandling, *Discours sur l'origine et les fondements de l'inégalité parmi les hommes* ("Essay om ursprunget och orsakerna till ojämlikheten mellan människorna" 1755). Denna senare essay blev Rousseaus första mästerverk och den innehöll kärnan till all hans senare filosofi.

I essayn om ojämlikheten ger Rousseau en totalvy över mänsklighetens historia från dess ursprung i naturtillståndet till det moderna samhället. Den utmynnade i en förkastelsedom över civilisationen. Människan i naturtillståndet är enligt Rousseau god, lycklig och fri samt därtill i besittning av en fullkomlig hälsa, eftersom alla sjukdomar liksom alla laster är produkter av civilisationen. En förutsättning för hennes absoluta frihet är att naturtillståndets människa är en ensam varelse. Ensamma och oberoende strövar de första människorna omkring i skogarna och på savannerna. Någon gång träffar en man och en kvinna varandra och kopulerar, men ger sig strax därpå iväg i olika riktningar. De barn som eventuellt föds tas om hand av modern tills de blir så gamla att hon kan överge dem. Detta första oskuldstillstånd efterträds av ett annat då människorna bildar familjer och bygger hyddor. Det är det första samhällstillståndet, kanske lyckligare än något annat men som i sig bär fröet till allt ont som skall komma. Snart nog gör sig människorna genom arbetsdelning beroende av varandra. Deras naturliga frihet går förlorad. Människorna blir också psykologiskt beroende av varandra. Den som ser bäst ut eller har flest talanger får status. Människorna börjar förställa sig. Det sociala livet medför obönhörligen att det blir viktigare att synas vara än att verkligen vara. Än värre blir det då en sorts teknisk utveckling sätter in. När jordbruket kommit är spelet redan nästan förlorat. Järn och vete har civiliserat människan – och därmed fördärvat den mänskliga rasen. Med jordbruket infinner sig också privategendomen.

I en berömd tirad förklarar Rousseau de olyckor som den privata egendomen fört med sig: "Den första människa, som inhägnade ett stycke mark, kom på att säga 'Detta är mitt!'och fann människor nog enfaldiga att tro honom, var samhällets verklige grundare. Hur många brott, krig och mord; hur mycken olycka och fasa skulle inte den mänskliga rasen ha besparats om något ryckt upp pålarna, fyllt igen diket och ropat till sina medmänniskor: 'Akta er för denne bedragare: ni är förlorade om ni glömmer att jordens frukter tillhör alla och att jorden själv tillhör ingen!'." I linje med denna retorik ligger det när Rousseau betraktar samhället som en de rikas konspiration mot de fattiga. Samhällskontraktet blir ett fördrag som de rika lurar de fattiga att gå in på under förespegling att det i lika mån skall gagna alla. De fattiga förleddes att själva ta på sig sina kedjor i tro att de på så sätt vann friheten. Från privategendomens uppkomst och från det ursprungliga samhällskontraktet har sedan hela den moderna civilisationen uppstått med dess klyftor mellan rika och fattiga, förtryckare och förtryckta, med dess misär för massorna, med dess krig och dårskaper, brott, laster och sjukdomar, depraverade seder, förvekligade män och onaturliga kvinnor.

Jean-Jaques Rousseau botaniserar. Kopparstick av Moreau le jeune från 1779 efter en teckning av Mayer.

Det är en egendomlig paradox att Rousseau blev på en gång den moderna civilisationens störste häcklare och en av dess främsta filosofiska inspiratörer. Hans grundläggande uppfattningar, att människan av naturen är god, att det inte finns någon arvsynd, att allt ont kommer från samhället och att det följaktligen kan botas endast genom förändringar av samhället, dessa uppfattningar blev också de som kom att konstituera den moderna politiska retoriken. Den som söker en gräns som skall skilja modernt från förmodernt i den politiska filosofin kan inte gå förbi Rousseau. Mer än någon fördömde han det moderna, mer än någon blev han dess profet.

I vad mån berodde Rousseaus roll som inspiratör för moderna politiska rörelser på ett missförstånd? Vi kan svara på den frågan bara om vi tar hänsyn till hans viktigaste politisk-filosofiska skrift, *Du Contrat social* ("Om samhällsfördraget" 1762). Givet att den moderna civilisationen representerar människans misär, onatur och förnedring – vad kan göras åt saken? Rousseaus förmodade stridsrop "Tillbaka till naturen!" är apokryfiskt. Så har han varken sagt eller menat. Vägen tillbaka är stängd. Den enda möjliga vägen går framåt – inte tillbaka till naturtillståndets ensliga oberoende utan framåt till en djupare, mer total social gemenskap. Den förlorade friheten kan vinnas åter, men bara i en annorlunda form. Ett nytt socialt kontrakt måste upprättas och om detta nya sociala kontrakt, denna nya stat, handlar *Du Contrat social.*

Den stat vars ordning Rousseau beskriver i *Du Contrat social* bygger på folksuveräniteten. På samma sätt som hos Hobbes handlar det hos Rousseau om suveränitet, enkel och odelad, utan någon maktfördelning. Men hos Rousseau tillkommer denna suveränitet folket. Den rätta staten är den där folkets vilja styr oinskränkt. Men vilken är folkets vilja och hur finner man den? Har inte folket i själva verket otaliga individuella viljor, lika många som folket har medlemmar? Rousseau besvarar sådana invändningar genom en distinktion mellan "allmänviljan" ("*la volonté générale*") och "allas vilja" ("*la volonté des tous*"). Allas vilja är helt enkelt vars och ens privata, rent individuella vilja. Allmänviljan är en kollektiv vilja, en folkets samfällda vilja, som enligt Rousseau aldrig kan ta fel. Den uppstår spontant ur folkets bröst och är sannare ju mer spontan den är. Rousseau avskyr partier, som splittrar folket. Hans stat tolererar inga tidningar, vilka alltid är språkrör för privata särintressen. En censur förutsätts övervaka allt som skrivs så att folket inte skall vilseledas i fråga om sin egen sanna vilja. Rousseau tänker sig att viktiga gemensamma angelägenheter skall kunna avgöras genom allmän rösträtt bland statens vuxna, manliga medborgare (för politiserande kvinnor finns däremot ingen plats i Rousseaus idealstat). Men därvid tänker han varken på valkampanjer eller valurnor. Hans ideal är den lilla staten. Bäst exemplifieras det kanske av den lilla schweiziska kantonen där männen samlas under rådseken till rådplägning och omröstning. I rådsekens spontana demokrati framträder allmänviljan i hela sin ofelbarhet.

Rousseaus ideal kan knappast förstås om man inte tar hänsyn till den politiska tradition som han anslöt sig till. Det är Sparta och den tidiga republikens Rom som är hans förebilder, det är lektyren av Plutarchos och Machiavelli som inspirerat hans civistiska entusiasm. I Rousseaus idealsamhälle är medborgarna fattiga, staten rik. Stora privategendomar existerar inte, guldet har ingen makt över sinnena. Alla är beredda att om så fordras offra egendom och liv för den gemensamma saken, alla är medborgare mer än borgare. Därför definierar Rousseau inte den politiska friheten som en individuell frihet att göra vad man vill utan som en kollektiv frihet att lyda den lag man själv pålagt sig. Ett folk är fritt då allmänviljan är bestämmande. Detta frihetsbegrepp ger upphov till frågan vad som händer om vissa medborgare vägrar att foga sig i allmänviljans beslut. Rousseaus svar är otvetydigt: då måste de tvingas att vara fria! I en ofta diskuterad fotnot skriver han: "I Genua kan man se ordet *Libertas* ("frihet") på alla dörrarna till alla fängelser och på galärernas bojor. Denna användning av ordet är utmärkt och rättvis."

Rousseaus lära om folksuveräniteten och allmänviljan har befruktat de mest olikartade politiska riktningar. Socialister och kommunister, anarkister och fascister, populister och "gröna", alla har de kunnat åberopa Rousseau. Hans sentida kritiker har också ej sällan betonat hans roll som föregångare till 1900-talets totalitära strömningar. Men vill man göra honom historisk rättvisa måste man se honom i hans eget sammanhang och beakta hans förankring i en civistisk, väsentligen förmodern tradition som betonade de rustika och medborgerliga dygderna.

Den avgörande motsättning som Rousseaus tänkande ständigt kretsade kring och som gav liv åt hans retorik, den mellan den goda naturen och den onda civilisationen, avspeglades också i hans övriga verk – i den inflytelserika pedagogiska romanen *Émile* med dess plädering för en naturenlig uppfostran, i den känslosamma kärleksromanen *La Nouvelle Héloïse*, i den berömda självbiografin *Confessions*, där Rousseau ville lägga sitt hjärta naket för publiken. Med Rousseau kom ett nytt stämningsläge, en ny sensibilitet in i den franska litteraturen som i så hög grad varit präglad av klassicismens behärskade formtukt. Men Rousseau skulle inte ha uppnått det enorma rykte som han redan under livstiden fick om marken inte varit väl förberedd. Dyrkan av naturen och kritiken mot civilisationen hade varit ett inslag i västerländskt tänkande alltsedan antiken – kynikern Diogenes kan räknas till Rousseaus föregångare. Men dessutom fanns tankar av liknande slag hos många av Rousseaus samtida, exempelvis hos den man som för en tid var hans bäste vän bland upplysningsfilosoferna – Diderot.

Materialism och framstegstro i den franska upplysningen

Denis Diderot (1713–1784) var – liksom Montesquieu, Voltaire och Rousseau – en författare som arbetade i flera genrer. Han skrev romaner, dramer, filosofiska avhandlingar och dialoger, estetiskt-kritiska betraktelser. Sin kanske viktigaste insats gjorde han när han tillsammans med matematikern och filosofen Jean le Rond d'Alembert (1717–1783) gav ut den stora encyklopedin, *Encyclopédie, ou Dictionnaire raisonné des sciences, des arts et des métiers* ("Encyklopedi eller resonerande ordbok över vetenskaperna, konsterna och hantverken"). Encyklopedin, vars första del kom 1751, blev den franska upplysningens främsta monument. En rad av de mest namnkunniga författarna deltog. Propaganda för upplysta åsikter kunde lätt smygas in i artiklarna. Inriktningen var på konster, manufakturer och vetenskaper, och företaget andades optimism om det obundna förnuftets förmåga att bereda mänskligheten en bättre framtid. Planscherna som illustrerade det stora verket – det tog med sina sjutton textvolymer och elva planschvolymer Diderot tjugofem år att ge ut – var viktiga inte minst därför att de i detalj gav besked om hur olika hantverks- och manufakturprodukter tillverkades. Encyklopedin blev en stor framgång. Den lästes inte bara av upplysta litteratörer utan också av exempelvis drottningens hovdamer, som intresserade sig för hur man framställde smink och puder.

Men Diderot var ingen konsekvent teknik- eller utvecklingsoptimist. I flera av sina skrifter är han i lika hög grad som Rousseau kritisk mot den moderna västerländska civilisationen. Hans *Supplément au voyage de Bougainville* ("Tillägg till Bougainvilles resa") utgår från upptäcktsresanden Bougainvilles berättelser om folken på Tahiti och andra söderhavsöar. Diderot är övertygad om att söderhavsfolken, ofördärvade av kristendomen och den europeiska kulturen, lever fullkomligt lyckliga liv, oskuldsfullt promiskuösa i naturens sköte. Den asketiska kristna sexualmoralen var föremål för Diderots avsky och hans primitivism var mjukare, mer inriktad på livsglädjen och livsnjutningen än Rousseaus. Den europeiska imperialism, som hotade slå sönder de primitiva samhällena i Söderhavet och på andra håll, utsattes av Diderot för upprörd kritik.

I sin inställning till religionen var Diderot vacklande och inkonsekvent. Mest originell var han onekligen då han förfäktade en ateistisk och materialistisk position. I sin människosyn var han determinist – människan är lika mycket som alla andra varelser underkastad naturlagarna, något rum för en fri vilja finns inte. Därmed måste också föreställningen om människans moraliska ansvar utmönstras. Brott och straff borde enligt Diderot inte bedömas ur moralisk utan ur medicinsk synpunkt. Straffen vore att likna vid en läkares medicinering eller operativa ingrepp. Den cartesianska dualismen mellan själ och kropp, ande och materia ersatte Diderot med en monism. Allt som finns är materia, men denna materia är i viss mening besjälad. Diderot talade i sin encyklopedi med beundran om Leibniz och var, åtminstone ibland, benägen att följa Leibniz i att tillskriva atomerna förnimmelseförmåga. Därmed fick hans "materialism" en karaktär, som inte uteslöt erkännande av andliga faktorer. Föreställningen om en besjälad materia delade han för övrigt med andra franska upplysningsfilosofer.

En av de författare som tog intryck av Diderots materialism var Julien Offray de La Mettrie (1709–1751). La Mettrie är framför allt känd för sin bok *L'homme machine* ("Människan en maskin") 1748, följd samma år av den något mindre kända *L'homme plante* ("Människan en växt"). Utgångspunkten för La Mettrie var Descartes' uppfattning att människokroppen i princip fungerade som en maskin, vars alla rörelser och förehavanden det var möjligt att ge en rent mekanisk förklaring. Vilken roll spelade då Descartes' hypotes om själen? Uppenbarligen var den, ansåg La Mettrie, helt onödig, tillkommen endast för att tillfredsställa krav på teologisk renlärighet. Ur rationell synpunkt skulle teorin göras mer följdriktig om den onödiga, ingenting förklarande hypotesen plockades bort. Människan är en maskin rätt och slätt. Allt vi kan iaktta om henne kan ges en rent naturvetenskaplig förklaring.

Ändå kunde La Mettrie inte nöja sig med en sålunda förkortad version av Descartes. Enligt Descartes hade materien varit helt och hållet passiv, saknat varje egenskap utom utsträckning. La Mettrie skapar nu ett betydligt innehållsrikare materiebegrepp i det han utrustar materien också med rörelseförmåga och förnimmelseförmåga. Upptäckten av musklernas irritabilitet, deras förmåga att dra sig samman även utan nervsystemets medverkan, stärkte honom i hans beslutsamhet att tillskriva materien inneboende liv. Människan borde kanske trots allt hellre liknas vid en växt än vid en maskin. Men huvudpoängen blev densamma – hon är inte utrustad med någon odödlig själ, hon är ett objekt för naturvetenskapen snarare än för teologin.

La Mettrie dog enligt legenden en död värdig en filosof efter att ha matförgiftats av en tryfferad fasanpastej. Hans vän och beskyddare Fredrik den store noterade med tillfredsställelse att La Mettrie inte ens på dödsbädden förfallit till odödlighetstro.

Den vid sidan av La Mettrie bäst kände bland de uttalade materialisterna inom den franska upplysningen var baronen Paul Henri d'Holbach (1723–1789), en rik man, berömd för sin gästfrihet och sitt bord kring vilket tidens upplysta litteratörer flockades. Diderot var hans särskilde vän och var honom behjälplig vid författandet av hans materialistiska huvudarbete *Système de la nature, ou des Lois du monde physique et du monde morale* ("Naturens system, eller Lagarna för den fysikaliska och den moraliska världen" 1770). Också d'Holbach var ateist, en fanatisk fiende till kristendomen, förnekare av Guds existens och själens odödlighet. I Guds ställe satte han naturen, som han tillskrev förmåga till rörelse, till attraktion och repulsion. Naturen var för honom, så som titeln på hans huvudverk antyder, inte bara en naturvetenskaplig utan en moralisk storhet. Naturen tål inga andra gudar jämte sig, det var d'Holbachs övertygelse och den förklarar en del av hans förbittring mot de kristnas Gud. d'Holbachs system är monistiskt – det enda existerande är naturen, den levande materien. Den manar människorna att leva lyckligt och vara dygdiga. Sanning, förnuft och dygd är "naturens tre döttrar" och naturen belönar rikligt med lycka den som följer hennes bud och väljer dygdens väg.

I kunskapsteorin var de upplysta materialisterna empirister, liksom antikens epikuréer benägna att ge fysikaliska förklaringar till hur kunskap från de yttre föremålen når våra sinnen. Den mest tongivande av tidens kunskapsteoretiska författare, Étienne Bonnot de Condillac (1715–1780), var dock ingen materialist. Däremot hävdade han en radikalt empiristisk kunskapsteori, samtidigt som han undvek de idealistiska slutsatser Berkeley dragit av empirismen. Condillacs utgångspunkt fanns hos Locke och dennes förnekande av medfödda idéer i själen. Men Condillac gick längre än Locke. Han förnekade inte bara medfödda idéer utan medfödda förmågor hos själen. Från sinnesförnimmelserna kan alla själsliga förmågor härledas, hävdade Condillac i sin *Traité des sensations* ("Avhandling om förnimmelserna" 1754). Från rosens lukt kan uppmärksamheten, som riktas mot denna lukt deduceras. Minnet är uppmärksamhet riktad mot förflutna sensationer. Jämförelse uppstår då vi har två förnimmelser, t.ex. känner två lukter, samtidigt. Omdöme uppstår när jämförelsen sätter två förnimmelser i samband med varandra. Viljan är inriktningen på att uppnå angenäma intryck och undvika oangenäma. Ingenting finns medfött hos människan, allt är genom erfarenheten förvärvat.

En liknande benägenhet att förneka medfödda förmågor hos människan möter vi hos Claude-Adrien Helvétius (1715–1771). I sina skrifter, bland annat den postumt publicerade *De l'Homme, des ses facultés intellectuelles, et de son éducation* ("Om människan, hennes intellektuella förmågor och hennes uppfostran" 1772), gjorde han gällande att människan i alla avseenden är en *tabula rasa*, på vilken erfarenheten skriver sin skrift. Alla olikheter mellan människor beror enligt Helvétius på miljön. Det finns inga medfödda skillnader i fråga om begåvning, karaktär eller dylikt mellan olika människor. Därför är uppfostran allt. Människan är obegränsat formbar. Samhällsreformer som förändrar hennes sociala miljö kan därför ge det mänskliga livet en helt ny och bättre inriktning. Helvétius förespråkade också en radikal reformpolitik med största möjliga allmänna lycka som målsättning.

En ivrare för sociala reformer och social ingenjörskonst var också Marie-Jean-Antoine-Nicolas Caritat, markis av Condorcet (1743–1794), ibland kallad "den siste upplysningsfilosofen". De flesta av de franska upplys-

Condorcet, Litografi av Delpech efter Maurin.

ningsfilosoferna dog före den stora revolution som de gjort så mycket för att intellektuellt förbereda. Condorcet hade inte denna tur. Han kom under revolutionens första år att spela en viktig politisk roll, vilken förskaffade honom jacobinernas fiendskap. Condorcet tvingades gå under jorden för att undvika arrestering. I sitt gömställe skrev han sitt mest betydelsefulla verk, *Esquisse d'un tableau historique des progrès de l'esprit humain* ("Skiss till en historisk bild av den mänskliga andens framåtskridande"). Det publicerades postumt 1795 sedan författaren avlidit i fängelset Bourg-la-Reine nära Paris, där han efter att ha fallit i den revolutionära rättvisans händer placerats i avvaktan på giljotinen.

Condorcets *Esquisse* betecknar en milstolpe i framstegsoptimismens historia. Den utgör den första i detalj genomförda optimistiska tolkningen av mänsklighetens utveckling. Condorcet delar in historien i tio epoker, varav den sista och tionde ligger i framtiden. I varje tid utspelas en kamp mellan ljusets krafter och mörkrets. I vägen för utvecklingen står vidskepelse, religion, fördomar, slentrian och reaktionära intressen. Ibland, som under medeltiden, sker tillfälligt ett återfall i mörker. Men förnuftet kommer att triumfera. Vi vet att framtiden kommer att bli lycklig, att fattigdomen kommer att utrotas, att solen kommer att lysa på enbart fria människor.

Exakt vilken roll Condorcet, om han överlevt den, skulle ha tilldelat den franska revolutionen i denna framstegens historia kan vi inte veta. Inte heller hos andra franska filosofer vid denna tid finner vi originella tankar över revolutionens väsen. Fransmännen hade överhuvud nu blivit alltför upptagna av att göra världshistoria för att hinna reflektera över den. Denna senare uppgift blev i stället tyskarnas sak. Det är till utvecklingen av den tyska filosofin under 1700-talet vi i nästa kapitel skall vända oss.

Tysk filosofi från Wolff till Schelling

Även i Tyskland kan vi tala om en upplysning (eller, med det tyska ordet, *Aufklärung*). Men den hade en väsentligt annan karaktär än i Frankrike eller för den delen i Storbritannien. Av den radikala kristendomsfientlighet som fanns inom delar av den franska upplysningen fanns i Tyskland föga. Snarare ingick upplysningen här förening med riktningar inom det religiösa livet, framför allt pietismen. Inte heller utmärktes den tidiga tyska upplysningen av något aggressivt politiskt eller samhällskritiskt engagemang. Frågor som gällde människans enskilda moraliska liv stod i fokus för dess intresse. En pionjär som Christian Thomasius (1655–1728) ställde sig medvetet i traditionen från Sokrates i det han framhöll de livsrelevanta, moraliskt-praktiska frågeställningarna under kritik mot den skolastiska, enbart teoretiska lärdomen. Andra tänkare engagerade sig emellertid i hela spektrumet av praktiska och teoretiska vetenskaper. Därvid fortlevde i Tyskland – delvis säkert till följd av arvet från Leibniz – en anda av rationalistisk systematik.

Wolff – den tyska grundlighetens fader

En tidig representant för något som kan betecknas som en tysk upplysning var Christian Wolff (1679–1754). Wolff var professor i matematik och naturvetenskap vid universitetet i Halle från 1706 till 1723 när han avskedades från sin tjänst av den preussiske kungen Friedrich Wilhelm I och beordrades att lämna Halle inom 48 timmar. En agitation från hans fiender pietisterna hade lyckats sätta hans religiösa rättrohet i fråga. Då den ”upplyste” Friedrich II (Fredrik den store) kom på tronen 1740 återkallades Wolff emellertid till sin professur i Halle och överhopades med ärebetygelser. Vilka tankar var det då som gjort Wolff så kontroversiell?

I det huvudsakliga var Wolff en lärjunge till Leibniz, med vilken han under dennes sista år fört en filosofisk korrespondens. Wolff blev den som i pedagogiskt utarbetad, systematisk och dogmatisk form gav den Leibnizska filosofin spridning i Tyskland. En serie på tyska avfattade arbeten med titlar som *Vernünftige Gedanken von Gott, der Welt und der Seele der Menschen* ("Förnuftiga tankar om Gud, världen och människosjälen" 1720), *Vernünftige Gedanken von der Menschen Tun und Lassen* ("Förnuftiga tankar om människornas göranden och låtanden" 1720), *Vernünftige Gedanken von den Teilen der Menschen, Tiere und Pflanzen* ("Förnuftiga tankar om människornas, djurens och växternas delar" 1725) bidrog till att göra hans åsikter kända också utanför den lärda världen. Wolff hade förnuftiga tankar om snart sagt allting. I huvudsak var hans system deduktivt uppbyggt. Från Leibniz' båda grundprinciper, motsägelselagen och den tillräckliga grundens lag, kunde Wolff härleda alla satserna i sin innehållsrika metafysik. Också etiken vilade enligt hans åsikt på dessa principer. Wolff lärde ut en naturrättsbaserad, helt och hållet förnuftsenlig etik, vilken i utomordentlig detalj föreskrev människans plikter och rättigheter i alla livets situationer (plikter mot vänner, plikter i familjen, plikter i affärslivet osv.).

Det var Wolffs övertygelse att ingenting mer än förnuftet behövs för att människan skall kunna inse vad som är rätt eller orätt. Rätt och orätt är givet av naturen och förnuftet, det finns där oberoende av Guds vilja. Gud vill det rätta därför att det är det rätta, men han skapar det inte genom någon godtycklig viljeakt. Därför behöver den vise heller inte lita till något annat än sitt förnuft för att finna vägen till det rätta och till ett dygdigt liv. Överheten med dess polis och domstolar, religionen med dess hot om eviga straff och löften om eviga belöningar erfordras för att skrämma de oförnuftiga, de som ännu är barn. Men den förnuftiges moral är autonom, självständig, motiverad endast av lydnad för den naturliga rätten.

Wolffs betonande av det mänskliga förnuftets och den mänskliga moralens självständighet var något som med nödvändighet måste ogillas av de fromma. I synnerhet företrädare för pietismen med dess förkärlek för en innerligare, mer känslosam religion stöttes bort av Wolffs intellektualism. Den främste filosofiske företrädaren för den pietistiska oppositionen mot Wolff blev Christian August Crucius (1715–1775). Crucius framhöll gentemot Wolff lydnaden mot Gud som det högsta goda och betonade den mänskliga kunskapens gränser. Han skulle bli en av de författare som hos Kant motverkade wolffianismens inflytande.

Wolffs läror kom att dominera tysk (och för övrigt även skandinavisk) universitetsfilosofi under förra hälften av 1700-talet. Wolff kom att betraktas som "Tysklands lärare" och som (med Kants ord) "upphovsmannen till grundlighetens anda i Tyskland". Den tyskspråkiga filosofiska terminologin är till stor del hans skapelse. Bland de mer kända företrädarna för wolffianismen kan (förutom doktor Pangloss i Voltaires *Candide*) nämnas Martin Knutzen, Kants lärare i Königsberg, och Alexander Baumgarten. Alexander Baumgarten (1714–1762) var en i det väsentliga ortodox wolffian, som dock genom sin *Aesthetica* (1750–1758) gjorde en självständig insats. Baumgartens bok gav namn åt den nya disciplinen estetik och lade samtidigt en grund för en gren av filosofin som skulle få en rik utveckling i Tyskland under senare delen av 1700-talet och början av 1800-talet genom författare som Kant, Schiller, Schelling och Hegel.

Lessing och Pantheismusstreit

Wolffs filosofi betecknade ett övergångsstadium mellan 1600-talsrationalism och upplysning. Dess egenskap av skolfilosofi och lärt pedanteri utmanade de franska upplysningsmännens löje samtidigt som pläderingen för förnuftets autonomi utgjorde ett föreningsband med upplysningsströmningen. När en tysk *Aufklärung* på allvar bröt in var det emellertid inte någon wolffian som stod i förgrunden utan en författare som stod utanför universitetsfilosofin – Lessing. Gotthold Ephraim Lessing (1729–1781) var poet, dramatiker, litteratur- och teaterkritiker likaväl som filosofisk författare. Någon religionsförnekare var han långt ifrån, men han tog ställning för religiös tolerans – bl.a. i skådespelet *Nathan der Weise* 1779 – och kritiserade den kyrkliga dogmatismen. Lessings *Die Erziehung des Menschengeschlechts* ("Människosläktets uppfostran" 1780) tolkade historien som en fortgående fostran av det mänskliga släktet och blev en av den tyska nyhumanismens grundböcker.

Sin filosofiskt kanske mest skickelsedigra insats skulle Lessing emellertid komma att göra postumt. Det var när några av hans muntliga yttranden efter hans död gavs offentlighet och föranledde den s.k. panteismstriden. Utgångspunkten fanns i en brevväxling mellan två av Lessings vänner, Friedrich Heinrich Jacobi och Moses Mendelssohn. I denna brevväxling, som han senare offentliggjorde, berättade Jacobi att Lessing muntligt bekänt sig till Spinozas läror. Mendelssohn vägrade emellertid att tro detta om sin avlidne vän. Spinozas läror var sålunda ännu hundra år efter upphovsmannens död så hett stoff, att knappast någon offentligt vågade bekänna sig till dem och att en stor författare som Lessing undanhöll till och med en nära vän sina sympatier för dem. Debatten om vad Lessing ansett eller inte ansett om Spinozas filosofi utvidgades emellertid snart till att gälla innehållet i den spinozistiska ståndpunkten och den ”panteistiska” världsåskådningen. Spinoza blev som resultat av denna *Pantheismusstreit* rumsren i tysk filosofi. Hans betydelse för tänkare som Herder, Goethe, Schelling och Hegel kom också att bli utomordentlig. Panteismen i Spinozas mening blev ett viktigt inslag i den tyska romantikens tänkande. På detta sätt kom Lessing att influera både upplysning och romantik, det senare dock framför allt indirekt.

Vid en tidpunkt när upplysningsrörelsen runt om i Europa redan var på väg att klinga av fick den i Tyskland nytt liv genom Immanuel Kants s.k. kritiska filosofi. Kants filosofi var emellertid alltför komplicerad för att rymmas under någon etikett. Den avslutade den tyska upplysningen samtidigt som den gav avgörande impulser till den tyska och hela den europeiska romantiken. Den gav den tyska filosofin en ny grundval, varpå den än i dag vilar. Varken Tysklands eller Europas filosofi skulle någonsin bli densamma sedan Kant 1781 publicerat sin *Kritik der reinen Vernunft*.

Kants copernikanska revolution i filosofin

Immanuel Kant (1724–1804) föddes och dog i Königsberg i Ostpreussen, den stad där han också tillbringade hela sitt liv. Fadern var sadelmakare, familjen saknade lärdomstraditioner men hade en from pietistisk inriktning. Kant studerade vid det lilla universitetet i Königsberg där han 1755 blev doktor och docent, 1770 professor i logik och metafysik. År 1781 publicerade han *Kritik der reinen Vernunft* (”Kritik av det rena förnuftet”), det första av de verk som skulle lägga grunden för hans kritiska filosofi och ge honom världsrykte. Kant förblev ogift, förde den lärdes tillbakadragna liv och gjorde sig känd för sin punktlighet och sina regelbundna vanor. Han lämnade aldrig Königsberg eller dess närmaste omgivningar. För den skull var han ingalunda världsfrämmande. Kant var på sitt stillsamma vis en sällskapsmänniska, intresserad också av de många främlingar från när och fjärran som besökte den livliga sjöstaden Königsberg. När franska revolutionen bröt ut hörde Kant till dem som med spänning väntade på varje ny depesch från Paris.

Kant fostrades till filosof i den Wolffska skolans idémiljö. Han ägde ett starkt, under tidigare år dominerande intresse för naturvetenskapen, där han gjorde självständiga insatser och sålunda visade sig som en värdig bärare av traditionen från Leibniz. De nya inflytanden som avlägsnade Kant från wolffianismen kan symboliseras av två namn – Hume och Rousseau. Om Hume yttrade Kant att denne väckt honom ur hans ”dogmatiska slummer”. Humes skepticism underminerade den Wolffska rationalismen. Men den hotade också att underminera tron på naturvetenskapen, på Newtons lagbundna och strängt rationella värld. Därmed blev Humes skepsis för Kant en utmaning som det gällde att övervinna. Var dogmatismen Skylla så blev skepticismen Karybdis. Det gällde att segla fri mellan båda. Rousseau å andra sidan stod för en absolut etisk idealism och för en grundläggande kritik av den bestående civilisationen. För Kants moral- och samhällssyn blev Rousseau en avgörande förutsättning.

Critik
der
reinen Vernunft

von
Immanuel Kant
Professor in Königsberg.

Riga,
verlegts Johann Friedrich Hartknoch
1781.

Titelsida till Kants Kritik der reinen Vernunft.

Kant brukade tala om sin kritiska filosofi som en ”arkitektonik”. Med *Kritik der reinen Vernunft* lade han grundstenen till byggnaden. Verket inleddes med ett motto från Bacon, och Kants ambition var också den som vi återfinner hos de flesta av den nyare filosofins stormän, nämligen att genom införandet av en ny metod lägga en säkrare grund för filosofin och vetenskaperna. Liksom föregångarna oroades Kant av den hopplösa oenigheten inom filosofin där olika sekter och åsikter stod oförsonliga mot varandra. För att råda bot på denna filosofiska misär fordrades att man tog ett steg tillbaka, att man undersökte den mänskliga kunskapsförmågan själv. Förnuftet måste åta sig den mest arbetskrävande av uppgifter – självprövningens. Projektet påminner närmast om det Locke tog sig an i *Essay Concerning Human Understanding*. Men Kant går både noggrannare och radikalare tillväga. I förordet till den andra reviderade upplagan av *Kritik der reinen Vernunft* 1787 förklarar han, att hans avsikt är att genomföra en copernikansk revolution inom filosofin, en förändring av perspektivet lika djupgående som den Copernicus genomfört inom astronomin. Hittills, påpekar Kant, har man antagit att kunskapen måste rätta sig efter föremålen. Filosoferna har haft olika uppfattningar om hur kunskapen kan nås. Men de har varit ense om att den sanna kunskapen är den som överensstämmer med tingen sådana dessa i sig själva är. Nu vill Kant i stället göra antagandet att föremålen måste rätta sig efter kunskapen. Naturen (åtminstone som föremål för naturvetenskap) är inte något som objektivt existerar oberoende av oss utan utgör i viss mening vår egen skapelse.

Sålunda handlar det i *Kritik der reinen Vernunft* om förnuftets självprövning, om att finna gränserna för den mänskliga kunskapsförmågan. Detta poängterande av gränserna har en udd riktad mot den högtflygande spekulationen – människans vetenskap kan aldrig komma utanför erfarenhetens gräns. Men det innehåller också en polemik mot dem som tror att vetenskapen och det teoretiska förnuftet är allt. Det finns nämligen, som vi senare närmare skall gå in på, också ett praktiskt förnuft. När Kant visar på det teoretiska förnuftets begränsningar bereder han samtidigt plats för det praktiska förnuftet och för tron.

All vår kunskap begynner med erfarenheten, framhåller Kant. Ändå kan vi göra en skillnad mellan vad han kallar kunskap a priori och vad han kallar kunskap a posteriori. Kunskap a priori är ”före” erfarenheten inte i kronologisk, men väl i logisk mening – det vill säga dess källa är inte erfarenheten, kriteriet för dess giltighet är ett annat. Den matematiska kunskapen är sålunda kunskap a priori, vi inser att dess sanning är oberoende av erfarenheten. Kunskap a posteriori är den som i logisk mening kommer ”efter” erfarenheten, som verifieras av erfarenheten.

Till distinktionen mellan omdömen a priori och omdömen a posteriori kommer en mellan analytiska och syntetiska omdömen. Kant förutsätter att omdömet i sin normalform tilldelar ett visst subjekt ett visst predikat. Om predikatet redan finns implicit i subjektet är omdömet analytiskt, i annat fall syntetiskt. ”Alla ungkarlar är ogifta” och ”Alla kroppar är utsträckta” är sålunda analytiska omdömen eftersom subjektet ”ungkarl” implicit innehåller predikatet ”ogift” och subjektet ”kropp” implicit innehåller predikatet ”utsträckt”. ”Alla hästar i detta stall är bruna” blir däremot ett syntetiskt omdöme eftersom subjektet ”häst i detta stall” inte innehåller predikatet ”brun”.

Erfarenhetsomdömen, omdömen a posteriori, är alltid syntetiska. De utsäger något om verkligheten som man inte kan få fram bara genom att analysera de i omdömet ingående begreppen. Analytiska omdömen är alltid a priori. Deras sanning framgår redan vid en analys av de i omdömet ingående begreppen, den följer ur definitionerna och ingen empirisk erfarenhet behövs för att verifiera dem. Men hur förhåller det sig med de syntetiska omdömena a priori? Kant är övertygad om att sådana omdömen finns. Matematiska omdömen hör sålunda dit. ”7+5 = 12” utsäger något nytt, varken 7 eller 5 eller additionstecknet innehåller talet 12. Satsen är syntetisk och likväl a priori. Liknande gäller geometrins omdömen. Att triangelns vinkelsumma är lika med två räta är en genuin sanning om verkligheten. Likväl gäller den a priori, oberoende av erfarenheten. Hur är syntetiska omdömen a priori möjliga? Frågan får en särskilt betydelse eftersom metafysiska omdömen – om genuina metafysiska omdömen verkligen finns – måste vara just syntetiska omdömen a priori, sådana som utsäger något om verkligheten men ändå gäller oberoende av empirin.

Kants kunskapsteori kan ur en synpunkt betraktas som ett svar på frågan: Hur är syntetiska omdömen a priori möjliga? Frågans själva form är betydelsefull. Kant utgår från vår kunskap och vår vetenskap som ett faktum. Vi *vet* att alla kroppar är utsträckta, att hästar ibland är bruna, att 7+5 är lika med 12. Frågan blir *hur* vi vet detta. Vilka är de villkor som gör det möjligt för oss att veta dessa saker? När Kant talar om ”kritik” menar han just detta: en undersökning av de förutsättningar som gör ett visst slag av kunskap möjlig. Detta blir också den för Kant karaktäristiska arbetsmetoden: att utgå från vår kunskap, från vår vetenskapliga och moraliska erfarenhet som ett faktum och sedan försöka härleda de villkor som är nödvändiga för att detta faktum skall kunna bestå. Denna metod kallar Kant ”transcendental deduktion”. Därvid är ”transcendental” kunskap en som inte omedelbart handlar om ett objekt, utan om en kunskapsart, om de förutsättningar a priori som gör kunskap om ett visst objekt möjlig.

Vår erfarenhetskunskap har två källor – sinnligheten och förståndet. Det är tack vare sinnena som föremålen blir givna för oss och det är uteslutande genom dem vi har en åskådning (eller ”intuition”) av något verkligt. Genom förståndet blir föremålen emellertid tänkta och det är genom förståndet vi får begrepp. Men allt tänkande måste direkt eller indirekt i sista hand hänföra sig på åskådningen och därmed på det genom sinnena givna. Tänkandet och åskådningen kompletterar varandra. Tänkandet kan inte åskåda, sinnena kan inte tänka. Begrepp utan åskådning är tomma, åskådningar utan begrepp är blinda.

Den sinnliga, empiriska åskådningens föremål kallar Kant ”fenomen”. Hos dessa fenomen, detta i erfarenheten givna, skiljer han sedan mellan ”materia” och ”form”. Genom förnimmelserna uppstår företeelsernas (eller fenomenens) materia medan formen är det som ordnar och strukturerar det mångfaldiga som finns hos företeelserna. Materien är given a posteriori genom förnimmelserna, men formen finns där a priori. Formen är något på förhand givet vari företeelsernas mångfald gjutes. Utifrån kommer till oss en väldig förvirring av impulser. Dessa ordnas sedan av vår kunskapsförmåga upp i vissa strukturer. I själen finns vad Kant kallar åskådningens former och förståndets kategorier med vars hjälp företeelserna ges en form. Först då kan det uppstå erfarenhet, ty erfarenhet är inte en amorf eller kaotisk massa av intryck, utan ett ordnat helt.

Åskådningens former är två – tid och rum. Det är inte möjligt för oss att uppfatta en företeelse annat än som en del av tid och rum. Allt vi erfar har tidens och rummets form och ges därigenom en bestämd struktur. De olika företeelserna ordnas i förhållande till varandra genom att ges en bestämd plats i tiden och i rummet. Men enligt Kant är denna tidslighet och rumslighet inte något som tillkommer tingen i sig. Hur tinget i sig (ty. *das Ding an sich*) är kan vi inte veta. Tinget oberoende av oss och av vår erfarenhet vet vi ingenting om, det är ett okänt x. Det vi vet något om är tingen sådana de framträder i erfarenheten. Tid och rum utgör förutsättningar för vår erfarenhet. De existerar inte som objektiva realiteter utan som former för vår åskådning. Som sådana gäller de a priori. Vi *kan* helt enkelt inte uppfatta ett fenomen annat än som inplacerat i tid och rum. Därmed får vi också en förklaring till hur det kan finnas en syntetisk kunskap a priori. Tidslighet och rumslighet är *villkor* för att ett fenomen skall kunna förekomma i vår erfarenhet. Därför kan vi också a priori, oberoende av all erfarenhet, veta att alla fenomen måste ha en plats i tid och rum. Filosofiläroböckerna använder ibland liknelsen med ett par färgade glasögon. Så länge vi har ett par brillor med gula glas på näsan kan vi redan på förhand vara förvissade om att allt vi kommer att se kommer att vara gult. Det euklidiska rummet, den klassiska geometrins rum, är en förutsättning a priori för vår erfarenhet. Vi är så att säga utrustade med euklidiska glasögon. Därför vet vi också priori att triangelns vinkelsumma är två räta eller att en rät linje är den kortaste mellan två punkter.

Förståndets kategorier uppfattas i analogi med de aristoteliska kategorierna, fast Kant gör anspråk på en strängare systematik och upprättar en tavla omfattande tolv kategorier som han anser uttömmande. Den kanske intressantaste av dessa kategorier är kausalitetens. Allt vi kan erfara är enligt Kant inordnat i ett sammanhang av orsak och verkan, del av en kausalkedja. Kausalsammanhanget utgör i lika hög grad som tid och rum ett villkor a priori för erfarenheten. Därför tar Humes kritik av kausaliteten miste. Orsakslagens nödvändighet kan inte bevisas av erfarenheten. Den kan heller inte på analytiskt vis härledas ur definitioner och begrepp. Den utgör ett syntetiskt a priori. Vi kan vara säkra på att allt vi erfar kommer att vara underkastat orsakslagen därför att kausaliteten hör till förståndets kategorier, till förutsättningarna för erfarenhet överhuvud.

Genom åskådningens former och förståndets kategorier formar själen det material som når den utifrån till ett strukturerat helt. Av förnimmelsernas mångfald uppstår en enhet, en syntes. Det är kunskapssubjektet, av Kant kallat "det transcendentala medvetandet", som med inbillningskraftens hjälp genomför denna syntes varigenom mångfalden ordnas till ett helt. Alla våra föreställningar beledsagas av ett "Jag tänker". Det är genom detta "cogito" de blir *tänkta* och därmed förvandlas till erfarenhet och kunskap. Erfarenhetsvärlden kan i denna mening sägas vara en skapelse av det transcendentala medvetandet.

Nu borde man kunna gå ett steg vidare. Människan är enligt Kant utrustad inte bara med "förstånd" utan också med "förnuft". Mot förståndet svarar de "begrepp" eller "kategorier" som strukturerar erfarenheten. Mot förnuftet svarar "idéer". Så länge vi talar om den empiriska erfarenhet som förståndet formar rör vi oss fortfarande inom en värld av "fenomen". Vi befinner oss i den empiriska erfarenheten inte i kontakt med tingen själva, utan bara med hur de framträder för oss. Det är bara denna värld av fenomen som den matematiska naturvetenskapen sysselsätter sig med. Kant anser sig ha räddat Newtons värld undan Humes skepticism genom att visa hur vår erfarenhet måste vara underkastad rum, tid och kausalitet. Men det återstår att säga något om "noumena", om tingen sådana de i sig själva är. Bortom fenomensfären finns en noumenalsfär. Till den sfären hör förnuftets idéer. Liksom hos Platon leds människan hos Kant genom att betrakta företeelserna i tid och rum till att spana efter något där bortom. Vi har en strävan att ta ett steg utöver det ordnande förståndets syntes till en förnuftsenhet där dualismen mellan fenomen och noumena skulle kunna upphävas. Vår tanke söker idéerna, den obetingade och absoluta verklighet bortom sinnevärldens mångfald som skulle innehålla en förklarande enhet eller totalitet.

Det är emellertid en grundtanke hos Kant att vårt sökande efter kunskap om en obetingad verklighet aldrig helt kan ha framgång så länge vi lever under sinnevärldens och ändlighetens betingelser. Försöker vi tränga utöver erfarenhetens gränser inveckIar vi oss obönhörligt i motsägelser. Har världen en början eller har den alltid funnits? Är allting underkastad lagbunden naturnödvändighet eller existerar det frihet? Så fort vi försöker besvara den sortens frågor råkar vi in i motsägelser ("antinomier") – båda svarsalternativen tycks lika omöjliga. Det är en uppgift för vad Kant kallar "den transcendentala dialektiken" att påvisa hur sådana motsägelser nödvändigtvis måste uppkomma då vi ger oss in på metafysisk spekulation. För att bli kvar på vetenskapens säkra mark måste vi undvika metafysiska spekulationer och hålla oss till empirin.

Förnuftsidéerna har visserligen en viktig roll att spela, menar Kant, men de kan aldrig vara *konstitutiva,* endast *regulativa.* Det innebär att de inte som åskådningsformerna och förståndskategorierna konstituerar vår erfarenhet, inte utgör en oupplöslig del av den. I stället tjänar de som ledtrådar, som mål att eftersträva i kunskapssökandet. Vår vetenskapliga kunskap är kringgärdad av den empiriska erfarenhetens gränser. Bakom varje orsak finner vi en annan orsak, bakom varje betingelse en ny betingelse. Men vi behöver för den skull inte uppge sökandet efter en fullkomlig förklaring. Föreställningen om en självförklarande, intelligibel verklighet kan tjäna som en regulativ idé, som ett mål, vilket även om det inte kan uppnås likväl kan sporra oss i vårt letande efter mer kunskap. Vi kan betrakta världen *som om* den vore intelligibel, *som om* den kunde förstås helt och fullt av vårt förnuft.

Den kunskap om noumenalsfären som vi inte kan nå på den metafysiska spekulationens väg är kanske möjlig för det praktiska förnuftet. Kant talar om allt kunskapssökande som styrt av ett eller annat *intresse.* Det finns något som i varje särskilt fall förmår oss att söka ett visst slag av kunskap. Vi kan se förnuftets intresse koncentrerat i de tre frågorna:

1. Vad kan jag veta?
2. Vad bör jag göra?
3. Vad kan jag hoppas?

Om den första frågan är det teoretiska förnuftets fråga så är den andra det praktiska förnuftets.

Det blev moralfilosofins problem Kant i första hand grep sig an med sedan han fullbordat sin *Kritik der reinen Vernunft*. Nu gav han ut vad som kom att bli hans mest lästa och inflytelserika skrifter inom detta område: *Grundlegung zur Metaphysik der Sitten* ("Grundläggning av sedernas metafysik" 1785) och *Kritik der praktischen Vernunft* ("Kritik av det praktiska förnuftet" 1788).

"Man kan omöjligt tänka sig att det skulle kunna finnas något i hela världen, ja, överhuvudtaget också bortom denna värld, vilket skulle kunna anses som någonting alltigenom gott, utom en *god vilja*." Så lyder upptakten till den Kantska moralfilosofin. Därmed introducerades en moralfilosofisk grundsyn som i lika mån skilde sig från den antika självbehärskningsetiken och från den upplysta lyckoetiken. Självbehärskning är en god sak, framhåller Kant, bara när den är förenad med god vilja – en förbrytares kallblodighet gör honom inte bättre utan värre. Lycka är en god sak bara när den tillkommer någon som är värdig lycka och det kan bara den vara som

Immanuel Kant efter porträtt av Becker.

äger god vilja. Även om den goda viljan inte skulle lyckas förverkliga vad den föresatt sig utgör den ett gott i sig, det enda absolut goda som finns i denna värld.

Vad är då en god vilja? Enligt Kant är den en vilja inriktad på den moraliska plikten. En moraliskt förtjänstfull handling är en som vi utför uteslutande därför att det är vår plikt att göra det. Kants uppfattning av den moraliska förtjänsten visar sig därvid utomordentligt rigorös. Det vi gör av böjelse innehåller enligt honom inte någon moralisk förtjänst, även om det vi gör också skulle vara vår plikt. Om vi exempelvis hjälper våra vänner därför att vi tycker om dem eller de fattiga därför att vi hyser medlidande med dem innebär detta inte något moraliskt förtjänstfullt. Den förtjänstfulla handlingen är den som uteslutande utförs av aktning för plikten, för sedelagen. Man kan om man så vill spåra ett pietistiskt arv i denna inställning, men där finns också upplysningsmannens betonande av människans moraliska *autonomi*. Mitt handlande bör inte bestämmas av något yttre tryck eller tvång. Inte av religiösa, inte heller av världsliga straff eller belöningar. Inte av mina egna lidelser eller böjelser. Det moraliska förnuftet ensamt bör bestämma mitt handlande. Jag bör göra det rätta endast och uteslutande därför att jag inser att det är det rätta. På den punkten är Kant ense med antikens moralfilosofer.

Ingenstans får Kants röst ett sådant patos som då han skriver om plikten. ”O Plikt, dig nämner jag som någonting stort och upphöjt!”, utbrister han i *Kritik der praktischen Vernunft*. ”Du är ej namnet på någonting efterlängtat, lockande och insmickrande; du kräver lydnad, men du hotar icke för att härigenom inverka på viljan / --- / När vi lyssnar till din maning, förstummas alla våra böjelser, dessa som i hemlighet motarbetar dig.” Pliktens ursprung, heter det, är det som höjer människan över henne själv och knyter henne till en högre, förnuftsmässig tingens ordning. Plikten är rotad i ”*personligheten*, d.v.s. friheten från och oberoendet av naturens hela mekaniska ordning, varvid dock är att märka, att personligheten tillika är att betrakta som en förmåga hos ett väsen, som styrs av bestämda, av dess eget förnuft givna, rent praktiska lagar”.

Som synes förutsätter Kant att vi är i besittning av ett praktiskt förnuft, ett förnuft som underrättar oss om vad som är det rätta. Vi äger enligt honom en moralisk kunskap a priori. Den moraliska lagen finns nedlagd i vårt bröst i form av vad Kant kallar ett *kategoriskt imperativ*, det vill säga ett bud som gäller ovillkorligt och inte betingas av individuella syftemål. Det moraliska handlandet är enligt den Kantska etiken ett som kan generaliseras, ett som skulle kunna göras universellt. Jag bör alltid handla så, att jag skulle kunna vilja att min handlingsmaxim bleve allmän lag. Jag bör alltid tänka efter om jag i en bestämd situation handlar så, att jag skulle vilja att envar som befann sig i samma situation handlade på samma sätt. Får jag exempelvis försöka klara mig ur en knipa genom att avge ett löfte som jag inte har någon avsikt att hålla? Bara om jag kan säga till mig själv: "Var och en har lov att ge ett lögnaktigt löfte, om han befinner sig i en sådan belägenhet, att han inte kan rädda sig ur den på något annat sätt." Men detta kan jag uppenbarligen inte säga. Om var och en hade tillstånd att avge falska löften skulle det inte längre finnas några löften – själva meningen med att avge löften är ju att man avser att hålla dem. Den som avger ett falskt löfte har sålunda tanken att just han skall komma undan med en oärlighet under det att hans medmänniskor skall fortsätta att vara ärliga. Det är just en sådan tanke som Kant finner omoralisk och som förbjuds av hans kategoriska imperativ.

Det kategoriska imperativet kan även ges en annan mindre formell, mer innehållsrik formulering. Det säger då: "Handla så att du aldrig brukar en människa enbart som medel utan också som självändamål!". Människan är i sin egenskap av *person*, av förnuftigt väsen, ett självändamål och har berättigade anspråk på att bli behandlad som ett sådant. Det bör tillfogas att Kant inte tillerkänner djuren eller andra delar av naturen ett liknande privilegium. Det är sålunda tillåtet för människan att använda naturen enbart som ett medel, men inte tillåtet för henne att förfara på detta sätt mot sig själv eller mot andra mänskliga varelser.

Att människan är person och förnuftsvarelse betyder bland annat att hon äger frihet. Människan skiljer sig från andra varelser i naturen genom att vara utrustad med fri vilja. Vårt moraliska medvetande talar om för oss att vi är fria att välja mellan olika alternativ. På samma sätt som Kant försökt klarlägga villkoren för vår sinnliga erfarenhet vill han klarlägga villkoren för den moraliska. Vårt moraliska liv kan tänkas bara under förutsättning att vi har en fri vilja. Vi *bör* göra vår plikt, men detta förutsätter att vi *kan* göra vår plikt, det vill säga att vi kan välja. Frågan är emellertid om det inte här uppstår en motsägelse. Vårt moraliska medvetande förutsätter frihet. Men i natursammanhanget, inom naturvetenskapens domän råder sträng lagbundenhet och undantagslös kausalitet. Människan tycks då vara underkastad lagbundenhet och orsaksbestämning samtidigt som hon är fri. Detta är också just vad Kant menar, samtidigt som han gör gällande att motsägelsen endast är skenbar.

Människan kan betraktas utifrån två olika ståndpunkter. Hon hör hemma i två världar. Hon kan ses som medlem i naturens rike eller som medborgare i frihetens. Ur en synpunkt tillhör hon fenomensfären och är en biologisk varelse underkastad naturvetenskaplig lagbundenhet utan rum för någon frihet. Ur en annan synpunkt tillhör hon noumenalsfären och är en med frihet utrustad förnuftsvarelse. När hon följer förnuftet och frivilligt lyder sedelagen av aktning för plikten är hennes handlande autonomt. Hon är då inte tvingad av några yttre orsaker. Hennes handlande är lagbundet, men bara bundet av lagar som hon själv valt att pålägga sig och därför fritt. De båda synpunkter varur människan kan betraktas är naturligtvis inte likaberättigade. Det är ju bara som noumenon människan är ett ting i sig. Det moraliska medvetande som låter oss uppleva oss själva som fria sätter oss därmed i kontakt med den objektiva verklighet av noumena som sinneserfarenheten aldrig kan nå. Därav det som Kant kallar *det praktiska förnuftets primat*, dess jämfört med det teoretiska förnuftet större förmåga att nå fram till tingen i sig, verklighetens kärna.

Kant inför vad han talar om som det praktiska förnuftets *postulat*. För att göra rättvisa åt vår moraliska erfarenhet måste vi göra tre antaganden som vi inte på det teoretiska förnuftets väg kan når fram till. Vi måste anta människans frihet för att kunna ge mening åt pliktens begrepp. Vi måste anta själens odödlighet för att rädda den idé om en högre rättvisa som vår moraliska intuition innehåller. Vi måste anta Guds existens som garant för en moralisk världsordning. I *Kritik der reinen Vernunft* hade Kant vederlagt de traditionella gudsbevisen (det ontologiska, det kosmologiska, det fysikoteleologiska). Nu finner han i stället en sorts praktiskt gudsbevis. Naturvetenskapen innehåller ingen moralisk kunskap, i den empiriska erfarenheten finner en sådan kunskap inget fäste. Ändå är Kant övertygad om att vårt praktiska förnuft ger oss kunskap om rätt och orätt, gott och ont. Men hur kan dessa moraliska idéer vara objektiva? Hur kan de vara förpliktigande på det sätt som vårt moraliska medvetande övertygar oss om att de är? Kant finner det enda tänkbara svaret på frågan i postulatet om Guds existens. Gud är upprätthållaren av den moraliska världsordningen, garanten för vår etik.

Genom sin uppdelning av tillvaron i en naturvetenskaplig fenomensfär och en moraliskt-praktiskt tillgänglig noumenalsfär hade Kant funnit en snillrik (om än inte nödvändigtvis övertygande) lösning på det problem som Descartes, Spinoza och Leibniz brottats med, nämligen hur den fysikaliska världsbilden skulle kunna förenas med den religiösa och med det moraliska medvetandet. Men Kant hade fått betala ett pris genom skapandet av en till synes oupplöslig dualism. Hur förhåller sig egentligen nödvändighetens värld till frihetens? Hur skall de båda kunna förenas inom en och samma helhetsåskådning? Ett svar på den frågan försökte Kant ge i sin tredje kritik, *Kritik der Urteilskraft* ("Kritik av omdömesförmågan" 1790). Omdömesförmågan är enligt Kant en förmåga som befinner sig mitt emellan förståndet och förnuftet och som förmedlar mellan dem båda. Därför kan kritiken av omdömesförmågan också säga något om förhållandet mellan den förståndssfär som är den sinnliga erfarenhetens och den förnuftssfär som är den moraliska erfarenhetens.

Den första av de två huvudavdelningarna i *Kritik der Urteilskraft* handlar om det estetiska omdömet. Som vi sett hade estetiska problem stått på dagordningen inom den skotska moralsenseskolan och behandlats av wolffianen Alexander Baumgarten. Ändå blir Kant i viss mening den filosofiska estetikens grundläggare – allt som senare skrivits inom området har haft Kant som utgångspunkt. Den estetiska attityden definierar Kant som en av *intresselöst betraktande*. Om vi betraktar en tavla för att värdera den ekonomiskt eller ett landskap för att planera sträckningen av en väg har vi konkreta intressen i sikte. Vårt betraktande är inte estetiskt utan nyttoinriktat. När vi däremot ser på tavlan eller landskapet ur en icke nyttobetonad synpunkt, för att uppskatta dess skönhet anlägger vi ett estetiskt betraktelsesätt.

Skönhetens begrepp kan vi nu definiera med hjälp av fyra avgränsningar. 1. Skönhet uppväcker hos betraktaren ett ”intresselöst” välbehag. 2. Denna känsla är inte enbart individuell utan vi är beredda till omdömet att det sköna föremålet bör väcka samma välbehag hos varje (med smak utrustad) betraktare. 3. Det sköna föremålet utmärks av en ”ändamålsenlighet utan ändamål”, dvs. det äger trots att det saknar yttre ändamål en inre ändamålsenlighet i sin uppbyggnad. 4. Det sköna föremålet väcker välbehag på ett nödvändigt och omedelbart sätt. Skönhetsupplevelsen är sålunda enligt Kant subjektiv, liktydig med en känsla hos betraktaren, men har ändå ett giltighetsanspråk, ett anspråk på att uppväcka samma känsla hos varje estetiskt kompetent betraktare. Det som egentligen ger upphov till känslan av välbehag är det fria spel av våra förstånds- och inbillningskrafter som föranleds av den estetiska betraktelsen. I konstnjutningen använder vi vår kunskapsförmåga så att säga på lek, lustupplevelsen betingas av vår egen fria aktivitet.

I andra huvudavdelningen i *Kritik der Urteilskraft* är det tal om det teleologiska omdömet. Den ”ändamålsenlighet” som utmärker konstverket finner vi också i naturen. En växt eller ett djur kännetecknas precis som ett konstverk av att dess olika delar är underordnade ett större helt, samverkar för att uppnå denna helhet. Vi leds när vi betraktar naturen till att anta ett högsta ändamål, en medveten avsikt. Men det antagandet tillåts av Kant aldrig att bli mer än en regulativ idé, en heuristisk princip. Något bevis för naturens ändamålsenlighet kan vi aldrig finna, men vi kan använda tanken på en sådan ändamålsenlighet som en ledtråd för forskningen. I så fall blir det möjligt att åtminstone hypotetiskt övervinna klyftan mellan naturnödvändighetens och frihetens principer. En ändamålsstyrd natur är också den underkastad en lagbunden nödvändighet. Men lagbundenheten är i detta fall inte enbart mekanisk utan tjänar ett förnuftsmässigt ändamål. En gudomlig idé finns bortom naturnödvändigheten.

Med *Kritik der Urteilskraft* ansåg sig Kant i det väsentliga ha fullbordat den tankebyggnad han påbörjat med *Kritik der reinen Vernunft*. Bilden förtjänar dock att kompletteras på ett par punkter, bland annat med hänsyn till några smärre skrifter som Kant ägnade politiska och historiefilosofiska problem under 1780- och 1790-talen: *Idee zu einer allgemeinen Geschichte in weltbürgerlicher Absicht* ("Idé om en allmän historia i världsborgerlig avsikt"), *Beantwortung der Frage: Was ist Aufklärung?* ("Svar på frågan: Vad är upplysning?"), *Zum ewigen Frieden* ("Om den eviga freden").

Politiken var för Kant en underavdelning av moralläran och sedernas metafysik. Statens uppgift var enligt honom att skydda rätten, definierad som de villkor under vilka en persons frihet kan förenas med alla andras frihet. Kants yttersta politiska ideal fanns i en "republikansk" författning, dvs. en som bygger på demokrati, konstitution, maktfördelning, representativa institutioner, tryck- och yttrandefrihet. När alla stater på jorden uppnått en sådan grad av förnuftsmässighet i sina inre förhållanden borde det enligt Kant också vara möjligt att grunda en världsstat, en federation av alla stater, och därmed göra slut på krigen och garantera evig fred.

Kant medgav att en så förnuftsenlig ordning bara kan tänkas bli förverkligad som följd av en lång historisk process. Men han pekade också på möjligheten av en teleologisk tolkning av historien. Visserligen kan vi inte veta om historien har ett slutmål. Men vi kan anta hypotesen om ett slutmål som regulativ idé, som en heuristisk princip, vilken tillåts styra vårt sätt att betrakta historien. Historien skulle då bli berättelsen om hur mänskligheten bryter upp från ett paradisiskt, men omedvetet urtillstånd för att genom strider och antagonistiska konflikter tvingas höja sig till allt högre nivåer av medvetenhet och förnuftsmässighet. Till slut skulle människorna på så vis kunna uppnå en så hög grad av moraliskt medvetande och en sådan beredskap att följa förnuftets bud att krigen och konflikterna skulle upphöra. Den ursprungliga freden mellan människorna skulle återinföras, men nu medvetet, genom ett frivilligt val och på en högre civilisatorisk nivå.

Kants berömda svar på frågan: "Vad är upplysning?" sammanfattar mycket av det centrala i hans filosofi. "Upplysning", förklarar Kant, "är människans utträde från hennes självpålagda omyndighet." Först när människan är en autonom och myndig, moralisk och politisk varelse som frigjort sig från alla yttre auktoriteter, handlande och tänkande enbart i enlighet med sitt eget förnuft, först då har upplysningen förverkligats. Den sympati som Kant trots många reservationer ägnade den franska revolutionen hänger samman med denna emancipationstanke.

Men om Kant i flera avseenden utgick från upplysningen beredde han också vägen för romantiken. Hans hävdande av att vår kunskapsförmåga är aktiv, av att vi med inbillningskraftens hjälp skapar vår värld, inspirerade den romantiska riktningen. Så gjorde också Kants åsikt att det moraliska medvetandet för oss öppnar vägen till en översinnlig verklighet.

Dubbelheten och flertydigheten i Kants filosofi har nära samband med dess säregna rörelseschema, dess koreografi där varje steg är både reträtt och framåtskridande. Kants kritik av det rena förnuftet synes utmynna i ett försvar för den matematiska naturvetenskapen och i ett avvisande av varje form av metafysisk spekulation. Men med kritiken av det praktiska förnuftet förändras bilden. Nu öppnas fönstret mot en moralisk och översinnlig verklighet som är okänd för naturvetenskapen. Kants filosofi tycks inte längre vara positivistisk utan dualistisk, innehållande två helt skilda världsbilder. Med kritiken av omdömesförmågan försvinner emellertid också denne Kant och ersätts av en tredje. Nu visas på möjligheten av en enhetlig, teleologiskt utformad världsåskådning. En översinnlig förnuftsverklighet befinner sig med ens inom synhåll. Avståndet till förnuftsmetafysiken, som i utgångsläget föreföll oerhört, har åter krympt samman. Att Kants närmaste efterföljare skulle bli metafysiska systembyggare verkar inte längre överraskande.

Kant var med all sin originalitet en man i sin tid. Det kan se ut som om han nästan på egen hand skapade den tyska filosofin – av så grundläggande betydelse blev hans inflytande. Men Kant var samtidigt del av en större rörelse, av en mäktig pånyttfödelse av den tyska kulturen. Bland hans samtida fanns diktare som Goethe, Schiller och Hölderlin, forskare och tänkare som Winckelmann, Herder, Jacobi, Hamann, Alexander och Wilhelm Humboldt. Till de efterföljare som stod under omedelbart inflytande av hans filosofi hörde Reinhold, Fichte, Schelling och Schleiermacher. Bilden av Kants insats blir tydligare om man något beaktar hans förhållande till sina samtida.

Kants samtida

För en av periodens intellektuella stormän, Johann Gottfried Herder (1744–1803), var förhållandet till Kant lika betydelsefullt som det var problematiskt. Också Herder hörde hemma i Tysklands östra utkanter och hade i Königsberg studerat för Kant. Även om han ännu mot slutet av sitt liv bekände sin tacksamhet mot sin forne lärare fanns det åtskilligt i temperament, inriktning och övertygelser som skilde honom från denne.

Herders främsta filsofiska bidrag finns i hans historiefilosofi. Med arbeten som *Auch eine Philosophie der Geschichte* ("Också en historiefilosofi" 1774) och *Ideen zur Philosophie der Geschichte der Menschheit* ("Idéer till en filosofi om mänsklighetens historia" 1784–1791) gav Herder det historiska tänkandet en ny vändning. Framför allt poängterade han att varje tidsålder har sin egen särart, sin egen individualitet, sin egen anda. Historien upprepar sig inte, de som tror att de klassiska mönstren kan imiteras av de moderna saknar det rätta historiska sinnet: "Shakespeare var ingen Sofokles, Milton ingen Homeros, Bolingbroke ingen Perikles." Varje tid har sin tyngdpunkt inom sig. Det finns ett egenvärde i själva mångfalden av kultur- och livsformer. Herder avskydde uniformiteten, likriktningen. Han delade ingalunda klassicismens och många upplysningsmäns tro att det bara finns en enda norm för förnuftet och smaken. Civilisationen är för honom inte självklart europeisk, än mindre självklart fransk, den manifesterar sig i enlighet med tid och plats hos varje folk. I linje därmed var Herder god empirist, beredd att acceptera och rent av glädja sig åt verklighetens mångfald. Kants syntetiska a priori avvisade han, Kants historiefilosofi föreföll honom präglad av förnuftskonstruktioner utan stöd i fakta. Herders försök till historiefilosofi anklagades å andra sidan av Kant för nyckfull planlöshet.

En viktig sida av Herders tänkande kom till uttryck i hans språkfilosofi. Språket är för Herder inte ett neutralt instrument för att vidarebefordra information. Det är ett uttryck för en grupps eller ett folks kollektiva erfarenhet och för ett unikt sätt att se världen. Mot språket svarar en åskådning, en anda. Herder kunde tala om nationalandan och "folksjälen". Folkets själ kommer till uttryck i språket, liksom i folksagor och folkdiktning. Som insamlare och utgivare av folkvisor blev Herder för övrigt pionjär. Intresset för det folkliga, för de enkla människornas kultur blev ett karaktäristiskt inslag i den romantiska rörelse han så mycket bidrog till att inspirera. Det är möjligt att betrakta Herder som nationalismens fader. Hans lära om språket som uttryck för en folkanda, hans åsikt om den nationella särartens värde och betydelse innehöll ett politiskt sprängstoff, som han själv knappast var medveten om. Herder var nämligen långtifrån någon chauvinist. Imperialistiskt förtryck mot främmande kulturer avskydde han som en särskilt brutal form av likriktning. Den historiska utvecklingen trodde han skulle leda till förverkligandet av en "humanitet" där skilda kulturformer skulle leva sida vid sida.

Den som mer än någon inspirerat Herders språkfilosofi var Johann Georg Hamann (1730–1788). Också Hamann stammade från Ostpreussen, från Königsberg. Kant hade gynnat hans tidiga karriär, Herder hade blivit hans vän. Hamann hade i ungdomen anslutit sig till den franska upplysningens läror, men tidigt genomgått en omvändelse där han fullständigt bröt med dem. Nu blev han i stället den första stora gestalten inom en sorts ”motupplysning” som under senare hälften av 1700-talet utvecklades framför allt på tysk mark.

All sanning, framhöll Hamann, är konkret, partikulär. Den är individuell erfarenhet, inte abstraktion. Den kan aldrig helt fångas med allmänbegreppens hjälp utan bara med liknelser och symboler. Gud är poet, inte matematiker. Det är känslan ensam som förlänar abstraktioner och hypoteser händer, fötter och vingar. Reglerna – i tänkandet, i det moraliska livet liksom i konsten – förkrymper människan och hämmar kreativiteten.

Grundläggande för Hamann var en misstänksamhet mot förnuftet. Den filosof han gärna åberopade var inte Kant utan Hume. Om Hume sade han med tydlig spets mot den Kantska rationalismen: ”Hume är alltid min man eftersom han åtminstone betygade tron sin vördnad och inkorporerade den i sitt system.” Hume hade ju lärt att våra övertygelser inte vilar på förnuftet utan på tron. Utan tro skulle vi inte våga äta ett ägg eller dricka ett glas vatten. Denna tro blir i Hamanns tolkning – som säkert skulle ha förvånat Hume – inte bara vår naturliga instinkts övertygelse om världens bestånd utan en tro på Guds faderliga makt och beskydd.

Människan tänker inte i rationella kalkyler utan i bilder, framhöll Hamann. Därför har språket avgörande betydelse för tanken. Varje språk är också en världsåskådning. Språket är uttryck för folkens och samhällenas historiska liv. Varje skola, varje yrkeskår, varje sekt har sitt särskilda språk. Ja, det finns hos Hamann en än mer långtgående idé – hela naturen, hela skapelsen är Guds språk med vars hjälp han talar till oss. Språket är en värld. Kanske är världen också ett språk.

Den som gjorde språkvetenskap av Hamanns och Herders språkfilosofiska tankar var Wilhelm von Humboldt (1767–1835). Efter hans död gav brodern Alexander ut Wilhelm von Humboldts språkfilosofiska huvudarbete, *Über die Verschiedenheit des menschlichen Sprachbaues und ihren Einfluss auf die geistige Entwickelung des Menschengeschlechts* (”Om de mänskliga språkens olikhet och deras inflytande på människosläktets andliga utveckling” 1836). Här exemplifierade Humboldt utifrån ett rikt språkvetenskapligt material, bland annat hämtat från sanskrit och från olika indianspråk, variationsrikedomen hos de språkliga uttrycksformerna och sambandet mellan språk och världsbild. Bestämt betonade han att språken egentligen aldrig neutralt ger uttryck för en sanning som redan har säkrats, utan långt mer är medel för upptäckande av tidigare inte kända sanningar. Språkens mångfald är inte en mångfald av ljud, utan av världsåskådningar.

Wilhelm von Humboldts bidrag till den tyska filosofins utveckling fanns inte bara i hans språkvetenskap utan också i hans bildningstanke. Han var en av de i detta avseende bäst artikulerade företrädarna för tidsålderns nyhumanism, för dess övertygelse att historiska och estetiska studier kan bidra till att skapa en allsidigt utvecklad, självständig och skapande människa. I synnerhet betonade han, att de högre läroanstalternas uppgift inte i första hand är att skapa yrkesmän utan människor. Humboldt blev som preussisk ämbetsman den främsta drivkraften bakom grundandet av universitetet i Berlin 1810, i vars statuter hans och epokens bildningsideal institutionaliserades.

Ty nyhumanismen, tron på bildningens betydelse för mänskliggörandet, svärmeriet för det klassiska Grekland, föreställningen om konstens och konstnjutningens förmåga att dana personligheten, var inte Humboldts privata egendom utan tillhörde hans tid. Den hade en pionjär i konsthistorikern Johann Winckelmann som företrädde en ny och högre värdering av den grekiska konsten. Den fick sin ideala representant genom Johann Wolfgang Goethe, universalsnillet som både var naturforskare och den främste bland Tysklands skalder. Den formulerades med oöverträffad vältalighet av Goethes vän och skaldebroder, Friedrich von Schiller (1759–1805).

I sina *Briefe über die ästhetische Erziehung des Menschen* ("Brev över människans estetiska uppfostran" 1795) hade Schiller tagit upp och vidareutvecklat Kants teori om konsten som lek, som ett krafternas fria spel (tyskans *Spiel* betyder både lek och spel). Han urskiljde en "lekdrift" (ty. *Spieltrieb*) som en hos människan fundamental impuls och framhöll att "människan leker bara då hon i ordets fulla bemärkelse är människa och är helt och fullt människa bara då hon leker". Även det mänskliga samhället borde enligt Schiller i det idealiska fallet utformas som ett konstverk.

Ett lika betydelsefullt bidrag som med de estetiska breven gav Schiller genom sin uppsats *Über naive und sentimentalische Dichtung* ("Om naiv och sentimental diktning" 1795). Där kontrasterades den "naiva", storslaget omedvetna, naturframsprungna diktning som framför allt hörde äldre epoker till (även om den funnit en stor samtida representant i Goethe) med den "sentimentala", självreflekterande, självbespeglande dikt som är de moderna skaldernas lott. I Schillers resonemang fanns fröet till en kontrast mellan antikt och modernt, till ett nytt epokmedvetande som i fortsättningen skulle komma att betyda mycket för tysk filosofi. Insikten om hur fundamentalt den moderna kulturen skiljer sig från tidigare perioders och särskilt från den klassiska antikens djupnade genom romantikens starka känsla för varje tidsålders individualitet och särart.

Schiller utgick i allt sitt tänkande från Kant. Detsamma kan i än högre grad sägas om Karl Leonhard Reinhold (1758–1823), som erövrade en ställning som den auktoriserade uttolkaren av den Kantska filosofin. Reinholds *Briefe über die Kantische Philosophie* ("Brev om den Kantska filosofin" 1786) gjorde mer för att sprida Kants läror över Tyskland och världen än någon av Kants egna skrifter. Men Reinhold var inte bara en benådad popularisator. Han förde också fram en försiktig kritik mot Kant, som gav impulser för den följande filosofiska utvecklingen. Framför allt yrkade Reinhold på att den kritiska filosofin borde göras mera systematisk, ges större enhetlighet och härledas från en enda grundprincip. Det var krav som togs upp av bland andra Kants unge lärjunge Fichte.

Fichte och frihetens filosofi

Johann Gottlieb Fichte (1762–1814) blev bland Kants omedelbara efterföljare den som skulle få störst betydelse för den vändning den tyska filosofin nu tog. Från Kantska utgångspunkter kom Fichte att utveckla en egen högst självständig filosofi och därmed lägga grunden för den epok av transcendental idealism som nu tog vid. Fichte kom från en fattig hantverkarfamilj, men hans tidigt utvecklade begåvning väckte en förnäm beskyddares uppmärksamhet. Gossen gavs tillfälle att genomgå den berömda, på studiet av de klassiska språken inriktade, internatskolan Schulpforta i Naumburg, som senare skulle utbilda bland andra Leopold von Ranke och Friedrich Nietzsche. Därefter läste Fichte vid universiteten i Jena och Leipzig. Omkring 1790 upptäckte han Kants filosofi. "Jag lever i en ny värld", skrev han i ett brev, "sedan jag har läst Kritik der praktischen Vernunft". Fichte beslöt uppsöka Kant i Königsberg. Där stannade han en tid och skrev en avhandling, *Versuch einer Kritik aller Offenbarung* ("Försök till en kritik av all uppenbarelse"), som helt byggde på den kritiska filosofins principer. När denna skrift publicerades anonymt 1792 trodde många recensenter att Kant var författaren. Kant tvingades gå ut och offentliggöra det rätta förhållandet med följd att Fichte blev berömd över en natt. Några år senare, 1794, utnämndes Fichte till professor i filosofi i Jena. Vid det laget hade han redan frigjort sig från sitt omedelbara beroende av Kant och var i full färd med att publicera de verk där han lade fram sina egna självständiga tankar.

1794 påbörjade Fichte utgivandet av sin *Wissenschaftslehre* ("Vetenskapslära" 1794–1795), det verk som med olika tillägg och omarbetningar skulle komma att sysselsätta honom under större delen av hans liv. Det var i detta arbete Fichte företog en grundläggande revision av den kritiska filosofin, en revision som han själv uppfattade som trogen Kants djupare intentioner men som likväl kostade honom mästarens bevågenhet. Kants negativa reaktion är inte förvånande, ty Fichtes revision gällde inga utanverk utan en av grundpelarna för den kritiska filosofin – föreställningen om ting i sig, om en av oss oberoende yttervärld. Fichte ställde frågan varför Kant fortsatte att laborera med ett ting i sig som enligt hans eget medgivande är ett okänt x, ett hypotetiskt något som aldrig kan bli föremål för vår erfarenhet. I Fichtes Vetenskapslära elimineras tingen i sig och steget tas till den renodlade idealismen. Som Fichte såg det gjorde han därmed fullt allvar av Kants kungstanke att objektet bestäms genom kunskapsförmågan, inte kunskapsförmågan genom objektet.

Erfarenheten, hävdar Fichte i anslutning till Kant, utgör tänkandets hela stoff. Men i erfarenheten finns subjekt och objekt oskiljaktigt förenade. Filosofen måste bestämma sig för vilken av dessa båda sidor som är den primära och grundläggande. Det innebär att han måste anta endera av två tänkbara filosofiska system. Antingen utgår han från subjektet och strävar efter att förklara allt som produkter av intelligensen. Detta är idealism. Eller utgår han från objektet och försöker förklara allt som produkter av tingen. Det är vad Fichte kallar dogmatism, varvid han torde ha tänkt på 1700-talets materialister men också på Spinoza. Båda dessa system är möjliga, ingetdera kan vederlägga det andra om båda bara utformas konsekvent. Det blir till sist inte förnuftet som avgör mellan dem utan viljan, böjelsen, intresset. Den praktiska filosofins primat blir tydligare hos Fichte än hos Kant. Vilken filosofi man väljer beror på vad man är för en människa: ”ett filosofiskt system är inte ett dött gods, som man efter behag kan lägga bort eller anta, utan det är besjälat genom själen hos den människan som har det.”

De flesta människor skyr och fruktar friheten, hävdar Fichte. De kan lättare föreställa sig själva som ett stycke lava på månen än som ett jag. De föredrar att se sig själva som oansvariga, som offer för yttre omständigheter, som bestämda av en mekanisk nödvändighet. Är de filosofer blir sådana människor dogmatiker. Men det finns också människor som är medvetna om sitt oberoende av allt som är utom dem själva, som inte behöver det yttre stödet från tingen, som äger en okuvlig känsla av sitt eget jag och sin egen frihet. Sådana människor blir i filosofin idealister. De kommer att tro på andens makt över materien, viljans makt över yttre omständigheter. Till vilken sorts människor Fichte själv räknar sig behöver läsaren knappast sväva i tvivesmål om.

För idealisten gäller det att i sin världsförklaring utgå från subjektet. Det betyder: från friheten, från handlandet. Fichte tänker sig en ursprunglig världsgrundande handling varigenom Jaget i en första rörelse ”sätter” sig självt. Detta ”sättande” kan uppfattas som en logisk princip A=A, Jag är jag, varur allt annat sedan dialektiskt härleds. Jaget ponerar sig självt, gör sig självt till föremål för medvetande. Nästa steg i tankeutvecklingen uppstår när Jaget sätter Icke-Jaget. Mot sig självt sätter jaget upp något Annat, ett objekt, en gräns, en skranka, ett hinder. Subjektet producerar objektet, jaget skapar världen. Det som vi till vardags uppfattar som en självständigt existerande, av oss oberoende verklighet, är i själva verket en omedveten skapelse av vårt eget jag. Den ”yttre” erfarenheten är inte yttre. Den är en

J. G. Fichte. Pennteckning av Henschel. Schiller National-Museum, Marbach.

skapelse av vårt transcendentala medvetande, av vår inbillningskraft. Kants kunskapsteori pressas mot och utöver sin yttersta gräns genom att tinget i sig helt elimineras och hela erfarenheten, dess materia lika väl som dess form, förklaras vara en produkt av kunskapssubjektet. Det ”Jag tänker”, som enligt Kant beledsagar alla åskådningar och ger dem enhet, blir hos Fichte även åskådningarnas ursprung och skapare. I ett tredje steg genomförs sedan en syntes av Jagets tes och Icke-Jagets antites. Vi erhåller en identitet av subjekt och objekt, en sammansmältning där subjektet bestäms av objektet, jaget av den värld, det självt givit upphov till. Syntesen blir i sin tur utgångspunkt för nya dialektiska rörelser med vars hjälp erfarenheten i hela dess mångfald konstrueras.

Fichtes snärjiga och djupt metafysiska tankegång blir lättare att förstå om man söker sig fram till den psykologiska intuition, som är dess kärna. Människan är för Fichte till sitt innersta väsen handlande, strävande. Hennes strävande förutsätter en gräns att röra sig mot och hinder att övervinna. Jaget producerar Icke-Jaget som ett sådant hinder. Varje gång ett hinder övervinns sätts ett nytt hinder upp. Därför kan Jagets strävande aldrig upphöra. Människan är inte något varande utan ren rörelse, ren frihet, något aldrig vilande, aldrig fulländat. Hon finns till bara i relation till något motsatt och hennes handlande är i grunden ett självändamål. Människan är en oändlig strävan, en varelse som inte *är*, utan som ständigt går utöver sig själv, övervinner sig själv. Trögheten, stagnationen är det radikalt onda.

Det är lätt att förstå att Fichte uppfattade sin filosofi som en frihetsfilosofi och att han också länge hade starka sympatier för de frihetsidéer som kom till uttryck i den franska revolutionen. Han jämförde för övrigt explicit sin filosofi med frihetsrörelsen i Frankrike: ”Mitt system är det första frihetssystemet; liksom denna nation rycker människan loss från yttre kedjor rycker mitt system henne loss från de fjättrar som tingen i sig och det yttre inflytandet betyder.” Ofta talar man om Fichtes filosofi som en ”subjektiv idealism” på grund av dess starka betoning av jaget, viljan, handlandet.

Fichtes senare filosofi avlägsnade honom emellertid i viss mån från denna utgångspunkt. Det jag som i hans system skapar världen är inte det rent individuella jaget, utan ett transcendentalt jag som finns gemensamt hos alla mäniskor. I Fichtes senare filosofi ser man hur detta översubjektiva, transcendentala Subjekt utvecklas i en riktning som ger det större likhet med de kristnas Gud. Grunden för vår kunskap om det handlande jaget finns, så hade Fichte alltid menat, i en ”intellektuell åskådning”. Vi äger inte bara en sinnlig utan en moralisk erfarenhet som sätter oss i kontakt med en transcendent verklighet. Denna icke-sinnliga verklighet uppfattar Fichte redan i sina tidigare skrifter som gudomlig. Men därvid hade han identifierat Gud rätt och slätt med den moraliska världsordningen på ett sätt som utsatte honom för beskyllningar för ateism. Sin professur i Jena hade han rent av tvingats lämna just av detta skäl. I Fichtes tidiga filosofi är Gud ett moraliskt ideal, inte en person eller en skapande och ingripande aktör. I Fichtes senare filosofi sker ett närmande till kristna uppfattningar. Arbeten som *Die Bestimmung des Menschen* ("Människans bestämmelse" 1800) och *Die Anweisung zum seligen Leben* ("Anvisning till ett saligt liv" 1806) vittnar om detta. Nu kommer den högsta verkligheten att likställas med "Gud", "Livet", "Varat". De mänskliga jagen blir en objektifiering av detta Vara, de blir något varigenom Varat blir medvetet om sig självt. Jaget ter sig därmed inte längre som den fundamentala verkligheten utan som något i förhållande till Varat sekundärt.

Fichtes senare år präglas även av en allt starkare inriktning på de politiska problemen. I *Der geschlossene Handelsstaat* ("Den slutna handelsstaten" 1800) företräder Fichte en form av socialism. I hans idealstat skall regeringen kontrollera priser, utrikeshandel och valuta samt se till att ingen medborgare blir alltför rik eller alltför fattig. En noggrann polisuppsikt över medborgarna förutsätts.

Även om *Der geschlossene Handelsstaat* blev läst och diskuterad fick Fichte sitt verkliga politiska inflytande först genom de föreläsningar han höll 1807–1808 i Berlin under en period när Tyskland var ockuperat av franska trupper. Föreläsningarna publicerades under titeln *Reden an die deutsche Nation* ("Tal till tyska nationen") och fick en oerhörd betydelse för den tyska nationalismen och för att väcka den tyska motståndsviljan mot Napoleon till liv. Den filosofiska aktivism som Fichte ursprungligen velat ställa i den franska revolutionens tjänst kom här den nationella resningen till godo.

Hösten 1810 öppnades universitetet i Berlin och Fichte blev en av dess första professorer. När kriget mot Napoleon bröt ut 1813 ställde han sig helt i den nationella sakens tjänst och uppmanade sina studenter att delta i utdrivandet av inkräktaren. Fichte dog i början av 1814 i en feber som spridit sig från fältlasaretten.

Fichte hade utgått framför allt från Kants praktiska filosofi, från tanken på subjektet, friheten, handlingen. Av Kants pliktetik hade han skapat en filosofisk aktivism samtidigt som han med tingen i sig eliminerade varje objektiv skranka för jagets kraftutveckling. Fichtes tidiga filosofi kom på så vis att stå i samklang både med "Sturm-und-Drang"-perioden i tysk diktning och med den franska revolutionens epok. För Fichtes vän och lärjunge Schelling blev Kants subjektsfilosofi också betydelsefull. Men framför allt var det en annan del av arvet från Kant, den teleologiska natur- och konstuppfattningen, som kom att inspirera den unge Schelling. Schellings naturfilosofi framträdde först som ett komplement, sedan som en segrande rival till Fichtes vetenskapslära.

Schelling – naturen, konsten och den fallna skapelsen

Friedrich Wilhelm Joseph Schelling (1775–1854) framstod som något av ett filosofiskt underbarn när han 1798 tjugotreårig kallades till en filosofiprofessur i Jena, stödd av både Fichte och Goethe. Han var son till en luthersk präst och hade bedrivit akademiska studier i Tübingen, där Hegel och Hölderlin hört till hans studiekamrater. Tillsammans hade de svärmat för den franska revolutionen. Senare hade Schelling ägnat sig åt studiet av Kants och Fichtes skrifter. När han 1794 först framträdde i tryck inför offentligheten var det som Fichtes hängivne lärjunge. Så småningom hade emellertid en allt tydligare diskrepans visat sig mellan lärarens och lärjungens uppfattningar. En omfångsrik filosofisk brevväxling mellan Fichte och Schelling dokumenterar brytningen steg för steg. Till slut kom den att bli både personlig och oåterkallelig.

I den tidiga fasen av Schellings filosofi, under 1790-talet och några år in på det följande seklet, var det framför allt två ämnen som stod i fokus – naturen och konsten. I sin behandling av naturen hade Fichte lämnat en lakun som Schelling kände sig kallad att fylla igen. Hos Fichte är naturen ett motstånd, ett hinder, en gräns för det mänskliga handlandet. Hos Schelling blir naturen någonting i sin egen rätt, även om idealismen inte för den skull uppges. Schellings första stora insats blev att genomföra en idealistisk tolkning av naturen och dess fenomen. Hans naturfilosofi kom att bli en del av en romantisk revolt mot den mekaniska och materialistiska natursyn som dominerat under 1600-talet och det tidigare 1700-talet. Den revolten innebar också att banden återupptogs med äldre former av naturuppfattning, med platonism och nyplatonism, med renässansens naturspekulation.

I den filosofi Schelling lade fram under 1790-talet uppfattades naturen som ”slumrande Ande”. Både Fichtes subjektsfilosofi och Spinozas lära om Guds och naturens identitet hade inspirerat denna konception. Den absoluta anden förstods som en process. Med Schelling blir utvecklingstanken central i metafysiken, filosofin blir ”genetisk”. Platon och Spinoza spelade viktiga roller för Schelling, men i detta avseende skiljer sig hans tänkande fundamentalt från deras. Den yttersta verkligheten är för honom inte oföränderlig, den är stadd i utveckling, den har en historia. Filosofin kommer att handla om

Andens historia, varav naturens är en del. Anden utvecklas från de lägsta graderna av medvetande till de högsta, från sömn till vakenhet. Processen innebär att någonting görs explicit som från början fanns implicit i Andens idé. Den är också ändamålsstyrd. Liksom fröet strävar att bli blomma strävar Anden att förverkliga sin idé, strävar Gud att bli till.

I de första, mest omedvetna stadierna av sin utveckling manifesterar sig Anden som oorganisk natur. I sitt första stadium eller ”potens” är Anden mekanism, i den andra potensen dynamik, i den tredje organism. Till dynamikens fenomen hör magnetism och elektricitet. De var högaktuella i den samtida vetenskapen och de fascinerade Schelling. De tycktes utgöra bevis för en av den romantiska naturvetenskapens centrala teser, nämligen att naturen inte är död materia utan ett levande spel av krafter. Naturens fundament är enligt Schelling inte atomer eller korpuskler, utan krafter och motkrafter. Krafternas polaritet och enhet lämnar nyckeln till de empiriskt iakttagbara företeelserna. Naturens väsen är produktivitet, den är en *natura naturans*, ständigt i färd med att skapa sig själv. Också på ett annat sätt föreföll atomläran Schelling otillfredsställande. Den förutsatte att helheten skulle kunna förklaras ur delarna. Schelling och romantikerna föredrog att förklara delarna ur helheten. Schelling tog upp den gamla läran att varje del av naturen är ett mikrokosmos, vilket i sig återspeglar universum som helhet. Att förstå naturen blir att läsa en hieroglyfisk skrift, full av heliga tecken och hemlighetsfulla korrespondenser mellan det lilla och det stora. De empiriska fenomenen får sin rätta förklaring först när de kan tolkas som moment i Andens utveckling och som symboler för en andlig sanning. Upplysningsmännen, som varit fångna i den Newtonska världsbilden, hade uppfattat naturen som något dött och något främmande. En splittring, en fiendskap mellan människa och natur hade blivit följden. Genom den Schellingska naturfilosofin kunde människan upptäcka sitt eget ansikte i naturens spegel. Allt är ande, ingenting är död materia.

Enligt Schellings transcendentala idealism finns en kontinuitet i Andens historia. Mekanism övergår i dynamik och organism. De vegetativa livsformerna övergår i de animala och dessa i de mänskliga. Mänsklighetens historia blir en fortsättning på naturens och det är i mänsklighetens högsta manifestationer, i filosofin och konsten, som Anden når de högsta graderna av medvetande.

Schellings konstfilosofi kom att få ett lika stort inflytande över hans samtid som hans naturfilosofi. I Jena hade Schelling kommit in i en romantisk krets med starka litterära och konstnärliga intressen. Dit hörde skalden Novalis (Friedrich von Hardenberg) liksom de båda framför allt inom konst- och litteraturkritiken verksamma bröderna Friedrich och August

Wilhelm Schlegel. Den senares maka, Caroline, var en av den tyska romantikens mest begåvade och i det intellektuella sällskapslivet tongivande kvinnor. Hon blev, efter skilsmässa från Schlegel, Schellings hustru. Schellings tankar om konsten stod i samklang med de uppfattningar som utbildades inom denna Jenakrets.

Konsten är enligt Schelling ”ett gudarnas verktyg, en förkunnerska av gudomliga hemligheter, en uppenbarerska av idéer” och ett ”ur det absoluta oförmedlat härflytande fenomen”. Konstnären, skalden är en siare och en profet, som med genialisk intuition uppenbarar sanningar som annars bara är kända för den högsta filosofin. Konstnären skapar på ett medvetet sätt, men under en inspiration som stammar från hans undermedvetna. Skapandet måste hos konstnären vara natur, men också andlighet. Konsten är en ändlig manifestation av det oändliga absoluta. Den är något medvetet och något omedvetet, ande och natur, subjekt och objekt på samma gång och därmed en bild av den absoluta verkligheten, som den framställer i liknelser, symboler och myter. Om filosofin ger oss kunskap om det absoluta genom begrepp ger oss konsten en sådan kunskap genom bilder.

Hos Schelling kulminerar de natur- och konstfilosofiska spekulationerna åren strax efter sekelskiftet i hans s.k. identitetsfilosofi. Denna identitetsfilosofi innebär formellt en sorts övergivande av idealismen. Subjektet sägs inte längre som hos Fichte ha primat i förhållande till objektet, den absoluta verkligheten kan inte förstås rätt och slätt som ande. I stället förkunnar Schelling att det absoluta är identitet (eller indifferens) mellan subjekt och objekt, ande och natur, ideellt och reellt. Detta absoluta identifieras till yttermera visso med förnuftet och anses vara tillgängligt endast för förnuftskunskapen, för den intellektuella åskådningen. Parallellerna till Spinozas system var för Schelling fullt medvetna och poängterades gärna av honom samtidigt som han framhöll skillnaden mellan Spinozas statiska och sin egen dynamiska världsuppfattning. Ibland använde Schelling uttrycket ”realidealism” för den nya identitetsståndpunkten.

Identitetsfilosofin var inte problemfri. Om den absoluta verkligheten var åtskillnadslös identitet föreföll det omöjligt att förklara den empiriska mångfald som trots allt finns bland fenomenen. Hur kunde överhuvud en fenomenvärld uppstå ur ett indifferent och motsatslöst absolut Vara? Bland annat i den lilla dialogen *Bruno* (1802) försökte Schelling ge ett svar längs platonistiska och nyplatonistiska linjer. Det absoluta antogs här innehålla *idéer*, vilka kunde tjäna som förebilder och arketyper för sinnevärldens mångahanda föremål. Detta återupplivande av den platonistiska idéläran skulle komma att få stor betydelse för den romantiska spekulationen och inte minst för den romantiska diktningen. Ändå tyckte sig Schelling ha hamnat i en återvändsgränd i sin tankeutveckling. Dittills hade denna utveckling kulminerat i identitetslärans abstrakta förnuftsmetafysik. Kunde dess blodlösa rationalism verkligen ge svaret på livsfrågorna? Schelling fann sin ståndpunkt utmanad och ifrågasatt inte minst från religiösa utgångspunkter.

Hela det filosofiska debattläget hade onekligen förändrats på ett väsentligt sätt genom publikationen år 1799 av en märklig skrift, *Über die Religion. Reden an die Gebildeten unter ihren Verächtern* ("Om religionen. Tal till de bildade bland dess föraktare"). Författaren var den unge teologen Friedrich Schleiermacher (1768–1834). Skriften innebar, som undertiteln indikerar, ett försvar för religionen mot det förakt den utsatts för bland upplysningens trogna. Härigenom förebådade den en ny tidsanda, en epok som på ett nytt sätt skulle komma att förhålla sig positiv till religionen och dess livstolkning. Men skriften innehöll en avgränsning också gentemot dem som på Kants och Fichtes sätt velat återföra religionen på etiken samt mot dem som velat identifiera den med filosofisk metafysik. Schleiermacher hävdade med kraft religionens självständighet och särart, omöjligheten av att reducera den till etik, filosofi eller vetenskap. Religionen är, menade han, inte framför allt en moralkodex eller ett teoretiskt försanthållande. Den är en känsla – en känsla av absolut beroende. Människan är religiös när hon har en känsla av en total avhängighet av något oändligt, av något ojämförligt mycket större än hon själv och när tillvaron visar sig för henne i ljuset av denna känsla.

Schleiermachers avintellektualisering av religionen hade beröringspunkter med sådan kritik mot den metafysiska rationalismen som framfördes från andra håll, t.ex. från F. H. Jacobi och Carl Eschenmayer. Schelling tog intryck. Från publikationen 1804 av *Philosophie und Religion* ("Filosofi och religion") och fram till hans död femtio år senare rörde sig Schellings filosofi bort från rationalismen och mot ett försök att göra den religiösa erfarenheten rättvisa. Schellings levnads- och universitetsöden skiftade. Efter 1809 publicerade han föga för offentligheten. Men han arbetade oförtrutet på stora manuskript där religionsproblematiken står i fokus och som när de postumt publicerades gav oss bilden av den "sene" Schelling.

Identitetsfilosofin tycktes oförmögen att förklara förekomsten av mångfald och motsättningar i tillvaron eller av det onda och irrationella. Inte heller föreföll dess strikta deduktioner ge något rum för den mänskliga friheten. I Schellings senare filosofi, bl.a. i *Philosophische Untersuchungen über das Wesen der menschlichen Freiheit* ("Filosofiska undersökningar rörande den mänskliga frihetens väsen" 1809), står just det ondas och frihetens problem i blickpunkten. Schelling anklagade filosoferna för att alltför mycket ha intresserat sig för essensen, för *vad* tingen är, för deras begrepp, och alltför litet för deras existens, för *att* de är, för deras faktiska tillvaro. Med hjälp av rationella och logiska metoder kan vi säga någonting om essenserna och begreppen, men ingenting om existensen. För att komma åt det faktiskt existerande måste vi lita till erfarenheten, till empiri och historia. På grundfrågan: ”Varför finns det överhuvud taget någonting i stället för intet?” kan inga logiska deduktioner ge svar. Schelling söker också nu sin lösning på existensfrågorna längs andra vägar. Han tar till sin hjälp myterna och den religionshistoriska spekulationen. Alla det förflutnas religioner, myter och symbolsystem tycks honom vittna om djupa, av den moderna rationalismen och vetenskapen förträngda, sanningar.

Det absoluta är nu för Schelling inte längre identitet. Gud måste ha en grund för sin existens. Men denna grund är inte utan vidare identisk med Gud själv. I gudomen öppnar sig en splittring, en åtskillnad mellan Gud, det ljusa och förnuftsmässiga, och Grunden, det mörka, irrationella, kaotiska. All ordning måste uppstå ur Kaos, hade grekerna menat. Schelling lär detsamma. Grunden är förutsättningen för Gud, men också för människorna. Ur dess djupa natt lyfts människorna upp till livet. De mörka och kaotiska krafterna bär de med sig från sitt ursprung. Detta för till en splittring i vårt viljeliv – en vilja drar oss till Gud, till det goda och ljusa, en vilja, egoistisk och självcentrerad, drar oss mot Kaos, mot det onda och mörka. Splittringen i ont och gott är förutsättningen för människans frihet. Det onda blir därmed nödvändigt som en förutsättning för den fria viljan till det goda, för den kärlek som kämpar mot och övervinner det onda.

Ur denna frihetsuppfattning kan också en förklaring till världen och naturen erhållas. Det är inte längre för Schelling fråga om att konstruera naturen ur det absoluta genom en logisk begreppshärledning. I stället förklaras världens uppkomst genom ett syndafall. Här finns ingen kontinuitet, utan en fri viljeakt, ett språng bort från det gudomliga ursprunget. Vi får en fallen värld, en fallen natur. Hos Schelling finns en stark känsla av människans och naturens alienation, deras främlingskap i den från Gud avfallna tillvaron. Livet på jorden blir en exil, varifrån vi hoppas få återvända. Detta hopp är heller inte förgäves. Avfallet skall följas av en återförening. Schellings filosofiska historik över mänsklighetens öden innehåller två böcker – en Iliad och en Odyssé, en berättelse om utfart och en om hemkomst, ett epos om det förlorade paradiset och ett om det återvunna. Schellings filosofi vittnar i sig om att en ny guldålder är på väg, om att mänskligheten är i färd med att erinra sig sitt ursprung. Den är i sin egen uppfattning morgonrodnaden för en ny dag, vilken skall innebära människans men också naturens befrielse.

Schellings sena filosofi innehöll inslag av utopism och millenarism (Joakim av Fiore hörde till hans lärofäder). Den skulle under 1900-talet inspirera revolutionär metafysik, men också antirationalistisk existensfilosofi. För den samtida utvecklingen var det Schellings filosofi från åren kring sekelskiftet som fick störst betydelse. Schelling vann sitt rykte helt ung, uppflammande som en supernova på Tysklands filosofiska firmament. Han fördunklade sin läromästare Fichte, men skulle snart själv med aldrig stillad bitterhet se sig fördunklad av sin lärjunge Hegel. Tyskland började mer och mer se sig som filosofins förlovade land på jorden och där var det trångt mellan profeterna.

Förnuftet i 1700-talsfilosofin

Med Schelling må denna exposé över 1700-talets filosofi avslutas. Ett ledmotiv i seklets filosofiska utveckling hade gällt synen på förnuftet. Olika uppfattningar hade brutits mot varandra. Wolffs förnuftsdogmatik från seklets början, ett arv från 1600-talets rationalism, hade snart kommit att betraktas som ohållbar och förlegad. Upplysningsmännen i Frankrike och Storbritannien hade ofta ställt sig skeptiska till förnuftets makt och möjligheter. Voltaire hade i *Candide* riktat sin satir mot den Leibniz-Wolffska förnuftsoptimismen. Hume hade i alla sammanhang poängterad förnuftets vanmakt och svaghet. Å andra sidan hade upplysningsmännen också ofta framträtt som talesmän för just förnuftet. Somliga, som Condorcet vid 1700-talets slut, hade till och med trott på en historisk utveckling styrd av förnuftet och utmynnande i dess fullkomning. Upplysningen hade tilldelat förnuftet en ny roll som emancipatorisk och befriande kraft. I Tyskland hade Kant försökt avkunna en väl avvägd skiljedom mellan förnuftskunskapens och sinneskunskapens anspråk. Men han hade mötts av förnuftsförnekelsen hos Hamann och andra ”motupplysningens” företrädare. Å andra sidan hade hans efterföljare Fichte och Schelling drivit förnuftsmetafysiken till nya höjder och strävat efter att visa hur Varat självt är identiskt med förnuftet. Hos den senare Schelling hade rationalismen brutits mot andra, förnuftskritiska tendenser. Därvid hade Schelling avgränsat sin filosofi mot en tidigare bundsförvant, Hegel. Och hos Hegel skall vi i nästa kapitel finna vad han själv och hans lärjungar betraktade som förnuftets slutgiltiga apoteos.

Den moderna tiden – filosofin mellan självhävdelse och legitimationskris

Tysk filosofi från Hegel till Nietzsche

Liksom Kant fann i Fichte och Fichte i Schelling fann Schelling i Hegel en lovande lärjunge som i varje avseende tycktes väl rustad att föra budskapet vidare. Men liksom i de tidigare fallen slutade det hela i misstämning. Lika litet som Kant eller Fichte visade sig Schelling ha någon önskan att se sin filosofi förbättrad av någon aldrig så begåvad elev. När Hegel började visa tecken på självständighet och på vilja att gå sina egna vägar var det slut med samförståndet. Vänskapen förbyttes i bitter rivalitet. På en punkt innebar Hegels lärjungeskap dock en avvikelse från normen. Hegel var fem år äldre än sin mästare. Men han mognade långsammare än Schelling och framträdde senare, varför deras kronologiska ordning i filosofins historia måste bli en annan än den födelsedata kunde låta förmoda.

Hegel och "filosofins slut"

Georg Wilhelm Friedrich Hegel (1770–1831) var son till en lägre ämbetsman i Stuttgart i Schwaben. Han bedrev studier vid prästhögskolan i Tübingen där han träffade Hölderlin och Schelling. Den vänskap som utvecklades mellan de tre stod till en början mer i politikens än i filosofins tecken. Alla sympatiserade de med den franska revolutionen och dess idéer. Hegel skulle för övrigt aldrig helt överge dem. Till sin död hade han för vana att varje år dricka revolutionens skål i champagne den 14 juli. Lika litet som Schelling slog Hegel in på den prästerliga banan – de teologiska åsikter han utvecklade i tidiga ungdomsmanuskript är minst sagt oortodoxa. I stället följde han efter sin vän till Jena, där denne sensationellt ung blivit professor. Hegel antogs 1801 för en docentbefattning och hade därmed äntrat första stegpinnen på en akademisk karriär. Samma år publicerade han sin första filosofiska skrift, *Differenz des Fichteschen und Schellingschen Systems* ("Skillnaden mellan Fichtes och Schellings system"), där han tog parti för Schellings läror på de punkter där de avvek från Fichtes. Året därpå, 1802, grundade de båda forna skolkamraterna tillsammans ”Kritische Journal der Philosophie” (”Kritisk tidskrift för filosofi”), som blev ett organ för deras gemensamma uppfattningar.

Samarbetet i ”Kritische Journal” fortsatte fram till 1803, då Schelling lämnade Jena. Från och med nu började de båda vännerna glida i sär. Brytningen kom då Hegel publicerade *Phenomenologie des Geistes* (”Andens fenomenologi” 1807), hans första fullt självständiga verk. Hegel skickade sin bok till Schelling, som inte kan ha undgått att lägga märke till det angrepp som i dess förord riktades mot omisskännligt schellingianska tankegångar. Så exempelvis när Hegel betecknade det differenslösa Absoluta som ”en natt där alla kor är svarta”. Schelling tackade aldrig för boken och förhållandet mellan honom och Hegel var i fortsättningen frostigt.

Phenomenologie des Geistes betecknar en milstolpe i Hegels liksom i filosofins utveckling. Här finns hela hans system för första gången upplinjerat – utan det detaljutförande som senare skulle komma till stånd i digra verk, men också med en ungdomsfriskhet som senare skulle gå förlorad. Gåtfullt och glansfullt på en gång är ”Andens fenomenologi” det av Hegels arbeten som gör den starkaste litterära verkan. Den väldiga ”klippmusik” som Karl Marx talat om hos Hegel spelar här upp sin ouvertyr. Boken fullbordades under dramatiska omständigheter aftonen före det stora slaget vid Jena. Någon dag senare såg Hegel Napoleon – ”denna världssjäl” – rekognoserande rida genom staden.

Världsanden rider också genom Hegels förstlingsarbete. *Phenomenologie des Geistes* handlar om hur Anden – vilken samtidigt är Vara och Tanke – skapar sig själv. Den utgör en bildningsroman, som berättar om hur människoanden i sin gång genom historien fostras och utvecklas, prövar möjligheter, gör erfarenheter, övervinner misstag, når fram till sanningar. Den handlar om sökandet efter frihet, men också – vilket för Hegel är samma sak – om sökandet efter förnuft, vetande, filosofi. Processen beskrivs med hjälp av en logik som vi kan kalla ”dialektisk”.

När Hegel uppfattar kunskapsprocessen som dialektisk distanserar han sig både från den vedertagna rationalismen och från den vedertagna empirismen. Rationalismen hos Descartes eller Spinoza hade anammat ett axiomatiskt kunskapsideal – från säkra och en gång för alla givna axiom skulle man gå vidare i sina slutledningar. Empirismen hade i sinnenas vittnesbörd funnit en liknande säker och ofelbar utgångspunkt. Hegel däremot antar att kunskapsprocessens början finns i högst osäkra, ja skeva och felaktiga uppfattningar. Misstagen, de oriktiga eller otillräckliga hypoteserna och negeringen av dessa spelar enligt honom en nödvändig roll. Vår kunskaps början finns inte i säkra, adekvata och orubbliga axiom utan i osäkra, förvirrade, motsägelsefyllda och inadekvata försök att förstå verkligheten, försök som sedan måste korrigeras och ersättas med nya, vilka i sin tur korrigeras i en oändlig process. Inte heller är denna process förgäves. Kunskapen, insikten, består inte bara i de till sist uppnådda sanningarna utan också av den tillryggalagda vägen dit. Den erfarenhet som ger upphov till kunskapen är en del av kunskapen själv och kan inte ersättas av någon dogmatisk formel. Sanningen är en process lika mycket som ett slutresultat. Inte heller kan den omedelbara sinneserfarenheten sägas utgöra verklig kunskap. Genom den når vi enbart enskildheter som är lösryckta, abstraherade ur sitt sammanhang. Först när vi har begrepp, teorier, först när vi kan sätta in de individuella impressionerna i deras sammanhang, först när vi kan göra oss en bild av den helhet där de hör hemma och som ger dem mening och innebörd, först då har vi adekvat kunskap. Sanningen är helheten. Den finns hos systemet, hos den totalitet som ensam är konkret.

Lättast kan man förstå Hegels kunskapssyn när man sätter den i samband med hans historieuppfattning. Logiken och historien är för honom sidor av

G. W. F. Hegel. Stålstick av Sichling efter L. Sebbers.

samma sak. Hegels logik är historisk, en sorts processlogik. Historien uppfattas å andra sidan som en logisk utveckling, som en berättelse om förnuftets tillblivelse eller skapande av sig självt. Hos Hegel ersätts det tidlösa förnuft som rått hos Platon, Spinoza och i det väsentliga även hos Kant med en förnuftets historia, en förnuftets födelseprocess.

Tydligast blir Hegels resonemang i de historiska avsnitten av ”Andens fenomenologi”. Hegels Ande är Gud, men en immanent Gud, en som uppenbarar sig i och genom mänsklighetens historia. I historien studerar vi denna Andes tillblivelse, hur genom en serie dialektiska rörelser det som från början finns i sitt frö och är implicit artikuleras och görs explicit. Därvid är det processens *telos*, dess ändamål och slut, som förklarar den. Som hos Aristoteles, Hegels beundrade mästare, är det eken som förklarar ekollonet, blomman som förklarar fröet.

Formulerar man saken på det allra mest skissartade sättet kan man säga att den Hegelska historiska dialektiken förlöper i tre steg – från primitiv enhet, via splittring till en ny, högre enhet. Den ursprungliga enheten representeras mest fulländat av det klassiska Hellas. I likhet med hela sin tidsålder odlade Hegel en dyrkan av de gamla grekerna. Den grekiska människan framstod för honom som förkroppsligandet av harmoni, jämvikt, lugn. Den grekiska kulturen antogs utmärka sig för en balans mellan människa och natur, individ och samhälle, profant och gudomligt. Den klassiska tidens greker accepterade samhällets, kollektivets, stadens normer som sina egna. De upplevde ingen skillnad mellan privatmänniskans och medborgarens roller. Deras moral innebar ett accepterande av de rådande sederna. Även deras religion var politisk. Deras gudar var stadens gudar och dessa gudar hade sin hemvist i naturen, i träden, källorna och bergen. Dock fanns det motsättningar, frön till oro också i denna harmoni. En sådan motsättning illustrerar Hegel med hjälp av Sofokles’ *Antigone*. I Sofokles’ tragedi uppträder mot varandra Kreon, som förbjuder begravningen av den som stupat som landsförrädare och stadens fiende, och Antigone, som följande den religiösa pietetens bud begraver sin bror. Stadens lag och familjens heliga lag står mot varandra och motsättningen mellan dem kan inom det antika samhällets ramar inte utjämnas.

Nästa fas i Andens epos handlar om begynnande splittring och alienation. Under hellenismen och romarriket finns inte längre någon stadsstat, någon medborgardemokrati som individen kan identifiera sig med. Makten blir nu något avlägset, för den enskilda människan ogripbart. En ny individualism uppstår som bl.a. tar sig uttryck i filosofiska system som epikurism och stoicism. Genom splittringen mellan individ och stat når individen en ny frihet, ett nytt medvetande om sitt eget jag, symboliserat av filosofernas lära om den vises fullkomliga oberoende av yttre förhållanden. I den romerska rätten får man sedan den första noggranna regleringen av privategendomen och privatmänniskans rättigheter.

Kristendomen medför en ny och högre uppfattning av den mänskliga friheten och av den mänskliga personligheten. Inte minst reformationen betyder i detta avseende mycket. Men med kristendomen uppträder samtidigt vad Hegel kallar ”det olyckliga medvetandet”. Det uppstår ur en djup splittring. Allt gott, allt skönt och fullkomligt förläggs hos en transcendent Gud, medan jordelivet, det som är här och nu, föraktas. Paradiset kan av den längtande människan bara anas likt en fjärran klockklang.

Främlingskapet når sin yttersta punkt med upplysningen. Nu har både naturen och människolivet fullkomligt avsakraliserats. Människan, som redan av kristendomen förvandlats till enskilt samvete, blir den rena individen, obunden av varje norm eller heligt bud. En frihetens kulmination representeras av den franska revolutionen och dess skräckvälde. Den absoluta friheten slår över i absolut terror. Dess ytterpunkt står att finna i den revolutionära döden, ”den kallaste, plattaste död utan mer betydelse än avhuggandet av ett kålhuvud”.

Hegel är dock övertygad om att Anden i hans egen epok kommit till en ny vändpunkt. Den franska revolutionens landvinningar – bl.a. i form av Napoleons *code civil* – är säkrade, dess överdrifter övervunna. Den kristna stat kan upprättas, där den individuella friheten är garanterad men samtidigt inordnad i ett lagbundet, förnuftsmässigt samhällsliv. Friheten och förnuftet behöver inte längre framstå som en transcendent gudom eller som ett utopiskt mål utan förkroppsligas i den moderna staten. Den harmoni som i det klassiska Grekland rådde på en omedvetet sätt kan nu uppnås medvetet, förnuftsmässigt. Individen är fri, medveten om sin subjektivitet och om sina valmöjligheter, men underkastar sig ändå frivilligt förnuftet. En högre enhet är på väg att förverkligas. Denna högre enhet är dock inte något differenslöst Ena. I denna enhet finns tvärtom alla de bestämningar och distinktioner som passerats på vägen mot målet ”upphävda men bevarade”. Anden övervinner, ”upphäver”, den ena åskådningen, den ena stationen på vägen efter den andra. Men det som sålunda upphävts och tillryggalagts finns ändå med som erfarenhet, som erinring, som ett allt rikare innehåll hos en allt mer omfattande Sanning.

Den dialektik som skapar Världsanden har sin motsvarighet hos det subjektiva självmedvetandet. Också det måste gå utanför sig självt för att finna sig självt. Vi blir medvetna om oss själva bara genom att bli medvetna om andra. Bara genom att uppleva den Andre som någonting främmande, för att sedan identifiera oss med honom, når vi kunskap om oss själva. Det mest berömda exemplet på detta i *Phenomenologie des Geistes* är det som handlar om herren och slaven.

Hegel utgår från ett urtillstånd som påminner om Hobbes' – ett allas krig mot alla. Var och en kämpar för erkännande och vågar sitt liv för att uppnå det. Den som ger sig besegrad i denna kamp blir slav. Slaven erkänner sin herre men denne erkänner inte honom, betraktar honom inte som människa eller subjekt. Slaven tvingas till arbete. Arbetet förändrar honom på samma gång som han själv förändrar den yttre naturen. Slaven lär sig något, skaffar sig kunskaper och färdigheter. Herren blir för sin existens allt mera beroende av slaven och hans arbete. Med ens är det slaven som har övertaget. Herren tvingas erkänna honom som människa. Vi närmar oss det subjektens ömsesidiga erkännande av varandra som ensamt kan ge bekräftelse och tillfredsställelse. Hegels parabel om herren och slaven har i senare filosofi lånat sig till både historiematerialistiska och existentialistiska uttolkningar.

Den berättelse om Anden som Hegel givit i *Phenomenologie des Geistes* gav han några år senare på ett annat sätt och från en annan utgångspunkt i sitt andra storverk, *Wissenschaft der Logik* ("Logikens vetenskap" 1812). Här togs emellertid inte omvägen om mänsklighetens historia. Logikens rike, förklarade Hegel, "utgör sanningen sådan den utan omsvep är i och för sig" eller, annorlunda uttryckt, dess innehåll "framvisar Gud som han är i sitt eviga väsen, innan naturen och den ändliga anden skapats".

Den traditionella logiken hade alltsedan Aristoteles varit *formell*. Nu ville Hegel skapa en logik som också skulle vara *innehållslig*. En början, men bara en början, fanns i Kants lära om kategorierna och hans s.k. transcendentala logik. Hegels logik handlar också om kategorierna. Men Hegel vill framställa dessa i deras rörelse, en rörelse som successivt genererar ett allt rikare innehåll. Detta uppnås genom hans dialektik med dess berömda triader av tes, antites och syntes. En illustration kan hämtas från den första dialektiska rörelsen i "Logikens vetenskap". Logiken börjar med det första, mest abstrakta begreppet: "Varat". Men detta begrepp är så abstrakt, så allmänt, så utan konkret innehåll att det flyter över i sin motsats: "Intet". Varat och Intet är varandras motsatser, men samtidigt till förblandning lika, identiska. Ur dem bildar sig ett tredje begrepp: "Blivande". Därmed har vi erhållit en mer konkret, mer innehållsrik kategori och därtill en som är fundamental för den Hegelska filosofin.

Hegels filosofi handlar just om blivande, om den oro som via en serie av positioner och negationer driver Anden framåt. En jämförelse med Platon ger kontrasten. Också hos Platon är "Blivande" den tredje termen i förhållande till "Varat" och "Intet". Men för honom är det blivande, det föränderliga, en halvverklighet, ett mellanting, vacklande mellan verklighet och overklighet. För Hegel är verkligheten å andra sidan med nödvändighet föränderlig. Ordet ”Wesen” (”väsen”) härleder han ur ”gewesen” (”har varit”). Väsendet är det som har en historia.

På en annan punkt är Hegel dock överens med Platon. Det är från Platon han hämtat sin ”dialektik” och en del av den ursprungliga innebörden finns kvar. I Platons dialoger framställs gärna ett begrepp för definition. Ett definitionsförslag framkastas, befinns otillräckligt och motsägelsefyllt, ersätts med ett nytt som i sin tur kritiseras och så vidare. På samma sätt är det hos Hegel med den viktiga skillnaden, att det här är fråga om en sorts begreppets självkritik, en dess immanenta utveckling framdriven av dess inneboende negativitet. Den utvecklingen leder vid slutpunkten för *Wissenschaft der Logik* fram till Idén, den konkretaste, rikast bestämda, fullkomligaste sanningen.

Med *Phenomenologie des Geistes* och *Wissenschaft der Logik* hade Hegel lagt grundstenarna till sin filosofi. Men mycket återstod att göra och tiden för hans stora inflytande hade ännu inte kommit. I Jena hade Hegel fått professors titel, men ingen lön att leva av. För en tid lämnade han universitetsbanan, först för journalistiken, sedan för en post som rektor för ett klassiskt gymnasium. 1816 erhöll han dock en professur i Heidelberg och 1818 efterträdde han Fichte som filosofiprofessor i Berlin. Här fick Hegel snart en position som knappast någon filosof förr eller senare i Tyskland. Lärjungarna flockades kring hans kateder, som blev centrum för landets filosofiska liv. Nu förmådde Hegel också ge sin filosofi en form, som var något mer lättbegriplig än den varit i de båda huvudarbetena. I digra volymer behandlade han bl.a. naturfilosofi och rättsfilosofi. Efter hans död – Hegel rycktes bort 1831, kanske i den koleraepidemi som då hemsökte Berlin – gav lärjungarna ut omfattande föreläsningsmanuskript där alla fält av det mänskliga vetandet behandlades och infogades i det väldiga Hegelska systemet. Föreläsningarna om historiens filosofi, om religionsfilosofi, om konstfilosofi, om filosofins historia utgjorde kraftprov, vart för sig av oöverskådlig betydelse för det senare 1800-talets intellektuella utveckling. Störst omedelbart inflytande fick Hegels tankar kanske på två områden – i fråga om historiens filosofi och i fråga om den politiska filosofin.

Hegels *Philosophie der Geschichte* (”Historiens filosofi”) baserar sig på föreläsningar som filosofen höll i Berlin 1822–1831 och som gavs ut efter hans död. Det är det lättillängligaste av hans verk, vilket bidrar till att förklara dess popularitet. Den röda tråden i framställningen finns i tanken ”att förnuftet regerar världen och att det således även i världshistorien har gått förnuftigt till”. Historien är berättelsen om ”världsandens förnuftiga, nödvändiga gång”. Den handlar om hur världsanden ”arbetar sig fram till kunskap om det som den är i sig" och därmed om ett framåtskridande i frihetsmedvetande. Från den asiatiska despotins tillstånd där bara *en* var fri, via antikens slavsamhällen där *några* var fria kommer vi till det moderna kristna samhällena där *alla* är fria. Friheten och förnuftet är historiens slutmål, vilket finns implicit redan i dess begynnelse "liksom fröet i sig bär trädets hela natur, fruktens smak och form". Men även om det går förnuftigt till i historien så måste Anden ta passionerna och de reala intressena till sin hjälp. Här finns en "förnuftets list" varigenom förnuftet på omvägar når sina syften. "Den första inblicken i historien övertygar oss om att människornas handlingar har sin källa i deras behov, passioner, intressen, karaktärer." Ingenting stort i världen har uträttats utan passion. Men dessa passioner kan Anden utnyttja för sina syften. Något liknande gäller om de stora personligheterna i historien. Dessa stora individer, en Alexander, en Caesar, en Napoleon, fullföljer sina egna syften, men utför samtidigt världsandens värv. De går sin väg rakt fram, krossande mycket i sin väg. Någon privat, individuell lycka förverkligar de heller inte för egen del. Och när "ändamålet är uppnått, så faller de liksom kärnans hylsor faller av".

För Hegels synsätt är staterna historiens bärare: "I världshistorien kan det inte vara fråga om annat än folk som bildar en stat." Staten är nämligen "frihetens, dvs. det absoluta ändamålets förverkligande". Allt värde som människan har, all andlig verklighet "har hon endast genom staten". De statslösa folken räknar Hegel inte som historiska.

Det var i sin *Philosophie des Rechts* ("Rättsfilosofi" 1821), det sista arbete han gav ut under sin livstid, som Hegel mest utförligt behandlade statsfilosofins problem. Där försökte han förklara den moderna staten med hjälp av den betydelsefulla distinktionen mellan stat och borgerligt (eller "civilt") samhälle. Det borgerliga samhället tolkas därvid till stor del utifrån Adam Smiths marknadsteori. Det utgör ett behovens och privategoismens rike. Inom det borgerliga samhället finns den privata marknaden där det förs ett allas krig mot alla, där var och en försöker tillvarata sitt eget intresse, men där likväl en "osynlig hand" (eller en "förnuftets list") åstadkommer att det gemensamma intresset främjas. Inom denna sfär får den individuella friheten vad som tillkommer den. Men där sker också en uppdelning i fattiga och rika, där utvecklas anarkiska marknadskrafter som måste tämjas genom den gemensamma sfären, staten.

Staten är enligt Hegels uppfattning någonting högre än det borgerliga samhället, i den finns det borgerliga samhället "upphävt men bevarat". Staten står för det offentliga och för det gemensamma, den är *res publica*. Den styrs likväl monarkiskt, ehuru under rättsstatliga former och via en opolitisk och opartisk byråkrati, en offentlig klass som tillvaratar det gemensammas väl. Den moderna människan framträder hos Hegel i två roller. Hon är dels *bourgeois*, borgaren, privatmänniskan, marknadsaktören, dels *citoyen*, medborgaren, statsborgaren, deltagaren i det gemensamma politiska livet. Liksom Aristoteles är Hegel övertygad om att människan är en politisk varelse. Det gemensamma livet framstår som någonting högre än det privata. Samtidigt måste de privata behoven tillfredsställas. Hegel tar avstånd från Platons egendoms- och familjelöse filosof, som lever endast för staten. Hans stat är en inkarnation av förnuftet, men ett förnuft som rymmer differenser, åtskillnader, egenheter.

Mer exakt ser Hegel i staten den högsta uppenbarelseformen av vad han kallar ”den objektiva anden”. ”Det som är förnuftigt är verkligt, och det som är verkligt är förnuftigt”, hette det i *Philosophie des Rechts*. Förnuftet förverkligar sig självt och blir till yttre verklighet. När Anden lämnat det subjektiva jagets sfär bakom sig går den in i ”objektiva” former, den kommer till uttryck som språk, lagar, sedvänjor och institutioner. Dess högsta form som objektiv ande är staten. Staten bildar sedan ramen för ”den absoluta andens” former: konsten, religionen, filosofin. Sanningen kan uttryckas genom sinnligt åskådliga bilder som i konsten, genom myter och symboler som i religionen eller genom begrepp som i vetenskapen eller filosofin. Under antiken var konsten Andens främsta framträdelseform, under medeltiden religionen, i den moderna tiden filosofin.

Filosofin blir därmed enligt Hegel Andens sista och slutgiltiga uppenbarelseform. I grunden existerar det bara en Filosofi, men också denna enda Filosofi uppvisar i tiden olika former och stadier, vilka utgör led i en konsekvent och nödvändig tankeutveckling. ”Först i skymningen lyfter Minervas uggla sina vingar till flykt.” Så lyder en berömd aforism hos Hegel. Det innebär att den verkliga förståelsen av historien kan uppstå först i efterhand, när förloppet i sina väsentliga faser är fullbordat. Hegel anser sig uppträda i ett skede av historiens och filosofins slut. Andens utveckling är i huvudsak avslutad, friheten och förnuftet är på väg att förverkligas i den moderna staten. En försoning mellan Idé och verklighet är på väg att äga rum, så att verkligheten nu motsvarar det som fanns implicit i Idén. Därmed kan också den teoretiska förståelsen, Filosofin, fullbordas. Filosofin är ingenting annat än sin tid fattad i tankar. Historiens och filosofins fullbordan blir därmed ett och detsamma. När Anden övervunnit sin splittring och historien nått sitt slut i den kristna monarkin är tiden inne också för den slutgiltiga filosofin. Denna utgör resultatet av filosofins hela historia. Den innehåller ett absolut vetande och i den kommer världshistoriens innersta till uttryck. Det var Hegels övertygelse att hans egen filosofi svarade mot denna filosofins fulländning och slut. Hans anhängare skulle acceptera den åsikten – men också en del av hans motståndare.

Vänsterhegelianerna

Hegel står vid slutet av en epok i filosofins historia och vid början av en ny. Aldrig mer skulle någon göra ett lika storstilat försök att i filosofins form genomföra en syntes av allt mänskligt vetande. Hegel hade fulländat filosofin, men också genom sina oerhörda anspråk för dess räkning skadat dess trovärdighet. Från och med nu skulle filosofin komma att te sig problematisk. I den mån Hegels system kan kallas en Filosofins hybris, inträder nu ett motsvarande nemesis. Den generation som följer efter Hegel söker den högsta visdomen inte i filosofin utan i vetenskapen, i religionen, i historien eller i det praktiskt politiska handlandet. Talet om ”filosofins slut” får en ny uttolkning. Anden bor – för att tala på Hegelskt vis – inte längre hos filosofin. Den bor heller inte vid universiteten. Kant, Fichte, Schelling, Hegel hade alla varit universitetsprofessorer. De som nu kommer, en Feuerbach, en Marx, en Kierkegaard, en Schopenhauer, är verksamma utanför universiteten. Redan detta ger dem ett annat perspektiv, en annan uppfattning av filosofin.

När Alexander den store dog delades det världsrike han erövrat mellan hans främsta befälhavare. När Hegel avled utbröt, har det sagts, på liknande sätt en strid om arvet mellan hans lärjungar. Den Hegelska filosofin hade hunnit bli halvt om halvt statsfilosofi i Preussen där den gynnats av undervisningsministern Karl von Altenstein. Litet varstans hade Hegellärjungar placerats på professurer och andra akademiska tjänster. Nu skilde meningsmotsättningar emellertid de hegelianska skarorna åt. På ena sidan fanns ”gammal-” eller ”högerhegelianerna” (Eduard Gans, Philipp Marheineke, Karl Daub m.fl.) som poängterade lärans överensstämmelse med kristendom och lutherdom och framhävde dess samhällsbevarande konsekvenser. Å andra sidan fanns ”ung-” eller ”vänsterhegelianerna” (D. F. Strauss, Arnold Ruge, Bruno Bauer, Max Stirner, Ludwig Feuerbach m. fl.) som drog ut de för religion och samhälle omstörtande konsekvenser som låg implicita i Hegels system. Vänsterhegelianerna gick i flera fall så långt i dessa revolutionära bemödanden att de i de styrandes ögon komprometterade hela läran. Till hegelianismens kris bidrog även att Preussen 1840 fick en ny kung, Friedrich Wilhelm IV, som var fientligt inställd till de farliga hegelianerna. Flera vänsterhegelianska brushuvuden tvingades nu ta avsked från sina universitetsdocenturer samtidigt som Schelling på kunglig maning skickades till Berlin för att där med sina föreläsningar bidra till att utrota "hegelianismens draksådd".

Det är i själva verket inte svårt att förstå de konservativa kretsarnas förskräckelse inför en del av de vänsterhegelianska yttringarna. David Friedrich Strauss hade i sin bok *Das Leben Jesu* ("Jesu liv" 1835) betecknat Bibelns berättelser om Jesu liv som legender. Ludwig Feuerbach gick i *Das Wesen des Christentums* ("Kristendomens väsen" 1841) till ett än hårdare angrepp mot kristendomens grundsatser. Hans filosofi utmynnade i en ateism och materialism, som tycktes kunna utgöra ett hot också mot samhällsordningen. När bland andra Karl Marx och Friedrich Engels drog slutsatserna av Feuerbachs förkunnelse föreföll Hegelätarnas värsta farhågor ha besannats. Hegelianismen var i sanning en draksådd.

Ludwig Feuerbach (1804–1872) hade börjat sin bana som strikt hegelian och hört till mästarens personliga lärjungar. Från 1840-talet och framåt publicerade han dock en rad verk där den Hegelska filosofin utsattes för en radikal kritik och på avgörande punkter vändes till sin motsats. Kärnan i denna kritik gällde förhållandet till kristendomen. Hegel och i hans efterföljd högerhegelianerna hade hävdat den grundläggande överensstämmelsen mellan religion och filosofi. Båda har enligt dem samma innehåll, av religionen uttryckt i bilder och berättelser, av filosofin i rationella begrepp. Feuerbach förkastade nu denna harmoni, förnekande att kristendomen innehåller någon rationell kärna. Religionen framstod i stället för honom som ett uttryck för människans alienation. Det är inte Gud som skapat människorna utan människorna som skapat Gud. Den misär och det främlingskap de upplever i samhället får dem att göra sig bilden av en himmel där allt är lycka och glädje. Ju fattigare människorna är, desto rikare är deras Gud och omvänt.

Teologins hemlighet finns, som Feuerbach uttrycker saken, hos antropologin, religionen är en mänsklig uppfinning. I den Hegelska filosofin reproduceras emellertid religionens idealistiska föreställningssätt. För Hegel är Idén det mest verkliga, människorna i deras konkreta och sinnliga tillvaro är bara en produkt av Idén. Därmed vänder han enligt Feuerbach upp och ned på det sanna förhållandet. Vad som egentligen existerar är de sinnligt-konkreta människorna, vilka är kropp lika mycket som själ. Det är dessa människor som har idéerna i sina huvuden. Idéerna är mäniskans produkt, inte människan idéernas. Och människornas essens finns hos kroppen, i den sinnliga och konkreta tillvaron. Den idealistiska filosofin som utgår från satsen "Jag tänker" börjar i fel ända. I verkligheten finns det kroppsliga och det sinnliga där före filosofin och är dess förutsättning. Filosofin kan inte, som Hegel trott, grunda sig själv, utan måste föregås av det konkreta, individuella livet.

Ju rikare Gud är, desto fattigare är människorna. Det var Feuerbachs tro. Därmed trodde han även att kristendomen och den idealistiska metafysiken står i vägen för människornas lycka. När människorna slutar tro på Gud kan de i stället börja tro på sig själva och ta itu med den konkreta misär för vilken gudstron är ett uttryck. I stället för tron på Gud och kärleken till Gud träder hos Feuerbach tron på människosläktet och människokärlekens evangelium. Kristendomen ersätts av en humanism, som tar fasta inte bara på människans ande utan lika mycket på hennes kropp och konkreta livsbetingelser.

Feuerbachs förkunnelse väckte inom det vänsterhegelianska lägret en oerhörd entusiasm. Friedrich Engels har vittnat om det: ”Hänförelsen var allmän: alla var vi med ens feuerbachianer.” Denna förkunnelse utgör också tillsammans med den Hegelska filosofin en av de viktigaste förutsättningarna för det tankesystem som Karl Marx tillsammans med Engels skapade och som i hög grad skulle komma att bidra till att förändra världen.

Marx och marxismen

Karl Marx (1818–1883) föddes i Trier i Rhenlandet och var son till en judisk, ehuru till kristendomen konverterad ämbetsman. När han vid slutet av 1830-talet började bedriva universitetsstudier i Berlin träffade han på en intellektuell miljö som fortfarande var genomsyrad av hegelianismen. Marx kom att sälla sig till det vänsterhegelianska lägret, där han fick vänner och bundsförvanter. Den universitetskarriär han från början siktat till blev dock en omöjlighet sedan reaktionen mot vänsterhegelianernas ställning satt in. I stället kom Marx att livet igenom försörja sig som publicist och fri skriftställare, snart av de politiska omständigheterna tvingad till landsflykt, först i Paris och Bryssel, sedan under större delen av sitt senare liv i London. För sitt uppehälle fick han hjälp av Friedrich Engels (1820–1895), son till en förmögen industriidkare och Marx’ livslånge vapenbroder, ekonomiske understödjare och litteräre medarbetare.

I Marx’ tidiga skrifter från 1840-talet kan man se hans teori utgå från hegelianismen och formas under uppgörelser dels med mästaren själv, dels med de skilda vänsterhegelianska författarna. Mycket snart kom Marx’ huvudintresse därvid att dras bort från religionskritiken till kritiken av den politiska, sociala och ekonomiska verkligheten. En tidig text, *Inledning till kritiken av den Hegelska rättsfilosofin* från 1844, visar detta. Där konstateras det att kritiken av religionen i Tyskland redan i det väsentliga är avslutad. Det heter också att staten och samhället producerar religionen, "ett *förvrängt världsmedvetande*, eftersom de representerar en *förvrängd värld*". Religionen är ett uttryck för statens och samhällets elände samtidigt som den är en protest mot detta elände: "Den är det mänskliga väsendets *fantastiska förverkligande*, eftersom det *mänskliga väsendet* inte äger någon sann verklighet. Kampen mot religionen är alltså omedelbart kampen mot *denna värld*, vars andliga *aroma* den är." Religionen är uttrycket för att människan är alienerad, att hon förlorat sitt eget väsen. Men denna förlust beror på att hon lever i en förvrängd värld, en förvrängd stat, ett förvrängt samhälle.

Kampen mot religionen kan därför bara bli en praktisk kamp mot denna förvrängda värld, en politisk kamp. Den kampen skall genomföras av de arbetande klasserna, av proletariatet. Det är proletariatet som skall genomföra revolutionen, den hittillsvarande världsordningens upplösning, privategendomens avskaffande. Därvid kommer den också att genomföra den uppgift som den tyska filosofin från Kant till Hegel ställt sig – det fulla återvinnandet av människan, främlingskapets upphävande. "Liksom filosofin i proletariatet finner sitt *materiella* vapen, så finner proletariatet i filosofin sitt *andliga* vapen." I proletariatets revolution förverkligas filosofin och övergår från teori till handling.

Det som fanns i sitt frö i tidiga formuleringar som de anförda utvecklas i Marx' senare skrifter. Den centrala alienationstanken varieras sålunda på ständigt nya sätt. I de s.k. "Parismanuskripten" från 1844 genomförs uppfattningen att människans natur finns i hennes arbete, hennes produktivitet. När därför under kapitalismen arbetaren berövas sitt arbete – kontrollen över produktionsprocessen, arbetsredskapen, arbetets frukter – och reduceras till en kugge i kapitalistens maskineri berövas han också sin natur, sin mänsklighet.

I de s.k. *Grundrisse*, manuskript från 1850-talet som utgör förarbeten till *Das Kapital,* drevs analysen några steg vidare. Människornas arbete objektiveras i marknadsekonomin i form av pengar, i form av ekonomiskt värde, i form av varor för försäljning och i form av de ekonomiska "lagar" som behärskar verksamheten. Allt detta är mänskliga produkter, men produkterna tar kommandot över människorna. Människan skapar pengarna, men måste sedan lyda penningens kommando. Liknande kan sägas om hennes förhållande till maskinerna och till vetenskapen. Människan blir sina egna skapelsers slav. I *Das Kapital* ("Kapitalet"), Marx' *magnum opus* vars första del gavs ut 1867, kom liknande tankar till uttryck i teorin om "varufetischismen". Under kapitalismen produceras varor inte på grund av sitt bruksvärde utan på grund av sitt bytesvärde. Deras konkreta, naturliga egenskaper blir oviktiga. Det viktiga blir att de kan bytas mot pengar. Den abstrakta egenskapen, bytesvärdet på marknaden, blir avgörande, varorna blir fetischer som dyrkas på grund av sin inneboende kraft. Den kapitalistiska ekonomin ter sig för Marx som ett abstraktionernas regemente. Ekonomin blir den nya mystiken, den nya religionen.

Karl Marx vid sitt skrivbord. Teckning av N. Zhukov.

En främmande makt tar under kapitalismen kommandot över människorna. Men alienationen tjänar ett syfte, den är historiskt nödvändig. Liksom för Hegel är historien för Marx en tragedi, men en tragedi med ett lyckligt slut. Splittringen, antagonismen, motsättningarna, lidandena behövs för att driva historien framåt.

All hittillsvarande historia har enligt Marx handlat om klasskamp. De ekonomiska förhållandena, produktionsförhållandena är därvid grundläggande. Marx' bekanta historiska materialism är en teori om ekonomin som historiens drivkraft. Själv sammanfattade Marx grundidéerna sålunda: "I sitt livs samhälleliga produktion träder människorna i bestämda, nödvändiga, av deras vilja oberoende förhållanden, produktionsförhållanden, som motsvarar en bestämd utvecklingsgrad av deras materiella produktivkrafter. Summan av dessa produktionsförhållanden bildar samhällets ekonomiska struktur, den reella bas, på vilken en politisk och juridisk överbyggnad reser sig och vilken motsvaras av bestämda former av det samhälleliga medvetandet. Det materiella livets produktionssätt är bestämmande för den sociala, politiska och andliga livsprocessen överhuvudtaget. Det är inte människornas medvetande som bestämmer deras vara utan tvärtom deras samhälleliga vara som bestämmer deras medvetande."

Med denna historiematerialism ansåg sig Marx ha ställt Hegel "på fötterna". Den historiska förklaringen borde inte utgå från anden eller självmedvetandet utan från de materiella förhållanden som Marx utan närmare argumentering identifierade med de ekonomiska. Idéerna, ideologierna, kulturen och religionen är bara en överbyggnad på den ekonomiska bas, som är bestämmande. Hos produktionsförhållandena finns också roten till klassuppdelningen och därmed till den klasskamp, som Marx tillmätte en så stor betydelse.

De klasser som under olika epoker ekonomiskt stått mot varandra – slavar och slavägare under antiken, livegna och feodalherrar under feodalismen, arbetare och borgare under kapitalismen – har enligt Marx bekämpat varandra och därigenom drivit historien framåt. Kapitalismen, klassamhällets sista uppenbarelseform, har kännetecknats av förtryck, misär och främlingskap. Men den har också byggt upp väldiga produktiva resurser. Dess allt mer finförgrenade arbetsfördelning har utarmat människan genom en långt driven specialisering. Men den har också förfinat och mångfaldigat våra behov, den har skapat nya mänskliga färdigheter. Därmed har den skapat förutsättningar för en mångsidig, universellt utvecklad människa. Socialismen kommer att skörda där kapitalismen sått. Den socialistiska revolution som det är proletariatets uppgift att genomföra skall avskaffa privategendomen och därmed alienationen. Den skall införa det klasslösa samhället, den skall göra slut på allt förtryck och den skall ge alla del av de produktiva resurser som den ekonomiska utvecklingen skapat. Den "kapitalistiska produktionen frambringar med en naturlags nödvändighet sin egen negation. Det är negationens negation." Resultatet av omvälvningen blir "samverkan och gemensam besittning av jorden och av de produktionsmedel, som arbetet självt har frambragt".

Marx kom med tiden att betrakta sig själv som nationalekonom mera än som filosof. Det var i den ekonomiska forskningen och i den politiska revolutionära praktiken snarare än hos filosofin han väntade sig finna lösningen på problemen. "Filosoferna har bara *tolkat* världen på olika sätt; vad det gäller är att *förändra* den", hade han slagit fast redan i sina "Teser om Feuerbach" från 1845. Likväl hade utgångspunkten för Marx funnits i filosofin och den hade fortsatt att ge ramarna för hans åskådning. I Marx' historieuppfattning finner man Hegels på en gång negerad och bevarad. Behovet av en filosofisk avrundning av det Marxska systemet kvarstod för övrigt även sedan Marx avslutat sina stora ekonomiska arbeten. Friedrich Engels kom under sina senare år att energiskt sysselsatta sig med en sådan avrundning, innefattande bland annat den berömda "naturdialektiken" där romantikens och Hegels naturfilosofi uppstod i ny form, nu förenad med materialistiska tankegångar.

När Schelling 1841 från sin kateder i Berlin dundrade mot hegelianismen satt Engels bland åhörarna. Bland dem fanns också Michail Bakunin, den blivande anarkisthövdingen, som i Hegels dialektik kom att se en "revolutionens algebra" och Jacob Burckhardt, den blivande store kulturhistorikern, som skulle förklara att all historiefilosofi är ett oting. Bland det talrika åhörarna befann sig också en ung dansk, som rest till Berlin framför allt för att komma bort från Köpenhamn, där han lämnat bakom sig en bruten förlovning som orsakat en plågsam skandal. Han hette Sören Kierkegaard och är den ende skandinav som satt outplånliga spår i den europeiska filosofins historia. Eftersom hans filosofi stod i ett så tätt samband med den tyska – till väsentlig del kan den sägas ha utgjort en sorts tvekamp med hegelianismen – kan det vara motiverat att behandla honom i detta sammanhang.

Kierkegaard och "hiin enkelte"

Sören Kierkegaard (1813–1855) bodde under hela sitt liv i Köpenhamn, en stad som under 1800-talets förra hälft upplevde sin kanske främsta kulturella guldålder. Denna blomstring inom musik, teater, litteratur och vetenskap tillhör bakgrunden till Kierkegaards gärning. Fadern var en välbärgad köpman och Kierkegaard kunde leva hela sitt liv utan annat yrke än det inte alltför inbringande författarskapet. Detta gav honom ett oberoende och ett utanförskap som var en av förutsättningarna för hans verk. Kierkegaard hade råd, också i rent ekonomisk mening, att stöta sig med alla. När han skickade tillbaka förlovningsringen till sin älskade Regine Olsen och definitivt valde ungkarlsståndet var också detta ett sätt att ställa sig utanför de alldagliga borgerliga sammanhangen. Känslan av att bära på en nedärvd skuld, på en släktförbannelse spelade in. Men det svårmodiga lynnet var också en klenod, nära sammanhängande med kreativitet och produktivitet. Kierkegaard kunde säga: ”Tag ifrån mig allt, bara inte mitt tungsinne!”.

Kierkegaards författarskap var till hela sin hållning polemiskt. Kierkegaard hade också lyckan att äga stimulerande fiender. Där fanns Hegel och den hegelianska (eller ”spekulativa”) filosofin, som i Danmark fått stort inflytande. Där fanns kyrkan, prästerna och den officiella kristendomen, mot vilka Kierkegaard spelade ut den äkta, den ursprungliga kristendomen. Hegelianismen och kyrkan var för övrigt inte alltid två olika saker. Det Hegelska systement hade fått en särskild betydelse just inom teologin, där det tycktes ställa i utsikt en försoning mellan tro och vetande, religion och filosofi.

Den Hegelska försoningstanken hörde till det som i särskild grad bar Kierkegaard emot. Där Hegel sagt ”Både – och” ropade Kierkegaard ”Antingen – eller”. *Enten – Eller* blev titeln på den bok Kierkegaard till stora delar skrev under sin första Berlinvistelse och som blev begynnelsen till hans egentliga författarskap när den publicerades 1843. Detta ”Enten – Eller” med dess krav på ett radikalt avgörande, ett beslut, ett ställningstagande för eller emot kunde stå som motto för författarens hela livsverk. Ändå får man inte föreställa sig Kierkegaard som någon dogmatiker eller företrädare för from fanatism. Också han hade insupit åtskilligt av den Hegelska dialektiken, även om han begagnade den för andra ändamål än mästaren. Sina böcker, med början hos *Enten – Eller* utgiven av ”Victor Eremita”, gav han mestadels ut under pseudonym. De innehåller ett experimenterande med ståndpunkter, en lek med identiteter, ett konstfullt ställande emot varandra av åskådningar och erfarenheter. Kierkegaards författarskap utnyttjade den romantiska berättarkonstens alla tekniska grepp för en Sokratisk fostran där läsaren tvingades tänka igenom sina ställningstaganden. Kierkegaard var ironisk, spirituell och samtidigt dödligt allvarlig. Han var mer oförsonlig än sina motståndare, men samtidigt mer av tvivlare än de. Han företrädde en kristendom på randen av avgrunden.

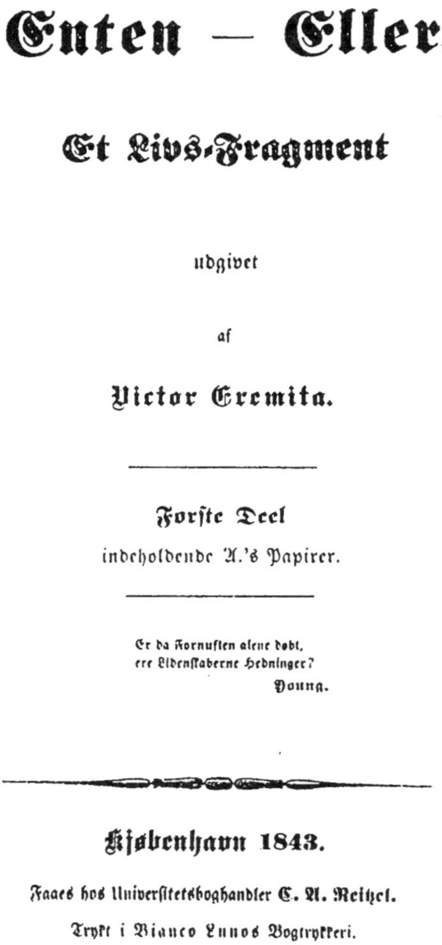
Enten – Eller.

Et Livs-Fragment

udgivet

af

Victor Eremita.

Første Deel

indeholdende A.'s Papirer.

Er da Fornuften alene døbt,
ere Lidenskaberne Hedninger?
Young.

Kjøbenhavn 1843.

Faaes hos Universitetsboghandler C. A. Reitzel.

Trykt i Bianco Lunos Bogtrykkeri.

Titelsidan till Kierkegaards Enten – eller.

”Sanningen är subjektiviteten”, så lyder ett av Kierkegaards lösenord. De filosofiska systemen måste just därför att de är system se bort från existensen och från den enskilde. De strävar att upphäva den konkreta, kontingenta existensen i en högre nödvändighet och de låter individen försvinna i helheten. De panteistiska systemen, varav det Hegelska var en variant, hade ingen rum för ”hiin enkelte”, den enskilda, faktiskt existerande människan. Hon blev för dem bara en modifikation av Substansen eller ett moment i Andens utveckling. För kristendomen däremot är den enskilde det avgörande. Där gäller det det enskilda syndamedvetandet, den enskilda själens frälsning. Därför är kristendomens sanning också ”subjektiv”, en sanning för det enskilda subjektet.

Hegel hade velat visa på en objektiv sanning, en vetenskap, en visshet som är den absoluta andens och där alla blott och bart subjektiva och partiella synpunkter infogats och överskridits. Enligt Kierkegaard finns det inte någon sådan Arkimedes' punkt, ingen som människor kan uppnå. Det finns bara ändliga och dödliga människor med deras subjektiva och ovissa sanningar. Och bara dessa subjektiva och ovissa sanningar har värde. En matematisk sanning kan bevisas, men den är ingenting att leva eller dö för. Kristendomens sanning är oviss. Men just därför gäller det att träffa ett avgörande. Sanningen handlar om ett språng, ett engagemang. Den innebär en risk. Den äkta kristendomen är i motsats till kyrkans och prästernas kristendom alltid obekväm, den går på sätt och vis alltid mot förnuftet, den innebär en sorts martyrium: ”att tro mot förnuftet, denna livsfara existerar ju: att befinna sig på de 70 000 famnarnas djup och först där finna Gud.”

Den äkta sanningen är sålunda alltid *min* sanning. Ingen spekulation, ingen vetenskap, ingen kyrka kan ge mig den, jag måste själv kämpa mig till den. Den innebär inte i första hand ett objektivt försanthållande utan ett val, ett aningen-eller, en livsavgörelse. Om de psykologiska villkoren för ett sådant val talar Kierkegaard bland annat i *Begrebet Angest* (1844).

Ångesten sådan Kierkegaard förstår den är inte fruktan för något bestämt – sjukdom, ekonomisk ruin, karriärmisslyckande eller dylikt – utan en ångest för ingenting. Den är en metafysisk ångest som kommer på oss och avslöjar vår situation – vår moraliska frihet, möjligheten av synd och skuld, att vi är evighetsvarelser som aldrig kan vara tillfredsställda med det som är enbart jordiskt. Vår ångest och vår förtvivlan öppnar vägen till tro och frälsning, en väg som är stängd för den nöjde och tillfredsställde. Ångesten förbereder oss för språnget in i tron, den försätter oss i ett ögonblick av avgörande och val. Idén om ”ögonblicket” spelar en viktig roll för Kierkegaard. Den spekulativa filosofin hade upphävt ögonblicket liksom den upphävt den enskilda existensen, hade förvandlat allt till en betraktelse i efterhand där ögonblicket bara blev en del av en lång kontinuerlig kedja av utveckling. Hos Kierkegaard är ögonblicket i stället ett avbrott i tiden där evigheten blixtlikt slår ner, där det transcendenta bryter in i tidstillvarons immanens. Kierkegaards filosofi anlägger ögonblickets synvinkel, som också är frihetens och valets.

Den psykologiska utveckling som leder fram till tron och till avgörelsen för kristendomen skildras också i Kierkegaards *Stadier paa Livets Vej* (1845). Tre stadier på livets väg blir där föremål för analys: det estetiska, det etiska och det religiösa, alla svarande mot livsuppfattningar som hade sin plats i författarens eget bröst. Den estetiskt inriktade är den som ger sig hän åt alla impressioner, njutningar, upplevelser, som jagar alla nöjen, alla sensationer. Han är konstnär, förförare, lebeman. Don Juan från Mozarts opera är en av hans inkarnationer. En annan är kejsar Nero. Men från det tygellösa tillfredsställandet av begären är det inte långt till förtvivlan och ur förvivlan och ångest föds språnget till nästa stadium, det etiska. Den etiska människan är den personifierade pliktuppfyllelsen. Han är äkta man, familjefar, medborgare, ämbetsman, allt under fullkomligt uppfyllande av sedelagens bud. Men inte heller det etiska pliktlivet förmår tillfredsställa oss. Det tredje stadiet, det religiösa, återstår. I likhet med Schleiermacher, som han satte högre än Hegel, framhåller Kierkegaard religionens särart, hur den varken kan reduceras till etik eller till teoretiskt vetande. Religionen innebär ett brott med denna världen och alla dess kategorier.

I skriften *Frygt og Baeven* (1843) lyfts Abraham ur bibelberättelsen fram som företrädare för det religiösa. Gud befaller Abraham att offra sin ende son Isak och Abraham lyder. Först då han redan står vid offeraltaret med kniven höjd förklarar Gud att det hela bara varit en prövning. I den världsliga etikens ögon, i den profana humanismens ögon måste denne Abraham te sig som en mördare. Men ur religiös synpunkt är han en man som lyder Gud. Berättelsen illustrerar vad som för Kierkegaard är det väsentliga i religionen – ångesten, nöden, paradoxen. Att tro är att lyda Gud mot allt förnuft, det är att upptäcka det osannolika och sedan hålla fast vid det med lidelsens innerlighet. Hos kristendomen framhåller Kierkegaard framför allt det skandalösa, det för alla humana och förnuftsmässiga begrepp främmande och skrämmande.

Kierkegaard förkastade de fega kompromisserna, alla försök att harmonisera kristendomen med förnuftet, vetenskapen, filosofin, den humana etiken, världens krav. Därför förkastade han också den existerande kyrkan, som med viss nödvändighet byggde på en sådan harmonisering. Ingenting förenar, menade han, den kristendom som är ensamhet, ångest, förtvivlan, syndakänsla, utstötthet med den kristendom som är kyrkliga ämbeten, karriär, socialt anseende. Ingen väg leder från Kristi kors till biskopskorset. Sina sista år ägnade Kierkegaard åt ”kyrkostormen”, sitt förbittrade, ingen och ingenting skonande, polemiska fälttåg mot den danska kyrkan och dess prästerskap.

Kierkegaards filosofi förblev under lång tid efter hans död relativt okänd utanför Danmark. Likt en odetonerad trampmina väntade den på upptäckten. Vid sekelskiftet kom tyska filosofer att ha vägarna förbi och utlöste explosionen. Nu blev Kierkegaard med ens en europeisk filosof, en världsfilosof, med ständigt stigande rykte. För 1900-talets ”existensfilosofi”, för tänkare som Heidegger och Sartre, fick hans idéer om existensen, den enskilde, ångesten, sanningens subjektivitet och annat, en djupgående betydelse.

På sitt sista sjukläger lär Kierkegaard med stor uppskattning ha läst en annan samtida tänkare – Schopenhauer. Likheterna dem emellan var i själva verket inte så få. Båda var rentierer och privatlärda som levde utanför universitetssammanhanget. Båda hade en pessimistisk uppfattning om världen och dess vägar. Båda var något av misantroper. Båda avskydde den Hegelska filosofin. I likhet med Kierkegaard hörde Schopenhauer till de författare vars egentliga berömmelse kom sent.

Sören Kierkegaard. Pennteckning av N. Christian Kierkegaard. Kierkegaardska familjearkivet.

Schopenhauer – musikens, könslivets och viljeförnekelsens metafysik

Arthur Schopenhauer (1788–1860) var son till en rik köpman och från början ämnad att gå i faderns fotspår. Hans håg stod emellertid till vetenskapen och han lyckades utverka tillåtelse att i stället få bedriva akademiska studier. De förde honom till doktorsgrad och docentur. I början av 1820-talet befann sig Schopenhauer vid universitetet i Berlin, inställd på en akademisk karriär. Hegels inflytande stod just då på sin höjdpunkt. Den unge docenten försökte motverka det genom att utlysa sina föreläsningar vid samma klockslag som Hegels. Resultatet var fiasko – Schopenhauer blev utan åhörare. Efter ett årtionde i Berlin flyttade Schopenhauer till Frankfurt am Main där han framlevde resten av sitt liv som privatlärd, stödd på arvet efter fadern. Mot universitetetsfilosofin närde han fortsättningsvis ett outsläckligt hat, som i hans skrifter gavs vältaliga uttryck.

År 1819 utkom Schopenhauers huvudarbete, *Die Welt als Wille und Vorstellung* ("Världen som vilja och föreställning"). Någon bokhandelsframgång blev det inte. Delar av upplagan måste så småningom makuleras och skall ha slutat som omslagspapper för korv och andra charkuterivaror. Schopenhauer var emellertid alltid övertygad om att hans dag skulle komma. Det gjorde den så småningom också. Enstaka beundrare slöt sig till privatfilosofen i Frankfurt. En berömmelse började gry. År 1844 utkom en andra upplaga av *Die Welt als Wille und Vorstellung*, kompletterad av en andra del som innehöll många väsentliga tillägg till resonemangen i den första. År 1851 utkom så *Parerga und Paralipomena* (den grekiska titeln innebar att innehållet utgjorde rester och överblivet material från huvudarbetet). Den boken blev en omedelbar succé, inte minst därför att Schopenhauers lysande stilkonst bättre kom till sin rätt i dessa mer essayistiskt betonade utredningar. Många läsare torde också ha roats av det obändiga temperament som bröt fram exempelvis i uppsatser som "Über Lerm und Geräusch" ("Om larm och oväsen") eller "Über die Weiber" ("Om kvinnorna"). Under sitt sista decennium kunde Schopenhauer därmed glädja sig åt verklig litterär framgång. Efter hans död och årtiondena kring sekelskiftet hade hans inflytande hunnit bli europeiskt. Nu var Schopenhauer alleståedes närvarande i tidens kulturella yttringar, hans pessimism hade blivit en del av själva tidsatmosfären. Hos en tonkonstnär som Richard Wagner, hos författare som Leo Tolstoj eller Thomas Mann fanns den Schopenhauerska filosofin med som ett återkommande ledmotiv.

Första delen av *Die Welt als Wille und Vorstellung* skrevs av en helt ung man, mitt under den romantiska tidsåldern. Men Schopenhauer hävdade alltid att den innehöll allt det väsentliga i hans filosofi, att vad som sedan tillkom endast var tillägg och utvidgningar. Det ter sig sålunda rimligt att vid en överblick över den Schopenhauerska filosofin följa huvudarbetets framställning.

Schopenhauer framhåller i inledningen till sitt arbete den systematiska karaktären hos sin filosofi. Hans bok innehåller bara en enda tanke, förklarar han, en tanke som ger svaret på filosofins fråga och som ur olika synvinklar kan framställas som metafysik, som etik eller estetik. I fråga om arkitektoniskt sammanhang reser Schopenhauer därmed än bestämdare anspråk för sin filosofis räkning än de som rests av Kant, annars den ende västerländske filosof vid sidan av Platon som han vill åberopa som föregångare. I övrigt stöder Schopenhauer sig främst på Upanishaderna, en av Indiens heliga böcker, som då helt nyligen blivit känd för Västerlandet. Om Upanishaderna yttrade han att tillgången till den i hans ögon är ”det största

Arthur Schopenhauer. Gravyr.

företräde som detta helt unga århundrade har att uppvisa i jämförelse med de tidigare".

Den första lärosatsen i Schopenhauers system lyder: "Världen är föreställning." Den värld som omger oss och som vi uppfattar med våra sinnen finns endast till för vår föreställning, den är en skuggvärld, en fenomenvärld, den är vad Indiens vise kallade "Mayas slöja". Världen som föreställning beskrivs i anslutning till Kants lära om åskådningens former och förståndets kategorier, vilka dock alla återförs till vad Schopenhauer kallar "Grundens lag". Världen som föreställning finns till endast för subjektet och i subjektet finns nedlagt de villkor a priori som bestämmer denna värld. Tid, rum och kausalitet är alla gestaltningar av Grundens lag, av en rumtidslig nödvändighet som råder för fenomenen. Men satsen "Världen är föreställning" är ensidig och måste kompletteras med satsen "Världen är vilja". I motsats till Kant tror Schopenhauer att det är möjligt för oss att få kunskap om tinget i sig, om tingens väsen. Människan äger ett metafysiskt behov. Tillvaron i tid och rum tillfredsställer henne inte, hon spejar efter något annat, efter tillvarons kärna. Filosofin är ett uttryck för detta behov och drivs fram av en förmåga att förvånas över det vanliga och alldagliga. Men framför allt är det dödens faktum som får människan att söka efter tillvarons innebörd: "Döden är filosofins egentliga inspirerande genius", skriver Schopenhauer och instämmer med Sokrates.

Vad tillvaron till sitt innersta väsen är kan vi få kunskap om genom en analogi. Vi vet om oss själva och känner i vårt eget medvetande att vi i vårt egentliga jag är *vilja*. Vår kropp är given för oss på två helt olika sätt. Dels som empiriskt åskådningsfenomen, som en kropp bland andra kroppar. Dels omedelbart och inifrån då vi känner den som vilja. Varje akt av vår vilja är en rörelse av vår kropp. Kroppen är ingenting annat än en objektifiering av viljan. Tänderna, svalget och tarmkanalen är den objektifierade hungern. Könsdelarna är den objektifierade sexualdriften. Hos dem har livsviljan sin brännpunkt – könsdriften är på det mest uppenbara sätt en yttring av viljan till liv, till fortplantning, till födande av ständigt nya liv.

Men om vi på detta sätt kan känna vår egen kropp både som föreställning och som väsen, både från den yttre sidan och från den inre, kan vi våga slutsatsen att också den yttre världen i övrigt till sin innersta kärna är vilja. Världen är vilja. I den s.k. döda naturen (som enligt Schopenhauer således inte alls är död) visar sig denna vilja som kraft, som attraktion och repulsion. Hos de levande organismerna, hos växterna och djuren visar den sig tydligt som vilja till liv. Denna vilja är blind, den verkar utan kunskap. Den unga fågeln som för första gången bygger ett bo vet inte att den där skall lägga ett ägg. Men den drivs av den blinda instinkten, av den vilja som

”strävar blint, dovt, ensidigt, oföränderligt” och som är kärnan i varje företeelse.

Viljan är som Vara i sig oberoende av föreställningen, oberoende av Grundens lag. Den existerar före tid, rum och kausalitet. Den existerar också före mångfalden och individualiseringen. Viljan är en och densamma alltid och överallt. *Principium individuationis* finns bara genom materia, genom tid och rum, i föreställningens värld. På de lägre stadierna av naturens värld är den ännu inte fullt utvecklad. Arten betyder där allt, individerna ingenting. Men på de högre stadierna och särskilt hos människan framträder individuationen tydligt. Ändå är den även här illusorisk. Mångfalden och individerna hör enbart fenomenvärlden till. De är likt de olika bilder en laterna magica projicerar på väggen – lågan som ger upphov till bilderna är en och densamma.

För världsviljan finns inga mått, inga gränser. Den är ett ändlöst strävande utan mål. Viljans strävan kan hämmas, men aldrig uppfyllas eller tillfredsställas. Varje uppnått mål är i sin tur starten till en ny vädjobana och så vidare i det oändliga. Så är det hos växterna och djuren där födelse och död bildar ett evigt vardande, ett ändlöst flöde. Så är det också med människornas strävanden och önskningar. Innan vi lyckats tror vi det vara viljans yttersta mål att uppnå dem. Förverkligas målen upptäcker vi att de inte längre är vad de var i våra drömmar. Vi glömmer att vi en gång strävade efter dem, lägger dem åt sidan som förlorade illusioner. All vår trängtan är lidande, ty viljan uppstår ur bristen och saknaden. Men när vi uppnått det vi vill uppstår inte lycka utan långtråkighet. Människornas liv rör sig mellan smärtans och ledans poler. Med en Voltaires vältalighet beskriver Schopenhauer människolivets misär. Varje levnadshistoria är en berättelse om lidande, varje levnadsbana en kontinuerlig följd av större och mindre olyckor: ”om man förde den förstockade optimisten genom sjukhusen, lasaretten och de kirurgiska pinokamrarna, genom fängelserna, tortyrkamrarna och slavmarknaderna, över slagfälten och tingsställena och för honom öppnade alla armodets dystra boningar” så skulle också han till slut inse hur det är ställt i den bästa av alla möjliga världar.

För Hegel och hans lärjungar hade historien och staten varit de yttre uttrycken för förnuftet och friheten. Schopenhauer kan bara fnysa och rycka på axlarna åt att en så svagsint uppfattning kunnat vinna så mycken anklang. I kapitlet ”Über Geschichte” i andra delen av sin bok gör han upp med historiefilosofin. Historien handlar inte om förnuft och framsteg, förklarar han. Den utgör en lång katalog av brott och dårskaper, ett förnuftslöst virrvarr av ondska, lidande och nöd. I den mån det finns en sann historiefilosofi kan den inte handla om mänsklighetens framåtskridande mot några föregivna ”mål” utan den måste tvärtom inse att vi i det kaos som är världshistorien ständigt har att göra med upprepningar av ett och detsamma. Under alla tider, i alla länder ser vi trots sedernas och kostymernas växling samma mänsklighet, samma krafter i verksamhet: ”Detta identiska och under all växling förblivande består i människohjärtats och det mänskliga förnuftets grundegenskaper – många dåliga, få goda.” Tron att världen skulle kunna reformeras eller förbättras framstår för Schopenhauer som barnslig. Barnslig och orimlig ter sig likaledes den dyrkan av staten, som bedrivits av Hegel och andra filosofer. Schopenhauer erkänner gärna i anslutning till Machiavelli och Hobbes att en statlig ordning är nödvändig för att begänsa verkningarna av människornas ondska och egoism. Men att staten skulle vara något mer än ett nödvändigt ont, att den skulle vara någon sorts inkarnation av förnuftet, förnekar han bestämt. Schopenhauer förklarar sig glad över varje dag då han personligen slipper ta befattning med politiken, samtidigt som han är beredd att lojalt stödja dem som åtagit sig den otacksamma uppgiften att upprätthålla den samhälleliga ordningen.

Hegel hade ansett att förnuftet är målet och ändamålsorsaken i världens och mänsklighetens utveckling. Schopenhauer förnekar att förnuftet alls har någon sådan roll att spela och därtill att människan alls till sitt väsen är förnuftsvarelse. Därmed bryter han med en lång tradition i filosofins historia, som innefattat inte bara Hegel utan också Platon och Aristoteles, Descartes och Spinoza, Leibniz och Kant. Människan är enligt Schopenhauer till sitt innersta väsen vilja, inte förnuft. Förnuftets roll är sekundär – det är hästen där viljan är ryttaren, det är drängen där viljan är herren. Förnuftet står i sin normala funktion i tjänst hos livet, hos viljan till liv. Det bestämmer inte målen, men det hjälper till att finna medlen. Det är ett viljans verktyg i kampen för tillvaron. Därför ter sig också verkligheten för det mesta för oss på ett sätt som bestäms av våra önskningar, våra drifter. Viljan, driften är det som sätter upp målen. Eller rättare – där finns inget mål, bara ett strävande, en vilja till liv, en skräck för död och förintelse, en drift till reproduktion och födande av nytt liv. Självbevarelsebegäret och sexualiteten har ingenting med förnuftet att göra, men hos dem manifesterar sig tillvarons innersta krafter.

I motsats till Hegel och dennes lärjungar till vänster och höger tror Schopenhauer inte på historien, inte på staten, inte på framåtskridandet. Men han ser andra vägar till befrielse. En av dessa vägar går genom konsten. Om Schopenhauer kom att få större inflytande på diktare och tonsättare än på fackfilosofer hängde det bland annat samman med den framskjutna roll som konsten intog i hans system. I grunden är Schopenhauers estetik en tillämpning av Kants. Som konstens mål ses det ”intresselösa” betraktandet. Under det vi betraktar det sköna säger vi för ett ögonblick upp livsviljan vår lydnad, vi blir för en stund rent skådande, klart öga och glömmer bort jaget med dess önskningar och begär. Konsten gestaltar verkligheten för oss, breder ut den för vår kontemplation. Därvid spelar de olika konstarterna olika roller.

Målarkonsten och diktkonsten ger form åt vad Schopenhauer kallar ”idéerna”. Ordet tas i platonsk innebörd – idén är inbegreppet av många varandra liknande individer, individerna är exemplifieringar av idén. Konsten handlar om det eviga, det ständigt återkommande i det mänskliga livet, om födelsen och döden, om kärleken och hatet, om ambitionen och misslyckandet, om förhoppningen och sorgen. I Carlo Gozzis commedia dell’arteinspirerade dramer, som Schopenhauer älskade, uppträder till och med all-

Die

Welt

als

Wille und Vorstellung:

vier Bücher,

nebst einem Anhange,

der die

Kritik der Kantischen Philosophie

enthält,

von

Arthur Schopenhauer.

Ob nicht Natur zuletzt sich doch ergründe?

Göthe.

Leipzig:

F. A. Brockhaus.

1819.

Titelsidan till Schopenhauers Die Welt als Wille und Vorstellung.

tid samma personer med samma avsikter och samma öden. Motiven och händelserna är olika från pjäs till pjäs, men andan är densamma. Trots erfarenheten från de tidigare pjäserna blir Pantalone inte flinkare eller mera frikostig, Brighella inte modigare, Columbine inte mera sedesam. Konsten ger på detta sätt de stora symbolerna för det som är ständigt ett och detsamma. Därför förblir den riktiga konsten evigt giltig, ständigt lika aktuell.

En särställning i Schopenhauers konstlära tillkommer musiken. Musiken är inte som de andra konstarterna en avbild av idéerna utan av viljan själv. Därför är också musikens verkan den mäktigaste och mest omedelbara. I musiken jublar glädjen, klagar nöden, ropar längtan, gråter saknaden på ett sätt som utan förmedling talar till vårt hjärta. I melodin finns viljans objektivering, varje dess impuls, strävan och rörelse återges där. När vi skådar konsten eller lyssnar till musiken sker en förlösning. För en stund slipper vi vara tingen, vilket är plågsamt och tungt, för att i stället betrakta dem, vilket är lustfyllt och lätt. Vi uppnår det smärtfria tillstånd som Epikuros prisade som det högsta goda och som gudarnas. För ett ögonblick är vi befriade från all ävlan, ”vi firar sabbat i viljandets tukthusarbete, Ixions hjul står still”.

I konsten liksom i filosofin finns en kunskap och en användning av förnuftet som inte står i tjänst hos livsviljan. Konstnärlig och filosofisk genialitet är enligt Schopenhauer besläktad med sjukdom och vansinne. Den innebär en anomali, ett undantag från det friska, normala livet i viljans ledband. I den estetiskt-filosofiska kontemplationen är vi för en stund befriade från slaveriet hos livsviljan. Men bara för en stund. För varaktig befrielse krävs något annat och mer. Vår vilja är enligt Schopenhauer som sådan fri. Den är ju ett vara i sig, som i motsats till fenomenen inte är underkastat tid, rum eller kausalitet. Det är därför möjligt för oss att antingen bejaka eller förneka viljan till liv. Ett förnekande av viljan till liv finner vi i de högsta formerna av etisk och religiös tillvaro. I det moraliska livet försöker vi övervinna jaget, individuationen, egoismen, vi försöker ge andra samma rätt som oss själva. Den högsta moraliska dygden ser Schopenhauer i medlidandet. När vi lider med andra är vi på väg mot insikten att individuationen är illusorisk, att vi *är* de andra. Vi gör inte längre åtskillnad mellan oss själva och andra.

Den mest utvecklade formen av medlidandets etik finns i helgonskapet med dess uppgivande av det egna jaget, dess avstående från sexuallivet, dess askes, dess kontemplation. Hur främmande Schopenhauer än står inför de kristnas världsbild med dess av en allgod skapare regerade värld finns här en partiell överensstämmelse. Också de kristna heliga strävar att övervinna världen, att befria sig från egenviljan. Men allra tydligast möter man denna form av helgonskap hos hinduiska och buddhistiska asketer. Hos dessa sällsynta människor som förmått gå viljeförnekelsens svåra väg skall man se ”en orubblig frid, en djup stillhet och innerlig stämningsljushet”. Resignationens, avståendets, väg till lycka är den enda som leder fram. Först när vi lämnat jaget och dess blinda strävan bakom oss kan vi nå frid. Detta är hinduernas lära om Brahma, buddhisternas om Nirvana. Det är också i denna insikt Schopenhauers vishetslära mynnar ut.

Schopenhauers filosofi och den framgång den så småningom fick är symptomatiska för ett stämningsomslag i 1800-talets tankeliv. Här röjde sig en desillusion med den föregående epokens optimistiska historieuppfattningar och utopiska aspirationer. Här visade sig en djup misstro mot förnuftets förmåga att styra världen. Den misstron hade i Schopenhauers fall ingenting med kristen trosfilosofi att göra. Den bottnade i en ny människosyn, en uppfattning av människan som framför allt vilje- och driftsvarelse. Hos Friedrich Nietzsche och Sigmund Freud skulle den linjen fullföljas. Hos Schopenhauer öppnar sig också för första gången ett metafysiskt system som bygger på en pessimistisk åsikt om världen. ”En filosofi, där man inte mellan sidorna hör gråten, vrålen, de klapprande tänderna, det fruktansvärda larmet från det ömsesidiga allmänna mördandet, är ingen filosofi”, framhöll han. Men hans filosofi har också förmoderna drag. Liksom stoikerna och andra antikens vise betonade Schopenhauer resignationen, det själsliga oberoendet av yttre välgång, som den enda vägen till sinnesfrid. Hans lära om intellektet som viljans redskap blev en inspiration för senare tiders kunskapspsykologi och kunskapssociologi. Men själv företrädde Schopenhauer den klassiska filosofins kunskapsideal, tanken på en kunskap som sagt upp sin tjänst hos viljan, som är skådande och kontemplation.

Mot sin tids universitetsfilosofi riktade Schopenhauer i sina verk fruktansvärda diatriber. För de medelmåttiga huvuden som vid akademierna levde, inte *för*, men väl *av* filosofin hyste han ett djupt förakt. Sant är att den filosofi som bedrevs vid de tyska universiteten under det senare 1800-talet mindre utmärkte sig för lysande snillen är för trägna arbetare i vingården. Till detta bidrog med säkerhet svårigheter som nu mötte filosofin i det offentliga medvetandet. Man kan tala om en filosofins legitimationskris efter Hegel. De metafysiska överdrifterna under den idealistiska epoken hade fått många nyktert tänkade att misstro filosofins anspråk på vetenskaplighet. Med ”vetenskap” menade man nu inte längre som under Fichtes och Hegels dagar filosofi, utan naturvetenskaperna och de nya historiska vetenskaper som byggde på käll- och textkritiska metoder. Filosofin med sin avsaknad av empiriska metoder framstod som suspekt och försattes på defensiven. I stället för att föreskriva de övriga vetenskaperna hur dessa borde tänka och arbeta kom den tyska universitetsfilosofin att mer och mer ägna sig åt de ödmjukare uppgifterna att skärskåda sitt eget förhållande till specialvetenskaperna och att försöka lära något om dessa specialvetenskapers metoder och förutsättningar. För den s.k. nykantianismen, som under senare hälften av 1800-talet kom att dominera tysk akademisk filosofi, stod frågorna om vetenskapens metodik och om de olika vetenskapernas särart i fokus.

”Vi måste återvända till Kant!”

Ett år av betydelse för nykantianismens framväxt blev 1865 då Otto Liebmann (1840–1912) gav ut sin bok *Kant und die Epigonen* (”Kant och epigonerna”). Liebmann kritiserade där den högtflygande metafysiken hos de stora systembyggarna efter Kant. En mer empiristisk filosofi förespråkades och författaren avslutade varje kapitel med parollen: ”Vi måste återvända till Kant!”. Påföljande år, 1866, publicerades en annan för den tidiga nykantianismen utomordentligt viktig bok. Författaren var Friedrich Albert Lange (1828–1875), boken hette *Geschichte des Materialismus* (”Materialismens historia”). Den utgjorde en glansfullt skriven historik över den filosofiska materialismen från antiken och framåt. Men den innehöll också en kritik mot den materialism som i samtiden företräddes av populära författare som Ludwig Büchner och Jacob Moleschott. Lange erkänner att naturvetenskapernas metod är materialistisk. Men stödd på en kriticism i Kants anda hävdar han samtidigt att den matematiska naturvetenskapens värld inte är den enda. Människan behöver också en uppfattning om en annan, en ideell verklighet, vilket hon kan få genom vad Lange kallar ”dikt”. En vetenskaplig världsbild kompletterad med en ”dikt” som svarar mot de etiska, religiösa och metafysiska behoven, blir hans lösning.

Liebmanns och Langes böcker upprätthåller de båda viktigaste polemiska frontställningarna inom nykantianismen – å ena sidan mot den spekulativa transcendentala idealismen, å andra sidan mot den populärfilosofiska materialismen. Nykantianismen som akademiskt forskningsprogram kom emellertid framför allt att handla om de kunskapskritiska och vetenskapsteoretiska frågeställningarna. Ett exempel på det ger Marburgskolan, en av de många nykantianska skolbildningar som decennierna kring sekelskiftet florerade i tysk filosofi och vars främsta företrädare var Hermann Cohen (1842–1918) och Paul Natorp (1854–1924). Cohens inflytelserika *Logik der reinen Erkenntnis* (”Den rena kunskapens logik” 1902) utgjorde sålunda ett försök att tolka den matematiska naturvetenskapens logiska egenskaper. Cohen kom därvid att utveckla en sorts panlogism, enligt vilken de logiskt-matematiska fordringarna bestämmer inte bara vetenskapens form utan även dess innehåll. Tänkandet självt producerar den värld som är vetenskapens föremål, erfarenheten frambringar sitt objekt. I Marburgskolan kan man se nykantianismen åter närma sig Hegel och den rationalistiska metafysik, som man ursprungligen avgränsat sig från.

Men även om naturvetenskapen var ett väsentligt föremål för nykantianernas undersökningar blev den debatt som dessa förde kring de historiska vetenskaperna än mer betydelsefull. Det tidiga 1800-talet hade, inte minst i Tyskland, sett ett genombrott på bred front för de historiska vetenskaperna. Politisk historia, konst- och litteraturhistoria, rättshistoria och språkhistoria kom nu att utforma sina egna vetenskapliga metodkrav, med inriktning på kunskapstillväxt och på säkrad dokumentation. Inom filosofiämnet blev inriktningen på filosofins historia alltmera markerad och fick en rad lysande företrädare. Samtidigt framträdde snart en polemisk tendens mot storslagen historiemetafysik av Hegels typ. Bort med de filosofiska konstruktionerna, fram för det sorgfälliga empiriska vardagsarbetet med källor och arkiv! blev lösenordet. Historiens sanna filosofi finns i den dokumenterade, verkliga historien, framhöll Leopold von Ranke, nestorn bland de nya, källkritiskt orienterade historikerna. Från nykantianskt håll tillfogade man, att det också behövdes en kunskapskritisk undersökning av den historiska vetenskapens betingelser och gränser.

Diltheys kritik av det historiska förnuftet

En av dem som försökte genomföra en sådan ”kritik av det historiska förnuftet” var Wilhelm Dilthey (1833–1911), filosofiprofessor i Berlin och själv en historisk forskare av rang, främst på det idé- och filosofihistoriska fältet. I centrum för Diltheys företag stod ett försök att ange de humanistiska vetenskapernas särart och att undersöka vad som skiljer dem från naturvetenskaperna. Dilthey fann en formel för detta genom att tala om humanvetenskaperna som ”Geisteswissenschaften” (bokstavligt översatt ”andevetenskaper”) i motsats till ”Naturwissenschaften”. Målsättningen för ”Geisteswissenschaften” skulle vara att ”förstå” (ty. ”verstehen”), medan naturvetenskapernas målsättning vore att ”förklara” (ty. ”erklären”). Att ”förklara” innebär därvid att finna orsaker och att inordna enskilda företeelser under allmänna lagar. Naturvetenskapernas fenomen ingår, som Kant påpekat, i ett allomfattande kausalsammanhang. De humanvetenskapliga fenomenen ingår enligt Dilthey i ett motsvarande meningssammanhang. Humanvetenskapernas metod är meningssökande, tolkande, förstående. De söker inte framför allt orsaker utan innebörd.

Dilthey arbetar med en triad av "upplevelse" (ty. "Erlebnis"), "uttryck" (ty. "Ausdruck") och "förståelse". Upplevelsen är grundläggande. De andliga fenomenen är för Dilthey inte i första hand förnuft utan *liv*. I likhet med många av sina samtida vänder han sig mot vad han uppfattar som tidigare generationers överskattning av förnuftets betydelse och framhåller det mänskliga själslivets totala sammanhang av känsla, varseblivning, vilja, intellekt, minne, allt i en nära interaktion. Hos honom är det fråga om den levda erfarenheten, om en livsvärld (ty. "Lebenswelt"), där skillnaden mellan subjekt och objekt ännu inte upprättats utan där också den fysiska omvärlden framträder färgad av våra känslor och önskningar. Upplevelsen ger upphov till vad Dilthey kallar "uttryck". Termen har hos honom en utomordentligt vid innebörd. Språk, lagar, sedvänjor, statsformer, umgängesmönster, klädedräkt, likaväl som konstens och vetenskapens produkter är "uttryck" för mänskliga upplevelser. Uttrycken är sålunda något fysiskt påtagligt och objektivt – ibland begagnar Dilthey Hegels term "objektiv ande". Det är dessa "uttryck" som humanvetenskaperna gör till föremål för tolkning, förståelse. Men inte bara vetenskaperna. Vi tolkar också i vardagslivet ständigt dessa uttryck. Det utmärkande för det medvetna liv som Dilthey kallar "ande" ("Geist") är just självinterpretation. Den humanvetenskapliga tolkningen blir en speciell form för det andliga livets självförståelse.

Genom den roll Dilthey gav förståelsen som humanvetenskapernas kardinalmetod lyfte han fram den s.k. hermeneutiken och gav den en ny innebörd. Hermeneutiken är till sitt ursprung helt enkelt läran om texttolkning, i första hand om tolkningen av bibeltexterna. Hos Schleiermacher vidgades dess fält utanför det teologiska området till att omfatta en allmän kulturvetenskaplig problematik. Därmed föregreps vad som skulle bli Diltheys generalisering av hermeneutiken. Dilthey påpekade att inte bara texter utan alla former av mänskliga uttryck kan bli föremål för tolkning och förståelse. Vi kan söka innebörden hos en text, men också hos en målning, ett byggnadsverk, en lagparagraf, en konstitutionell reform, en politisk handling, en samhällelig institution. Att förstå andligt liv är att söka efter allt mer omfattande meningssammanhang.

Det var nu Dilthey stötte på vad han döpte till "den hermeneutiska cirkeln". I humanvetenskaperna förstår vi delarna i ljuset av helheten. De enskilda orden i en text begriper vi genom den mening de ingår i, meningarna

Wilhelm Dilthey.

genom sammanhanget i stycket, styckena genom sin plats i texten som helhet. På motsvarande sätt kan en särskild handling av en person förstås i ljuset av hans karaktär, eller en episod i ett politiskt förlopp förstås i ljuset av förloppet i dess helhet. Problemet uppstår genom att helheten samtidigt bara kan tolkas med hjälp av en förståelse av dess delar. Leder inte denna "cirkel" med nödvändighet till en sorts godtycke, en relativism hos den hermeneutiska metoden? Dilthey förnekade att detta behövde bli konsekvensen, men problemet skulle fortsätta att uppta hans efterföljare.

Historievetenskapens problem hos Windelband, Rickert och Weber

Diltheys uppfattning av de historiska vetenskaperna blev inte oomstridd i hans samtid. Mothugg kom bl.a. från Wilhelm Windelband (1848–1915) och Heinrich Rickert (1863–1936), båda företrädare för Heidelbergskolan (eller Sydvästtyska skolan) inom nykantianismen. I ett rektorstal 1894 gjorde Windelband gällande att skillnaden mellan human- och naturvetenskaper inte borde baseras på en ontologisk distinktion (som den mellan ande och natur) utan på en metodologisk. Naturvetenskaperna, menade han, är i huvudsak ”nomotetiska”, laguppställande, inriktade på att finna generella samband. Humanvetenskaperna däremot är huvudsakligen ”idiografiska”, inriktade på att beskriva och förstå det individuella fallet, den enskilda individen, det särskilda konstverket, den specifika historiska händelsen, som inträffar en och bara en gång. Vi kan inte förklara Platon, Shakespeare eller franska revolutionen ur allmänna lagar, men vi intresserar oss för dessa företeelser just i deras individualitet och särart. Rickert lade till (bl.a. i *Die Grenzen der naturwissenschaftlichen Begriffsbildung*, ”Den naturvetenskapliga begreppsbildningens gränser” 1896–1902) att detta humanvetenskapliga intresse för det enskilda fallet förklaras ur våra värderingar. Det är värderingar som konstituerar kulturen och det är värderingar som konstituerar vad Rickert föredrog att kalla ”kulturvetenskaperna”. Den kulturvetenskapliga forskningen inriktas givetvis inte mot allt som är unikt, utan bara mot det som vår kulturs grundläggande värderingar får oss att uppfatta som särskilt signifikant.

Till dem som stod Heidelbergskolan nära hörde sociologen Max Weber (1864–1920). För debatten om de historiska vetenskaperna fick han betydelse bl.a. genom att strängt hävda skillnaden mellan fakta och värderingar och genom sin fordran att vetenskapen skall avstå från värdeomdömen. Vetenskapen kan visserligen ge besked om vad som är ”målrationellt” (ty. *zweckrational*), dvs. om vilka medel som kan vara brukbara för att uppnå ett visst givet ändamål, men kan aldrig på egen hand fastställa vilka mål som är de riktiga och förnuftsmässiga. Den medicinska vetenskapen kan sålunda leda fram till rekommendationer om hur vi kan förlänga livet, men kan aldrig tala om för oss huruvida livet är värt att förlängas. Läkarvetenskapen har inte, som exempelvis Aristoteles trodde, något inneboende *telos*. De beslut vi fattar om vilka mål vi vill eftersträva ligger ytterst på ett plan utanför det vetenskapliga.

Begreppet ”målrationalitet” spelade en viktig roll också för Webers analys av det moderna västerländska samhället och av den historiska processen. Weber såg Västerlandets moderna historia som en utveckling mot allt större grad av rationalitet. Ibland talade han med en från Schiller lånad fras om en ”Entzauberung der Welt”, om hur världen mister sin förtrollning, hur den allt mer betraktas i den nyktra vetenskapens snarare än i myternas eller symbolernas ljus. Den moderna kapitalismen utmärks enligt Weber av att den vill göra verkligheten förutsebar och kalkylerbar. Samma ambition finns hos de moderna byråkratierna. Opersonlig regelmässighet och rutinisering av tillvaron utmärker de moderna samhällena. Målrationaliteten lägger allt större områden av livet under sin domsrätt. Weber såg denna fortgående rationaliseringsprocess med en blandning av bejakande och avsmak. Sociala och ekonomiska framsteg var förknippade med förnuftets dominans, men någonting gick också förlorat. Weber hoppades på "karismatiska" politiska ledare som skulle kunna återge de byråkratiserade politiska systemen ett mått av kreativitet, vitalkraft och oförutsebarhet. Webers vetenskapsfilosofi innehöll många nykantianska inslag. Hans historiesyn kunde bitvis förefalla utgöra en sociologisering av Hegel. Men i hans ifrågasättande av värdenas objektivitet och hos hans invändningar inför den moderna utvecklingen fanns även ett tydligt inflytande från Nietzsche.

Nykantianismen kom under 1800-talets sista decennier att allt mer dominera den tyska universitetsfilosofin. Ingen av dess företrädare har likväl tillnärmelsevis fått ett lika starkt grepp om eftervärldens fantasi som tidens store outsider och särling, Friedrich Nietzsche. Dennes betydelse för 1900-talets idéliv, inte bara dess filosofi utan hela dess human- och samhällsvetenskap, litteratur och konst, politiska och religiösa debatt, är svår att överskatta. Nietzsche blev till slut den ensammaste bland ensamma. Men under det århundrade som följde på hans död skulle hans budskap komma att höras av många, kanske av alltför många.

Nietzsche – den gudlöse profeten

Friedrich Nietzsche (1844–1900) föddes i byn Röcken i närheten av Leipzig och var son till en protestantisk präst. Fadern dog tidigt, men Friedrich uppfostrades kärleksfullt av modern. Hon och hans yngre syster Elisabeth kom att få stor betydelse för honom under hela hans liv. Nietzsche fick en omsorgsfull klassisk uppfostran vid det berömda Schulpforta. Hans universitetsstudier i Bonn och Leipzig kom också främst att inriktas på grekisk filologi. Den framstående filologen Friedrich Ritschl blev hans lärare och uppmuntrade hans snabba framsteg inom sin vetenskap. Genom Ritschls förmedling kom Nietzsche 1869, när han bara var tjugofem år gammal, att kallas till professor i grekiska vid universitetet i Basel.

Även om Nietzsches egentliga lärarverksamhet i Basel inskränktes till några få år odlade han under den tiden ett par vänskaper som blev viktiga för honom – med den store kulturhistorikern Jacob Burckhardt, den italienska renässansens återupptäckare, och framför allt med Richard Wagner. Det var som Wagners förridare och propagandist Nietzsche först framträdde för en större offentlighet med skriften *Geburt der Tragödie aus dem Geiste der Musik* ("Tragedins födelse ur musikens anda" 1872). Från fackfilologiskt håll bemöttes arbetet emellertid med skarp kritik, något som tillsammas med försämrad hälsa torde ha bidragit till att Nietzsche 1876 lämnade sin professorstjänst. Ett antal kringflackande år följde, präglade av tilltagande isolering från tidigare vänner och meningsfränder, bland dem Wagner. Sils Maria bland de schweiziska alperna och Turin i Norditalien hörde till anhalterna. I Turin drabbades Nietzsche 1889 av det slaganfall, som gjorde slut på hans friska liv. De återstående åren tillbringade han, sinnesslö och apatisk, under moderns och systerns vård.

Geburt der Tragödie spelar upp ouvertyren till Nietzsches filosofi. De teman som där hörs första gången skall sedan följa med i olika variationer. Till det yttre behandlar den lilla skriften ett historiskt-filologiskt ämne – den grekiska tragedins uppkomst – men intentionen är kulturkritisk. Nietzsche vänder sig mot den uppfattning av den grekiska antiken som alltsedan nyhumanismens dagar varit den vanligaste och som framhöll det harmoniska, ljusa, förnuftsmässiga hos den hellenska kulturen. Nietzsche medger att detta inslag fanns. Han kallar det det ”apolloniska” efter solens och förnuftets gud. Men han poängterar att ett annat moment – av honom kallat ”det dionysiska” efter rusets och hänryckningens gud – var lika betydelsefullt. Den grekiska kulturen innehöll också mörker, grymhet, vildhet, djupa drifter, okontrollerade passioner. Och denna urgrund, det är en för Nietzsche avgörande poäng, var nödvändig för denna kulturs tidiga blomstring. Den grekiska tragedin var från början musikspel och satyrspel, framsprungen ur Dionysoskulten. Under vad Nietzsche kallade ”grekernas tragiska tidsålder”, till vilken också den försokratiska filosofin hör, hade kulturen befruktats av en insikt om tillvarons tragedi, om de irrationella och demoniska krafter som behärskar den. Aischylos' sorgespel hade framfötts ur denna anda. Men en ny era hade sedan tagit vid, för Nietzsche på filosofins fält symboliserad av Sokrates, inom dramats område av Euripides. Den hade kännetecknats av intellektualism och därmed av uttorkning. En ytlig förnuftsoptimism hade blivit dominerande. Det apolloniska momentet hade mist sin dionysiska motpol. Därmed hade den grekiska kulturen förlorat sin skapande kraft. Den intellektualistiska tidsåldern hade sedan dess präglat Västerlandet tills Nietzsche i sin egen samtid tyckte sig se den tragiska tidsåldern återfödas, nu i form av Wagners musik, förebudet om en ny kultur.

En protest mot den europeiska förståndskulturen, denna gång mer direkt riktad mot samtiden, finner man också i en annan av Nietzsches viktiga tidiga skrifter, *Vom Nutzen und Nachtheil der Historie für das Leben* (”Om historiens nytta och nackdel för livet” 1874), den andra av hans s.k. ”Otidsenliga betraktelser”. Nu är det den moderna historievetenskapen och den moderna historiefixeringen som attackeras. Den moderna européen, så lyder anklagelsen, förmår ingenting skapa av egen kraft. I stället blickar han ständigt tillbaka mot det förgångna. Han har blivit en epigonmänniska, förlamad av sina antikvariska kunskaper. Det finns, skriver Nietzsche, en oförmåga att glömma, en grad ”av idisslande, av historiskt sinne, varvid det levande skadas och slutligen går under, det må vara en människa, ett folk, eller en kultur”. Den moderna människan vandrar omkring som ”en levande encyklopedi”, släpande ”en oerhörd mängd osmältbara stenar av vetande med sig, vilka också vid varje tillfälle ordentligt skramlar i kroppen, som det heter i sagan om vargen”. Just den samtida historievetenskapens objektivitet är här förödande. Den objektiva vetenskapen är den som inte står i tjänst hos livet, som inte tjänar något av dess syften eller ändamål. Den historieskrivning Nietzsche kan godkänna är bara den som inspirerar handling, som är väckande, eggande, förebildlig.

Friedrich Nietzsche. Foto 1887.

Av de otidsenliga betraktelserna bar en titeln *Schopenhauer als Erzieher* ("Schopenhauer som uppfostrare" 1874). Den innehöll en hyllning till Nietzsches store mästare i ungdomen, Schopenhauer. Men den och de andra betraktelserna röjde å andra sidan att Nietzsche med all den glödande beundran han visat Schopenhauer sedan den första, omvälvande lektyren av *Die Welt als Wille und Vorstellung* dock redan vandrade egna vägar. Dessa vägar skulle med tiden föra honom allt längre bort från läromästaren, göra honom till Schopenhauers antipod. Vad som nu och alltid förenade honom med Schopenhauer var den tragiska livsuppfattningen, synen på livet som irrationellt, grymt, fyllt av lidande, bestämt av viljan snarare än av förnuftet. Vad som förenade var också åsikten att det finns en motsats mellan kunskap och liv.

Nietzsche skulle emellertid med allt större emfas dra de motsatta slutsatserna mot Schopenhauers. Där Schopenhauer förnekade livet ville Nietzsche bejaka det. Där en konflikt mellan liv och kunskap uppstod tog han livets parti. Medlidandet, som för Schopenhauer varit den främsta dygden, tedde sig för Nietzsche som en livsfientlig, viljehämmande faktor. En frontställning var dock för de båda antipoderna gemensam – den mot den samtida universitetsfilosofin. Varken för Schopenhauer eller Nietzsche var filosofin en akademisk specialitet. Den var levnadsvisdom och livsform. För båda var filosofin också på det klassiska viset konsten att uthärda. Mot omgivningens framstegsoptimism och världsförbättrarnit satte de sitt förakt. Deras filosofi innebar ett accepterande av tillvaron sådan den är, utan utopiskt hopp eller transcendent religion. Dock fanns hos Nietzsche, liksom det gjort hos Schopenhauer, en ambivalens i förhållandet till det transcendenta.

Under vandringsåren som följde på Baseltiden publicerade Nietzsche en lång rad mästerverk, som dock till en början endast i ringa grad väckte omvärldens uppmärksamhet: *Menschliches – allzumenschliches* ("Mänskligt – alltför mänskligt", fullbordad 1880), *Also sprach Zarathustra* ("Sålunda talade Zarathustra" 1883-85), *Jenseits von Gut und Böse* ("Bortom gott och ont" 1886), *Zur Genealogie der Moral* ("Moralens genealogi" 1887), *Ecce homo* (skriven 1888, utgiven postumt 1908). Alla dessa böcker var skrivna i en aforistisk stil, som var anpassad till författarens motvilja mot varje form av systematisk eller dogmatisk filosofi och som gjorde honom till en av de främsta språkkonstnärerna på tyskt språk. En särställning intog därvid den maniererade och dithyrambiska stilen i *Also sprach Zarathustra*, som kom att finna många epigoner i sekelskiftets europeiska litteratur. I den boken ikläder sig Nietzsche den persiske religionsstiftarens gestalt, medan han annars talar direkt i egen sak. Några av de teman som utvecklas i dessa böcker och som är karaktäristiska för Nietzsches senare filosofi skall vi i fortsättningen gå in på.

Vi har sett hur Nietzsche i *Vom Nutzen und Nachtheil der Historie* angrep den "objektiva" historievetenskapen. Lika avvisande förhöll han sig gentemot den samtida filosofins ambition att vara objektiv och vetenskaplig. "Antag att sanningen är en kvinna!", ponerar Nietzsche i *Jenseits* (tyskan liksom franskan gör sanningen feminin). Är det då troligt att filosoferna med sitt ohyggliga allvar skulle kunna vinna henne? Är inte den klumpiga framfusighet varmed de plägar umgås med sanningen särskilt olämplig just då det gäller en kvinnlig varelse? Nietzsche beundrar Platon som kunnat framställa filosofin som ett erotiskt spel, som en lek med sublimerade drifter. Den som dränerar alla element från filosofin utom de rationella har missförstått dess väsen.

Nietzsche misstror å andra sidan platonismens dogmatiska tro på det sannas, det godas, det skönas idéer. Dogmatismens fel är att bortse från det *perspektiviska*, som är en grundbetingelse för allt liv och följaktigen också för all kunskap. Människan är en ändlig varelse, som ser allt ur ett visst begränsat perspektiv. Detta perspektiv kan inte, som filosoferna alltsedan Aristoteles trott, vara uttryck rätt och slätt för en vilja att veta. Vetandet är bara verktyget för en annan vilja, en vilja till makt. Livet självt är en vilja till makt, till självbejakelse och självhävdelse. När filosofin inte vilseleder sig själv, när den förmår genomskåda sina egna psykologiska motiv, inser den sig vara en maktutövning. De egentliga filosoferna är befallande och laggivare. De säger "Så skall det vara!", de föreskriver människorna deras Varthän? och deras Varför?. Deras "kunskap" är *skapande*, deras skapande är lagstiftning, deras vilja till sanningen är vilja till makt. Allt blir för dem vertyg i denna maktutövning. De filosoferar med hammaren.

"Gud är död!"– så lyder ett av de oftast citerade Nietzscheorden. Hos honom betyder det inte vad kristendomen alltid förkunnat – att Gud dött på korset. Det betyder i stället att vi nu lever i en tidsålder där Gud försvunnit, där religionen inte längre har makt att ge oss sanningar att leva på eller värden att dö för. Vi måste därför omvärdera alla gamla värden. Vi måste *skapa* nya. Vi befinner oss i en nihilismens tidsålder, där det inte längre finns objektiva eller av Gud garanterade sanningar eller värden. Vi måste själva ställa upp dessa sanningar och värden, vi måste skapa dem ur intet. Den fråga Nietzsche ställer till sin samtid (och till eftervärlden) blir om den har nog av vilja, kraft, mod att ställa upp sådana värden.

Vilken är då den nya moral Nietzsche vill skapa? Det är förvisso inte fråga om att slappt acceptera samtidens. Tvärtom riktar Nietzsche sin psykologiska misstanke som en sprängkil mot de moderna europeiska värdena, vilka han söker i grund demolera. En moralens genealogi, en historisk-psykologisk undersökning av den moderna moralens uppkomst, blir metoden för detta förstörelsearbete.

Från början, hävdar Nietzsche, byggde moralen inte på en motsättning mellan gott och ont, utan på en motsättning mellan gott och dåligt. Den byggde på en aristokratisk värdehierarki. De "goda" var de högättade och förnäma, de starka, tappra och lyckliga. Mot dem ställdes de "dåliga", tarvliga, gemena, trälarna. Mot denna ursprungliga herremoral lyckades emellertid slavarna iscensätta ett uppror. "Ressentimentet", hämndlystnaden hos de svaga, hos de många och alltför många, tog sitt uttryck i en ny moral som nu gick segrande fram, en slavmoral, vars främsta historiska uttryck blev kristendomen. Detta var en moral av livsförnekelse, skuld och askes. De starka intalades att skämmas för sin styrka, sin lycka, sin adel. En ny kultur av samvetskval och botgörelse uppstod, varav de svaga profiterade. Medlidandet, kristendomens och Schopenhauers dygd, kom att räknas som den främsta. Idealet blev den "civiliserade", dvs. tämjda och snöpta människan. En slavarnas, prästernas och kvinnornas diktatur inleddes, vars yttersta konsekvenser blev liberalismen och demokratin. I denna svaghetens civilisation finns inte längre några värden som någon vågar tro på, bara en förnekelse av livet, en feg bortvändhet från dess hårdhet, grymhet och storhet. I *Also sprach Zarathustra* får Zarathustra förhåna den moderna europeiska människotyp, som på så vis odlats fram, under namn av "de sista människorna":

"Ve! Den tid kommer då människan inte mer slungar sin längtans pil ut över människan och då hennes båges sena inte längre kan dallra. / --- / Jorden har då blivit liten och på henne hoppar den sista människan som gör allting smått. Hennes släkte är outrotligt som jordloppan: den sista människan lever längst. 'Vi hava uppfunnit lyckan', säga de sista människorna och blinka. / --- / Ingen herde och en hjord! Alla vilja detsamma, alla äro lika: den som känner annorlunda går självmant till dårhuset."

Så utmålar Nietzsche samtiden och den nära framtiden. Grekernas och romarnas aristokratiska moral hade krossats genom medeltidens prästherravälde. Renässansen hade gjort ett försök att återupprätta herremoralen, den hade ännu rymt fria andar och praktfulla rovdjurstyper, men hade slutat i ett stort förgäves. Frankrike hade under 1600- och 1700-talen utvecklat den sista förnäma politiska kultur som funnits i världen, men slutet hade blivit franska revolutionens slavuppror, inledningen till borgarnas 1800-tal. Den demokratiska röta, som enligt Nietzsches ursprungliga libretto satt in redan med Sokrates, hade aldrig mer än momentant gått att hejda. Vad kunde sättas däremot? Vilka var Nietzsches egna ideal?

De värden Nietzsche erbjuder handlar framför allt om ett bejakande av livet, livet med dess jubel och glädje, men också med dess smärta och grymhet, mörker och förtvivlan, hårdhet och kamp. Ibland åberopar han antikens stoiker och den stoiska beslutsamheten att härda ut som mönster. Stoikernas slagord *amor fati,* kärlek till ödet, lugnt accepterande av tillvaron sådan den faktiskt är, gör han till sitt. Sitt mest storslagna uttryck får detta accepterande i läran om den eviga återkomsten, sådan Nietzsche övertar den från stoikerna. Den innebär en cyklisk historieuppfattning, en cyklisk kosmologi, enligt vilka alla händelser, alla förlopp, alla konstellationer, upprepas gång på gång in i minsta detalj i det oändliga i ständigt nya världsår.

Men framför allt innehåller idén om den eviga återkomsten en sorts etiskt experiment. Den presenteras första gången så här: ”Huru, om en dag eller en natt en demon smöge sig efter dig i din djupaste ensamhet och sade dig: ’Detta liv, sådant du nu lever och har levat det, måste du än en gång och otaliga gånger leva; och det skall icke vara något nytt däri, utan varje smärta och varje lust, varje tanke och varje suck och allt otaligt smått och stort i ditt liv måste komma åter och allt i samma serie och ordningsföljd’ / --- / Skulle du då icke kasta dig ned och skära tänder och förbanna den demon, som så talade? Eller har du en gång upplevat ett oerhört ögonblick, då du skulle svara honom: ’Du är en gud och aldrig hörde jag något mera gudomligt!’.” Läran om den eviga återkomsten blir på detta sätt en utmaning – vem förmår bära tanken på en evig upprepning av jordelivet? ”De som inte kan stå ut med domen att det inte finns någon frälsning *förtjänar* att gå under.” Vad som ibland hos Nietzsche framställs som ett jublande bejakande av livet får ibland mera karaktären av ett styrkeprov: ”Sådana människor som *angår* mig något önskar jag lidande, ensamhet, sjukdom, misshandel, förnedring.”

Läran om den eviga återkomsten kan synas vara uttryck för en immanenstanke – det finns inga alternativ till livet, ingen frälsning, inget mål, vad det gäller är att hålla stånd. Ibland skymtar emellertid också hos Nietzsche en utopi, en transcendenstanke, en religion. Allt detta finns i förkunnelsen om övermänniskan. ”Jag lär er övermänniskan”, utropar Zarathustra: ”Människan är något som skall övervinnas.” Övermänniskan är den som kommer när alla gudar är döda, hon är övervinnaren av nihilismen, svaret på de sista människornas antiutopi. Hon beskrivs på högst skiftande sätt. Ibland är hon en produkt av en darwinsk evolution eller av rashygienisk avel – en högre biologisk art. Ibland är hon en människotyp som redan funnits, representerad av de ädlaste kasterna och människotyperna i historien – en Cesare Borgia, en Napoleon. Ibland är övermänniskan ”den blonda besten”, lejonet, som går rytande efter rov. Ibland liknas hon vid det lekande barnet, barnet från

Herakleitos, som skapar världen. Säkert är att övermänniskan står för en högre människotyp än den europeiska 1800-talsmänniskan och att hon har förmågan att ställa upp nya värden. Hos Nietzsche skymtar överallt övertygelsen att världen blivit gammal, orkeslös, handlingsoförmögen, levande i minnen. Övermänniskan representerar en förnyelse, en glömska av det förgångna, nya lagens tavlor, en ny morgonrodnad. Läran om övermänniskan låter sig inte så lätt logiskt förena med läran om den eviga återupprepningen. Men båda dessa läror ger var på sitt sätt uttryck för Nietzsches livskänsla, för den sjukes bejakande av hälsan och livet.

”Tre andens förvandlingar nämner jag eder: huru anden bliver kamel och kamelen lejon och lejonet till sist barn.” Sålunda talar Zarathustra. Kamelen – det är den evigt uthärdande som tar på sig alla bördor, också den tyngsta och svåraste, ett den eviga återupprepningens lastdjur. Lejonet – det är rovdjuret som river sönder allt det existerande, som trotsar alla förbud, som ”skapar sig frihet till nytt skapande”. Barnet, slutligen, är oskuld och glömska, ”ett nybegynnande, en lek, ett av sig självt rullande hjul, en första rörelse, ett heligt ja-sägande”. Nietzsche är i tur och ordning kamelen, lejonet och barnet. Han kan tolkas som den uthärdande stoikern, som den brutala styrkans och rovlystnadens förkunnare, vilken samtidigt är frigöraren, som det oskyldigt lekande barnet, drömmande om nya världar. Mångtydigheten gör hans förkunnelse fantasieggande och bidrar till det mångförgrenade i dess historiska inflytande.

Under sitt sista friska år nåddes Nietzsche av ett brev från Georg Brandes som berättade att Brandes vid universitetet i Köpenhamn under stor åhörartillslutning påbörjat en serie föreläsningar om Nietzsche. ”Sic incipit gloria mundi” (ungefär ”Så begynner en världsberömmelse”), kommenterade Nietzsche. Mer av sin världsberömmelse fick han aldrig uppleva, men den skulle komma att bli stor. 1900-talets filosofi skulle i långa stycken komma att utspela sig i Zarathustras tecken. Framför allt hade Nietzsche för första gången med full kraft ställt den tänkande mänskligheten inför nihilismens problem. Givet att religionen tappat sin makt över sinnena, givet att vetenskapen inte har något att säga om gott och ont, rätt och orätt – varifrån skall människorna i fortsättningen hämta de värden på vilka de skall leva sina liv? När det nittonde århundradet gick ut stod Europas kultur inför en värdekris. Den borgerliga kultur som detta århundrade skapat blev allt oftare ifrågasatt och utmanad av avantgardet, dess grundvalar föreföll osäkra och vacklande. Nietzsches filosofi tillhandahöll dynamit för dem som ville spränga den stolta byggnaden i luften. De kom att bli många, också inom filosofin.

Positivism, idealism och pragmatism i Frankrike, Storbritannien och USA

Den franska universitetsfilosofin upplevde under 1800-talets förra hälft ingen större blomstring. Varken revolutionen, Napoleontiden eller restaurationen gav den gynnsam jordmån. Först Julimonarkin medförde något bättre förutsättningar. Den alldeles dominerande gestalten under denna epok blev Victor Cousin (1792–1867), som med hjälp av sitt inflytande och sina lärjungar lyckades upprätta en sorts filosofisk diktatur vid de franska universiteten. Först revolutionen 1848 tvingade honom att dra sig tillbaka. Cousin hade i Tyskland gjort Hegels och Schellings bekantskap. Hans viktigaste positiva insats blev att bidra till att ge fransmännen kännedom om de viktigaste prestationerna inom tysk filosofi. Den eklektiska idealism Cousin själv företrädde kunde emellertid i längden inte tillfredsställa någon. Den innebar en medelväg mellan ytterligheter som för en tid tillfredsställde borgarkungens undersåtar, men redan som i den omedelbara eftervärldens ögon tedde sig fadd.

Det blodiga altaret – de Maistres samhällsfilosofi

En helt annan bestående betydelse hade den filosofi som utvecklades utanför universiteten, framför allt på det politiska och sociala tänkandets område. Frankrikes dramatiska historia efter 1789 gav onekligen rikt stoff för reflexion över politiska grundproblem. En konservativ, eller kanske snarare reaktionär, skola växte fram som en reaktion mot revolutionsårens händelser. När restaurationen inträffade efter Napoleons slutgiltiga nederlag 1815 kom detta antirevolutionära tänkande att stå i samklang med tiden. Dess främste företrädare blev Joseph de Maistre (1753–1821).

Joseph de Maistre kunde beskyllas för mycket, men knappast för att vara fadd. Det som utmärkte honom var den hänsynslösa ytterlighet varmed han drev sina uppfattningar samt det tragiska, skrämmande och på samma gång magnetiskt fascinerande i hans syn på historien och människan. Revolutionsmännens retorik om människan och de mänskliga rättigheterna bemöttes av de Maistre med kallt hån. Han hade sett fransmän, italienare och ryssar, förklarade han. Montesquieu hade upplyst honom om att det fanns perser. Men ”vad beträffar *människan* måste jag erkänna att jag aldrig har träffat henne; om hon existerar så är det utan min vetskap”. Lika föga imponerad var de Maistre av vissa upplysningsmäns tro på människans och naturtillståndets godhet. Rousseau hade förklarat att människan var född fri, men att man överallt såg henne i bojor. Lika gärna, menade de Maistre, kunde man skriva: ”Fåren är födda köttätande, men överallt ser man dem äta gräs.”

Inte heller delade de Maistre upplysningens och revolutionens tro på förnuftet. Vad människan behöver för att kunna leva är fördomar, ansåg han i anslutning till Burke. Förnuftet kan bara skada henne. Det gives inte två intelligenta människor som genom förnuftsresonemang någonsin kommer fram till samma slutsats. Att låta förnuftet regera är att öppna för godtycke och anarki. Vad samhället behöver för att kunna fungera är konsensus och auktoritet och denna kan bara vila på tro. De Maistre kom att bli en ivrig förespråkare för den s.k. ultramontanismen, doktrinen om påvens överhöghet i alla andliga och i stor utsträckning även i världsliga frågor. Ytterst förutsätter samhällsordningen emellertid även våldet. Berömd blev de Maistres invokation av bödeln, den av alla föraktade och avskydde, som likväl är samhällets upprätthållare och räddare.

En djup pessimism i synen på människorna och livet fanns bakom de Maistres extrema politiska hållning. I hela naturen råder lagen ”äta eller ätas” och människan är det blodigaste av alla blodiga rovdjur: ”hon dödar för att skaffa föda och hon dödar för att klä sig; hon dödar för att smycka sig; hon dödar för att anfalla och hon dödar för att försvara sig; hon dödar för att lära sig något och hon dödar för nöjes skull.” Som människorna är mot djuren så är de mot varandra. Jorden ropar efter blod och aldrig förgäves. Krigen, revolutionerna, massakrerna upphör aldrig. Ingen tyrann är någonsin så motbjudande att han inte blir åtlydd på slagfältet och i tortyrkammaren. Förstörelsen är den eviga lagen: ”Hela jorden, ständigt dränkt i blod, är ingenting annat än ett väldigt altare på vilket allt levande måste offras utan slut, utan gräns, utan vila, till dess alla ting förtärts, till dess det onda utrotats, till dess döden själv är död.”

Mot den politiska pessimismen hos de Maistre bryter sig framstegstron och förnuftstron hos andra tänkare i samtiden. Den sociala utopismen får företrädare som Charles Fourier, Pierre Joseph Proudhon och Henri de Saint-Simon. Den sistnämnde kom att få en särskilt betydelse för filosofins historia genom den inspiration han gav Auguste Comte, positivismens upphovsman och själv en sorts politisk utopist med vidsträckt inflytande.

Comte och positivismen

Auguste Comte (1798–1857) kom från en katolsk familj, även om han tidigt miste sin tro. Han utbildades vid ingenjörsakademin École polytechnique. Senare var han under sju år Saint-Simons sekreterare. Efter en brytning med Saint-Simon började Comtes eget författarskap på allvar, bl.a. med det omfattande huvudarbetet *Cours de philosophie positive* ("Kurs i den positiva filosofin" 1830–1842). Någon universitetsanställning hade Comte aldrig – hans ekonomiska existens byggde på beundrares bidrag. Den "positivism" han lade fram fick nämligen snart många anhängare, vilka ej sällan var synnerligen nitiska i sin tro. Comte blev grundaren inte bara av en filosofi utan av en kyrka.

Positivismens grundläggande lärosats går ut på att bara de s.k. positiva vetenskaperna kan ge oss någon kunskap. Det finns ingen kunskap utom den vetenskapliga. Inget påstående är meningsfullt om det inte till sist kan reduceras till en enkel uppräkning av empiriskt observerbara fakta. Som Comte uppfattar saken följer av detta, att vetenskaperna måste avstå från att söka efter de yttersta orsakerna eller förklaringarna till företeelserna. Den positiva vetenskapen nöjer sig med att beskriva fenomenen och ange de lagar och regelbundenheter som råder hos dem. Den tanken var betydelsefull för Comtes syn på mänsklighetens utveckling. Han urskiljer i denna utveckling tre stadier: det religiösa, det metafysiska och det vetenskapliga.

Auguste Comte.

Under det religiösa och metafysiska stadiet söker människorna efter de yttersta orsakerna, först hos gudar och gudomliga krafter, sedan hos substanser och ändamålsorsaker. Först under det slutgiltiga vetenskapliga stadiet nöjer de sig med beskrivningen av verklighetens fakta och lagar. Till detta vetenskapliga stadium har mänskligheten redan nått vad gäller naturvetenskapen. Men det återstår att utsträcka den vetenskapliga kunskapen och det vetenskapliga angreppssättet också till samhället.

Att göra detta är målsättningen för den nya vetenskap som Comte ger namnet ”sociologi”. Sociologin har som uppgift att komma fram till de lagar som styr samhället. Men dess mål – liksom enligt Comtes övertygelse all vetenskaps – är framför allt praktiskt. ”Savoir pour prévoir pour pouvoir” (”veta för att förutse för att kunna”) är Comtes formel. Det gäller att känna samhällets lagar för att kunna på ett förnuftigt sätt reformera det. Rationell reorganisation av samhället är vad Comte syftade till.

I likhet med Saint-Simon tänkte sig Comte att i historien ”organiska” tidsåldrar omväxlar med ”kritiska”. Högmedeltiden med dess påvedöme var sålunda en organisk epok, präglad av stabilitet och konsensus om väsentliga värden. Den franska revolutionen hade inneburit en kritisk, där allt kastats i stöpsleven. Vad Comte nu ville var att inleda en ny organisk epok. Han var en ivrig förespråkare för ordningens ideal och det är ingen tillfällighet att han gjorde de Maistre till ett av helgonen i den positivistiska kalender som han så småningom upprättade. Men i den nya organiska perioden skulle ordningen på ett annat sätt än under medeltiden förenas med framsteg. Detta skulle ske eftersom den nya samhällsbärande religionen skulle bli vetenskapen och det nya prästerskapet bestå av vetenskapliga experter och reformatorer.

Vad Comte emotser är en sorts teknokratisk diktatur där sociologiskt utbildade samhällsingenjörer skall omdana samhället. Men denna vision görs mer storslagen – eller om man så vill mer grotesk – genom att Comte under sina senare år också var inriktad på att upprätta en positivistisk kyrka, ägnad dyrkan av Mänskligheten och inrättad enligt romersk-katolsk modell med prästerlig hierarki, högtidsdagar och helgonkalender. Så kom det sig att positivismens fader med viss följdriktighet slutade sina dagar som ärkebiskop i ett nytt samfund, vilket han själv grundat. Det religiösa stadiet i mänsklighetens utveckling hade visat sig svårare att övervinna än han från början förutsett.

Comte hade ortodoxa efterföljare som spelade en viss roll i det senare 1800-talets intellektuella liv i Frankrike och ibland även utanför Frankrikes gränser. Inte minst fick positivismen i Latinamerika en utomordentlig intellektuell och politisk betydelse. Men för fransk filosofi betydde dessa direkta efterföljare mindre än de som på ett mer allmänt sätt influerades av positivistiska tankegångar. Till dessa senare kan man räkna Hippolyte Taine (1828–1893), den store konst- och litteraturhistorikern, som i sina forskningar betonade arvets och miljöns betydelse för det kulturella skapandet. Till dem hör också religionshistorikern och språkmannen Ernest Renan (1823–1892).

Utgången från en katolsk miljö kom Renan genom sina forskningar kring kristendomens ursprung att göra mycket för att underminera religionens sanningsanspråk. Samtidigt bekände han sig, bl.a. i ungdomsverket *L'Avenir de la science* ("Vetenskapens framtid" utgivet 1890), till en tro på vetenskapen och på den vetenskapliga forskningens betydelse för mänsklighetens framåtskridande. Men med vetenskap avsåg Renan inte bara naturvetenskaperna utan i lika hög grad de humanistiska, historiska och filologiska, vetenskaperna. Den universella kritik han praktiserade fann sanningen bara i nyansen, i föränderligheten. Sanningen är lika omöjlig att fånga i en allmän formel som färgskiftningarna på en duvas hals, kunde han framhålla. Historien är den sannaste vetenskapen just därför att den ser till det konkreta, det individuella, till skiftningarna och mellantonerna. Bara den sanning som ständigt förändras kan fånga verkligheten. Renan skyr dogmen och systemet mer än motsägelsen: "Det enda sättet att inte förändras är att inte tänka." I denna bekännelse till de ständiga växlingarna finns en beröringspunkt mellan Renan och Henri Bergson, sekelskiftets mest framträdande franske tänkare. Hos Bergson finns å andra sidan också vad som saknas hos Renan – en radikal uppgörelse med positivismen.

Bergson, tiden och intuitionen

Henri Bergson (1859–1941) var född i Paris av judiska föräldrar. Han utbildades vid École normale superieur (Liksom École polythechnique en av de "grands écoles" som grundats under Napoleontiden). År 1900 blev han professor vid det prestigerika Collège de France. Därmed inleddes hans storhetstid. Bergsons filosofi med dess försvar för viljefriheten och dess revolt mot naturalism och positivism hade funnit gensvar i tiden. Bergsons föreläsningar vid Collège de France drog till sig stora åhörarskaror. Det berättas att de förnäma damerna i Paris brukade skicka sina betjänter att sitta av de föreläsningar som föregick hans för att vara försäkrade om en plats. Den dragning mot idealism som utmärkte hans tänkande väckte frågan om Bergson öppet skulle komma att bekänna sig till religionen. Mot slutet av sitt liv hade han mycket riktigt planer på att låta döpa sig som romersk katolik, men avstod av solidaritet med sina förföljda judiska rasfränder. Själv dog han i det av tyskarna ockuperade Paris, skyddad av sin världsberömmelse från de grövsta formerna av förföljelse. År 1928 hade han mottagit Nobelpriset i litteratur och han var sedan länge erkänd inte bara som Frankrikes namnkunnigaste filosof utan som en av de främsta författarna på franskt språk.

Det har sagts – med avsevärd rätt – att Bergsons filosofi bara innehöll en stor idé, den att tiden är verklig. Det sunda förnuftet torde finna en sådan idé föga originell. Men sedd mot bakgrunden av filosofins historia erhåller den pregnans. Filosofin har alltifrån sitt ursprung hos Platon haft en förkärlek för det tidlösa, för de eviga idéerna, och en motvilja mot att tillerkänna förändringens värld mer än halv verklighet. Inte ens Hegel ger tiden full realitet. Kristendomen hade låtit den historiska dimensionen bli betydelsefull. Men också den kristna teologin och filosofin hade menat att Gud, det sanna Varat, är upphöjd över tid och förändring. Bergson kunde även med goda argument hävda att inte heller den moderna naturvetenskapen fullt ut betraktar tiden som verklig. Tiden sådan vi upplever den utmärks av att framtiden ter sig öppen medan det förflutna framstår som slutet. Vi tror oss kunna förändra framtiden men inte det förflutna. Denna asymmetri mellan framtid och förflutet har ingen motsvarighet i de fysikaliska teorierna. Där är framtiden inte öppnare än det förflutna. Termer som ”framtid” och ”förflutet” har ingen innebörd i en rent fysikalisk teori eftersom de kan definieras bara utifrån ett subjektivt ”nu”.

Frågan om den upplevda tiden står i centrum för Bergsons första bok, doktorsavhandlingen *Essai sur les données immédiates de la conscience* (”Essay om det för medvetandet omedelbart givna” 1889). Den boken innehåller för övrigt redan Bergsons hela filosofi, senare böcker innebär bara variationer på det tema som där första gången ges form. Titeln ger i sig uttryck för ett filosofiskt program – det gäller att ge akt på det som är omedelbart givet för medvetandet, att respektera det upplevdas integritet, att inte förfalska det. För Bergson är det i första hand fråga om den upplevda, den för medvetandet omedelbart givna tiden, om *la durée* (”nuflödet”). Det vetenskapliga och begreppsliga tänkandet tenderar att ge oss en skev uppfattning av tiden genom att dela upp den i en serie distinkta punkter. Den analogi vi gärna drar mellan tid och rum bidrar till att leda oss vilse. Vi luras tro att tiden liksom rummet är ett homogent, kvantitativt mätbart medium. Men den verkliga, den upplevda tiden har helt andra egenskaper. Medvetandets fakta är inte distinkta, finns inte bredvid varandra. De tränger in i varandra även när de är successiva. I det enklaste av dem återspeglas medvetandet i sin helhet. Genom minnet finns det förflutna hela tiden närvarande i nuet under det framtiden anteciperas i förväntningen.

Bergson jämför nuflödet med tonerna i en melodi: ”Skulle man inte kunna säga, att även om dessa toner följer på varandra uppfattar vi dem inte desto mindre i varandra, och att deras helhet kan jämföras med en levande varelse, vars delar, fastän skilda från varandra, genomtränger varandra ömsesidigt just på grund av sin solidaritet?” Det som ger varje enskild ton dess karaktär och klang för örat är det som föregår den och det som följer efter, det vill säga melodin. Tiden är inte längre en succession av från varandra distinkta och åtskilda ögonblick utan ett flöde där allt flyter in i vartannat, ett heterogent snarare än ett homogent medium: ”det rena nuflödet skulle mycket väl kunna vara endast en succession av kvalitativa förändringar som smälter samman, genomtränger varandra, men saknar precisa konturer, och som inte visar någon tendens att ställa sig utanför i förhållande till varandra och inte har någon släktskap med talet: det vore den rena heterogeniteten.”

Bilden av tiden som en succession av punkter, som en rät linje eller som en aritmetisk serie är sålunda falsk och falsk just därför att den inte tar hänsyn till vad tiden kvalitativt är, till dess karaktär av förflutenhet, nutid och framtid och till de olika momentens egenskap att ömsesidigt genomtränga varandra. För fysiken är tiden endast en extra dimension, jämställd med rummets. Bara för minnet och för det upplevda livet existerar tiden som något verkligt.

Resonemanget om tiden för Bergson fram till en ny tolkning av viljans frihet. Den positivistiska filosofin liksom den naturalistiska litteraturen hos Émile Zola och andra hade varit genomträngda av en deterministisk syn på människan. Människans handlande framstod inte som fritt utan som förutbestämt av arv och miljö och i varje särskilt fall av de drivkrafter och motiv som förestavar det. Det allomfattande kausalsammanhang, som tas för givet i naturvetenskaperna, tillämpades också på livet och människan. Men om Bergsons analys av den psykiska tiden är riktig måste de mekanistiska kausalförklaringarna falla när det gäller mänskliga viljeakter. Dessa förklaringar förutsätter att verkan är något från orsaken åtskilt, att motivet och handlingen är två distinkta ting. Just detta förnekar Bergson när han hävdar att de olika tidsmomenten i nuflödet genomtränger varandra. Handlingen kan bara förstås och definieras i ljuset av motivet, motivet bara i ljuset av handlingen. En människas karaktär och hennes handlingar är inte två olika saker, klart åtskilda från varandra. De är i grunden sidor av samma sak. Därmed kommer man fram till en ny definition av frihetsbegreppet: ”vi är fria så snart våra handlingar utgår ur hela vår personlighet, när de ger den adekvat uttryck". Bergson gör jämförelsen med relationen mellan konstnären och konstverket.

Tidsfilosofin i *Les données immédiates* har uppenbarligen samband med en kunskapssyn. Hos Bergson framhävs ständigt livet, upplevelsen, den omedelbara känslan, på abstraktionernas och begreppskunskapens bekostnad. Vi uttrycker oss med nödvändighet genom ord och vi tänker för det mesta rumsligt, poängterar Bergson: "Man kan också säga att språket tvingar oss att genomföra samma skarpa och noggranna skillnad, samma diskontinuitet mellan våra idéer som mellan de materiella tingen." Av detta skäl måste också språket och begreppen ge en inadekvat bild av verkligheten, påtvinga den distinktioner som finns i vårt tänkande men inte hos verkligheten själv.

Argumentet ger bakgrunden till Bergsons berömda lära om intuitionen. Det analytiska, begreppsliga, vetenskapliga tänkandet är inte det enda. Vi är också utrustade med intuition, en förmåga med vars hjälp vi oberoende av begreppen kan nå omedelbar kontakt med en upplevd verklighet. Intuitionen låter oss gå förbi det diskursiva, sönderdelande tänkandet för att nå helheten. Den förstår verkligheten inifrån snarare än utifrån och smälter samman med den. Något av mystiken hos Platon och Plotinos vidlåder Bergsons intuitionsbegrepp. Men det bottnar också i ett försök att komma

Henri Bergson.

bakom den begreppsliga kunskapen för att säga något om den kunskap som finns i upplevelsen själv.

Samma år Bergson föddes, 1859, publicerade Charles Darwin sin *Origin of Species* ("Om arternas uppkomst"). Boken hade verkat inspirerande framför allt på naturalistiska, deterministiska och kristendomskritiska strömningar. Men det var möjligt att tolka evolutionstanken också på annat sätt. Så gjorde Bergson i boken *L'évolution créatrice* ("Den skapande evolutionen" 1907), som snabbt fick en vidsträckt läsekrets. Utvecklingens drivkraft, tänkte sig Bergson där, är inte någon mekaniskt verkande slump utan en *élan vital,* en livskraft. Det går inte att förstå evolutionen i mekaniska termer som det förutbestämda resultatet av rent fysiska faktorers samverkan. I stället hävdar Bergson att utvecklingen ständigt ger upphov till något nytt och oförutsebart, att den är i denna mening skapande. Detta utesluter att en mekanisk nödvändighet skulle vara utslagsgivande. Men det utesluter också ändamålsförklaringar, vilka även de förutsätter att slutresultatet är bestämt på förhand.

Däremot tänker sig Bergson en sorts livets rörelseriktning, en strävan mot högre former, mot medvetande. Livet är uppfinningsrikt, det producerar ständigt nya former i denna strävan. Dessa nya former har ofta nog karaktär av lösningar på problem, det finns en sorts utvecklingens intelligens. Att somliga lösningar visar sig felaktiga och måste överges hör till bilden. Materien utgör underlag för livets strävan, men är också en motpart, ett motstånd som livet både bekämpar och utnyttjar för sina syften. I Bergsons metafysik blir denna energi, denna rörelse det primära. Tingen, substanserna är något sekundärt, de är endast de namn vi ger åt en relativ stabilitet inom rörelsen. Tillvaron är för Bergson först och sist process, föränderlighet, liv. Det förvånar inte när hans världsbild antar religiösa övertoner. Ibland ger han namnet "Gud" åt den frihet, handling, rörelse, det skapande som han ser som tillvarons innersta. Bergsons Gud är kreativitet, inte substans. Det ter sig följdriktigt att en nyskolastisk tänkare som Jacques Maritain kraftfullt angrep bergsonismen.

Bergsons tänkande har med sin hyllning till livet beröringspunkter med tysk "livsfilosofi", med Nietzsche och Dilthey. Men den samtida filosof som Bergson själv kände den starkaste andliga frändskapen med var en amerikan, William James. Till James skall vi återkomma, men först efter en återblick på filosofins utveckling inom det engelskspråkiga området, i Storbritannien och i USA.

Bentham och den engelska utilitarismen

När 1800-talet gick in hette en av Englands mest kontroversiella och omdiskuterade tänkare Jeremy Bentham. Till utbildningen var Bentham (1748–1832) jurist, men han praktiserade aldrig som advokat utan ägnade hela sitt liv åt författarskap rörande framför allt moralfilosofi och lagstiftningsfrågor. Sitt största inflytande nådde han årtiondena efter sekelskiftet. År 1824 grundade han tidskriften Westminster Review som språkrör för den filosofiska radikalism han och hans lärjungar företrädde. Han hjälpte också till att grunda University College i London, där hans kropp i mumifierat tillstånd och iförd hans vanliga gångkläder fortfarande förvaras i ett skåp.

Som moralfilosof gjorde sig Bentham framför allt känd för sin s.k. utilitarism, dvs. för uppfattningen att värdet av en handling uteslutande skall bedömas efter vilken nytta eller skada den medför. Huruvida ett handlande är rätt eller orätt avgörs av dess konsekvenser. Vilka konsekvenser som är goda eller onda bestäms av den mängd av lust eller olust de medför. Lusten eller lyckan är det i sig goda, smärtan eller olyckan det i sig onda. I sitt närmare utförande av denna åsikt vacklar Bentham mellan en egoistisk och en altruistisk syn. Ibland verkar han mena, att människan drivs av begär att för egen del förverkliga lust och lycka och undvika smärta och olycka. Men oftare innebär hans förkunnelse att människan både bör eftersträva och faktiskt eftersträvar att förverkliga det allmänna bästa eller, med en formel som Bentham övertog från Hutcheson, "största möjliga lycka åt största möjliga antal". Det rätta handlandet skulle då bli det som allmänt maximerar mängden av lycka i världen. I varje särskilt fall får man tänka sig en lyckokalkyl. Mängden av den lycka eller lust som sannolikt kommer att förverkligas genom ett visst handlingsalternativ får vägas mot mängden av den olycka eller olust som samma handlingsalternativ skulle leda till. Den resulterande summan får sedan jämföras med de sannolika lustsummorna för andra handlingsalternativ. Det handlingsalternativ som medför den högsta lustsumman (eller lägsta olustsumman) bör föredras.

Det var karaktäristiskt för Bentham att han inte medgav att kvalitativa aspekter på lusten eller olusten har någon betydelse. "Om bara kvantiteten lust är densamma så är pushpin /ett sällskapsspel/ lika bra som poesi", förklarade han. Sin främsta tillämpning hade lustmaximeringsprincipen enligt Bentham på lagstiftningen. Det engelska rättsystemet alstrade, menade han, onödiga mängder av lidande och var i behov av genomgripande reformer. Vid utdelande av straff borde man låta varje idé om vedergällning fara. I stället borde straffet inskränkas till att tillfoga brottsligen den minsta mängd av lidande som var förenlig med effektiv avskräckning. Benthams entusiasm för straffreformer sträckte sig för övrigt även till själva fängelsets utseende. Under sina senare år arbetade han energiskt med planer för sitt s.k. ”panoptikon”, en fängelsebyggnad utformad så, att fångarnas alla rörelser vid alla tider på dygnet med lätthet skulle kunna bevakas av en fångvaktare.

Som rättsteoretiker var Bentham en häftig motståndare till de naturrättsliga betraktelsesätten. Den franska revolutionens idéer om naturgivna mänskliga rättigheter angrep han därför med skärpa. Naturliga rättigheter, skrev han, är inte bara nonsens utan ”nonsens på styltor”. I den faktiskt existerande rättsordningen kunde Bentham sålunda inte se ett uttryck för någon naturlig rätt. I stället är den ett uttryck för lagstiftarens suveräna vilja. Rätten är helt enkelt en befallning som staten riktar till medborgaren. Att någonting är min plikt betyder inte mer än att jag kan bli straffad om jag inte fullgör den. Med sådana läror lade Bentham grunden för den s.k. rättspositivismen, vars främste rättsvetenskaplige företrädare blev hans lärjunge John Austin (1790–1859). Enligt rättspositivismen är rätten helt enkelt den faktiskt existerande legala ordningen. Någon ideell sfär av rättigheter och plikter existerar inte. Rätten är inte en evig idé, utan ett socialt sammanhang, varav lagar, polisväsen och domstolar är en del.

De båda Mill och förnyelsen av utilitarismen

Benthams mest framstående lärjunge vid sidan av Austin var James Mill (1773–1836). Mill framträdde som moralfilosof, psykolog och propagandist för sociala reformer. Sin mest bestående insats gjorde han dock genom att bli far till sonen John, vilken han bibringade en märklig uppfostran. När John Stuart Mill (1806–1873) på äldre dar författade sin självbiografi (*Autobiography* 1873) skildrade han ingående denna fostran som fadern, övertygad om utbildningens och miljöfaktorernas allmakt, samvetsgrant givit sin son. John fick börja läsa grekiska vid tre års ålder, latin vid åtta. I åttaårsåldern hade han redan läst det huvudsakliga av Platon, i tolvårsåldern läste han Aristoteles. När han var tretton började studiet av nationalekonomi på allvar.

Några ferier tilläts den unge John Stuart Mill aldrig. Umgänge med andra pojkar, som lätt kunnat smitta honom med tarvliga tänkesätt och känslor, var honom förbjudet. Faderns filosofiska radikalism satte helt sin prägel på undervisningen. När sonen i början av 1820-talet för första gången läste en bok av Bentham blev den också en uppenbarelse. Lektyren gav honom ett mål i livet – att reformera världen. I allt gick John Stuart Mill till en början i faderns fotspår. Han skrev artiklar i Westminster Review och var en ivrig och trosviss propagandist för alla slags radikala samhällsreformer. Han fick anställning vid East India Company, där fadern haft en hög befattning och där sonen skulle kvarstanna under hela sitt yrkesverksamma liv. Mellan sig var de båda herrarna Mill under fyrtio års tid verksamma med att administrera den indiska kontinent som ingen av dem besökte.

År 1826, då han var tjugo år gammal, drabbades Mill emellertid av en själskris, som han dramatiskt berättar om i självbiografin. Plötsligt tycktes honom tillvaron tom, glädjelös, futil. Han ställde sig frågan: ”’Antag att alla dina mål i livet blev förverkligade, att alla de förändringar i samhällsinrättningar och människors åskådning som du ser fram emot kunde helt genomföras i detta ögonblick: skulle detta skänka dig stor glädje och lycka?’ Och en röst ur djupet av mitt medvetande, som inte lät sig tystas, svarade tydligt och klart: ’Nej!’ Då förlorade jag modet: hela den grundval

John Stuart Mill.

på vilken mitt liv var uppbyggt rasade samman.” Mill tyckte sig inte längre ha något att leva för. I sin förtvivlan fick han hjälp från oväntat håll. Han kom nu att upptäcka sidor av livet som hela hans uppfostran gått ut på att avskärma honom från. Poesin, musiken, naturen, känslolivet blev med ens verkliga för honom.

Mill började läsa Coleridge och Wordsworth, båda romantiska och politiskt konservativa poeter med en idealistisk livsuppfattning som befann sig så långt bort som möjligt från benthamismen. Han inledde en vänskap med Thomas Carlyle, den moderna industricivilisationens passionerade vedersakare. Faderns och de forna meningsfrändernas åskådningar kom på allt större avstånd. Likväl var det för Mills del aldrig fråga om en omvändelse. Sina gamla uppfattningar behöll han i stor utsträckning. Men han modifie-

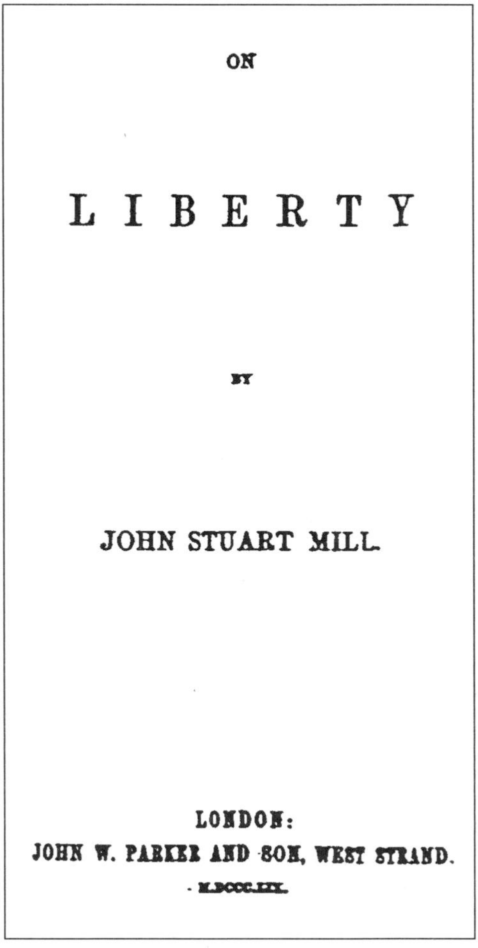
ON

LIBERTY

BY

JOHN STUART MILL.

LONDON:
JOHN W. PARKER AND SON, WEST STRAND.
MDCCCLIX.

Titelsidan till Mills On Liberty.

rade dem, gjorde dem mindre ensidiga, införlivade med dem en del av motståndarnas åsikter. Just mångsidigheten, viljan och förmågan att lyssna också på motståndare, blev nu hans signum. Samtidigt utvecklades hans idéer under nya inflytelser. Auguste Comtes positivism kom att betyda en del. Lika viktig blev lektyren av en annan fransk författare, Alexis de Tocqueville, vars *De la Démocratie en Amérique* ("Om demokratin i Amerika" 1835–40) vältaligt varnade för de faror för friheten och individualiteten som det demokratiska massamhället kunde innebära.

Mills tänkande över samhällsproblemen fick sitt främsta uttryck i *On Liberty* ("Om frihet" 1859), den bok som mer än någon annan givit honom hans rykte som "liberalismens fader". Kärnan i *On Liberty* utgörs just av ett försvar för friheten och individualiteten, för människans rätt att fritt utveckla sin personlighet, ja för hennes rätt att vara excentrisk. Mill framhåller det värde för samhället som finns i en rik omväxling av karaktärstyper och han oroar sig för att den sociala jämlikhetens framsteg och den allmänna opinionens makt skall kunna leda till en konformism, en likformighet i åsikter och uppträdande, ett förkvävande av de stora karaktärerna, de originella individualiteterna.

Ett engagerat försvar för yttrande- och tryckfriheten hör samman med Mills plädering. Mill hävdar varje människas rätt att ge uttryck för sin mening. Inte ens om alla människor utom en var ense om en åsikt skulle majoriteten har rätt att hindra denna enda från att yttra sin. Men han förfäktar framför allt tanken att samhället och kulturen drar den största fördel av att olika uppfattningar tolereras. Intellektuella framsteg förutsätter en öppen och fri debatt. Man kan aldrig på förhand och utan kritisk diskussion veta vilken mening som är sann. Och även om man kunde det, skulle en sanning som aldrig bestreds snart sjunka ner till stelnad dogm och tom fras, utan förmåga att liva eller upplysa. Dessutom är det Mills övertygelse att det sällan är så att den ena parten har hela sanningen på sin sida. Ofta innehåller motsatta uppfattningar var sin aspekt av sanningen – den som bara känner den ena sidan av sanningen vet föga ens om den. Det samhälle som skyddar oliktänkaren skyddar också framsteget. Ofta är oliktänkaren pionjären, den första som tänker en ny tanke som senare vinner allmän acceptans. På alla plan och ur olika aspekter argumenterar Mill på detta sätt för individens rätt i *On Liberty*. Den frihet han där försvarar är inte den kollektiva friheten att följa allmänviljan utan den individuella friheten att göra det man själv önskar på det sätt man själv finner för gott så länge man inte skadar andra.

Mills egen upplevelse av ensidighetens nackdelar och mångsidighetens fördelar kom till uttryck i hans försvar för pluralism och mångfald i *On*

Liberty. Egna erfarenheter spelade in och gav intensitet också åt en annan av hans politiska skrifter, *The Subjection of Women* ("Förtrycket av kvinnorna" 1869). År 1830 hade Mill träffat en ung dam, Harriet Taylor, och ömsesidig förälskelse hade uppstått. Olyckligtvis var Harriet Taylor redan gift, varför Mill först 1851, sedan hennes första äkta man dött, kunde ingå äktenskap med henne. När Harriet själv dog några år senare var Mill otröstlig. I sin självbiografi framställer han hustrun som ett av alla tiders främsta snillen och ger henne äran av alla sina böcker. Eftervärlden har i allmänhet mött dessa anspråk för Harriet Taylors räkning med kallsinnig skepsis. Men på en punkt åtminstone har man varit ense om att tillskriva henne ett viktigt inflytande. När John Stuart Mill passionerat engagerade sig i kvinnofrågan har han också fört sin hustrus talan. *The Subjection of Women* är en flammande protest mot kvinnans ställning i det samtida England. Mill var övertygad om kvinnans och mannens jämbördighet, inte minst intellektuellt. Kvinnornas brist på utbildningsmöjligheter upprörde honom. Han engagerade sig också i ord och handling för den kvinnliga rösträtten, som vid den tiden annars hade få förespråkare.

I sin plädering för politiska principer och olika samhällsreformer stödde sig Mill på sin utilitaristiska moralfilosofi. I *Utilitarism* (1861) utvecklade Mill närmare denna moralfilosofi. I sina grunddrag sammanföll hans utilitarism med den han ärvt från Bentham och fadern. En handlings, en reforms eller en institutions värde ansågs avgöras av dess konsekvenser. Den i sig goda konsekvensen sades vara lust (*pleasure*), den i sig onda smärta (*pain*). Men sedan kom en avgörande modifiering. Bentham hade anlagt enbart kvantitativa aspekter på lust och plåga. Känslans varaktighet och intensitet var enligt honom det enda bestämmande.

Mill vill nu tillfoga en kvalitativ dimension. Det finns högre och lägre former av lustupplevelse. Att njuta av Mozarts musik ger en högre form av lustförnimmelse än att njuta av ett rikt mål mat. Den glädje man känner över att kunna hjälpa sin nästa är finare än den njutning man kan få ut av att plåga henne. Dessutom tillskrev Mill personlighetens intellektuella daning och känslomässiga förfining ett egenvärde. "Det är bättre att vara en otillfredsställd Sokrates än att vara ett belåtet dumhuvud", menade Mill. Därmed kunde han ge utilitarismen en tolkning som förtog det intryck av grov kälkborgerlighet som vidlåtit Benthams version. Å andra sidan kunde kritiker ifrågasätta om den nya interpretationen verkligen var förenlig med hedonismen. För att kunna skilja mellan "högre" och "lägre" former av lustupplevelse tycks man vara i behov av någon annan princip än lusten själv. Varifrån skulle denna ytterligare princip komma om lusten samtidigt förutsattes vara det enda i sig goda?

Bland fackfilosoferna kom Mills modifiering av utilitarismen att tillhöra hans mest omdiskuterade bidrag. Ett betydelsefullt inlägg i den fackfilosofiska debatten gjorde Mill också med sitt omfattande verk *System of Logic* ("System för logiken" 1843). Här förfäktade han en långtgående kunskapsteoretisk empirism. Också geometrin, aritmetiken och algebran förklarades vara rena erfarenhetsvetenskaper. Att radierna i en cirkel alltid är lika lär vi oss genom upprepade mätningar. Att två och två är fyra lär vi oss genom erfarenheten att en grupp av fyra alltid kan delas in i två grupper om två. Den känsla av nödvändighet sådana satser inger oss kommer av vanan, inte av något förnuftsmässigt tvång.

Mills åsikt om matematikens empiriska karaktär har inte vunnit efterföljd hos senare filosofer. Däremot har hans induktionslogik fortsatt att väcka intresse. All vår kunskap kommer enligt Mill från erfarenhet och induktion. Då blir det också viktigt att kunna avgöra vilka induktiva resonemang som är legitima.

Mill urskiljer fyra olika induktiva metoder för att avgöra om ett hypotetiskt orsakssamband verkligen föreligger: överensstämmelsemetoden, differensmetoden, variationsmetoden och restmetoden. Överensstämmelsemetoden rekommenderar oss att söka den minsta gemensamma faktorn bakom en effekt. Om ett fenomen inträffar under skilda omständigheter där likväl en faktor är gemensam finns det anledning misstänka att denna faktor är orsaken till fenomenet. Finner vi däremot att ett fenomen uteblir trots att vid upprepade försök alla faktorer utom en finns med, har vi skäl att tro att den enda uteslutna faktorn kan vara orsaken. Detta är differensmetoden. Variationsmetoden kommer främst till användning när vi har två serier av värden som kvantitativt samvarierar (eller underlåter att samvariera). Restmetoden är en form av uteslutningsmetod. Som synes är alla de fyra induktiva metoderna framför allt experimentella – de kommer bäst till sin rätt i sådana fall där det är möjligt att systematiskt variera betingelserna. De bygger samtliga på grundförutsättningen att där det finns en verkan måste det också finnas en orsak. Eftersom vi vet att i varje särskilt fall en orsak måste finnas kan vi steg för steg begagna oss av induktiva metoder för att identifiera den.

John Stuart Mills principfasthet och oomtvistliga högsinthet – meningsmotståndaren var för honom en person som försöker klättra uppför kullen från andra sidan – gav honom hans ställning som "rationalismens helgon". Genom honom fick den liberala ideologin en klassisk formulering och den utilitaristiska moralteorin gavs ny livskraft. Liberala och utilitaristiska idéer fortsatte att stå i centrum för den brittiska debatten under 1800-talets slut.

Liberalism och utilitarism hos Spencer och Sidgwick

En aggressiv liberalism av striktaste laissez-faire typ företräddes av Herbert Spencer (1820–1903). Medborgarnas slaveri under staten såg han som ett växande hot och han motsatte sig också skenbart välvilliga statsingripanden såsom införande av arbetstidslagstiftning eller obligatorisk skolundervisning. I moralfilosofin var Spencer övertygad utilitarist. Sitt stora rykte som filosof vann han emellertid främst som upphovsman till ett storslaget system med utvecklingsläran som grundval. Spencer, som på vissa punkter anteciperat Darwin, tänkte sig en evolution, som inte bara omfattade de biologiska arterna utan som sträckte sig från universums uppkomst till de mänskliga samhällsformerna. Överallt såg han en tendens till dels koncentration, dels differentiering hos materien, varigenom den förändras ”från en obestämd osammanhängande homogenitet till en bestämd sammanhängande heterogenitet.” Samhällena blir sålunda alltmer heterogena ju mer arbetsfördelning och specialisering gör sig gällande – samtidigt som dess olika delar blir alltmer beroende av varandra. Spencers system, som tycktes kunna integrera astronomi, geologi, biologi och sociologi, vann under hans livstid utomordentlig popularitet, men har sedan dess i stor utsträckning fallit i glömska.

Spencer var privatlärd liksom Mill. Till dem som vid universitetet och å ämbetets vägnar odlade moralfilosofin hörde Henry Sidgwick (1838–1900). Sidgwicks många lärarår vid Trinity College i Cambridge bidrog till hans inflytande. Hans huvudarbete *The Methods of Ethics* (”Etikens metoder” 1874) blev en klassiker i sitt slag, fortfarande läst och beundrad. Sidgwick såg den filosofiska etikens uppgift i en undersökning av det ordinära moraliska medvetandets principer, av sunda förnuftets moralföreställningar. Själv intog han en utilitaristisk position – en handling blir god i den mån den har lustfyllda själstillstånd som konsekvens. Men han ansåg inte att Bentham på ett tillfredsställande sätt lyckats motivera varför en altruistisk moral borde föredras framför en egoistisk, dvs. varför andras lustupplevelser borde medräknas i lyckokalkylen med samma tyngd som de egna. För att motivera detta tillgrep Sidgwick en lära om vår moraliska intuition. Vi har, menade han, en moralisk intuition som underrättar oss om det självklara i principer som att vi bör behandla andra på samma sätt som vi själva anser oss ha rätt att bli behandlade eller att andra har samma rätt som vi själva till livets goda.

Anglohegelianismen och Bradley

Sidgwicks utilitarism representerade en riktning i det senare 1800-talets brittiska universitetsfilosofi. En annan och för en tid dominerande strömning hade sina rötter hos den tyska idealismen, i synnerhet Hegels. Om Bentham framstod som anfader till en tradition i den viktorianska periodens tankeliv kan man, som Mill i ett sammanhang framhöll, se Coleridge som anfader till en annan. Mot nyttofilosofin och empirismen hos Benthams efterföljare stod den föreställning om ett transcendent förnuft som hos de romantiska poeterna fick sina första uttolkare. När idealismen under seklets senare del blir universitetsfilosofi talar man ibland om "anglo-hegelianism", låt vara att Hegel bara är en inspirationskälla bland flera.

Den nya universitetsidealismen vann utbredning över hela Storbritannien. Den florerade vid de skotska universiteten, där den bland annat avsatte utomordentliga filosofihistoriska arbeten. Den hade i Cambridge en framstående företrädare i John M. Ellis McTaggart (1866–1925), som förutom flera undersökningar av Hegels filosofi publicerade *The Nature of Existence* ("Existensens natur" 1921–27), ett ytterst ambitiöst försök att i detalj bevisa den idealistiska filosofins sanning. Ändå var idealisternas starkaste fäste otvivelaktigt universitetet i Oxford. Där utvecklade Thomas Hill Green (1836–1882) sin kritik mot empirismen i David Humes tappning samt utformade en liberal samhällsuppfattning på idealistisk grund. Där framträdde Bernard Bosanquet (1848–1923), också han med ett starkt intresse för politisk filosofi, ehuru med konservativ inriktning. Hans *The Philosophical Theory of the State* ("Den filosofiska teorin om staten" 1899) blev just genom sin kombination av statsidealism och konservatism en favoriserad måltavla för liberala polemikers pilar.

Konservativ i sina politiska åsikter var även Francis Herbert Bradley (1846–1924), allmänt erkänd som den främste av de brittiska idealisterna och åren före första världskriget utan tvivel Storbritanniens mest ansedde filosof. Men även om Bradley hade politiska lidelser – han lär ha råkat i paroxysmer vid blotta omnämnandet av den liberale partiledaren Gladstones namn – handlade hans skrifter inte om politik utan om moralfilosofi, kunskapsteori och ontologi. Under hela sitt liv levde han i en tillbakadragen ungkarlsexistens som fellow vid Merton College i Oxford. Sin intellektuella och känslomässiga vitalitet investerade han i sina skrifter, varav de viktigaste är *Ethical Studies* ("Etiska studier" 1876) och *Appearance and Reality* ("Fenomen och verklighet" 1893).

Som moralfilosof var Bradley en avgjord vedersakare av utilitarismen. Självutveckling och självförverkligande borde enligt honom vara målet för det mänskliga handlandet, inte lust. Han poängterade samtidigt svagheterna i den hedonistiska psykologin. Det är inte alls sant att vi ständigt handlar för att öka vår lust. Vanligtvis har vi helt andra och mer objektiva mål i sikte, något konkret som vi försöker förverkliga eller uppnå. Tillfredsställelsen är sekundär till att vi uppnår något vi strävar mot, den är inte målet för strävan som sådan. Bradley tog överhuvud avstånd från utilitarismens universalistiska och abstrakta moral. Det går inte att formulera moraliska förpliktelser som skulle gälla alla och överallt, menade han. Våra förpliktelser är i stället avhängiga av det samhälle vi tillhör och av vår ställning i detta samhälle. Mina plikter har jag som medborgare, som far eller mor, son eller dotter, som utövare av ett visst yrke, medlem av ett visst religiöst samfund etc. Moralen är något konkret, inte något abstrakt, den definieras genom den specifika situation vari jag befinner mig.

Lika avvisande som Bradley ställde sig till den utilitaristiska moralläran lika kritisk förhöll han sig till den kunskapsteoretiska empirismen. Empiristerna utgick från "fakta" som verklighetens yttersta beståndsdelar. Men för Bradley är "omedelbart givna fakta" ingenting annat än "imaginära skapelser av en falsk teori". Fakta är ingenting som rätt och slätt finns där ute i verkligheten. De är produkter av vårt sätt att uppfatta och indela världen. Vi

F. H. Bradley. Porträtt av R. G. Eves. Merton College, Oxford.

skär sönder verkligheten i hanterbara stycken som vi kallar fakta, men som i själva verket på ett godtyckligt sätt abstraherats ur en större helhet.

Det finns något som påminner om Bergson i Bradleys protest mot vårt sätt att med ordens och begreppens hjälp stycka upp verkligheten. Men hans argumentering är en annan. Hos vår omedelbara erfarenhet liksom hos sunda förnuftets sätt att uppfatta världen spårar Bradley fundamentala motsägelser. För att komma bort från dessa antinomier måste vi anta att sinnevärlden och den relativa verkligheten enbart är en fenomenvärld. Bakom den skönjer Bradley det Absoluta, en andlig realitet höjd över tid och rum och alla växlingar. Hans åskådning innebär en monism, enligt vilken det finns en och endast en verklighet. Varje enskilt "faktum" är bara en spillra ur denna enda verklighet, begripligt bara i sammanhang med den. Verkligheten är så att säga en enda konkret individ. Varje del av verkligheten måste vara en abstraktion, något som på ett godtyckligt sätt betraktas skilt från sitt sammanhang och som återfår sin innebörd först då det återinfogas i detta. Bradleys tankegång blir tydligare om man beaktar två av hans karaktäristiska doktriner, läran om de "interna" relationerna och koherensteorin om sanningen.

Skillnaden mellan "interna" och "externa" relationer kan förklaras med exempel som vid första ögonkastet gör intryck av överensstämmelse med sunda förnuftet. Interna relationer, säger vi då, är sådana som ett föremål nödvändigtvis måste ha för att vara vad det är. Att vara far eller mor kunde vara ett exempel på en sådan relation. Om en far eller en mor kan vi säga att den personen skulle ha varit en annan om han/hon förblivit barnlös. På motsvarande sätt kunde vi säga, att det är en "extern" relation att ha en bror som bor i Liverpool eller att äga flera böcker av Elinor Glyn. Min bror skulle kunna flytta till Glasgow eller några av mina Elinor Glynböcker förkomma utan att jag blev en annan. Nu menar emellertid Bradley att ett strängare betraktelsesätt ger vid handen att *alla* relationer är interna. Varje del av verkligheten står i tallösa relationer till alla andra delar. Somliga av dessa relationer kan te sig mera väsentliga, andra mindre. Men inga är fullkomligt betydelselösa. Ingen del av världen skulle kunna vara exakt vad den är om den inte stod i exakt de förhållanden som den faktiskt gör till resten av världen. Mellan de externa relationerna och de interna finns bara en gradskillnad. Varje modifikation av omvärlden om än aldrig så liten gör *någon* skillnad. Den som har en bror i Liverpool skiljer sig trots allt på något sätt från den som har en bror i Glasgow, ägaren till en Elinor Glynbok kan aldrig vara densamme som ägaren till två.

Vad någonting är kan bara bestämmas när summan av alla dess relationer inräknats. Därför finns det heller egentligen inga enskilda fakta, bara fasetter av en oändligt komplicerad total verklighet. Av praktiska skäl måste vårt språk och vårt tänkande bryta loss enskildheterna. Den totala verkligheten kan vi inte ha adekvat kunskap om. Men vi bör hålla i minnet att enskildheterna noga taget kan förstås rätt bara i ljuset av helheten och att varje ny upptäckt om helheten modifierar också bilden av varje del. Empiristen tror att vi genom att lägga enskilda fakta eller data intill varandra som bitar i ett pussel till slut får en riktig uppfattning av helheten. Bradley framhåller att det är lika sant att delarna får mening bara genom helheten. Om han velat kunde han ha sagt att vi vet vad pusselbitarna föreställer först när pusslet är färdigt. I sista hand siktar Bradley emellertid till en uppfattning av världen där bara bilden framträder, inte bitarna. Den absoluta verkligheten själv har varken relationer eller egenskaper, den är en vävnad utan sömmar, en totalitet, som det diskursiva tänkandet aldrig helt adekvat kan återge.

Koherensteorin om sanningen har nära samband med teorin om de interna relationerna. Ett i filosofin vanligt och med sunda förnuftet överensstämmande sätt att uppfatta vad sanning är går ut på att ett sant påstående är ett som överensstämmer med fakta (eller med verkligheten). Detta kan kallas ”korrespondensteorin” om sanning – sanning skulle bestå i satsens korrespondens eller överensstämmelse med fakta. Denna teori kritiseras av Bradley. Vad skulle en sådan ”överensstämmelse” innebära? undrar han. Tydligen förutsätter den att en sats eller ett påstående i någon mening ”liknar” fakta ungefär som ett porträtt kan likna den porträtterade. Men vad skulle en sådan likhet betyda? Att långa satser svarar mot långa fakta? Att disjunktiva satser svarar mot disjunktiva fakta? Att negerade satser svarar mot negativa fakta? Korrespondensteorin laborerar uppenbarligen med svårigheter och Bradley söker i stället lösningen i en koherensteori. Den innebär att ett omdöme är sant bara när det bekräftas av andra omdömen och tillsammans med dem kan bilda ett motsägelsefritt helt. Sanning tillkommer så att säga inte det enskilda omdömet ensamt utan detta bara i relation till andra omdömen. Vi försöker avgöra om ett visst omdöme kan vara sant genom att jämföra det med andra uppfattningar som vi betraktar som sanna. En teori vinner bekräftelse genom att kunna infogas i ett sammanhang av redan bekräftade teorier.

Bradleys sanningsdefinition mötte invändningar. Kan det inte finns mer än ett motsägelsefritt sammanhang av omdömen? undrade exempelvis Bertrand Russell, som blev en av Bradleys mest energiska kritiker. Men Bradleys synsätt var från hans egna utgångspunkter konsekvent. Han räknade inte med några ”nakna” fakta som omdömet skulle kunna svara mot. För honom är det vi betraktar som fakta teoretiska konstruktioner, delar av verkligheten som tolkats inom ramen för en bestämd teori. Därmed är det inte enskilda omdömen utan helhetsteorin, det totala sammanhanget av omdömen, som ger en mer eller mindre adekvat bild av världen. Bradley talade vid sidan om *coherence* ("sammanhang") om *comprehensiveness* (här ung. "tillräcklighet") som ett kriterium på sanning. Det kan finnas mer än ett motsägelselöst sammanhang, men inte mer än ett som dessutom är *comprehensive*, gör reda för verklighetens innehållsrikedom. På det sättet försökte Bradley besvara Russells invändning. Därmed indikerades också en annan åsiktsskillnad mellan de båda filosoferna.

Enligt Russell är en sats antingen sann eller falsk. Enligt Bradley existerar det grader av sanning. Liksom en gång Hegel ser han kunskapen som en successiv approximation till sanningen, där inadekvata uppfattningar, som bara innehåller föga av sanning, så småningom ersätts av mer adekvata som innehåller mer. Att det mänskliga intellektet någonsin skulle kunna få en fullt adekvat, en fullständigt sann, bild av verkligheten tror Bradley naturligtvis inte.

Förordet till *Appearance and Reality* innehåller Bradleys ofta citerade ord, att metafysiken går ut på att "ge dåliga skäl för det vi tror på av instinkt". Satsen har väl sin tillämpning också på Bradleys egen idealistiska monism, åtminstone i den meningen att det hos honom finns en vision av en total, absolut och icke sönderdelad verklighet, en vision som har en sorts primat i förhållande till de enskilda argument som får ge den stöd. Emellertid skulle Bradley inte ha varit den betydande filosof han var om han inte dessutom kunnat utveckla bevisföringar med hög grad av subtilitet och skarpsinne. Sin betydelse för den brittiska filosofins fortsatta utveckling fick han bland annat genom att ge det idealistiska argumentet en sådan grad av precision och tydlighet att det frammanade försök till vederläggning. Såväl G. E. Moore som Bertrand Russell utgår var på sitt sätt från Bradley.

Amerikansk idealism

Den engelskspråkiga idealismen blomstrade inte bara i Skottland och England. Den fick också i USA flera betydande företrädare. Utomordentligt inflytelserik i sin egen samtid och senare blev Ralph Waldo Emerson (1803–1882), som med utsökt och entusiasmerande stilkonst förfäktade sin egen form av "transcendentalism". Den gudomliga anden inkarneras enligt Emerson i varje enskild individ, som därmed ges en gudomlig uppgift, en individuell mission. "Håll fast vid dig själv, imitera aldrig!", uppmanade Emerson, som i självtilliten såg den högsta dygden.

Det Emerson predikade var en levnadsfilosofi, fri från alla teknikaliteter och framförd på en litterära prosa. Men också bland de professionella filosoferna vann idealismen insteg. Dess mest namnkunnige förespråkare vid ett amerikanskt universitet blev Josiah Royce (1855–1916), verksam framför allt vid Harvard. Hos Royce gjorde sig influenser från Hegel gällande, verklighet och tanke uppfattades som identiska, men där fanns samtidigt ett starkt betonande av individen och av personlighetens roll. Personalismen, som inom ramen för en absolut idealism framhåller den enskilda personligheten, skulle länge spela en roll inom amerikansk universitetsfilosofi. Överhuvud kan sägas att idealismen vid de amerikanska universiteten visade sig ha ett segare liv än vid de brittiska. Bland under 1900-talet framträdande eminenta företrädare för amerikansk idealism kan nämnas Brand Blanshard (1892–1987), filosof vid Yale och känd bland annat som skicklig och skarp kritiker av den analytiska filosofin.

Men även om idealismen givit ett väsentligt bidrag till amerikanskt tankeliv och amerikansk mentalitet är det en annan strömning som kommit att betraktas som den mest typiska yttringen av amerikansk filosofi. Den s.k. pragmatismen ses ofta som Amerikas viktigaste insats i filosofins historia. Dess grundare och mest betydande företrädare var Charles Sanders Peirce (1839–1914).

Peirce och pragmatismen

Peirce var verksam som föreläsare vid flera universitet, men lyckades aldrig uppnå någon fast akademisk anställning. Detta faktum – anmärkningsvärt med tanke på att Peirce numera allmänt betraktas som USA:s genom tiderna främsta filosof – förklaras delvis av Peirces besvärliga lynne och bohemiska vanor, delvis av att hans omfattande produktion till stor del förblev opublicerad under hans livstid. Först den postuma utgåvan av hans *Collected Papers* (”Samlade arbeten” 1931–35) gav en klar bild av Peirces statur.

Kärnan i Peirces pragmatism finns emellertid redovisad redan i ett par tidiga uppsatser. Den viktigaste är ”How to make our ideas clear” (”Hur våra idéer kan göras klara”), publicerad i början av 1870-talet. Här ställer sig Peirce frågan vad det innebär att ha klara idéer om något. Descartes hade på sin tid lagt största vikt vid idéernas klarhet och tydlighet. Men Descartes' svar på frågan vari denna klarhet och tydlighet består finner Peirce föråldrat. De som fortfarande håller fast vid det ”har halvsovit genom epoker av intellektuell aktivitet". Descartes hade trott att introspektionen kunde ge oss svar på frågan vilka av våra idéer som är klara: "Distinktionen mellan att en idé *tycks vara* klar och att den verkligen är det föll honom aldrig in." Men om, som Peirce menar, introspektionen kan svika, om klarhetsupplevelsen inte är ofelbar, hur skall vi då veta när våra idéer är klara? Det måste ju vara av fundamental betydelse för logiken och vetenskapen att vi vet vad våra ord betyder. Peirce ger sitt svar genom att tillgripa den pragmatiska principen. Att ha en tro, att omfatta en teoretisk övertygelse är det samma som att ha en vana att handla på ett visst sätt under de och de omständigheterna. För att fastställa en tankes mening måste vi avgöra vilka handlingsvanor den frambringar. Varje verklig tankedistinktion har en praktisk rot: "det finns inte någon skillnad hos meningen som är så fin att den skulle bestå i någonting annat än en möjlig olikhet i praktiskt handlande."

Vad innebär det exempelvis att kalla en sak "hård"? Enligt Peirce består hela föreställningen om denna kvalitet i dess föreställda verkningar: "Det finns absolut ingen skillnad mellan ett hårt och ett mjukt föremål så länge som de inte utsätts för ett prov." Att ett föremål är hårt betyder sålunda att det reagerar på det och det sättet om man utsätter det för slag, belastning, försöker böja det osv. Att säga att en kropp är "tung" innebär på motsvarande sätt, "att den i frånvaro av motsatta krafter kommer att falla". Vad en "kraft" är avgörs av summan av dess varseblivbara verkningar. Men också innebörden hos etiska begrepp och skillnaden mellan dem avgörs helt och hållet av vilka deras praktiska konsekvenser är.

Det är väsentligt att framhålla att Peirce med det sagda avser att ge ett meningskriterium, inte ett sanningskriterium. När han kommer in på sannings- och verklighetsproblematiken går hans definitionsförsök i något annan riktning. Han utgår då från de undersökningar som genomförs inom hela gemenskapen av forskare. Alla anhängare av vetenskapen, heter det, är "fullt övertygade om att undersökningen, om den bara föres tillräckligt långt, kommer att ge ett säkert svar på varje fråga på vilken den kan tillämpas". Olika forskare kan visserligen till en början erhålla olika resultat. Men efterhand som de fulländar sina metoder och sina mätningar "kommer resultaten ständigt att röra sig i riktning mot en bestämd punkt. Så är förhållandet med all vetenskaplig forskning." Detta att vi genom tankens verksamhet leds mot ett förutbestämt mål påminner om ödets verksamhet. Det finns en ödesbestämdhet i det sätt varpå forskarna leds fram mot konsensus: "Denna stora lag är förkroppsligad i begreppet sanning och verklighet. Den åsikt som ödet bestämt att alla som forskar slutligen skall komma att omfatta är vad vi menar med sanningen, och det som föreställs i denna åsikt är det verkliga."

Peirces uttryckssätt är dunkla och har utsatts för olika uttolkningar. Menar han att konsensus bland forskarna i sig är detsamma som sanning? Eller bara att konsensus som uppnås på ett visst sätt – under iakttagande av uteslutande strikt vetenskapliga metoder – motsvarar sanningen? Eller betraktar han sanningen som en regulativ idé i Kants mening, ett mål som varje forskning måste sträva mot? Eller är det snarare fråga om ett hegelianskt sanningsbegrepp där sanningen är en ändamålsorsak vilken är det immanenta målet för en dialektisk process? Själv knyter Peirce ibland explicit an till Hegel och det tycks stå klart att hans sanningsdefinition har samband med en vittsyftande metafysik, som han i andra sammanhang försvarar. Målet för världsutvecklingen sägs inom denna metafysik vara förverkligandet av förnuftet i en gemenskap utan gränser mellan rationella varelser, vad Peirce kallar ”konkret rationalitet”. Det är inte svårt att förstå, att det trots olikheten i utgångsläge fanns en hel del beröringspunkter mellan Peirces filosofi och en sådan idealism som företräddes exempelvis av Royce.

Den som i samtiden i långt högre grad än Peirce lyckades skapa uppmärksamhet och diskussion kring beteckningen ”pragmatism” var dennes lärjunge och vän William James (1842–1910). James lyckades i själva ver-

Charles Sanders Peirce.

ket så bra att Peirce fann för gott att byta namn på sin egen filosofi, vilken han i fortsättningen kallade ”pragmaticism”, ett namn vars fulhet han hoppades skulle skydda det från kidnappning. Även om Peirce och James var personliga vänner var de sålunda inte alldeles eniga i filosofin. Inte minst ställde sig Peirce avvisande till det som var kärnpunkten i James' pragmatism, hans sanningskriterium. Detta sanningskriterium formulerades av James på ett flertal olika sätt, inte alltid självklart överensstämmande. Men en allmän gemensam tendens eller inriktning tycks det likväl finnas i alla hans sanningsdefinitioner. Sanning är enligt James det som fungerar, det som ger tillfredsställelse, det som är användbart och fruktbart, det som främjar livet.

Det är inte svårt att se en poäng i James' pragmatiska sanningskriterier. En teori som fungerar, som ger upphov till riktiga förutsägelser, som visat sig tekniskt eller på annat vis praktiskt brukbar, som man kan orientera sig efter i verkligheten, är man benägen att tillmäta sanning. Å andra sidan öppnar James uppenbarligen vägen mot ett ganska lättvindigt sätt att umgås med sanningen. Sanningen tenderar att bli det man vill tro, det man finner tillfredsställande att tro. När det gäller exempelvis religiösa frågor argumenterar James också explicit för vår rätt att tillgodose viljan att tro. I valet mellan materialism och teism skulle vi sålunda ha rätt att välja teismen, eftersom denna bättre tillfredsställer det moraliska livets behov.

Det finns hos James ett förakt för skolastik och för blott och bart teoretiska hårklyverier, en inriktning på det vilje- och livsbefrämjande som påminner om Bergson. De båda blev också vänner och uttalade sig ömsesidigt med största uppskattning om varandras filosofi. En än mer påfallande likhet råder emellertid mellan James och den tredje av de stora amerikanska pragmatisterna, John Dewey. John Dewey (1859–1952) gjorde i likhet med James och i motsats till Peirce en framgångsrik universitetskarriär. Men hans inflytande sträckte sig långt utanför lärosalarna vid Columbia University, där han blev professor. Dewey blev liksom tidigare Emerson en den amerikanska nationens uppfostrare, vars många skrifter lästes långt utanför de fackfilosofiskt intresserade kretsarna. Dewey uppfattade allt tänkande som instrumentellt. Kraftfullt angrep han vad han kallade ”åskådarteorin” om kunskapen. För honom var vetenskapen och filosofin inte som för grekerna i första hand åskådande. De var ingripande i det praktiska livet. Vetenskapen såg han som en sorts praktiskt problemlösande, inte olikt vardagslivets, bara kontrollerat av en striktare metod. Hypoteser och teorier uppfattade han som en vetenskapens respons på de stimuli livets problem tillhandahåller. Filosofin borde som han såg det inte söka eviga sanningar. Den borde i stället söka provisoriska och tidsbundna sanningar, men sådana som fungerade. I sista hand syftar filosofin till praktisk samhällskonstruktion. Filosofen är uppfostrare – Dewey fick sin kanske största betydelse just som pedagogisk författare – och moralist.

Med Dewey avslutas här redogörelsen för 1800-talets filosofi. Den största händelsen i 1800-talets tankeliv kom att bli vetenskapens framträdande som tydligt institutionaliserad och ständigt expanderande makt. Vetenskapens resultat omvandlade nu på ett annat sätt än förut människornas vardagsliv. Framstegen inom teknik, industri och medicin bidrog till att ge vetenskapen en prestige som aldrig tidigare. Tydligare än förut kom den att uppträda som en konkurrent till religionen, men också till filosofin. Filosofi och vetenskap framstod inte längre som samma sak. Det ännu under 1700-talet vanliga sättet att tala om naturvetenskap som naturfilosofi och att använda begreppen ”filosofi” och ”vetenskap” växelvis blev ovanligare.

I synnerhet efter Hegels död och den tyska idealismens avklingande blev förhållandet mellan filosofi och vetenskap allt mer problematiskt. Hos somliga tänkare som Comte och Spencer förstods filosofin närmast som en sammanfattning av den positiva vetenskapens resultat. Hos andra som de tyska nykantianerna blev filosofin en vetenskapernas metodlära. Hos åter

William James. Självporträtt.

andra som Nietzsche och Bergson framträdde ett motsatsförhållande mellan vetenskapen och en filosofi som gjorde också den till föremål för sin kultur- och kunskapskritik. En dragkamp mellan filosofin och vetenskapen hade uppstått om vem som bäst och riktigast företräder förnuftet. Dessutom hade det på sina håll utvecklats en filosofi som inte längre alls självklart identifierar sig med förnuftet. Förnuftskritiken var på väg att spela en allt viktigare roll för många filosofer. Frågorna om filosofins innebörd, om dess förhållande till vetenskapen och om dess förnuftsbegrepp, kom inte att träda i bakgrunden i det nu begynnande århundradets filosofi. De skulle i stället komma att te sig mera brännande än någonsin.

Fenomenologi och existensfilosofi i Tyskland

1900-talets filosofi har i stor utsträckning dominerats av två strömningar, den fenomenologiska och den analytiska. Den förra uppstod och blomstrade i Tyskland, utbredde sig över världen och fick i ett senare skede en rad lysande representanter i framför allt Frankrike. Den senare emanerade från England, hade länge många anhängare i Österrike och Tyskland, men har under senare årtionden haft sitt starkaste inflytande i den anglosaxiska världen. Både fenomenologin och den analytiska riktningen hade som ursprungligt mål att ge filosofin en ny vetenskaplig grundval. Båda uppstod vid sekelskiftet. Den analytiska filosofin utvecklades av en liten krets filosofer, varibland de ojämförligt viktigaste var G. E. Moore och Bertrand Russell. Fenomenologin var i det huvudsakliga en skapelse av en man, Edmund Husserl.

Husserl och fenomenologins uppkomst

Edmund Husserl (1859–1938), som var av judisk börd, utbildade sig från början till matematiker, men växlade under inflytande av sin lärare vid universitetet i Wien, Franz Brentano, över till filosofin. Husserls karriär blev till det yttre tämligen händelselös och ägde helt och hållet rum inom det akademiska livets ram. Efter ett antal år som docent i Halle blev Husserl 1901 professor i filosofi i Göttingen, därefter 1916 i Freiburg. I Freiburg stannade han fram till sin pensionering 1928 och där bodde han kvar till sin död. Den dramatik som fanns i Husserls liv utspelades, bortsett från de sista årens trakasserier från de nya nazistiska makthavarna i Tyskland, uteslutande på det intellektuella planet. Men på detta plan fanns den, handlande om både segrar och nederlag. Husserls segrar gjorde honom till banbrytare och nyodlare. Men hans nederlag var lika heroiska. Varken inför yttre eller inre svårigheter gav Husserl någonsin tappt. Det stora företaget att ge filosofin – och därmed den europeiska kulturen – en ny grundval sysselsatte honom in i det sista.

Det verk där Husserl för första gången formulerade sin fenomenologi hette *Logische Untersuchungen* ("Logiska undersökningar") och kom med sitt första band ut år 1900. Syftet med *Logische Untersuchungen* liksom med en senare uppföljare, *Ideen zu einer reinen Phänomenologie und phänomenologischen Philosophie* ("Idéer till en ren fenomenologi och fenomenologisk filosofi" 1913), var att lägga ett nytt fundament för en sant vetenskaplig filosofi. På så vis skulle det bli möjligt att övervinna filosofins urgamla "elände", de många motstridiga åsikterna. Genom att ge filosofin en ny metod ville Husserl ge en fastare grund också åt specialvetenskaperna. Hans projekt hade många motsvarigheter i samtiden – Marburgerskolans logicism och Cambridgeskolans nya begreppsanalys kan anföras som exempel. Han hade dessutom stora föregångare. Parallellen mellan hans eget företag och de som föresvävat Descartes eller Kant var alltid levande för honom.

Husserls metod var emellertid ny. Visserligen hade också tänkare som Descartes, Hume och Kant utgått från medvetandet i sin filosofi. Men Husserl gjorde det på ett annorlunda sätt. De tidigare tänkarna hade grubblat över förhållandet mellan det för medvetandet presenta och den yttre verkligheten. Husserl beslutade sig med ett radikalt grepp för att sätta hela frågan om medvetandefenomenens relation till yttervärlden inom klammer (han använde den grekiska termen *epoche*, som hos skeptikerna betydde "suspension av omdömet"). I den fenomenologiska analysen måste man uppge den "mundana" eller "naturliga" attityd där medvetandeinnehållet omedelbart ställs i relation till omvärlden. I stället borde analysen inriktas mot själva medvetandeakterna och deras föremål.

I sin analys av medvetandets akter använde sig Husserl av ett begrepp som hans lärare Franz Brentano hämtat från den medeltida filosofin och givit aktualitet, begreppet "intention". Att medvetandeakterna har intentionalitet innebär att de har en riktning. En tanke är en tanke *på* något, en glädje eller en sorg är glädje eller sorg *över* något, en viljeakt är en vilja *till* något, ett minne är ett minne *av* något. I samtliga fall finns en riktning mot ett avsett föremål som är ideellt närvarande i själva akten. Det är möjligt att det jag tänker på inte finns, att sorgen eller glädjen framkallas av en falsk underrättelse, att det jag vill aldrig blir av, till och med att mitt minne är förvirrat. Men som intentionella föremål för akterna finns deras objekt ändå där. Husserl talar om dem som *noemata*. Vi kan bortse från i vad mån objekten har motsvarigheter också i yttervärlden.

Diskussionen av intentionaliteten ger exempel på Husserls fenomenologiska analys. Här rörde det sig om resultat som man kunde komma fram till genom att analysera medvetandeakternas själva struktur. Men Husserl har större anspråk för sin metod. Den analys han syftar till skall vara ”eidetisk”, dvs. syfta till kunskap om tingens väsen eller essenser (grek. *eidos*). En anknytning till Platon och Aristoteles blir här tydlig. Den fenomenologiska kunskapsoperationen blir för Husserl ett skådande, en *theoria* riktad mot det närvarande, mot något som visar sig för betraktaren. Husserl talar om ett ”väsensskådande” (ty. *Wesensschau*). För att komma åt väsendet kan vi använda oss av en variationsmetod, där vi föreställer oss individuella variationer av ett fenomen i syfte att finna det vid alla variationer gemensamma, själva essensen. Metoden är dock inte induktiv eller empirisk. Vi opererar fortfarande uteslutande med det rena medvetandets fenomen. När vi undersöker essensernas rike kan vi bortse från existensen, existensfrågan befinner sig alltfort inom klammer. Vad vi undersöker i väsensskådandet är det nödvändiga, inte det empiriskt kontingenta eller tillfälliga. Likväl är den kunskap om essenserna som endast filosofin och den fenomenologiska analysen kan ge oss av grundläggande betydelse för specialvetenskaperna. Det handlar ju här om väsendena hos de föremål som specialvetenskaperna behandlar.

Edmund Husserl, fotograferad i Freiburg 1930.

”Tillbaka till sakerna själva!” utropade Husserl. Inte något filosofihistoriskt återvändande utan konkret analys av medvetandets fakta skulle ge filosofin dess nya grundval. Fenomenologin skulle göra sina avbetalningar till vetenskapen i småmynt, i form av minutiösa undersökningar av fenomenen sådana de framträder. Husserl lät sina elever för övningens skull analysera askkoppar eller tändsticksaskar betraktade som medvetandefenomen. En av hans lärjungar höll en hel termin föreläsningar över en brevlåda.

Emellertid kunde den grund som lagts i *Logische Untersuchungen* inte i sin helhet förbli oförändrad. Husserl var vad han kallade sig själv, ”en ständig börjare”. Själva idealet om ”filosofin som sträng vetenskap” stod fast och bekräftades i en programuppsats med detta namn som gavs ut 1911 (”Philosophie als strenge Wissenschaft”). Men vid samma tid rörde sig Husserl mot nya positioner. De kom till synes i den andra reviderade upplagan av *Logische Untersuchungen* som kom ut 1913 och i den samma år utgivna *Ideen zu einer reinen Phänomenologie und phänomenologischen Philosophie*. De först på franska utgivna *Méditations cartésiennes* (”Cartesianska meditationer” 1931) fullföljde linjen. Nu förde Husserl fram sin ”transcendentala fenomenologi”, vars nyckelbegrepp blev det från Kant lånade ”transcendentala subjektet”. Det transcendentala subjektet blir för Husserl (liksom det var för Kant) det som ger medvetandet dess enhet, det som gör fenomenen till fenomen *för* ett medvetande. Genom subjektet blir medvetandeströmmen ett sammanhang, en ”värld”. Det subjekt eller jag det därvid är fråga om är inte det enskilda, empiriska. Det transcendentala jaget är förutsättningen för erfarenheten, inte självt föremål för den. Det är allmänt, överindividuellt till sin karaktär. Därför kan det också ge upphov till objektivitet. Det transcendentala jaget framställs hos Husserl som ”konstitutivt”, det vill säga det bestämmer såväl fenomenens innehåll som deras form.

Det kan knappast förnekas att ett starkt inslag av idealism gör sig gällande hos Husserl. De för medvetandet givna fenomenen och deras ideella essenser blir den sanna, den vetbara verkligheten. Den blott och bart faktiska världen tycks ointressant sedan den väl satts inom klammer. Åter framträder hur starka beröringspunkter det finns mellan Husserls vetenskapsideal och viktiga inslag hos Platon och Aristoteles. Idéerna, essenserna, det nödvändiga och säkra är ensamt värt filosofens intresse. Därtill läggs den cartesianska ambitionen att finna filosofins säkra utgångspunkt hos subjektet.

Den överarbetade upplaga av *Méditations cartésiennes* på tyska som Husserl förberedde blev aldrig publicerad. Nya problem, nya svårigheter tornade upp sig. Husserl fann sig tvungen att än en gång börja på nytt. Det var ett tvång som till en del hängde samman med förändringar i världen och i Tyskland, förändringar som i hög grad berörde Husserl personligen. År 1935 instiftades de antisemitiska s.k. Nürnberglagarna, varigenom Husserl i sin egenskap av jude berövades sitt tyska medborgarskap. Husserl hindrades också av den nazistiska regimen att som tysk delegat besöka internationella filosofiska kongresser. Men inte bara i Tyskland utan i hela Europa tyckte sig Husserl se framväxten av en ny förnuftsfientlighet. Inom filosofin hade han haft smärtan att se denna irrationalism göra sig gällande även bland sina egna lärjungar, hos Max Scheler och hos den lärjunge som Husserl fäst särskilt stora förhoppningar vid och glatt sig åt att få som efterträdare i Freiburg, Martin Heidegger.

I sitt sista, aldrig fullbordade verk *Die Krisis der europäischen Wissenschaften und die transzendentale Phänomenologie* ("De europeiska vetenskapernas kris och den transcendentala fenomenologin", delvis publicerat 1935) och i förarbetena till detta gjorde Husserl under trettiotalet ett sista försök att ge fenomenologin en definitiv grundval. Tidigare hade Husserl tagit avstånd från varje form av historicism. Nu söker han på ett sätt som närmar honom till Dilthey ge en form av historisk situationsbestämdhet åt fenomenologin. Den Europas andliga kris som han finner i sin samtid betraktar Husserl som en kris för Europas idé, för den intellektuella tradition som burit Västerlandet. Den traditionen har varit förnuftets, vetenskapens, filosofins. Det var arvet från Sokrates och Platon som Husserl fann ifrågasatt och ställt på avskrivning i samtiden. Men han kan inte frita vetenskapen från del i skulden till detta. Alltför mycket har denna vetenskap lutat åt naturalism och materialism, alltför litet har den förmått göra rätt åt det andliga och åt det objektivt normativa element, som är en förutsättning också för det vetenskapliga sanningssökandet. För Husserl gäller det att återfinna vägen för en vidare, universell rationalism. Han behåller sin övertygelse att den fenomenologiska metoden skall förmå grunda en sådan. Fenomenologin utgår ju från medvetandets fenomen, dess väsensanalys söker sig fram till objektiva idéer och normer.

Ett moment av implicit självkritik blir dock tydligt när Husserl diskuterar vad han med ett från Dilthey inlånat begrepp kallar "livsvärlden" (ty. *Lebenswelt*). Antirationalismen, antyds det, har kunnat få ett skenbart berättigande därför att filosoferna tidigare alltför mycket försummat "livsvärldens" problematik. Livsvärlden är den direkt uppfattade värld som omger oss, färgad av våra önskningar, känslor, värderingar och behov. Den är en perceptuell värld sådan som våra sinnen omedelbart presenterar den för oss. Den är också en mellanmänsklig värld eftersom vårt sätt att betrakta omvärlden är bestämt av sociala mönster och konventioner. Livsvärlden är

”förteoretisk”, den föregår vetenskapen och utgör en förutsättning för all vetenskap. Vi måste kunna orientera oss i vardagsverkligheten innan vi kan upptäcka den världsbild som skapas genom vetenskapliga teorier.

De nya tankarna i *Die Krisis* utvidgade fenomenologins domän och skulle visa sig berikande för dess fortsatta utveckling. De samexisterade emellertid på ett inte alldeles problemlöst sätt med fenomenologins grundidéer sådana Husserl tidigare uppfattat dem. Det historiefilosofiska panorama där det filosofiska förnuftet framställdes som den teleologiska drivkraften i Västerlandets utveckling tycktes påminna mer om Hegel än om den tidige Husserl. Livsvärldens ”förteoretiska” status föreföll ge upphov till frågan om inte livsvärlden måste anses föregå också den fenomenologiska teorin, i vilket fall den senares absolut förutsättningslösa karaktär skulle rubbas. Svårigheterna i fenomenologins väg verkade bli fler, inte färre. Husserl, den store börjaren, kämpade ståndaktigt med dem fram till sin sista sjukdom. Sitt verk lämnade han ofullbordat till efterföljare som han inte längre vågade lita på.

Ursprungligen hade Husserl tänkt sig fenomenologin som ett kollektivt företag, där en rad forskare utifrån den gemensamma grundvalen skulle ge sig i kast med specifika fenomenologiska analyser. Länge kunde han också förefalla framgångsrik i sin ambition. Lärjungarna flockades kring honom. I högre grad än någon annan samtida tysk filosof hade han något nytt och revolutionerande att erbjuda. Tillsammans med några av sina elever började Husserl 1913 ge ut ”Jahrbuch für Philosophie und phänomenologische Forschung” (”Årsbok för filosofi och fenomenologisk forskning”) som ett den nya rörelsens organ. Förhoppningarna sveks dock såtillvida att de främsta lärjungarna snart nog visade sig självständiga och började vandra andra vägar än de av mästaren önskade. Detta gällde inte minst om Husserls båda mest namnkunniga efterföljare, Scheler och Heidegger.

Scheler och kunskapens former

Max Scheler (1874–1928) framstod länge som den mest lysande bland Husserls anhängare. En stark intellektuell djärvhet, en briljant framställningskonst, en demonisk personlighet, en universitetskarriär punkterad av upprepade privata skandaler – allt bidrog till att omge Schelers namn med en viss nimbus. Inom etik, religionsfilosofi, filosofisk psykologi och politisk psykologi gjorde den ytterst produktive Scheler tungt vägande insatser. Av allra störst betydelse blev kanske likväl den kunskapslära, som i hög grad bidrog till att lägga grunden för kunskapssociologin som akademisk disciplin. Huvudarbetet här blev *Die Wissensformen und die Gesellschaft* ("Kunskapsformerna och samhället" 1926), där den fenomenologiska metoden kombinerades med en samhällsvetenskaplig. Här gav Scheler en berömd indelning av kunskapen i tre huvudformer, alla med sitt specifika kunskapsmål, sin motivation, sina förebildliga personlighetstyper, sina bärande sociala grupper.

Som "Herrschafts-" eller "Leistungswissen" ("behärskande-" eller "prestationskunskap") betecknade Scheler naturvetenskapen. I anslutning till pragmatismen såg han de naturvetenskapliga begreppen som ett slags fiktioner, vars legitimering fanns i den praktiskt-tekniska användbarheten. Naturvetenskapens mål skulle sålunda inte vara att beskriva naturen sådan denna i sig är, utan att beskriva den på ett sätt som ställer den till vårt förfogande, som gör den brukbar. Med "Wesenswissen" ("väsenskunskap") avsåg Scheler å andra sidan en kunskap om tingens väsen, där den teoretiska attityden snarare än de praktiska behoven är bestämmande. "Erlösungswissen" ("frälsningskunskap") slutligen innebär en kunskap styrd av

Max Scheler. Porträtt av Otto Dix. Kölns universitet.

kärleken till det varande, den innebär ett mänskligt medagerande i den gudomliga skapelseakten och utgör en sorts motsvarighet till Spinozas *amor intellectualis*.

Heidegger och övervinnandet av den västerländska filosofin

Till dem som beundrade Scheler och tog intryck av dennes analys av ”Herrschaftswissen” hörde Martin Heidegger (1889–1976), den av Husserls lärjungar som starkast skulle komma att influera fenomenologins fortsatta utveckling. Heidegger var son till en romersk-katolsk klockare i den lilla staden Messkirch i Schwaben. Den romerska katolicismen, som präglade hans uppväxtår och tidiga universitetsår, kom Heidegger med tiden att överge. Men rotfastheten i småstadens och landsbygdens miljö kom att prägla honom för alltid. Efter 1928 då han efterträdde Husserl som filosofiprofessor i Freiburg kom Heidegger att dela sin tid mellan Freiburg och Todtnauberg i Schwarzwald där han hade en älskad Hütte. Ett hedrande anbud om en professur i Berlin avslog han med motiveringen att han önskade förbli provinsen trogen.

Heidegger gjorde sig tidigt känd som en karismatisk och intensivt engagerande lärare. Men det var först 1927 med huvudarbetet *Sein und Zeit* (”Varat och tiden”) som han trädde fram inför en större offentlighet. Även om den publicerade boken bara var första delen av ett större arbete (som aldrig fullföljdes) tog den ställning i ett stort antal av filosofins viktigaste frågor. Att det här rörde sig om en ny, originell filosofi var uppenbart redan för de tidigaste läsarna. Bokens poetiska stil med många språkliga nybildningar och smak av sträv jordighet bidrog till dess suggestiva verkan. Här fanns fenomenologiska mönsteranalyser – boken var dedicerad till läromästaren Husserl – men också ett existentiellt engagemang som bröt av mot åtminstone den tidigare Husserlska fenomenologin. Den stämning av kris och anspänning som brett ut sig inom mycket av europeisk kultur efter första världskriget fick här tydliga uttryck.

Redan titeln *Sein und Zeit* innehöll en utmaning. Å ena sidan ställde Heidegger här på nytt den fråga om Varat som för den antika och medeltida filosofin varit den centrala. Å andra sidan sammanförde han Varat – i den klassiska filosofin uppfattat som något tidlöst och över all växling upphöjt – med begreppet tid. Dilthey, som bidragit till att leda Husserls uppmärksamhet bort från de tidlösa essenserna, hade påverkat även Heidegger, som öppet erkände Diltheys betydelse för *Sein und Zeit*. Frågan om Varat kunde inte längre ställas på samma sätt som hos Platon och Aristoteles. I *Sein und Zeit* leds Heidegger i sitt försök att besvara den snabbt in i en kringgående rörelse. Från ”Sein” övergår diskussionen till ”Dasein” (”tillvaro”). Med ”Dasein” avses därvid människan, den mänskliga existensformen. Det är genom ”Dasein” som Varat vinner medvetande om sig självt. En analys av ”Dasein” kan därför bli ingången till ett svar på frågan vad Varat är. Heidegger kastar sig in i företaget att ge en ”Analytik des Daseins” som del av

Husserl och Heidegger i samspråk, fotograferade i S:t Märgen 1922.

en fundamentalontologi. Han analyserar den mänskliga tillvarons ”existentialer”, dess grundkategorier. Vad innebär det att finnas till som människa?

Att vara till som människa betyder bland annat att vara-i-världen. Vårt varande i världen styrs av omsorgen (ty. Sorge). Vi existerar inte som åskådare eller som i första hand teoretiska varelser. Vi är upptagna av praktiska omsorger och bekymmer. Därför visar sig verkligheten för oss närmast som något som finns ”tillhands”, inte som något som blott och bart är ”för handen”. Det vill säga den värld som omger oss får sin struktur av våra livsbehov, inte av någon rätt och slätt teoretisk kontemplation. En hammare – för att ta Heideggers exempel – existerar för oss genom att vara till hands (eller inte vara det) när vi behöver den. Den är ett redskap, ett ting för oss.

Resonemanget får kunskapsteoretiska konsekvenser. De traditionella kunskapsteoretiska problemen framstår för Heidegger som resultat av en felaktig kunskapsbild. Det är därför att filosoferna från början gjort människan till i första rummet betraktare som de kommit att se omvärldens eller andra människors existens som ett problem. För den ensamme betraktaren i det subjektiva medvetandets kabinett öppnar sig ingen dörr mot världen utanför. Men denne ensamme betraktare finns enligt Heidegger inte – annat än i filosofernas fantasi. Människornas tillvaro är från första stund ett vara-i-världen och ett vara-med-varandra. Kunskapen är en form för detta vara. Människan är i världen på sådant sätt att hon är öppen för den, tolkar den. Hon är en hermeneutisk varelse. Människan finns inte till som något ensamt cartesianskt subjekt. Hennes tillvaro konstitueras i relationen till andra och till yttervärlden i vad som redan från början är en ”befintlighet”.

Det sagda innebär inte att människans tillvaro i världen eller med andra för Heidegger skulle vara något oproblematiskt. Tvärtom ter den sig som något mycket problematiskt. Det finns enligt Heidegger både ett ”egentligt” och ett ”oegentligt” sätt att vara till. Oegentligt är människans sätt att vara när hennes vara med andra bestäms av vad Heidegger kallar ”das Man”. Här rör det sig om samma ”man” som kommer till tals när vi säger: ”Så gör man!” eller ”Så gör man inte!”. När en människa som ställs i en valsituation frågar sig vad ”man” bör göra i denna situation i stället för att fråga vad ”jag” bör göra låter hon sig regeras av ”das Man”. Hon blir en den allmänna opinionens, konventionens, masspsykologins människa. Hon skjuter bort ansvaret för det liv som är enbart hennes genom att förvandla detta liv till en massprodukt. Hon ryggar bort från friheten och vädjar till ett förment objektivt ”man”. Därmed lever hon på ett sätt som är oegentligt. Även om Heidegger själv vill framställa sin distinktion mellan en ”egentlig” och en ”oegentlig” mänsklig existensform som ett stycke ontologisk analys, värderingsmässigt neutral, kan det knappast råda någon tvekan om att den

”oegentliga” existensformen inte enligt hans uppfattning är den mest värdefulla.

Skillnaden mellan egentligt och oegentligt har fler aspekter. Människans existens är utsträckt i tiden. Hon är en tidslig, en historisk varelse. Hennes omsorg är riktad framåt i tiden, den är orienterad mot något projekt: att göra karriär, att finna en livspartner, att skaffa familj. Våra liv består av en serie större eller mindre projekt, vi skyndar alla mot framtiden. Likväl är den enda vissa framtiden döden. Men även om människans existensform är riktad mot döden, är detta inte ett förhållande som vi normalt tycker om att tänka på. Vi vänder oss bort från det, vi förvandlar döden till något som kan hända andra, aldrig oss själva. I detta lever vi oegentligt.

I sammanhanget gör Heidegger bruk av det Kierkegaardska begreppet ”ångest”. Ångsten är inte fruktan för något bestämt. Ångesten är en ångest för ingenting eller, som Heidegger gärna skriver, för Intet. Ångesten visar oss vårt liv sådant det ter sig när vi ställs inför förintelsen. Den uppenbarar vår tillvaro i dess blotta fakticitet, dess ”kuslighet” (ty. *Unheimlichkeit*). Den visar oss vår ”utkastadhet” (ty. *Geworfenheit*) i en värld där vi inte är hemma. Men därmed avslöjar ångesten också en möjlighet till en egentlig form av existens, en frihet-till-döden, en frigörelse från ”das Man” i insikten att min död är enbart min, mitt liv därför också enbart mitt.

Kanske är det inte alldeles fel att säga att Heideggers idé om ett ”egentligt liv” är släkt med den klassiska filosofins ideal av ett medvetet accepterande av de mänskliga livsvillkoren. Men där ingår också något annat, som antyds i dunkla passager i *Sein und Zeit*. Där talas om frihet, men också om ett ”avgörande” (ty. *Entscheidung*), en handlingsgemenskap med ett ”folk” som i en historisk ödesstund ”upprepar” en hjältehandling som det valt ut till förebild. Många torde ha påmint sig just dessa passager när Heidegger 1933–34 efter Hitlers maktövertagande blev rektor för universitetet i Freiburg och framträdde med tal där han hyllade den nazistiska rörelsen i vändningar som hämtades från den egna filosofiska terminologin. Dessa år betecknar den mest omdiskuterade punkten i Heideggers karriär. Hans nazistiska engagemang då ledde till att han efter kriget för en tid suspenderades från sin professur av de allierade ockupationsmyndigheterna och till att också efter hans död heta kontroverser svallat kring den politiska innebörden av hans filosofi.

Heidegger stod emellertid inte länge kvar på den position han intagit i *Sein und Zeit*. Redan i början av trettiotalet märks en förändring, början till vad han själv betecknat som en ”vändning” (ty. *Kehre*). Analysen av ”Dasein”, som enligt den ursprungliga intentionen skulle ha lett tillbaka till Varat hade blivit ett självändamål. *Sein und Zeit* kunde läsas – och lästes –

som ett stycke existensfilosofi, en undersökning av den enskilda människans predikament. Nu ville Heidegger finna nya, mer direkta sätt att tala om det som mest allt låg honom om hjärtat, om Varat. Därvid riktades hans uppmärksamhet främst allt mot vad han kallade ”Varats historia”, i praktiken framför allt belyst utifrån den västerländska filosofins historia. Den viktigaste metoden i Heideggers sena filosoferande blir inte den traditionellt fenomenologiska utan ett arbete med läsningen av texter, texter som föreföll ge nycklar till Varats historia.

Filosofins historia blir för Heidegger som för Nietzsche en berättelse som en sorts ”fall”. Hos de försokratiska filosoferna spårar han en närhet till Varat som sedan går förlorad och efterträds av en ”glömska av Varat”. Därmed sammanhänger en skridning hos själva sanningsbegreppet. Den ursprungliga grekiska innebörden hos *aletheia*, sanning, förklarar Heidegger, finns hos en Varats öppenhet, ohöljdhet. Varat blir inför människan en öppen plats där något visar sig.

Redan hos Platon och Aristoteles ersätts emellertid detta ursprungliga sanningsbegrepp enligt Heidegger av en korrespondensteori, d.v.s. sanningen antas bestå i utsagans överensstämmelse med föremålen (eller med ”fakta”). Metafysiken börjar därmed träda in i det äkta ”tänkandets” ställe. Världen blir befolkad av ”substanser”, ”ting”, ”föremål”, ”objekt”. När den moderna filosofin gör sitt inträde med Descartes når denna utveckling sin höjdpunkt. Världen i den gamla betydelsen av ett ”kosmos”, ett skönt ordnat helt, försvinner och ersätts definitivt av en uppspaltning i objekt och subjekt. All mening och alla värden lokaliseras ensidigt till subjektet. Objektet blir den matematiska naturvetenskapens domän. Därmed kommer naturen också att betraktas som föremål för människans herravälde, för dominans och för teknik. Sin kulmen når denna tendens i tänkandet hos Nietzsches ”nihilism” och ”vilja till makt”. Gud är död, varje känsla av naturens helighet har jagats bort, förnimmelser av under och vördnad betraktas i den moderna världsbilden som irrationella. Nietzsche drar bara den oundvikliga konsekvensen när han gör viljan till makt till värdenas enda möjliga ursprung. Den moderna tekniken med dess exploatering av naturen får hos Heidegger framstå som det yttersta resultatet av denna nihilism, denna glömska av Varat.

Vad Heidegger företar är en ”destruktion” av hela den västerländska filosofiska traditionen och dess förnuftsbegrepp. För sitt eget arbete använde han termen ”tänkande” hellre än ”filosofi”. Heideggers kritik mot det specifikt västerländska genomfördes under paradoxal anslutning till vissa västerländska texter, framför allt hos grekerna. Men den förde honom också i närheten av inslag i österländsk visdom. Framför allt i Japan har intresset för Heideggers filosofi också varit stort.

Men Heidegger är inte bara en nattsvart kritiker av den moderna kulturen. Han pekar mot öppningar. Visserligen manar han inte längre till handling och avgörande. Bara en gud kan rädda oss, heter det nu, bara stilla förbidan kan hjälpa. Men han visar på vägar till Varat. Hos språket och konsten finns sådana. ”Språket är Varats hus”, lyder en karaktäristisk formulering. Det språk det här är tal om, det äkta, framträder bäst i dikten. Dikten är för den sene Heidegger ”världsstiftande”, den får världen och Varat att upplåta sig för oss. Men också andra konstarter har denna funktion. Ett grekiskt tempel verkar genom sin närvaro, en närvaro som förvandlar hela det omkringliggande landskapet och dess människor, som ger tillvaron en ny aspekt. Detta gäller heller inte bara om konstföremål. Ett enkelt krus, en bro, en väg över fälten förenar i sig på liknande sätt Heideggers berömda ”fyrfald” av jord och himmel, gudar och människor: ”Jorden är den i odling och byggenskap bärande, den till näring fruktbringande, hägnande vattendrag och berggrund, växtlighet och djurliv. Säger vi jord så tänker vi redan tillika de övriga tre utifrån de fyras enhet. Himlen är solens gång, månens lopp, stjärnornas glans, årets tider, dagens ljus och skymning ...”

Det är en poetisk världsbild som här suggereras fram, men också ett agrart landskap och ett liv levt i enlighet med årstidernas och naturens skiftningar, kringgärdat av Varats makter, ett liv där människan är ”tillvarons herde” snarare än dess herre. Heidegger vänder sig mot den moderna ”humanismen” (bl.a. i en uppgörelse med Sartre). Den som tror att människan är det högsta och förnekar att det finns andra värden än de som hon ställt upp, har redan givit sig hän åt nihilismen. Heidegger strävar att återfinna övertygelsen om ett kosmos, en ”värld”, ett Vara, något som är större än människan och inom vars ram hon kan finna sin sanna plats.

Heideggers filosofi med dess överraskande historiska perspektiv, bittra kulturkritik, stora svep över filosofins (eller ”tänkandets”) hela domän och utopiska horisont utövade en fascinerande verkan på många. Få filosofer har förvärvat så många briljanta – och sinsemellan olika – lärjungar som Heidegger. Några av dem skall här nämnas.

Gadamer – tolkning och tradition

Hans-Georg Gadamer (1900–2002) hör till dem som omvittnat vilken omvälvande inverkan Heideggers lärarverksamhet som ung docent fick för många av hans elever. Själv skulle Gadamer tillryggalägga en lång och framgångsrik akademisk bana, avslutad och krönt genom professorsåren i Heidelberg 1947-68 som Jaspers efterträdare. Men lärdomarna från Heidegger fortsatte att utgöra grunden för Gadamers egen filosofi, tydlig inte minst i huvudarbetet *Wahrheit und Methode* ("Sanning och metod") från 1960. Gadamers ambition i detta arbete var att ge hermeneutiken, den kulturvetenskapliga tolkningsteorin i dess vidaste innebörd, en ny utformning. Den dialog med Dilthey som vi mött hos Husserl och Heidegger finns även hos Gadamer. Men Diltheys hermeneutik kritiseras från Heideggerianska utgångspunkter, varvid Gadamer strävar efter att övervinna dess subjektivism och historicism.

Titeln *Wahrheit und Methode* rymmer en motsatsställning. Gadamer delar inte den cartesianska uppfattningen att det är den konsekventa tilllämpningen av en metod som bäst leder oss till sanningen. Metoden innebär enligt honom tvärtom en beslutsamhet att påtvinga verkligheten på förhand bestämda ramar, en brist på den öppenhet som är nödvändig för verklig förståelse. Sann förståelse förutsätter en "hermeneutisk erfarenhet", en upplevelse som *förändrar* den som undergår den, spränger gamla tankeformer och öppnar nya perspektiv. Den är oförenlig med en konception som identifierar rationaliteten med vissa givna och oföränderliga metodregler. Metoden reducerar föremålet för undersökningen till ett objekt, till föremål för en kunskapsprocess där reglerna är på förhand givna. Men verklig erfarenhet måste riskera något, måste sätta också den egna självförståelsen och verklighetsförståelsen på spel. I tolkningen måste den kunskapssökande upplåta sig för det främmande, ingå i en dialog på lika villkor.

Gadamers krav på öppenhet innebär inte att han tror på en helt och hållet förutsättningslös kunskap. Tvärtom utgår all tolkning enligt honom från en förförståelse. Den som tolkar är inte utan "fördomar", han tillhör redan en tradition och bär en horisont. Förförståelsen, traditionen utgör villkoret för all tolkning, vilken innebär ett möte mellan horisonter, en sammansmältning av horisonter. Den tolkandes horisont konfronteras med och utmanas av den horisont som omger det tolkade verket eller författarskapet, den tolkade kulturen eller tidsepoken. Relationen mellan subjekt och objekt tilldelas därmed en prioritet jämfört med relationsleden var för sig. Det är samtalets gång som styr de samtalande snarare än tvärtom. I samtalet uppenbarar sig något nytt som varken är den enes eller den andres utan samtalets frukt.

Överhuvud framstår kulturen hos Gadamer som något översubjektivt, något objektivt förefintligt. Ett exempel ger språket. Språket är inte individens skapelse. Det är oss givet, är något vi föds till. Men det blir för Gadamer också det medium varigenom vi existerar. Människan är en hermeneutisk varelse. Hermeneutiken är inte primärt ett kulturvetenskapligt

Hans-Georg Gadamer, fotograferad ca. 1970.

tillvägagångssätt, utan ett sätt att vara till. Människan finns i en ”värld”, hon är omgiven av en medvetandehorisont, hon är dagligen och stundligen inbegripen i en tolkning av omvärlden. Både natur- och kulturvetenskaperna är något sekundärt i förhållande till denna tolkning av livsvärlden. Men den tolkningen sker med språket, den förkroppsligade traditionen, som medium. Genom språket visar sig tingen för oss, det ger oss vår tillgång till omvärlden. Därmed får hermeneutiken en universell innebörd och en ontologisk dimension. Hermeneutiken blir för Gadamer en ”första filosofi” snarare än en specialiserad metodlära. I detta är han trogen Heideggers anda.

Heideggerlärjungar i förskingringen – Löwith, Strauss, Arendt

En medelev till Heidegger och nära vän till Gadamer var Karl Löwith (1897–1973). Löwith var jude, något som tvingade honom till landsflykt från Tyskland under Hitleråren och som fick honom att inta en mer markerat kritisk attityd än Gadamer till Heideggers person och filosofi. Heideggers inflytande är likväl överallt märkbart i Löwiths arbeten, som framför allt ägnades filosofihistoriska teman och där frågan om den europeiska nihilismens uppkomst och innebörd spelade en viktig roll. Så är det exempelvis i *Von Hegel zu Nietzsche* ("Från Hegel till Nietzsche" 1941) en stort upplagd undersökning av vad Löwith kallar "det revolutionära brottet" i 1800-talets tänkande.

Av judisk börd var också Leo Strauss (1899–1973), vilken likaledes bedrev studier för Heidegger. År 1932 lämnade Strauss Tyskland för att så småningom komma till USA, där han åren 1949–67 var professor vid universitetet i Chicago.

Det kan möjligen förefalla egendomligt att en tysk-judisk exilfilosof kunde göra lycka i Chicago med en förkunnelse inspirerad – förutom av Heidegger – av Sokrates och Platon, Moses Maimonides och Spinoza. Men så skedde verkligen. Strauss blev en av de mest inflytelserika figurerna inom amerikansk statsvetenskap och politisk filosofi. Bland hans bäst kända lärjungar kan nämnas Allan Bloom och Thomas L. Pangle. Strauss' tänkande innebar ett återupplivande av den klassiska politiska rationalismen, inte minst av den naturrättsliga tanketraditionen. I en rad arbeten (bl.a. *Natural Right and History*, "Naturrätt och historia" från 1953) riktade Strauss en radikal kritik mot den moderna kulturen och dess filosofiska förutsättningar i värdesubjektivism och historisk relativism. Den moderna filosofin har, menar han, uppgivit det som var det centrala för den klassiska, nämligen försöket att på rationell väg finna kunskap om det rätta och goda. I dess ställe har inträtt en rent instrumentell rationalism som bara bekymrar sig om medlen. Det som skulle vara politikens och maktutövningen ändamål, nämligen förverkligandet av det högsta goda och av det goda livet, har förvisats till de subjektiva tyckenas domän. Naturrättens objektiva rättesnöre har ersatts av övertygelsen att varje tid, varje samhällsgrupp, varje individ har lika rätt i fråga om vad som är värdefullt i livet. Detta innebär i grund och botten en nihilism. Det rätta tillskrivs ingen obetingad giltighet, det har reducerats till uttryck för en känsla eller ett stämningsläge eller för någon viss social grupp och dess önskningar. Därmed har Västerlandet mist tilltron till sina bärande ideal, det har bestämt sig för att dess egen civilisation vilar på en fiktion. I den situationen yrkade Strauss passionerat på ett återvändande till filosofins klassiska huvudströmfåra. Mot samtidens villrådighet och desorientering mobiliserade han Sokrates.

Den för Heideggerkretsen gemensamma övertygelsen om grekernas förebildlighet möter vi likaledes hos Hannah Arendt (1906–1975), vars bana hade viss likhet med Strauss'. Också Arendt var av judisk härkomst, uppvuxen i ett välsituerat borgerligt hem i Königsberg. Sina doktorandstudier bedrev hon för Heidegger, med vilken hon också inledde ett kärleksförhållande – senare har Heidegger talat om Hannah Arendt som ”mitt livs passion”. Komplikationer i detta förhållande bidrog till att Arendt senare flyttade över sina studier till Heideggers vän Karl Jaspers. Dock kunde hon inte fullfölja sina studier i Tyskland, Hitlers maktövertagande kom emellan. År 1933 lämnade Arendt Tyskland, 1941 kom hon som immigrant till USA, där hon sedan med ständigt växande framgång skulle göra en karriär som författare, debattör och forskare.

Hannah Arendts insatser låg väsentligen inom den politiska filosofins område. Hennes speciella styrka fanns i en analys som applicerade filosofiska tankegångar och begrepp på konkreta händelser eller fenomen. Själv beskrev hon gärna sina undersökningar som ”fenomenologiska”. Stor uppmärksamhet väckte hennes bok *The Origins of Totalitarianism* (”Totalitarismens ursprung” 1951). Den bidrog till att popularisera begreppet ”totalitarism” som beteckning för en företeelse som innefattade såväl Hitlers Tyskland som Stalins Sovjetunionen, det totala, utåt aggressiva herravälde, som använde sig av terrorn och förintelselägren som redskap för sin maktutövning. Arendt betonade totalitarismens karaktär av ett ”nytt” fenomen,

Hannah Arendt 1958. Pressens bild.

skilt från äldre tiders despotier och betingat av det moderna massamhället med dess existentiella övergivenhet och förlust av ”värld”. Det politiska rummets sammanbrott och den moderna nivelleringsdriften hade berett vägen för den totalitära manipulationen av massorna.

Än mer uppseende och skarpare kontrovers gav Arendt upphov till med *Eichmann in Jerusalem: A Report on the Banality of Evil* (”Eichmann i Jerusalem: En rapport om ondskans banalitet” 1963). Boken innehöll ett reportage från rättegången i Jerusalem mot Adolf Eichmann, en av den nazistiska judeutrotningens arkitekter, och en värdering av dess lärdomar. Eichmann var, det blev Arendts slutsats, inte ett exempel på det radikalt onda, utan på ”ondskans banalitet”. En åtminstone skenbar plausibilitet fick hennes resonemang genom att hon tog fasta på hur Eichmann under rättegången framställt sig själv som en vanlig tjänsteman, vilken bara gjort sin plikt i enlighet med byråkratiska regler. Det fanns hos honom ingenting demoniskt, bara en grå hängivenhet till rutinen. Att Arendts resonemang hade släktskap med Heideggers analyser av ”das Man” föreföll uppenbart och framhölls av kritiker.

En ”fenomenologisk” analys av politiken, om än på en abstraktare nivå, framfördes likaledes i Arendts *The Human Condition* (”Människans villkor” 1958). Arendt träder här fram som försvarare av grekernas sätt att uppfatta *polis*, av synen på det offentliga rummet, torget, som frihetens och medborgarskapets område. Gentemot vad hon uppfattar som den moderna överskattningen av privatlivet framhåller hon den grekiska och romerska åsikten att det mänskliga i dess fulla potential inte kan förverkligas utan medborgarskapet och de medborgerliga dygderna. Det politiska livet framstår som en väsentlig del av det goda livet, den politiska dygden som en betydelsefull aspekt av den mänskliga.

I sin lidelsefulla plädering för ett republikanskt ideal kommer Arendt att betrakta demokratin som i vissa avseenden ett hot. Republiken och dess frihet vilar på en kombination av auktoritet, tradition och religion. Det kan inte finnas frihet utan auktoritet, inte auktoritet utan tradition och religion, inte heller tradition och religion utan auktoritet och frihet. Det moderna massamhället med dess tendentiella nihilism hotar denna treenighet. Massmänniskans anonymitet innebär en sorts oansvarighet. Den anonyma handlingen vid valurnan, som inte medför något personligt ansvar, utgör inte i sig en barriär mot de faror som här lurar.

Jaspers existensfilosofi

Trots de många Heideggerska reminiscenserna i hennes verk var Jaspers den mentor Hannah Arendt ägnade sin mest odelade hängivenhet och beundran. Karl Jaspers (1883–1969) kvarstannade under nazitiden i Tyskland i en sorts inre exil. Sina viktigaste filosofiska verk hade han dock publicerat redan dessförinnan. Hans *Psychologie der Weltanschauungen* ("Världsåskådningarnas psykologi" 1919) öppnade vägen för en ny typ av "existensfilosofi". Det kom att influera Heidegger liksom Jaspers i sin tur tog intryck från både Heidegger och Husserl. Jaspers mest representativa arbete, *Philosophie* ("Filosofi" 1932), innehåller fenomenologiska inslag, men ingen anslutning till fenomenologins program.

Det finns för Jaspers en avgörande skillnad mellan "vetenskapen", ett objektivt, för envar förpliktigande vetande, och filosofin, som är personlig och situationsbestämd. Likväl är det bara genom filosofin vi kan vinna kunskap om tillvaron som helhet och uppnå vad Jaspers kallar *Existenzerhellung*, belysning av vad det är att existera. Vetenskapen förutsätter uppdelningen i kunskapssubjekt och kunskapsobjekt, den kan ge oss kunskap om enskilda föremål och sakförhållanden. Filosofin söker en kunskap om Varat som helhet, ett Vara som föregår subjekt-objekt uppdelningen och som Jaspers helst talar om som *das Umgreifende* ("det kring sig gripande").

Karl Jaspers fotograferad vid sin 85-årsdag. Pressens bild.

Detta *Umgreifende* innebär en transcendens, något som inte kan bli föremål för direkt erfarenhet. Bara på indirekt väg, genom de ”gränssituationer” där vår existens ställs i ny belysning, vet vi något om *das Umgreifende*. Gränssituationerna är sådana som har att göra med vår ändlighet och våra gränser, t.ex. med födelse, död, lidande, kamp med andra varelser, känslor av skuld och ansvar. Avgörande blir hur människor förhåller sig till sådana situationer, t.ex. inför sin egen död eller inför ett livsbestämmande val. Människans belägenhet i världen uppenbaras för henne vid sådana tillfällen. Men också den enskilda människans hållning sätts på prov, äktheten eller falskheten i hennes existensform avslöjas.

Den blandning av uppskattning och avståndstagande som fanns i Heideggers förhållande till Jaspers präglade också hans relation till Ernst Cassirer, fastän i detta fall utan någon närmare personlig bekantskap. En berömd debatt om Kant som 1929 hölls mellan Heidegger och Cassirer vid ett seminarium i Davos framstår i åhörarnas skildringar som klippt ur en roman av Thomas Mann – den intensive, ”bondske” Heidegger med sitt framhållande av existensens ångest kontrasterade mot den svale, olympiskt grandseigneurale Cassirer, som poängterade det universella, överpersonliga i Kants filosofi.

Cassirer och de symboliska formernas filosofi

Ernst Cassirer (1874–1945) utgick från den nykantianska Marburgskolan, även om han tog intryck också av Husserls filosofi. 1933, när Hitler tog makten, tvingades juden Cassirer för alltid lämna Tyskland. I fortsättningen innehade han professurer bl.a. i Göteborg i Sverige och vid Yale i USA. Hans omfångsrika författarskap omfattade en stor mångfald av ämnen, inte minst filosofihistoriska.

Som Cassirers huvudarbete måste man betrakta *Die Philosophie der symbolischen Formen* (”De symboliska formernas filosofi” 1923–29). Där ger han sig i kast med vad som alternativt kan uppfattas som en kritik (i kantiansk mening) av kulturen eller som en det mytiska medvetandets fenomenologi. Den bestämning av erfarenheten genom kategorier och former, som Kant talade om, finns också hos Cassirer. Men för Cassirer är det fråga om symboliska former, om en ”symbolisk representation” av verkligheten, som i motsats till Kants kategorier är historiskt föränderlig. Människan är det symboliserande djuret. Hon förstår verkligheten, organiserar och strukturerar den med hjälp av symboler. Vetenskap och konst, religion och myt, språk och lagstiftning ger exempel på detta. I symbolen kombineras ett konkret och sinnligt påtagligt tecken med en mening och denna symboliska relation är något som kännetecknar all specifikt mänsklig verksamhet. I Cassirers analyser fokuseras en polaritet mellan den symboliska relationens tendens mot stabilitet och dess tendens mot förändring och omvandling. I den traditionella religionen och de traditionella myterna gäller det framför allt att permanenta symbolfunktioner som en gång upprättats. Också vetenskapen tenderar att så långt möjligt fasthålla etablerade definitioner och betydelsesamband. I konsten och litteraturen dominerar däremot tendensen mot förnyelse. De gamla betydelserna bryts upp och ersätts av nya. I språken finns en ständig kamp och spänning mellan den konservativa och den radikala tendensen. Begriplighetens fordran på stabila betydelserelationer står mot kravet på förnyelse, på ett symbolspråk som förmår absorbera nya innebörder.

Cassirers filosofi vann många beundrare inte minst i hans sista hemland, USA. Nämnas kan Susanne K. Langer, vars *Philosophy in a new Key* ("Filosofi i en ny tonart" 1942) upplevde en stor succé. I dagens Tyskland är Hans Blumenberg (1920–1996) en filosof vars undersökningar kring myternas och symbolernas roll i vetenskapernas och filosofins historia erbjuder paralleller till Cassirers.

Den fenomenologiska rörelsen i Tyskland slogs sönder genom nazisternas maktövertagande. Men fenomenologin skulle i Frankrike under och efter andra världskriget få en remarkabel andra vår.

Fenomenologi och existensfilosofi i Frankrike

Den 29 oktober 1945 hade en föreläsning av Jean-Paul Sartre utlysts på en obetydlig föreläsningslokal under den inte särskilt sensationella rubriken ”Existentialismen är en humanism”. Föreläsningen blev en pyramidal och fullkomligt oförutsedd succé. Anstormingen blev närmast katastrofal – biljettluckan och delar av inredningen slogs i stycken och föreläsaren själv kunde nätt och jämnt kämpa sig fram mellan åhörarmassorna innan han med en timmas försening började sitt anförande. Existentialismen hade fötts. Under dess täckmantel hade också fenomenologin gjort sitt intåg i fransk filosofi.

Sartre och ”existentialismen”

Jean-Paul Sartre (1905–1980) kom först i kontakt med fenomenologin genom sin studiekamrat från École normal superieur, Raymond Aron. Raymond Aron (1905–1983) hade studerat fenomenologin på ort och ställe för Husserl i Freiburg. Senare skulle han utnyttja lärdomarna bland annat i ett viktigt historiefilosofiskt arbete, *Introduction à la philosophie de l'histoire* (”Introduktion till historiens filosofi” 1938). Men redan nu i början av trettiotalet var Aron full av entusiasm för de nya metoderna. Under ett sammanträffande runt ett kafébord med Sartre och en annan gammal skolkamrat, Simone de Beauvoir, pekade han på en aprikoscocktail (åtminstone tycks de flesta forskare vara eniga om att det var en aprikoscocktail) och förklarade: ”Om man är fenomenolog kan man göra filosofi om en sådan cocktail!”. Tanken fascinerade Sartre. Att göra filosofi om cocktails – det vill säga om något konkret, påtagligt, sinnligt närvarande – kan sägas utgöra formeln för hela hans verk. Hans originalitet kom sig till stor del av att han kombinerade romanförfattarens sinne för den konkreta situationen med filosofens förkärlek för den abstrakta slutsatsen.

Intrycken av Husserls fenomenologi förenades hos Sartre med lektyren av Heidegger – paradoxalt nog bl.a. företagen i ett tyskt krigsfångeläger under kriget. Resultaten kom till synes i det mäktiga verket *L'être et le néant* ("Varat och intet" 1943), som förblev Sartres filosofiska huvudarbete. Här formulerades för första gången – fastän namnet då ännu inte begagnades – Sartres existentialism. Redan med titeln "Varat och intet" fanns en om Descartes påminnande dualism angiven, där "Varat" svarar mot "det utsträckta tinget" under det "Intet" svarar mot "det tänkande tinget". Varat är den materiella världen, tingens värld, en helt och hållet kontingent verklighet, som ligger utbredd i rummet, förnuftslös, meningslös, otuktad och obscen. När vi någon gång får syn på den sådan den är i sig, oberoende av våra förklaringar och beteckningar, inger den oss känslor av äckel och röjer vår egen absurditet. Den är "varat-i-sig" (fr. *en-soi*). Själva är vi medvetande, "vara-för-sig" (fr. *pour-soi*). Men detta medvetande som vi är, är "intet", en vakans, ett hål i Varat. Materien är det enda som egentligen finns. Medvetandet är en absurditet, en överflödighet. Den mänskliga existensens orimlighet och nödvändiga frustration har på så vis en ontologisk grund.

Människan är således, enligt Sartre, i sin egenskap av medvetande ett intet, ett hål, en vakans. Men hon finner sig inte tillrätta med detta. Hon skulle vilja vara något icke-tillfälligt, icke-kontingent, något nödvändigt. Hon skulle vilja vara vad skolastikerna kallade *causa sui*, sin egen tillräckliga orsak. Med andra ord skulle hon vilja vara Gud. Detta är emellertid omöjligt, människan är en "fåfäng passion", strävande mot något som aldrig kan förverkligas. Till hennes malaise hör att hon inte finner sig tillrätta med den frihet hon äger, ja är dömd till. Enligt Sartre är människans frihet nämligen total. Människan som rent medvetande är ett "intet", fullständigt fritt från orsakslagen. I vändningar som röjer inflytande från Bergson framhåller Sartre att den yttre, faktiska situationen aldrig kan tvinga oss till något, lika litet som vårt förflutna kan göra det. Vilken situation vi befinner oss i beror på hur vi tolkar den – det som för den ene är ett absolut hinder är för den andre en utmaning och en anledning till förnyelse. Denna frihet har också en värdeteoretisk innebörd.

Det finns för Sartre ingen objektiv moral, inget objektivt gott eller ont, inga objektiva förpliktelser. Våra värden är helt och hållet föremål för vårt eget val, för det "projekt" varpå vi väljer att basera våra liv. Värdena bestäms av det fria beslutet, inte Guds utan vårt eget. Vår frihet och vår absurditet har samma källa – att medvetandet är ställt inför ett absolut kontingent och förnuftslöst Vara. Våra värden måste vi därför själva skapa ur ingenting. Medvetandet *är* just denna totala frihet. Bara genom medvetandet finns negationen till i världen, bara det kan säga nej till den faktiskt existerande verkligheten, bara det kan tänka ut alternativ till det som faktiskt finns och därmed skapa ”möjligheter”. Människan är den vars existens föregår hennes essens. Hon är i sig ingenting – bara det hon i frihet beslutar sig för att vara. Hon är sitt ”projekt”.

Friheten och det absoluta ansvaret för våra egna liv skrämmer oss. Vi söker oss därför enligt Sartre in i Ond Tro (fr. *mauvaise foi*), en sorts oppriktighet, en flykt undan friheten. Sartre illustrerar med ett exempel. En man och en kvinna sitter vid ett kafébord. Kvinnan är föremål för mannens uppvaktning, en uppvaktning som hon njuter av så länge den tar sig uttryck i respektfull beundran. Men så tar han hennes hand. Kvinnan försätts i ett dilemma. Skall hon dra tillbaka sin hand? Det skulle göra slut på en angenäm situation. Skall hon lämna den kvar? Det vore ett beslut som kunde få konsekvenser. Vad gör hon? Hon lämnar sin hand där den är, *men märker det inte*. ”Hennes hand vilar passivt i hans heta händer, varken samtyckande eller misstyckande, ett ting bara.” Detta är ond tro. Kvinnan har förvandlat sin hand och sig själv till ett ting, ett objekt för omständigheterna, varken viljande eller väljande. Hon låter livet hända sig. Den onda tron uppstår genom att också detta icke-val i själva verket är ett val. Vår frihet kan vi inte undkomma. Vi kan bara låtsas att vi gör det.

Relationen till andra människor blir också en kamp om friheten. Sartres människa är i grunden solipsist, ensam i sin värld. För henne är Den Andres blick alltid ett hot, en främmande subjektivitet som försöker förvandla henne själv till ett objekt. Andra vill kuva oss, göra oss till manipulerbara föremål. Vi försöker i vår tur beröva dem den frihet som är ett hot mot vår egen – såvida vi inte i masochistisk njutning underkastar oss. Därför är kärleken en omöjlighet. I kärleken vill vi äga den vi älskar, känna oss säkra på föremålet för vår passion. Men samtidigt har den andres genkärlek inget värde för oss om den inte är frivillig. Vi vill beröva den älskade friheten att gå ifrån oss eller älska någon annan. Men utan den andres frihet, utan mötet med en annan subjektivitet, är vår kärlek ingenting värd och kan inte befria oss från vår ensamhet.

Den pessimistiska och individualistiska åskådningen i *L'être et le néant* kunde tyckas illa lämpad som underlag för ett politiskt handlingsprogram. När Sartre efter krigsslutet alltmer drogs in i politisk aktivism på den politiska skalans vänsterkant i kommunismens närhet började han också successivt överge sin ursprungliga ”existentialism”. Det stora arbetet *Critique de la raison dialectique* (”Kritik av det dialektiska förnuftet” 1960) utgör

Jean-Paul Sartre och Simone de Beauvoir vid ett parisiskt cafébord.

kulmen på hans utveckling i riktning mot en marxistisk samhälls- och historiefilosofi. Något som liknade existentialismens verkan och slagkraft fick denna nya filosofi dock inte. Det nya arbetet markerade snarast slutet av Sartreepoken inom fransk filosofi. När 50 000 människor samlades för att bevittna Sartres begravningståg i april 1980 var det i mycket en storman ur ett förgånget skede de hyllade

"Les Temps Modernes", Camus och de Beauvoir

Med tidskriften "Les Temps Modernes" ("Moderna tider") grundade Sartre 1945 ett organ som effektivt skulle komma att föra ut de politiska och filosofiska budskap som emanerade från gruppen kring honom. Till redaktionsmedarbetarna hörde Albert Camus (1913–1960), som framträdde med en om existentialismen påminnande livsåskådning inte bara i sina pjäser och romaner utan också i filosofiska essayer som *Le Myth de Sisyphe* ("Myten om Sisyfos" 1942) och *L'Homme révolté* ("Människans revolt" 1951). Dit hörde också Sartres livsledsagarinna Simone de Beauvoir (1908–1986).

Sin största läsekrets förutom genom sina romaner fick Simone de Beauvoir genom *Le deuxième sexe* ("Det andra könet" 1949), en undersökning av kvinnans situation som kom att ge den moderna kvinnorörelsen betydelsefulla impulser och som ibland betraktats som en "feminismens bibel". Central i detta märkliga arbete är en frihetstanke. "Man kommer inte till världen som kvinna, man blir det", hävdade författarinnan. Det finns inget biologiskt, psykologiskt eller ekonomiskt öde som bestämmer kvinnans roll i samhället.

Kvinnans frigörelse tedde sig för Simone de Beauvoir inte i första hand som ett kvinnligt utan som ett samhälleligt och mänskligt problem, vilket kunde lösas först genom den socialistiska revolutionen. Med skärpa vände hon sig mot de feminister som argumenterade för en biologisk determinism enligt vilken kvinnligheten bestämmer till vissa former av tänkande och kreativitet: "Man får inte tro att den kvinnliga kroppen ger en en ny vision av världen. Det vore löjligt och absurt / ... / Kvinnor som tror detta hamnar i det irrationella, det mystiska, det komiska. De spelar männens spel." Hos Simone de Beauvoir finner man den existentialistiska protesten mot determinismen överförd till kvinnokampens arena.

Merleau-Ponty och mångtydighetens filosofi

I redaktionen för "Les Temps Modernes" satt bland de filosoferande litteratörerna också en yrkesfilosof. Han hette Maurice Merleau-Ponty (1908–1961), hade skrivit den franska fenomenologins första stora verk, *La structure du comportement* ("Beteendets struktur" 1942), senare fullföljt genom *Phénoménologie de la perception* ("Perceptionens fenomenologi" 1945), och 1952 erhållit en professur vid Collège de France. I politiskt avseende hade också han till en början befunnit sig i kommunismens närhet, men under femtiotalet distanserat sig från den, något som ledde till en brytning med Sartre och Simone de Beauvoir.

Filosofiskt hade ett avstånd alltid existerat mellan Merleau-Ponty och Sartre, trots den gemensamma utgångspunkten i fenomenologin. På sätt och vis var de båda varandras motsatser. Där Sartre var "cartesian", var Merleau-Ponty "anticartesian". Hela Merleau-Pontys filosofiska strävan gick ut på att upphäva dualismen mellan medvetandet och materien, jaget och världen, att finna förmedlingar och mellanformer.

Merleau-Pontys fenomenologi anknyter både till Husserls ”Lebenswelt” och till Heideggers ”vara-i-världen”. Människan existerar enligt den aldrig som rent medvetande, avskilt från världen. Hon befinner sig från början i en livsvärld som är på en gång objektiv och subjektiv, materiell och bärare av betydelse och mening. Redan genom perceptionen blir verkligheten strukturerad, tolkad, relaterad till våra behov, önskningar och farhågor, bestämd av våra sinnesorgans förmåga och sätt att fungera. Vi lever som människor i en interpreterad värld, varvid tolkningen alltid influeras av den kultur vi tillhör, det språk vi är delaktiga i. Vi möter ingen naken, kontingent materia och inga ting-i-sig, utan bara företeelser som redan laddats med mänsklig innebörd. Därför finns det heller inte någon total frihet à la Sartre.

Den Sartreska människan befinner sig noga taget *utanför* världen eftersom någon verklig relation mellan Varat och ”Intet” inte kan existera. Den verkliga människan befinner sig däremot enligt Merleau-Ponty *i* världen, förenad med sin kropp och därmed med ett perceptionsfält och en ”horisont” som utgår från denna kropp. Den verkliga människan befinner sig alltid i en *situation*, som både utgör förutsättningen för hennes handlande och begränsar hennes alternativ.

Det sagda innebär emellertid inte att Merleau-Ponty skulle förneka friheten. Tvärtom framhåller han att valmöjligheter alltid existerar. Den verklighet som konfronterar oss är aldrig helt och hållet given. Den är ständigt *mångtydig*. Den är mångtydig just därför att den är en tolkad verklighet. I tolkningen finns alltid både ett subjektivt och ett objektivt moment. Det finns alltid rum för olika tolkningar, olika sätt att förnimma en och samma yttervärld. Mångtydigheten blir därmed ett grundläggande drag i den mänskliga situationen, sådan Merleau-Ponty förstår den. Och denna mångtydighet betyder frihet. Från yttervärlden kommer stimuli. Men vår respons på dessa stimuli beror av hur vi tolkar dem och av de normer och vanor som vägleder oss vid tolkningen av varje perceptuell eller moralisk situation.

Merleau-Pontys kritik mot Sartres dualism bidrog otvivelaktigt till att driva Sartre i riktning mot ett större hänsynstagande till de objektiva och intersubjektiva faktorer som modifierar den mänskliga friheten. Men Merleau-Ponty gick längre än Sartre någonsin skulle göra. I Merleau-Pontys sista böcker finns mycket som föregriper strukturalismen. Det är heller ingen tillfällighet att Claude Lévi-Strauss dedicerade *La pensée sauvage* (1962) med dess skarpa kritik mot den Sartreska filosofin till ”minnet av Maurice Merleau-Ponty”. Under sina senare år avböjde Merleau-Ponty att kallas ”existentialist”, en beteckning som han tidigare godtagit. Fenomenolog förblev han.

Existensfilosofi och fenomenologi hos Marcel, Weil, Lévinas och Ricoeur

Också Gabriel Marcel (1889–1973) accepterade i ett svagt ögonblick den etikett ”kristen existentialist” som Sartre klistrat på honom. Han hade onekligen viss rätt till den eftersom han i sina tidiga skrifter, bl.a. i sin *Journal métaphysique* (”Metafysisk dagbok” 1927), föregripit mycket av det som senare skulle komma att anses utmärka ”existentialismen”. Dock avsade sig Marcel snart beteckningen och valde att i stället kalla sig ”sokratiker”.

Marcel var en till katolicismen konverterad jude, vars tänkande ständigt rörde sig kring de religiösa och existentiella grundfrågorna. När han åberopade Sokrates var det framför allt den store frågaren han tänkte på. Filosofen är för Marcel aldrig systembyggaren. Han är vandraren, som ständigt är på väg mot nya horisonter, han är en sökare mer än en svarare. Viktig för Marcels hållning är den distinktion han gör mellan ”problem” och ”mysterium”. Problem möter vi i vetenskaperna. De har karaktären av hinder som måste undanröjas eller av objektiva besked som måste sökas. De kan lösas utan att den frågandes personlighet dras in. Mysterier däremot fordrar ett personligt ställningstagande. De uppstår inte inom en given ram, utan handlar snarare om vilka ramar som är de rätta. De handlar om livets mening, om Guds existens, om frihetens betydelse, frågor som sätter den frågandes hela personlighet på spel.

Därmed är vi inne på den för Marcel karaktäristiska tanken på engagemang och delaktighet. Vi är delaktiga i världen därför att vi är ”inkarnerade” i en kropp, därför att vi alltid redan befinner oss i en situation, som bestämmer vårt perspektiv. Men vi är delaktiga också därför att vi alltid delar vårt liv med andra, därför att vi upptäcker oss själva först i dialog med andra. Marcel söker sig mot en ”den andra personens filosofi”. I det etiska och medmänskliga förhållningssättet där jaget sträcker sig mot ett du upptäcker Marcel en transcendent rörelseriktning, någonting som överskrider den empiriska erfarenhetens mångahanda och öppnar sig mot Varat, mot ett transcendent Du, mot Gud. Marcel föreställer sig inte att Guds existens skulle kunna bevisas. Men hans egen syn på människan och hennes betingelser är ovillkorligt förknippad med tron på en personlig Gud.

Beröringspunkter med Marcels religiösa utveckling finns hos Simone Weil (1909–1943), judinnan som gick över till kristendomen och som i sina *Cahiers* (”Anteckningsböcker” utgivna 1951–56) efterlämnade ett ytterst fängslande självbiografiskt, religiöst och filosofiskt dokument. Simone Weil var religiöst och politiskt radikal, visade genom självvalt fabriksarbete sitt partitagande för arbetarna, deltog på republikansk sida i spanska inbördeskriget och svalt till slut sig själv till döds i solidaritet med sina plågade judiska stamfränder. Hennes tänkande kretsade kring sociala och religiösa teman. Hon framhöll motsättningen mellan den rigida mekaniska nödvändighet, som styr universum och människans inneboende längtan efter godhet. Hon betonade det moderna arbetslivets själsförintande och förtryckande karaktär. För henne var det kristna korset den bästa symbolen för den lidande mänsklighetens situation.

Det har framgått vilken betydelsefull roll företrädare för den judiska folkgruppen spelat i 1900-talets filosofi. De judiska filosofernas inställning till den judiska religionen uppvisar därvid rika variationer. Somliga som Edmund Husserl, Ernst Cassirer och Hannah Arendt har stått utanför konfessionellt engagemang. Andra som Max Scheler, Gabriel Marcel och Simone Weil har varit bekännande kristna. Andra åter har inte bara privat bekänt sig till den mosaiska tron utan dessutom gjort judiska tankegångar till viktiga inslag i sin filosofi. Martin Buber (1878–1965), med sin ställvis om Marcel påminnade "jag-du-filosofi", hör dit. Dit hör också en av den franska fenomenologins märkesmän, Emmanuel Lévinas.

Emmanuel Lévinas (1906–1995) föddes i Kaunas i Litauen i en strängt judisk familj (hans föräldrar och syskon föll under fyrtiotalet offer för Hitlers judeförintelse). På tjugotalet studerade han filosofi i Freiburg för Husserl och Heidegger. Senare kom han till Frankrike, där han 1973 krönte sin akademiska bana med en professur vid Sorbonne. År 1961 gav Lévinas ut vad som ofta betraktas som hans huvudarbete, *Totalité et infini* ("Totalitet och oändlighet"). Men först under åttiotalet kom han allmänt att ses som en av Frankrikes främsta och mest originella levande filosofer. Lévinas dog 1995.

För Lévinas är etiken den första filosofin. I det primat som sålunda tilldelas etiken ser han själv otvivelaktigt en sorts judisk divergens från den västerländska filosofins hellenska tradition med dess höga värdesättande av det teoretiska livet. En kritik mot Västerlandets filosofiska tradition för Lévinas också fram när han angriper vad han ser som dess preferens för "totalitets-" och "identitetstänkande". Den västerländska vetenskapen har haft en förkärlek för en objektiv och objektiverande kunskap, som trott sig kunna omfatta tillvaron i dess totalitet och där det gällt att reducera allting till "identitet". I en sådan kunskap ser Lévinas en våldshandling och en krigsförklaring, en intolerans riktad mot det annorlunda och säregna.

Liksom Kierkegaard en gång försvarade "hiin enkelte" gentemot den Hegelska totaliteten försvarar Lévinas "den Andre", det främmande och icke-identiska som vi måste respektera. Etiken påbjuder just respekt för "den Andre", tydligast kanske i Thorans bud: "Du skall inte dräpa!". Bevekande talar Lévinas om "den Andres" våldslösa motstånd, det etiska motstånd som finns hos ”Ansiktet” med ”sina försvarslösa ögons totala nakenhet och sin blicks absoluta rätlinjighet och öppenhet”. Till sin essens är människan egoistisk, identisk med sig själv. Men denna essens överskrids då människan i språket och tilltalet vänder sig till den Andre. I tilltalet av andra lämnar människan ut sig själv, utsätter sig för att bli sårad eller avvisad. Hon visar en beredskap till ömsesidighet, till att sätta sig själv i den andres ställe. I detta överskridande av självidentiteten och av de givna villkoren finns en transcendens, en riktning mot den Andre som är Gud. Lévinas teologi saknar, som synes, inte beröringspunkter med Bubers eller Marcels. Också Lévinas kan i viss mening sägas filosofera i andra person.

En delvis liknande filosofisk bakgrund som hos Lévinas finner vi hos Paul Ricoeur (1913–2005), som innehaft filosofiprofessurer bl.a. i Strassburg, Paris (Sorbonne) och Chicago. Husserls fenomenologi och Marcels kristna existensfilosofi har betytt mycket för Ricoeur, själv kristen av protestantisk konfession. En religiös problematik finns ständigt närvarande hos denne filosof, som bland annat analyserat syndens och skuldens symboliska uttrycksformer. Ricoeurs intresse för hermeneutiken har också en del av sina rötter i teologiska frågeställningar.

Paul Ricoer 1970 då han avgick från sin dekanuspost vid Nanterre-universitetet. Pressens bild.

Ricoeurs hermeneutiska teori kännetecknas av en strävan att förmedla mellan "förklaring" och "förståelse". Han har visat ett starkt intresse för "misstankens mästare", Marx, Nietzsche och Freud (den sistnämnde föremål för boken *De l'interprétation. Essai sur Freud,* "Om tolkning. Essay över Freud" 1965). Alla dessa strävade att gå bakom de manifesta fenomenen och tränga in till underliggande orsaker. Alla förutsatte de existensen av ett "falskt medvetande" som det gällde att underminera. Så förhöll det sig när Marx sökte ideologiernas rot i klassintressen, Nietzsche spårade moralens genealogi eller Freud avslöjade de omedvetna drivkrafterna bakom våra föreställningar och beteenden. Misstankens mästare ville förklara snarare än förstå.

Ricoeur vill emellertid visa att också förståelsen är nödvändig. Först sedan det manifesta innehållet hos en föreställning, en åskådning, en ideologi, en religion omsorgsfullt klarlagts genom en hermeneutisk och fenomenologisk förståelse vet man vad som är temat för förklaringen, dvs. för en förklaring som inte reducerar eller stympar sitt objekt utan försöker förklara det sådant det är. Förklaringen leder i sin tur till en fördjupning av förståelsen. Sökandet efter orsaker och lagbundenheter är inte oförenligt med hermeneutisk förståelse utan en hjälp för denna. Därmed blir ett återvändande från orsaksförklaringen till en ny, djupare förståelse, en "andra naivitet", möjlig. Misstanken, undermineringen blir för Ricoeur inte självändamål. Förklaringen förklarar inte bort fenomenet. Tvärtom kan den tjäna till att återställa det i dess fulla integritet och innebörd.

Under senare år har Ricoeur framför allt sysselsatt sig med historieskrivningens och tidsupplevelsens problematik. I det stora verket *Temps et récit* ("Tid och berättelse" 1983–86) har han gentemot inflytelserika strömningar i samtidens historiografi försvarat det historiska berättandet. Liv och berättande befinner sig i en komplicerad växelverkan, menar Ricoeur. Vi ger våra liv innebörd och vi definierar vår egen identitet genom narrativ gestaltning. Den specifikt mänskliga tiden är en som kan berättas, bli till historia och historier. Att berätta är samtidigt att förklara och tolka. De stora nydaningarna inom den historiska vetenskapen handlar alltid också om nya sätt att berätta, om nya slag av intrig, om nya handlande subjekt. Hos Ricoeur kompletteras och modifieras den fenomenologiska undersökningen av den upplevda tiden genom narratologiska, berättartekniska undersökningar av den episka framställningsformen.

Den fenomenologiska strömningen har varit en av de mäktigaste i 1900-talets filosofi. Husserls stridsrop "Till sakerna själva!" innehöll löfte om ett återvändande från abstraktionerna till det konkreta, det omedelbart upplevda och medvetna, tingen i deras integritet. Många hörsammade lockropet. I andra avseenden var Husserl emellertid mindre lyckosam. ”Filosofin som sträng vetenskap – den vackra drömmen är förbi!” står det i en efterlämnad anteckning från hans sista tid. Husserl själv hade velat grunda filosofin som strängt objektiv vetenskap, han hade velat ge det västerländska filosofiska förnuftet nya grundvalar och ny livskraft. Hos den främsta av Husserllärjungarna, Heidegger, möter vi i stället en ”destruktion” av den västerländska filosofiska traditionen och av det västerländska förnuftet. Heidegger skulle i just dessa avseenden få många efterföljare. Till en del hjälptes han här av tendenser som låg immanenta i fenomenologin själv. I dess inriktning på konkretion och på det för medvetandet omedelbart givna fanns något som pekade i annan riktning än den filosofiska traditionens poängtering av idéerna, essenserna, det nödvändiga och lagbundna.

Det är ingen tillfällighet att det tidigt uppstod en allians mellan fenomenologi och existensfilosofi, hur främmande en sådan allians än kunde tyckas med hänsyn till Husserls ursprungliga projekt. Det föreföll naturligt att från fenomenologiska utgångspunkter utveckla en analys av det konkret-individuella, av människans situationsbundenhet, av existensen snarare än av essensen, av det kontingenta snarare än av det förnuftsnödvändiga. Både existensfilosofin och den religiösa problematiken låg i förlängningen av något som fanns inneboende i själva den fenomenologiska ansatsen.

Också i ett annat avseende utvecklades den fenomenologiska rörelsen annorlunda än vad Husserl skulle ha hoppats. Försöken att grunda värdenas objektivitet på fenomenologisk analys och ”Wesensschau” utföll aldrig helt övertygande. Nihilismens problem överlevde. Det fanns närvarande hos Heidegger, som därav drevs till en uppgörelse med hela den västerländska rationaliteten, vilken i sina yttersta konsekvenser tycktes leda till ett sönderfrätande av alla objektiva värden. Det var själva drivkraften hos Sartre, som försökte göra just denna nihilism till startpunkten för en ny moral. Det fick många av fenomenologins utövare att söka återanknytning till en religiös transcendenstanke.

Edmund Husserls stora företag att ge den västerländska förnuftstraditionen nytt fundament ledde sålunda till svårigheter. Vi skall se i vad mån andra 1900-talsfilosofier hade mer entydig framgång.

Marxism, strukturalism, postmodernism

En av de tankeriktningar från 1800-talet som levt vidare och under 1900-talet fått nytt liv är marxismen. Politiska händelser, framför allt bolsjevikrevolutionen i Ryssland 1917, har bidragit till denna livskraft. Den ryska revolutionen ledde till uppkomsten av sovjetmarxismen som statsbärande ideologi, teoretiskt en vidareutveckling och dogmatisering av den s.k. Andra internationalens marxism hos Engels, Karl Kautsky och Georgii Plechanov. Sovjetstatens grundare, Vladimir Iljitj Lenin (Uljanov), en man med livliga teoretiska och filosofiska intressen, blev den förmedlande länken. Men revolutionen och Sovjetstaten inspirerade också en "västlig" marxism, som i stor utsträckning sympatiserade med bolsjevikernas politiska syften, men som filosofiskt befann sig på avsevärt avstånd från den ortodoxa moskvamarxismen. Huvudfiguren i det första stadiet av denna västliga marxisms utveckling var Georg Lukács.

Från Lukács till Frankfurtskolan

Georg Lukács (1885–1971) kom från en burgen judisk familj i Budapest i Ungern. Hela hans intellektuella skolning var dock tyskspråkig och han studerade åren före första världskriget i Tyskland för sociologer och filosofer som Georg Simmel och Max Weber. Där träffade Lukács också den jämnårige Ernst Bloch (1885–1977). Även Bloch, vars utveckling i mycket gick parallellt med Lukács, skulle komma att utveckla sig i riktning mot marxismen, vars utopiska och millenaristiska element han betonade i bl.a. det stora verket *Das Prinzip Hoffnung* ("Hoppets princip" 1954–59). Under kriget radikaliserades Lukács och anslöt sig till kommunismen, vilken han skulle förbli trogen under resten av sitt liv. Några år efter krigsslutet gav han ut sitt ojämförligt mest betydelsefulla arbete, *Geschichte und Klassen-*

bewusstsein ("Historia och klassmedvetande" 1923). Det innehöll en nytolkning av marxismen i hegeliansk anda.

Det centrala i marxismen, hävdade Lukács i *Geschichte und Klassenbewusstsein*, är inte historiematerialismen eller några andra specifika teser. Det är den dialektiska metoden och totalitetsbegreppet. Den borgerliga vetenskapen ger enligt Lukács en "reifierande", förtingligande beskrivning av den sociala verkligheten. Det vill säga, denna verklighet beskrivs som naturgiven, som bestående av givna, "objektiva" fakta. Men inte bara beskrivningen av den utan den borgerliga verkligheten själv är reifierad eller alienerad. Under kapitalistiska förhållanden framstår människan som styrd av järnhårda "marknadslagar". Människan är berövad sin frihet och sitt verkliga väsen. Det samhälle hon lever i är avhumaniserat, atomiserat. En rationalitet är förhärskande där människorna betraktas som kalkylerbara ting, föremål för byråkratisk administration eller för taylorismens tidsstudier på fabriksgolvet. Den marxistiska filosofin måste på en gång förändra bilden av verkligheten och verkligheten själv. Den måste utgöra en förening av teori och praxis. Den måste återge människan hennes subjektivitet genom insikten att hennes öde inte är styrt av någon mekanisk nödvändighet utan kan omvandlas genom fritt handlande. Dess avgörande ögonblick kommer enligt Lukács med den socialistiska revolutionen där proletariatet

Georg Lukás. Teckning av David Levine.

som världshistoriens subjekt upphäver förtrycket och alienationen. Det är hegeliansk historiemetafysik av bästa märke, men med arbetarklassen i rollen som Världsandens redskap.

Georg Lukács skulle i fortsättningen skörda lagrar framför allt som marxistisk litteraturkritiker. Men hans tolkning av marxismen från *Geschichte und Klassenbewusstsein* kom att leva sitt eget liv och bli utgångspunkten för bl.a. den s.k. Frankfurtskolan, den mest inflytelserika och varaktiga av alla skolbildningar inom ”västmarxismen”. Frankfurtskolan utgjordes av en grupp forskare knutna till Institut für Sozialforschung, ett privat forskningsinstitut grundat i Frankfurt i Tyskland 1923. De ledande representanterna var Max Horkheimer (1895–1973), som 1930 blev institutets rektor, Theodor Adorno (1903–1969) och Herbert Marcuse (1898–1979). Till dem som hade en mer lös anknytning till institutet hörde litteraturkritikern Walter Benjamin (1892–1940). Alla var de judar med borgerlig bakgrund. Nazisternas maktövertagande 1933 gjorde det nödvändigt att flytta institutet utomlands. Så småningom fann det en fristad i USA. Först 1950 återvände två av institutets främsta medlemmar, Horkheimer och Adorno, till Frankfurt, under det att Marcuse stannade kvar i USA.

Grundidéerna i den ”kritiska teorin”, som Frankfurtskolans filosofi kom att kallas, fick en auktoritativ formulering i Horkheimers programuppsats ”Traditionell och kritisk teori”, som publicerades 1937. Uppsatsen byggde på en kontrast mellan den ”traditionella”, borgerliga, teorin och den marxistiska, ”kritiska”. Utmärkande för den ”traditionella” teorin är enligt Horkheimer en arbetsfördelning som återspeglar specialiseringen inom den kapitalistiska ekonomin och som innebär en sträng åtskillnad mellan teori och praktik, mellan ”fakta” och ”värderingar”. Den traditionella teorin ser samhället som något naturgivet, styrt av naturlagsliknande lagar. Det borgerliga förnuftet är ett ”instrumentellt” förnuft som i Bacons eller Comtes anda försöker finna lagbundenheter med vars hjälp man kan behärska och manipulera naturen och människorna.

Mot detta instrumentella förnuft kontrasterar Horkheimer den kritiska teorins så att säga teleologiska förnuft, en rationalitet som innefattar inte bara handlandets medel utan också dess mål. Den kritiska teorin står i tjänst hos en praxis, närmare bestämt en revolutionär praxis. Den ser inte samhällets lagar som naturgivna utan som skapade av människorna och därför upphävbara. Gravitationslagen kan inte upphävas genom mänskligt handlande, men väl den kapitalistiska värdelagen. Den traditionella teorins jämställande av naturvetenskaper och samhällsvetenskaper måste därför vara missvisande, ja bottna i ett reifierat medvetande som inte ser skillnaden mellan samhälleliga förhållanden och naturlagar. Företrädaren för den kritiska teorin kan med detta sätt att se aldrig vara ren vetenskapsman eller teknisk expert. Han måste vara engagerad för det förnuftiga målet och för den samhällsomvandling som skall förverkliga det.

Kritiken mot det instrumentella förnuftet i namn av en högre typ av förnuft fortsatte Horkheimer i en bok som han under kriget gav ut tillsammans med Adorno, *Dialektik der Aufklärung* ("Upplysningens dialektik" 1944). Här analyserade författarna det upplysta förnuftet som uttryck för en vilja till makt i Bacons anda. Upplysningens grundidé är att befria människan genom att använda förnuftet som redskap för att behärska och utnyttja naturen. Men detta projekt slår tillbaka mot människan själv. Det instrumentella förnuftet kommer när det väl etablerats som civilisationsbärande kategori

Horkheimer och hans protegéer Marcuse, Adorno och Habermas. Karikatyr av Volker Kriegel.

att utsträcka sin makt till människan själv i en socialteknokratisk dominans. Allt fler livsområden dras in under dess herravälde. Det instrumentella och utilitaristiska betraktelsesättet utsträcks över hela tillvaron där det inte längre finns några tabun eller någon känsla av vördnad och helighet. Ont och gott, rätt och orätt har ställts utanför förnuftets domän och därmed mist sin auktoritet. Subjektet trängs undan, världen betraktas som summan av kvantifierbara föremål för cynisk manipulation.

Horkheimers och Adornos pessimistiska betraktelse över den moderna kultur som utgått från upplysningen kulminerar i deras beskrivning av ”kulturindustrin”. I det moderna massamhället har kulturen mist sin ”negativa”, kritiska, kraft. Den har blivit en vara för massproduktion, konventionell, strömlinjeformad och ägnad att cementera bestående förhållanden. Någon väsentlig skillnad mellan fascistisk och kommunistisk indoktrinering och den manipulation av massornas medvetande som ”kulturindustrin” åstadkommer i de kapitalistiska demokratierna uppfattade Horkheimer och Adorno inte. Deras pessimistiska syn på moderniteten i sin helhet delades av Marcuse, som i den på sin tid mycket lästa och omdiskuterade boken *One-dimensional man* (”Den endimensionella människan” 1964) utmålade den manipulering och banalisering av existensen som han ansåg det moderna samhället medföra.

Förhoppningen om en proletär revolution spelade med åren en allt mindre roll för Frankfurtskolans grundare. Ett utopiskt löfte såg de däremot inkarnerat i den autonoma konsten. Adornos *Ästhetische Theorie* (”Estetisk teori” 1970) liksom Marcuses *Die Permanenz der Kunst* (”Konstens permanens” 1977) bar vittne om detta. I den avantgardistiska konsten finns, menade de, den autenticitet, den negation av den fortgående repressionen, det frälsningshopp, som så fullkomligt saknas i den status-quo-bekräftande kulturindustrin.

Habermas och förnyelsen av den kritiska teorin

Den i Frankfurt 1950 nygrundade skolan fick i Jürgen Habermas (f. 1929) sin mest kände adept. Denne Adornos och Horkheimers lärjunge, som 1964 efterträdde Horkheimer som professor i filosofi och sociologi i Frankfurt, kom också att bli Västtysklands mest celebre och internationellt ryktbare filosof. Sina läromästares av Kant, Hegel och Marx inspirerade ”kritiska teori” övertog han i vissa grunddrag, men han stöpte om den i nya filosofiska formar och han intog en långt mer positiv hållning till det upplysta förnuftet och till moderniteten som projekt än den som präglat *Dialektik der Aufklärung*. Det vetenskapligt-tekniska förnuftets landvinningar betraktar Habermas som omistliga samtidigt som han kritiserar den invadering av livsvärldens domäner som han anser ha ägt rum från det instrumentella förnuftets sida. I ett voluminöst författarskap, där *Erkenntnis und Interesse* ("Kunskap och intresse" 1968) och *Theorie des kommunikativen Handelns* ("Det kommunikativa handlandets teori" 1981) betecknar två av milstolparna, har han utvecklat en samhällsuppfattning, en språkteori och en kunskapssyn, vilka alla står i nära systematiskt sammanhang med varandra.

Livsvärlden, människornas gemensamma värld av innebörder, normer och åskådningsformer, byggs upp genom språk och kommunikation. Där härskar en annan sorts rationalitet än den instrumentella (eller naturvetenskapligt-tekniska). Habermas poängterar, delvis under anknytning till J. L. Austins s.k. talaktsteori, att den som går in i en samtalssituation därmed accepterar vissa regler. En dialog mellan olika människor förutsätter vissa krav på rationalitet. Alla måste vara beredda att lyssna på varandras argument, alla måste acceptera att rätta sina motargument efter förnuftsenlighetens normer. I princip måste alla deltagare i samtalet erkännas som likvärdiga. Bara argumentens hållbarhet, inte deltagarnas makt eller status, skall vara avgörande i det förnuftiga samtalet.

I ett sådant förnuftigt samtal, en sådan fri och demokratisk dialog mellan likaberättigade parter, ser Habermas nu en samhällsmodell. Det är, kunde man säga, det filosofiska seminariet omvandlat till politisk utopi. Men Habermas' poäng är att denna utopi har en förankring i semantiken och i den pragmatik som styr samtalssituationerna. Om samtalets rationella normer skrivs med stora bokstäver i form av en politisk modell får vi den tvångsfria, jämlika demokratin. I den konsensus som Habermas i anslutning till Peirce föreställer sig skulle uppstå som följd av en fri och rationell dialog, såg han det enda tänkbara kriteriet på sanning. Själva sanningsbegreppet görs sålunda av Habermas till föremål för en utopisk projektion.

Det offentliga samtal som utspinner sig i de faktiskt existerande demokratiska marknadsekonomierna tillfredsställer emellertid på intet vis vad Habermas menar med "en fri dialog" eller "en idealisk talsituation". Tvärtom anser han detta samtal snedvridet och förvrängt av djupt liggande blockeringar, av våldsinslag och maktutövning som är ofrånkomligt förbundna med kapitalismen. I anslutning till Marx och Freud talar Habermas om ett falskt medvetande och en störd kommunikation. En naiv hermeneutik som utgår från det samhälleliga medvetandet sådant det är ter sig därför otillräcklig. En djuphermeneutik erfordras, med vars hjälp de dolda störningarna och institutionella våldsinslagen kan blottläggas. Först en emanci-

Jürgen Habermas 1981. Pressens bild.

pation från det bestående samhället kan skapa fullmyndiga individer som i en fri dialog kan utveckla ett sant och oblockerat medvetande. En frigörelse från traditionens nedärvda tankeformer och interpretationsmönster är nödvändig för att detta skall kunna förverkligas. Habermas anammar upplysningens projekt om en frigörelse från det förflutna och det bestående, men radikaliserar det till socialistisk utopi.

Marxismen har funnits närvarande i 1900-talets filosofi väsentligen i form av legeringar med andra element. Hos Lukács och i den kritiska teorin förekom marxismen sammansmält med hegelianism och kantianism, hos Sartre och Merleau-Ponty med fenomenologi och existentialism. När existentialismen under sextiotalet i Frankrike trängdes undan av strukturalismen visade sig marxismen kunna bestå också i denna nya filosofiska miljö.

Strukturalismens skördetid

I början av sextiotalet föreföll Sartreepoken ha överlevt sig själv i fransk filosofi. Den som inledde stormningen av den existentialistiska Bastiljen var Claude Lévi-Strauss (f. 1908), vars *La pensée sauvage* ("Det vilda tänkandet", alternativt "Styvmorsviolen" 1962) avslutades med ett förödande angrepp på Sartres *Critique de la raison dialectique*. Själv var Lévi-Strauss en antropolog, vars akademiska bana sträckt sig över flera länder innan han till sist fann hamn i en professur i socialantropologi 1959 vid Collège de France. Sin metod hämtade Lévi-Strauss i stor utsträckning från lingvistiken, i synnerhet från Ferdinand de Saussure (1857–1913), vars *Cours de linguistique générale* ("Kurs i allmän lingvistik") bildade epok då den publicerades 1916.

Saussure hade betonat att språket måste förstås som en struktur. Inte de enskilda orden eller tecknen utan det system av "åtskillnader" vari de ingår och varigenom de tilldelas sin funktion är det avgörande. Det enskilda yttrandet (av Saussure kallat *la parole*) tedde sig mindre intressant än språksystemet (*la langue*). Det är språket som system som reglerar hur det enskilda yttrandet utformas, vilka yttranden som är korrekta eller möjliga och vilka som inte är det.

Lévi-Strauss försökte i sina antropologiska undersökningar visa hur också folkens myter, sedvänjor och föreställningar kan betraktas som ett språk, reglerat av en bestämd grammatik och semantik. Hans studier av exempelvis släktskapsrelationer bland stamfolk eller av totemismen blev berömda. Överallt tänkte sig Lévi-Strauss en sorts intellektets omedvetna aktivitet som påtvingar ett innehåll vissa former, så att det finns en omedveten struktur som ligger under varje institution och varje sedvänja. Genom att finna grammatiken hos dessa omedvetna former kan man komma fram till en förklarande princip. Det är begripligt att Lévi-Strauss' uppfattning betecknats som en "kantianism utan transcendentalt subjekt". Reservationen "utan transcendentalt subjekt" är viktig. Ty Lévi-Strauss vill bannlysa subjektskategorin ur humanvetenskaperna – här ligger hans djupaste motsättning till existentialism och fenomenologi. Det som styr är omedvetna strukturer. Det mänskliga subjektets förmodat fria handlande och tänkande är en myt. I Lévi-Strauss' värld råder inte frihet utan strikt nödvändighet. Därför kan Lévi-Strauss också vara övertygad om att den sociala och mänskliga verkligheten kan göras till föremål för rigorös vetenskaplig beskrivning och förklaring.

Den intellektuella scenen i Frankrike kom under sextio- och sjuttiotalen i stor utsträckning att befolkas av "strukturalister". Litteraturkritikern Roland Barthes (1915–1980) och psykoanalytikern Jacques Lacan (1901–1981) kan framhållas bland de mest prominenta, liksom den betydligt yngre psykoanalytikern och språkfilosofen Julia Kristeva (f. 1941). En särskild plats i strukturalismens pantheon intogs av den marxistiske filosofen Louis Althusser (1918–1990).

Den strukturalistiska stammen – Foucault, Lacan, Lévi-Strauss och Barthes. Karikatyrteckning av Maurice Henry.

I arbeten som *Pour Marx* ("För Marx" 1965) och *Lire le Capitale* ("Att läsa Kapitalet" tillsammans med Étienne Balibar 1965) gick Althusser till attack mot den "humanistiska marxism" som bl.a. Lukács, Frankfurtskolan och Sartre representerat och som ställt subjektsbegreppet och alienationsproblematiken i centrum. Althusser medgav att en sådan humanistisk problematik funnits i Marx' ungdomsskrifter, men hävdade samtidigt att ett "kunskapsteoretiskt brott" skilde den unge från den mogne Marx. Först när Marx nått fram till en objektiv, materialistisk problematik, där subjektet sågs som sekundärt till de omedvetna ekonomiska strukturerna, hade han kunnat grunda en ny vetenskap. Marx' insats tedde sig för Althusser som ett led i en fortgående "decentrering" av människan – Copernicus hade avhyst henne från hennes centrala position i universum, Darwin från hennes privilegierade plats i skapelsen. Nu hade Marx visat att subjektet och den mänskliga friheten saknar betydelse för den av opersonliga krafter styrda historien. Till slut kom Freud att slå i sista spiken genom att visa att det medvetna subjektet inte ens regerar i individens eget själsliv.

Althussers' "strukturalistiska" version av marxismen kom att få avsevärt inflytande på den revolutionära studentmilitans som utvecklades vid de franska universiteten under den sena sextiotalet och tidiga sjuttiotalet. Hans ställning som beundrad lärare vid École normal superieur bidrog till det.

Foucault, kunskapen och makten

Bland Althussers elever vid École normal fanns en ung man som skulle låta tala om sig. Michel Foucault (1926–1984) blev under sjuttio- och åttiotalen den mest kände och omdiskuterade av de tänkare som utgått från det strukturalistiska lägret. En rad briljanta – och briljant skrivna – undersökningar kring idé- och vetenskapshistoriska teman förde honom till en professur vid Collège de France 1969 och bar hans namn runt världen. Nämnas kan *Histoire de la folie à l'âge classique* ("Vansinnets historia under den klassiska perioden" 1961), en undersökning av sinnessjukdomens och sinnessjukvårdens historia, *Surveiller et punir. La naissance de la prison* ("Övervaka och straffa. Fängelsets födelse" 1975), en historik över straffväsendets utveckling och *Histoire de la sexualité* ("Sexualitetens historia", tre delar 1976–84), en studie av sexualiteten och synen på sexualiteten från antiken till nutiden. Därtill kom en viktig metodologisk programskrift, *Les mots et les choses* ("Orden och tingen" 1966).

Gång på gång förkunnade Foucault i dessa böcker med dramatiska tonfall "subjektets död" och "människans död". I det fritt handlande och tänkande subjektets ställe satte Foucault "epistemen", en sorts tankestrukturer, som historiskt avlöser varandra. Varje episteme representerar en grammatik för vad det är möjligt att tänka vid en viss tidpunkt, vilka frågor som kan ställas och vilka som inte kan ställas, vilka modeller för återgivande av verkligheten som kan användas och vilka som inte kan det. Den mänskliga friheten avfördes från dagordningen.

Kanske mer originell var Foucault när han utformade ett angrepp mot upplysningstraditionen och mot den västerländska rationalismen. Den allmänna inriktningen hos detta angrepp kan påminna om Heidegger eller om

Michael Foucault i sitt hem i Paris. IBL Bildbyrå.

Horkheimer/Adorno. Men Foucaults undersökningar gällde på ett annat sätt konkreta institutioner och vardaglig praktik.

I *Histoire de la folie* skildrar Foucault hur från mitten av sextonhundratalet ett urskiljande av sinnessjukdomen, ”galenskapen”, sker så att denna ställs i dualistisk motsats till ”förnuftet”. Förnuftet omdefinieras genom att det avskiljer vansinnet från sig, vansinnet förvandlas till det totalt oförnuftiga, det Andra, ett föremål för metafysisk rädsla. I en tidigare period hade de sinnessjuka kunnat accepteras som en del av samhället, de hade inte stötts ut utan haft en plats i gemenskapen, om än på dess lägsta nivå. Från mitten av sextonhundratalet börjar de sinnessjuka interneras. De avskiljs rent fysiskt från de kloka och förs bort. Hospitalens murar blir det yttre tecknet på den absoluta åskillnad mellan förnuft och galenskap som nu införts. Så småningom uppstår också den specifikt psykiatriska diskurs, där galenskapen definitivt stämplas som sjukdom utan det inslag av helighet eller högre visdom som i en äldre kultur tillerkändes de förryckta. Den repression som utövas mot de sinnessjuka innebär också en disciplinering i ”förnuftets” namn av samhället i dess helhet.

I *Surveiller et punir* följer Foucault framväxten av fängelseväsendet under sjutton- och artonhundratalen och tolkar den på liknande sätt som led i en fortgående disciplinering, övervakning och administrering av människorna. Vad som konventionellt betraktats som sinnessjukvårdens respektive straffväsendets ”humanisering” till följd av mer upplysta synsätt ses av Foucault som utslag av en alltmer intensifierad maktutövning.

Den ”vilja att veta” som alltsedan Aristoteles ansetts bära västerländsk filosofi och vetenskap uppfattar Foucault i Nietzsches anda som en ”vilja till makt”. Kunskap är makt, makt är kunskap – de båda hör samman i en oskiljbar enhet. I en rad analyser av framväxten av medicinen, psykiatrin, kriminologin, sociologin som vetenskaper vill Foucault visa hur de alla stått i tjänst hos Makten, hos en reglering och normalisering, där allting marginellt, avvikande eller hotande stötts ut.

Derrida – traditionen dekonstruerad

Mellan Foucault och han kollega och rival på den franska intellektuella scenen, Jacques Derrida (f. 1930, sedan 1983 ledare för Collège International de Philosophie i Paris), utspelades en berömd kontrovers på högsta filosofiska nivå. Den gällde inte den subversiva intentionen – också Derrida har varit inställd på att underminera det västerländska förnuftet och den västerländska filosofiska traditionen. Men den gällde metoden. Foucault hade försökt attackera det västerländska förnuftet utifrån, via en i Nietzsches mening genealogisk undersökning av dess historia och institutioner. Derrida menar att kritiken bara kan ske inifrån, via det han kallar en ”dekonstruktion”. Alltsedan sitt genombrott 1967, då han sensationellt framträdde med två tunga arbeten, *De la grammatologie* (”Om grammatologin”) och *L'Écriture et la différence* (ung. ”Skriften och skillnaden”), har Derrida excellerat i ”dekonstruktiva” läsningar av klassiska filosofiska texter. Platon och Rousseau, Hegel och Husserl är bara några av de författare som underkastats denna speciella form av explosiv exeges.

Västerlandets intellektuella tradition har enligt Derrida varit ”logocentrisk”. Det har betytt ett överskattande av förnuftet, men också av ordet, av det levande talet, den varma rösten i motsats till skriften. Derrida har velat visa hur det hos representativa västerländska tänkare funnits en ”närvarons metafysik”. Sanningen och kunskapen har definierats som den omedelbara närvaron av något – idéerna, Varat, Gud. Den viktigaste kunskapsteoretiska attityden har varit skådandet, man kan tala om en västerländsk dyrkan av ögat och ljuset. Mot detta ställer Derrida skriften, det skrivna tecknet som endast markerar ett spår av något frånvarande, av en innebörd som det hänsyftar på, men som aldrig är här och nu. I synnerhet i sin senare filosofi och under inverkan från Lévinas kom Derrida att laborera med en motsättning mellan hellener och hebréer (terminologin hämtad från den viktorianske litteraturkritikern Matthew Arnold). Mot hellenernas *theoria*, den inriktning på det teoretiska skådandet och det kontemplativa livet, som burit den västerländska filosofiska traditionen, spelar juden Derrida ut det primat etiken har för hebréerna.

Men om Derridas tänkande kunnat tolkas som en hebréernas revansch på grekerna har det också uppfattats som retorikens hämnd på filosofin. Karaktäristiskt för Derrida har nämligen varit hans tillvägagångssätt att utnyttja en retorisk och litterär analys av texter för att komma till rätta med filosofin. Det är sålunda ingen tillfällighet att hans inflytande varit som störst just inom litteraturkritik och litteraturvetenskap, där han särskilt i USA fått otaliga efterföljare.

Derridas ”dekonstruktion” har inneburit en metod att läsa en författare ”mot” honom själv. I stället för att kritisera de filosofiska texterna utifrån har Derrida gått in i dem, sökt läsa dem med iaktgivande inte bara på det bokstavliga argumentet utan på textens litterära uppbyggnad, på bildspråket, de retoriska greppen, ja på citat, allusioner och fotnoter. Därvid har han sökt efter aporierna, de blinda fläckarna, sprickorna, självmotsägelserna, allt i en text som ofrivilligt förråder en spänning mellan logik och retorik, mellan textens manifesta och dess dolda innebörder. Ty det är Derridas övertygelse att texterna aldrig förmedlar något entydigt budskap, aldrig kontrolleras av författarens medvetna vilja. I varje text finns sprickor, motsättningar mellan det bokstavligt förmedlade och det som gömmer sig i valet av metaforer, av retorisk strategi, av kompositionell struktur. Dekonstruktionen blir ett sökande efter texternas heterogenitet och interna konflikter.

Hos den sene Foucault och hos Derrida övergår "strukturalismen" till vad man ofta betecknat som en "poststrukturalism". Kritiken mot subjektskategorin och de lingvistiska analogierna behålls, men den tro på en rigorös vetenskap och på en fixerbar helhetsstruktur, som fanns hos Lévi-Strauss och Althusser, överges. Den vackra drömmen om en sträng vetenskap förverkligas lika lite för strukturalismens del som för fenomenologins. Hos företrädarna för "poststrukturalism" och "postmodernism" är den redan förbi. Uttrycket "postmodernism" har omväxlande med "poststrukturalism" kommit att användas för att markera en ny intellektuell situation. Den som framför andra bidragit till att popularisera det i fransk debatt är Jean-François Lyotard.

Postmodernism hos Lyotard och Baudrillard

Jean-François Lyotard (1924–1998), åren 1972–1987 professor vid universitetet i St. Denis) har gjort sig känd genom böcker som *La condition postmoderne* ("Det postmoderna tillståndet" 1979) och *Le différend* ("Oenigheten" 1983). Det förstnämnda arbetet medförde ett genombrott för termen "postmodernism", som där av Lyotard definierades på ett verkningsfullt sätt. Ett postmodernt tillstånd är enligt honom ett där "de stora berättelserna" inte längre är giltiga. Med "stora berättelser" avses då religiösa, metafysiska eller ideologiska system som är avsedda att förklara tillvaron i dess helhet, t.ex. kristendomen, hegelianismen, marxismen, psykoanalysen eller strukturalismen. Mästartänkare som Hegel, Marx, Freud och Heidegger hade länge dominerat den intellektuella debatten i Frankrike, deras läror hade omfattats med religiös iver.

Nu förkunnade Lyotard en ny hedendom, en sekulariserad inställning till tillvaron. De stora berättelserna är, menade han, på väg att ersättas av de partiella, fragmentariska, subjektiva och provisoriska sanningarna. Inte minst har den stora berättelsen om vetenskapen och "det moderna projektet" brutit samman. Modernismen som dröm om lineärt framsteg och om människans emancipation ersätts i det postmoderna tillståndet av de många individuella projekten. Det finns inte längre någon ”metaberättelse” som enar de privata projekten till en universell rörelseriktning. Avgörande på ett kunskapsteoretiskt plan är därvid frånvaron av en ”högsta instans”.

I västerländsk filosofi har man gärna föreställt sig existensen av ett yttersta sanningskriterium som skulle kunna ge ett högsta utslag vid alla oenigheter. Nu vill Lyotard visa hur det finns oenighet mellan helt inkommensurabla diskurser, diskurser som var och en har sina egna regler, sina egna kriterier, men där det inte existerar någon stor ”metadiskurs” som skulle kunna döma över de övriga. Vi måste finna oss till rätta med vad fler än Habermas funnit svårt att acceptera: oenighet som inte tenderar mot konsensus. Postmodernismen innebär en ny, radikalare pluralism.

Till den franska postmodernismens profeter kan också räknas Jean Baudrillard (1929–2007, professor vid Paris-Nanterre-universitetet). Liksom så många intellektuella slöt han sig under sextiotalet till marxismen, varifrån han sedan successivt emanciperat sig. En station på den vägen betecknas av *Le miroir de la production* (”Produktionens spegel” 1973). Där anknyter Baudrillard till Marx' lära om varufetischismen, men går flera steg vidare. Det avgörande i den modernaste ekonomin, förklarar han, är inte varan som bruksvärde, inte heller varan som bytesvärde, utan varan som symboliskt värde. Vi köper varorna för vad de betecknar, för den status och prestige de kan överföra till oss. Vi har fått en tecknens politiska ekonomi, skapad till stor del av den moderna reklamen.

Överhuvud tillmäter Baudrillard moderna media, inte minst TV, stor roll för det han i sina senare böcker (t.ex. *Les stratégies fatales*, ”De ödesdigra strategierna” 1983 och *Amérique*, ”Amerika”1986) börjar tala om som en postmodern era. Den utmärks enligt honom av ett ”verklighetens försvinnande”. Den traditionella åtskillnaden mellan sken och verklighet upphör, tecknet och det betecknade, föreställning och föreställt blir samma sak. Varans djupaste verklighet har blivit den symboliska. Media skapar för oss en sorts ”hyperrealitet”, en verklighet som är verkligare än verkligheten. Till och med kriget – Vietnamkriget, Gulfkriget – blir såpoperor för TV snarare än realitet i traditionell mening. Har de som Vietnamkriget ingen framgång hos tittarna måste de läggas ned. På liknande sätt är det med demokratins politiska verklighet. Vi föreställer oss konventionellt att gallupundersökningar *mäter* en politisk opinion som faktiskt existerar. Men det vore riktigare att säga att opinionsmätningarna *skapar* en sådan opinion. Det som skulle mätas existerar bara genom att det mäts. I den postmoderna politiska verkligheten finns inga proletärer, inte heller några medborgare. Där finns bara konsumenter av symboliska värden.

Den postmoderna verkligheten är en simulation, en fantasmagori, ett spel av tecken, där tecknet och det betecknade ständigt byter plats. I allt mer uppgivna och desperata tonfall beskriver Baudrillard en värld där alla utopier redan förverkligats och där historiens utvecklingslinjer konvergerar mot det globala komatillståndet. Inte ens nihilismen är längre vad den har varit: "Nihilismen har inte längre den mörka, sotiga, Wagner-Spenglerska färgnyansen från sekelslutet." Den är en genomskinlighetens nihilism. Gud är inte längre ens död – han har blivit en hyperrealitet, en simulation och därmed alltför banal för att inspirera till omvärdering. Nihilismen, synes Baudrillard mena, som vid det förra sekelslutet ännu var Wagnersk opera, har nu sjunkit ned i nivå med ett reklaminslag för fläckborttagningsmedel.

Innan vi slutgiltigt lämnar det latinska språkområdet skall på några punkter den filosofiska utvecklingen i Italien och Spanien uppmärksammas. Därvid kommer det emellertid uteslutande att handla om det lilla fåtal tänkare från dessa länder som haft ett mer betydande inflytande på den europeiska filosofin i dess helhet.

Historicism och existensfilosofi i Italien och Spanien

Italiensk filosofi dominerades under 1900-talets förra hälft av två gestalter, Benedetto Croce och Giovanni Gentile. Först genom sitt samarbete, sedan genom sin oenighet fastställde dessa båda villkoren för den filosofiska debatten i sitt hemland. Och just när deras inflytande började ebba ut uppenbarades en lärjunge till dem, Antonio Gramsci, vars postuma skrifter gjorde honom till Italiens mest omdiskuterade – och utomlands ojämförligt bäst kände – tänkare.

Absolut historicism hos Croce och Gentile

Benedetto Croce (1866–1952) växte upp i Neapel och levde där hela sitt vuxna liv som förmögen privatlärd utan någon universitetsanställning. Ibland deltog han aktivt i politiken. Sålunda var han minister i Italiens sista demokratiska regering före Mussolini och åter i den första demokratiska regeringen efter honom. Genom sitt motstånd mot fascisterna, som dock aldrig vågade röra honom, blev Croce det borgerliga Italiens liberala samvete. Croces filosofi var inspirerad av den italienska hegelianism, som under 1800-talet vuxit sig stark i förbund med nationalitetsrörelsen. I neapolitanaren Giambattista Vico fann Croce dessutom en lokal skyddspatron. Själv betecknade han sin filosofi som en ”absolut historicism”.

Croces historicism innefattar en radikal idealism. Den erkänner som existerande bara Anden, Anden i historien. Individuella skapelser ses som en del av det allmänna andliga livet, vilka uppstår ur det och flyter tillbaka in i det. Med detta synsätt – och då naturen dessutom antas existera bara genom vår uppfattning av den – blir historien som helhet det enda verkliga. Det finns två arter av abstraktion som Croce vänder sig mot. Dels den som består i att man bortser från individuella säregenheter till förmån för en upprepbar allmän typ. Dels den som skär ut individen ur dess sammanhang med helheten. Historien handlar inte om regelbundenheter, om upprepbara händelser som är underkastade allmänna lagar. Men den handlar inte heller om det individuella. Dess egentliga föremål är den konkreta totaliteten, skeendet som helhet. Detta skeende måste enligt Croce förstås på ett *immanent* sätt. Här finns inget bakomliggande väsen, ingen världsande eller orörlig rörare utan händelserna måste förstås genom sig själva. Utifrån den synpunkten kritiserade Croce Hegel, men även Marx, som gjort ekonomin till en sorts förklarande princip bakom skeendet.

Verkligheten är sålunda den ständigt föränderliga, den sig snabbt rörande historien. Men det finns också hos Croce något oföränderligt, en sorts schema. Det gäller hans teori om det andliga livets fyra moment: ekonomin, konsten, moralen och vetenskapen, svarande mot idéerna om det nyttiga, det sköna, det rätta och det sanna. Ekonomin definierar Croce som ”vitalkrafternas” område, det vill säga de egoistiska drifternas, inkluderande både nytta och makt, ekonomi och politik. Vitalkrafterna är förutsättningarna för allt annat, det som brukar betraktas som det andliga livets ”högre” former kan uppstå bara ur de ”lägre” (även om Croce undviker att tala om ”högre” och ”lägre”).

Benedetto Croce 1949. Pressens bild.

Konsten blir hos Croce ett område i paritet med det ekonomiska. Det var som estetiker han framträtt med den bok som i ett slag gjorde honom till Italiens intellektuelle ledare, *Estetica* ("Estetik" 1902). Croce försvarar konstens autonomi som bild och intuition, som uttryck för känsla och aning. Autonomin består emellertid bara så länge konsten betraktas i sin omedelbarhet. Det konstnärliga livet ingår också som en del av det allmänna livet, det ekonomiska, politiska, moraliska och vetenskapliga, suger näring ur vitalkrafternas energier, ger sina impulser till moral och vetenskap. På motsvarande sätt försvarar Croce moralens och vetenskapens autonomi. Ingen av de fyra idéerna om det nyttiga, det sköna, det rätta och det sanna kan reduceras till någon av de andra, men de är alla avhängiga av varandra. I det andliga livet utgör de en sorts cirkel. Ekonomin är det första momentet, i logisk men inte i kronologisk mening (här hade Croce tagit intryck av Marx, via sin lärare vid Roms universitet, marxisten Antonio Labriola). I tiden föds varje moment ständigt på nytt ur de andra. Croce upprätthåller varje sfärs självständighet men inordnar dem samtidigt i helheten.

Croces tankar om historia och historieskrivning, framlagda bl.a. i *La storia come pensiero e come azione* ("Historien som tanke och som handling" 1938), bidrog till det världsrykte han så småningom kom att åtnjuta som filosof. Croce poängterade att historieskrivningen måste vara något annat än krönika, något annat än ett uppräknande av fakta och årtal. Den fordrar också aktiv gestaltning. En händelse, låt oss säga Caesars övergång av Rubicon, måste alltid *tolkas* av historikern. Dess betydelse ligger inte i det fysiska – överskridandet av ett vatten – utan i det moraliska – överträdandet av en lag. I sin egenskap av moralisk händelse kan övergången av Rubicon sedan interpreteras som inledningen till en statskupp, som ett anslag mot den romerska republiken, som upptakten till kejsardömet, som början till Roms största glansperiod eller som början till dess undergång.

"Allt historia är samtidshistoria", säger en tes hos Croce. All historieskrivning har sin anledning i samtidens händelser och utgör försök att belysa dess problem. Historieskrivaren anlägger sin egen tids perspektiv på det förgångna. Detta är oundvikligt och det är legitimt såtillvida som all historia förutsätter en tolkning och varje tolkning måste färgas av den tolkandes erfarenheter. Men Croce är för den skull inte blind för vådorna av sentimental, moraliserande eller propagandistisk historieskrivning. Han framhåller att all forskning måste bygga på vad som kan dokumenteras. Och han utvecklade sitt ideal om en "etisk-politisk" historieskrivning, en där samspelet mellan de politiska och de moraliska faktorerna ställs i fokus. Politiken har sin relativa autonomi – Croce prisade Machiavelli som upptäckaren av den rena politikens spelregler – men måste också ses i sitt totala historiska sammanhang, där den alltid ställs i tjänst hos moraliska idéer, samtidigt som dessa har sina rötter hos politikens och ekonomins vitalkrafter.

Croce såg sig själv som en ”distinktionernas filosof”, vilken samvetsgrant upprättade skillnader mellan subjekt och objekt, mellan teori och praktik, mellan ekonomi, konst, moral och vetenskap. Här skilde han sig från Giovanni Gentile (1875–1944). Gentile var från början Croces vän och vapenbroder i en framgångsrik gemensam kamp mot positivism och naturalism. I Croces berömda tidskrift ”La critica” medarbetade han länge. Men filosofiska meningsskiljaktigheter yppade sig så småningom mellan de båda, snart förstärkta av politiska. Gentile blev fascismens hovfilosof och utifrån en professur i Rom den ledande gestalten i Italiens akademiska filosofi under Mussoliniepoken. Han föll till sist offer för ett attentat från kommunistiska partisaner.

Gentiles ”aktualism” bestred de distinktioner som Croce byggde på. Gentile ville genomföra principen om en ”absolut immanens”. Det ville även Croce, men Gentile anklagade denne för att brista i radikalism. För Gentile finns det ingenting utanför det tänkande jaget, utanför det jag som ingenting annat är än tänkande. Det som för Descartes var utgångspunkten är för Gentile också slutpunkten. Allt som finns existerar immanent i det tänkande subjektet. Gentile förnekade existensen av en transcendent Gud (Gud och människan är samma Ande), liksom existensen av en transcendent natur. Jagets tänkande är i sig en handling, en praktik, inte något passivt åskådande, inskärpte Gentile, som ville ersätta Croces olympiska betraktande med en filosofisk voluntarism och aktivism, påminnande om Fichtes. I tänkandet försvinner enligt Gentile dualismen mellan subjekt och objekt. Det är tänkandet, inte det tänkta som är verkligt.

Gentile upprättade en skillnad mellan den tänkande och den tänkta tanken, mellan *pensiero pensante* och *pensiero pensato* – inte ens han kunde till slut reda sig helt utan distinktioner. Tanken som tänkt är redan något förflutet, något dött och därmed något overkligt. Det enda verkliga är nuet, det närvarande, tanken som tänkande, som aktivitet. Denna tänkande tanke har en total frihet – något verkligt objektivt som skulle kunna hämma den existerar ju inte. Hindren för friheten finns enbart på det subjektiva planet – hos en falsk filosofi som förnekar friheten. Gentiles tänkande går ut på att undanröja alla sådana hinder för den medvetna mänskliga friheten.

Croces sorgfälliga distinktioner mellan ekonomi, politik, konst, moral och vetenskap fann lika litet nåd inför Gentiles ögon. För honom var politiken och staten den förverkligade moralen. Staten är en moralisk institution, som därför heller inte kan stå neutral inför moral, konst eller vetenskap. Gentiles försakelse av distinktionen blev ett bidrag till en apologi för den totala staten under det att Croces distinktioner upprättat ett intellektuellt värn mot den.

Historicism och marxism hos Gramsci

Croce företrädde en liberal historicism, Gentile en fascistisk. I ett av Mussolinis fängelser satt en tredje filosof och utarbetade i djupaste hemlighet en ny, marxistisk och kommunistisk, variant av historicistisk filosofi. Antonio Gramsci (1891–1937), av fattig syditaliensk familj, hade deltagit i grundandet av Italiens kommunistiska parti (PCI) och under några år varit dess ledare. År 1926 hade han dömts till tjugo års fängelse för sina politiska brott. Under fängelsetiden skrev han det som blev hans viktigaste verk, *Quaderni del carcere* ("Fängelseanteckningar"), utgivna postumt 1947–1954 (med en modern, textkritisk utgåva 1975).

I sina fängelseanteckningar förfäktar Gramsci en av Croce och Gentile inspirerad idealism och historicism. Enligt denna filosofi "kan varat inte skiljas från tänkandet, inte heller människan från naturen, verksamheten från materien eller subjektet från objektet". Närmast följer Gramsci Gentile, inte minst i kritiken mot Croces alltför "olympiska", alltför "passiva" attityd. Det som är originellt hos Gramsci är sålunda inte de ontologiska eller kunskapsteoretiska åsikterna. Det originella finns i stället i hans analys av den politiska makten i dess förhållande till kulturen och de intellektuella faktorerna.

Makt vilar alltid på en kombination av tvång och samtycke, framhåller Gramsci. Den klass eller grupp som vill styra staten måste också ha uppnått en kulturell hegemoni i det civila samhället. De styrandes ideologi måste i betydande utsträckning accepteras av de styrda om deras maktställning skall vara tryggad. Därvid är det avgörande att de härskandes tänkande är "hegemoniskt" inte "subalternt" eller "folkloristiskt". Det subalterna tänkandet utmärker i allmänhet missnöjda grupper och deras politiska företrädare. Det utgör ett tänkande "underifrån", präglat av naivitet och ensidighet, ett "ekonomiskt-korporativt" tänkande, som uttrycker ett socialt och ekonomiskt missnöje hos en grupp, men som inte är mäktigt den helhetssyn som krävs på den politiska nivån. Den som vill härska och vinna legitimitet får inte framträda som företrädaren enbart för ett särintresse. Han måste framträda som representanten för helhetens, gemenskapens intresse, för ett

”statsintresse”. Och ett hegemoniskt tänkande måste vara i stånd att artikulera ett sådant helhetsintresse på den högsta intellektuella nivån. Det måste ha tillgodogjort sig det högsta som åstadkommits av föregående generationers kultur, inklusive motståndarens kultur. Det får inte stanna vid spontana yttringar av upprorsanda eller folkloristiska tänkesätt utan måste finna en sofistikerad och genomtänkt samhällsåskådning. Med nödvändighet måste denna åskådning bli ett tänkande ”uppifrån”, det vill säga ett tänkade ur de styrandes perspektiv, eftersom det ju här handlar om ett tänkande som skall kunna bära hegemoni, samhällsmakt, styrande. Att det därför måste präglas av realism snarare än av utopiska förhoppningar ligger i sakens natur. För Gramsci framstår styrandet som en intellektuell uppgift av hög svårighetsgrad, vilken i stor utsträckning är inriktad på de objektiva problem som möter ett samfund.

Gramsci tilldelade de intellektuella en viktig roll för att utveckla och utbreda en hegemonisk kultur. I Croce såg han en ”stor intellektuell”, en ”lekmannapåve” som kreativt utvecklade den italienska borgerlighetens åskådning. Men en viktig plats intas också av de ”små intellektuella” som fungerar som förmedlare, undervisare, propagandister, snarare än som nyskapare. Varje människa är en filosof, hävdade Gramsci, varje människa har sin syn på livet, sina tankar, sitt sätt att uppfatta verkligheten. Men de intellektuella, stora och små, spelar en viktig roll för att skapa och förmedla nya tankar, nya sätt att se och därmed för befästandet av gamla samhälleliga hegemonier eller skapandet av nya.

Livet och historien hos Unamuno och Ortega

Samtidigt som Croce och Gentile dominerade filosofin i Italien framträdde i Spanien två tänkare, Miguel de Unamuno och José Ortega y Gasset, som vann världsberömmelse och som kunde göra anspråk på att ha föregripit den tysk-franska existensfilosofin. Miguel de Unamuno (1864–1936) var professor i Salamanca och författare till en stort antal skrifter, bl.a. romaner och skådespel. Den ojämförligt mest kända av dessa böcker, *Del sentimiento trágico de la vida* (”Den tragiska livskänslan” 1913), innehåller kärnan av Unamunos livsåskådning.

Människan befinner sig enligt Unamuno i ett tragiskt predikament. Det ligger i hennes natur att hon vill bevara sig själv och att hon följaktligen fruktar döden och önskar sig odödlighet. Likväl är hennes liv en väntan på denna död som hon fruktar mer än allt. Kristendomen ger henne ett hopp om odödlighet. Men detta hopp vilar helt och hållet på tro – de rationella argumenten talar i motsatt riktning. Religionen säger dessutom människan att Gud finns, men också detta är en tro utan rationell grund. Likväl har människan ett behov av Gud, kan inte leva utan honom eftersom han är en garant för odödligheten och för att livet har en mening. Människan tilldelar livet dess mening, men hon behöver Gud för att ge denna mening en objektiv giltighet. Om Gud inte existerar blir det mänskliga livet meningslöst. Det avgörande för Unamuno blir därmed att vi måste *vilja* att Gud finns. Tron är för honom framför allt ett *hopp*. Vi borde säga ”spero” (lat. ”jag hoppas”) hellre än ”credo” (”jag tror”). Om tron är en skandal är den hoppets skandal, menar Unamuno, som här lärt av Pascals ”vad” och Kierkegaards ”trossprång”.

Den stora symbolen för Unamuno blir Don Quijote, som han vill befordra till spanskt nationalhelgon. Don Quijote är en man som tror på sina egna drömmar och som därför med fantasins hjälp kan förvandla dem till verklighet. Han tror att värdshuset är ett slott och därmed blir värdshuset ett slott för honom. Don Quijote är en fantast, men också en förebild för oss alla. Det är drömmen som skapat den mänskliga kulturen. Det är bara med drömmens hjälp vi kan ge mening åt ett annars meningslöst universum. Endast genom den kan vi skapa Gud. Unamunos filosofi handlar om spänningen mellan tro och förnuft. I den konflikten tar Unamuno ställning för tron, drömmen, fantasin, utopin.

För Unamuno är Spanien en Don Quijote bland nationerna, en sista anakronistisk representant för riddartidens ideal. José Ortega y Gasset (1883–1955) ville däremot föra Spanien ut ur medeltiden och förvandla det till en europeisk nation i ett drömt europeiskt statsförbund. Ortega var filosofiprofessor i Madrid från 1910 med undantag för några år då han höll sig undan Franco. Liksom Unamuno var han en utomordentligt flitig författare. Liksom denne var Ortega också en sorts existentialist före sin tid. Motsatsen mellan idealism och realism sökte han övervinna genom att tala om ”jag och mina omständigheter”. Det som finns är varken det nakna subjektet eller den nakna materien utan ”jaget och dess omständigheter”, det vill säga en subjektivt tolkad yttervärld, en situation. Kunskapsteoretiskt företrädde Ortega en ”perspektivism” enligt vilken varje sanning måste relateras till en ståndpunkt, till det liv utifrån vilken den ses. Ortega talade om förnuftet som ett ”vitalt förnuft”, senare också ett ”historiskt förnuft”. Förnuftet är inte kroppslöst och opersonligt. Det är oss givet för att vi med dess hjälp skall kunna bemästra våra liv, det har sin funktion i en konkret livssituation eller historisk situation.

Ortegas filosoferande kring människans situation rönte utanför Spanien inte samma uppmärksamhet som hans samhällsfilosofi, framför allt sådan denna lades fram i boken *La rebelión de las masas* ("Massornas uppror" 1930). Här förkunnade Ortega att massorna, som tidigare nöjt sig med en underordnad position, nu i det moderna samhället var på väg att överta makten, något som enligt honom gav upphov till de största bekymmer. All civilisation har skapats av individer och aktiva minoriteter. Massmänniskan tar nu över en civilisation som hon i grunden står främmande inför, som hon aldrig på djupet tillägnat sig, vars skörhet och sårbarhet hon inte förstår och vars landvinningar hon tar för givna utan att inse de uppoffringar de kostat eller den vaksamhet de kräver. Massmänniskan anser sig ha alla rättigheter men inga förpliktelser. Hon har ingen kunskap om det förflutna eller om traditionen, som bär den civilisation hon drar nytta av. Hon är, när hon förekommer i kollektiv och inte individuellt, en civilisationens negation. Den aristokratiska liberalismens idé – att tolerera motståndaren, att leva tillsammans med motståndaren – har hon ingen förståelse för. I Europa såg Ortega med förskräckelse nya massrörelser växa fram och överta makten. För fascismen och bolsjevismen hade han ingen beundran utan såg i dem enbart "falska morgonrodnader". Han var en elitär liberal från det gamla Europa, en sen efterföljare till Tocqueville och John Stuart Mill.

Det är tid att till sist vända blicken mot den filosofiska utvecklingen inom det engelska språkområdet där i synnerhet en filosofi, den "analytiska", varit den under 1900-talet dominerande.

Den analytiska filosofins uppkomst och tidigaste utveckling

Den omedelbara upprinnelsen till den analytiska filosofin finns i Cambridge vid tiden för sekelskiftet. Den uppstår ur en revolt mot idealismen, men också ur en utveckling som under 1800-talet ägt rum inom den formella logiken. Något om denna utveckling bör förutskickas innan vi går närmare in på vad som tilldrog sig i Cambridge.

Den nya logiken hos Boole och Frege

Ännu Kant hade talat om den formella logiken som en vetenskap, vilken inte tagit ett steg framåt sedan Aristoteles. Den situationen skulle ändras under 1800-talet. En person av betydelse i sammanhanget var den engelske matematikern George Boole (1815–1864). Boole visade att logiken kunde förvandlas till en formell kalkyl, där symboler fick ersätta de naturliga språkens logiska konstanter (och, eller, inte etc.) och variabler. Deduktiv bevisföring kunde sedan fortskrida på samma sätt som inom matematiken. Man kan säga att vad Boole åsyftade var en matematisering (eller algebraisering) av logiken. Ett enkelt exempel kan illustrera saken. En regel inom algebra säger exempelvis att ”a gånger b” och ”b gånger a” blir samma tal. En liknande regel inom logiken säger att om ”p och q” är sann så är också ”q och p” sann (där ”p” och ”q” är variabler i vars ställe satser kan sättas in). Genom att gå vidare på detta sätt erhåller vi ett antal utbytbarhetsregler med vars hjälp en logisk kalkyl kan upprättas. Boole ansåg att logikens lagar (med ett undantag) överensstämde med algebrans. Därmed ansåg han sig ha visat att logiken helt enkelt är en gren av matematiken.

En efterföljare fick Boole i den tyske matematikern Gottlob Frege (1848–1925). Även Frege betraktade logiken som en formell kalkyl och han uppfann sin egen notation. En epokgörande teknisk innovation var därvid hans användande av s.k. kvantifikatorer, det vill säga av symboler för återgivande av uttryck som ”alla”, ”ingen” och ”någon”. Liksom en gång Euklides ställde Frege upp sina bevisföringar genom att från ett begränsat antal axiom härleda olika teorem. Därvid var han noga med att specificera inte bara axiomen utan också härledningsreglerna. Det gällde att uppnå största möjliga stränghet. Men om Boole velat göra matematik av logiken så ville Frege snarare göra logik av matematiken. Hans stora projekt var att härleda matematikens lagar ur logiken för att på så vis ställa dem på en säkrare grundval. På sätt och vis kan man också säga att Freges ambition var att vederlägga Kant. Kant hade ju hävdat existensen av syntetiska omdömen a priori och att matematikens satser är exempel på sådana omdömen. Nu ville Frege visa att de matematiska satserna i stället är analytiskt sanna. Detta var för honom detsamma som att visa att matematiken kunde återfö-

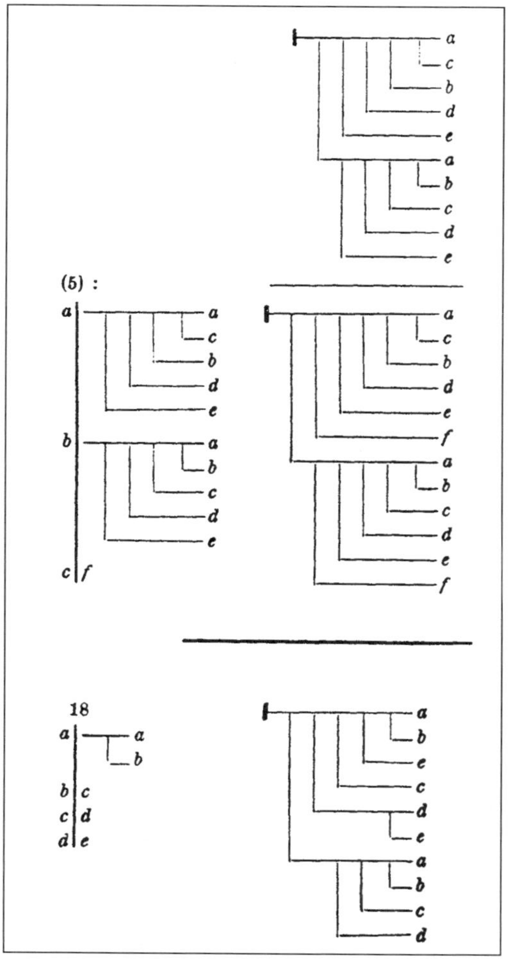

Sida ur Gottlob Freges Begriffsschrift.

ras på logiken. Hela matematiken skulle på så vis kunna uppfattas som en gren del av logiken och i sista hand vila på logikens enligt Freges åsikt analytiskt sanna axiom.

Ett viktigt steg i logiceringen av matematiken blev att visa att de naturliga talen kunde definieras inom ett logiskt, till synes icke-matematiskt språk. Frege åstadkom detta genom att uppfatta talen som klasser av klasser. Talet 7 kunde sålunda definieras som klassen av alla klasser som har 7 element. För att detta inte skall få tycke av cirkeldefinition måste vi också tala om vad som menas med ”7” element. Det kan vi göra exempelvis genom att säga att talet 7 är klassen av alla klasser som har lika många element som antalet portar i Thebe (eller antalet av antikens underverk eller antalet dagar i veckan). Vi kan också ge mer rent formella definitioner. Hur som helst kunde Frege med hjälp av dessa och andra definitioner härleda ett antal aritmetiska satser ur sin logiska kalkyl. En härledning av hela matematiken ur logiken tycktes vara inom räckhåll. Då nåddes Frege av en sorts intellektuell brevbomb. I ett brev påvisade den unge engelske logikern Bertrand Russell att Freges system måste leda till motsägelser.

Russell och den logiska analysen

Bertrand Russell (1872–1970) tillhörde den brittiska högaristokratin och var sonson till en av drottning Victorias premiärministrar. Själv ärvde han lordtiteln 1931. Russell bedrev sina universitetsstudier vid Trinity College i Cambridge, där han senare fick anställning. Då han under första världskriget tog ställning för krigstjänstvägran blev han avskedad och sattes under en tid till och med i fängelse. Under resten av sitt liv skulle han vara sysselsatt med agitation för olika radikala idéer – pacifism, socialism, fri kärlek, fri uppfostran. Under 1950-talet bedrev han en kampanj mot de brittiska kärnvapnen, under 1960-talet en annan mot USA:s roll i Vietnamkriget. Kring alla dessa ämnen och fler var han dessutom en utomordentligt flitig författare. Hans stilistiska förmåga blev mycket beundrad och han erhöll 1950 Nobels litteraturpris.

Russells originella filosofiska insatser hör väsentligen till hans yngre år. Till en början gällde hans intresse framför allt den matematiska logiken, som han bidrog till att revolutionera genom böcker som *Principles of mathematics* (”Matematikens principer” 1903) och *Principia mathematica* (”Matematiska principer” 1910–13), det senare ett väldigt verk som sysselsatte Russell under ett decennium och som han skrev tillsammans med en äldre filosof och matematiker, Alfred North Whitehead (1861–1947).

$$*52{\cdot}601.\ \vdash :: \alpha \in 1 \,.\, \supset :.\, \phi(\breve{\iota}`\alpha) \,.\, \equiv : x \in \alpha \,.\, \supset_x .\, \phi x : \equiv : (\exists x) \,.\, x \in \alpha \,.\, \phi x$$

Dem.

$$\vdash .\, *52{\cdot}15 \,.\, \supset \vdash :.\, \mathrm{Hp} \,.\, \supset : \mathrm{E}\,!\,\breve{\iota}`\alpha : \qquad (1)$$

$$[*30{\cdot}4] \qquad \supset : x\, \breve{\iota}\, \alpha \,.\, \equiv .\, x = \breve{\iota}`\alpha \,.$$

$$[*52{\cdot}6] \qquad \equiv .\, x \in \alpha \qquad (2)$$

$$\vdash .\, (1) \,.\, *30{\cdot}33 \,.\, \supset$$

$$\vdash :: \mathrm{Hp} \,.\, \supset :.\, \phi(\breve{\iota}`\alpha) \,.\, \equiv : x\, \breve{\iota}\, \alpha \,.\, \supset_x .\, \phi x : \equiv : (\exists x) \,.\, x\, \breve{\iota}\, \alpha \,.\, \phi x \qquad (3)$$

$$\vdash .\, (2) \,.\, (3) \,.\, \supset \vdash .\, \mathrm{Prop}$$

$$*52{\cdot}602.\ \vdash :.\, \hat{z}(\phi z) \in 1 \,.\, \supset : \psi(\imath x)(\phi x) \,.\, \equiv .\, \phi x \supset_x \psi x \,.\, \equiv .\, (\exists x) \,.\, \phi x \,.\, \psi x \qquad [*52{\cdot}12 \,.\, *14{\cdot}26]$$

$$*52{\cdot}61.\ \vdash :.\, \alpha \in 1 \,.\, \supset : \breve{\iota}`\alpha \in \beta \,.\, \equiv .\, \alpha \subset \beta \,.\, \equiv .\, \exists\,!(\alpha \cap \beta) \qquad \left[*52{\cdot}601 \frac{x \in \beta}{\phi x}\right]$$

$$*52{\cdot}62.\ \vdash :.\, \alpha, \beta \in 1 \,.\, \supset : \alpha = \beta \,.\, \equiv .\, \breve{\iota}`\alpha = \breve{\iota}`\beta$$

Dem.

$$\vdash .\, *52{\cdot}601 \,.\, \supset \vdash :: \mathrm{Hp} \,.\, \supset :.\, \breve{\iota}`\alpha = \breve{\iota}`\beta \,.\, \equiv : x \in \alpha \,.\, \supset_x .\, x = \breve{\iota}`\beta :$$

$$[*52{\cdot}6] \qquad \equiv : x \in \alpha \,.\, \supset_x .\, x \in \beta :$$

$$[*52{\cdot}46] \qquad \equiv : \alpha = \beta :: \supset \vdash .\, \mathrm{Prop}$$

Ur Principia Mathematica.

Russells företag inom logiken hade stora likheter med Freges. Också för Russell gällde det att ge matematiken säkrare grundvalar genom att härleda den från logiken. I långa stycken utgör Russells formaliseringar och härledningar en parallell till Freges, fastän genomförda på ett fullt självständigt sätt. Hur självständigt Russell tänkte fick Frege erfara genom det tidigare nämna brev som fäste Freges uppmärksamhet på vad som brukar kallas ”Russells paradox”. Den uppstår på följande sätt. Anta att vi definierar klasser à la Frege. Då kan vi också göra en distinktion mellan sådana klasser som tillhör sin egen klass och sådana som inte gör det. Till den senare, vanligare, kategorin hör exempelvis klassen av sjöar eller klassen av primtal. Klassen av alla sjöar är inte själv en sjö. Klassen av alla primtal är inte själv ett primtal. Till den förra kategorin hör exempelvis klassen av alla klasser eller klassen av alla föremål för tanken. Klassen av alla klasser är själv en klass. Klassen av alla föremål för tanken kan själv göras till föremål för tanken. Nu uppstår emellertid frågan: Hur förhåller det sig med klassen av alla klasser som inte tillhör sin egen klass? Det tycks följa att om denna klass tillhör sin egen klass så gör den det inte. Om den å andra sidan inte tillhör sin egen klass så gör den det. Freges metod att konstruera klasser tycktes leda till en blatant självmotsägelse.

Frege blev också mycket riktigt förkrossad och såg grunden för sitt livsverk raserad. Russell å sin sida satte genast igång med att försöka hitta utvägar att undvika ”Russells paradox”. En sådan utväg fann han i sin s.k. typlära. Enligt den måste man strikt skilja mellan olika nivåer av klasser: klasser av individer, klasser av klasser av individer, klasser av klasser av klasser osv. Vad som tillhör olika nivåer får därvid inte blandas samman i en och samma klass – man skulle inte kunna bilda en klass som innehåller både individer och klasser eller både klasser av individer och klasser av klasser. Att tala om en klass som tillhör – eller inte tillhör – sig själv skulle då bli felaktigt. På så vis skulle Russells paradox kunna undvikas.

Den nya logiken innehöll sålunda svårigheter, men den erbjöd också hopp. Hos Russell föddes tanken att denna nya kalkyl skulle kunna få samma betydelse för filosofin som matematiken redan hade för naturvetenskapen. Om man så vill var denna idé en ny version av Leibniz' *mathesis universalis*, men nu när den formella kalkylen faktiskt utvecklats tedde den sig inte lika utopisk. Det borde, tycktes det Russell, vara möjligt att konstruera – eller åtminstone ange principerna för – ett logiskt fullkomligt språk. Men de naturliga språken, födda ur historiens nyckfullheter och tillfälligheter, kunde knappast duga för ändamålet. Hos Russell uppstår ett filosofiskt program, som går ut på att underkasta det naturliga språket en logisk analys. Den grammatiska formen hos satser i det naturliga språket behöver inte nödvändigtvis överensstämma med den logiska formen hos de sakförhållanden som dessa satser återspeglar. Denna bristfälliga överensstämmelse kan den logiska analysen klarlägga. En insikt om verklighetens logiska form kan på så vis uppnås och en väg öppnas mot konstruktionen av ett logiskt fullkomligt språk.

Ett exempel på logisk analys kan hämtas från Russells berömda uppsats ”On denoting” (”Om denotation”) från 1905. Betrakta satsen ”Frankrikes nuvarande kung är skallig”. Det kan förefalla som om denna sats måste vara falsk, eftersom Frankrike för närvarande är en republik. Men i så fall borde av samma skäl även satsen ”Frankrikes nuvarande kung är inte skallig” vara falsk. Emellertid strider det mot logikens lag om det uteslutna tredje att både en sats och dess negation är falsk. Russell vill lösa dilemmat genom att hävda att båda satsernas grammatiska form är vilseledande. En grammatisk form som bättre motsvarade den logiska skulle vara: ”Det finns en och endast en person som f.n. är kung av Frankrike och denna person är skallig” (respektive ”är inte skallig”). Vi ser då tydligt att båda satserna är falska utan att detta leder till någon konflikt med logikens lagar. Vi slipper dessutom grubbla över om det kan existera någon imaginär kung av Frankrike i en tänkbar värld bortom vår egen.

I ett logiskt fullkomligt språk måste den grammatiska formen alltid överensstämma med den logiska. Vi har tidigare sett att Russell var anhängare av en "logisk atomism", utvecklad i revolt mot den hegelianska monism som han själv under sina tidigaste Cambridgeår var anhängare av. Den innebar att det enligt Russell finns en sorts enkla, atomära fakta eller sakförhållanden mot vilka de enklaste, atomära satserna i ett logiskt fullkomligt språk måste svara. De atomära fakta är uppbyggda av elementära konstituenter, som det är en viktig uppgift för den logiska analysen att undersöka. När Russell närmare utvecklar vilka dessa elementära konstituenter är, blir det uppenbart vilket nära samband som råder mellan hans logiska atomism och hans kunskapsteoretiska empirism.

Russell inför en skillnad mellan "kunskap genom beskrivning" och "kunskap genom bekantskap". Den senare sorten är den direkta kunskap som vilar på våra sinnens vittnesbörd. All kunskap genom beskrivning måste kunna återföras på en sådan kunskap genom bekantskap. Vi kan fullt ut förstå innebörden hos en sats bara när vi har kunskap genom bekantskap med

Bertrand Russell, 88 år gammal, talar vid en demonstration mot kärnvapen på Trafalgar Square, London. Foto Christopher Angeloglou, IBL bildbyrå.

alla dess enkla konstituenter. Härom har empiristen Russell i grunden samma uppfattning som sina föregångare Berkeley och Hume – bara sinnesförnimmelserna ger mening åt våra enkla idéer. Från den utgångspunkten leds Russell till att omfatta en form av "fenomenalism". Vad vi egentligen kan ha kunskap genom bekantskap om är "sinnesdata", det vill säga vad som är givet i våra omedelbara impressioner, förnimmelser av färger, former, smaker, ljud, taktila egenskaper, lukter. Hur går det i så fall med de materiella föremålen? De måste enligt Russells logiska atomism betraktas som "logiska konstruktioner". Ett körsbär skulle sålunda vara en logisk konstruktion utifrån de sinnesdata som i dess närhet uppstår i mitt och andra människors medvetandefält – röd färg, mjuk och elastisk massa, söt lukt och smak osv.

Så ungefär kunde man sammanfatta tankarna i *The philosophy of logical atomism* ("Den logiska atomismens filosofi"), de föreläsningar som Russell höll 1918–19. Tillsammans bildar dessa tankar grundvalen för ett storstilat filosofiskt program – att med sinnesdata som grundval konstruera först fysiska och psykiska föremål, sedan en hel verklighetsbild, vilken skulle kunna återges i ett logiskt fulländat språk. Det var ett program som hade släktskap med idéer som fanns hos Russells generationskamrat och vän G. E. Moore, hos hans lärjunge Ludwig Wittgenstein och hos hans efterföljare inom den s.k. Wienkretsen, där i synnerhet Rudolf Carnap bemödade sig att i minutiös detalj genomföra det som hos Russell bara var ett utkast i raska konturer.

Moore – begreppsanalys och sunt förnuft

George Edward Moore (1873–1958) var en helt annan sorts människa än Russell, till sin typ den tillbakadragne akademikern, vars intressen för världen utanför filosofin var begränsade. Tidigare än Russell hade han blivit kritiskt inställd mot hegelianismen hos Bradley och McTaggart och dragit med sig vännen i sin kritik. Moores idéer, särskilt kring etiska frågor, utövade också ett stort inflytande inom Cambridgeklubben "Apostlarna", där Moore och Russell var medlemmar, och inom den litterära s.k. Bloomsburykretsen (J.M. Keynes, Virginia och Leonard Woolf m.fl.).

Moore publicerade många uppsatser, men bara två böcker, vilka båda handlade om etik, *Principia ethica* ("Etiska principer" 1903) och *Ethics* ("Etik" 1912). I etiken företrädde Moore en utilitaristisk ståndpunkt. Men han avvek från den klassiska utilitarismen hos Bentham eller de båda Mill, bl.a. genom att kritisera vad han kallade ”det naturalistiska misstaget”. Enligt Moores (visserligen omstridda) tolkning av den klassiska utilitarismen skulle denna ha blandat samman uppfattningen att lyckan är något eftersträvat med uppfattningen att den är något eftersträvansvärt. Att på det viset identifiera moraliska egenskaper med naturalistiska, dvs. med något empiriskt existerande och påtagligt, är enligt Moore ett misstag. Frågan: ”Är det som människor faktiskt eftersträvar också något gott?” är alltid legitim och möjlig att ställa. Godhet, hävdade Moore, ”är en icke-naturalistisk och icke definierbar egenskap.” I viss anknytning till en av sina Cambridgelärare, Sidgwick, ansåg han att vi genom moralisk intuition kan få kunskap om förekomsten av denna icke-naturalistiska egenskap. En annan fråga är vilka företeelser i verkligheten som faktiskt besitter denna egenskap. Enligt Moore är det framför allt vissa medvetandetillstånd, glädjen vid umgänget med andra och vid anblicken av vackra föremål, som är goda uteslutande för sin egen skull. Det var en förandligad form av hedonism, som slog an på Bloomsburykretsen.

Lika viktig som Moores utilitarism var hans försvar för en kunskapsteoretisk realism och hans angrepp mot idealismen. Redan i en tidig uppsats,

G. E. Moore. Blyertsteckning av Percy Horton 1947.

”The refutation of idealism” (”Vederläggning av idealismen”) från 1903, skred han till verket. Mer originell och i längden ännu mer inflytelserik blev hans argumentering dock i de båda uppsatserna ”A defence of common sense” (”Försvar för sunda förnuftet” 1925) och ”Proof of an external world” (”Bevis för yttervärldens existens” 1939). Här hävdade Moore existensen av vissa sanningar om vilka vi kan vara absolut förvissade. Jag vet med säkerhet att min kropp existerar. Jag vet att jorden existerar och har funnits under lång tid. Jag vet att det har existerat människor på jorden långt före min födelse. Under den föreläsning som trycktes som ”Proof of an external world” bevisade Moore existensen av materiella föremål genom att hålla fram sina båda händer och förklara att dessa var fysiska föremål, varav det således existerade minst två. Moore erkände att han hörde till de filosofer som ansåg att sunda förnuftets syn på världen i stor utsträckning är fullkomligt riktig. Sanningar som ”Min kropp existerar” eller ”Jorden har existerat länge” hör ju till sunda förnuftets världsbild. Men de är oförenliga med idealismens påstående att rum och tid och materiella föremål är overkliga. Den hegelianska idealismen betraktade världsbilden hos common sense som skev och inadekvat. Moore hävdade att den i viktiga avseenden är fullkomligt sann och att vi kan veta att den är det.

Moores position kan betraktas som en mycket sofistikerad form av naiv realism. Bakom hans till hälften spelade, till hälften uppriktiga naivitet fanns två argument av stor betydelse. Det ena utgick från osäkerheten i alla filosofiska resonemang. Vad är egentligen mest troligt – att filosoferna begår något misstag i sin bevisföring eller att jorden inte existerar? Bradley och McTaggart anförde utomordentligt skarpsinniga argument för tidens och rummets chimäriska karaktär. Men måste inte sunda förnuftets övertygelse att saker ibland finns bredvid varandra eller att händelser ibland inträffar efter varandra ha en långt högre grad av visshet än till och med de mest skarpsinniga metafysiska härledningar? Moores andra argument hade snarast en moralisk innebörd. Också filosoferna, påpekade han, måste till vardags leva som om tid och rum och materiella föremål existerar. Är det verkligen förenligt med intellektuell hederlighet att i den praktiska vardagen tro på en sak medan man i filosofin förfäktar en helt annan? Moore ansåg inte det.

Klarheten och enkelheten i Moores position försvinner emellertid till en del när man beaktar vad han har att säga om den filosofiska analysen. Jag vet att min kropp existerar. Jag vet vad satsen ”Min kropp existerar” betyder. Men jag vet enligt Moore för den skull inte vilken den korrekta analysen av denna sats är. Filosofins uppgift anser Moore i stor utsträckning bestå i just analys. När det gällde analysen av påståenden om materiella kroppar var han övertygad om att den måste inbegripa en hänvisning till vad han kallade ”sinnesdata”, det vill säga till något omedelbart upplevt och i perceptionsfältet present: en färgförnimmelse, ett ljud, en lukt eller en smak. Ibland lekte Moore med tanken att den riktiga analysen av satser om materiella föremål helt och hållet borde översätta dem till satser om sinnesdata. Därvid tycktes han komma i farlig närhet av Berkeleys uppfattning och av den idealism, som han blivit berömd för att ha vederlagt.

Vad Moore egentligen menade med ”analys” och ”logisk analys” har förblivit omtvistat. Ett pedagogiskt exempel på analys som han själv gav (”bror” = ”manligt syskon”) har snarare fördunklat än klargjort innebörden. Handlar analysen om språket? Eller om verkligheten? Eller om båda? Vilka är kriterierna på att en analys blivit korrekt utförd? Sådana frågor får inget entydigt svar (eller flera motsägande svar) i Moores texter. Säkert är att själva hans letande efter den riktiga analysen, hans ängsliga omsorg om den exakta formuleringen, hans kompromisslösa sökande efter klarhet, hans ständiga frågor om vad i all världen filosoferna kan ha menat med vad de skrivit, kom att bli ett föredöme för många. Moore var filosofen som logisk pedant, vilken lade ned en oändlig möda på att följa de finaste distinktioner och på att ge de filosofiska problemen en absolut klar formulering.

Två Cambridgefilosofer

I en självbiografisk uppsats har Moore nämnt Russell som den filosof han mest intensivt läst och Broad som den han därnäst mest energiskt studerat. Charles Dunbar Broad (1887–1971) var professor i moralfilosofi i Cambridge, upphovsman till ett vidlyftigt författarskap och i flera avseenden representativ för den generation analytiska filosofer som följde pionjärerna Russell och Moore. Hans huvuddygder var klarhetssträvan och sinne för fair play.

I en uppsats ”Critical and speculative philosophy” (”Kritisk och spekulativ filosofi” 1924) gav Broad en intressant formulering av den kritiska eller analytiska filosofins målsättningar sådana han såg dem. Huvuduppgifterna för den kritiska filosofin borde vara att analysera och definiera vardagslivets och vetenskapens begrepp samt att kritiskt pröva dess fundamentala antaganden. Den spekulativa filosofin å sin sida syftar till att ge kunskap om verkligheten i dess helhet. Uppenbarligen är Broad ganska skeptisk till möjligheterna av en sådan kunskap. Inte minst ställer han sig tvivlande till möjligheten av en deduktiv metafysik. I sitt stora arbete *Examination of*

C. D. Broad. Blyertsteckning av Ruskin Spear 1948. Trinity College, Cambridge.

McTaggart's philosophy ("Undersökning av McTaggarts filosofi" 1933–38) genomförde han en minutiös undersökning av ett sådant deduktivt system. Trots Broads beundran för McTaggarts skarpsinne blev hans resultat negativt – McTaggarts deduktioner befanns innehålla luckor och felslut på avgörande punkter. Tydligt är att Broad, även om han inte helt förkastade den spekulativa filosofin, ansåg att det var den kritiska filosofins uppgifter som, åtminstone för överskådlig framtid, kunde hålla filosoferna mest gagnerikt sysselsatta. Att klargöra begrepp och satser blev för honom som för Moore filosofins huvudangelägenhet.

Till Cambridgekretsen av filosofer hörde också den tidigt bortgångne Frank Plumpton Ramsey (1903–1930). Ramsey skrev ett antal briljanta uppsatser, varav de flesta innehöll självständiga insatser av stor betydelse på skilda områden: matematisk logik, matematisk ekonomi, filosofisk semantik, sannolikhetsteori med mera. Ramsey fortsatte (och korrigerade på ett par punkter) Russells arbete inom logiken. Han stod också i intensiv diskussion med Ludwig Wittgenstein, särskilt sedan denne vid slutet av tjugotalet återvänt till Cambridge. Hur österrikaren Wittgenstein kom att bli en av de filosofiska huvudpersonerna i Cambridge kräver dock sin egen förklaring.

Wittgenstein och *Tractatus logico-philosophicus*

Ludwig Wittgenstein (1889–1951) växte upp i en förmögen judisk familj i Wien – fadern var Österrikes ledande stålmagnat. Hans intressen gick tidigt åt det filosofiska och logiska hållet. År 1911 uppsökte Wittgenstein Russell i Cambridge för att studera filosofisk logik. De följande årens intensiva diskussioner mellan dem båda satte spår i Russells *The Philosophy of logical atomism* liksom i den enda bok Wittgenstein publicerade under sin livstid, *Tractatus logico-philosophicus* ("Logisk-filosofisk traktat"). Boken med sin latinska titel kom ut på tyska 1921 och året därpå med en engelsk översättning som parallelltext. Den innehöll kontentan av Wittgensteins tidiga filosofi och väckte tack vare sitt innehåll och sin suggestiva, aforistiska stil stor uppmärksamhet i filosofiska kretsar både i Cambridge och Wien.

Tractatus är i många av sina enskildheter en notoriskt svårförståelig bok. Wittgenstein medgav i förordet att den kanske skulle komma att förstås bara av den, "som redan själv en gång tänkt de tankar den uttrycker". Bokens huvudsyfte förefaller likväl klart. Det gick ut på att åstadkomma en kritik av språket, en "kritik" i ungefär Kants mening. *Tractatus* vill sålunda visa på vad sätt språket är möjligt och genom att göra det också visa var språkets gränser går, vad som faller inom dem och vad som faller utanför dem. Det skulle bli Wittgensteins tes, att det som alls kan sägas kan sägas klart och att det övriga inte kan sägas överhuvudtaget. Denna tes ansåg han ha stor betydelse för filosofin. Wittgenstein hävdade nämligen att de flesta filosofiska problem beror på missförstånd av språkets logik. Ett klargörande av språkets logik skulle därför bidra till att de filosofiska problemen löses eller – oftare– upplöses, försvinner.

Den första aforismen i *Tractatus* slår fast: "Världen är allt som är fallet." Världen består av fakta eller sakförhållanden. Dessa fakta är oberoende av varandra: "Ett kan vara fallet eller icke vara fallet och allt det övriga förblir sig likt." Det är sålunda fråga om en sorts logisk atomism, där varje elementärt sakförhållande är kontingent, utan nödvändigt samband med andra sakförhållanden eller med helheten.

Det finns två typer av sakförhållanden, de elementära och de sammansatta. De elementära är emellertid de primära – att ange alla elementära sakförhållanden är att fullständigt beskriva världen. Mot varje elementärt sakförhållande svarar en elementär sats. En elementär sats påstår att ett visst elementärt sakförhållande föreligger. En sammansatt sats påstår att ett sammansatt sakförhållande föreligger. Därvid är de sammansatta satserna sanningsfunktioner av de elementära. Det betyder att när man känner sanningen eller falskheten hos de elementära satser som ingår i en sammansatt så känner man också sanningen eller falskheten hos den sammansatta satsen. Den sammansatta satsen ”p eller q” är sålunda en sanningsfunktion av de ingående elementära satserna ”p” och ”q”, eftersom ”p eller q” måste vara sann närhelst minst en av ”p” eller ”q” är sann (men falsk om båda är falska). I logiken kan vi härleda sammansatta satser ur elementära. Men därvid åstadkommer vi enligt Wittgenstein egentligen ingenting annat än tautologier. Logiken består av tautologier, den är så att säga empiriskt tom och kan inte på egen hand säga något om världen.

För att förklara relationen mellan sakförhållanden och de satser som beskriver dem lanserar Wittgenstein sin s.k. bildteori om språket. ”Vi gör

Ludwig Wittgenstein, fotograferad 1933.

oss bilder av fakta", heter det. Det slås också fast att bilden föreställer ett sakförhållande och att den är en modell av verkligheten. Bildens element svarar mot de föremål som ingår i ett sakförhållande och förhåller sig på samma sätt till varandra som föremålen i sakförhållanden förhåller sig till varandra. Man kan jämföra den bild satsen utgör med en karta eller en notskrift. Tecknen på kartan förhåller sig till varandra på samma sätt som föremålen i terrängen. Noterna i partituret har en strukturlikhet med följden av toner i den spelade musiken. Vad bilden har gemensamt med verkligheten är framför allt strukturen, den logiska formen. Beroende på om bilden överensstämmer med verkligheten eller ej är den sann eller falsk.

Summan av sanna satser är vad Wittgenstein kallar "naturvetenskapen", den fullständiga beskrivningen av fakta. Det enda som kan sägas är det som kan sägas inom naturvetenskapen, dvs. sägas genom satser som avbildar fakta. Allt annat är nonsens. Det saknar mening på det enda sätt som något enligt *Tractatus'* språkteori kan ha mening – genom att avbilda fakta.

Filosofin är emellertid enligt *Tractatus* inte en naturvetenskap. Den är överhuvud inte en lära utan en aktivitet. Den går ut på att göra tankar och satser logiskt klarare. Den består inte i filosofiska satser, utan i att satser klargörs. Den når inte fram till svar på problem utan till upplösning av problem. Mot slutet av *Tractatus* heter det: "Den riktiga metoden i filosofin vore egentligen denna: Att inte säga något annat än vad som låter sig sägas, alltså satser i naturvetenskapen – alltså något som inte har något med filosofi att göra – och så att, när någon annan ville säga något metafysiskt, alltid visa honom, att han inte givit någon betydelse åt vissa tecken i sina satser." Enligt detta synsätt skulle filosofins enda legitima uppgift vara att utgöra en terapi mot filosofi (eller metafysik).

Emellertid håller Wittgenstein inte strikt fast vid en rent negativ avgränsning av filosofins uppgift. Filosofin har också något mer positivt att bjuda. Den kan inte *säga* något, men *visa* åtskilligt. Det finns mycket annat än filosofin som faller utanför den totalitet av de sanna satserna som är naturvetenskapen. Etiken och estetiken innehåller sålunda enligt Wittgenstein inte påståenden om verkligheten. Deras innebörd är i stället ett förhållningssätt till verkligheten. Etiken är transcendental, den handlar om något som ligger utanför världen: "Världens mening måste ligga utanför världen. I världen är allt som det är och sker allt som det sker. *I den* finns inget värde – och funnes det ett så hade det inget värde." Världen är bara den kontingenta summan av fakta. Värdet finns utanför den, liksom Gud: "*Hur* världen är, är fullkomligt likgiltigt för det högre. Gud uppenbarar sig icke *i* världen." Men det som inte är fakta i världen kan man enligt språkteorin i *Tractatus* inte tala om. Filosofin blir likväl ett hjälpmedel att nå den insikten – som en stege vilken man sparkar ned sedan man klättrat upp på den. Vi kommer fram till *Tractatus* berömda slutaforism: ”Vad man inte kan tala om, därom måste man tiga.”

Vad han velat åstadkomma i *Tractatus* formulerade Wittgenstein i ett brev till en tilltänkt förläggare (Ludwig v. Ficker). Han skrev bl.a.: ”Mitt arbete består av två delar: den jag presenterar här plus allt som jag *inte* har skrivit. Och det är just den senare delen som är den viktiga. Min bok drar upp gränserna för det etiska så att säga inifrån, och jag är övertygad om att detta är det *enda stränga* sättet att dra dessa gränser.” Den gräns Wittgenstein dragit kring naturvetenskapens påståenden intresserade honom sålunda framför allt på grund av den insikt vi därigenom får om vad som ligger utanför gränsen.

Tractatus kan läsas på flera olika sätt. Ur en synpunkt går verket ut på att genom en kritik av språket bereda väg för en ordlös mystik (eller om man så vill en ”negativ teologi”). Den vill visa att det högsta (i etik, estetik, religion) inte kan sägas (utan på sin höjd visas). Det högsta kan sålunda inte formuleras som satser, som påståenden om världen, som metafysik. Däremot kan det levas och utgöra ett sätt att förhålla sig. Filosofin får därmed en ny roll. Den kan inte vara metafysik (som är nonsens). Den kan inte vara naturvetenskap. Filosofin blir klargörande aktivitet, ett sätt att uppnå en bättre utsiktspunkt.

Tractatus kunde emellertid också läsas med bortseende från den del av budskapet som handlade om etik, estetik och religion. Då blev den framför allt en hårdhänt uppgörelse med alla former av nonsens, varvid kategorin nonsens innehöll allt som inte är naturvetenskap. Så lästes Wittgenstein av sina landsmän inom den s.k. Wienkretsen.

Wienkretsen och dess vetenskapliga världsuppfattning

Wienkretsen var en grupp av filosofer och vetenskapsmän som samlades en gång i veckan mellan 1925 och 1936 vid universitetet i Wien för diskussioner. De hölls samman av en gemensam åskådning, eller åtminstone av en gemensam hållning, som inspirerats av Russell, Moore och Wittgenstein. Bland tidigare filosofer räknade de Hume, Comte och inte minst Ernst Mach bland sina anor. Ernst Mach (1838–1916) hade varit professor i Wien och företrädare för en form av fenomenalism som, med en av Russell använd term, kan karaktäriseras som en ”neutral monism”. Mach vände sig mot den cartesianska uppdelningen av tillvaron i kroppsligt och själsligt

Han menade att verklighetens yttersta beståndsdelar är varseblivningar och att dessa noga taget varken är subjektiva eller objektiva, varken själsliga eller kroppsliga. Både den själsliga och den kroppsliga verkligheten kan betraktas som logiska konstruktioner med de ”neutrala” varseblivningarna som bas. Detta var tankar som spelade en viktig roll för Wienkretsen.

Wienkretsens centralgestalt var Moritz Schlick (1882–1936), som sedan 1922 var professor i filosofi vid universitetet i Wien. Kring honom grupperade sig något tiotal reguljära medlemmar av kretsen, bland vilka de mest framträdande var Otto Neurath (1882–1945) och Rudolf Carnap (1891–1970). Grupper av liktänkande och sympatisörer fanns bl.a. i Berlin och Warszawa. Även om Wienkretsen själv var en informell diskussionsklubb hade flera av medlemmarna, i synnerhet den dynamiske Neurath, ambitioner att förvandla Wienkretsens filosofi – den gick under namn som ”logisk empirism”, ”logisk positivism” eller ”nypositivism” – till en världsrörelse. Detta lyckades också i stor utsträckning. Internationella konferenser i den logiska positivismens anda hölls bland annat i Paris, Köpenhamn och Chicago. Wienkretsens verksamhet i hemlandet avbröts emellertid på ett tragiskt sätt 1936 då Schlick mördades av en sinnesrubbad student. Två år senare, 1938, anslöts Österrike till det nazistiska Tyskland. Wienkretsens medlemmar, varav många var av judisk härkomst, tvingades fly utomlands. I synnerhet USA, där bl.a. Carnap under senare delen av sitt liv var verksam, tog emot många av dem, något som fick viktiga konsekvenser för amerikansk filosofi.

Vilken var då Wienkretsens åskådning? Ett försök att sammanfatta den gjordes 1929 i den lilla broschyren *Wissenschaftliche Weltauffassung – Der Wiener Kreis* (”Vetenskaplig världsuppfattning – Wienkretsen”), skriven av Neurath, Carnap och Hans Hahn och tillägnad Schlick. Det gemensamma för kretsens medlemmar, konstateras det där, är tron på vetenskapen och förnuftet samt kampen mot metafysiken. Kretsen känner sig som en ny upplysningsrörelse, inbegripen i en förnuftets kamp mot antivetenskapliga krafter i samtiden.

På ett mer inomvetenskapligt plan kan Wienkretsens målsättning sammanfattas i slagordet ”enhetsvetenskap”. Alla vetenskaper, från matematik och fysik till psykologi, sociologi och historia, skall till slut fogas samman till *en* vetenskap. Vetenskapens metoder och arbetssätt är likformiga, oberoende av det konkreta forskningsfältet. Närmast är det inom naturvetenskaperna övriga vetenskaper har att hämta sina förebilder och modeller. Wienkretsen identifierar vetenskap och förnuft – någon annan rationell kunskap än den vetenskapliga erkänns inte. Målsättningen blir att överallt bekämpa ovetenskap och oförnuft. Tillvaron innehåller inga gåtor, poängterar manifestet. Varje fråga som kan ställas kan också besvaras. Några principiellt obesvarbara frågor finns inte. Detta leder till konsekvenser för filosofins vidkommande.

Inom Wienkretsen var man oenig om det lämpliga i att alls använda termen "filosofi" om den egna verksamheten. Men man var enig om att det mesta som traditionellt gått under den beteckningen var nonsens. Den traditionella filosofins problem faller inom endera av två kategorier. Antingen är de empiriska problem som kan avgöras med den experimentella vetenskapens hjälp. Eller är de pseudoproblem, bottnande i missförstånd av språket eller av den vetenskapliga metodens natur. Manifestet inskärpte det omöjliga i att med blotta tankens hjälp komma fram till några sanningar om verkligheten. Sanna omdömen är antingen matematikens och logikens tautologiskt och analytiskt sanna, men empiriskt tomma, satser eller vetenskapernas empiriska sanningar. Några syntetiska apriorin av den typ Kant trott på existerar inte. Sinneskunskapen är den enda vägen till vetande om den faktiska verkligheten.

Därför är också metafysisk kunskap en omöjlighet. De metafysiska påståendena är enligt Wienkretsens övertygelse inte ens falska. Eftersom de varken uttalar sig om logiska tautologier eller om möjliga empiriska erfarenheter är det tydligt att de inte uttalar sig om någonting alls. De utgör bara meningslösa bokstavs- eller ljudräckor som på ett vagt sätt framkallar en känslostämning. Men uppgiften att framkalla känslostämningar kan på ett bättre och mer legitimt sätt fyllas av musiken och poesin. Metafysiken har ingen funktion att fylla, utom möjligen som exercisfält för den logiska analysens prickskyttar. I den mån man kan tala om en vetenskaplig filosofi går den nämligen ut på logisk analys, klargörande av begrepp, undersökningar beträffande vetenskapernas metoder.

Ett problem som upptog Wienkretsen var att finna ett kriterium med vars hjälp meningsfulla påståenden om verkligheten skulle kunna skiljas från nonsens. Bl.a. Schlick ansåg sig ha funnit ett sådant i det s.k. verifierbarhetskriteriet. Om det skrev han: "Att fastställa en sats betydelse innebär, att fastställa de regler i enlighet med vilka satsen skall användas och detta är samma sak, som att fastställa på vilket sätt den kan verifieras. En utsagas mening är metoden för dess verifikation." Ett syntetiskt omdöme är meningsfullt bara om det i princip är empiriskt verifierbart. Men vad betyder verifierbarhet? Räcker det att empiriska iakttagelser måste ha någon form av relevans för varje meningsfull utsaga om verkligheten? Eller är det tal om en möjlig fullständig och slutgiltig verifikation? En sträng formulering av kraven gavs av Carnap.

Rudolf Carnap, fotograferad under sin tid i Chicago.

Carnaps *Der logische Aufbau der Welt* ("Världens logiska uppbyggnad" 1928) var det märkligaste arbete som producerades inom den ursprungliga Wienkretsen. Det innehöll ett försök att i detalj genomföra det program som Russell och Wittgenstein menades ha banat väg för – en härledning av alla meningsfulla utsagor om världen från basala, omedelbart verifierbara satser. Carnap utgick från vad han kallade "elementarupplevelser", dvs. från hela den upplevelse av ljus, former, färger, lukter och ljud som i ett visst givet ögonblick är present för mitt medvetande. Med hjälp av likhetsrelationen försökte han sedan klassificera elementarupplevelsernas material i kategorier. Därefter vidtog ett logiskt rekonstruktionsarbete. Därvid gällde det framför allt att översätta påståenden om fysiska föremål till räckor av påståenden om relationer mellan elementarupplevelser. Endast när en sådan översättning är genomförd kan man vara förvissad om att satserna i den existerande naturvetenskapen verkligen är meningsfulla.

Det fanns en inte oviktig politisk och samhällsvetenskaplig dimension hos den logiska positivismens program. Marx och Freud likaväl som Einstein hörde för många Wienkretsmedlemmar till de vetenskapliga förebilderna. I synnerhet Neurath arbetade med att lägga de nypositivistiska principerna till grund för en marxistiskt inspirerad sociologi. Neurath var dessutom en övertygad socialist. Den rationella rekonstruktionen av vetenskapens begrepp var för honom bara början till en rationell rekonstruktion av vetenskapen och i sista hand av samhället. Den nya filosofin skulle lägga grunden för en ny social ingenjörskonst. I Wienkretsens manifest framhölls att uttryck för den vetenskapliga världsåskådningens anda kunde iakttas inom alla sfärer av personligt och offentligt liv, inom pedagogik, arkitektur (funktionalismen), ekonomisk och social reformverksamhet. Den logiska positivismen ville tjäna inte bara filosofin, utan livet.

Ayer och den logiska positivismens segertåg

Wienkretsens idéer spred sig runt världen. I Storbritannien introducerades de 1936 genom Alfred Jules Ayer (1910–1989), en filosof från Oxford som 1932 besökt Wien och deltagit i Wienkretsens överläggningar. Det skedde med boken *Language, truth and logic* ("Språk, sanning och logik" 1936), som skulle komma att förbli den populäraste av Ayers många briljanta böcker (författaren blev med tiden filosofiprofessor först i London och sedan i Oxford). I det huvudsakliga upprepade *Language, truth and logic* välkända (ehuru för den brittiska publiken nya) neopositivistiska ståndpunkter i fråga om verifierbarhetskravet, distinktionen mellan analytiska och syntetiska omdömen och så vidare.

På vissa punkter var Ayer mer originell. Av speciellt intresse är hans teori om de moraliska omdömena. Dessa utgjorde ett problem för de logiska positivisterna, eftersom de varken tycktes vara logiska tautologier eller verifierbara påståenden om den empiriska verkligheten. Ayer löser problemen genom att förklara att de moraliska omdömena egentligen inte är några omdömen – de påstår ingenting, de är varken sanna eller falska. Moraliska begrepp är pseudobegrepp utan verklig innebörd. Om jag säger "Det var orätt av dig att stjäla pengarna!" säger jag inte mer än om jag sagt "Du stal pengarna!" i en ton av motvilja. De moraliska satsernas funktion är inte att säga något om verkligheten utan att ge uttryck för känslor. Dessutom är de ett medel att påverka andras handlande. De kan närmast jämföras med utrop eller befallningar. Därför kan det heller inte finnas något sådant som etisk oenighet i strängare mening. Vid moraliska och politiska meningsdifferenser finns det noga taget ingenting att vara oenig om (så länge man är enig om fakta). Den ene ger uttryck för en känsloreaktion, den andre för en annan. Det är allt.

Med den logiska positivismen och dess segertåg över världen avslutas den första fasen av den analytiska filosofins utveckling. I Wienkretsens filosofi hade många av de idéer som tidigare förts fram av Russell, Moore och Wittgenstein drivits till sin spets. De hade också förlänats en dogmatisk och intolerant utformning – för kretsen tedde sig det allra mesta i traditionell och samtida filosofi som metafysiskt nonsens – som utmanade till reaktion. Den analytiska filosofins senare historia, som framför allt utspelas inom det anglosaxiska språkområdet, handlar i stor utsträckning om en kritik mot de nypositivistiska idéerna. Men också de skarpaste kritikerna hade lärt mycket av de tankar som växte fram i Cambridge och Wien.

Senanalytisk och postanalytisk filosofi i Storbritannien och USA

Ludwig Wittgensteins tidigare filosofi hade som vi sett haft stor betydelse för den analytiska filosofins första utvecklingsfas. Wittgensteins senare filosofi kom att spela en liknande roll för den analytiska filosofins senare öden.

Den senare Wittgenstein

Med *Tractatus* hade Wittgenstein betraktat sin verksamhet som filosof som avslutad. De problem som mest engagerat honom föreföll honom slutgiltigt lösta. Under en tid var han verksam som folkskollärare, bl.a. i den lilla byn Trattenbach i södra Österrike. Men senare återvände han till Wien, där han tidvis deltog i Wienkretsens diskussioner. Mot slutet av tjugotalet var han åter sysselsatt med filosofiska problem och 1929 återvände han till Cambridge. Där skulle han 1939 efterträda Moore som professor i filosofi och komma att bedriva en betydelsefull lärarverksamhet. Där var han också fram till sin död sysselsatt med ett omfattande författarskap, som dock först postumt resulterade i publikationer. Den viktigaste av de postuma skrifterna var den 1953 utgivna *Philosophische Untersuchungen* ("Filosofiska undersökningar"). Liksom *Tractatus* utgavs den med en engelsk översättning som parallelltext och dess inflytande på senare engelskspråkig filosofi har varit ofantligt. Till det märkliga med verket hör att det i långa stycken kan betraktas om en uppgörelse med författarens egen tidigare filosofi.

I mittpunkten av *Philosophische Untersuchungen* finns en diskussion av språkets natur. Wittgenstein angriper den språkteori som låg till grund för *Tractatus* Denna utgjorde till sin grundkaraktär en sorts korrespondensteori: mot namn svarar föremål, mot elementära satser svarar elementära sakförhållanden. Språkets funktion uppfattades som utpekande och avbildande. Den teorin finner Wittgenstein nu fullkomligt otillräcklig. Bl.a. förbiser den de många ord i språket som inte är namn på något, inte pekar ut eller avbildar något, ord som "ja" eller "nej" eller "hej" eller "tack". Sådana ord förklarar man lättare när man inser att språkets satser mindre är bilder än instrument, verktyg med vars hjälp vi kommer tillrätta med olika praktiska situationer. Det är den ensidigt teoretiska förståelsen av språket som spelat många filosofer, inklusive författaren till *Tractatus*, fula spratt.

En nyckelterm för Wittgensteins nya språkförståelse blir "språkspel". Wittgenstein tror sig inte längre kunna förstå språket enbart genom att beakta relationen mellan satserna och verkligheten. Han poängterar nu att språket alltid fungerar i ett socialt sammanhang, i ett socialt spel. Ordens betydelse förklaras av deras *användning* i bestämda situationer. Wittgenstein räknar upp en mängd sådana användningar av språket: att befalla, att berätta en historia, att uppställa en hypotes, att spela teater, att gissa gåtor, att översätta, att tacka, att svära, att hälsa, att bedja. Varken etiken, estetiken eller religionen är nu längre hänvisad till tigande. Den sene Wittgenstein erkänner att det finns etiska, poetiska, religiösa språkspel som är fullt legitima och som har sin egen "grammatik" eller "logik".

Överhuvud poängterar Wittgenstein i *Philosophische Untersuchungen* mångfalden av språkspel, varvid vart och ett förutsätts vara styrt av sina egna regler. Liksom reglerna i schackspel ger varje pjäs och varje drag dess betydelse är det bara den totala samlingen regler för ett språkspel som tillåter oss förstå de olika ordens och frasernas innebörd. Om någon enkel korrelation mellan satser och fakta är det inte längre fråga för Wittgenstein. Att lära sig förstå ett språk blir som att lära sig spela schack eller som att lära sig dansa, det gäller att praktiskt tillägna sig ett regelstyrt beteende och förstå syftet och poängen med detta beteende. Varje språkspel ingår dessutom i ett vidare socialt sammanhang, utgör del av en "livsform". De regler som styr hälsandet, bönen eller tackandet kan exempelvis inte förstås utan att sättas i samband med bestämda livsmönster.

Språkspelen är inbördes mycket olika, framhåller Wittgenstein. Han tror inte längre att det finns någon allmän formel för hur språket fungerar och han angriper den traditionella metafysiska essentialismen. Det finns inte något gemensamt för alla språkspel, lika litet som för vanliga spel, framhåller han. Det som finns är en släktskap, en familjelikhet. Fotboll liknar bridge genom att spelas av lag mot varandra. Bridge liknar patiens genom att spelas med kort. Vad som gör att vi kallar både fotboll och patiens spel är inte någon gemensam natur utan den gemensamma släktskapen med bridge. Det är som när man spinner en tråd av fibrer: "trådens styrka beror inte på att någon fiber genomlöper hela dess längd utan på att många fibrer i den går omlott."

Ur sin nya språksyn utvinner Wittgenstein en delvis ny åsikt om filosofins karaktär. Liksom tidigare menar han att traditionell filosofi uppstår genom missuppfattningar av språkets sätt att fungera och att hans egen filosofi skall kunna verka som en sorts terapi, ett läkemedel mot det filosofiska frågandet. Ändå har detta frågande en djupdimension som gör det intressant. De filosofiska problemen uppstår när vi gör bruk av orden och satserna utanför de vardagslivets och vetenskapens språkspel, där de har en väldefinierad användning och en välreglerad grammatik. Filosofen stöter huvudet mot språkets gränser och skaffar sig bulor i pannan. Om vi – för att ta ett förenklat exempel – säger om en viss person att han i en viss bestämd situation handlade avsiktligt får det omdömet en klar innebörd genom att det har en väldefinierad grammatik där ”avsiktligt” handlande ställs i motsats till ”oavsiktligt”. Men om jag säger att allt som händer i världen är avsiktligt gör jag ett metafysiskt uttalande vars innebörd är oklarare. Vad kan det betyda att *allt* är avsiktligt? Vad betyder ”avsiktligt” om det inte kan ställas i motsats till ”oavsiktligt”? Vi tycks med metafysiska uttalanden nå gränserna för språkets förmåga att hålla en betydelse.

För den sene Wittgenstein liksom för den tidige blir det sålunda inte fråga om att lösa filosofins problem utan om att upplösa dem, visa att de vilar på ett missförstånd i fråga om språkets karaktär: ”Vad är ditt mål i filosofin? –Att visa flugan vägen ut ur flugglaset.”

Inte minst genom sin muntliga lärarverksamhet skulle Wittgenstein få många lärjungar och efterföljare, framför allt i Cambridge. Men även i Oxford skulle en filosofisk strömning bryta fram, som hade många likheter med Wittgensteins senare tänkande.

I Oxford hade det annars dröjt länge innan den analytiska filosofin fick sitt genombrott. Under mellankrigstiden behärskades scenen där av John Cook Wilson och dennes lärjungar, som företrädde en form av ”realism”. Den ur eftervärldens synvinkel viktigaste Oxfordfilosofen under perioden var dock en idealist, den siste representanten för den en gång så stolta klanen.

Collingwood och historiens idé

Robin George Collingwood (1889–1943) var, trots att han slutade som Waynflete Professor of Metaphysics, en ensamvarg i sin tids Oxfordfilosofi, en efterföljare till Hegel och Bradley, Croce och Gentile, inte till Cook Wilson. Som författare var han verksam inom bl.a. estetik, politisk filosofi och naturfilosofi. Men sin märkligaste insats gjorde han inom historiefilosofin. Hans arbete *The idea of history* (”Historiens idé”, publicerat 1946) har blivit den mest omdiskuterade historiefilosofiska boken på engelska under 1900-talet. Collingwood var själv praktiserande historiker och arkeolog med det romerska Britannien som specialområde, något som gav hans uttalanden om historikerns metoder en särskild auktoritet.

Historieskrivningens föremål är inte de yttre händelserna, utan den tanke som kommer till uttryck i dem, inskärper Collingwood. Historikerns uppgift är att rekonstruera avsikterna, målsättningarna, resonemangen, att återskapa och återtänka det förflutnas tankar, vare sig det nu gäller Caesars avsikter då han gick över Rubicon, motiven hos dem som gjorde uppror mot den romerska ockupationen av Britannien eller Platons tankar då han polemiserade mot sofisterna. I detta aktiva återskapande, menar Collingwood, blir det förflutna ånyo levande. När historikern tänker Caesars eller Platons tankar tänker han i viss mening sina egna. Det är därför att varje människa är ett mikrokosmos, som det är möjligt för oss att leva oss in i och rekonstruera former av tänkande och medvetande som ligger oss fjärran i rum och tid.

Collingwood framhävde att historikerns roll är aktiv och skapande. Polemiskt vände han sig mot positivistiska tolkningar enligt vilka historikern endast har att lyfta fram det som finns i källorna, historiens ”data” eller ”fakta”. Collingwood såg data och fakta som slutresultat snarare än som utgångspunkter för historikern. Källorna blir källor och deras evidens blir evidens bara genom historikerns sätt att använda dem. Det primära i forskningsprocessen är historikernas fråga, inte ”givna data”. Med förkärlek åberopade Collingwood Bacon och dennes karaktäristik av den moderna naturvetenskapen som ett aktivt utfrågande av naturen. Den moderna historievetenskapen innebär på ett liknande sätt ett aktivt utfrågande av det förflutna. Källor och evidens är då helt enkelt allt som historikern använder för att få svar på sina frågor. En ”frågans och svarets logik” driver undersökningen framåt, där svaren ger upphov till nya frågor, frågorna till nya svar.

Oxfordfilosofin hos Ryle, Austin och Strawson

Collingwood fick inga omedelbara efterföljare. I generationen efter honom bröt så den analytiska filosofin på allvar igenom även i Oxford. Ayers fanfarer i *Language, truth and logic* förberedde anfallet mot de föranalytiska traditionerna. Men den nya sort av Oxfordfilosofi som på 1940- och 1950-talen blev den dominerande innebar en uppgörelse även med den logiska positivismen och dess förelöpare. Fortfarande talade man om filosofisk analys, men i en ny anda som mer påminde om den senare Wittgenstein. Projektet att konstruera ett ”logiskt fullkomligt språk” övergavs. I stället kom man att framhålla att vardagsspråket är bra som det är, att det innehåller alla logiskt nödvändiga distinktioner och nyanser om det bara inte misstolkas och missbrukas av filosoferna. Målsättningen för den nya Oxfordfilosofin – ofta kallad ”ordinary language philosophy” (”vardagsspråksfilosofi”) – blev att studera det vanliga språket med otekniska metoder. Filosofins traditionella problem skulle lösas – eller upplösas – med hjälp av logiska insikter som finns inbäddade i detta vardagsspråk.

Gilbert Ryle (1900–1976), under åren 1947–71 innehavare av Waynfleteprofessuren i metafysik i Oxford, blev den förste prominente företrädaren för ”ordinary language philosophy”. Hans bok *The concept of mind* (”Begreppet själ” 1949) innebar något nytt i brittisk filosofi samtidigt som den gav en ny vändning åt ett av filosofins klassiska problem, kropp-själproblemet.

I *The concept of mind* gick Ryle till angrepp mot vad han menade vara den alltsedan Descartes mest utbredda uppfattningen om förhållandet mellan kropp och själ. Enligt denna ”Descartes' myt” är själen ”spöket i maskinen” som styr kroppen. Själ och kropp uppfattas som två olika entiteter, vilka på något outrett sätt ömsesidigt påverkar varandra. Själen uppfattas därvid populärt som något ”inre”, något osynligt och något privat, medan kroppen antas vara något ”yttre”, synligt och offentligt.

Hela uppfattningssättet bottnar enligt Ryle i ett ”kategorimisstag”, en sorts missförstånd av hur det språk som handlar om tankar, avsikter, känslor, karaktärsegenskaper och andra mentala fenomen egentligen fungerar. Om någon förevisade en gästande främling de olika collegebyggnaderna i Oxford och denne efteråt frågade: ”Men var är universitetet?” skulle han ha gjort sig skyldig till ett kategorimisstag. De olika colleges tillsammans *är* universitetet. På liknande sätt gör sig enligt Ryle den som tror att ”själen” är en sorts entitet eller substans skyldig till ett kategorimisstag. Tankar, känslor, vilja och andra själsliga fenomen är heller inte *orsaker* till kroppsliga rörelser. De är dispositioner att bete sig på ett visst sätt i vissa situationer. Att tala om någons själsliga tillstånd är att tala om vad han eller hon kan förmodas göra eller säga. Det är inte att tala om någon ”inre” eller för omvärlden oåtkomlig entitet utan att tala om hur en person uppför sig.

Ryle skrev filosofi på vanlig engelska utan teknikaliteter. Han hade ett fint öra för språkets nyanser och dessas logiska valör. Men han ställde aldrig språket som sådant i fokus för sina undersökningar. Det gjorde däremot hans kollega John Langshaw Austin (1911–1960), som från 1952 var professor i moralfilosofi i Oxford. Vad Austin bedrev – bl.a. under sina berömda ”lördagsmorgnar” i samspråk med utvalda studenter och kolleger – var en blandning mellan filosofi och språkvetenskap. Filosofernas yrkessjukdom, deras tendens till överförenkling, skulle motverkas genom en minutiös undersökning av språket sådant det faktiskt används. Ett skolexempel på en sådan undersökning gav Austin själv i en serie föreläsningar från mitten av femtiotalet, utgivna efter hans tidiga och oväntade död under titeln *How to do things with words* (”Hur man gör saker med ord” 1962).

I *How to do things with words* angrep Austin på ett sätt som kan påminna om den senare Wittgenstein – ehuru det är tvivelaktigt om någon direkt influens förelåg – uppfattningen att språkets enda eller huvudsakliga användning är deskriptiv eller ”konstativ”. Att utsäga något om fakta är enligt Austin bara en av språkets många funktioner, de konstativa satserna är bara en delmängd av de meningsfulla satserna.

Själv riktade Austin i stället sina åhörares uppmärksamhet mot vad han kallade de ”performativa” satserna. En performativ sats är en med vars hjälp vi *gör* något, utför en språklig handling av ett eller annat slag. Om jag säger ”Jag lovar att hjälpa dig” påstår jag ingenting, säger ingenting som är sant eller falskt. Jag *lovar*. Att säga ”Jag lovar att hjälpa dig” är att avge ett löfte, att förbinda sig att hjälpa. För att det verkligen skall bli ett löfte förut-

J. L. Austin.

sätts därvid att uttalandet görs under den rätta sortens omständigheter. Mottagaren av löftet måste vara inom hörhåll och uppfatta vad som sägs. Det jag lovar måste vara något han verkligen vill att jag skall göra. Jag måste vara i stånd att utföra det jag lovar. Är villkoren inte uppfyllda misslyckas jag med att avge något löfte. Men ett sådant misslyckande är något annat än att komma med ett falskt påstående. Ytterligare exempel på performativer kan vara: ”jag uppmanar”, ”jag slår vad”, ”jag gratulerar”, ”jag varnar”, ”jag tackar”.

Men är verkligen skillnaden mellan performativa och konstativa satser så tydlig som den först såg ut att vara? I stället för att säga ”Jag lovar att hjälpa dig” kan jag säga ”Jag kommer att hjälpa dig”. ”Jag kommer att hjälpa dig” ser ut som ett sant eller falskt påstående, men kan användas för att avge ett löfte. Austin leds av sådana överväganden till att modifiera sin ursprungliga distinktion genom att i stället tala om skillnaden mellan ”lokutionära” respektive ”illokutionära” talhandlingar.

Den lokutionära handlingen sådan Austin definierar den består i att yttra vissa ord med en viss betydelse och referens. Den illokutionära handlingen består i att göra detta med en viss ”kraft”. Att lova något är sålunda en illokutionär handling – jag avger ett löfte i kraft av de ord jag yttrar. Andra illokutionära handlingar är att uppmana, slå vad, gratulera, varna, tacka, nominera, annulera, inlägga veto, medge, garantera, välkomna, gissa, intyga. En brokig blandning som synes. Vi gör många olika saker med ord, den att påstå något som kan vara sant eller falskt är bara en aspekt av många.

Alla talhandlingar utförs i bestämda språkliga situationer och i interaktion mellan människor. Ofta regleras de av något bestämd procedur – noga kodifierad då det t.ex. gäller att döpa ett barn eller att testamentera en förmögenhet, mer informell då det gäller att välkomna eller tacka. Nästan alltid kan talhandlingen lyckas eller misslyckas – vi slår vad men vadet upptas inte, vi gratulerar till en utnämning som framgångsrikt överklagats etc.

Det gamla sättet att analysera språket som en enkel relation mellan sats och beskrivet faktum skulle bli omodernt efter Austin, vars ”talaktsteori” på ett fruktbart sätt vidareutvecklades av flera efterföljare, varav den kanske mest kände är John R. Searle (f. 1932).

Bland de mer framträdande nya Oxfordfilosoferna fanns också Peter Strawson (1919–2006). Strawson kom först i rampljuset genom uppsatsen ”On referring” (”Om referens”), publicerad 1950. Uppsatsen var sensationell därför att den angrep Russells denotationsteori, vilken länge betraktats som det lysande föredömet för all filosofisk analys. Russell hade, som vi minns, kommit fram till att en sats som ”Den nuvarande kungen av Frankrike är skallig” måste betraktas som falsk, eftersom den bl.a. påstår att det finns en och endast en person som f.n. är kung av Frankrike. År 1950 var Frankrike fortfarande en republik, men Strawson vill ändå inte gå med på att Russells sats bör betraktas som falsk. Riktigare vore att säga att frågan om satsens sanning eller falskhet överhuvudtaget inte uppstår eftersom det inte finns någon kung av Frankrike som kan vara skallig eller hårförsedd. Vad som händer om vi yttrar en sådan sats är att vi *misslyckas* med att referera, misslyckas med att alls säga något som är vare sig sant eller falskt. Att det finns en kung av Frankrike *påstås* inte i satsen, det bara *förutsätts*. Och när förutsättningen inte stämmer med verkligheten misslyckas vår användning av satsen. Russell hade trott att den sats som inte är meningslös måste vara antingen sann eller falsk. Strawson påpekar att den också i den faktiska talaktssituation där den används kan misslyckas.

Det ikonoklastiska drag som fanns i angreppet mot Russell går igen också i Strawsons kanske viktigaste verk, *Individuals. An essay in descriptive metaphysics* (”Individer. En essay i beskrivande metafysik” 1959). Dittills hade ”metafysik” varit ett fult ord inom den analytiska filosofin. Nu placerade Strawson det i undertiteln till en bok. Det betydde inte att han accepterade all metafysik. Tvärtom ställde han sig skeptiskt avvisande till vad han kallade ”revisionistisk” metafysik, dvs. metafysik som går ut på att radikalt förändra vårt sätt att tänka om världen, exemplifierad med Descartes, Leibniz och Berkeley. Det han accepterade var ”beskrivande” metafysik, dvs. sådan som undersöker förutsättningarna för hur vi faktiskt tänker om verkligheten, som artikulerar vetenskapernas och sunda förnuftets ontologi, en metafysik i Aristoteles’ eller Kants anda. I *Individuals* genomförde Strawson sålunda ett försvar för den aristoteliska uppfattningen att världens mest fundamentala beståndsdelar utgörs av individer.

Quine och den analytiska filosofin i USA

Om de engelska filosoferna sålunda alltmer avlägsnade sig från den logiska positivismens ursprungliga dogmer kan något liknande sägas om de amerikanska. Ett exempel erbjuder Harvardfilosofen Willard van Orman Quine (1908–2001). Quine besökte Wienkretsens möten samtidigt med Ayer. Han tog starka intryck av framför allt Carnap. Men när Quine på allvar trädde fram som självständig tänkare var det i uppgörelse med den logiska empirismen och med Carnap. Så skedde bl.a. i den epokgörande uppsatsen ”Two dogmas of empiricism” (”Två av empirismens dogmer” 1951). Där gick Quine tillrätta med två av de grundantaganden varpå den logiska empirismen vilade – läran om de meningsfulla satsernas uppdelning i analytiska satser a priori och syntetiska satser a posteriori samt verifierbarhetstesen.

Hur vet man egentligen att en sats – låt oss säga ”Alla ungkarlar är ogifta” – är analytisk? Ett svar består i att förklara att ”ungkarl” och ”ogift man” är synonymer och att man genom att byta ut synonymt uttryck mot synonymt uttryck i den anförda satsen erhåller en rent formell sanning: ”Alla ogifta män är ogifta män”. Analytiska satser skulle då vara formella sanningar eller sådana som genom utbyte av synonym mot synonym kan förvandlas till formella sanningar. Men hur vet man när två uttryck är synonyma? Vi kan inte svara: genom att slå upp dem i en ordbok, ty det leder bara till frågan hur ordboken vet att de är synonymer. Vi kan heller inte säga att ”ungkarl” och ”ogift man” måste vara synonymer eftersom satsen ”Alla ungkarlar är ogifta män” är analytisk. Det vore att röra sig i cirkel. Skall vi hänvisa till det allmänna språkbruket? Men förvandlar vi då inte de analytiska sanningarna till empiriska sanningar a posteriori? Quine konstaterar att frågorna leder in i en återvändsgränd.

W. van Orman Quine. Foto Geoff Howard. IBL bildbyrå.

Svårigheterna med empirismens dogm nummer två är inte ringare. Varken Carnap eller någon annan hade i praktiken lyckats genomföra programmet att reducera alla satser om den yttre verkligheten till satser om omedelbara upplevelser. Quine tror heller inte att det kan genomföras. Han föreslår i stället en ”empirism utan dogmer” som överger tanken att man skulle kunna empiriskt konfirmera eller diskonfirmera varje påstående för sig, isolerat från andra påståenden. Våra påståenden om yttervärlden måste ställas inför erfarenhetens domstol tillsammans, som en helhet, inte individuellt. Genom den tanken förändras också synen på distinktionen mellan analytiskt och syntetiskt. Sanningar om den yttre verkligheten har uppenbarligen både en språklig och en faktisk komponent – de beror både på våra ords innebörd och på deras relation till företeelser i yttervärlden. Men de båda komponenternas betydelse kan analyseras bara om vi tar hänsyn till det totala sammanhang av påståenden som uttrycker vår världsbild.

Quine tänker sig denna totalitet av utsagor som ett kraftfält med ett centrum och en periferi. De påståenden som befinner sig i periferin har vi lättast att ändra på på grund av nya erfarenheter. De påståenden som befinner sig nära centrum söker vi så långt möjligt skydda mot diskonfirmering. Men ingenting är absolut heligt. Den nya kvantfysiken har fått somliga vetenskapsmän att till och med ifrågasätta logikens lag om det uteslutna tredje. Avgörandet beträffande vad i vårt teorisystem som bör ändras vid en konflikt med erfarenheten är pragmatiskt snarare än absolut – flera olika möjligheter till revideringar står i varje särskilt fall öppna. På detta sätt mynnar Quines empirism ut i en pragmatism och i en sorts koherensteori, som kan påminna mer om Bradley än om Carnap eller Russell.

Frågan om de vetenskapliga teorierna och deras förhållande till den empiriska erfarenheten har överhuvud utgjort ett viktigt tema i de senaste decenniernas filosofiska diskussion. Vetenskapsteorin har växt fram som en särskild och specialiserad gren inom filosofin. En viktig utgångspunkt för diskussionen har funnits hos den logiska empirismen. En annan har existerat hos Karl Popper och dennes s.k. falsifikationism.

Poppers nya vetenskapsteori

Karl Popper (1902–1994) föddes och växte upp i Wien. Under trettiotalet emigrerade han och har efter kriget varit verksam i Storbritannien vid London School of Economics. Popper deltog i Wienkretsens diskussioner, men delade aldrig den logiskt positivistiska åskådningen. Neurath döpte honom till "den officiella oppositionen" eftersom han förde fram kritiska synpunkter på ett sätt som kretsen kunde godta. Sin viktigaste vetenskapsteoretiska skrift publicerade Popper 1934 under titeln *Logik der Forschung* ("Forskningens logik"). Senare gavs den i utvidgat skick ut på engelska med titeln *The logic of scientific discovery* ("Den vetenskapliga upptäcktens logik" 1959).

I *Logik der Forschung* förde Popper fram en kritik mot den logiska positivismens verifikationskriterium, som han ville ersätta med ett falsifikationskriterium. Till viss del låg rent formallogiska överväganden bakom. En vetenskaplig lagbundenhet kan aldrig verifieras av aldrig så många positiva iakttagelser. Satsen "Alla korpar är svarta" kan aldrig härledas från aldrig så många satser av typen "Denna korp är svart". Däremot räcker det med ett enda bekräftat påstående av typen "Denna korp är vit" för att falsifiera den. Popper kom fram till att falsifierbarhet är kriteriet inte på meningsfullhet men väl på vetenskaplighet. Det utmärkande för vetenskapliga teorier är att de kan falsifieras. På den grunden ansåg sig Popper också kunna mönstra ut vissa teorier som gjorde anspråk på vetenskaplighet. Är det exempelvis möjligt att tänka sig någon empirisk erfarenhet som skulle kunna få en ortodox psykoanalytiker att tvivla på Oidipuskomplexets existens? Popper trodde inte det, och drog slutsatsen att psykoanalysen är ofalsifierbar och följaktligen saknar vetenskaplig karaktär.

Sir Karl Popper 1993. Foto Mark Ellidge. IBL bildbyrå.

Överhuvud hade Popper en annan syn på vetenskapens tillvägagångssätt än den traditionella empirismens. Vetenskapen börjar inte med teorilösa observationer. Den fortskrider inte med hjälp av induktion. Den börjar i stället med ett problem. Den uppställer därefter hypoteser i avsikt att lösa detta problem. Den testar sina hypoteser, varvid testerna har formen av falsifieringsförsök. Forskaren försöker formulera så djärva och "osannolika" gissningar som möjligt. Om sedan hans dristiga hypotes visar sig kunna motstå hårda och allvarligt menade falsifieringsförsök antar han den som "korroberad". Det innebär egentligen bara att han tills vidare införlivar den med sin vetenskaps förråd av teorier. Något sådant som slutgiltig verifiering eller konfirmering finns enligt Popper inte inom vetenskapen. Denna är alltid provisorisk, alltid öppen för falsifikation. Den Popperska vetenskapsteorin hade vuxit fram under intryck av den teoretiska fysikens kris under 1910- och 20-talen, en tid när Einsteins relativitetsteori och den nya kvantfysiken försatt Newtons universum i gungning och när det som tidigare tett sig definitivt plötsligt blivit ifrågasatt. Ändå blir det Poppers övertygelse att vetenskapen genom att ställa upp ständigt nya och bättre hypoteser kan approximera sanningen, alltmer närma sig den.

Det är en viktig poäng för Popper att falsifikationsförsöken, den rationella utvärderingen av hypoteser, förutsätter en kritisk debatt. Vetenskapen är ett kollektivt företag, varje teori, ny eller gammal, måste ständigt vara underkastad den vetenskapliga samfällighetens kritik. Men en sådan öppen vetenskaplig kritik kan bara fortleva i ett öppet samhälle. Här finns en koppling till Poppers politiska filosofi, främst framlagd i det stora arbetet *The open society and its enemies* ("Det öppna samhället och dess fiender" 1945). Det arbetet innehåller Poppers plädering för det öppna, liberala, fria samhället och hans kritik mot tre historiska tänkare som han anser tillhöra dess fiender – Platon, Hegel och Marx.

Kuhn, Feyerabend och de vetenskapliga revolutionerna

Lika litet som Wienkretsens uppfattning av vetenskapen har Poppers fått stå oemotsagd. Den mest framgångsrika utmaningen kom 1962 med Kuhns *The structure of scientific revolutions* ("De vetenskapliga revolutionernas struktur"). Thomas S. Kuhn (1922–1996) började sin bana som teoretisk fysiker vid Harvarduniversitetet, var sedan framför allt verksam som vetenskapshistoriker och blev 1983 professor i filosofi vid Massachusetts Institute of Technology. Hans vetenskapsteori innebar en förnyelse bland annat därigenom att han i långt högre grad än Wienkretsen eller Popper lade vikt vid vetenskapshistoriens lärdomar. Vad han lade fram i *The structure of scentific revolutions* var mindre en lära om hur vetenskapen bör bedrivas än en teori om hur den faktiskt utvecklats.

Kuhn vänder sig mot föreställningen att vetenskapens utveckling är lineär och kumulativ. Det inträffar, hävdar han, då och då revolutioner inom de olika vetenskaperna som bryter kontinuiteten och som medför att mycket av det man tidigare ansåg vara vetenskaplig kunskap förstörs. I vetenskapen liksom i politiken spelar diskontinuitet och destruktion en väsentlig roll.

De vetenskapliga revolutionerna uppfattar Kuhn som ”paradigmskiften”, som ett övergivandet av ett paradigm och som anammandet av ett annat. Ett ”paradigm” är därvid den överordnade konception som behärskar en viss vetenskap under en viss period. Paradigmen består av bestämda teorier och av en bestämd terminologi. De innehåller dessutom vissa allmänna metafysiska förutsättningar om verkligheten, vissa metodregler, vissa experimentella tekniker, samt vissa ”exemplars”, dvs. vissa förebildliga experiment eller undersökningar som paradigmets anhängare är inställda på att efterlikna. Det finns en parallell mellan Kuhns ”paradigm” och Wittgensteins ”språkspel”. Liksom språkspelet har paradigmet sin egen logik, sin egen

Thomas S. Kuhn.

vokabulär och sina egna etikettsregler. Det håller samman en gemenskap av forskare som tror på och arbetar inom samma paradigm.

Den typiska och karaktäristiska vetenskapliga verksamheten är vad Kuhn kallar "normalvetenskap". Den innebär att en gemenskap av forskare arbetar inom ett paradigm som egentligen inte ifrågasätts utan vars riktighet tas för given och som utnyttjas för "problemlösande" (eng. "puzzle solving"). Det betyder att begränsade problem ett efter ett löses inom ramen för det givna paradigmet. I problemlösandet testas inte paradigmet men väl forskaren. Det gäller här uppgifter som kan lösas med hjälp av en form av vetenskaplig rutin och inom en kollektiv gemenskap där alla är överens om de grundläggande teorierna och tillvägagångssätten. Det är framför allt i "puzzle solving" som vetenskapen manifesterar framgång och framsteg.

Ibland kan det emellertid inträffa att ett paradigm råkar in i en kris. Det är inte fråga om att det falsifieras. Paradigm kan enligt Kuhn inte falsifieras. Eller, annorlunda uttryckt, alla paradigm är redan falsifierade. Det vill säga alla övergripande vetenskapliga teorier – Newtons fysik, kvantteorin, flogistonteorin eller atomteorin inom kemin, darwinismen inom biologin – har skenbara "falsifikationer" emot sig, fakta som inte låter sig förklaras, motspänstiga fenomen som förefaller stå i strid med teorierna. Detta är normalt. Ibland händer det emellertid att sådana "anomalier" anhopas i sådan utsträckning att det föranleder verkligt bekymmer, så som t.ex. hände med den aristoteliska världsbilden under femton- och sextonhundratalen. Då råkar paradigmet i kris. Det överges för den skull inte. Det är en av Kuhns poänger att det i vetenskapen är både klokt och normalt att hålla sig med en sorts dogmatism – i det längsta försöker man försvara den redan givna, välprövade teorin. För övrigt kan ett övergivande komma till stånd först när det finns ett alternativ. En teori överges inte för att den falsifierats utan först då det finns en alternativ teori som är bättre. Newtons gravitationsteori kunde sålunda överges först då Einsteins relativitetsteeori fanns utarbetad som ett alternativ. Ibland leder krisen emellertid till ett sådant bättre paradigm. En vetenskaplig revolution kommer till stånd.

Kuhn liknar vad som händer en forskare som övergår från ett paradigm till ett annat vid en religiös omvändelse. Från och med nu kommer forskaren att leva i en ny värld. Paradigmskiftet är ett aspektskifte, en djupgående förändrig i perceptionen. Två olika paradigm framstår för Kuhn som "inkommensurabla". Det är inte möjligt att ett för ett och punkt för punkt jämföra deras påståenden med verkligheten. Snarare utgör de två i grunden skilda sätt att konstruera och visualisera verkligheten (eller ett fält av verkligheten). Satser eller teorier inom det ena paradigmet kan heller inte översättas till och jämföras med satser eller teorier inom det andra. Det rör sig här om vokabulärer och grammatiker som konstruerats i enlighet med olika metoder, om oöversättbarhet.

Kuhns lära om de vetenskapliga revolutionerna innehöll onekligen ett påfallande moment av relativism. Den tendensen skulle drivas till sin spets av en av Kuhns efterföljare, Paul K. Feyerabend (1924–1994). Feyerabend föddes i Wien, bedrev studier och undervisning i många länder och blev 1959 professor vid Berkeleyuniversitetet i USA. Hans mest omdiskuterade bok har blivit den 1974–75 utgivna *Against method* ("Ned med metodologin!"). Där förkunnas en form av "vetenskapsteoretisk anarkism".

Feyerabend vill med vetenskapshistoriska exempel visa, att ingen metodlära kan befordra vetenskapernas växt. De stora nydanarna inom naturvetenskapen, Galilei blir Feyerabends främsta exempel, förfor på ett sätt som trotsade alla då eller senare uppfunna metoder. Inte minst var de hänsynslösa då det gällde att skydda sina älsklingsteorier mot falsifikation genom att uppfinna olika hjälphypoteser och förklaringar i efterhand (Galileis tröghetslag var en sådan, tillskapad för att skydda Copernicus' heliocentriska hypotes från falsifikation). Om vetenskapens pionjärer följt metodreglerna, menar Feyerabend, skulle den moderna vetenskapen överhuvud aldrig ha kommit till stånd. Den enda regel som man säkert kan hålla sig till säger: "Allt är tillåtet!" ("Anything goes!"). Feyerabend går så långt att han till slut underminerar vetenskapen själv och ifrågasätter om några teorier alls har företräde, om kemi är bättre än alkemi eller fysik överlägsen magi. Kanske kan man beteckna honom som en postmodernist inom vetenskapsteorin, ifrågasättande till och med Vetenskapens stora berättelse.

Den politiska filosofins återkomst

Under 1970-talet kom ett filosofiskt verksamhetsområde i blickpunkten som dessförinnan fört en tillvaro i skymundan, ja ibland till och med betraktats som utdött. Den politiska filosofin hade förts bort från dagordningen eftersom dess problem ansetts antingen vara empiriska och därmed en angelägenhet för statsvetenskapen eller normativa och därmed utan vetenskaplig karaktär. Den som åter placerade den politiska filosofin på bordet var Harvardprofessorn John Rawls (1921–2002), vars 1971 publicerade *A theory of justice* ("En teori om rättvisa") blivit ett av de senaste decenniernas livligast diskuterade filosofiska arbeten. Rawls lyckades återupprätta den politiska filosofins ställning vid de anglosaxiska universiteten, återintroducera normativa frågeställningar samt dessutom rehabilitera samhällskontraktsteorin sådan den utformats hos Locke, Rousseau och Kant. I centrum för hans undersökning stod den fråga om rättvisans natur, som redan hos Platon är den politiska filosofins kärnpunkt.

Rawls sökte svara på frågan vad rättvisa är genom en egendomlig tankekonstruktion. Anta att människor fick i uppdrag att dra upp riktlinjerna för ett samhälle som de själva skulle vilja ingå i. Anta att de i denna "ursprungliga position" innan samhället ännu bildats inte visste vilken deras egen plats i detta samhälle skulle komma att bli. Anta att de inte visste om de skulle komma att födas fattiga eller rika, i god samhällsställning eller usel. Ja, anta att de inte ens visste om de skulle bli intelligenta eller dumma, fysiskt starka eller svaga, om de skulle vara män eller kvinnor, vilken religion de skulle komma att omfatta eller vilka deras preferenser i livet skulle komma att bli. Hur skulle de då välja de grundprinciper enligt vilka det samhälle borde inrättas, där de sedan skulle tillbringa sina kommande liv?

Rättvisa blir för Rawls en fråga om hur man skulle välja bakom en "slöja av okunnighet" innan man ännu visste vilken den egna positionen i ett kommande samhälle skulle bli. Han är övertygad om att människor som sattes att upprätta ett samhällskontrakt under sådana betingelser skulle fastna för två grundläggande principer, på vilka ett rättvist samhälle måste bygga. De skulle anse att ett rättvist samhälle måste innehålla grundläg-

John Rawls. Foto Bill Potter. IBL bildbyrå.

gande fri- och rättigheter för alla utan diskriminering eller intolerans. Och de skulle anse att ekonomiska och sociala olikheter i samhället bara skulle få förekomma om dessa var till fördel för de sämst ställda (t.ex. genom att befordra en ekonomisk tillväxt som kom även de sämst lottade till del).

Rawls' samhällsfilosofiska utveckling efter *A Theory of Justice* har präglats av ett ökat hänsynstagande till realpolitiska överväganden. I *Political Liberalism* (1993) framställer Rawls sålunda sitt rättvisebegrepp som en sorts ideologiskt minimum. I ett samhälle som rymmer olika ideologier och olika kulturer skulle respekt för de rättvisespelregler Rawls formulerat kunna utgöra ett "överlappande" eller gemensamt område, en partiell konsensus av det slag som är nödvändig om olika människor och olika grupper skall kunna leva i samma samhälle utan våldsamma konflikter eller omvälvningar.

Det Rawls genom sitt rättvisa samhällskontrakt vill upprätta har onekligen stora likheter med en vänsterliberal eller socialdemokratisk välfärdsstat. En väsentligt annorlunda uppfattning av den politiska rättvisan möter man hos en annan Harvardfilosof, Robert Nozick (1938–2002), vars *Anarchy, state and utopia* ("Anarki, stat och utopi" 1974) blev en sorts nyliberalismens bibel.

Nozick ansluter sig explicit till Locke och dennes lära om individens naturgivna rätt till liv och egendom. De mänskliga individerna äger enligt Nozick en sorts okränkbarhet. Det finns mycket bestämda gänser för vad man får göra mot dem utan deras medgivande. Rawls hade betraktat individernas arbete, talanger och förmågor som en gemensam resurs som staten kunde fritt disponera. Nozick anser tvärtom att varje individs arbete, förmåga och egendom tillhör den individen. Därmed uppstår frågan om en stat någonsin kan vara legitim. Staten utövar definitionsmässigt en överhöghet och ett tvång gentemot individen. Staten måste ha rätt att beskatta, sålunda att frånta individens hans inkomster och egendom. Detta tycks stå i strid mot den naturrättsgrundade uppfattningen om individens okränkbara rättigheter. I *Anarchy, state and utopia* försöker Nozick ge svar på frågan hur man från de skisserade utgångspunkterna skall kunna rättfärdiga en stat. Hans slutsats blir att det är möjligt att försvara en "minimal stat", avsedd enbart att skydda individernas liv, säkerhet och egendom. En omfördelande stat finner Nozick däremot illegitim och rättskränkande. Det som för Rawls är högsta rättvisa – omfördelning av resurser via staten till förmån för de sämst lottade – är sålunda för Nozick högsta orätt.

Gemensam för Rawls' och Nozicks form av liberalism var tanken på samhällskontraktet med dess förutsättning att individen är det primära, samhället något sekundärt. Just detta gemensamma antagande har utmanats av en grupp tänkare som, trots att de i väsentliga avseenden är olika, brukat sammanföras under beteckningen "communitarians" ("gemenskapsanhängare"). Dessa communitarians – Charles Taylor (f. 1931), Alasdair Macintyre (f. 1929) och Michael Waltzer (f. 1935) brukar räknas till dem – har i anslutning till den aristoteliska uppfattningen hävdat att människan är en samhälleligt djur, att samhället långt ifrån att fordra ett kontrakt tvärtom är ett för människan naturligt tillstånd. De har framhållit att den Rawlska människan i hennes "ursprungliga position" utan kropp, kön, familj, nation eller personliga egenskaper är en bisarr utgångspunkt för en politisk filosofi. Människans identitet och därmed de grundläggande värderingar som den politiska filosofin måste bygga på har sin rot just i den språkliga, nationella, religiösa och biologiska gemenskap vari hon ingår. "The communitarians", vilkas praktiskt-politiska positioner för övrigt är högst skiftande, vill vända tillbaka från naturtillståndets abstraktioner till den faktiskt förefintliga, historiskt existerande människan.

Alla liberala filosofer i USA har emellertid inte baserat sin position på ett kontraktsteoretiskt argument. Stor uppmärksamhet väckte en ung amerikansk statsvetare av japansk extraktion, Francis Fukuyama (f. 1952), då han sommaren 1989 publicerade en uppsats "The End of History?" ("Historiens slut?") i tidskriften "National Interest", senare uppföljd genom boken *The End of History and the Last Man* ("Historiens slut och den sista människan" 1992). Fukuyama åberopade varken Kant eller Locke utan anknöt till Hegel. Efter kommunismens fall, hävdade han, hade världshistorien förbrukat alla samhällsalternativ utom den liberala, marknadsbaserade demokratin. Marknadsekonomin hade visat sig bättre än alla alternativa ekonomiska system tillgodose människornas krav på ekonomiskt välstånd. Den liberala demokratin hade genom att ge alla lika rättigheter tillfredsställt kravet på "erkännande". Därmed framstod det liberala samhället som det maximalt förnuftiga. Historien, sådan Hegel uppfattat den, var slut eftersom bara *ett* verkligt alternativ fanns kvar för mänskligheten. Den enda återstående frågan blir om vi kommer att finna oss tillrätta med att vara (i Nietzsches mening) "de sista människorna" eller om vi kommer att överge det mest förnuftiga tillståndet för att tillfredsställa en irrationell trängtan att leva farligt. I den problemställningen utmynnade Fukuyamas försök att för vår tid tolka Hegels tro på "förnuftet i historien." Sin grundkonception har han behållit och försvarat även sedan terrordåden mot World Trade Center den 11 september 2001 utlöst en ny intensiv debatt kring globaliseringen och "historiens slut". Gentemot statsvetaren Samuel P. Huntington som talat om en fortgående "kulturernas kamp" där olika kulturer – den kristet-västerländska, det arabiskt-islamska, den kinesiska o.s.v. – befinner sig inbegripna i en permantent rivalitet och konflikt vidhöll Fukuyama sin uppfattning. Fundamentalismen är en atavistisk kvarleva, en kvardröjande rest från tidigare utvecklingsskeden. Den globala moderniseringsprocessen handlar inte bara om tillämpning av ny teknik utan om en ny livstil och nya tänkesätt som med nödvändighet kommer att bli utbredda över hela jordklotet. Tillfälliga bakslag, sådana som terrordåden den 11 september 2001 representerade, kan givetvis inträffa. Men rörelseriktningen är fastlagd.

Den nya filosofin om medvetandet

En av de mest livskraftiga grenarna av den analytiska eller postanalytiska filosofin under senare årtionden har varit den s.k. ”philosophy of mind”. Den handlar om de filosofiska problem som själens eller medvetandets funktioner ger upphov till. I blickfånget står ofta det gamla cartesianska problemet – hur förhåller sig det själsliga till det kroppsliga, hur ser växelverkan mellan kropp och själ ut?

Till grund för det uppflammande intresset för detta området har legat nya utvecklingstendenser inom naturvetenskap och teknik. Hjärnfysiologin har lyckats skaffa oss en allt mer detaljerad bild av hur hjärnan fungerar och av det nevrofysiologiska underlaget för olika känslomässiga och kognitiva funktioner. Datatekniken har skapat alltmer sofistikerade former av artificiell intelligens. Från bådadera utgår en suggesion i riktning mot ”materialism”, ”fysiologism” och ”reduktionism”. Utgörs inte själsfunktionerna helt enkelt av nervprocesser i hjärnan? Är inte mänsklig intelligens och artificiell intelligens i grund och botten samma sak, även om uppkomstbetingelserna är olika? Kan vi inte eliminera allt tal om ”själ” eller ”medvetande”, om tankar, känslor eller avsikter, till förmån för den kemisk-fysisk beskrivning? En hel ny vetenskapsgren, den s.k. kognitionsvetenskapen (”cognitive science”) har vuxit fram till stor del utifrån idén att själen är en datamaskin (eller kanske ett program för en datamaskin).

Mer eller mindre materialistiska, fysikalistiska, ”komputationalistiska” eller reduktionistiska teorier har försvarats av brittiska eller amerikanska filosofer som Paul Churchland (f. 1942), Donald Davidson (1917–2003), Daniel D. Dennett (f. 1942), Jerry A. Fodor (f. 1935), David Lewis (1941–2001) och Willard van Orman Quine. Somliga av dessa har framför allt betonat hjärnfysiologins resultat, andra har utarbetat analogin till datateknik och dataprogram. Den senare analogin medför tydliga fördelar genom att framhålla ”mjukvaran” och funktionen snarare än de rent fysiska mekanismerna.

Subtila skillnader av olika slag finns mellan dessa olika riktningar, framför allt i synen på det mentala. Kan medvetandet restlöst identifieras med fysiska processer (i först hand skeenden i hjärnan)? Eller utgör det en speciell aspekt av dessa processer? Eller kan exempelvis samma tanke eller känsla vid olika tillfällen vara identisk med olika hjärnprocesser?

Flera av dessa filosofer har som gemensamt föremål för polemik och vederläggning vad de brukar kalla ”folk psychology” (ungefär ”folklig psykologi”). Därmed avses föreställningar som att vi ibland är glada, ibland ledsna, att vi känner smärta om vi klämmer eller bränner oss, att vi ibland skyndar oss därför att vi har bråttom eller ringer ett telfonsamtal i avsikt att påverka någon till ett beslut. Kort sagt, alla vardagsförnuftets föreställningar om själsliga processer eller om samverkan mellan själsligt och kroppsligt betraktas om primitiva och kanske till och med vidskepliga. Det enda som finns är det som kan ges en rent naturvetenskaplig beskrivning.

Bland kritiker av denna typ av ”materialistiska” uppfattningar är kanske den amerikanske filosofen John R. Searle (f. 1932) den mest prominente. I en rad böcker – *The Rediscovery of Mind* från 1992 kan nämnas – försvarade Searle uppfattningen att mentala processer är verkliga och att vi faktiskt har ett medvetande. Med viss uppgivenhet har han beskrivit svårigheterna att argumentera i dessa sammanhang:

”Hur kan man exempelvis gå till väga för att vederlägga uppfattningen att medvetandet inte existerar? Borde jag nypa anhängarna för att påminna dem om att de har medvetande? Eller borde jag nypa mig själv och rapportera resultatet i *Journal of Philosophy*?”

På en punkt har Searle dock konstruerat ett berömt argument, som till och med fått ett namn i läroböckerna – det kinesiska rummets argument. Det går ut på att visa att själen inte, som ofta gjorts inom kognitionsvetenskapen, kan uppfattas som ett dataprogram (med hjärnan som hårdvara). Omvänt kan det sägas gå ut på att visa att datamaskiner inte tänker, att deras sätt att fungera inte, som ofta gjorts gällande, kan jämställas med medvetet tänkande.

Föreställ er – så lyder Searles argument – att jag, som inte talar eller förstår kinesiska, stängs in i ett rum som innehåller lådor fyllda med kinesiska skrifttecken. Jag erhåller en instruktionsbok skriven på mitt eget språk som talar om hur jag skall sätta samman dessa skrifttecken och hur jag skall skicka tillbaka raddor av tecken som svar på andra raddor av tecken som sänds in till mig genom en lucka. Utan att jag vet om det representerar de kombinationer av tecken som sänds in till mig frågor och de tecken jag skickar tillbaka svar. Lådorna med tecken är en databas. Instruktionsboken är ett dataprogram. De personer som skickar in frågorna är programmerare, själv är jag datorn. Låt oss anta att instruktionsboken är så fullständig och det hela fungerar så väl att jag svarar på frågorna lika bra som en infödd kines kunde ha gjort. Jag kan då sägas ”förstå” kinesiska i samma funktionella mening som en dator kan ”förstå” kinesiska (eller någonting annat). Men i själva verket förstår jag inte ett ord.

Searle drar slutsatsen att detta att ”förstå” (och att ”tänka”, ”inse” eller ”vara medveten om”) inte är det samma som att enligt vissa kriterier korrekt genomföra en viss funktion. Datorernas korrekta prestationer betyder inte att de tänker. Och vår egen förmåga att tänka är inte identisk med en förmåga att utföra en korrekt prestation.

Naturligtvis hävdar varken Searle eller någon annan att ett argument av denna karaktär skulle vara oförenlig med den för kognitionsvetenskapen viktiga tanken att jämförelser med den artificiella intelligensens sätt att fungera kan ge oss betydelsefulla insikter om det mänskliga tänkandet. Däremot kan argumentet sägas utgöra ett inlägg i den sedan Descartes' dagar ständigt fortgående debatten om kropp-själ-problematiken. Idag har Descartes' lösning få eller inga anhängare, Hans psyko-fysiska dualism blir gärna föremål för närmast rituella angrepp. Men hans frågeställning har inte förlorat något av sin förmåga att fängsla och förbrylla.

Dygdeetikens renässans

Det är två strömningar som framför allt har dominerat den moderna filosofiska etiken. Den ena är utilitarismen eller nyttomoralen. Den andra är en plikt- eller regeletik av mer eller mindre Kantsk karaktär, inom nyare analytisk filosofi med särskild framgång odlad av engelsmannen Richard M. Hare (1919–2002). Under de senaste årtiondena har emellertid också en tredje riktning gjort sig starkt gällande. Det handlar om en modern nytändning för den dygdeetik, som man annars främst förknippat med antikens och medeltidens filosofi och i synnerhet med den aristoteliska traditionen.

En del av bakgrunden finns hos en märklig trio av kvinnliga Oxfordfilosofer – G. E. M. Anscombe (1919–2001) , en nära lärjunge till Wittgenstein, Iris Murdoch (1919–1999), minst lika känd som romanförfattarinna som i sin egenskap av filosof, och Philippa Foot (f. 1920). Men former av dygdeetik har företrätts även av filosofer som Alasdair MacIntyre, Bernard Williams (1929–2003) och Martha C. Nussbaum (f. 1947).

Gemensamt för utilitarism och pliktetik är att de framför allt intresserar sig för vilket handlande som är riktigt eller oriktigt, påbjudet eller förbjudet, i en viss moralisk situation. Man söker en regel och bedömer den enskilda handlingen efter dess överensstämmelse eller brist på överensstämmelse med en sådan regel. Man förutsätter att moral är handlande i överensstämmelse med ett regelverk.

Mot detta invände Anscombe i en inflytelserik artikel från 1958 ("Modern moral philosophy") att själva idén om moralisk förpliktelse förutsätter en Gud som utfärdar regler och befallningar. I en tid när kristendomen förlorat sitt starka grepp borde man söka efter andra grunder för moralfilosofin. Etiken borde inte utgå från ett regelsystem, som i avsaknad av en lagstiftare blir hängande i luften, utan från en uppfattning om karaktär. Människan och hennes egenskaper, dygder och laster, borde åter, som hos Aristoteles, ställas i centrum för den moralfilosofiska diskussionen. Bedömandet av den enskilda handlingen borde underordnas bedömandet av den handlande personen. Den rätta handlingen blir den som en "dygdig" (eller moraliskt framstående) person skulle utföra i den givna situationen.

Dygdeetiken ger onekligen upphov till ett moraliskt landskap som i flera avseenden skiljer sig från regeletikens. En skillnad handlar om den moraliska motivationen. Inte minst Kant framhöll gärna att ingenting är moraliskt förtjänstfullt utom att göra plikten för pliktens egen skull. Att hjälpa en vän i nöd av vänskap i stället för av plikt medför sålunda ingen förtjänst. Från dygdeetiska utgångspunkter har en sådan uppfattning kritiserats därför att den tycks vilja göra den moraliska människan till en sorts regelstyrd maskin utan personliga känslor eller böjelser. Värdesätter vi inte i själva verket t.ex. ett sjukbesök mer om vi tror att den besökande motiveras av vänskap än enbart av plikt? Blir inte regeletikens idealmänniska en sorts kallt kalkylerande monstrum?

En annan punkt som i synnerhet Bernard Williams framhållit handlar om vad han kallat "moral luck" ("moralisk tur"). Enligt den vanligaste regeletiska uppfattningen bör vi berömma eller klandra bara sådant handlande som den handlande är moraliskt ansvarig för. Men detta leder till den fria viljans problem. Om en människa handlar som hon gör därför att hon är en viss sorts person och till följd av sin karaktär inte kan handla annorlunda tycks det bli omöjligt att vare sig berömma eller klandra. Dygdeetiken undgår denna paradox genom att den primärt ser karaktären som föremål för beröm eller klander. Men då måste vi också acceptera idén om "moralisk tur". Den gode kan så att säga inte rå för att han är god, inte onde inte rå för att han är ond. Vi kan ändå berömma den moraliska karaktären liksom vi kan berömma andra karaktärsegenskaper, t.ex. en persons sångförmåga, litterära talang, sportsliga talanger, vackra utseende, jämna humör eller dylikt. Med ett sådant sätt att resonera bli gränsen mellan moraliska egenskaper och andra egenskaper mindre skarp. Den moraliska bedömningen och den psykologiska bedömningen kommer närmare varandra. Somliga av dygdeetikerna ogillar rent av ordet "moral" och föredrar det från grekiska härstammande "etik" med dess associationer till levnadsvisdom och levnadskonst. Förutsättningarna för mänsklig mognad och karaktärsutveckling liksom för mänsklig lycka och blomstring står i fokus för denna nygamla etik.

Den nya dygdeetiken är naturligtvis inte någon enhetlig företeelse. Tvärtom rymmer den i hög grad spänningar och meningsmotsättningar. En sådan handlar om dygdernas grad av kulturberoende. Alasdair MacIntyre argumenterade i sin mycket omdebatterade *After Virtue* ("Efter dygden" 1981) för uppfattningen att olika kulturer har olika dygder och att dygden är en kulturrelaterad företeelse. Dygderna vill han i Aristoteles' efterföljd koppla till seder och sedvänjor och därmed till de bruk och normer som gäller i ett visst samhälle. En förbindelselänk till den kommunitaristiska synen på den politiska filosofin uppstår på detta sätt. Dygden är nära förknippad med *polis* och därmed med en viss sociopolitisk gemenskap. Gentemot detta har bl.a. Martha C. Nussbaum hävdat att dygden tvärtom enligt Aristoteles (som hon i detta avseende ansluter sig till) är universell. Aristoteles (och Nussbaum) vill grunda dygden i föreställningen om människans natur. Det finns något sådant som en allmänmänsklig natur och ett universellt förnuft, giltigt för alla. Vad dygden handlar om blir då att finna ett levnadssätt och ett antal sociala vanor som gör det möjligt för människorna att i högsta möjliga utsträckning förverkliga det som ligger inneboende i den mänskliga naturen. Mot en relativistisk och "multikulturell" tolkning av dygderna står på detta sätt en universalistisk.

Dygdeetikerna har sålunda inte lyckats enas om något facit för de moralfilosofiska frågorna. Men de har bidragit till att ge moralfilosofin en ny dagordning och till en förskjutning av frågeställningarna.

Rortys nya pragmatism

En filosofisk liberal i en kategori för sig är den sedan 1982 vid University of Virginia verksamme Richard Rorty (1931–2007). Man kan kalla hans position "postmodernistisk" eller "postfilosofisk". Han har tagit intryck av Wittgenstein, Heidegger, Derrida och Lyotard. Men framför allt har han tagit intryck av Dewey. Rortys filosofi är omisskännligt amerikansk och utgör en till vår tids kulturella strömningar anpassad pragmatism.

Rortys huvudarbete är det 1979 publicerade *Philosophy and the mirror of nature* ("Filosofin och naturens spegel"). Det utgör en uppgörelse med Filosofin med stort F, filosofin sådan den uppfattat sig själv i traditionen från Platon via Descartes och Kant till den moderna analytiska filosofin, enkannerligen i den logiska positivismens tappning. Denna filosofi har sett sig som "första filosofi", som vetenskapernas vetenskap, grundvalen varpå de övriga vetenskaperna står. Den har betraktat det som sin uppgift att skilja äkta från falsk kunskap, att tillhandahålla kriterier för att godkänna eller underkänna vetenskapernas, moralens, konstens eller religionens anspråk på att innehålla kunskap. Den har uppträtt som en demarkationsvetenskap med uppdrag att dra en gräns mellan meningsfullhet och nonsens, sann kunskap och fördom, förnuftigt och oförnuftigt, vetenskapligt och ovetenskapligt.

Rorty vill nu entlediga filosofin från varje sådant polisiärt uppdrag. Han gör det genom att angripa själva den grundläggande föreställningen om sann kunskap som en avspegling av verkligheten. Bilder betyder ofta mer än teorier. Den vedertagna bilden av vetenskapen som en "naturens spegel" har enligt Rorty hållit den traditionella filosofin i sitt bann. Rorty förnekar att verkligheten och vår uppfattning av den, "objektet" och "subjektet", förhåller sig som spegelbilden till det avspeglade. Sanningen är inte en "korrekt representation av verkligheten" utan snarare, som William James menade, "vad som är bra för oss att tro". Sanna teorier är de med vars hjälp vi förmår åstadkomma det vi vill åstadkomma. Kriteriet på en bra teori är att den fungerar i praktiken, inte att den "speglar" en objektiv verklighet.

Den "postanalytiska" filosofi Rorty själv är anhängare av är inte i första hand en professionell, högt specialiserad universitetsdisciplin. Den liknar mer essayistik eller skönlitteratur och utgör inslag i en ständigt fortgående "konversation", där olika ståndpunkter och berättelser förs fram utan att motsvaras av en tro att det skulle finnas slutgiltiga lösningar på problemen. Den synen på filosofin och kulturen har för Rorty även politiska konsekvenser, utvecklade bl.a. i boken *Contingency, irony and solidarity* ("Kontingens, ironi och solidaritet" 1989). Där pläderar Rorty för en "ironisk liberalism". En ironiker är därvid en människa som uppfattar sina egna övertygelser, behov och förhoppningar som kontingenta, utan metafysisk grund. Det rör sig här om en liberalism utan metadiskurs, en liberalism som inte tror att de egna övertygelserna kan förankras i någon stor meta-berättelse som framsteget, emancipationen, mänskligheten eller förnuftet. En sådan ofilosofisk liberalism behöver inte enligt Rorty vara desorienterad eller rådlös. Den utgör tvärtom den bästa grunden för en sann pluralism.

Tillbakablick

Rorty får avsluta denna översikt över den analytiska filosofin, över 1900-talets filosofi och över filosofins historia överhuvud. Den analytiska filosofin hade startat som ännu ett försök att finna en fast och odisputabel grund för filosofin som vetenskap. I den mån dess egen historia utgör ett vittnesbörd slutade det försöket i ett åtminstone partiellt misslyckande. De analytiska metoderna har under snart ett århundrade bevisat sin livskraft och fruktbarhet. Men de har inte lett fram till den sökta enigheten. Den säkra grunden visade sig ingalunda skyddad mot skalv, sökandet efter de orubbliga fundamentalsatserna ledde inte till önskat resultat, den ursprungliga rationalismen ansattes snart av nya tvivel på förnuftets möjligheter. På sätt och vis upprepades fenomenologins och strukturalismens erfarenheter. Också den analytiska filosofins metoder visade sig kunna vändas mot förnuftstron och mot tron på filosofin själv. Det postfilosofiska tillståndet tycks näraliggande åtminstone hos sådana den analytiska traditionens företrädare som Feyerabend och Rorty.

Under 1900-talet kan vi se ett antal försök att övervinna filosofins legitimationskris. Vi ser också hur djupt problematiskt själva begreppet filosofi har blivit. Husserl sökte finna en ny grundval för filosofin i klassisk mening. Han ville visa att filosofin kunde vara sträng vetenskap, men också att den hade ett eget område i form av den fenomenologiska analysen och dess "väsensskådande". Hos Husserls mest betydande lärjunge, Heidegger, uppges detta program. På flera punkter förhåller sig Heidegger, särskilt den sene Heidegger, antitetiskt till Husserl. Där Husserl slog vakt om den klassiska filosofiska traditionen ville Heidegger utsätta den för "destruktion". Han föredrog termen "tänkande" framför termen "filosofi" då han talade om sin egen verksamhet. Där Husserl ville ge ny styrka åt den västerländska vetenskapen och det västerländska förnuftet riktade Heidegger mot dessa en förintande kritik.

Om filosofibegreppet sålunda hos Heidegger ter sig utomordentligt problematiskt är det knappast mera självklart hos Wienkretsen eller hos Wittgenstein (vare sig den tidige eller den sene). De logiska positivisterna förkastade den klassiska filosofiska traditionen som ”metafysik”, samma speglosa för övrigt som Heidegger brukade använda, ehuru med annan innebörd. Wittgenstein bemödade sig om att finna en terapi mot filosofin, att hjälpa flugan ut ur flugglaset. I en senare period har postmodernister och dekonstruktivister ofta nog betraktat filosofin och dess historia som ännu en av de ”stora berättelser” som det gällt att demolera.

Å andra sidan har också motreaktioner gjort sig gällande. Tänkare har uppträtt till filosofins försvar och föresatt sig att rekonstruera traditionen. Något sådant kan sägas om i övrigt så olika filosofer som Leo Strauss, Hannah Arendt, Alasdair MacIntyre, John Rawls och Robert Nozick.

Oenigheten och osäkerheten om filosofins innebörd och roll har avspeglats i de djupa klyftor som under 1900-talet länge skilt filosofer av olika skolor åt. Sextonhundratalsfilosofer som låt oss säga Descartes, Hobbes, Spinoza, Locke och Leibniz hade olika åsikter om mycket. Men de tillhörde samma filosofiska universum, de förstod varandras argument, de var inbegripna i en form av dialog. Nittonhundratalsfilosofer som Husserl och Russell, Heidegger och Carnap, Searle och Derrida har bara haft ömsesidig oförståelse eller ömsesidigt ointresse gemensamt. Något samtal över de avgrunder som skilt dem åt har inte varit möjlig. Först under de sista åren har tendenserna till dialog och tankeutbyte blivit starkare. Vart dessa förmedlingsförsök kommer att leda återstår att se.

Vår framställning har nått sin kronologiska slutpunkt. En återblick på filosofins hela utveckling från Thales till postmodernismen kan vara på sin plats.

När filosofin växte fram hos grekerna och gavs sin normgivande innebörd hos Sokrates, Platon och Aristoteles erhöll den ett antal kännetecken som sedan följt den genom hela dess historia. Inte alla dessa inslag har funnits hos varje västerländsk filosof, men de har genom århundradena ständigt funnits närvarande i den filosofiska debatten och bidragit till dess kontinuitet:

1. Filosofin är kärlek till visdom, den är ett kunskapseros riktad mot det sanna, rätta och sköna. Filosofen äger inte visdom, lider tvärtom brist på den, men söker den med desto större iver.
2. Filosofin uppstår ur en känsla av undran inför tillvaron i dess helhet och ur en vilja att veta. Filosofen intar en teoretisk, kontemplativ, åskådande attityd till verkligheten, han söker kunskap för dess egen skull.
3. Filosofin innebär ett engagemang för vissa abstrakta ideal, för förnuft, sanning och rätt. Dessa ideal uppfattas som universellt giltiga, inte som beroende av tid, plats, nation, språk eller person.

4. Filosofin betyder en rannsakan av livet och ett sätt att leva som är grundat på självrannsakan och sökande efter självkännedom. Insikten om den egna okunnigheten är en viktig del av denna självkännedom.
5. Det filosofiska sökandet kan aldrig känna visshet om att lyckas. Det stöter ständigt på svårigheter, återvändsgränder, motsägelser. Det utgör en sorts vadhållan på förnuftet, det är ett ständigt pågående företag.
6. Filosofin innebär explicit eller implicit en fortlöpande kritik av alla bestående förhållanden, traditioner och åskådningar, en kritik som enbart vill ha förnuftet som rättesnöre.
7. Filosofin innehåller en levnadskonst och en livsstrategi. Denna strategi försöker bemästra människans lott inte genom att undvika dess tragiska inslag, vilka ses som oundvikliga, utan genom att höja sig över dem. Intellektuell och moralisk autonomi, sinnesfrid, fast ståndaktighet, oförvillat omdöme, intellektuell glädje, blir de eftersträvade idealen.

Den antika filosofins historia efter Sokrates, Platon och Aristoteles handlar mindre om radikal intellektuell förnyelse än om det filosofiska tänkandets och den filosofiska livstilens utbredning kring medelhavsrummet. Den handlar om filosofins popularisering, om dess pedagogiska och uppbyggliga användning, om dess betydelse för politisk kultur och för enskild livsföring. Men med kristendomens införande och utbredande i den antika världen uppstår något avgörande nytt. Filosofin tvingas nu till konfrontation med en jämbördig andlig makt, som dessutom har pretentioner på att vara en fullständig kunskapsform, ensam tillräcklig för att ge besked om alla livets högsta frågor.

I flera viktiga avseenden skiljer sig den filosofiska världs- och livsåskådningen från den kristna religionens. Filosofin framhöll det nödvändiga, det allmängiltiga, det över tidsskeendet och dess växlingar upphöjda. Kristendomen gav den unika individen en central plats (framför allt genom sin odödlighets- och frälsningslära) samt förankrade sin åskådning i en historisk berättelse. Filosofin erkände bara förnuftet som auktoritet, kristendomen ansåg tron och uppenbarelsen vara den viktigaste kunskapskällan. Filosofin poängterade den vises autonomi, intellektuellt och moraliskt. Kristendomen gjorde allt beroende av Guds nåd. I den medeltida filosofin och särskilt i skolastiken åstadkoms en kompromiss mellan filosofi och kristendom. Konfrontationen mellan dem båda påverkade kristendomen på ett djupgående sätt. Den påverkade också filosofin. Frihets- och subjektsproblematiken kommer att inta en central plats i de kristna århundradenas filosofi. Gudsbegreppet erhåller en ny innebörd och en ny roll. De etiska grundfrågorna kommer i ny belysning. Det religiösa temats fortgående betydelse för filosofin kan för övrigt spåras inte bara hos kristna filosofer. 1900-talets existentialism är sålunda ibland uttalat ateistisk. Men den är ändå djupt influerad av just de teman som kristendomens möte med filosofin ställde i fokus: den enskilda människan, den historiska situationen, frihetens problem, förnuftets räckvidd.

Från 1500- och 1600-talen och framåt möter filosofin en ny makt, vetenskapen. Under 1600-talet framstår filosofi och vetenskap ännu som två sidor av samma sak. Filosoferna är vetenskapsmän, vetenskapsmännen är ofta filosofer. Den nya filosofin och den nya vetenskapen är aspekter av samma rörelse. I mycket framstår också vetenskapen som ett barn av filosofin. Den behåller mycket av det som varit den grekiska filosofins karaktäristiska drag – förnuftstron, viljan att veta, sökandet efter sanningen för dess egen skull, ambitionen att ”rädda fenomenen”, inriktningen på det nödvändiga, lagbundna och generella.

1700-talets upplysningsrörelse kan i stor utsträckning förstås som en tillämpning, framför allt på de samhälleliga problemen, av det som från början legat implicit eller explicit i filosofin. Upplysningsmännen ser sig rätt och slätt som ”filosofer”, deras heroer blir Sokrates, Diogenes, Seneca. De tror liksom de antika filosoferna på förnuftet, dygden, lyckan och naturen. De erkänner bara förnuftet som måttstock. De underkastar allt, inte minst religionen, en generell kritik. De förnekar alla auktoriteter som inte håller måttet inför förnuftets domstol. De åberopar en universell och kosmopolitisk moral. De hävdar människans autonomi, hennes intellektuella och moraliska myndighet. De tror på naturgivna mänskliga rättigheter. De framhåller – åtminstone gäller detta de klassiska upplysningsmännen – de mänskliga villkorens begränsningar. De prisar ståndaktigheten och sinnesfriden. De inser betydelsen av att man odlar sin trädgård. Samtidigt utvidgar upplysningsmännen det nya vetenskapliga tänkandets domän till att gälla också samhällets, historiens och det moraliska livets problem. De är ”moderna” genom denna tro på vetenskapen, liksom genom hur de tillämpar filosofins gamla projekt att göra människan myndig på nya förhållanden. De tillhör å andra sidan *l'ancien régime* på grund av sitt fasthållande av den antika dygdeläran och genom sin syn på de mänskliga villkoren som relativt oföränderliga.

Under 1800-talet och 1900-talet blir frågan om filosofins förhållande till vetenskapen alltmera brännande. Hos romantikerna och hos Hegel sker ett försök att inordna specialvetenskaperna under ett högre filosofiskt förnuft. Efter Hegel ter sig en sådan uppfattning av filosofins överhöghet som allt mer ohållbar. Nu kommer i stället filosofin själv att ifrågasättas och avkrävas vetenskapliga legitimationshandlingar. Problemet är inte längre hur vetenskapen skall kunna göras filosofisk utan hur filosofin skall kunna göras vetenskaplig. Det senare 1800-talet och 1900-talet prövar som vi sett olika lösningar på det problemet – nykantianer, fenomenologer, analytiska filosofer, strukturalister formulerar sina olika svar. Filosofins dotter, vetenskapen, har nu vuxit modern över huvudet. Vetenskapen berövar inte bara filosofin dess tidigare monopol på förnuftet, den hotar att själv tillvälla sig ett sådant monopol, så att filosofin betraktas som "förnuftig" bara när den anpassar sig efter vetenskapens villkor och regler. Filosofin får finna sig tillrätta med en alltmer marginell roll inom det vetenskapliga samfundet.

I filosofin har från första stund funnits ett sorts "västerländskt projekt", ett företag som syftat till att ställa alla bestående förhållanden och åskådningar inför förnuftets domstol och att förkasta det som inte där kunnat vinna sin sak. En revolutionering av Västerlandets institutioner, normer och uppfattningar har legat i linje med detta företag. Den vetenskapligt-tekniska revolutionen och omgestaltningen av det europeiska samhället i individualistisk-liberal riktning från 1600-talet och framåt har till viss del inneburit förverkligandet av ambitioner som funnits formulerade i filosofin. Å andra sidan har vetenskapens utveckling i viss mening divergerat från filosofins. Inte minst har två problem yppat sig som upptagit filosoferna under det senaste århundradet

För det första var filosofin sådan den förstods av grekerna inte bara teoretisk åskådning utan levnadskonst, inte bara sökande efter kunskap utan sökande efter visdom. Frågan om hur man bör leva, frågan om det högsta goda var den viktigaste. Den frågan tycks den moderna vetenskapen emellertid oförmögen att besvara. Naturvetenskaperna har utmönstrat ändamålstänkandet och därmed den moraliskt-metafysiska dimensionen ur sina teorier. Tanken på ett "kosmos" i betydelsen av en ordnad och innebördsrik helhet har ersatts av föreställningen om ett kontingent, blott och bart existerande och icke-nödvändigt, universum. Kulturvetenskaperna förefaller genom sina undersökningar snarast ge argument åt den moraliska relativismen genom att påvisa mångfalden av seder och livsformer. Relativismens och nihilismens problem har trängt sig på den moderna filosofin. Somliga tänkare har velat utmönstra frågan om moraliska och politiska mål ur den rationella diskursen och föra över den till de subjektiva känslornas område. Andra har försökt rekonstruera ett icke-instrumentellt, i någon mening norm- och målgivande, förnuft.

För det andra har den moderna vetenskapligt-tekniska kulturen utmärkts av en tro på förnuftets obegränsade möjligheter att lösa mänsklighetens problem och att slutgiltigt uppnå människans befrielse. Den klassiska filosofins dygder, dess måttfullhet, tapperhet, ståndaktighet, förmåga av resignation och jämnmod inför ödet, har därmed kommit att te sig antikverade. Den klassiska filosofins kontemplativa attityd har förefallit vara utslag av en förkastlig kvietism. Filosofin som livshållning kan tyckas omodern.

Filosofin ter sig sålunda i vår tid problematisk och ifrågasatt. Dess roll i kulturen är ett problem för den själv. Men det bör tillfogas att detta i viss mån alltid varit så. Filosofins födelseögonblick inträffar, om man så vill, när Sokrates ställs inför en domstol i Aten, anklagad för att fördärva ungdomen och förneka statens gudar. Den anklagelsen har filosofin sedan dess burit med sig och ibland tvingats rikta mot sig själv.

Filosofins problematik har alltid haft ett nära sammanhang med förnuftets. Filosofin har ständigt definierat sig själv som förnuftskunskap. Men den har också under sin långa historia innehållit högst skiftande uppfattningar om förnuftets väsen och betydelse. Den västerländska förnuftsidéns ursprung är höljt i fantasieggande dunkel. Där finns Herakleitos' *logos* som en helig norm, Parmenides' identitet mellan tanke och vara, Anaxagoras' styrande *nous*. Hos Platon blir förnuftet eviga idéer, oföränderliga ledstjärnor för tanke och handlande. Hos Aristoteles blir det ren form, världens orörlige rörare, men också *organon,* en vetenskapernas metodlära. Hos stoikerna är förnuftet det allmängiltigt rättesnöre för folken, hos nyplatonisterna det Ena, varur allt emanerar.

I den kristna och medeltida filosofin tilldelas förnuftet en ny position genom att ställas mot tron och uppenbarelsen. Dess exakta roll och räckvidd blev bland skolastikerna tvistefrågan framför andra. Om senskolastiken utmärktes av ett förnuftets återtåg präglades 1600-talsfilosofin av tanken på dess makt. Hos Descartes, Spinoza och Leibniz sammanförs filosofi, religion och vetenskap under förnuftets spira. Samtidigt fanns tvivlare som Pascal och Locke, vilka var på sitt sätt framhöll förnuftets gränser. Upplysningsfilosofin under 1700-talet ställde sig ofta skeptisk till förnuftets anspråk. Men den framhöll också dess roll som emanciperande makt, ja som mänsklighetens befriare.

En sådan positiv förnuftsuppfattning gör sig starkt gällande under 1800-talet. Hegelianismen, marxismen och positivismen utformar var och en sitt förnuftsscenario där förnuftet görs till människornas frälsare. Men en pessimistisk motström finns samtidigt med förnuftsoptimismen. Den finns hos Schopenhauers lära om förnuftets vanmakt. Den blir hos Nietzsche till ett förkastande av hela den västerländska förnuftstraditionen, till ett avslöjande av förnuftet som förklädd vilja till makt.

I 1900-talets filosofi avspeglas förnuftets seger och kris. Det vetenskapliga, instrumentella förnuftet triumferar. Samtidigt skakas tron på det laguppställande, normstiftande, världs- och meningsgrundande förnuftet. Hos i övrigt så olika tänkare som Weber, Husserl, Heidegger, Wittgenstein eller Foucault kan vi iaktta en sorts Västerlandets värde- och identitetskris. Den har nära samband med frågan om filosofins fortsatta legitimitet och relevans. Finns det en förnuftssträvan som kan kallas kärlek till visdom, en förnuftskunskap som också grundar en levnadskonst och utgör en tolkning av den mänskliga tillvarons innebörd? Om det just nu finns en det västerländska förnuftets kris, är den avhängig av möjligheten att finna svar på sådana frågor.

I ett avslutande avsnitt skall filosofin på några viktiga punkter betraktas i sammanhang som i den kronologiska framställningen inte kunnat systematiskt beaktas. Filosofins litterära genrer, dess institutioner och dess historiska medvetande skall där närmare granskas.

Filosofin i kontext

Filosofins genrer

Filosoferna har ofta varit ovilliga att medge att de för fram sina tankar genom ett litterärt medium. Redan hos Platon är detta så. Platon var en av de förnämsta diktarna på klassisk grekiska, men lät ändå förvisa diktarna från sin stat. Hans Sokrates är en gudabenådad talare med få jämlikar. Ändå får han uppträda som fiende till retoriken. Rör det sig här om en brist i filosofins självförståelse? En oförmåga att erkänna den betydelse metaforerna, symbolerna, de retoriska figurerna, den litterära formen haft för det filosofiska tänkandet? I vart fall är filosofins historia också de filosofiska litterära genrernas historia.

Platon är den viktigaste upphovsmannen till en av dessa genrer – den filosofiska dialogen. Platons filosofi är i själva verket otänkbar utan dialogens form. Dess väsen finns i samtalet, meningsbrytningen, debatten, majevtiken, det gemensamma sökandet efter sanningen. Det öppna och oavslutade hos Platon, det kritiska och odogmatiska hänger samman med denna form. En skriven doktrin utan argumentering och meningsutbyte var i Platons ögon verkningslös. Dialogen kan fånga något av den muntliga diskussionens rörlighet och flerfald av röster. Den var också i Platons hand ett idealiskt medium för att framställa filosofin som livsform, främst naturligtvis förkroppsligad hos Sokrates.

Platon var dialogformens oupphunne mästare. Sokratiska dialoger av stor verkningskraft skrevs emellertid också av andra samtida – Xenofons har bevarats och betytt mycket för Sokratesbilden. Men genren dog inte ut med Platon och hans generation. Aristoteles har odlat den, ehuru hans verk inom denna litteraturart är förkomna. Cicero brukade den med grace och framgång. Hos Lukianos nyttjas den för hejdlös drift med filosoferna och filosofin. Renässansen återupptog den liksom den återupptog så många andra antika litterära former – Erasmus' berömda "Kollokvier" erbjuder ett exempel. I senare filosofi har bland andra Leibniz, Berkeley, Hume och Schelling gjort bruk av dialogformen. Överallt där den kommit till användning har den hjälpt till att framhålla att givandet och tagandet av argument hör till filosofins väsen, att filosoferandet måste fortskrida genom skäl och motskäl. Dialogformen har också förkroppsligat en syn på filosofin som kollektivt företag, ett samtal där ditt och mitt inte kan strängt urskiljas.

I Aristoteles' bevarade skrifter möter vi en alldeles annorlunda filosofisk genre. Här gäller det manuskript till (eller möjligtvis anteckningar från) föreläsningar. Genren är i detta fall betingad av en pedagogisk situation (vilket i och för sig naturligtvis ofta varit fallet även med dialogen, som kunnat tjäna som förebild för disputationsövningar). Formen är monologisk. Aristoteles föreläser, det är hans auktoritativa röst som talar. Tonen är saklig, utredande, någon gång med retorisk lyftning. Denna professorala litteraturart har bevisat sin livskraft genom årtusendena. Inte minst har de i efterhand utgivna föreläsningsmanuskripten eller föreläsningsanteckningarna spelat en roll. Några av Hegels mest inflytelserika skrifter hör till denna genre liksom ett stort antal av 1900-talsfilosofins viktigaste verk. I detta fall är filosofin inte främst givande och tagande utan utlärande. Den docerande formen passar en systematisk exposition av en väl uttänkt ståndpunkt. Att den retoriska flykten inte nödvändigtvis behöver saknas ger en sådan klassiker inom arten som Fichtes ”Tal till tyska nationen” besked om. Hos Fichte genomgår föreläsningen steg för steg förvandlingen till revolutionär handling.

Den motsättning mellan filosofi och litteratur som Platon frammanade har inte alltid accepterats. I hellenismens och romarrikets litteratur smälter de båda ofta nog samman i en symbios av det uppbyggliga och det formellt drivna. Så är det hos latinska författare som Cicero, Seneca och Boethius eller hos grekiskspråkiga som Epiktetos och Marcus Aurelius. Här är det fråga om trösteskrifter, handböcker i levnadskonst, moraliska förhållningsregler eller betraktelser över moraliska teman. En genre för sig utgör den filosofiska lärodikten med Lucretius' *De rerum natura* som det stora till oss bevarade mästerverket (av försokratikernas lärodikter har vi endast fragment).

En litteraturart av inte obetydligt filosofiskt intresse är självbiografin. Platons s.k. Sjunde brev utgör ett tidigt exempel, men också Sokrates' försvarstal kan räknas hit. Redan i dessa skrifter finns ett aktgivande på sambandet mellan personlig erfarenhet och intellektuell utveckling och på åsiktsförskjutningarnas dynamik. Det första stora exemplet på en intellektuell självbiografi – eller på en självbiografi överhuvudtaget – är likväl dock Augustinus' ”Bekännelser”. Hos Augustinus blir sanningssökandet på samma gång ett sökande efter det egna jaget och efter en förutbestämd hamn. En ny sorts kunskapseros gör sitt inträde. Sökandet vänds inåt mot ”minnets” väldiga domäner. Ljuset från sanningen blir ljuset från Gud och en strimma av detta ljus är det som lyser den sanningssökandes väg. Den klassiska maningen ”känn dig själv!” får en ny innebörd när den förenas med en granskning av den egna själens historia och när självkännedomen också antas innehålla en frälsningsmöjlighet.

Självbiografin som litteraturart bär med sig den laddning den fått hos Augustinus, även sedan den lösgjort sig från hans teologiska förutsättningar. Rousseaus ”Bekännelser”, Mills ”Självbiografi” och många av 1900-talets verk i genren vittnar om detta. Filosofin blir bekännelse. Filosoferna ser sin intellektuella utveckling som ett självförverkligande och ett sökande efter det egna sanna jaget. En subjektiv dimension förs in i filosofin som inte bara tar sig uttryck hos de regelrätta självbiografierna. Montaignes ”Essayer” lyfter oupphörligt och programmatiskt fram det självbiografiska, deras människokännedom är ständigt också en självkännedom. Descartes ”Avhandling om metoden” inleds med en intellektuell självbiografi. I exempelvis Pascals eller Nietzsches verk är det självbiografiska aldrig långt borta. Genren kan dessutom transponeras. Hegels ”Andens fenomenologi” är en sorts Världsandens självbiografi. Kierkegaards ”Stadier på livets väg” kan läsas som *en* persons berättelse om sin egen andliga utveckling.

Den medeltida skolastikens genrer erbjuder den största möjliga kontrast till självbiografin. Här syftar allt till objektivitet, författarens personlighet gör sig så litet som möjligt gällande. Kristen ödmjukhet och logisk asketism samverkar för att undertrycka det subjektiva. Här handlar det ju också om litteratur som betingas av universitetsinstitutionen och av undervisningens fordringar. Vältaligheten och den litterära formen får här stå tillbaka för systematiken och den logiska framställningen. Den stora ”Summan” med dess frågor och svar, dess pedanteri och logiska redbarhet blir periodens kanske mest iögonenfallande genre.

Lika typisk för medeltidens filosofiska litteratur är emellertid textkommentaren. Med rötter i hellenismen odlades den av Avicenna och Averroës och senare av de stora skolastikerna. Viktigast var Aristoteleskommentarerna. Där var det fråga om att tolka och kommentera texter, men samtidigt om att finna fram till sanningen. Det som gav verksamheten så stor betydelse var att Aristoteles uppfattades som en auktoritet. Frågan vad mästaren menat och frågan vad som är sant gled ihop.

På liknande sätt har kommentarer av auktoritativa filosofers texter fungerat också långt senare. Det gäller om hegelianernas Hegeltolkningar lika väl som om nykantianernas Kantutläggningar. I den marxistiska traditionen har samma dubbelhet hela tiden varit närvarande. Althussers ”Att läsa Kapitalet” handlar både om hur man skall tolka Marx och om hur man skall tolka historien. Formeln för denna typ av textkommentar är den skolastiska:

”Han har själv sagt det!”. En annan, man frestas säga motsatt, form av textkommentar är den polemiska från Origines’ ”Mot Celsus” till Broads ”Undersökning av McTaggarts filosofi”. Här gäller det att gå igenom en text rad för rad och påvisa felaktigheter och oriktiga slutsatser. En specialform av denna polemiska textkommentar är den från Derrida emanerande dekonstruktiva kommentaren där en text inte kritiseras utifrån, men läses mot författaren och undermineras inifrån. Den moderna vetenskapliga kommentar som bara syftar till att rent historiskt ta reda på vad en författare faktiskt menat utgör en sort för sig, underkastad allt strängare krav på textedition och noggrannhet. Kommentarens betydelse som filosofisk litteraturart påminner oss om i hur hög grad filosofi uppstår ur filosofi, hur det förflutnas texter ständigt hållits aktuella och gripit in i de aktuella debatterna.

Renässansens filosofi betydde en brytning med medeltidens inte minst på det formella och litterära planet. Skolastikerna anklagades för sitt dåliga och oklassiska latin med många neologismer, för sitt logiska pedanteri, för sitt otympliga sätt att skriva. Renässansen gav upphov till en rad nya filosofiska genrer, frigjorda från universitetsmiljöns speciella fordringar: humanistisk vältalighet på latin hos Pico eller Erasmus, politiska undersökningar avfattade på folkspråken hos Machiavelli eller Bodin. Montaignes essayer överträffade mångsidigheten i ämnesval och illustrationsmaterial hos Seneca samtidigt som de innehöll något av samma subjektivitet som Augustinus’ ”Bekännelser”.

I formellt avseende är 1600-talsfilosoferna arvtagare till renässansen. Hos Descartes dominerar samma jag-form som vi finner hos Montaigne. Samtidigt riktas blicken inåt. Montaigne hade från fönstret i sitt bokrum utsikt över stallbacken med dess sysslor. Descartes vänder sig bort från de yttre synintrycken. Hans meditationer får sin dynamik från en inre tankeutveckling. Meditationens form med dess förebilder i religiös andaktslitteratur står i nära sammanhang med andan i den cartesianska filosofin, som är en jag-filosofi, en filosofi för vilket det egna subjektet är utgångspunkten. När vi tar steget över till Spinozas geometriska framställningssätt tar vi också steget över till en objektiv världs-filosofi. Hos Descartes finns en intimitet. Han inbjuder oss att delta i sina privata grubblerier. Spinoza gör den geometriska läroboken, som aldrig kan vara intim, till sin förebild.

Under 1700-talet kommer filosofin och litteraturen att glida samman. Nu skrivs filosofiska romaner, filosofiska lärodikter, filosofiska brev, filosofiska ordböcker. Upplysningsfilosofins stora figurer är litteratörer och filosofer i lika mån: Voltaire, Montesquieu, Rousseau, Diderot. Också en banbrytande och tekniskt avancerad tänkare som Hume ser sig själv främst som författare – när publikframgången uteblir inom filosofin vinner han segrar inom historieskrivningen. Den eleganta stilen sätts högt, det lärda pedanteriet och de logiska hårklyverierna skys som pesten. Upplysningsmannen vädjar till *bon sens*, till det världsmannamässiga sunda förnuftet. Han skriver för att direkt påverka den allmänna opinion som nu börjar växa fram och skapa sina fora och hans genrer får sin prägel därav.

Kontrasten i rent stilistiskt och litterärt hänseende mellan upplysningsfilosofin och den filosofi som från Kant till Hegel skulle bli den ledande kunde knappast ha varit större. Den engelske historikern Macauley, själv ett barn av 1700-talsrationalismen, klagade över att han, som obehindrat kunde läsa Bacon eller Hume, inte förstod ett ord av Kants ”Kritik av det rena förnuftet”. Med Kant och hans efterföljare tog universitetsfilosofin sin revansch. Det ”naturliga förnuftet” ansågs inte längre ha någon domsrätt i filosofiska frågor. Dess förmåga att förstå de nya filosofernas termbemängda skrifter torde förvisso ha varit begränsad. Nu pretenderade filosoferna framför allt på djup och de vände sig exklusivt till en lärd publik. De tunga systematiska avhandlingarna blev den viktigaste genren, även om i synnerhet Fichte och Schelling ibland kunde vända sig till en större allmänhet i populärare skrifter. Katederfilosofins återkomst markerades av ett nytt sätt att skriva. I synnerhet den tyska akademiska stilen inom filosofin har fått sin prägel av vad som då skapades.

Den filosofiska professorsprosan tilläts emellertid inte i längden regera oinskränkt. Schopenhauers, Nietzsches, Kierkegaards filosofi innebar en revolt mot Hegel också i litterärt hänseende. Hos dem blev filosofin litteratur och litteratur av högsta klass. Schopenhauer omskapade framför allt den filosofiska prosan, som hos honom fick en ny direkthet och en förtvivlans vältalighet. Kierkegaard och Nietzsche nydanade även genrerna. Kierkegaards pseudonyma författarskap blev en form för hans experiment med ståndpunkter och själslägen. Nietzsches aforistiska skrivsätt var ett led i ett avvisande av det filosofiska systemet och i försöken att finna öppnare former för den filosofiska tanken. Här lämnades det utredande, bevisande framställningssättet därhän, hammaren togs fram. Det gällde att omedelbart slå huvudet på spiken, själva schvungen i slaget blev bevis nog. Särskilt i ”Sålunda talade Zarathustra” togs steget över till den religiösa förkunnelsens verkningsmedel.

1900-talets filosofi har uppvisat en stor rikedom på litterära former. Inom den analytiska filosofin var sålunda länge den kortare uppsatsen den gouterade genren. Det hängde samman med två omständigheter. Dels med framväxten av den filosofiska facktidskriften som publikationsform, dels med ett ideal som framhöll att filosofin borde eftersträva begränsade (”piecemeal”) lösningar på begränsade problem. Om naturvetarna framför allt publicerade sig i tidskrifter borde filosoferna göra detsamma. I den senanalytiska och postanalytiska filosofin har den stora monografin dock kommit tillbaka. Åter har det blivit vanligare att bedriva systematisk filosofi med blickar över vida fält.

Den analytiska filosofin förde till en början med sig ett stilideal som syftade till största möjliga stränghet. Där fanns också en påtaglig olikhet mot vissa former av kontinental filosofi, inte minst existentialismen.

Sartre var både filosof och författare till romaner, noveller och pjäser. Men inga vattentäta skott skiljer hos honom dessa verksamheter från varandra. Hans skönlitterära verk bygger på filosofiska idéer. I hans filosofiska verk sväller analyserna av konkreta existentiella situationer ofta ut till små novelletter. Just inriktningen på människans situation och på den konkretiserande fenomenologiska analysen gör steget från filosofi till fiktionslitteratur kort. Skillnaden mellan vissa texter inom analytisk filosofi, som till större delen består av logiska formler, och Sartres med skönlitteraturens medel utförda situationer ger något av genrespännvidden inom vårt sekels filosofi. Men där finns givetvis mycket annat – Husserls tunga akademiska prosa, Heideggers prosapoem kring en fältväg eller ett dryckeskärl, Wittgensteins egendomliga *Tractatus*, en genre i sig utan större likhet med något annat litterärt eller filosofiskt verk.

Det finns emellertid naturligtvis andra litterära aspekter på filosofiska texter än frågan vilken genre de ansluter sig till. Av stort intresse är sålunda den roll som bildspråk och symboler spelar i filosofin. Åter finns ett förnekande från många filosofers sida. Redan Aristoteles vill förvisa bildspråket ur filosofin trots att han själv var upphovsman till en del minnesvärda metaforer. Ändå är det tydligt att metaforerna ofta haft stor betydelse. De har etsat sig in, de har satt fantasin i rörelse, de har sagt mera – och ibland något annorlunda saker – än ett bokstavligt uttryckssätt kunnat ge. Jag skall som exempel ta tre metaforer som haft en intressant historia – grottan, maskinen och berget.

Platons liknelse med grottan i ”Staten” är kanske den mest berömda metaforen i filosofins historia. Den gestaltar vad man kunde kalla en metafysisk grundupplevelse: den att allt omkring oss är skuggor och flyktiga sken, att den verkliga verkligheten finns någon annanstans, i en värld som jämförd med vår är dagsljusets jämförd med halvmörkrets. Det är tveksamt om denna upplevelse lika väl skulle ha kunnat uttryckas genom bokstavliga påstående. I grunden rör det sig här mindre om en teori än om en vision. Men denna vision har förblivit en av de stora inom västerländsk metafysik. I exempelvis den tyska transcendentala idealismen vid 1800-talets början finns den fortfarande intakt. Men också marxismens alienationsteori och existensfilosofins kontrast mellan det ”egentliga” och det ”oegentliga” livet kan ses som variationer av liknelsen om grottan. Också där handlar det om en skillnad mellan världen sådan den framträder för oss och sådan den verkligen är, mellan livet sådant vi lever det och livet sådant det skulle kunna vara, mellan vardagsmänniskans verklighetssyn och filosofens.

Maskinmetaforen hör framför allt 1600- och 1700-talen till. När Descartes liknar världsalltet vid ett urverk eller människokroppen vid en automat eller när Hobbes liknar staten vid en av människan konstruerad apparat har en utomordentlig förändring ägt rum i det västerländska sättet att tänka, känna och se. Vi har fått början till den ”maskincivilisation” som senare romantikerna revolterar mot och som utsätts för kritik hos Carlyle och Arnold, Bergson, Heidegger och Sartre. Fortfarande är kampen kring denna metafor oavslutad. I vilken utsträckning kan den mänskliga hjärnan liknas vid en datamaskin? Det är en av huvudfrågorna inom våra dagars kognitionsfilosofi.

När Schopenhauer som ung företog en Europaresa i sina föräldrars sällskap fascinerades han av alperna. De väldiga bergsmassiven, otillgängliga och obebodda, med deras möjligheter till ett ovanfrånperspektiv på mänskligheten och tillvaron lockade hans fantasi. Alptoppsperspektivet med dess losskoppling från lidelserna kom också att bli viktigt i hans skrifter. Hos Schopenhauers lärjunge Nietzsche spelar bergsmetaforen en utomordentlig roll. Zarathustra tänkes bäst vandrande bland bergen eller stående ensam på en bergstopp med vid utsikt. Hela generationer av författare trollbands av visionen, av tanken på fjällets ensamhet, fjärrsynen, skymd för dalen, den fria, obefarna rymden: ”kult för gud, som än ej sagt / sina hemligheter, / tankens lätta blå förakt/ med sin klara eter.” (Oscar Levertin). I bergsliknelsen finns grekernas preferens för synsinnet, ögat som kunskapsmetafor, men dessutom något modernt, föreställningen om det ensamma geniet som ser längre och vidare än andra. Också här har vi att göra med ett slags elementär upplevelse – den ohindrade utsikten, höjdkänslan, svindelkänslan – som ger bilden dess styrka och dragningskraft.

Den roll metaforerna spelar i filosofernas texter är en påminnelse om fantasins betydelse för den filosofiska spekulationen. Det är kombinationen av logik och inbillningskraft som utmärker alla de nyskapande filosofiska verken. Uppfinnandet av bilder och symboler är en sida av den filosofiska fantasins verksamhet. Tankeexperimentet är en annan. Descartes’ deus-deceptor-argument, som arbetar med möjligheten att vår värld skulle kunna utgöra en speciellt elakartad form av virtuell verklighet, är ett exempel. Än mer karaktäristisk är emellertid kanske den spekulativa inbillningskraftens förmåga att ge vardagsverkligheten en ny och oväntad tolkning. Alla de stora metafysiska systemen från Herakleitos till Schopenhauer har denna gåva att förvända synen på åskådaren, att upplösa den skenbart fasta verkligheten och förvandla den till något annat. Därvid finns den logiska och begreppsanalytiska funktionen ständigt närvarande. När Herakleitos förkunnar att allt flyter riktar han uppmärksamheten mot svårigheter i självidentitetens begrepp. När Schopenhauer i våra föreställningar ser en Mayas slöja ställer han samtidigt individbegreppets logiska egenskaper i fokus. Den filosofiska fantasin har på detta sätt på en gång en logisk och en retorisk funktion. Den hjälper oss se svårigheter hos och alternativ till vårt gängse system av begrepp. Den övertalar oss att föreställa oss det till synes välbekanta på nya och överrumplade sätt.

Ett växelspel mellan filosofi och retorik har funnits allt sedan utgångspunkten. Ibland har det varit fråga om öppen fiendskap, som hos Platon, ibland om förtroendefullt samarbete, som hos Aristoteles, Cicero eller renässanshumanisterna. Vad som säkert kan sägas är att filosofi alldeles konkret är litteratur och kan analyseras som sådan med hjälp av de instrument som litteraturhistorien, retoriken och litteraturkritiken tillhandahåller.

Det sagda gäller även och inte minst filosofins språk, dess uttryckssätt, vokabulär och terminologi. Liksom varje stor omvälvning i filosofin har inneburit en omvälvning också av dess litterära genrer, har varje sådan omvälvning gått tillsammans med en förändring av språket och terminologin. Ett kvickhuvud har sagt: ”Filosofi är det systematiska missbruket av en enkom för ändamålet uppfunnen terminologi.” Alldeles osant är detta väl inte. Åtminstone för den utanförstående kan filosofi – eller en viss skolas filosofi – te sig i första hand just som jargong, som bruk av vissa egenartade termer, som en sorts hemligt språk. Att lära sig filosofi – eller en viss typ av filosofi – har alltid också inneburit att lära sig innebörden hos vissa termer. De filosofiska termerna har varit nödvändiga för att beteckna innebörder och distinktioner som inte förekommer i vardagsspråket, de har samma legitimitet som den tekniska vokabulären inom varje vetenskap. Men de har samtidigt avgränsat en gemenskap av invigda antingen mot icke filosofer eller mot invigda av en annan skola. Kampen om termerna har därför varit en viktig del av kampen om filosofin själv.

Som den förste skaparen av en filosofisk (eller överhuvud av en vetenskaplig) terminologi framstår Aristoteles. Hans metod att genom realdefinitioner ange ett tings väsen och skilja släktets egenskaper från artens bildade skola för senare filosofi och inte minst för medeltidens skolastiker. Den påverkade också de empiriska vetenskapernas terminologi, t.ex. biologins så sent som hos Linné på 1700-talet.

Ett viktigt och för den framtida utvecklingen betydelsefullt steg togs när den grekiska filosofins terminologi började översättas till latin. Lucretius som var en av pionjärerna på detta område har reflekterat över svårigheterna (enligt Axel Jacobssons svenska versöversättning):

> ”Tydligt jag märker, hur brydsamt det är att på romarespråket
> söka belysa som skald vad hellenernas siare uttänkt,
> helst som en mängd nydanade ord jag använda måste
> både för språkets armods skull och de nya begreppen.”

Cicero, som ungefär samtidigt utförde en liknande gärning, gör liknande reflexioner. Lucretius. Cicero, Seneca, Augustinus, Boethius och andra latinska författare lägger grunden till ett latinskt filosofiskt språk och därmed också till den senare medeltidens skolastiska terminologi.

Samtidigt införde skolastikerna många nya ord och begrepp som saknades i det klassiska latinet. De tyckte sig behöva dessa för att genomföra resonemang och distinktioner som saknade motsvarighet hos de klassiska författarna, inte minst gällde detta på logikens område. Men detta utsatte dem sedermera för svidande kritik från renässansens humanister, som fann deras latin barbariskt inte minst just på grund av sådana nyskapelser. Tidigare har nämnts hur exempelvis Erasmus i *Dårskapens lov* hånade skolastikernas ”universalia, formae separatae, primae materiae, quidditates och haecceitates” och hur han framhöll hur varken apostlarna eller kyrkofäderna skulle ha begripit ett ord av Duns Scotus' *Quodlibet*. Nu ville renässanshumanisterna utmönstra hela denna skolastiska terminologi och hålla sig till det rena, klassiska latinet. Men därmed bortföll också en värld av iakttagelser och begreppsdistinktioner som rymts inom den skolastiska logiken, men som humanisterna var ointresserade av.

Kritiken mot aristotelismens och skolastikens språk och terminologier blev en viktig angelägenhet också för den nya filosofin under 1600-talet. När Francis Bacon i sin kritik mot ”torgets gyckelbilder” diskuterar språkets förmåga kommer skolastikerna sålunda under beskjutning. Men nu är det inte längre fråga om att kritisera det ur litterär synpunkt barbariska i deras framställningssätt utan om att belysa hur deras språk utgör ett hinder för vetenskapens framsteg genom overkliga och felaktiga begreppsbestämningar eller distinktioner. Den kritiken fortsattes sedan av de flesta av 1600-talets stora nydanande filosofer. De ville börja om filosofin från början, men också bygga upp dess terminologi på ny grund. Visserligen övertog de utan att själva tillräckligt lägga märke till saken en rad av den gamla filosofins termer, såsom”idé”, ”substans”, ”accidens”, ”intuition” och andra. Men deras ambition var att skapa nytt och de betonade gärna hur nödvändig en förnyelse av språket var för en förnyelse av vetenskaperna. Språkets makt över tanken och i synnerhet dess förmåga att vilseleda och förvirra framstod för dem i klart ljus. Om filosoferna bara kunde enas om betydelsen hos de olika ord de använde, menade Descartes, skulle nästan alla deras meningsskiljaktigheter bortfalla. Bland andra Gassendi och Locke gav uttryck för liknande åsikter. Så sent som i början av 1900-talet skapade för övrigt den franske filosofen André Lalande sin ordbok *Vocabulaire technique et critique de la philosophie* med det uttalade syftet att bidra till skapandet av en enhetlig terminologi inom filosofin – han inbjöd filosofer från hela världen att bidra med synpunkter – och därmed till undanröjande av onödiga, blott och bart verbala dispyter.

Men trots att det cartesianska resonemanget kan verka bestickande tvingas man nog från filosofihistorikerns synpunkt konstatera, att skapandet av filosofiska tankar och skapandet av filosofiska ord hänger så nära samman att det är svårt att förstå hur filosofer med djupgående olika tänkesätt och åskådningar skulle kunna enas om en gemensam terminologi. Striderna om termerna ter sig tvärtom som en oupplöslig del av striderna om tankarna. De förra striderna kan knappast bringas att upphöra förrän de senare avslutats. Men lyckades detta skulle å andra sidan också det filosofiska nytänkandet ha upphört. Skapandet av nya idéer och skapandet av nya ord hör samman i filosofin liksom i andra vetenskaper.

En betydelsefull utveckling under 1500-, 1600- och 1700-talen är uppkomsten av ett filosofiskt språk på franska (Montaigne, Descartes m.fl.), på engelska (Bacon, Hobbes, Locke m.fl.) och på tyska Wolff, Kant). Därvid fortgår motsättningen mellan dem som i första hand ville tillvarata de naturliga språkens resurser och dem som var inställda på att skapa en teknisk vokabulär. De franska och engelska upplysningsfilosoferna – en Locke, en Hume, en Voltaire – vädjade till lekmannaförståndet och det sunda förnuftet. De skrev relativt oteknisk filosofi för en bredare publik. Wolffianismen och senare den Kantska filosofin arbetade däremot med en avancerad specialterminologi, avsedd för en universitetspublik. Kants efterföljare såsom Fichte, Schelling och Hegel drev den linjen till sin yttersta konsekvens och åstadkom utomordentligt rika, men också extremt svårtillgängliga och svårgenomskådliga termsystem. Värdet av deras prestation på detta område bedömdes olika. En vedersakare var Schopenhauer, som själv föredrog att skriva på klar, relativt oteknisk och kraftfull tyska. Om den avskydde Hegel skrev han att dennes tänkande var en mystifikation, en ”pseudofilosofi, som, förmedelst det mest brottsliga missbruk av språket, i tänkandets ställe sätter det ihåligaste, på all verklig mening tommaste, tankefattigaste och därmed också, såsom resultatet bekräftar, mest fördummande ordkram.” (J. Gabrielssons övers.).

Under 1900-talet fortgick kampen om det filosofiska språket utan att förslappas. Wienkretsens logiska positivister kritiserade det traditionella filosofiska språket som meningslöst nonsens, eftersom det rörde sig med termer och uttryck utan tydliga empiriska motsvarigheter. Inom detta läger hoppades man med den symboliska logikens hjälp kunna skapa en ny filosofisk terminologi som skulle bli lika exakt som naturvetenskapernas.

Men de logiska positivisterna stötte på mothugg också inom den analytisk-filosofiska traditionen. Den senare Wittgenstein liksom den s.k. Oxfordfilosofin pläderade för de naturliga språkens betydelse och användbarhet . Gilbert Ryle var övertygad om att de tekniska termerna gjorde mer skada än nytta inom filosofin:

”Det är mycket lättare att upptäcka ett tankefel hos en filosof, även då det handlar om en själv, om han inte talar med hjälp av tekniska termer som känns främmande – och det viktigaste med en filosofs argument är att det skall vara så lätt som möjligt för andra, och i synnerhet för honom själv, att upptäcka blottorna i dem om det finns sådana.”

Man borde filosofera med hjälp av det vanliga språket, menade Ryle. Hans kollega J. L. Austin höll med. De vanligas orden, hävdade han, ”innehåller alla de distinktioner som människor funnit värda att göra och de sammanhang de funnit värda att lägga märke till under många generationers livstid.”

Också utanför den analytiska filosofin har man diskuterat det filosofiska språket. En inflytelserik tänkare som Martin Heidegger grubblade sålunda inte bara över språkets väsen. Han utmärkte sig också för ett egenartat sätt att använda det. Hans motståndare talade om ”jargong” (Adorno) eller rent av om obegripligt ”nonsens” (Carnap). Men för Heidegger själv handlade det om en medveten uppgörelse med Västerlandets vedertagna filosofiska terminologi. Det gällde att finna vägen tillbaka till ett ursprungligt språk. Liksom den modernistiske poeten ville Heidegger genom sitt främmande och säregna bruk av språket bryta sönder konventionella synsätt för att låta verkligheten träda fram på ett nytt sätt.

På detta sätt har diskussionen kring filosofins terminologi och språk funnits genom hela dess historia. De filosofiska orden och deras relation till de filosofiska texterna har utgjort temat för båda skarpsinnigt grubbel och heta kontroverser.

Filosofi är emellertid också social verksamhet, den är muntlig kommunikation, den är förhållandet mellan lärare och lärjungar, den är samhälleliga roller och institutioner. Om detta handlar nästa avsnitt.

Filosofins institutioner

Filosofin är en intellektuell men samtidigt en social verksamhet. Den har genom tiderna byggt upp vissa institutioner kring sig och den har frodats inom vissa institutioner. Filosoferna har spelat olika sociala roller och filosofi har utövats av olika sorters intellektuella grupper.

När Diogenes Laërtios skrev sin ”Berömda filosofers liv” byggde han inte upp framställningen kronologiskt utan gick igenom varje filosofisk skola för sig. Den filosofiska skolan är den tidigaste och kanske mest karaktäristiska av alla filosofiska institutioner. Diogenes Laërtios' sätt att se på saken är representativt för den betydelse man under antiken tillmätte skolbildningarna inom filosofin.

Vad var då en filosofisk skola? I allmänhet var den någonting högst informellt. En filosofisk läromästare framträdde och samlade lärjungar kring sig. Ibland skaffade man sig ett stycke mark och ett hus där undervisning bedrevs. Ibland överlevde skolan mästaren, vördade hans minne och fortsatte i generationer att förkunna hans läror. Ibland fick man proselyter vida omkring även utanför skolans ursprungliga geografiska område. Ej sällan höll man sig inom skolan både med en utåtvänd, ”exoterisk”, lära avsedd för allmänheten och en inåtvänd, ”esoterisk”, som bara lärjungarna invigdes i.

Några av antikens mest berömda och betydelsefulla skolor och sekter har presenterats i det föregående – pythagoréerna, Platons Akademi, Aristoteles' peripatetiska skola, kynikerna, epikuréerna, stoikerna, skeptikerna. Många av dessa skolor fortlevde som vi sett genom århundraden. Deras grundare och mästare tilldelades ibland nästan gudomlig status. Epiktetos skriver att Krysippus, stoicismens andra grundare, hellre än någon gud borde få altare resta till sin ära eftersom han upptäckt och delgivit alla människor den sanning som handlar om det goda livet. Sextos Empeirikos kallade Pyrrho ett ”underverk”, en utomordentlig varelse olik alla andra. Lucretius skrev om Epikuros att han ”var en gud som först upptäckte den förnuftiga plan för livet som nu kallas visdom”.

Kynikerna, epikuréerna, stoikerna blev välkända typer i hellenismens och romarrikets liv, det märks inte minst på deras popularitet som föremål för drift och satir. Den kvicke skämtaren Lukianos (verksam på 100-talet e.Kr.) stal dialogformen från filosoferna och begagnade den för att driva gäck med dem. Så är det i dialogen "Filosofernas slavmarknad". Där blir de olika filosofskolorna äntligen objektivt värderade när deras representanter säljs till sitt marknadsvärde.

Först utropas en pythagoré för försäljning. En spekulant frågar honom vad han kan och auktionsförrättaren svarar: "Aritmetik, astronomi, charlataneri, geometri, musik och kvacksalveri; ni ser i honom en första klassens spåman." Pythagorén bekräftar själv att han har dessa talanger och han går för det höga priset av tio minor. Därefter kommer kynikern. Han presenteras av auktionsförrättaren som företrädare för en nobel och fri filosofi. "Vad nu?" undrar spekulanten, "är han fri? Hur kan ni då sälja honom som slav?". Men han får det lugnande beskedet att kynikern betraktar sig som fri även i slaveri och följaktligen inte har något emot att bli såld. På frågan varifrån han kommer svarar kynikern att han kommer "överalltifrån". Han är nämligen kosmopolit och har inget hemland. Till hans talanger hör att lära ut att ingen behöver vara olycklig ens om han piskas. Till slut säljs han för två oboler. Auktionsförrättaren förklarar sig glad att vara av med honom även för detta låga pris eftersom han är "ful i mun och förolämpar och hånar alla utan undantag". På detta sätt säljs den ene filosofen efter den andre. Platonisten som bor i en stad av egen uppfinning där männen har fruarna gemensamt betingar två talenter. Stoikern som visar sig ha stora kunskaper i logik och fysik går för tolv minor – en toppnotering – medan skeptikern säljs för en attisk silvermina, förklarande att han suspenderar omdömet i frågan om han verkligen blivit såld.

Så skämtar Lukianos och ger på köpet eftervärlden en bild av hur de antika filosofskolorna kunde betraktas bland deras mer vanvördiga samtida. Filosofins betydelse för intellektuellt liv och för all form av högre utbildning under de antika århundradena är överhuvud svår att överdriva. De olika skolornas läror påverkade inte bara sådana rättrogna lärjungar som Lukianos karikerar. De kom också på ett mer eklektiskt vis att bli den kanske viktigaste ingrediensen i de högre klassernas åskådning, i ett sorts bildat sund förnuft.

Filosofernas och filosofskolornas betydelse manifesteras också i deras aldrig oskyldiga förhållande till statsmakten och politiken. Redan om många av de försokratiska filosoferna berättas att de uppträdde som rådgivare till tyranner och styresmän. Pythagoréerna skall som ständigt ha tagit på sig en sådan roll och därför också ha utsatt sig för förföljelse. I ett senare skede visade Platon trots motgångar en envis ambition att bli fursterådgivare samtidigt som han givit oss den stora visionen av en stat styrd av filosofer. Aristoteles uppträdde som informator för en blivande världshärskare, medan Seneca långt senare med olyckligt slutresultat var aktiv i samma egenskap. Hans, liksom Marcus Aurelius', exempel vittnar om den betydelse som i synnerhet stoicismen hade för det romerska världsrikets styresmän. Inte sällan frammanade filosofernas inflytande motreaktioner. Vi hör av och till under antiken talas om förvisningar av filosofer och filosofskolor som gjort sig misshagliga för de härskande.

Men filosofiska skolor har haft en roll att spela även efter antiken. De medeltida universiteten och de medeltida ordnarna utgjorde en god grogrund för dem. Där fäktade thomister mot skotister och båda mot occamisternas *via moderna*. Också under senare århundraden har filosofskolorna blomstrat. Wolffianismen dominerade under 1700-talet länge tysk och nordeuropeisk universitetsfilosofi. Den Hegelska skolan fick en liknande roll under 1820- och 30-talen. Mot slutet av 1800-talet hade varje tyskt universitet med självaktning sin filosofskola. Ofta utvecklades livlig inbördes polemik. Det var på dessa förhållanden Gustaf Fröding syftade när han skrev:

> Dock syns mig sällsamt, att det enda sanna
> så underbart kan byta form och färg.
> Vad som är sanning i Berlin och Jena
> är bara dåligt skämt i Heidelberg.

Naturligtvis hade universitetsinstitutionen stor betydelse för förekomsten av dessa skolor. En duktig "Doktorsvater" med inflytande över tillsättningar hade goda förutsättningar att bli ledare för en skola. Hade han dessutom politisk uppbackning betydde det åtskilligt. Den Hegelska skolan frodades delvis tack vare den preussiske utbildningsministern Karl von Altensteins stöd. Hans död ryckte undan en del av dess maktbas. På liknande sätt var Cousins filosofiska maktställning i Frankrike avhängig av julimonarkins politiska konstellationer, medan Gentile i Mussolinis Italien blev dominerande inom universitetsfilosofin bland annat på grund av sin politiska ställning.

Även de modernare filosofskolorna uppvisar ofta en inre dynamik som kan påminna om de antika. Mästaren gudomligförklaras, om inte under sin livstid så i vart fall efter sin död. Det avgörande argumentet inom skolan tenderar att bli: "Han har själv sagt det!", så som pythagoréerna åberopade Pythagoras. En legend utformas ofta kring mästaren, svartsjukt bevakad av lärjungarna. Rättrohet blir en dygd, avfall det förfärligaste brottet. När schismer uppstår inom skolan får de gärna formen av en strid om rätta tolkningen av mästarens lära.

”Primum vivere deinde philosophari” – ”först leva, sedan filosofera” – säger en gammal maxim. Säkert är att också filosofer behöver försörja sig. De yrkesfilosofer som finns under antiken är vanligen verksamma som lärare. Sokrates kritiserar i Platons dialoger skoningslöst de sofister som tar betalt för sin undervisning. Men de filosofer under antiken som inte ägde privat förmögenhet var främst hänvisade till undervisning om de ville försörja sig. Filosofins och argumentationskonstens stora betydelse för den antika bildningen gjorde att det alltid fanns en efterfrågan för sådan undervisning.

Den tidiga medeltida filosofin är helt beroende av kyrka och klosterväsende och får i mycket sin karaktär bestämd av detta. Den senare medeltiden ser uppkomsten av den institution som i fortsättningen skall bli den viktigaste basen för filosofisk verksamhet, universiteten. Där har filosofin från början en central ställning, särskilt inom artesfakulteten eller den filosofiska fakulteten där de inledande universitetsstudierna bedrevs. Redan beteckningar som ”skolastik” och ”skolmän” ger en antydan om i hur grad den medeltida filosofin och teologin fick sin karaktär genom katedralskolor och universitet. Högskolastiken på 1200-talet och senskolastiken på 1300-talet präglades både i fråga om form och innehåll av universitetsinstitutionens fordringar. De ledande skolastikerna var teologer. Men redan det förhållandet att det nu i universiteten fanns en lärd institution som stod utanför kyrkans omedelbara kontroll och där också mer sekulariserad vetenskap bedrevs innebar en förändring i hela det intellektuella klimatet. Det profana förnuftets hade nu sina självständiga representanter och hela det filosofiska debattklimatet påverkades därav.

Renässanshumanismen innebär inte minst framträdande av nya intellektuella grupper som är oberoende av kyrkan. Framväxten av en nationell furstemakt och av en mer utvecklad administration ger upphov till nya anställningsmöjligheter. Så småningom medför uppfinnandet av boktryckarkonsten också att nya vägar till litterära inkomster öppnas. Samtidigt hamnar universiteten en smula i bakvattnet. De ter sig nu för de mest avancerade andarna som härdar för den förlegade skolastiska bildning vilken det gäller att övervinna. Skolastikens definitioner, begreppsklyverier och disputationskonst råkar i vanrykte. Man kräver en lärdom som är mer praktiskt och världsligt inriktad och vars blomma är vältaligheten. Även den stora naturvetenskapliga revolutionen på 1600-talet och den nya filosofi som då uppstår går delvis universiteten förbi. Kritiken mot skolastiken fortsätter med oförminskad kraft. Ingen av de stora 1600-talsfilosoferna är egentligen universitetsman (Leibniz' professur är bara ett bland många uppdrag). När institutioner för den nya vetenskapen skapas blir det vetenskapsakademier som upprättas utanför och oberoende av universiteten. Dessa framställs i propagandan som förvittrande bastioner för det gamla inom filosofi och vetenskap.

Under 1700-talet fortgår den ibland ganska stereotypa kritiken mot universiteten. Upplysningsmännen föraktar dem för deras pedanteri och lärda gräl. Den danske upplysningsmannen Ludvig Holberg – som själv var professor vid Köpenhamns universitet – ger i sitt skådespel *Erasmus Montanus* en elak karikatyr av den universitetsintellektuelle. Bondsonen Erasmus Montanus (egentligen Rasmus Berg) kommer hem till byn efter studier vid universitetet i Köpenhamn fylld av lärdomshögfärd, latinska haranger och osmält skolastisk filosofi. Han bevisar med hjälp av aristoteliska syllogismer att hans mor Nille är en sten och att klockaren Per är en tupp, och han utmanar alla till disputation.

Till slut blir Erasmus botad från sina griller av en förbipasserande löjtnant som inte bara ser till att han får en rejäl portion prygel utan också ger honom en predikan om vad sann filosofi innebär: "Det första budet i filosofin är att känna sig själv, och ju mer man förkovrar sig i den konsten, desto lägre tankar får man om sig själv och desto mer tycker man sig ha kvar att lära. Men ni gör filosofin till en fäktkonst och håller den för filosof, som med subtila distinktioner kan förvränga sanningen och förfäkta vilken åsikt som helst. På så sätt gör ni er illa omtyckt av folk och skapar förakt för lärdomen, eftersom man inbillar sig att sådana fasoner är enda utbytet av studier."

När Voltaire i *Candide* skall framställa en typisk universitetsfilosof i doktor Pangloss utfaller porträttet föga mera smickrande. Universiteten var i allmänhet inte några centra för upplysningsrörelsen. Upplysningsfilosoferna var sällan universitetsmän. Det kanske viktigaste undantaget fanns i Skottland. Där förlänades professuren i moralfilosofi i Glasgow glans genom innehavare som Hutcheson, Adam Smith och Reid medan den i Edinburgh kunde uppvisa Ferguson. Det faktum att Hume utestängdes på grund av sin religionskritik visar dock på den spänning som även i Skottland fanns mellan universiteten och inslag i upplysningstänkandet.

En avgörande förändring av förhållandet mellan filosofin och universiteten inträder emellertid först genom den tyska senupplysningen och romantiken. Kant, Fichte, Schelling och Hegel är alla universitetsprofessorer. Deras verk är knappast tänkbara utanför universitetsmiljön. De vände sig till en lärd publik och de konkurrerade om ställning och inflytande framför allt inom universitetens och universitetsfilosofins värld. Den era de tillhör upplever också den viktigaste förnyelse av universiteten och universitetsidén som ägt rum sedan medeltiden. Transcendentalfilosofin och den nyhumanism, som fick sin viktigaste yttre manifestation i det genom Wilhelm von Humboldt grundade Berlinuniversitetet, är sidor av samma rörelse. De ledande filosoferna deltog också högst aktivt i utformandet av den nya bildningsideologin. Kant försvarade i sin sista utgivna skrift, *Streit der Fakultäten* ("Fakulteternas strid" 1798), de filosofiska fakulteten mot de "högre", praktiskt inriktade fakulteterna (de medicinska, juridiska och teologiska). Fichte framställde i *Bestimmung des Gelehrten* ("Den lärdes bestämmelse" 1794) den lärde och i synnerhet filosofen som en vägvisare för mänskligheten. Schelling höll 1802 en serie föreläsningar "Om metoden för akademiska studier", där han poängterade de olika vetenskapernas organiska sammanhang, något som han ansåg borde återspeglas i universitetsinstitutionen. Också Schleiermacher, Hegel och andra gav sina bidrag till uttolkningen av det nya humanistiska bildningsideal som nu borde prägla universitetsbildningen och där de filosofiska studierna vid sidan av de estetiska och historiska gavs den viktigaste rollen.

Men liksom den medeltida skolastiken fick sina kritiker fick den nya tyska universitetsfilosofin sina. I exempelvis Schopenhauers, Nietzsches och Kierkegaards skrifter blir universitetsfilosofin, inte minst sådan den inkarnerades av Hegel och hans skola, målet för många hullingförsedda pilar. Schopenhauer vigde en hel liten skrift, "Über die Universitäts-Philosophie" ("Om universitetsfilosofin", publicerad i *Parerga und Paralipomena*), åt dessa diatriber. Schopenhauer stack inte under stol med sitt förakt för dem som levde *av* filosofin snarare än *för* filosofin. Han påpekade att priset för statsstödd filosofi var undergivenhet under statens uppfattningar och inte minst för den av staten påbjudna religionen. Hegels förgudning av staten kunde lätt placeras in i detta perspektiv. Mot strävandena att organisera filosoferna som akademisk grupp var Schopenhauer inte mera erkännsam. Nyheten att man i Gotha kallat samman till en kongress för filosofi, en "filosofförsamling" fick honom att fnysa föraktfullt. Begreppet "Philosophenversammlung" var en *contradictio in adjecto*, förklarade han, filosofer kan bara finnas en och en, aldrig i massa.

Likväl hade filosofförsamlingarna framtiden för sig. Liknande gäller om andra försök i det efter-Humboldtska universitetet att anpassa filosofin till en sorts vetenskaplig normalitet. Det universitet som efterträdde det nyhumanistiska var framför allt forskningsinriktat. Det gällde för filosoferna att hävda sig på den nya forskningens villkor. Filosofikongresserna var ett inslag i moderniseringen. Tidskrifterna var ett annat.

Det är under senare hälften av 1800-talet som facktidskrifter i filosofi börjar utkomma. ”Zeitschrift für Philosophie und philosophische Kritik” som började utges 1837 av Immanuel Herman Fichte (Johann Gottliebs son) var ett pionjärföretag. Sedan följde andra. ”Mind”, som gavs ut från 1876, har varit den anglo-saxiska världens mest prestigerika filosofiska tidskrift med bland andra Moore och Ryle som utgivare. Ett eget organ fick den analytiska riktningen genom ”Analysis”. Den grundades 1933 och kom med tiden att framför allt ge plats för den ”ordinary language”-inriktade filosofin. ”Journal of Symbolic Logic”, som började utkomma 1936 var den första tidskrift som uteslutande ägnades åt den symboliska logiken. I Frankrike fick ”Revue philosophique de la France et de l’étranger”, grundad 1876, tidigt en central ställning. Den hade från början en stark inriktning mot empirisk psykologi och kunde anses företräda naturalistiska och positivistiska tendenser inom filosofin. År 1893 startades i uttalad polemik mot denna inriktning ”Revue de métaphysique et de morale”, vars hållning var mer idealistisk och gynnsam mot klassiska metafysiska frågeställningar. I Tyskland blev ”Kantstudien”, startad 1896, ett viktigt forum för den nykantianska diskussionen. ”Erkenntnis”, som började utges 1919, blev huvudorganet för den logiska positivismen medan Husserl och hans lärjungar som nämnts gav ut en årsbok för fenomenologi.

Även om filosoferna sålunda på olika sätt hävdat sig inom det nya vetenskapssamhället har de gått miste om sin tidigare centrala ställning. I det medeltida universitetet och under århundraden därefter var filosofin det viktigaste ämnet inom den största fakulteten, den filosofiska, som inte förgäves bar sitt namn. Ännu i det nyhumanistiska universitetet i början av 1800-talet var filosofin grunden för all akademisk bildning. Sedan dess har framväxten av nya vetenskapsgrenar och den akademiska utbildningens expansion på de flesta håll i världen reducerat filosofin till en liten specialitet. Någon statistik över filosofernas andel av den samlade akademiska lärakåren i världen står mig inte till buds. Men om den gjort det skulle den bekräfta det nu sagda. Det är inte längre en självklarhet att filosofin är en nödvändig del av varje form av akademisk bildning. Eller, annorlunda uttryckt, själva idén om en specifikt akademisk bildning har blivit problematisk i samma mån som filosofins ställning blivit det.

Vad som sagts om filosofins relativa ställning hindrar inte att det idag finns fler yrkesverksamma filosofer och trycks fler filosofiska böcker och tidskriftsartiklar än någonsin förut. Också skrivandet av filosofins historia har blivit en verksamhet av industriella proportioner. Om filosofins förhållande till dess egen historia handlar nästa kapitel, bokens sista.

Filosofin och dess historia

Filosofin är en fortlöpande tradition och en ekokammare. Reminiscenser från det förflutna dyker ständigt upp på nytt där man minst skulle ana dem. Ledmotiv kommer tillbaka och förvandlas. Samtidigt finns en motsättning mellan filosofin och historien. Idén är evig. Sanningen är ständigt en och densamma. Hur kan den växla och förändras i tiden? Var inte avskyn för växlingen och relativiteten den djupaste filosofiska instinkten hos Platon? Är det sålunda möjligt, är det tillrådligt för filosofin att se historiskt på sig själv? Vi skall se hur filosoferna både bekräftat och förnekat den historiska dimensionen hos den egna verksamheten.

Den förste filosof som på ett systematiskt sätt ger oss upplysningar om filosofins historia är Aristoteles. Det var Aristoteles' vana och program att inleda behandlingen av varje problem med en översikt över de åsikter som tidigare framställts i ämnet. Inte minst vår kunskap om den försokratiska filosofin vilar i stor utsträckning på hans utsagor. Aristoteles' diskussioner har en betydande grad av historisk sofistikation. Han söker förklaringar till filosofernas åsikter. Han gör ofta tydlig skillnad mellan referat och tolkningar av vad de sagt. Han poängterar att också de som haft felaktiga åsikter kan ha givit bidrag av värde genom att utveckla vanan att tänka.

Ändå är Aristoteles' insats som filosofihistoriker kontroversiell. Han har beskyllts för att förvränga föregångarnas uppfattningar för att ge en fördelaktig bakgrund åt sina egna. Han sägs ha varit så fången i sina egna problem att han inte förstått de tidigare filosofernas. Något kan det ligga i invändningarna. Aristoteles var filosof, inte historiker. Redogörelsen för föregångarnas åsikter är för honom inte ett självändamål utan ett medel att nå sanningen, hans sanning. Ändå kvarstår faktum att Aristoteles med tillgång till många av försokratikernas skrifter hade större förutsättningar att rätt bedöma dem än nutida filosofihistoriker som saknar denna tillgång. I vart fall är Aristoteles den förste som tydligt för in den historiska dimensionen i filosofin.

Det är mycket riktigt från Aristoteles som den filosofihistoriska traditionen under antiken utgår. Hans lärjunge Teofrastos blev den förste doxografen, det vill säga den förste författaren till redogörelser för vad tänkare i det förflutna haft för åsikter om olika problem. Doxografin kombinerad med mer eller mindre anekdotrika redogörelser för berömda filosofers liv blev en under antiken livskraftig genre. Det mesta som skrevs inom den har gått förlorat. Det stora som genom en slump bevarade verket är Diogenes Laërtios' "Om berömda filosofers liv".

Diogenes Laërtios var att döma av vad han nämner och inte nämner i sin bok verksam i början av tvåhundratalet e. Kr. För övrigt vet vi ingenting om hans person. Hans verk består av redogörelser för ett åttiotal grekiska filosofers liv och åsikter ordnade inte kronologiskt utan efter "skolor". Det hela är en brokig blandning av stort och smått, tillförlitligt och osannolikt. Anekdoterna växlar med citat som ibland blir långa. De skrifter vi har bevarade av Epikuros (några brev) har vi sålunda genom Diogenes Laërtios. Rätt mycket av en kompilator var han otvivelaktigt. Han citerar över tvåhundra källor. Hur han utnyttjar sina källor kan vi sällan bedöma eftersom de mestadels är förkomna. Givetvis har Diogenes Laërtios svårt kritiserats och läxats upp av moderna, seriöst syftande filosofihistoriker. Hans anekdoter anses (sannolikt med rätta) otillförlitliga. Hans brist på systematik och självständigt omdöme är evident.

Likväl är Diogenes Laërtios inte bara den äldsta filosofihistoriker vars skrifter bevarats och en av de mera otillförlitliga. Han är också en av de roligaste och en av dem som på sitt lättsinniga vis bidragit mest till att bevara det grekiska filosofiska arvet till eftervärlden. Alldeles renons på kritiskt sinne var han heller inte. I inledningen till sin skrift polemiserar han mot dem som påstått att filosofin haft sitt upphov hos egyptierna, persiska magi, babylonierna, de indiska gymnosofisterna eller hos de keltiska druiderna. Filosofin, slår Diogenes fast, hade sitt ursprung hos grekerna, själva dess namn är omöjligt att översätta till andra språk än det grekiska. Som filosofins upphovsmän nämner han inte Zoroaster, Hermes eller Orfeus utan Anaximandros och Pythagoras. Här såg författaren till "Om berömda filosofers liv" nyktrare och riktigare än renässanshumanisterna, som dock var kända för filologisk kritik, ja nyktrare och riktigare än en del moderna forskare.

Kristendomen och den kristna teologin medför en ny syn på filosofins historia. Den introducerar en hermeneutisk distans som av naturliga skäl inte kunde finnas hos exempelvis Diogenes Laërtios. Denne skrev fortfarande inom traditionen. De kristna författarna skriver om en tradition som inte är deras, som de förhåller sig till med främlingskap och ibland fiendskap. Kampen om hur man bör förhålla sig till denna hedniska tradition blir den röda tråden i den medeltida filosofin. De stora Aristoteleskommentarerna, först av arabiska och muslimska, sedan av västeuropeiska och kristna författare, ger exempel på följderna av denna säregna form för hermeneutiskt avstånd. För Thomas av Aquino och många av hans samtida är Aristoteles den högsta auktoriteten på vetandets område, men ingen auktoritet alls på trons. Skolastikerna betraktar sig som underlägsna antikens filosofer i fråga om förnuftsvetande, men som överlägsna dem i fråga om religiös kunskap.

Tvärs genom alla diskussioner om förhållandet mellan tro och vetande växer under den skolastiska perioden oavlåtligen den filologiska och historiska kunskapen. Nya texter blir tillgängliga, kunskapen i grekiska blir mer allmän, översättningarna förbättras, kommentarerna avspeglar en allt klarare förståelse av texternas ursprungliga innebörd. I detta avseende finns en kontinuitet mellan den senare medeltiden och renässansen. Utgivningen av texterna och det filologiska kommentararbetet fortsätter under renässansen så att till slut i huvudsak hela det antika filosofiska arv som vi ännu har kvar finns tillgängligt. Perioden från skolastikens början till renässansens slut kan kallas en återupptäckternas era i filosofin. Återupptäckten av först Aristoteles, så Platon, så epikurism, stoicism, skepticism, hermetism osv. sätter dagordningen för den filosofiska diskussionen. Det är som om den europeiska filosofin först måst smälta dessa återupptäckter innan den kunnat gå vidare.

Samtidigt är renässansens historiska medvetande ett annat än skolastikens. Problemet om förhållandet mellan tro och vetande förlorar mycket av sin skärpa. Inställningen till traditionen blir mer entydigt bejakande. Den filosofihistoriska myten om en ursprunglig teologi, en *prisca theologia,* en uråldrig och hemlig visdom från en tid långt före grekerna, kommer att spela en betydelsefull roll. Samtidigt finns de erkända grekiska mästarna kvar. Men bilden av dem förändras. Texterna ederas med hjälp av den nya filologins metoder och nya latinska översättningar ser dagens ljus. Den gamle skolastiske Aristoteles får så sakta ge vika för en humanistisk. Moerbeckes gamla översättningar ersätts av nya där mästaren kläs i det humanistiska latinets dräkt. De antika filosoferna uppfattas som auktoriteter, som innehavare och förmedlare av en överlägsen visdom. Denna uppfattning blir en stimulans för interpretationen. Den rätta tolkningen av mästarens texter blir en väg till den sanna filosofin.

Renässansen bevittnar också återupplivandet av den filosofihistoriska traditionen från Diogenes Laërtios. Den grekiska texten till Diogenes' bok kommer inte i tryck förän 1533. Men Walter Burleighs fria latinska översättning, *De vita ac moribus philosophorum,* som kom ut 1470, blev utomordentligt populär och upplevde bara fram till år 1500 sjutton upplagor. Under tvåhundra år förblev den den enda allmänna filosofihistorien. När den därefter kompletterades med andra var också dessa skrivna med Diogenes Laërtios som förlaga. Så är det med Georg Horns *Historiae philosophicae* från 1655 som följde de olika filosofiska skolorna och sekterna från begynnelsen. Horn förlade denna begynnelse tidigt och anslöt sig till uppfattningen att Adam varit den förste filosofen (såvida nu denna rangplats inte hellre borde tillkomma djävulen, som enligt Horn gav upphov till sofisternas sekt). Också Thomas Stanleys *History of philosophy* (1655) ansluter sig formellt till Diogenes Laërtios' förebild. Något mera tillförlitlig än Horns koncentrerade sig Stanleys historia, som under ett århundrade blev mycket läst och översatt, till de grekiska filosoferna. Fram till mitten av 1700-talet fortsatte Europas filosofihistoria på detta vis att skrivas enligt Diogenes Laërtios' föredöme. Den blev en berättelse om de olika filosofiska sekterna kombinerad med ankedoter om filosofernas liv. Något större mått av historisk-filologisk kritik utövades inte.

Hos Descartes möter en helt ny attityd gentemot den filosofiska traditionen. Kontrasten gentemot renässansen är ännu mer påfallande än kontrasten gentemot skolastiken. För Descartes gäller det att grunda en alldeles ny filosofi i samklang med den nya vetenskapen. Han söker frigöra sig från alla fördomar och alla traditionella åsikter för att ensam på egen hand skapa en fullkomligt ny vetenskap. För historia och litterär lärdom har Descartes ingen aktning. Traditionen framstår inte längre som en guldgruva utan framför allt som ett hinder för självständigt och originellt tänkande. En "honnête homme", förklarar Descartes "har inget behov av att ha läst alla böcker eller av att ha lärt sig allt det som man lär ut i skolorna". Tvärtom är allt för mycken övertagen lärdom ett hinder för det egna tänkandet. Ju mer man har studerat antikens filosofi desto sämre rustad är man att finna vägen till sanningen. Åtminstone gäller detta för nybörjaren.

Med Descartes gör sig sålunda en ny attityd gällande i filosofin. Traditionen förkastas som onödig och hindersam och sätts i motsats till förnuftsinsikten. Filosofen ser sig själv som nydanare, vilken utan föregångare eller förebilder upprättar en ny filosofi med enbart det rena förnuftet som ledstjärna. Filosofins sanningar betraktas som tidlösa, utan samband med något historiskt sammanhang. Även om inte alla 1600-talsfilosofer följde Descartes i allt detta blev den nya andan segerrik. Idén om den moderna vetenskapens överlägsenhet över den antika vann allt mer insteg och trängde undan föreställningen om "de gamles" oöverträffbara visdom.

En ytterligare stor förändring i synen på filosofins historia kommer under senare hälften av 1700-talet och under det tidiga 1800-talet. Den förnyelse av det historiska tänkandet som vi förknippar med romantiken och dess förstadier och med namn som Vico, Herder och Hegel, gör sig gällande också på filosofihistoriens område. Tidiga vittnesbörd om detta utgör verk som Dietrich Tiedemanns *Geist der spekulativen Philosophie* ("Den spekulativa filosofins anda" 1791–97) och Gottlieb Tennemans *Geschichte der Philosophie* (1789–1819). Tiedemann avstår i den historiska kritikens anda från att skriva om filosofins historia före syndafloden. Han börjar med grekerna och han presenterar de grekiska filosoferna kronologiskt i stället för att hänga upp framställningen på skolor och sekter. På detta sätt kan han ge en långt klarare bild av filosofins utveckling och av vilka förändringar den genomgått under olika epoker. Tenneman bygger vidare på Tiedemann, men försöker också finna en sorts logik i hur de olika systemen utvecklats ur varandra. Därmed blir han föregångare till Hegel, den som mer än någon annan har lagt grunden för den moderna uppfattningen av filosofins historia.

Hegels *Vorlesungen über die Geschichte der Philosophie* (utgivna 1833–1836) innebar den definitiva brytningen med den doxografiska traditionen. Filosofins historia är inget galleri av tillfälligt tillkomna meningar, ingen förevisning av en förvirrande mångfald sekter, fastslog Hegel. Sanningen är en, filosofin är en. Men samtidigt är sanningen och därmed också filosofin någonting historiskt. Det revolutionerande nya i Hegels filosofi var dess djärva sammansmältning av Idén och Historien. Just denna grundtanke gjorde honom väl skickad att ställa filosofins historia på ny basis. Filosofins historia framställs hos Hegel som en nödvändig tankeutveckling där systemen avlöser varandra i samma följd som de dialektiskt härledda tankebestämningarna i Idén. Filosofihistoriens subjekt är Tänkandet självt som i tid och rum framträder i form av de historiskt givna filosofierna. Ingen filosofi försvinner spårlöst och ingen blir rätt och slätt "vederlagd". Vederlagd blir en filosofi bara genom att efterträdas av en annan som bevarar dess insikter men som är djupare och mer omfattande. Den blir upphävd men bevarad. Därvid är filosofins historia bara en aspekt – ehuru för Hegel otvivelaktigt en avgörande aspekt – av Världsandens utveckling. Filosofin är sin tid fattad i tankar.

Hegels sätt att skriva filosofihistoria hade fördelen att det gav denna historia ett tydligt filosofiskt innehåll. I stället för en serie tillfälligt tillkomna system och sekter trädde en nödvändig tankedialektik. Studiet av filosofins historia kom att sammanfalla med studiet av filosofin själv. Hos Hegel blir filosofins historia för första gången en central angelägenhet hos en stor filosof. Ett nytt sätt att filosofera, ett filosoferande via en tolkning av filosofins historia, tar sin början hos honom. För den filosofihistoriska forskningen som sådan blev hans idéer en avgörande stimulans. Flera av det tyska 1800-talets främsta filosofihistoriker utgick ur den Hegelska skolan.

Bland dessa prominenta filosofihistoriker kan nämnas Johann Edvard

Erdmann (1805–1892), Kuno Fischer (1824–1907), Karl Rosenkranz (1805–1879) och Eduard Zeller (1814–1908). Erdmann skrev bland annat *Grundriss der Geschichte der Philosophie* ("Filosofihistoriens grunddrag", två band 1865-67). Fischer författade en utomoderntligt omfattande och fortfarande värdefull *Geschichte der neueren Philosophie* ("Den nyare filosofins historia"), vilken i tio massiva volymer tog läsaren från Bacon till Schopenhauer. Rosenkranz skrev en *Geschichte der Kant'schen Philosophie* ("Den Kantska filosofins historia" 1840) och en biografi över sin mästare, *G.W.F. Hegels Leben* ("G.W.F. Hegels liv" 1844), som fortfarande ges ut i nya upplagor. Zeller blev framför allt den grekiska filosofins historieskrivare med sitt storverk *Die Philosophie der Griechen* ("Grekernas filosofi" 1844–52).

Med arbeten som dessa lades grunden för filosofins historia som en självständig forskningsgren, byggd inte på kompilat från tidigare författare utan på undersökning av källorna. Utgångspunkten fanns hos Hegel, men ingen av de fyra nämnda förblev en alldeles ortodox hegelian. Den utveckling bort från de Hegelska konstruktionerna till en större respekt för det empiriskt dokumenterbara, som gjorde sig gällande inom den politiska historieskrivningen, influerade även filosofihistorikerna. Detta innebar otvivelaktigt ett framsteg – filosofihistorien anpassade sig till de krav på vetenskaplig kritik som nu slog igenom inom alla former av historieskrivning. Men här lurade också en fara. Höll inte filosofihistorien på att mista sin filosofiska karaktär? Och innebar inte den enorma framgång den filosofihistoriska forskningsinriktningen kom att få en risk? Åtminstone ställde Erdmann frågan om filosofin i Tyskland inte var på väg att förvandlas till filosofihistoria. Filosofin som sådan kunde tyckas i färd med att dö ut och ersättas av undersökningen av filosofihistoriska petrifikat.

Frågeställningen kan ställas i sammanhang med den debatt kring "historicismen" som bröt ut inom de tyska vetenskaperna vid slutet av 1800-talet. Höll inte överhuvud det starka historiska intresset på att ta loven av det systematiska? Nationalekonomin var på väg att förvandlas till ekonomisk historia, estetiken till konst- och litteraturhistoria, rättsvetenskapen till rättshistoria, teologin till religions- och kyrkohistoria och så vidare. Överallt tycktes sannings- och giltighetsfrågorna blir ersatta med historiska frågor. Även när giltighetsfrågorna togs upp skedde det inom ramen för filosofier med starka historiserande drag. Filosofins nykantianism, nyhegelianism, nythomism och så vidare tycktes bilda en motsvarighet till arkitekturens nygotik och nyrenässans. Den sena 1800-talskulturen hade fått en retrospektiv karaktär.

Det är mot den skisserade bakgrunden man kan se den anti-historicism som gör sig gällande i det tidiga 1900-talets filosofi. Inom Wienkretsen och den logiska positivismen fick denna anti-historicism den tillspetsade formen av ett radikalt förkastande av hela den filosofihistoriska traditionen, avfärdad som ”metafysik” och ”nonsens”. Bland Cambridgefilosoferna fanns inte samma aggressivitet. Men också de gjorde en skarp distinktion mellan filosofi och historia. I den mån de själva sysslade med äldre filosofer kunde de skilja mellan ”filologisk” och ”filosofisk” filosofihistoria. Så gör exempelvis C. D. Broad i inledningen till sin *Five types of ethical theory* från 1930, där fem olika typer av moralfilosofi ur det förflutna analyseras. Broad deklarerade: ”Det minutiösa studiet av de stora filosofernas verk ur historisk och filologisk synvinkel är en oskyldig och till och med berömvärd sysselsättning för lärda män. Men det är inte filosofi; och åtminstone för mig är det inte intressant. Mitt primära intresse i denna bok är att ta reda på vad som är sant och falskt inom etiken.” För Broad gällde det sålunda att bedöma de stora filosoferna ur det förflutna på samma sätt som om de just publicerat en artikel i ”Mind”. Måttstocken för bedömningen skulle vara huruvida de haft rätt eller fel i sina åsikter.

Det kan emellertid inte sägas att den logiska positivismens eller ens Broads inställning varit allenarådande inom den analytiska filosofin. Väljer vi några verk som under senare år kommit fram ur den analytiska traditionen blir detta uppenbart. Arbeten som Richard Rortys *Philosophy and the mirror of nature* (1979), Alasdair MacIntyres *After virtue* (1981), Martha Nussbaums *The fragility of goodness* (1986) eller Charles Taylors *Sources of the self* (1989) ger exempel på undersökningar där de historiska och de filosofiska frågeställningarna är vävda in i varandra på ett sätt som omöjliggör separation. I dessa fall är frågor kring vår tids moraliska situation och kring vårt förhållningssätt till den västerländska intellektuella traditionen en del av själva den filosofiska tematiken.

Den analytiska filosofin har emellertid också inspirerat filosofihistoriska angreppssätt med mer renodlad betoning av det historiska. Den politiske idéhistorikern Quentin Skinner har sålunda tagit upp Austins distinktion mellan lokutionära och illokutionära talhandlingar och lagt denna distinktion till grund för ett program för hur den politiska filosofins historia bör skrivas. Det gäller, menar Skinner, att inte bara fästa vikt vid *vad* som sägs i den politiska filosofins texer. Lika viktigt är *hur* det sägs, vilken talhandling dessa texter ingår i. Vilka har varit de tillämnade läsarna, vilket syfte har författaren velat uppnå med texten, vilken debattsituation har den utgjort en del av? De stora klassiska texterna får inte ryckas lösa ur sitt sammanhang i tid och rum utan kan förklaras först genom ett minutiöst studium av den detaljerade kontext där de utgjort inlägg.

Också fenomenologin utgjorde från början en ahistorisk ansats. Husserls fältrop ”Tillbaka till sakerna själva!” innehöll en polemisk udd mot dem som ropat på återgång till Kant eller Hegel. Fenomenologins väsensskådande skulle fokusera de eviga idéerna, inte något historiskt förlopp. Emellertid kom Husserl själv att alltmer intressera sig för filosofins tidsbundenhet. Sin egen filosofi kom han med tiden att betrakta som på en gång diagnos av och botemedel för de europeiska vetenskapernas kris. Hos hans lärjungar blev den historiska orienteringen än tydligare. Heideggers filosoferande kom sålunda att alltmer ta formen av en läsning – subjektiv, radikal, omstörtande – av klassiska filosofiska texter. Uppgörelsen med Västerlandets filosofiska tradition blev en huvudsak, innefattande på en gång ett förkastande av stora delar av traditionen och ett detaljerat sysslande med den. För Hegel hade filosofins historia handlat om framsteg. För Heidegger handlade den om ett syndafall, om ett fortgående avfall från en ursprunglig närhet till Varat.

Bland de lärjungar till Husserl och Heidegger som mest intensivt sysslat med filosofihistoriska frågor kan nämnas Leo Strauss. Det arbete som i USA utförts av Strauss och hans lärjungar kan ses som en motpol till vad som skapats av grupperingen kring Quentin Skinner. För Straussianerna har det gällt att skriva en icke-historicistisk filosofihistoria, där den klassiska filosofins och inte minst den klassiska politiska filosofins sanningsanspråk ställts i centrum. Filosoferna ur det förflutna, en Sokrates, en Platon, en Aristoteles, en Spinoza, har tolkats mindre som barn av sin tid än som läromästare för vår.

Idag som tidigare är striden om hur filosofins historia skall skrivas en del av striden om filosofin själv. Vad filosofin är bestäms genom dess förflutna och genom existensen av en kontinuerlig tradition. Det kan förefalla som om filosofins frågor vore allmänmänskliga och tidlösa. Men det krävs inte mycket av historiska kunskaper för att visa att både det sätt varpå frågorna ställts och det sätt varpå de besvarats varit grundade i en specifikt västerländsk tradition med sina speciella uppkomstbetingelser och sina speciella öden. Förnuftet är varje mänsklig varelses arvedel. Men på vad sätt förnuftet används och uttolkas är betingat av en kultur i dess historiska utveckling. Genom den insikten öppnar sig möjligheten till en försoning mellan förnuft och tradition. Förnuftet är självt en tradition. I den utforming förnuftet fått genom filosofin, som *logos*, som *ratio*, är det i hög grad Västerlandets tradition och specifika fördom.

Litteratur och register

Litteratur

Följande litteraturlista avser att ge uppslag till vidare- och bredvidläsning. Den framhåller i första hand svenskspråkig (i några fall norsk- och danskspråkig) litteratur. Därnäst tas engelskspråkiga arbeten upp. I några fall då det gällt särskilt oundgänglig litteratur har arbeten på tyska och franska anförts.

Uppslagsverk och översikter

Filosofiska uppslagsverk kan ofta vara till god hjälp vid orienteringen. Bland internationella standardverk bör främst nämnas *The encyclopedia of philosophy* (utgiven av Paul Edwards 1967 med omtryck 1972). Till dess litteraturangivelser, inte minst då det gäller de olika där behandlade filosofernas verk, samlade editioner o.dyl., hänvisas en gång för alla. Ett supplementband till denna encyklopedi gavs ut 1996. Dessutom föreligger ett nytt stort engelskspåkigt upplslagsverk i tio band, *Routledge encyclopedia of philosophy.* Den sammanfattas i *Concise Routledge encyclopedia of philosophy* (2000). En bra modern uppslagsbok är också *The Oxford companion to philosophy* utg. av Ted Honderich 1995. Ett tyskt lexikon av värde är *Metzlers Philosophenlexikon* (1989). Det innehåller enbart biografiska artiklar, men kan kompletteras med Krönerbibiliotekets *Lexikon der philosophischen Werke* (1988). Ett omfattande franskt uppslagsverk är *Éncyclopédie philosophique universelle* (PUF) i sex band 1989–1998. Bland filosofiska uppslagsböcker på svenska är den senast utgivna och mest omfattande det från danskan överflyttade *Filosofilexikonet* (NärVarHur-serien 1988). Tidigare finns av Alf Ahlberg och Hans Regnéll samt av Konrad Marc-Wogau utgivna lexika.

Bland mer omfattande tidigare översikter över filosofins historia på svenska bör framhållas Alf Ahlbergs *Filosofiens historia* (3 uppl. 1946),

Gunnar Aspelins *Tankens vägar* (I–II 1958) samt Anders Wedbergs *Filosofins historia* (tre delar 1958–66). Medan de båda förstnämnda har en idéhistorisk inriktning renodlar Wedbergs arbete den logisk-semantiska aspekten. En norsk serie ofta välgjorda filosofporträtt i svensk översättning är *Västerlandets tänkare. Från antiken till våra dagar.* (I–III 1962.). I svensk översättning finns dessutom Bertrand Russells *History of Western philosophy* (*Västerlandets filosofi* 1957), roande genom författarens skarpsinne, briljans och ohämmade subjektivitet. Ett omfattande och beundransvärt engelskt standardverk är Frederick Coplestons *A history of philosophy* (nio volymer 1946–74). På franska finns bl.a. Émile Bréhiers klassiska arbete *Histoire de la philosophie* (I–III 1931–64 med många delvis förändrade upplagor). Bland antologier med utdrag ur klassiska filosofiska verk i svensk översättning och med inledningar bör framhållas den av John Landquist utgivna *De filosofiska mästerverken* (1–9 1932–52) samt den av Konrad Marc-Wogau utgivna *Filosofin genom tiderna* (fem delar 1964–81, varav den femte kom i utvidgad nyutgåva 2000). Översättningarna i dessa volymer har ofta begagnats vid återgivande av citat i detta arbete.

Antikens filosofi Försokratikerna

En värdefull engelsk översikt över den grekiska filosofins historia från försokratikerna till Aristoteles är W. K. C. Guthries *A history of Greek philosophy* (sex delar 1962–81), som också ger en introduktion till forskningen och dess viktigaste stridsfrågor. Ett äldre, klassiskt arbete är John Burnets *Greek philosophy* (1920). En modern översikt över antikens filosofi av en italiensk forskare, Giovanni Reales *Storia della filosofia antica*, föreligger i engelsk översättning: *A history of ancient philosophy* (fyra delar 1987–90). Ett svenskt arbete om den tidigare grekiska filosofin är Mats Furbergs *Vision och skepsis* (1969).

Den grekiska filosofins uppkomst har behandlats i F. M. Cornfords klassiska bok *From religion to philosophy* (1912 med många senare upplagor) samt från andra utgångspunkter i Jean-Pierre Vernants *Les origines de la pensée grecque* (1962, eng. övers. 1982). Den stora utgåvan av de försokratiska fragmenten är H. Diels *Die Fragmente der Vorsokratiker* (tre delar 1951). Ett urval med grekisk-engelsk parallelltext och med utmärkta inledningar och litteraturöversikter är G.S. Kirk, J.E. Raven och M. Schofield *The Presocratic philosophers* (1983, ty. övers 1994). Översättningar till svenska (av Gert Cervin) finns i antologin *Försokratiker* (1954). En god engelskspråkig översikt över den försokratiska filosofin finns (förutom hos Guthrie) i Jonathan Barnes' *The presocratic philosophers* (1979). På svenska finns ett par väsentliga arbeten, Erik Stenius' *Tankens gryning* (1953) och Hans Regnélls *Före Sokrates* (1969).

Sokrates, Platon och Aristoteles

För Sokrates kan rekommenderas ett äldre engelskspråkigt arbete, A. E. Taylors *Socrates. The man and his thought* (1933, sv. övers. 1939), och ett nyare, Gregory Vlastos' *Socrates. Ironist and moral philosopher* (1991). En volym nordiska studier är Egil A. Wyller (utg.) *Sokrates i historiens lys* (1985). En antologi med Platons och Xenofons texter är *Sokrates i fest och vardagslag* (1985), översatta av Ebbe Linde.

Ur engelskspråkig Platonlitteratur må nämnas Guthries två volymer, ett äldre standardverk, A. E. Taylors *Plato. The man and his work* (1926 med många senare upplagor), samt en nyare översikt, *The Cambridge companion to Plato* (1992, utg. av Richard Kraut). Ett arbete som särskilt ställer texterna och läsarterna i blickfånget är Charles Griswold utg. *Platonic writings, Platonic readings* (1988). De Platonska myterna diskuteras i Geneviève Droz' *Les mythes platoniciens* (1992). Platons syn på uppfostran står i centrum för Werner Jaegers stora bok om det grekiska bildningsidealet *Paideia* (1933–47, även i eng. övers.). Bland böcker på svenska bör särskilt framhållas Hans Larssons *Platon och vår tid* (1913, med senare upplagor) samt Holger Thesleffs *Platon* (1990). Den klassiska fullständiga svenska Platonöversättningen är Claes Lindskogs (fem delar, senast utgiven 1984–85). Modernare är Jan Stolpes översättning av tre dialoger i Platon *Om kärleken och döden* (1993). En ny, fullständig Platonöversättning av Jan Stolpes hand är under utgivning.

Beträffande Aristoteles kan tre engelskspråkiga introduktioner nämnas: David Ross' *Aristotle* (1923, med många upplagor), A. E. Taylors *Aristotle* (1943, sv. övers. 1944) samt Jonathan Barnes' *Aristotle* (1982). Guthries avslutande volym handlar om Aristoteles. Det arbete som mer än något annat gav incitament till den moderna Aristotelesforskningen var Werner Jaegers *Aristoteles* (1923, eng. övers. 1948). Grundläggande för Aristoteles' biografi är Ingemar Dürings *Aristotle in the ancient biographical tradition* (1957). Ett modernt arbete som ger viktiga nytolkningar av Aristoteles' (men också av Platons) filosofi är Martha C. Nussbaums *The fragility of goodness* (1986). En ingående diskussion av Aristoteles logik finns i William och Martha Kneales *The development of logic* (1962), som överhuvud ger den bästa översikten över logikens historia. En svensk översättning av Börje Bydén med inledning av Sten Ebbesen av *De interpretatione* och *Om sofistiska vederläggningar* (2000) ger också en god introduktion till Aristoteles'logik.

Hellenismens och romarrikets filosofi

En god översikt över hellenismens och romarrikets filosofi finns i Reales båda senare volymer. Också Bréhier är värdefull i detta avseende. The *Cambridge history of Hellenistic philosophy* (utg. av Keimpe Algra m.fl. 1999) är ett modernt standardarbete. Ett sådant är även en textutgåva med inledningar och kommentarer — A.A. Long och D. N. Sedley *The Hellenistic philosophers* (2 bd 1987). Martha C. Nussbaums *The therapy of desire* (1994) diskuterar på ett stimulerande sätt den hellenistiska etikens anspråk på att utgöra en själens läkekonst. I övrigt kan här bara några axplock göras ur den rika litteraturen.

En samling kyniska texter i fransk översättning med introduktioner och kommentarer är Léonce Paquet (utg.) *Les cyniques grecs* (1992). En värdefull svensk (men engelskspråkig) avhandling är Ragnar Höistad: *Cynic hero and cynic king* (1948). Stoicismen diskuteras i F. H. Sandbachs *The stoics* (1975), epikurismen i Howard Jones *The Epicurean tradition* (1989). J. M. Rist har skrivit såväl *Stoic philosophy* (1969) som *Epicurus. An introduction* (1972), båda nyttiga. En intressant Senecatolkning inleder Paul Veynes urval i *Sénèce. Œuvre* (1992, ty. övers. 1993). Kring skeptikerna finns ett texturval i svensk översättning av Jonas Palm och med inledning av Albert Wifstrand: *Antika skeptiker* (1953). En behändig franskspråkig översikt över nyplatonismen är Jean Bruns *Le néoplatonisme* (1988). Viktig är A. C. Loyds *The anatomy of neoplatonism* (1990). En svensk Plotinosbok med inledning och översättningar av Gunnar Rudberg är *Plotinos. Mystikern och reformatorn* (1927). Moderna uppsatser finns i *The Cambridge companion to Plotinos* (utg. Lloyd P. Gerson (1996). Texter av bl.a. Lucretius, Cicero, Seneca, Epiktetos och Marcus Aurelius finns i svenska översättningar.

Medeltidens filosofi

Den medeltida filosofin behandlas utförligt hos Copleston. Engelskspråkiga standardarbeten är *The Cambridge history of later Greek and early medieval philosophy* (1967) och *The Cambridge history of later medieval philosophy* (1982). En upplysande tysk översikt är Kurt Flaschs *Das philosophische Denken im Mittelalter* (1987). Av betydelse för övergången från antiken till medeltiden är Werner Jaegers *Early Christianity and Greek Paideia* (1961). Ett äldre arbete av en av periodens främsta utforskare är Étienne Gilsons *History of Christian philosophy in the Middle ages* (1955). Bland svenska arbeten förtjänar Gunnar Aspelins *Ur medeltidens tankevärld* (1959) och Anders Piltz' *Medeltidens lärda värld* (1978) att nämnas.

Kring Augustinus finns på svenska Alf Ahlbergs *Augustinus* (1952). En fullständig svensk översättning av *Bekännelser* av Bengt Ellenberger med inledning och kommentarer av Ragnar Holte kom 1990. Standardbiografin är Peter Browns *Augustine of Hippo* (1967). För Erigena kan hänvisas till John J. O'Meara *Eriugena* (1969). Anselm och hans ontologiska gudsbevis diskuteras ur olika aspekter i den av John Hick och Arthur McGill utgivna *The many-faced argument* (1968). En svensk bok om Abélard är G. Åman-Nilssons *Abailard. Ett medeltida livsöde* (1932). Den kompletteras av Birger Bergh övers. *Abélard och Héloïse. En kärlekssaga från 1100-talet berättad av dem själva i brev* (1997). Den arabiska filosofin behandlas översiktligt i Muhammed Arkouns *La pensée arabe* (sv. övers. *Arabisk idéhistoria* 1993). Averroës presenteras kortfattat i Dominique Urvoys *Ibn Rushd (Averroës),* eng. övers. 1991. Om Maimonides och hans tid handlar A. J. Heschels *Maimonides* (på engelska 1982). Vad gäller Thomas av Aquino finns en förträfflig svensk introduktion i Rolf Lindborgs *Om Gud och världen* (1983). En modern översikt över forskningen tillhandahålls genom *The Cambridge Companion to Aquinas* (utg. av Norman Kretzmann och Eleonore Stump). För Duns Scotus och Ockham finns goda texturval i engelska översättningar och med inledningar och kommentarer: *Duns Scotus: Philosophical writings* (1962 med flera omtryck) och *Ockham: Philsophical writings* (1990). För Ockham finns också (P. V. Spade utg.) *The Cambridge companion to Ockham* (1999). Om Grosseteste och hans miljö kan läsas R. W. Southern *Robert Grosseteste* (1986).

Renässansfilosofin

Utmärkta engelskspråkiga översikter över renässansens filosofi är Paul Oskar Kristeller *Renaissance thought and its sources* (1979), Charles B. Schmitt och Quentin Skinner utg. *The Cambridge history of Renaissance philsophy* (1988) samt Brian P. Copenhaver och Charles B. Schmitt *Renaissance philosophy* (1992). En antologi med viktiga texter i engelska översättningar utgiven av Ernst Cassirer m.fl. är *The Renaissance philosophy of Man* (1948 med många omtryck). En klassisk monografi är Cassirers *Individuum und Kosmos in der Philosophie der Renaissance* (eng. övers. *The individual and the cosmos in Renaissance philosophy* 1963, 2000). Periodens politiska filosofi har behandlats av Quentin Skinner i *The foundations of modern political thought* (I–II 1978).

Pico della Mirandolas *Om människans värdighet* finns översatt med omfattande inledning och kommentarer av Rolf Lindborg (1974). En bra svensk introduktion till Machiavelli är Anders Ehnmarks *Maktens hemligheter* (1986). I svensk översättning finns även Ernst Cassirers *Myten om staten* (1948). En kortfattad engelskspråkig översikt är Quentin Skinners *Machiavelli* (1981, sv. övers. 1994). En briljant skriven biografi är Sebastian de Grazias *Machiavelli in hell* (1989). Om Erasmus av Rotterdam finns en klassisk biografi i svensk översättning – Jan Huizingas *Erasmus* (sv. övers. 1953). Engelska arbeten av värde är James McConica *Erasmus* (1991) och M. A. Screech *Erasmus. Ecstasy and the praise of folly* (1980). Erasmus' *Dårskapens lov* finns översatt till svenska med en introduktion av Sven Rosén (1935). En introduktion till More är Anthony Kennys *Thomas More* (1983). *Utopia* föreligger i modern svensk översättning med kommentarer av Anders Piltz och inledning av Tore Frängsmyr (1979, 2001). Om Montaigne finns i svensk översättning ett danskt arbete, Björn Bredal *Humanist till häst* (1992, sv. övers. 1993). Ett standardverk på franska är Jean Starobinskis *Montaigne en mouvement* (1982), varav en svensk översättning utgavs 1994. Ett värdefullt engelskt arbete är M. A. Screech *Montaigne and melancholy* (1983). Montaignes *Essayer* finns i fullständig svensk översättning och med förord av Jan Stolpe (3 delar 1986–92). Ett modernt svenskt arbete om Lipsius är Bo Lindberg *Stoicism och stat. Justus Lipsius och den politiska humanismen* (2001). För Bruno bör man konsultera Frances A. Yates' *Giordano Bruno and the Hermetic tradition* (1964). Brunos *Askonsdagsmåltiden* finns översatt till svenska med inledning och kommentarer av Paul Enoksson (1994).

Sextonhundratalets filosofi

Utmärkta som introduktion till 1600-talsfilosofin i dess helhet är Richard H. Popkin *The history of skepticism from Erasmus to Spinoza* (1979) och John Cottingham *The rationalists* (1988). Ett viktigt standardverk är *The Cambridge history of seventeenth-century philosophy* (utg. av D. Garber och M. Ayers, 2 dlr 1998). En tankestimulerande om än inte invändningsfri tolkning av övergången från renässans- till sextonhundratalsfilosofi läggs fram i Stephen Toulmins *Cosmopolis* (1990). Kring debatten rörande de medfödda idéerna finns en svensk monografi – Åke Petzälls *Begreppet medfödda idéer i 1600-talets filosofi* (1928).

En översiktlig framställning av Bacons tänkande är Anthony Quintons *Francis Bacon* (1980). Den kompletteras av *The Cambridge companion to Bacon* (utg. av Markku Peltonen 1996). Moderna inlägg om olika aspekter av Descartes' filosofi finns i *The Cambridge companion to Descartes* (1992, utgiven av Cottingham). Bland viktiga nyare arbeten bör även nämnas Stephen Gaukroger *Descartes. An intellectual biography* (1995) samt Stephen Menn *Descartes and Augustine* (1998). På svenska finns bl.a. Hjalmar Wennerbergs *Den cartesianska cirkeln* (1971) och Rolf Lindborgs *René Descartes* (1968). Ett urval Descartestexter i svensk översättning med inledning av Konrad Marc-Wogau finns i *Valda skrifter* (1953). *The Cambridge companion to Malebranche* (utg. Steven Nadler 2000) ger översiktliga uppsatser om Malebranche. Till Pascals filosofi finns en bra kortfattad introduktion i Alban Krailsheimers *Pascal* (1980). En viktig studie av Pascal och Racine är Lucien Goldmanns *Le dieu caché* (1955, eng. övers. 1964).

Den bästa korta introduktionen till Hobbes finns i Richard Tucks *Hobbes* (1989). En kontroversiell tolkning lades fram i Howard Warrenders *The political philosophy of Hobbes* (1957) och en annan med marxistiska förtecken berörande även Locke i C. B. Macphersons *The political theory of possessive individualism* (1962). Ett klassiskt arbete är Leo Strauss *The political philosophy of Hobbes* (1936). Väsentliga nya synpunkter finns i Quentin Skinner *Reason and rhetoric in the philosophy pf Hobbes* (1996). Beträffande Spinoza finns på svenska Hans Larssons *Spinoza* (1931) samt en biografi, Gunnar Fredriksson *Spinoza* (1999). En kortintroduktion i den här ofta åberopade serien "Past masters" är Roger Scrutons *Spinoza* (1986). Ett värdefullt arbete med tonvikt på den judiska bakgrunden är Yirmiyahu Yovels *Spinoza and other heretics* (1989). Givande nyare arbeten är Margaret Gullan-Whur *Within reason. A life of Spinoza* (1998), en biografi, och Jonathan I. Israel *Radical enlightenment. Philosophy and the making of modernity 1650-1750* (2001), där Spinozas filosofi ställs mot en bredare bakgrund. Spinozas *Etik* har översatts till svenska av Alf Ahlberg (1922, omtryck 1983) samt av Dagmar Lagerberg (1989), i båda fallen med inledningar. Korta presentationer av Locke finns i Gunnar Aspelins *John Locke, tänkaren och upplysningsmannen* (1948) och John Dunns *Locke* (1984). Standardbiografin är Maurice Cranstons *John Locke* (1957). En inträngande studie av Lockes kunskapsfilosofi är Michael Ayers' *Locke. Epistemology and ontology* (1991). En användbar handbok är John W. Yolton *A Locke dictionary* (1993). För Leibniz finns ett urval skrifter i svensk översättning med inledning av K. Marc-Wogau: *Valda skrifter* (1959). En biografi är Kurt Hubers *Leibniz* (1951), en kortare studie på engelska G. MacDonald Ross' *Leibniz* (1984). En samling värdefulla uppsatser har givits ut av R. S. Woolhouse: *Leibniz: Metaphysics and philosophy of science* (1981). Den kompletteras genom *The Cambridge companion to Leibniz* (utg. Nicholas Jolley 1995). Leibniz' franska inflytande behandlas i W. H. Barbers *Leibniz in France* (1955).

Sjuttonhundratalet och upplysningen

Om Vico kan läsas Peter Burkes *Vico* (1985) samt Isaiah Berlins *Vico and Herder* (1976). Den brittiska empirismen behandlas i R. S. Woolhouses *The empiricists* (1988). För Berkeley finns ett urval på svenska, *Valda skrifter* (1954) med inledning av Marc-Wogau. Ett par engelska introduktioner är G. J. Warnocks *Berkeley* (1953), J. O. Urmsons *Berkeley* (1982)och David Berman *George Berkeley* (1994). Moral sense skolan finns behandlad i Torgny T. Segerstedts *Moral sense-skolan och dess inflytande på svensk filosofi* (1937). En samling uppsatser om den skotska upplysningen är M. A. Stewart utg. *Studies in the philosophy of the Scottish Enlightenment* (1990). Standardbiografin för Hume är E. C. Mossner *The life of David Hume* (1954). N. Kemp-Smiths *The philosophy of David Hume* (1941) är ett värdefullt äldre arbete. Översikter över nyare forskning finns i *The Cambridge companion to Hume* (utg. D.F. Norton 1993). För Humes politiska filosofi bör man konsultera Duncan Forbes' *Hume's philosophical politics* (1975). En modern studie av Humes huvudarbete är Annette C. Baiers *A progress of sentiments. Reflections on Hume's Treatise* (1991). På svenska finns Teddy Brunius' *David Hume, människan och filosofen* (1956). Om Smith kan läsas D. D. Raphaels *Adam Smith* (1985), en kortfattad introduktion till hela författarskapet. För Burke finns en magnifik monografi av Conor Cruise

O'Brien: *The great melody* (1992). En svensk uppsatssamling är P. Dahl och C.J. Ljungberg utg. *Förnuft och inlevelse. Burke mellan upplysning och romantik* (1990).

Goda översikter över upplysningen finns i Peter Gay *The Enlightenment* (1–2 1970) samt i Norman Hampson *The Enlightenment* (1968, sv. övers. 1993). Ett fortfarande oumbärligt arbete är Ernst Cassirer *Die Philosophie der Aufklärung* (1932, eng. övers. *The philosophy of the Enlightenment*). För Voltaire finns på svenska Olof Nordberg *Voltaire* (1979), för Diderot Arne Helldén *Diderot* (1994), för La Mettrie Rolf Lindborg *Maskinen människan och doktor La Mettrie* (1984). För Montesquieu kan läsas Judith N. Shklar *Montesquieu* (1987) och Thomas L. Pangle *Montesquieu's philosophy of liberalism* (1973). För Rousseau finns bl.a. Shklar *Men and citizens* (1969) och Jean Starobinski *J. J. Rousseau. La transparence et l'obstacle* (1957, 1971). (Sv. övers. 2002.) Den tyska upplysningen kan studeras med hjälp av *Die Philosophie der deutschen Aufklärung*, en antologi med texter, inledningar och kommentarer av Raffaele Ciafardone (Reclam 1990).

Kant och den tyska idealismen

Moderna uppsatser om olika aspekter av Kants verk finns i Paul Guyer utg. *The Cambridge Companion to Kant* (1992). Den kompletteras genom Howard Caygill *A Kant dictionary* (1995). Kants viktigaste skrifter är under utgivning i svensk översättning (Thales förlag). På svenska finns en avhandling, Rebecka Lettevall *En europeisk kosmopolit. En idéhistorisk studie av Immanuel Kants Om den eviga freden och dess verkningshistoria* (2001). Moderna Kantläsningar i svensk översättning finns i *Tankens arkipelag* (utg. E. van der Heeg och S.-O. Wallenstein 1992). En biografi, Arseni Gulygas *Immanuel Kant* (1978), finns översatt till svenska. En klassisk monografi är Ernst Cassirers *Kants Leben und Lehre* (1918, eng. övers. 1981). Ett klassiskt arbete är även Richard Kroners översikt över perioden från Kant till Hegel, *Von Kant bis Hegel* (1921, nytryck 1977). För Hamann bör man läsa Berlins *The Magus of the North* (1993). Introduktioner till Fichte och Schelling är Wilhelm G. Jacobs' *Johann Gottlieb Fichte* (1984) och Manfred Franks *Eine Einführung in Schellings Philosophie* (1985). För Schelling bör man även ta del av Karl Jaspers *Schelling* (1955, nyutgåva 1986). Ett modernt engelskspråkigt arbete om Schelling och hans betydelse för senare europeisk filosofi är Andrew Bowies *Schelling and modern Euro-*

pean philosophy (1993). Kuno Fischers båda massiva volymer om Fichte och Schelling i hans *Geschichte der neuern Philosophie* har fortfarande värde. Ett klassiskt verk om den tyska idealismen är Nicolai Hartmanns *Die Philosophie des deutschen Idealismus* (1923–29, nytryck 1974). Ett modernt engelskspråkigt arbete om utvecklingen från Kant till Fichte är Frederick C. Beisers *The fate of reason* (1987).

Viktig för Hegel är Charles Taylors monografi *Hegel* (1975, även i sv. övers.). En biografi är Terry Pinkard *Hegel* (2000). En berömd kommentar till *Phenomenologie des Geistes* är Jean Hyppolite *Genèse et structure de la Phénoménologie de l'esprit de Hegel* (1946, eng. övers. 1974). En annan fransk kommentar till samma verk har haft stort inflytande på fransk filosofi – Alexandre Kojève *Introduction à la lecture de Hegel* (1947, eng. övers. 1969). På svenska finns C.-G. Heidegren *Filosofi och revolution* (1984). En utmärkt bok om den Hegelska skolan är J. E. Toews *Hegelianism* (1980). Om tysk filosofi från Hegel till Nietzsche handlar Karl Löwith *Von Hegel bis Nietzsche* (1941, med många omtryck, även i eng. övers.).

Det senare artonhundratalets filosofi

Unghegelianerna diskuteras i David McLellans *The Young Hegelians and Karl Marx* (1969). Samme författares *Marx before Marxism* (1970) är klargörande för Marx' tidiga utveckling. En Marxmonografi är Isaiah Berlins *Karl Marx* (sv. övers. 1965). Om Engels' filosofi finns Sven-Eric Liedmans *Motsatsernas spel* (1–2 1967). Ett skrifturval med inledning och noter är Marx/Engels *Filosofiska skrifter* (1977). Om den marxistiska idétraditionen finns ett värdefullt trebandsverk av Leszek Kolakowski, *Main currents of Marxism* (1–3 1978). En kortfattad översikt av Svante Nordin finns i *Marxismens filosofi* (1979). För Kierkegaard kan rekommenderas en biografi: Joakim Garff *SAK. Sören Aabye Kierkegaard* (2000, sv. övers. 2002). och ett texturval i svensk översättning med utomordentliga inledningar och kommentarer: *Skrifter i urval* utgivna av F. J. Billeskov Jansen (1–2 1954). En omfattande utgivning av Kierkegaardskrifter översatta av Stefan Borg är på väg. Peter P. Rohdes *Søren Kierkegaard. Et geni i en Købstad* (1962, 1991) sammanfattar viktiga teman i författarskapet.

En bra svensk Schopenhauerintroduktion är Alf Ahlbergs *Arthur Schopenhauer* (1924). En biografi på svenska är Gunnar Fredriksson *Schopenhauer* (1996). Ett par modernare arbeten är Bryan Magees *The philosophy of Schopenhauer* (1983), *The Cambridge companion to Schopenhauer* (utg.

Christopher Janaway 1999) och Rüdiger Safranskis *Schopenhauer und die wilden Jahre der Philosophie* (1987). För Nietzsche finns på svenska Ahlbergs *Friedrich Nietzsche* (1927). Svenska arbeten är även Carl-Göran Ekerwald *Nietzsche – liv och tänkesätt* (1993) samt Fredrik Agell *Frågan efter livets mening. Om kunskap och konst i Nietzsches tänkande* (2002). En svensk engelskspråkig avhandling är Thomas H. Brobjer *Nietzsche's ethics of Character* (1995). I svensk översättning finns Gianni Vattimo *Nietzsche — en introduktion* 1997). Särdeles innehållsrik är Henning Ottmann (utg.) *Nietzsche-Handbuch* (2000). En framstående biografi föreligger med Werner Ross' *Der ängstliche Adler* (1984). Forskningen kan knappast gå förbi Martin Heideggers *Nietzsche* (1–2 1961, även i eng. övers.). En bok om linjen Nietzsche-Heidegger-Foucault-Derrida är Allan Megills *Prophets of extremity* (1985). Nietzsches inflytande i sitt hemland behandlas i Steven E. Aschheims *The Nietzsche legacy in Germany 1890–1990* (1992). För nykantianismen kan studeras Thomas E. Willey *Back to Kant* (1978) och K. Ch. Köhnke *Entstehung und Aufstieg des Neukantianismus* (1986). För Dilthey finns bl.a. Rudolf A. Makkreel *Dilthey. Philosopher of the human studies* (1975). Ett särskilt värde har Herbert Schnädelbach *Philosophy in Germany 1831–1933* (1984), där analys och översikt kombineras.

Den positivistiska traditionen i Frankrike behandlas i D. G. Charltons *Positivist thought in France 1852–1870* (1959). Tredje republikens filosofer diskuteras ur kunskapssociologisk synvinkel i Jean-Louis Fabianis *Les philosophes de la république* (1988). Introduktioner till Bergson är John Landquists *Henri Bergson* (1928) och Kolakowskis *Bergson* (1985).

Standardbiografin över John Stuart Mill är M. St. J. Packes *The life of John Stuart Mill* (1954). En kortfattad introduktion är William Thomas' *Mill* (1985). Väsentliga uppsatser finns samlade i *The Cambridge companion to Mill* (utg. John Skorupski, 1998). Den intellektuella bakgrunden behandlas i Stefan Collinis *Public moralists* (1991), i J. B. Schneewinds *Sidgwick's ethics and Victorian moral philosophy* (1977) samt i Basil Willeys *Nineteenth-century studies* (1949). Det senare 1800-talets (liksom det tidigare 1900-talets) engelskspråkiga filosofi täcks av John Passmores *A hundred years of philosophy* (1966). Bradley diskuteras i Richard Wollheims *F. H. Bradley* (1959), Peirce och pragmatismen i W. B. Gallies *Peirce and pragmatism* (1952) samt i Hjalmar Wennerbergs *Pragmatismen* (1966). T.L.S. Sprigge *James and Bradley* (1993) gör en uppslagsrik jämförelse mellan de båda filosoferna. James' filosofi belyses även genom *The Cambridge companion to William James* (utg. R. A. Putnam, 1997).

Fenomenologi och existensfilosofi

Ett arbete av flera författare som behandlar hela 1900-talets filosofi är *Vor tids filosofi*, i svensk översättning *Vår tids filosofi* (Forum 1987). En inledning till studiet av Husserl finns i David Bells *Husserl* (1990). Flera centrala Husserltexter finns i svensk översättning med goda inledningar (Bokförlaget Thales). Grundläggande för fenomenologin i dess helhet är Herbert Spielbergers *The phenomenological movement* (1982). En god introduktion till Schelers liv och tänkande finns i Wilhelm Maders *Scheler* (1980). Inledningar till Heideggers filosofi är Benkt-Erik Benktson *Varat och tiden* (1976), George Steiner *Heidegger* (1978 sv. övers. 1994) och Otto Pöggeler *Der Denkweg Martin Heideggers* (1963, även i eng. övers.). Ett monumentalt arbete om Heideggers väg till huvudverket är Theodore Kisiel *The genesis of Heidegger's Being and time* (1993). En biografi, Hugo Ott *Martin Heidegger* (1988), finns även i svensk översättning. För Gadamer kan framhållas Joel C. Weinsheimer *Gadamer's hermeneutics* (1985) och *The philosophy of Hans-Georg Gadamer* (utg. L. E. Hahn 1997). Ett urval ur *Sanning och metod* med inledning och i övers. av Arne Melberg föreligger på svenska (1997). För Arendt finns Elisabeth Young-Bruehl *Hannah Arendt* (1982), en biografi, och Phillip Hansen *Hannah Arendt* (1993, även i sv. övers.). Ett monument över Strauss och hans skola som i sin senaste utgåva innehåller ett kapitel om Strauss själv är Leo Strauss och Joseph Cropsey utg. *History of political philosophy* (3:e uppl. 1987). Jaspers och Cassirer har fått var sin volym i P.A. Schilpp utg. ”The library of living philosophers”, Jaspers 1957 med utökad uppl. 1981, Cassirer 1949.

Om fenomenologin i Frankrike finns ett utmärkt tyskt arbete, Bernhard Waldenfels *Phänomenologie in Frankreich* (1987). Om Sartre finns Mary Warnock *The philosophy of Sartre* (1965), Walter Biemel *Jean-Paul Sartre* (1964) samt Annie Cohen-Solal *Sartre* (1985, en biografi), vilka alla översatts till svenska. Ett urval av huvudarbetet i sv. övers. med inledning är *Varat och Intet. I urval* (1986). Om Merleau-Ponty finns på engelska Gary Brent Madison *The phenomenology of Merleau-Ponty* (1981). För Aron finns en biografi på franska, Nicolas Baverez *Raymond Aron* (1993), för Simone de Beauvoir en svensk doktorsavhandling, Eva Lundgren-Gothlin *Kön och existens* (1991), samt en biografi, Deirdre Bair *Simone de Beauvoir, a biography* (1990), som även översatts till svenska. För Simone Weil finns en svensk avhandling – Catharina Stenqvist *Simone Weil* (1984). För Marcel kan läsas en volym i ”The library of living philosophers” (1984), för Lévinas Peter Kemp *Lévinas – en introduktion* (1991), för Ricoeur S. H.

Clark *Paul Ricoeur* (1990) samt Bengt Kristensson Uggla *Kommunikation på bristningsgränsen* (1994).

Marxism och strukturalism

Allmänt om västmarxismen se Perry Anderson *Considerations on Western Marxism* (sv. övers. med tillägg 1984). Om Lukács finns Gunnar Gunnarson *Georg Lukács* (1969), om Frankfurterskolan Marin Jay *The dialectical imagination* (1973), David Held *Introduction to critical theory* (1980) och Rolf Wiggershaus *Die Frankfurter Schule* (1988, även eng. övers.). Den bästa introduktionen till Habermas är Thomas McCarthy *The critical theory of Jürgen Habermas* (1978).

För strukturalismen och dess följdfenomen kan tre böcker av dansken Esbern Krause-Jensen rekommenderas: *Den franske strukturalisme* (1973), *Viden og magt* (1978, om Foucault) och *Nomadfilosofi* (sv. övers. 1985, om postmodernismen). Värdefulla är även Francois Dosse *Histoire du structuralisme* (2 dlr 1992), en brett upplagd historik, samt Martin *Jay Downcast eyes* (1993) som tar upp debatten kring synsinnet i fransk 1900-talsfilosofi. En upplysande biografi över Foucault är Didier Eribon *Michel Foucault* (1989, även sv. övers.). För Derrida finns en introduktion av en annan dansk författare, Peter Kemp *Döden och maskinen* (sv. övers. 1990). För Lyotard finns på engelska Bill Readings' *Introducing Lyotard* (1991), för Baudrillard Douglas Kellners *Jean Baudrillard* (1989).

Italiensk och spansk filosofi

Om modernare italiensk filosofi finns Alf Nymans *Italienskt tankeliv genom tvenne århundraden* (del 1–2, 1965). Goda engelskspråkiga arbeten om Croce är Edmund E. Jacobittis *Revolutionary humanism and historicism in modern Italy* (1981) och David D. Roberts *Benedetto Croce and the uses of historicism* (1987). I svensk översättning finns Cecil Sprigge *Benedetto Croce* (1952). Om Gentile kan läsas H. S. Harris' *The social philosophy of Giovanni Gentile* (1960). För Gramsci finns James Jolls *Gramsci* (1977, sv. övers 1979). Martin Nozicks *Miguel de Unamuno* (1971) är en bra introduktion till sitt föremål. Så är också A. R. Huéscar *José Ortega y Gasset's metaphysical innovation* (eng. övers. 1995).

Den analytiska filosofin

Ett utomordentligt svenskspråkigt arbete om den analytiska traditionen är G. H. von Wrights *Logik, filosofi och språk* (1965). På svenska finns även *Revolutionen i filosofin* (sv. övers. 1957). Analytiska filosofer som tillägnats volymer i "The library of living philosophers" med kritiska uppsatser och filosofens svar är: G. E. Moore (1942), Bertrand Russell (1944), C. D. Broad (1959), Rudolf Carnap (1963), W.V. Quine (1986), G. H. v. Wright (1986), A. J. Ayer (1992) och P. F. Strawson (1998). Också Karl Popper (1974) och Brand Blanshard (1980) finns företrädda där. Den analytiska filosofins öden i Storbritannien avhandlas i intervjuform i Bryan Magees *Modern British philosophy* (1971). Informativ är även Thomas Baldwin *Contemporary philosophy. Philosophy in English since 1945* (2001). Från en speciell synpunkt – Wittgensteininflytandets – behandlas den analytiska filosofin i P.M.S. Hacker *Wittgenstein's place in twentieth-century analytic philosophy* (1996). För Frege finns på svenska *Skrifter i urval* med ett kort förord (1995).

En biografi över Russell på svenska är Gunnar Fredrikssons *Bertrand Russell* (1984). Standardbiografin är Ray Monk *Bertrand Russell* (2 dlr 1996, 2000). Viktiga undersökningar är David Pears' *Bertrand Russell and the British tradition in philosophy* (1967) och Peter Hyltons *Russell, Idealism and the emergence of analytic philosophy* (1990). Om den unge Moore handlar Paul Levys *Moore* (1979). Den bästa översikten över Moores filosofi är Thomas Baldwins *G. E. Moore* (1990). En samling uppsatser om Rortys filosofi är A. Malachowski utg. *Reading Rorty* (1990). Ramsey behandlas i N. E. Sahlins *F. P. Ramsey*. En svensk Wittgensteinbiografi är Fredrikssons *Wittgenstein* (1993). På engelska finns Ray Monks *Ludwig Wittgenstein* (1990, sv. övers. 1994). En förträfflig introduktion till Wittgensteins tänkande är K. T. Fanns *Wittgenstein's conception of philosophy* (1969, sv. övers. 1993). Den bästa allmänna bakgrunden till Wittgensteins filosofi ger A. Janik & S. Toulmin *Wittgenstein's Vienna* (1973, sv. övers. 1986). Den logiska empirismen behandlas i v. Wrights *Den logiska empirismen* (1943). Moderna översikter är Manfred Geiers *Der Wiener Kreis* (1992) och Friedrich Stadler *Studien zum Wienerkreis* (1997).

En polemisk uppgörelse med "Oxfordfilosofin" finns i Ernest Gellners *Words and things* (1959). Austins filosofi behandlas av G. J. Warnock i *J. L. Austin* (1989). Utvecklingen inom modern vetenskapsteori diskuteras i Bengt Hansson utg. *Metod eller anarki* (1982). Om Popper finns en svensk avhandling, Ingvar Johanssons *Kritik av den popperianska metodologin* (1973), samt en monografi, Bryan Magees *Popper* (1973, sv. övers. 1974).

Manfred Geiers *Karl Popper* (på tyska, 1994) diskuterar också de sista verken. En biografi över de tidare åren är M. H. Hacohen *Karl Popper. The formative years 1902-1945* (2000). En bok om Kuhn är Paul Hoyningen-Huenes *Reconstructing scientific revolutions* (1993). En översikt i intervjuform över nutida amerikansk filosofi är Giovanna Borradoris *The American philosopher* (1994). Av relevans är även John Passmores *Recent philosophers* (1985). Den bästa översikten över modernare politisk filosofi är Raymond Plants *Modern political thought* (1991), men även Will Kymlickas *Contemporary politcal philosophy* (1990) är användbar. Båda har översatts till svenska. För Rawls kan rekommenderas Ch. Kukathas och Ph. Pettit John Rawls (1990, sv. övers. 1992). En bred översikt över modern filosofi om medvetandet ger *A companion to the philosophy of mind* (utg. Samuel Guttenplan 1994). I sv. övers. finns Daniel C. Dennett *Hjärnstormar* (1992). Dygdeetiken kan studeras i *Virtue ethics. A critical reader* (utg. Daniel Statman, 1997) och *Virtue ethics* (utg. R. Crisp och M. Slote, 1997). I sv. övers. finns Martha C. Nussbaum *Känslans skärpa, tankens inlevelse* (1995).

Om filosofi som litteratur kan läsas Berel Lang *The anatomy of philosophical style* (1990) samt Brand Blanshard *On philosophical style* (1954). Den filosofiska historiografins problem har behandlats bl.a. i R. Rorty m.fl. utg. *Philosophy in history* (1984), J. J. E. Gracia *Philosophy and its history* (1992) och Martial Gueroult *Histoire de l'histoire de la philosphie* (tre volymer 1984).

Register

a posteriori 392
a priori 392
Abélard, Pierre **171–173**, 209
absolut ande 429
absolut historicism 538
absolut immanens 541
abstrakt idé 345
abstraktiv kunskap 206
accidens 99, 607
Achilles och sköldpaddan 34
actus purus 191
adiafora 129
Adorno, Theodor **525–527**, 533, 609
Agathon 70
Agrippina 133
Ainesidemos 137
Aischylos 456
aition 102
Akademin 65
aktivt förnuft 106, 178, 195
aktualism 541
Alarik 160
Albert av Sachsen 214
Albertus Magnus 186, 200
d'Alembert, Jean le Rond **382**
aletheia 502
Alexander den store 91
Alexander VI 236
Al-Farabi 176, 177
Al-Gazali **178**
alienation 416, 431 ff
Alkibiades 58, 60, 61
Al-Kindi 176
Alkvin 165
allmänvilja 380
Altenstein, Karl von 430, 612
Althusser, Louis **530–532**, 535, 601
Ameinias 30
amor fati 461
amor intellectualis Dei 315
analog mening 205
analytiskt omdöme 393, 575
anamnesis 88
Anaxagoras **37–40**, 45, 83, 259, 337, 595
Anaximandros **19–20**, 21, 45, 618
Anaximenes **20–21**, 45
ancilla theologiae 222
ande 39, 429
”andra naivitet” 521
Andre, den 475
anglo-hegelianism 480
anomali 579
Anscombe, G. E. M. **586 f**
Anselm av Canterbury **169–171**
antinomier 396
Antiphon 49
Antisthenes 126
Antonius, Marcus 140
”anything goes” 580
Anytos 66
apathi 130
apeiron 20
apori 65
Aquino, Thomas av se *Thomas av Aquino*
arche 19, 26, 96
Arendt, Hannah **505–509**, 519, 591, 638
arete 77
Aristippos **117–118**, 126

Aristofanes 51, 52, 53, 70
Aristoteles 18, 19, 20, 22, 24, 34, 43, 52, 53, 54, 65, 79, 86, 89, **90–115**, 116, 117, 129, 131, 142, 147, 149, 153, 167, 172, 174, 176, 177, 178, 179, 181, 183, 184, 186, 187, 188, 189, 190, 191, 193, 194, 195, 196, 197, 198, 199, 200, 202, 204, 207, 209, 211, 212, 214, 217, 219, 220, 222, 223, 225, 227, 232, 235, 251, 258, 266, 268, 270, 274, 290, 292, 293, 295, 305, 316, 337, 341, 424, 426, 429, 446, 454, 459, 473, 493, 494, 499, 502, 533, 546, 573, 587, 588, 591, 592, 595, 599, 600, 601, 604, 606, 610, 612, 617, 619, 624, 628, 629
arketyp 82, 167, 233
Arnauld, Antoine **293–295**, 333
Aron, Raymond **512**
Arouet
se *Voltaire*
ars combinatoria 333
ataraxia 124
Atlantis 82
átomon 41
Aufklärung 389
Augustinus **155–164**, 165, 166, 169, 173, 183, 190, 195, 198, 212, 222, 223, 224, 225, 226, 275, 279, 293, 600, 601, 602, 607, 631
Augustus 126
Austin, J. L. 528, 569, **570–572**, 609, 623, 640
Austin, John **473**
autonomi 60, 154, 389, 398 f, 540, 592, 593
averroism 195, 198–199
Averroës (Ibn-Rushd) 176, **179–181**, 194, 198, 199, 217, 601, 631
Avicenna (Ibn-Sina) **176–178**, 179, 192, 194, 258, 601
”avtós éfa” 22
axiom 96
Ayer, A. J. **564–565**, 569, 573, 634, 640

Bacon, Francis 265, **267–274**, 278, 282, 323, 342, 376, 392, 525, 569, 603, 607, 608, 622, 633
Bacon, Roger 200, 201, **202**, 203, 526
Bakunin, Michail 436
Balibar, Étienne 531
barnmorskekonst 59
Barthes, Roland 530
Baudrillard, Jean 535, **536–537**, 639
Bauer, Bruno 430
Baumgarten, Alexander **389**, 401
Bayle, Pierre **374**
Beauvoir, Simone de 512, **515**, 516, 638
bellum iustum 300
Benjamin, Walter 525
Bentham, Jeremy **472–473**, 473, 474, 477, 479, 480, 552
Bergson, Henri **467–471**, 482, 488, 490, 513, 605, 637
Berkeley, George 273, 293, 344, **345–352**, 354, 355, 366, 384, 552, 573, 599, 634
Bernanos, Georges 299
Bernhard av Clairvaux 172, 173
bildteori 558
Blanshard, Brand **485**, 640, 641
Bloch, Ernst **523**
Bloom, Allan 506
Blumenberg, Hans **511**
Bodin, Jean **256–257**, 258, 260, 305, 602
Boethius, A. M. S. **147–148**, 164, 165, 167, 172, 174, 222, 600, 607
Boineburg, Johann Christian v. 332
Bonaventura **199–200**, 202, 212, 228
Boole, George **546**, 547
borgerligt samhälle 428
Borgia, Cesare 236, 239, 461
Bosanquet, Bernard **480**
Boyle, Robert 267, 273, 320, 322

Bradley, F. H. **480–484**, 552, 554, 568, 575, 637
Brahe, Tycho 266
Brandes, Georg 462
Brentano, Franz 491, 492
Broad, Charles Dunbar **555–556**, 602, 623, 640
Bruno, Giordano 121, 203, **258–260**, 297, 632
Brutus, Marcus Junius 253, 257
Buber, Martin 519, 520
Burckhardt, Jacob 436, 455
Burghley, lord 268
Buridan, Jean 214, **217–219**
Buridanos, Johannes se *Buridan, Jean*
Buridans åsna 217
Burke, Edmund **368–370**, 464, 634
Burleigh, Walter 619
Burnet, John 54, 628
Butler, Joseph 352, **353**
Büchner, Ludwig 450

Caesar, Gaius Julius 130, 140, 238, 253, 338, 339, 428, 540, 569
Calvin, Jean 163
Campanella, Tommaso **244**
Camus, Albert **515**
Carlyle, Thomas 475, 605
Carnap, Rudolf 352, 552, **561–563**, 573, 575, 591, 609, 640
"cartesiansk cirkel" 281
Cartesius, Renatus se *Descartes René*
Cassirer, Ernst **510–511**, 519, 632, 635, 638
Cato den yngre 130
causa sui 310, 513
Celestinus III 172
Celsus 155
Cesena, Mikael av 208
Chanut, Pierre 290
Charles II 320
Charles VIII 236
Chrysoloras, Manuel 227
Churchland, Paul 584
Cicero, Marcus Tillius 53, 116, 117, 126, 133, **139–143**, 149, 156, 157, 161, 173, 225, 226, 227, 230, 252, 253, 300, 599, 600, 606, 607, 630
civilt samhälle 428
civism 116, 157, 230, 255
Clairvaux, Bernhard av 172, 173
Claudius 133
Cleghorn, William 363
Clemens IV 202
cogito 395
"cogito ergo sum" 284
Cohen, Hermann **450**, 451
coincidentia oppositorum 229
Coleridge, Samuel Taylor 475, 480
Collingwood, R. G. **568–569**
Columbus, Christofer 104, 243, 258
commonsensefilosofi 365 f, 552 ff
communitarians 583 f
Comte, Auguste **464–467**, 476, 489, 525, 560
Condillac, Étienne Bonnet de **384**
Condorcet, M. J. A. N. **385–386**, 417
Copernicus, Nicolai 229, 258, 259, 265, 266, 268, 392, 531, 580
"corsi e ricorsi" 372
Cousin, Victor **463**, 612
Credo, ut intelligam 169
Croce, Benedetto **538–541**, 541, 542, 543, 568, 639
Cromwell, Oliver 305
Crucius, Christian August **388**
Cudworth, Ralph **319–320**
Cumberland, Richard **307**
Cusanus, Nikolaus 203, **228–230**, 250, 259, 260

daimon 57
Damaskios 147
Dante, Alighieri 219, 231, 271

Darwin, Charles 104, 471, 479, 531
Dasein (tillvaro) 499
Daub, Karl 430
Davidson, Donald 584
”de stora berättelserna” 535
definition 98 ff
dekonstruktion 534
demiurg 82
Demokritos **40–43**, 45, 103, 120
Dennett, Daniel D. 584
Derrida, Jacques **533–535**, 588, 591, 602, 637, 639
Descartes, René 10, 170, 251, 265, 266, **274–291**, 292, 293, 295, 297, 298, 300, 301, 303, 307, 309, 310, 313, 314, 316, 319, 321, 323, 327, 334, 335, 337, 338, 340, 341, 342, 343, 344, 354, 371, 372, 376, 383, 400, 422, 446, 485, 486, 492, 502, 513, 541, 570, 573, 589, 591, 595, 601, 602, 605, 608, 620, 633
”descriptive metaphysics” 573
destruktion 502
det godas idé 68, 73
deus deceptor 283
Deus sive natura 310
Dewey, John **488–489**, 588
dialektik 78, 229, 234, 396, 424, 437
Diderot, Denis 128, 344, 377, **382–383**, 383, 384, 602
differentia specifica 99
Dilthey, Wilhelm **451–453**, 471, 495, 498, 504, 637
Ding an sich, das 394
Diogenes från Sinope **126–128**, 129, 381, 593, 618
Diogenes Laërtios 21, 23, 27, 41, 54, 117, 119, 126, 127, 137, 610, **618**, 619, 620
Dion 64
Dionysios Areopagiten **146**, 155, 165, 222, 228
Diotima 70
Dominicus 185
doxa 50, 72
dualism 335
Duns Scotus, Johannes **204–207**, 211, 212, 213, 225, 235, 249, 315, 607, 631
dygdeetik 586, 587, 588
Dürer, Albrecht 246

Eckehart, Johann **220–221**, 228
”Écrasez l’infâme” 376
egendom 330
egentlighet 500
Eichmann, Adolf 508
eidetisk 493
eidos 66, 99
élan vital 471
eleaterna **30–37**
elementarupplevelse 563
Elisabeth I 268
Emerson, Ralph Waldo **484**, 488
Empedokles 35, **36–37**, 38, 40, 45, 82, 103
Ena, det 26, 144, 145, 146, 148, 178, 220, 595
energeia 100
Engels, Friedrich 431, **432**, 436, 523, 636
enhetsvetenskap 561
en-soi 513
enteleki 105, 338
”Entzauberung der Welt” 454
Epiktetos 133, **134–135**, 149, 600, 610, 630
epikurism 53, **118–128**, 135, 149, 265, 424
Epikuros 43, **118–124**, 126, 134, 270, 326, 448, 610, 618
episteme 72, 532
epoche 137, 492
Erasmus av Rotterdam 94, 244, **246–251**, 252, 258, 300, 327, 599, 602, 607, 614, 632, 633

Erdmann, J. E. 622
ergon 107
Erigena, Johannes Scotus **165–166**
erkännande 426, 583
Eschenmayer, Carl 415
esoterisk 88
"esse est percipi" 348
"esse est precipere" 351
essens 98, 192
essens och existens 178
Essex, earl of 268
estetik 353, 389, 401
estetisk attityd 401 f
eudaimonia 60
Eudoxos 24, 83
Euripides 456
"evig återkomst" 131, 461
existential 500
existentialism 513 ff
Existenzerhellung 509
exoterisk 88
externa relationer 482

falsifierbarhet 576
falsifikationism 575
falsifikationskriterium 576
falskt medvetande 528
familjelikhet 567
fenomen 394
fenomenologi 491 ff
Ferdinand II 274
Ferguson, Adam **367**, 614
Feuerbach, Ludwig **430–431**, 432, 436
Feyerabend, Paul K. 580
Fichte, I. H. 616
Fichte, J. G. 292, 344, 352, 403, **407–412**, 414, 415, 417, 421, 422, 427, 430, 449, 541, 600, 603, 608, 614, 615, 635, 636
Ficino, Marsilio 226, 228, **230–232**, 234, 260
Filip av Makedonien 64, 91
Filmer, Robert 329
Filon av Alexandria **143**, 181
"filosofins slut" 430
Fischer, Kuno 622
flatus vocis 168
Fodor, Jerry A. 584
"folk psychology" 585
Foot, Philippa 586
form 98 ff
Foucault, Michael **532–533**, 534, 535, 596, 637, 639
Fourier, Charles 464
Franciscus 185, 200
Franco, Francisco 544
Frankfurtskola **525–527**
Frans I 241
Frege, Gottlob **546–548**, 549, 550
Freud, Sigmund 449
Friedrich II (den store) 387
Friedrich Wilhelm I 387
Friedrich, Wilhelm IV 430
Frobenius, Johannes 246
Fröding, Gustaf 612
Fukuyama, Francis **583 f**
fundamentalontologi 500
fysis 48
förförståelse 504
"förnuftets list" 428
första filosofin, den 101
förutbestämd harmoni 336

Gadamer, Hans-Georg **503–505**, 506, 638
Galenos 176, 258
Galilei, Galileo 25, 83, 266, 268, 274, 286, 287, 301, 580
Gallienus 144
Gans, Eduard 430
Gassendi, Pierre 126, 326
Gaunilo 170
Geisteswissenschaften 451
gemensamt sinne 106
Gentile, Giovanni 538, **541–542**, 542, 543, 568, 612, 639

Georgii, Plechanov 523
Geulincx, Arnold **292**
geworfenheit 501
Gibbon, Edmund 364
Gilbert, William 266, 267
Gilson, Etienne **197**, 631
Gladstone, William 480
god vilja 397
Goethe, Johann Wolfgang 65, 390, 403, 406, 412
Gordianus 144
Gorgias 48, **51**, 51, 64, 66
Gozzi, Carlo 447
Gramsci, Antonio 538, **542–543**, 639
Green, Julien 299
Green, Thomas Hill **480**
Grosseteste, Robert **200–201**, 202
Grotius, Hugo **300–301**, 307, 344
gränssituation 510
”Gud är död” 459
Guericke, Otto von 267

Habermas, Jürgen **527–529**, 536, 639
haecceitas 206, 211, 339
Hamann, Johann Georg 403, **404–405**, 417, 635
Hannibal 238
Hare, Richard M. 586
Harvey, William 266, 268
hedoné 109
Hegel, G. W. F. 11, 30, 146, 170, 234, 342, 352, 389, 390, 412, 417, **421–430**, 431, 432, 433, 435, 437, 439, 440, 445, 446, 449, 451, 455, 468, 480, 484, 485, 487, 496, 506, 527, 534, 535, 539, 568, 577, 583, 593, 608, 614, 615, 620, 621, 622, 624, 635, 636
hegemoni 542
Hegesias **118**
Heidegger, Martin 34, 441, 495, 496, **498–504**, 505, 506, 507, 508, 509, 510, 513, 517, 519, 522, 532, 535, 588, 590, 591, 596, 604, 605, 609, 624, 637, 638
Heloise 172
Helvétius, Claude-Adrien **384**, 385
Henrik VIII 241
Herakleitos **27–30**, 32, 33, 45, 66, 75, 131, 253, 254, 462, 595
Herder, Johann Gottfried 342, 390, **403–404**, 405, 620, 634
hermeneutik 452
”hermeneutisk cirkel” 452
Hermes 22, 618
Hermes Trismegistus 231, 232, 235
Herodotos 113
”herren och slaven” 426
Hesiodos 14, 19, 25, 26, 27, 58
Hieronymus 124, 247
”hiin enkelte” 438
Hippokrates 50, 75
historicism 538, 622
”Historiens slut” 583
Hitler, Adolf 501, 505, 507, 510, 519
Hobbes, Thomas 265, 273, **300–305**, 307, 318, 319, 320, 329, 330, 342, 344, 365, 380, 426, 446, 591, 605, 608, 633
Holbach, Paul Henri, d' **384**
Holbein d.y., Hans 246
Holberg, Ludvig 54, 94, 614
Home, Henry (lord Kames) **353**, 368
Homeros 25, 26, 27, 58, 78, 113, 404
Hooke, Robert 267, 273
Horatius 117
Horkheimer, Max **525–527**, 533
Horn, Georg 620
humanism 141, 406 f
Humboldt, Alexander 403, 405
Humboldt, Wilhelm 403, **405–406**, 615
Hume, David 215, 217, 273, 293, 344, 351, 352, 353, **354–366**, 367, 368, 370, 371, 391, 395, 405, 417, 480, 492, 552, 560, 599, 602, 603, 608, 614, 634

Huntington, Samuel P. 583
Husserl, Edmund **491–496**, 498, 504, 509, 510, 512, 513, 517, 519, 520, 521, 522, 534, 590, 591, 596, 604, 616, 624, 638
Hutcheson, Francis **352–353**, 359, 472, 614
Huygens, Christian 333
hyle 99
Hypatia **146–147**
hyperrealitet 536
hypostas 144
högsinthet 290
Hölderlin, Friedrich 403, 412, 421

Ibn-Rushd
se *Averroës*
Ibn-Sina
se *Avicenna*
Icke-Jaget 409
identitetsfilosofi 414
idiografisk 454
idola mentis 269
idé 66, 67, 68, 69, 73, 78, 82, 85, 86, 87, 97, 107, 145, 190, 213, 280, 281, 288, 312, 313, 315, 323, 325, 326, 327, 346, 347, 349, 355, 370, 396, 400, 401, 402, 405, 413, 429, 451, 468, 472, 473, 486, 487, 495, 501, 532, 545, 550, 568, 607
illokutionär handling 572
illumination 159
impetus 217
individuation 106, 206, 445
induktion 356
Innocentius III 185
insiktsdeterminism 60
instrumentellt förnuft 525
intellektuell åskådning 190, 410, 414
intention 210, 492 ff
interna relationer 482
Intet 513
intresse 396
”intresselöst betraktande” 401
intuition 96, 145, 190, 206, 311, 394, 400, 410, 414, 470, 479, 540, 553, 607
ius gentium 142
ius naturale 132, 142

Jacobi, Friedrich Heinrich 389, 403, 415
James I 268
James II 321
James, William 471, **487–488**, 589
Jansen, Cornelius 293
Jaspers, Karl 504, 507, **509–510**, 635, 638
”Je pense, donc je suis” 279
Jeremia 163
Jesus Kristus 154, 155, 299
Joakim di Fiore 159, 160, **174**, 183, 203, 382, 417
Johannes Duns Scotus
se *Duns Scotus, Johannes*
Johannes Scotus Erigena
se *Erigena, Johannes Scotus*
Johannes XXII 208, 220
Johannesevangeliet 154
John av Salisbury 167, 168, **173–174**
Johnson, Samuel 351
Julius II 236
Justinianus 65, 147
Justinus Martyren 155

Kallikles 48, 49, 66
Kames, lord
se *Home, Henry*
Kant, Immanuel 65, 95, 169, 170, 292, 338, 344, 388, 389, **390–403**, 404, 405, 406, 407, 408, 410, 411, 412, 415, 417, 421, 424, 426, 430, 433, 443, 444, 446, 450, 451, 487, 492, 494, 510, 527, 546, 547, 557, 562, 573, 581, 583, 587, 589, 603, 608, 614, 615, 624, 635, 636, 637

kaos 23, 29, 82, 97, 416, 446
Karl den store 165
Karneades 134, **137**
kategori 98
kategorimisstag 570
kategoriskt imperativ 398
katharsis 114
Kautsky, Karl 523
Kehre 501
Kelsos
se *Celsus*
Kepler, Johannes 25, 83, 84, 266, 268
Keynes, J. M. 552
Kierkegaard, Sören 430, **436–441**, 501, 519, 544, 601, 603, 615, 636
kinesiska rummets argument 585
Kingsley, Charles 147
klimatlära 374
Knutzen, Martin 389
koherensteori 483
kommunitaristik 588
konceptualism 167
konstanter 546
konstitutiv 396, 494
kontingens 178, 204, 205, 208, 212, 213, 312, 357, 589
korrespondensteori 483
korroberad 577
kosmos 23, 29, 45, 68, 81, 105, 108, 154, 204, 502, 503, 594
Krates 128
Kristeva, Julia 530
Kristina av Sverige 290, 296
Kritias 51, 58, 64
kritisk filosofi 392
kritisk teori 525
Kriton 61
Krysippos **129**, 131
Kuhn, Thomas S. **577–580**, 641
kunskapssociologi 497
kvantifikatorer 546 f
kynism 53, **126–128**, 149
kyrenaiker **117–118**
la durée 468
la langue 530
La Mettrie, Julien Offray de **383–384**, 635
la parole 530
la volonté générale 380
Labriola, Antonio 540
Lacan, Jacques 530
lagarnas anda 374
Lalande, André 608
Lange, Friedrich Albert **450**
Langer, Susanne K. **511**
Lebenswelt 452, 495, 517
Leibniz, Gottfried Wilhelm 170, 203, 259, 265, **332–343**, 344, 350, 383, 387, 388, 390, 400, 417, 446, 550, 573, 591, 595, 599, 614, 634
Lenin, V. I. 523
Leo XIII 197
Lessing, Gotthold Ephraim **389–390**
Leukippos **40**, 41
Lévinas, Emmanuel 518, **519–520**, 534, 638
Lévi-Strauss, Claude 517, **529–530**, 535
Lewis, David 584
lex naturalis 196
Liebmann, Otto **450**
von Linné, Carl 606
Lipsius, Justus 135, **257–258**
Livius, Titus 237
livsfilosofi 471
livsform 567
Locke, John 265, 273, **320–332**, 334, 341, 343, 344, 345, 347, 348, 350, 351, 352, 353, 354, 358, 361, 366, 375, 376, 384, 392, 581, 582, 583, 591, 595, 608, 633, 634
logisk analys 555
logisk atomism 551
logisk empirism 561
logisk konstruktion 552
logisk positivism 561

logiskt fullkomligt språk 570
logocentrism 534
logos 18, 28, 29, 30, 45, 107, 130, 154, 157, 595, 624
Lucretius 117, **124–126**, 149, 227, 259, 600, 607, 610, 630
Ludvig av Bayern 208, 219
Ludvig IX 186
Ludvig XII 236
Ludvig XIV 333
Lukianos 599, 611
Lukács, Georg **523–525**, 529, 531
Lullus, Raymond **203–204**, 259, 333
Luther, Martin 163, 215, 246, 248, 251
Lutterell, John 208
Lykeion 65, 91, 92, 96, 98, 116
Lyotard, Jean-François **535–536**, 588, 639
Löwith, Karl **505–506**, 636

Macauley, Thomas 603
Mach, Ernst **560**
Machiavelli, Niccolò **236–241**, 257, 260, 381, 446, 540, 602, 632
MacIntyre, Alasdair 583, 586, **588 f**, 591, 623
Maimonides (Moses ben Maimon) **181–182**, 192, 308, 506
Maistre, Joseph de **463–464**, 466
maktfördelningslära 374
Malebranche, Nicolas **291–294**, 333, 341, 343, 345, 349, 350
Man, das 500
Mani 144
manikeismen 144
Mann, Thomas 442
Marcel, Gabriel **518–519**, 520, 638
Marcellinus, Flavius 160
Marcus Aurelius 133, **135**, 149, 600, 612, 630
Marcuse, Herbert **525**, **527**
Marheineke, Philipp 430
Marie Antoinette 370
Maritain, Jacques **197**, 471
Marsilius av Padua **219–220**
Marx, Karl 164, 331, 422, 430, 431, 432, **432–436**, 521, 527, 528, 531, 535, 536, 539, 540, 563, 577, 601, 636
Masham, lady 320
massornas uppror 545
materia 99 ff
materiell substans 347
mathesis universalis 285
Mauriac, François 299
Maximilian I 236
McTaggart, John M. E. **480**, 552, 554, 556, 602
medfödda idéer 280, 324 f, 341 f
Medici, Cosimo 230, 231
Medici, Lorenzo 230, 233
Medici, Lorenzo (d.y.) 237, 238, 240
Medici, Piero 236
medvetande 517 f
memoria 158
Mendelssohn, Moses 389
Merleau-Ponty, Maurice **516–517**, 529, 638
Mersenne, Marin 283
mikrokosmos 24, 39, 166, 230, 336, 337, 413, 569
Mill, James **473**
Mill, John Stuart 273, **473–478**, 480, 545, 552, 601, 637
mimesis 114
”minimal stat” 582
Mirecourt, Jean de 214
misologi 59
”misstankens mästare” 521
Moerbeke, Vilhelm av 197
Moleschott, Jacob 450
monad 335 ff
”monaderna har inga fönster” 336
Monica 155
Montaigne, Michel de **251–256**, 257, 258, 260, 273, 277, 602, 608, 632

Montesquieu, Charles Louis de 241, 344, **373–376**, 382, 464, 602, 635
Moore, George Edward 352, 484, 491, **552–555**, 556, 560, 565, 566, 616, 640
moral sense 352 ff
moralsenseskolan 352 ff, 359
More, Thomas 241, **242–245**, 246, 248, 258, 273, 632
Moses 235, 308, 389, 506
Mozart, W. A. 440
Murdoch, Iris 586
mysterium 518
”människan är alltings mått” 50
möjliga världar 339

Napoleon I 422, 425, 428, 461, 463, 467
Natorp, Paul **450**
natura naturans 311
natura naturata 311
naturalistiska misstaget, det 553
naturens trappa 104
naturlig religion 362
naturrätt 48, 132, 142, 473
naturtillstånd 304 f, 330 f, 378 f, 581 f
negativ teologi 182
neo-stoicism 135, 257
Nero 133, 134, 440
Neurath, Otto **561**, 564, 575
neutral monism 560
Newton, Isaac 13, 36, 266, 287, 320, 322, 333, 350, 376, 391, 395, 413, 577, 579
Nicolas d'Autrecourt 215, **216–217**
Nicole, Pierre **293**
Nietzsche, Elisabeth 455
Nietzsche, Friedrich 30, 48, 55, 407, 421, 449, **455–462**, 471, 490, 502, 506, 521, 533, 534, 583, 595, 601, 603, 605, 615, 636, 637
Nikolaus Cusanus se *Cusanus, Nikolaus*
nominalism 168
nomos 48
nomotetisk 454
nonsens 559
normalvetenskap 579
noumena 395
nous 39, 96, 595
Novalis (Friedrich von Hardenberg) 413
Nozick, Robert **582**, 591, 639
Nussbaum, Martha C. 586, **588 f**, 623
nyplatonism **143–146**, 149, 157, 222, 231
nypositivism 561

objektiv ande 429, 452
occasionalism 291, 292
Ockham, William av **207–213**, 214, 217, 219, 225, 631
Ockhams rakkniv 211
Odo från Tournai 167
Odysseus 271
oegentlighet 500
Olsen, Regine 437
”olyckligt medvetande” 425
ontologiskt bevis 191
ordinary language philosophy 570
Oresme, Nicole 214
Orfeus 14, 47, 231, 235, 618
orficism 14
organon 93
Origenes 144, 155
Ortega y Gasset, José 543, **544–545**
orörlig rörare 100
Oxfordfilosofi 570

paideia 77
Panaitios **132–133**, 141
Pangle, Thomas L 506
Pantheismusstreit 390
Paracelsus 258
paradigm 578
paradigmskifte 578

Parmenides **30–34**, 35, 36, 37, 38, 41, 45, 64, 66, 85, 86, 87, 100, 144, 595
Pascal, Blaise 265, 267, **293–299**, 300, 333, 343, 544, 595, 601, 633
pathos 130
Paulus 146, 154, 155, 157, 162
Peckham, John 199
Peirce, Charles S. **485–488**, 528, 637
pensiero pensante 541
pensiero pensato 541
performativ sats 571
Perikles 38, 404
peripatetisk 91
person 327, 399
Peter av Spanien 209
Petrarca, Francesco 225, 227, 231
Petrus Lombardus 204
philosophia perennis 234
philosophy of mind 584
phronesis 107
Pico della Mirandola, Giovanni 226, **232–235**, 236, 242
Platon 24, 25, 30, 33, 34, 39, 40, 41, 46, 47, 48, 49, 51, 52, 53, 54, 55, 58, 62, **63–89**, 90, 91, 92, 97, 99, 101, 102, 104, 105, 107, 108, 112, 113, 114, 115, 116, 117, 137, 139, 141, 143, 144, 145, 147, 149, 153, 157, 158, 161, 163, 167, 168, 172, 173, 176, 193, 195, 200, 206, 211, 223, 226, 227, 228, 230, 231, 232, 235, 242, 243, 244, 250, 251, 254, 257, 259, 266, 270, 291, 323, 341, 395, 412, 424, 426, 427, 429, 443, 446, 454, 459, 468, 470, 473, 493, 494, 495, 499, 502, 506, 534, 569, 577, 581, 589, 591, 592, 595, 599, 600, 604, 606, 610, 612, 613, 617, 619, 624, 629
platonism 25, 86, 143, 158, 159, 163, 167, 181, 183, 230, 232, 235, 319
Plotinos **143–146**, 157, 163, 176, 178, 228, 231, 470, 630
Plutarchos 252, 381
pneuma 131
polis 588
"politiskt djur" 110
Polybios 132, 133, 141, 241, 372
Polykrates 21
Pomponazzi, Pietro **235–236**
Popper, Karl **575–577**, 578, 640, 641
Porfyrios 144, **146**, 157, 163, 167, 204
Port Royal-logik 293
postanalytisk 589
postmodernism 535
poststrukturalism 535
postulat 400
pour-soi 513
pragmatism 485
praktiska förnuftets primat 400
praktiskt förnuft 398 f
primär kvalitet 326
principium individuationis 445
prisca theologia 342
Proklos **146**, 147
property 330
Protagoras 47, 48, **50**, 51, 64, 66, 75, 87, 96
Proudhon, Pierre Joseph 464
prudentia 257
pseudoproblem 562
psyke 53
Ptolemaios 24, 83, 171, 176
Pufendorf, Samuel **307**
puzzle solving 579
Pyrrhon **137**
pyrrhonism 137 f, 251, 254, 255, 260, 278
Pythagoras, pythagoréer **21–25**, 26, 27, 30, 33, 36, 64, 82, 231, 232, 235, 259, 266, 612, 618

Quine, W. van O. **573–575**, 584, 640

Ramée, Pierre de la **227**
Ramsey, F. P. **556–557**, 640
Ramus, Petrus
se *Ramée, Pierre de la*
Ranke, Leopold von 407, 451
rationell rekonstruktion 564
Rawls, John **580–582**, 583, 591
realdefinition 98
realidealism 414
regulativ idé 396
Reid, Thomas **365–367**, 614
reifikation 524
Reinhold, Karl Leonhard 403, **407**
Remigius från Auxerre 167
Renan, Ernest 36, **467**
res cogitans 280
res extensa 282
res populi 141
res publica 141
ressentiment 460
Rickert, Heinrich **453–454**
Ricoeur, Paul 518, **520–521**, 638, 639
Ritschl, Friedrich 455
Rorty, Richard **588–589**, 590, 623, 641
Roscelin 167
Rosenkranz, Karl 622
Rousseau, Jean-Jacques 77, 241, 344, 364, **377–382**, 391, 464, 534, 581, 601, 602, 635
Royce, Josiah **485**, 487
Ruge, Arnold 430
Russell, Bertrand 273, 352, 483, 484, 491, **548–552**, 555, 556, 557, 560, 563, 565, 572, 573, 575, 591, 628, 640
Ruysbroeck, Johan 221
Ryle, Gilbert **569–570**, 609, 616
”rädda fenomenen” 83
rättspositivism 473

Saint-Simon, Henri de 464, 465, 466
Sakkas, Ammonios 144
Saladin 181
Salisbury, John av
se *John av Salisbury*
Salonina 144
samhällsfördrag 48, 304, 331, 581 ff
”sammansmältning av horisonter” 504
sanningsfunktion 558
Sartre, Jean-Paul 215, 441, 503, **512–516**, 517, 518, 522, 529, 530, 531, 604, 605, 638
Saussure, Ferdinand de 530
Savonarola 236
Scheler, Max 495, **496–498**, 519, 638
Schelling, Friedrich Wilhelm Joseph 292, 342, 344, 352, 387, 389, 390, 403, **411–417**, 421, 422, 430, 431, 436, 463, 599, 603, 608, 614, 615, 635, 636
Schiller, Friedrich 389, 403, **406**, 454
Schlegel, August Wilhelm 414
Schlegel, Caroline 414
Schlegel, Friedrich 413 f
Schleiermacher, Friedrich 403, **415**, 440, 452, 615
Schlick, Moritz **561**, **562**
Schopenhauer, Arthur 430, **441–449**, 458, 460, 595, 603, 605, 608, 615, 622, 636, 637
scientia intuitiva 311
scintilla animae 221
Scipio Aemilianus 133
Searle, John R. 572, **585 f**, 591
Sein 499
sekundär kvalitet 326
Seneca, Lucius Annaeus 117, **133–134**, 149, 173, 226, 252, 257, 374, 593, 600, 602, 607, 612, 630
Sextos Empeirikos **137–139**, 251, 254, 277
sfär 104
Shaftesbury, earl of (Anthony Ashley Cooper) **352–353**

Shaftesbury, lord (Ashley) 320
Sherwood, William av 209
Sidgwick, Henry **479–480**, 553
Siger av Brabant **198–199**, 200, 212
Simmel, Georg 523
sinnesdata 555
själslig substans 355
skepticism 48, 51, 53, 66, **137–139**, 140, 149, 251, 255, 265, 352, 358, 366, 367, 391, 395
Skinner, Quentin 623
skolastik 183
"slöja av okunnighet" 581
Smith, Adam 331, 352, **367–368**, 371, 428, 614, 634
"små perceptioner" 338
sofist 45, 66
sofisterna **46–51**, 53, 63, 66, 67, 75, 76, 115, 569
Sokrates 12, 27, 34, 39, 40, 44, 45, 46, 47, 50, 51, 52, **53–62**, 63, 64, 65, 66, 67, 68, 69, 70, 71, 72, 73, 74, 75, 76, 77, 78, 79, 80, 81, 82, 83, 85, 86, 87, 88, 89, 108, 114, 116, 117, 126, 127, 128, 129, 134, 138, 149, 153, 154, 167, 168, 172, 206, 210, 211, 228, 234, 374, 387, 444, 456, 460, 477, 495, 506, 518, 591, 592, 593, 595, 599, 600, 613, 624, 629
Sorge 500
Spencer, Herbert **479**, 489
Spenser, Edmund 231
Spinoza, Baruch (Benedictus) 170, 265, **307–319**, 321, 328, 334, 335, 337, 340, 341, 342, 343, 344, 356, 357, 389, 390, 400, 408, 412, 414, 422, 424, 446, 498, 506, 591, 595, 602, 624, 633, 634
språkspel 567
"spöket i maskinen" 570
Stanley, Thomas 620
Steuco, Agostino 234
Stirner, Max 430
stoicism 53, 94, 117, 126, **128–136**, 141, 142, 147, 149, 257, 260, 265, 300, 424, 449, 461, 595
storsinthet 109
Strauss, D. F. 430, 431, 505
Strauss, Leo **506**
Strawson, Peter 569, **572–573**
strukturalism 517, 529 ff
Suarez, Francisco 222, 300
sub specie aeternitatis 315
subalternt tänkande 542
"subjektets död" 532
substans 98 f, 98, 607
supposition 211
Suso, Henrik 221
suspension av omdömet 137
suveränitet 256
Sydenham, Thomas 320, 322
syllogism 93 f
symbolisk form 510
syntetiskt omdöme 393

tabula rasa 189
Tacitus 227
Taine, Hippolyte **467**
talaktsteori 528, 572
tallkottkörteln 288
Tauler, Johan 221
tautologi 558
Taylor, Charles 583, 623
Taylor, Harriet 477
teleologisk 73, 100
telos 100, 130, 192, 305, 424, 454
Tenneman, Gottlieb 621
Teodorik den store 147
Teofrastos 92, 618
terministisk logik 209
Tertullianus 155
Thales **18–19**, 20, 21, 30, 45, 591
theodicéproblem 340
theoria 25, 101, 102, 493, 534

Thomas av Aquino 163, 170, **185–198**, 199, 204, 205, 207, 213, 222, 235, 300, 335, 619, 631
Thomasius, Christian **387**
Tiedemann, Dietrich 621
timokrati 80, 81
Timon från Flios 137 f
tinget i sig 394
Tocqueville, Alexis de 476
Tolstoj, Leo 442
Torricelli, Evangelista 267
totalitarism 507
totalitet 423
transcendental deduktion 393
transcendental fenomenologi 494
transcendentalt subjekt (medvetande) 395, 410, 494
transsubstantiationslära 168
Trasymakos 49, 66, 77
tyranni 80, 81

Umgreifende, das 509
Unamuno, Miguel de **543–544**, 639
utilitarism 472, 477, 479, 480, 553

Valla, Lorenzo **226–227**
Varat 32, 33, 102, 115, 190, 193, 205, 254, 340, 411, 417, 426, 468, 498, 499, 501, 502, 503, 509, 513, 517, 518, 534, 542
vardagsspråksfilosofi 570
variabel 94
verifierbarhetskriterium 562
verstehen 451
Vespucci, Amerigo 242, 243
vetenskapsteoretisk anarkism 580
via moderna 212
Vico, Giambattista **371–373**, 538, 620, 634
Vilhelm av Oranien 321
vilja till makt 533
virtù 238
virvelteorin 287
vitalt förnuft 544
Voltaire, François Marie de 54, 340, 344, 362, 364, 373, **376–377**, 382, 389, 417, 445, 602, 608, 614, 635
världsande 427
världsstat 132
världsår 131
väsensdefinition 98
väsensskådande 493
västmarxism 525

Wagner, Richard 442
Waltzer, Michael 583
Weber, Max 453, **454–455**, 523, 596
Weil, Simone **518**, 519, 638
Wesensschau 493
Whitehead, Alfred North 63, 548
Wieland, Martin 128
Wienkretsen **560–563**, 573
William av Ockham se *Ockham, William av*
William av Oranien 329
Williams, Bernard 586, 587
Wilson, John Cook 568
Winckelmann, Johann 403, 406
Windelband, Wilhelm **453**
Witt, Jan de 308
Wittgenstein, Ludwig 215, 552, **557–560**, 563, 565, **566–568**, 570, 571, 578, 586, 588, 590, 591, 596, 604, 609, 640
Wolff, Christian 344, **387–389**, 390, 391, 417, 608, 612
Woolf, Leonard 552
Woolf, Virginia 552
Wordsworth, William 475

Xanthippa 61
Xenofanes **25–27**, 30, 45
Xenofon 53, **54**, 128

Zarathustra 22, 231, 235, 458, 460, 461, 462, 603, 605, 618
Zeller, Eduard 622
Zenon 85
Zenon från Elea **34–35**, 85
Zenon från Kition **128–129**, 270
Zenons paradoxer **34–35**
Zeus 130, 131
Zola, Émile 469
zweckrational 454
Zwingli, Ulrich 246

ångest 439, 501
åskådningsform 394
återerinring 69, 88

ändamålsförklaring 83, 100 f, 103

öppna samhället, det 577
övermänniskan 461